중국통사

2

History of China(中國通史：成人Color版)
by
Historical Association of China

Copyright (c) 2000 by Petrel Publishing House(海燕出版社)
All rights reserved.
Original Chinese edition was published by Petrel Publishing House (ISBN 7−5350−1954−4)
Korean translation rights arranged with Petrel Publishing House, Zhengzhou.
Korean translation copyright (c) 2008 by Bumwoo Publishing Co., Gyeonggi-do.

이 책의 한국어판 출판권은 중국 정주의 해연출판사와
독점계약으로 종합출판 범우사에 있습니다.
저작권법에 따라 한국 내에서 보호를 받는 저작물이므로
무단전재 및 복제를 금합니다.

이 도서의 국립중앙도서관 출판시 도서목록(CIP)은
e−CIP홈페이지(http://www.nl.go.kr/cip.php)에서 이용하실 수 있습니다.
(CIP제어번호 : CIP2008002803)

제12회 중국도서상 수상

삼국 · 서진 · 동진 · 남북조 · 수 · 당

중국통사

중국사학회 엮음 / 강영매 옮김

2

종합
출판 범우

전체목록

History of china

제2권

삼국
서진
동진
남북조 수
당

2권

당 · 도금한 은제 향구

당 · 은으로 만든 연꽃

수 · 마노를 상감한 금목걸이

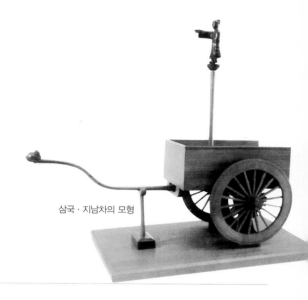

삼국 · 지남차의 모형

차 례

contents

당· 등 뒤로 비파를 타는 돈황벽화

동진 · 왕희지의 《칠월도하첩》

삼국 三國

서기 220~280년

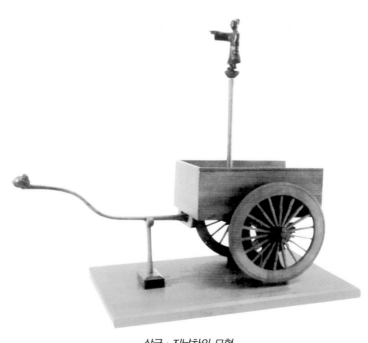

삼국 · 지남차의 모형

삼국 시기(262년)의 전체지도

선비鮮卑

흉노匈奴

고구려高句麗

오손烏孫

서역장사부西域長史府

강호羌胡

위魏

낙양洛陽

촉한蜀漢

오吳

건업建業

성도成都

N

S

삼국
220~280년

　동한 말년의 중국은 먼저 황건의 기의를 거친 후 다시 동탁의 난을 겪더니 할거 정권들 간의 끊임없는 투쟁과 분쟁 속으로 빠져들어 갔다. 그러다 결국 세발 달린 솥과 같은 모습의 정족鼎足의 형세로 세 정권이 나타나니 바로 위·촉·오나라다. 중국 역사는 진한의 통일 후에 다시 할거와 동란 속으로 빠져들었고 삼국 정립의 정치적 분열은 필연적으로 끊임없는 동란을 가져왔다. 이 정권들은 모두 동한의 정통 후계자로 자처하면서 상대방을 멸하고 자신이 강대해지기를 목표로 삼았다.

　상대방을 멸하기 위하여 늘 성과 영지를 공격하여 시체가 들에 가득할 정도로 사람을 죽였다. 동란은 백성들에게 한없는 고통을 안겨다 주었으나, 이들 정권들의 역량의 확대는 오히려 경제적 발전을 가져왔다. 이리하여 조위曹魏는 대대적으로 서북과 양회兩淮에 군둔과 민둔을 설치하니, 쇠락하고 메말랐던 중원 지역은 다시 회복되고 생기가 감돌게 되었다. 촉은 본래 '천리가 옥토인 천부의 땅'인 성도평원과, '제왕의 자질'이라는 미칭을 갖고 있는 형주를 근거로 제갈량은 남중을 평정하고 한중에 둔전을 두어 토지의 생산력을 증대시켜 나갔다. 강동의 오나라 역시 누차에 걸쳐 산월山越을 경영하게 되니 중국 동남 지역 경제 개발사의 막이 열렸다. 중원 경제의 회복과 강동 농업의 발전, 사천·운남의 개발은 앞으로 다가올 대통일의 경제적인 기초를 준비해 주었다.

　삼국시대는 중국 위진남북조 시기의 민족 대융합의 기점이다. 중원의 혼란과 중앙집권의 쇠락은 소수민족에게 새로운 역사 무대를 제공하였고 중원 인구의 심각한 감소는 각 민족이 중원 내로 이주하여 생존하기에 적당한 공간을 제공했다. 강좌江左는 산월을 몰아내고, 천축은 남중을 평정하고, 동남·서남의 여러 이민족 역시 한족 문화의 훈도와 영향을 깊이 받게 되었다. 소수민족의 내륙으로의 이동과 융합은 되돌릴 수 없는 역사 흐름이 되었다.

　삼국은 각자의 역량으로 평형 상태가 잠시 지속되었으나 이러한 평형 국면은 필연적으로 깨지기 마련이며 통일을 향하게 되었으니 이 대업을 이룬 나라는 위나라를 대신하여 일어난 서진이다.

220~280년의 삼국

조비의 황제 즉위

한 연강延康 원년(220) 정월, 조조가 병사하자 그의 아들 조비가 위왕으로 즉위했고 같은 해 한나라 헌제獻帝가 양위하자 조비는 드디어 황제가 되니 바로 위 문제文帝다. 이로써 12황제 195년간의 동한 왕조는 명실 공히 완전히 망하게 되었다. 10월 13일, 오래 전부터 허명만 존재하던 한 헌제 유협劉協은 조비의 압박하에 황위의 상징인 옥새의 인끈, 조책詔册을 조비에게 건네고 퇴위를 선포했다. 조비는 예에 따라 세 번 사양한 후 같은 달 29일에 황제의 단상에 올라 선위를 받고 황제의 보좌에 등극한 후, 국호를 위魏로 바꾸고 연호는 황초黃初로 했다. 11월 1일, 조비는 한 헌제 유협을

산양공山陽公에 봉하고 그에게 한나라의 역법인 정삭定朔을 사용하고 천자의 예악을 사용하도록 했다. 동시에 자신의 아버지인 조조를 무황제武皇帝에 추존하고 묘효는 태조라 했다. 또 흉노 남선우 호주천에게 위나라 국새의 인끈, 푸른 지붕이 있는 수레인 청개거靑蓋車와 황제가 타는 수레인 승여乘輿 등을 하사했다. 12월, 수도를 낙양에 정하고 왕조가 바뀌는 것을 계기로 조비는 관직 제도에 중요한 개혁을 단행했다. 국상國相을 사도司徒로, 어사대부는 사공司空으로 바꾸니 이로써 조조가 한 건안 13년(208)에 폐지했던 삼공관제(태위·사도·사공)가 회복되었다. 이후 사도와 사공의 직위는 비록 존경은 받았지만 일반적으로 조정일을 간섭하지는 않았다. 조비는 또한 비서감秘書監과 중서성中書省을 설치하고 중서성에는 감령監令을

두어 백관이 상주하는 일을 주관하고 조칙을 기안하도록 하니 이로써 상서대尙書臺의 권력을 분할시켜 동한 후기 상서대의 과도한 권력 현상을 바꾸었다. 경제 방면에서는 지속적으로 둔전제를 추진했으며 수리 건설을 중시했다. 총괄하면, 조비가 한나라를 대신하여 황제가 된 후에 위나라의 국력은 진일보 증강되었다.

삼국 시기 전투함 모형

장비의 죽음

촉 장무 2년(222) 6월 유비는 손권을 공격할 준비를 하면서, 장비에게 병졸 1만 명을 주어 낭중閬中(지금의 사천 성도에 속함)에서 강주江州(지금의 중경)로 가서 회합하도록 명령했다. 출발 전에 장비는 술에 취하여 군막 안에서 잠자고 있었는데 부하인 장달張達·범강范彊은 장비를 암살한 후 장비의 목을 가지고 손권에게 투항했다.

장비의 자는 익덕益德이며 탁군涿郡(지금의 하북 탁주) 사람으로 동한 말년에 유비와 함께 기병하여 수차례 전공을 세웠다. 촉한의 대장인 장비는 용맹하고 용감한 사람이었다. 사서에는 그가 일찍이 당양교當陽橋 위에서 단필 마에 칼을 빼들고 만군을 호령하여 내쳤다고 기록되어 있다. 그래서 당시 사람들은 모두 그와 관우가 '만인萬人을 대적' 할 수 있다고 하였다. 장비는 사대부를 존중했으나 병졸들의 입장은 고려해주지 않고, 종종 사병들을 채찍질하고 형벌을 엄중하게 했다. 그래서 사졸들의 원한을 자아내곤 했다. 이 때문에 유비는 몇 번이나 그에게 주의를 주었다. 그러나 장비는 끝내 이를 고치지 못했고, 결국은 부하에게 살해당하였다. 장비는 살해된 후에 환후桓侯에 추존되었다.

촉한 환후 장비

221년
유비의 황제 즉위

221년 한중왕 유비는 성도에서 황제를 칭하게 되었다. 220년 조비가 황제를 칭한 후에 촉에서는 한 헌제 유협이 이미 피살되었다는 소식이 날아들었다. 종실의 한 사람인 유비는 이리하여 상복을 입고 발상을 하고 한 헌제 유협을 추존하여 효민孝愍황제라 했다. 이 일이 있은 후, 유비의 부하들은 분분히 유비에게 제위에 오르도록 권했지만 유비는 응낙하지 않았다. 군사軍師 제갈량이 상주하자 유비는 비로소 동의했고 동시에 군사 제갈량·박사 허자許慈·의랑議郎 맹광孟光에게 예의를 설정하고 길일과 길시를 택하도록 하여 존호에 올랐다. 위 황초 2년(221) 4월 6일, 유비는 성도에서 황제에 즉위하니 한의 소열昭烈황제며 촉蜀의 선주다. 유비는 한 왕실의 부흥을 기치로 내걸었기 때문에 국호를 여전히 한이라 했으며 장무章武로 개원했다. 그런데 겨우 익주益州 한 곳만 차지하고 있었기 때문에 '촉한' 또는 '계한季漢'이라고도 칭한다. 유비는 제갈량을 승상으로 삼고, 허정許靖을 사도로 삼았다. 백관을 설치하고 종묘를 세우고 선왕들을 제사지냈다. 5월 12일, 유비는 부인 오씨를 황후에 세우고, 아들 유선劉禪(아호는 아두阿斗)을 태자에 세우고, 거기장군 장비의 여식을 황태자 비로 간택했다.

222년
효정 전투에서 패한 유비

촉 장무 원년(221) 6월, 유비는 형주荊州를 탈환하고 관우의 원수를 갚기 위하여 급하게 삼협으로 출병하여 손권의 오나라를 공격했다. 손권은 화친이 불가능함을 알고 하는 수 없이 응전했다. 그는 육손陸遜을 대도독에 임명하고 주연朱然·반장潘璋·송렴宋謙·한당韓當·서성徐盛·손환孫桓 등의 장군과 사졸 5만 명을 이끌고 저항토록 명했다. 육손은 신중한 태도를 취하여 병력을 집중시키고 무협巫峽의 동쪽에 있는 좁고 긴 숭산령 지대로 퇴각하여 효정猇亭을 굳게 지키면서 전투를 하지 않았다. 다음 해 윤 6월에 이르러 육손은 결전 시기가 무르익었다고 생각하고 시험적으로 한번 공격해보기로 하였다. 즉시 사병들에게 볏단 한 다발씩을 들고 촉군의 군막에 불을 놓도록 하니 촉군 영내에서는 대혼란이 일어났고 육손은 이 기회를 이용하여 5만 병사를 이끌고 동시에 맹공을 가하여 40여 개 촉군의 군영은 연이어 파괴되고 유비는 마안산馬鞍山(지금의 호북 의창宜昌 서북)으로 도주했다. 육손이 군대를 이끌고 사면에서 포위 공격하자 촉의 군사들은 붕괴되고 와해되어 사상자가 수만에 이르렀다. 유비는 밤을 도와 도망하니 역참에 있던 사병이 험하고 좁은 길목에 무기와 갑옷으로 불을 놓아 쫓아오는 추격병들을 막아주어 유비는 겨우 백제성(지금의 사천성 봉절奉節 동쪽)으로 도망칠 수 있었다. 촉군의 군용 물자는 거의 소진되고 군대 역시 원기를 크게

유비

백제성에서 아들을 의탁한 유비

유비는 백제성으로 도주한 후, 울분이 가중되어 화병으로 누운 후 결국은 일어나지 못하게 되었다. 촉 장무 3년(223) 3월, 자신이 오래 살지 못할 것을 알고 성도에 있던 승상 제갈량을 백제성으로 불러 유명을 받들도록 했다. 당시 유선은 겨우 16세라 아직 독립적으로 일을 주관할 수 없었고, 제갈량은 충성심이 강하고 지혜가 남달리 뛰어났으므로 유비는 제갈량을 불러 일심으로 후주後主 유선을 보좌하여 한나라 왕실을 부흥시키고 통일 대업을 완성하라고 명했다. 동시에 후주 유선에게는 승상 제갈량을 친아버지처럼 대하라고 당부하였다. 수신을 위해서는 "악이 작다고 하여 그것을 행해서는 안 되고, 선이 작다고 하여 그것을 행하지 않아서는 안 된다"고 당부하고 후사를 마무리한 후에, 4월 유비는 한을 품은 채 생을 마치니 향년 63세였다. 그는 '소열제昭烈帝'로 추존되었다.

백제성

상실했다. 촉나라 장군 부 肜창*傅肜·종사좨주 정기程畿는 전사했고 시중인 마량馬良은 피살되었다. 유비는 패하여 백제성으로 돌아온 후에 울분으로 화병이 생겨 일어나지 못하고 끝내 촉 장무 3년(223) 4월에 백제성의 영안궁에서 병사했다. 촉나라의 대세는 이로써 대대적으로 위축되었다.

* 독음불명-역주

혜릉惠陵 묘비

촉 장무 3년(223) 4월, 유비가 백제성 영안궁에서 서거하자 그의 유해는 5월 성도로 운반되어, 8월에 혜릉에 장사지냈다. 감부인과 오부인도 이곳에 합장하였다. 혜릉은 규모가 크지 않고 앞에 문궐門闕·석상 등이 없으며, 능 앞의 침전 역시 몹시 협소하다.

조조의 곤설

건안 11년(207), 높은 하늘에 구름이 두둥실 떠있는 맑은 가을 어느날, 조조는 문무백관을 거느리고 한중 석문잔도石門棧道의 포곡褒谷에 이르렀다고 한다. 이곳은 산이 좋고 물이 맑으며 들꽃이 향기를 뿜어내고, 맑은 포수褒水는 계곡으로 흘러내리며 강 가운데에 있는 커다란 돌멩이에 부딪히며, 잔물결을 흩뿌리는 것이 마치 눈보라를 날리는 것 같았다. 조조는 이 아름다운 대자연의 경치에 도취되어 흥이 나서 대작을 쓰기에 이르렀고 〈곤설袞雪〉이라는 두 자로 제목을 달았다. 글이 완성된 후 모두는 조조의 서예를 칭찬하여 마지 않았으나 '곤袞' 자에 삼수변이 없는 것에 대해서는 누구도 감히 거론할 수 없었다. 그러자 담이 큰 한 젊은이가 "승상 대인, 승상의 글씨가 참으로 좋습니다. 그런데 '곤' 자에 삼수변이 빠져 있습니다"고 했다. 조조는 이에 고개를 들고 껄껄 웃은 후 굽이치며 흐르고 있는 포수를 가리키며, "곤袞*의 바로 옆에 물이 있는데 어찌 물이 빠졌다고 할 수 있는고?"라고 대답했다. 이때서야 모두는 꿈에서 깬 듯 탄복하였다. 1969년, 석문에 저수지를 만들 때 각석이 수중에 매몰될 처지에 놓이게 되었다. 이에 사람들은 '곤설'을 포함한 한위 13점의 우수한 석각품을 산을 파서 조각했고, 본래의 각석은 한중시 박물관에 옮겨 진열하여 국내외 관광객에게 참관토록 하고 있다.

* 본래 '흐를 곤' 의 곤설滾雪이라고 써야되는데 조조는 일부러 삼수[氵]를 빼고 곤袞으로 썼음 – 역주

조조의 서예 작품·곤설袞雪

위 황초 2년(221) 가을, 손권은 촉군의 공격을 받자 이 기회를 틈타 위나라가 공격할까 두려워 자발적으로 위나라를 향하여 신하라 자청했다. 그러나 위나라도 이에 쉽게 속지 않고, 사자를 오나라로 파견하여 오 태자를 위나라에 인질로 보내도록 요구하자 손권은 이를 거절했다. 조비는 크게 노하여 황초 3년에 출병하여 오나라를 공격하였다. 손권은 하는 수 없이 건위장군 여범呂範을 파견하여 오군五軍을 감독하도록 하고 수군水軍으로 하여금 조휴曹休를 막도록 했다. 좌장군 제갈근諸葛瑾과 평북장군 반장, 장군 양찬楊粲은 남군南郡을 구원하게 하고, 비장군 주환朱桓은 유수를 지키며 조인曹仁에게 항거토록 했다. 한동안의 외교적인 절충을 거쳐 담판을 끌어낸 후 손권은 근 1년간 위나라와 평화를 유지함으로써 효정 전투에 온 역량을 집중시켜 일거에 유비의 군대를 물리칠 수 있었다. 그러나 손권은 여전히 위나라와 철저히 결렬되기를 원치 않았기 때문에 간절한 언사로 조비에게 글을 썼으며 아울러 태자 손등孫登을 보내 위 종실에 혼인을 청했다. 또 만일 위나라가 반드시 태자를 인질로 요구한다면 두 대신을 시종으로 파견할 수 있도록 해달라고 했다. 그러나 조비는 손등만 혼자서 아침 일찍 도착하면 위나라 군대는 저녁에 철수시키겠다고 대답했다. 10월, 손권은 임강에서 수비를 정비하고, 조비 역시 친히 동오를 공격하기

로 결정했다. 위나라 군대는 강릉을 여러 달 포위 공격했지만 성공하지 못하고 있었다. 게다가 위나라 군대에 역병이 돌기 시작하고, 강물이 범람하자 조비는 군대를 철수시켰다. 5년 8월, 조비는 수군을 이끌고 제2차 오나라 정벌에 나섰으나 폭풍우가 몰아치고 강물이 범람하여 또 하는 수 없이 철수했다. 6년 5월, 조비는 수군을 이끌고 제3차 오나라 공격에 나서 8월 회하로 들어갔고, 10월에는 광릉廣陵(지금의 강소 양주)에 도달하여 도강할 준비를 했다. 그런데 이때는 마침 날이 추워 강이 얼어 배로 강을 건널 수가 없었다. 게다가 오나라가 엄중하게 수비를 하고 있어 하는 수 없이 공을 이루지 못한 채 돌아오는 수밖에 없었다. 조비는 세 차례 오나라를 공격했지만 그 효과는 아주 미미했던 반면 오나라는 이때 이미 촉과 수교를 맺었다. 226년 조비는 서거했다.

삼국·나무 소[木牛](모형)
제갈량이 만들었다고 하는데 군용 물자 수송에 사용되었고 산이 많은 지형에서 사용하기 적합하다.

225년
맹획을 일곱 번이나 사로잡고 남중을 평정한 제갈량

삼국 시기 촉한의 남부는 지금의 운남·귀주와 사천의 남부 지역으로 당시에는 이곳을 '남중南中'이라고 불렀는데 소수민족들이 흩어져 살고 있었기 때문에 또 '서남이西南夷'라고도 불렀다. 그런데 촉나라는 남중에서 통치가 견고하지 못했다. 건흥 원년(223), 유비 사후에 양가군牂柯郡(지금의 귀주 지역) 군수 주포朱褒·익주군(지금의 운남 진녕 동쪽)의 호족인 옹개雍闓·조휴군趙巂郡(지금의 사천 서창) 수족叟族 수령인 고정高定이 동시에 반란을 일으켰다. 1년여 동안의 내부 정돈을 거쳐 외부와 단절하고 백성을 휴식시킨 후, 촉 건업 3년(225), 제갈량은 친히 군대를 이끌고 남정에 나섰다. 출사하기 전에 그는 부장 마속馬謖의 건의를 채택하여 위무慰撫 위주의 심리 공략전법을 쓰기로 정했다. 7월 제갈량은 조휴를 경유하여 남중으로 들어가 마충

백제성에 있는 제갈량의 관성대

오나라에서 불경을 번역한 지겸

지겸支謙의 자는 공명恭明이며 또 명월名越이라고도 한다. 조상은 대월지 사람으로 한 헌제 말년에 지겸은 낙양에서 건업(지금의 강소성 남경)으로 피난을 왔다. 지겸은 어려서부터 중국 고전을 공부하기 좋아했고 후에는 유명한 불경 번역가인 지참支讖의 제자 지량支亮(자는 기명紀明)에게 불교를 공부했다. 이리하여 경전에 박학하고 불학에도 조예가 깊었다. 그는 또한 6개국 언어에 통달한 다재다능한 사람이었다. 손권은 그를 박사에 임명하고 태자의 스승으로 청하였다. 태자 등登이 죽자 지겸은 궁륭산에 은거했다. 오 황무 2년(223), 지겸은 불경을 번역하기 시작했고 오 건업 2년(253), 30년의 시간을 들여 불경 49부를 전부 번역했다. 그가 번역한 주요 불경은 《유마힐경》·《대명도무극경大明度無極經》·《수능엄경首楞嚴經》 등이다. 또한 《찬보살연구범패讚菩薩連句梵唄》 3계를 만들었다. 지겸이 번역한 불경 문장은 아름답고 간단하며 문의가 분명하여 한족들의 습관에 비교적 부합되었다. 그는 또한 불경 번역의 '회역會譯' 법을 창제하였으며 불경을 번역할 때에 몇몇 명사와 개념을 노장철학과 상응하는 어휘로 번역하여 양진 남조 불교 현학화玄學化의 시초를 열었다.

馬忠을 파견, 동로군를 거느리고 양가를 진공하여 주포 세력을 일망타진토록 했다. 또 이회李恢에게는 중로군을 거느리고 평이平夷(지금의 귀주 필절)에서 곧장 익주군으로 쳐들어가도록 했다. 그리고 그 자신은 친히 주력부대를 이끌고 익주로 갔다. 이때 옹개는 이미 고정의 부하에게 피살되었고 맹획孟獲이 옹개 대신 대장이 되어 옹개의 잔여부대를 수습하여 제갈량에게 저항했다. 맹획은 현지 소수민족 사이에서는 명망이 높았으므로 제갈량은 자신의 방침대로 맹획을 생포하여 그를 기꺼이 투항하도록 하리라 결심했다. 8월 촉나라 군대는 맹획군과 교전을 벌여 맹획을 생포했다. 일곱 번 생포하고 일곱 번 풀어 놓아준[七擒七縱] 후에야 맹획은 비로소 온 마음으로 제갈량에게 복종하게 되었다. 이에 따라 제갈량은 운남성으로 들어가게 되었고 여전히 맹획을 현지 지방관에 위임했다. 제갈량이 맹획을 일곱 번 생포하여 남중을 평정한 일은 촉한의 남부·소요의 근심을 제거했을 뿐만 아니라 후방을 안정시키고 나아가 남방으로부터 적지 않은 인력과 물자를 조달받아 촉한의 재정 역량이 튼튼히 하게 되었다. 이로써 촉한은 북방에 전력을 다할 수 있게 되어 병력을 이끌고 진중秦中으로 북향했다.

226년
조비의 병사

위 황초 7년(226) 5월 17일, 위나라의 건립자이자 문학가인 조비(위문제)가 낙양에서 병사하니 향년 40세였다. 조비의 자는 자환子桓이고 패국沛國 초군譙郡(지금의 안휘성 박주) 사람으로 조조의 차남이다. 어렸을 때부터 무술과 검술 배우기를 좋아하고, 경전과 사서에 통달했으며 한 연강 원년(220)에 위왕에 즉위했다. 상서 진군陳群의 건의를 받아들여 구품중정제를 실행했으며 문벌 귀족들의 정치적 특권을 공고히 확립시켜줌으로써 문벌귀족들의 지지를 받았다. 같은 해, 한나라의 황제 직위를 대신하게 되고 조위曹魏 정권을 건립했으며 재위 기간은 7년이었다. 조비는 비록 정치적 공적이 그다지 많지는 않았지만 문학상으로는 중요한 지위를 점하고 있다. 그는 건안문학의 대표작가 중의 하나며 당시 문단의 영수로 아버지 조조·동생 조식과 함께 '삼조三曹'로 칭해진다. 그의 저서 《전론典論·논문》은 중국 최초의 문학평론 전문서적이다. 조비는 또 왕상王象·유훈劉勛 등에게 중국 첫 번째 유서類書인 《황람皇覽》을 편찬하게 했다. 그는 황제의 신분으로 문학의 사회 기능을 높게 평가했으며 "문장은 나라를 다스리는 대업으로 불후의 성사盛事"라고 여겼다. 조비 사후에 황태자 조예曹叡가 제위를 계승하니 바로 명제다. 조진曹眞·진군·사마의 등이 유훈을 받들어 명제를 보좌했다.

구품중정제

220년 조비는 귀족들의 지지를 얻고, 국가를 효과적으로 통치하기 위하여 사대부인 진군陳群의 건의를 받아들여 구품중정제九品中正制를 건립하고 각 주의 군에 대소 중정을 설치했다. 현지인들을 중앙 관원에 임명하여 충당하고, 찰방察訪과 현지 주와 군의 선비들을 품평하는 책무를 부여했다. 이들이 평가한 후에 간단하게 평어를 썼는데 이를 품과 장狀이라고 한다. 품은 즉 등급을 나타내는 것으로 선비들의 가문의 고하에 의거하여 상상上上·상중上中·상하上下·중상·중중·중하·하상·하중·하하의 9개 품급이 있다. 장狀은 선비들의 덕행과 재능에 관한 평어다. 품과 장을 써놓은 후에 소중정小中正·대중정·사도의 급에 따라서 이부상서에 보고 되었고 정부에서는 이를 토대로 관리를 선발하는 표준으로 삼았다. 이로써 전문으로 선비를 뽑는 중정관과 이부상서에서 책임지는 관리 선발 제도가 원래 있던 각급 지방 행정장관이 관리를 추천하던 제도를 대신하게 되었다. 사마씨 집단이 조위曹魏 정권을 대신하게 됨에 따라 구품중정제는 명문세도가들 세력의 영향하에서 변질되기 시작했다. 단지 문벌만 중시하고 인재를 중시하지 않는 관점은 이 제도를 유명무실한 존재로 변형시켰으며 결국 "상품에 가난한 가문 없고 하품에 선비 아닌 집안이 없다"는 상황을 만들어냈다. 구품중정제는 완전히 문벌 귀족의 정치 도구로 변질되었다. 관리 선발 제도로서의 구품중정제는 이에 이르러 애초의 의도와 직능을 완전히 상실하게 되었으며 수나라가 중국을 통일한 후로는 철저하게 폐지되었다.

삼국·청자 연적

227~234년

기산으로 여섯 번 나온 제갈량

유비 사후 제갈량은 촉 후주 유선을 보좌하여 내부를 안정시키며, 익주를 경영하고, 남중을 평정한 후에 다시 오나라와 연맹을 회복했다. 촉 건흥 5년(227)부터 제갈량은 군대를 이끌고 조비의 위나라를 북벌하기 시작했고, 건흥 12년(234)까지 모두 여섯 차례 출정했는데 이를 기산으로 여섯 번 나왔다는 뜻으로 속칭 '육출기산 六出祁山'이라고 한다. 6년 정월, 제갈량은 조운과 등지鄧芝에게 위나라의 주력부대를 미현眉縣으로 거짓으로 유인하게 하고 자신은 친히 대군을 거느리고 기산(지금의 감숙 서화현 기산보)을 공격했다. 제갈량의 부대가 쳐들어온다는 소문만 듣고도 위나라 군대는 뿔뿔이 달아나자 위나라 조야는 걱정이 태산 같았다. 위나라에서는 장합張郃에게 5만 군사를 주어 기산에서 제갈량을 막도록 했다. 제갈량은 참군 마속을 선봉

제갈량의 《출사표》

건흥 5년(227) 3월, 제갈량은 군대를 거느리고 한중(지금의 섬서 한중 동쪽)에 주둔한 후 중원 북벌을 준비하며 한 왕실를 부흥하는 대업을 완성하리라고 생각했다. 출병하기 전에 그는 《출사표》를 촉의 황제 유선에게 올려 출병의 대의명분을 분명히 했다. "선제께서 창업을 하셨으나 뜻을 이루지 못하고 붕어하셨습니다. 지금 나라가 셋으로 나뉘어 익주는 피폐하고 정말로 존망의 위급함에 처해 있습니다"고 했다. 그는 또 후주에게 어진 신하를 가까이 하고, 소인을 멀리할 것과 엄격히 법치를 행하기를 희망하며 아울러 자신의 마음을 분명하게 표명했다. "명을 받은 이후로 밤낮으로 걱정이 많았습니다. 유명遺命을 받들고도 제 마음을 다하지 못하여 선제의 밝음을 상하게 할까 두렵습니다"고 말했다. 또 "지금 남방이 이미 평정되고 군대도 충족하니, 삼군을 거느리고 북쪽의 중원을 평정할까 하옵니다" 또 "신은 승은을 입음에 감격해마지 않으며 지금 먼 곳으로 떠나면서 표表를 지음에 눈물이 앞을 가려 무어라고 할 바를 모르겠습니다"라고 마쳤다. 《출사표》는 고대의 유명한 산문작품으로 그 문풍은 질박하고 청신하며 언사가 간절하며 진심을 터놓고 이야기하고 있다. 다음해 정월, 제갈량은 군대를 이끌고 기산 전투를 감행했지만, 선봉장 마속이 지휘를 어겼기 때문에 가정街亭(지금의 감숙 장랑莊浪)에서 패하자 제갈량은 하는 수 없이 철수했다. 같은 해 11월, 제갈량은 위나라 장군 조휴曹休가 오나라 공격에 실패하고, 또한 위나라 군대가 동오 아래에 주둔하고 있어 관중이 비었다는 소식을 듣고는 재차 위나라를 공격하기로 결정했다. 그러나 많은 대신들이 이견을 내놓았다. 이 때문에 제갈량은 두 번째 상소를 올리고 후주 유선이 비로소 북벌을 윤허하니 이것이 바로 《후출사표》이다. 그 문장 속에 "한나라는 적과는 양립할 수 없으며 왕업은 안정되지 않습니다", "이 몸은 나라를 위하여 온 힘을 다할 뿐이며 죽음만이 있을 뿐입니다"고 하는 말은 천고에 전해지는 유명한 문장이다.

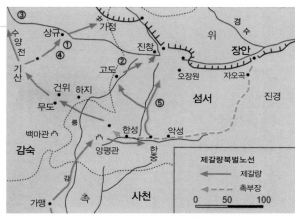

제갈량 북벌 노선도

동오의 자기 제조업의 형성

삼국 시기 강남에 웅거하고 있던 동오東吳는 토지가 비옥하고 물자는 풍부하며 전쟁의 영향을 비교적 덜 받았다. 이에 따라 자기 제작 기술 또한 원래 전승되어온 기초를 바탕으로 날로 성숙되어 갔으며 생산 규모 역시 이전에 비해 수배로 확대되었다. 동오의 월요越窯 청자는 대표적인 남방 자기 계열의 전형이다. 양자강 중류의 무창武昌 일대는 동오 말기에 청자를 제작하던 곳이다. 삼국 초기의 동오 청자는 대부분 동한 시기의 풍격 특색을 갖추고 있어 조형미가 질박한데 가장 흔히 볼 수 있는 것은 쌍계호雙繫壺·쌍이관雙耳罐으로 목이 짧고 몸집이 낮으며 어깨가 북처럼 둥근 모습으로 돈후하고 둔중하다. 무늬 역시 비교적 단순하다.

후기에 이르러 기물의 종류는 나날이 증가했는데 특히 인물누각관樓閣罐이 특출나다. 동오 월요 청자의 가장 큰 특색은 동물을 기물의 조형으로 삼아 미감을 확대한 것으로 평범하게 늘 사용될 수 있는 기물에 교묘하게 동물의 형상을 더하여 신기한 예술 효과를 더하고 있다. 동오 청자는 양진兩晋의 자기 제조업에 커다란 영향을 주어 양진 월요 청자가 그 독특한 우월함을 지니게 했으며, 남북조를 거쳐 당·오대에 이르기까지 700여 년간을 지속하였다.

삼국·청자 그릇[靑瓷盆]

삼국·새 모양의 자기 잔[鳥形瓷杯]

으로 하여 군대를 이끌고 장합과 가정에서 싸우도록 했다. 그러나 마속은 제갈량의 지휘에 따르지 않아, 오히려 장합에게 수로를 끊겨 촉군은 대패했다. 제갈량은 거할 곳이 없게 되자 하는 수 없이 한중으로 철수했다. 228년부터 231년까지 제갈량은 연이어 위나라를 공격했으나 얼마간의 승리만을 거두었을 뿐 도로가 통하지 않거나 군량이 다하여 군대를 철수시켰다. 건흥 12년(234) 봄, 제갈량은 병사 10만여 명을 거느리고 사곡斜谷을 나와 위나라를 공격했고, 4월 오장원(지금의 섬서 미현 서남쪽)에서 북쪽의 20만 위나라 군대와 서로 대치하였다. 같은 해 8월, 제갈량이 불행히도 병이 들자 촉군은 하는 수 없이 철군했다. 제갈량은 여섯 차례 위나라와 전쟁을 벌였는데 실제적으로는 한 번은 방어전이었고, 나머지 다섯 번은 주동적으로 출격했으며 기산에 출병한 것은 겨우 두 차례에 지나지 않으니 소위 '육출기산' 이라는 말은 타당하지 않다.

229년
손권의 황제 즉위

오 황무 8년(229) 4월, 손권은 무창에서 황제를 칭하며 황룡黃龍으로 개원했다. 손권은 건안 5년(200), 그의 형 손책孫策의 사업을 계승하여 강동의 주인이 되었다. 위와 촉이 황제를 칭한 이후 손권은 형세에 밀려 우선 자신의 뜻을 굽히고 위나라를 섬겼다. 그해 4월 손권은 드디어 무창의 남쪽 교외에서 황제에 즉위했다. 하구夏口(지금의 호북 무한) · 무창(지금의 호북 악성)은 모두 황룡과 봉황이 출현한다는 전설이 있어 왔기 때문에 황룡으로 개원하고 나라를 세워 오吳라 하고 천하에 대사면을 행했다. 아버지 손견孫堅을 무열황제에, 형 손책을 장사 환왕에 추존했으며, 아들 손등을 황태자에 책봉했다. 9월, 손권은 수도를 건업(지금의 강소성 남경)으로 천도했다. 손권이 황제를 칭한 것은 삼국이 정식으로 정립의 국면으로 접어들었음을 말해준다. 삼국 가운데서 손권이 비록 제일 마지막으로 황제를 칭했지만 그가 강동에 할거했을 때부터 계산하면 가장 역사가 길다.

오 대제 손권

손권(182~252)의 자는 중모仲謀이고 오군 부춘富春(지금의 절강성 부양) 사람으로 삼국 오나라의 건립자다. 동한 말년에 손권의 부친 손견과 형 손책은 군벌 간의 혼전 속에서 강동의 여섯 군을 차지하게 되었다. 손견이 죽고 얼마 후에 손책은 사냥 중에 피살당했다. 그는 죽기 전에 책사 장소張昭 등을 불러 "내 동생을 잘 보좌해주기 바라오"라고 당부했다. 얼마 안 되어 나이 18세의 손권이 형의 직위를 대신하여 강동의 최고 통치자가 되었다. 손권은 정치적인 재능이 있는데다가 또한 각 방면의 역량을 단결 집중시키는데 주의를 기울여 신속하게 자신의 위엄을 획득하면서 혼란하던 동오의 정세를 새롭게 안정시켰다. 손권은 오나라의 제왕으로 즉위한 후에 대외적으로 약한 한나라와 연합하여 강국 위나라에 대항하는 정책을 채택하여 208년 손권과 유비의 연합군이 적벽대전에서 조조 군대를 대패시켜 강동의 통치를 공고히 했다. 219년 손권은 한과 위나라가 싸움을 하는 사이 여몽呂蒙을 파견하여 형주를 공략했다. 221년, 아직 젊고 이름없는 장군 육손을 파견하여 촉군을 공격토록 하여 대승했다. 229년 손권은 무창에서 황제를 칭한 후 국호를 오라 하고 후에 건업으로 천도하였다. 손권은 대내적으로 몹시 엄격하게 통치를 하였으며 중한 과세를 부과했다. 신하들이 이를 말리면 그는 "소인배를 위협할 때는 반드시 중형을 사용해야 한다. 만일 강동만 지키고자 한다면 지금의 병력으로도 충분하다. 그러나 수성만 하기에 이곳은 너무 협소하여 군대를 움직여야 한다"고 말했다. 이러면서 손권은 대대적으로 동남 지역을 향하여 발전해나갔다. 연해를 개발하기 위하여 손권은 230년에 장군 위온衛溫과 제갈직에게 병력을 거느리고 만인의 함대를 출항하게 하여 이주夷洲(지금의 대만)까지 항해했다. 이것은 현재 문헌에서 확인할 수 있는 대만과 대륙 간의 최초의 대규모 접촉이다. 손권은 동남을 향하여 진군하며 이 일대 지역의 개발과 민족 융합의 발전을 촉진시켰다. 그의 정치적 재능은 심지어 조조의 칭찬까지도 받을 정도였는데 조조는 "아들을 낳으면 손중모같은 자식을 낳아야 한다"고 말했다. 252년 손권이 세상을 떠나니 향년 70세였다. 사후에 오대제吳大帝로 추존되었다.

거기도車騎圖(요양 공손씨 벽화묘)

손권

234년
오장원에서 스러진 제갈량

촉 건업 12년(234) 8월, 정치가이자 군사가이며 촉의 승상인 제갈량이 과로가 누적되어 북벌중에 오장원五丈原(지금의 섬서 미현 서남쪽)의 군막에서 병사하니 향년 54세였다. 제갈량의 자는 공명孔明으로 낭아琅邪 양도陽都(지금의 산동 기수 남쪽) 사람이다. 동한 말년에 등현 융중隆中(지금의 호북 양양 서쪽)에서 은거하고 있었는데 재주가 뛰어나서 그를 '와룡'이라고 불렀다. 건안 12년(207), 유비의 삼고초려로 그는 산에서 내려왔고, 그 후에 유비의 참모가 되었다. 유비는 황제가 된 후에 제갈량을 승상에 임명했다. 얼마 되지 않아 유비가 병사하자 후주 유선이 즉위했고 제갈량을 무향후武鄕侯에 봉하였으며 익주목을 겸임토록 했다. 제갈량은 유명을 받들어 유선을 보좌하고 모든 일을 세심하게 모두 친히 보살폈다. 정무를 보는 기간에 그는 우선 내부를 안정시키고 익주를 경영한 후에 남중을 평정하고, 이월을 안무한 후에 군사를 일으켜 북벌을 하고 중원으로 진격했다. 촉한 정권을 위하여 그는 충심을 다했고 전력을 다했다. 제갈량은 온 힘을 다하여 정치를 도모했으며 사람됨이 어질고, 관리를 다스리는 데 엄격했으며 상벌이 정확했다. 또한 교묘한 구상에 뛰어나 일찍이 석궁을 연이어 놓은 연뇌連弩·목우·유마流馬 등을 제작하기도 했다. 병법을 연마하여 팔진도를 만들기도 했다. 그는 용심술을 사용한 전술에 능하였으며 원대한 전략적 안목이 있어 늘 오나라와 연맹하여 조나라에 항거하는 정확한 방침을 세웠다. 제갈량은 문학 방면에서도 탁월한 성취를 거두었다. 사후에는 그의 유언에 따라서 한중 정군산定軍山(지금의 섬서 면현勉縣 남쪽)에 장사지냈으며 충무후忠武侯에 추존되었다.

238년
위나라의 요동 평정

요동은 한 헌제 이래 줄곧 공손씨公孫氏가 점거하고 있었다. 헌 한제 초평 원년(190), 공손도公孫度가 요동에서 처음으로 관작을 자신에게 스스로 봉하고 이때부터 세습되어 왔다. 공손도 사후에 그의 아들 공손강公孫康·공손공公孫恭이 계속하여 직위를 이어받았다. 위 태화 2년(228), 공손강의 아들 공손연公孫淵은 숙부 공손공을 죽이고 스스로 태수가 되었다. 조조 생존 시인 건안 12년(207)에 일찍이 요동을 정복했는데 당시 요동태수 공손강은 이전에 투항해온 원소의 아들 원상을 죽이고 그 수급을 조조에게 헌납하며 조조에게 귀순을 표시했었다. 이리하여 북방은 안정될 수 있었다. 공손연이 지위를 물려받은 후에 위 명제 조예는 그를 요동태수에 제수하였다. 그러나 공손연은 오히려 사적으로 오나라와 좋은 관계를 맺고 있었다. 위 경초 원

《제갈승상집》

제갈량

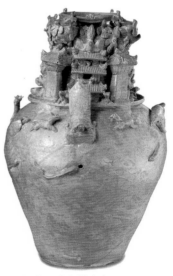

곳간 모양의 청자관[靑瓷堆塑穀倉罐]

년(237) 7월, 위 명제는 형주자사 관구검毌丘儉을 파견하여 요동 남쪽 변경에 주둔케 하고 공손연을 입조하도록 했다. 그러나 공손연은 군대를 일으키고 이에 저항했는데 이때 마침 연일 큰비가 와서 요수가 범람하자, 관구검은 출병할 방법이 없어 하는 수 없이 퇴각했다. 관구검이 퇴각하자 공손연은 스스로 연왕燕王이 되어 연호를 바꾸고 관직을 설치했다. 경초 2년(238) 3월, 위 명제는 태위 사마의를 불러 병력 4만을 주고 제3차 공손연 정벌을 감행토록 했다. 6월 병력이 요동에 이르러 공손연의 도성인 양평襄平(지금의 요동 요양)을 포위 공격했다. 1개월여 만에 요동 성 안의 양식이 모두 바닥이 나자 성을 지키고 있던 장수와 사졸들은 죽거나 투항했다. 공손연과 그의 아들 공손수는 수백의 기마병만을 데리고 포위를 뚫고 동남으로 도주했으나 위나라 군대는 양수梁水(지금의 태자하)까지 추격하여 공손연 부자를 죽였다. 요동은 이로써 안정되었고, 요동·대방·낙랑·현토 4군은 조위曹魏의 판도로 편입되었다.

해서의 대가 - 종요

위 태화 4년(230) 4월, 위 태부 종요鍾繇가 병사했다. 그는 중국 서예사상 최초의 해서楷書 대가로 중국 서예 예술에 있어서 한 시대의 획을 긋는 공헌을 했다. 종요(151~230)의 자字는 원상元常이고, 영천潁川 장사長社(현재 하남성 장갈長葛) 사람으로 대대로 유학자 집안의 귀족이었다. 동한 말에 효렴孝廉에 천거되고 황문시랑을 역임하였다. 위나라 조씨 삼대를 섬기면서 매우 중용되었던 위나라의 원로였다. 누차 관리를 하면서 태부에 올랐기 때문에 사람들은 그를 종태부라고 부른다. 종요는 서법에 능하여, 조희曹喜·유덕승劉德升 등 여러 명가들을 사사하여 그들의 장점을 널리 취하니, 해서·예서·행서·초서 등 모든 서체에 매우 정통했다. 특히 그의 해서와 예서의 서법은 특이한 멋이 있으며 한자의 필획 구조가 꽉 찬 듯하면서도 혼연일체가 되어 후세 사람들로부터 진한 시기의 일인자로 추앙받고 있다. 종요는 서예가 형성된 후 예서에서 해서로 전환되는 과도기를 열었다. 그의 이러한 창안은 서예 예술의 발전에서뿐만 아니라, 한자의 정형에도 획기적인 공헌을 했다.

종요

종요 · 《선시표宣示表》

정시 유명인사들의 돌가루 복용

암흑과 동란의 한말 정치는 봉건예법을 쇠퇴시키고 파괴시켰으며 춘추전국에서 진한 시기까지 수립되어온 사회질서는 단번에 붕괴되었고 문명의 준칙 역시 아무것도 남지 않게 되었다. 정시正始의 명사들은 바로 이러한 문명이 와해되는 시기에 살았던 사람들로서 최초로 문명 소외에서 대두된 말세적 증상을 느낀 그들의 정신적 고뇌는 심각한 것이었다. 이리하여 약과 술은 그들이 잠시나마 자신을 마취시키고, 번뇌와 우울과 고통을 경감시키는 수단이자 정치적 박해와 시기심을 피할 수 있는 수단이며 호신부護身符였다. 앞장 서서 약을 복용한 사람은 정시(정시는 위 조방曹芳의 연호임. 240~249)의 명사들로 하안何晏을 위시하여 왕필王弼·하후현夏侯玄 역시 이 일에 열중했다. 그들이 복용한 약은 통칭 한식산寒食散이라고 하는데 대부분 광석이 그 기본 성분이다. 그중 한 가지는 석종유石鐘乳·석유황·백석영·자석영·적석지赤石脂 등 다섯 가지 무기물로 구성된 것으로 이를 오석산五石散이라고 한다. 가장 많이 복용한 것은 역시 한식산이다. 한식산은 독소를 함유하고 있으며 몸을 보호하는 어떠한 작용도 없다. 이 약을 복용한 후에는 몸이 갑자기 뜨거워졌다가 차거워지는데, 약성이 나타날 때면 온몸의 고통은 말로 형언할 수 없으며 정신은 일종의 알 수 없는 황홀한 상태에 빠져들게 된다. 기분 역시 흐리멍텅한 상태가 되어 잠시 이 번잡한 속세의 투쟁 속에서 초탈하게 된다. 이 약을 복용했다는 허울 아래 가끔씩 미친 듯한 말을 해도 크게 문제시하지 않았다. 정시의 명사들이 이 약을 복용하기 시작한 후 수많은 사람들이 분분히 이를 모방했으며 동진과 남북조 때에 이르러서까지도 정치적인 위기로 인하여 여전히 사라지지 않았고, 이런 약을 복용하는 것은 일종의 사대부의 풍조로 자리잡게 되었다. 그들은 약성이 발휘되는 것을 핑계로 열을 발산하고 추위를 막기 위한다고 하면서 몸을 아무렇게나 방치하며 종종 황당무계한 행동을 했다.

239년
조방의 즉위와 정권의 동요

위 경초景初 3년(239) 정월, 위 명제 조예가 병사하자 양자 조방曹芳이 제위를 계승했는데 그때 나이 겨우 8세였다. 조상曹爽과 사마의가 조예의 유훈을 받들어 정무를 보좌했다. 나이 어린 조방의 즉위는 위나라 정권의 동요를 예견하였으니 공동으로 정무를 보좌하게 된 조상은 종실 대신이고, 사마의는 성이 다른 중신으로 두 사람의 권력 투쟁은 필연적이었다. 그해 2월, 조상은 참모 정밀丁謐의 계책을 받아들여 사마의를 태부로 천거하는 상소를 올려 그 실권을 축소시켰다. 비록 그의 도독중외제군사·녹상서사 등의 직무만은 그대로 유지시켜 주었지만 허명일 뿐으로 실제로 사마의를 추앙하는 척하면서 속으로는 배척하여 실권을 잃게 만들었다. 동시에 조상은 많은 친당을 만들고 동생 조희曹羲를 중령군, 조훈曹訓을 무위장군, 필궤畢軌를 사례교위에 임명하여 관리를 추천하는 선거기구를 장악하고 기밀을 관장하여 전제정치를 도모했다. 한편 사마의는 짐짓 노쇠하고 병이 들었음을 핑계로 표면상으로는 집안에 은거하는 척하면서 조정 일에 간섭하지 않았지만 실제적으로는 암암리에 그의 세력을 안배해놓고 조상 집단을 타도할 기회만을 노리고 있었다. 이리하여 위나라 권력 핵심층은 분열하기 시작했으며 충돌이 표면화 단계로 진입했다.

조위·사신 주춧돌[四神柱礎]

청자 창고집
이 청자 창고집 모형은 실물 크기를 축소하여 만든 부장품이다.

삼국 · 청자관

대만으로 들어간 오나라 사람

오나라 황룡 2년(230) 2월, 오나라는 장군 위온衛溫과 제갈직諸葛直에게 갑사 만 명을 주고 이주夷洲·단주 등을 항해하도록 파견, 현지 사람을 포로로 잡아 오나라의 병력을 증가시키고자 했다. 이주는 지금의 대만으로 한대에 이미 회계군會稽郡 사람들과 왕래하고 있었으며 삼국 시기에는 이주인들이 종종 회계로 와서 그들이 짠 피륙을 팔곤 했다. 회계 동부 사람들 역시 항해 중에 파도를 만나서 표류하다 이주에 도착하기도 했다. 당시 오나라 군대가 출발한 후 해상에서 근 1년간을 항해하다 병졸들이 거의 반이 죽은 후에야 이주에 도달했다. 단주는 너무나 멀리 있었기 때문에 오나라 군대는 갈 수 없었다. 위온과 제갈직은 하는 수 없이 이주의 백성 수천 명만을 포로로 잡아 돌아왔다. 오 황룡 3년(231) 2월, 항해대가 오나라에 돌아왔지만 위온과 제갈직 두 장군은 명령을 어기고 공을 이루지 못했다 하여 손권에게 죽임을 당했다. 위온 등의 이주 항해는 명확하게 기록된 대륙과 대만 간의 첫 번째 대규모 접촉으로 이후에는 왕래가 더욱 긴밀해졌다.

246년
장완·동윤 사후 촉의 정치를 전횡한 황호

촉 연희延熙 9년(246) 연말에 촉나라의 상서령이자 대사마인 장완蔣琬과 시중수 상서령 동윤董允이 연달아 병사했다. 이때부터 환관 황호黃皓가 촉의 정치를 전횡하기 시작했다. 장완의 자는 공염公琰이고 영릉 상향(지금의 호남 영주) 사람으로 처음에는 형주서좌荊州書佐의 직책으로 유비를 따라 촉으로 들어왔고, 광도廣都(지금의 사천 성도 동남)장에 임명되었다. 장완은 제갈량이 몹시 신임하여 제갈량이 여섯 번 기산을 나와 출사하여 위나라를 공격할 때 그는 장사長史 겸 무군장군의 신분으로 후방에서 군사물품을 조달하는 임무를 담당했다. 장완은 병졸과 식량을 적절히 공급하여 촉군의 뒷걱정을 해결했다. 제갈량 사후에 후주 유선은 유훈에 따라 장완에게 제갈량을 대신하여 집정토록 했다. 장완은 제갈량의 유풍을 따라 촉을 다스리니 정국이 안정되었으며 백성도 평안할 수 있었다.

동윤의 자는 휴소休昭로 남군 기강(지금의 호북에 속함) 사람이다. 동윤 역시 제갈량의 신임을 받았다. 제갈량은 북벌을 나갈 때 후주가 나이가 어려 시비를 잘 가리지 못하여 나랏일을 그르칠까 염려한 끝에 상소를 올려 동윤을 궁성사宮省事에 임명토록 했다. 후에 시중에 임명되었고 호분중랑장을 겸임했으며 친위군을 통솔했다. 동윤은 일마다 조심하고 방비하면서 후주 유선을 바르게 인도했다. 후주는 이처럼 정직한 동윤을 몹시 두려워했다. 후에 유선이 환관 황호를 총애하자 동윤은 종종 정색을 하고 간언했으며 또한 수차례 황호를 질책하면서 조정에 간섭하지 못하도록 했다. 촉 사람들은 제갈량·장완·비의費禕·동윤을 네 재상[四相]·네 영웅[四英]이라고 불렀다. 장완과 동윤이 연달아 죽어 네 영웅 중 셋이 먼저 세상을 떠나자 환관 황호는 점점 두려울 것이 없게 되었다. 위로는 오로지 후주의 환심만을 사로잡으면서 유선을 몽매하게 만들었고, 아래로는 백관을 압박하고, 백성들의 고혈을 짜내며 조정을 전횡하고, 권력을 휘두른 끝에 끝내 촉을 멸망으로 이끌었다.

독특한 서촉의 칠기

동한 말년 이후로 서촉西蜀의 관영 칠기 제조업은 점차로 쇠락했지만, 칠기공예 자체는 여전히 왕성하게 발전을 했다. 삼국 시기에 이르러 서촉의 칠공예는 기법과 기물의 종류에 있어 모두 전시대보다 진보되었으며 중국 칠기공예 발전사상 전대를 계승하고 후대를 열어주는 중요한 고리 역할을 하고 있다. 당시 칠기공예품은 일상생활 영역에서 비교적 높은 비중을 차지했다. 각종 탁자·접시·선반·합과 각종 주전자·술동이·잔·화장 상자 및 수저·국자·안석·자에 이르기까지 모두 정교하게 제작된 칠기들이 후세에까지 전해지고 있다. 서촉 칠기는 원형제작 공예에 있어 이미 후대에 점차 접근하고 있었으며 그 기법은 원형 위에 마포를 붙혀 다시 흑회색 칠을 하는 것이었다. 서촉의 칠기는 옻칠공예에서 참신함을 드러내었으며 후세 칠기공예의 효시가 되었다. 이때부터 원래 간단한 단색의 칠기는 처음으로 우수한 작품의 대열에 들어서기 시작했다. 서촉 칠기의 착금기법 역시 한대보다 진전이 있었다. 금실의 배치가 조밀하고 도안은 복잡하며 금빛 찬란하여 사람의 시선을 끌었다. 역시 서촉 시기부터 시작한 참신한 칠기공예인 —물소가죽 칠기가 출현했다. 색깔과 층차의 변화를 이용하여 칠의 표면에 흐르는 구름과 흘러가는 물을 표현한 행운유수行雲流水의 자연경치가 출현했다. 이러한 공예는 자연에 대한 인공적 재현으로 새로운 심미 관념의 산물이다.

마균의 지남차 제작

위 청룡 2년(235) 8월, 마균馬鈞은 위 명제 조예의 조서를 받들어 지남차를 제작하였다. 그는 차동差動 톱니바퀴 기계 구조 원리를 이용하여 두 바퀴에 단일의 수레채, 그리고 마차 위에 나무인형을 놓아 마차가 움직이기 시작하면 그 나무인형의 손은 남쪽을 향하게 하였다. 톱니바퀴의 작용으로 인하여 마차가 어느 방향으로 변하든지간에 그 나무인형의 손은 시종일관 남쪽을 향하게 되어 있다. 마균의 자는 덕형德衡이며 부풍扶風(지금의 섬서 흥평) 사람으로 중국 고대 과학사에 있어 가장 명성이 높은 기계 발명가 중의 하나다. 마균은 어렸을 때 집안이 매우 가난했으며 또한 말을 더듬었기 때문에 말은 잘하지 못하는 대신에 깊은 생각과 구상을 잘하였다. 후에 위나라에서 급사중의 관직을 맡았다. 지남차 제작 후에 또 황제의 명령을 받들어 '목우백희'를 만들었는데 이는 또 '수전백희水轉百戱'라고도 한다. 이어 마균은 또 방직기를 개량하여 방직 효율을 4~5배 향상시켰다. 마균은 농업 관개에 이용할 수 있는 기구를 연구하여 용골수차龍骨水車(물레방아)를 제작하였고 이후 또 제갈량이 제조한 바 있는 연노連弩를 개량했다. 마균의 기발한 생각은 세상 사람들을 초월하여 사람들은 그를 "천하의 명장名匠"이라고 불렀다. 그가 창조한 일련의 발명품들은 당시 사회생산력의 발전과 기술진보에 커다란 공헌을 했다.

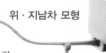

위·지남차 모형

249년
고평릉에서 쿠데타를 일으킨 사마의

위 정시 9년(248), 조상은 심복 이승李勝을 형주자사로 파견하면서 그에게 이별을 고하는 기회를 빌려서 병을 핑계로 집안에 은거하고 있는 사마의司馬懿의 허실을 시탐하라고 명령했다. 사마의는 중병으로 교묘하게 위장하여 이승을 속였다. 이리되자 조상은 마음을 놓고 다시는 사마씨 부자를 방비하지 않았다. 그러나 사마의는 암암리에 그의 아들 중호군中護軍 사마사司馬師와 산기상시散騎常侍 사마소司馬昭를 보내어 조상을 죽이도록 했다. 정시 10년(249) 정월 초엿새 위 황제 조방이 고평릉高平陵(지금의 하남 낙양 동남)으로 명제 조예의 능묘에 제사를 왔는데 조상과 그 동생 중령군 조희·무위장군 조훈·산기상시 조언이 모두 어가를 수행해 왔다. 사마의는 도성이 비어 있는 절호의 기회를 틈타 전광석화처럼 누구의 귀에도 들어가지 않게 쿠데타를 일으켰다. 강제로 황태후를 압박하여 반포를 내리게 하여 낙양의 모든 성문을 닫아걸고 무기창고를 점거한 후, 낙수의 뜬다리에 진을 치고 낙양과 고평릉의 교통을 전부 차단했다. 동시에 사도司徒 고유高柔와 태복 왕관王觀을 조상과 조의의 병영으로 각각 파견했다. 또한 황태후를 위협하여 조상 형제의 직분을 파면시키고 조상 형제가 성 안으로 들어와 반항하지 못하도록 설득했다. 조상 등은 이미 대세가 기운 것을 보고는 몇 가지 조건을 받고서는 낙양성으로 돌아와 사마의에게 연금을 당했다. 정월 초열흘 사마의는 모반죄를 적용하여 조상 형제와 그 심복들인 하안·정풍·정밀·필궤·이승·환범桓範 등을 하옥시키고 대역무도죄를 적용하여 참수하는 한편 삼족을 멸했다. 이로써 위나라의 군정대권은 실제로는 전부 사마씨 집단의 수중으로 들어가게 되었다.

사마의·십자서十字書

사마의

사마의(179~251)의 자는 중달仲達이고 하내河內 온현溫縣 사람이다. 선비 집안에서 태어났으며 모략이 많고 임시변통에 능한 위나라의 중신이다. 어렸을 때부터 총명하고 박학하여 당시 명사들은 그를 '대단한 그릇'이라고 칭찬했다. 위나라가 건립된 후 태자중서자에 임명되어 조비의 신임을 받았다. 위 명제 즉위 후 그는 대장군에 임명되어 군대를 이끌고 장안에 주둔했으며 옹雍과 양凉 두 주의 군사를 통솔하는 임무를 맡았고 제갈량의 북벌을 제지했다. 사마의의 군사 재능은 몹시 걸출하여 제갈량과 필적할 만했다. 위 경초 2년(238), 그는 군대를 이끌고 요동을 정복하여 공손연을 죽였다. 다음해에 명제 조예가 세상을 떠나자 사마의는 유훈을 받들어 조상과 공동으로 정무를 도왔다. 위 정시 10년(249), 사마의는 고평릉에서 쿠데타를 일으켰으며 이때부터 사마씨 집단이 조위의 정권을 장악하게 되었다. 사마의는 내심으로는 시기심이 많으나 겉으로는 관대했으며 임기응변에 능하고 잔인했다. 조조는 언제나 그를 경계하는 마음을 가졌지만 조비는 사마의와 교분이 두터웠기 때문에 매번 그를 적극적으로 보호하여 결국 조조는 사마의를 죽일 수가 없었다. 고평릉 쿠데타 이후에 사마의는 조상의 전 가족을 몰살했으며 삼족을 멸하고 남녀노소, 심지어는 출가한 고종·이종 자매들까지도 모두 죽여버렸다. 사마의는 사후에 수양산에 매장되고 문후文侯에 추존되었으며 후에는 선문후宣文侯로 바뀌었다. 진나라 건립 후에는 선왕으로 추존되었다. 사마염이 황제가 되어 진나라를 건립하자 또 선황제宣皇帝로 추존되었으며 능은 고원릉이라 하였고 묘호는 진고조晉高祖다.

251년
사마사의 전횡

위 가평嘉平 3년(251) 8월, 사마의가 죽자 장자인 사마사가 무군대장군이 되어 상서 업무를 관장하였다. 다음 해 정월 사마사는 대장군이 되어서 위나라의 정권을 장악했다. 정치적으로 사마씨 부자는 실제적으로 고압적인 정책을 실행하여 그를 따르는 자는 번창하고 그를 거스르는 자는 망하였다. 중서령 이풍李豊·태상 하후현夏侯玄은 모두 당시의 명사들이었으며 대내외적으로도 몹시 존경을 받던 사람들이었는데 이 때문에 사마사의 시기를 받게 되었다. 사마사는 이풍을 죽인 후, 이풍과 황후의 아버지 장집張緝·태상 하후현이 함께 모반했다고 모함하여 장집과 하후현 및 평소 그들과 우호관계에 있던 친구들을 모두 죽여버렸다. 또한 삼족을 멸하고 장황후를 폐위시켰다. 6년 9월, 사

마소司馬昭는 조서를 받고 군대를 끌고 낙양으로 황제를 접견하러 갔는데, 사람들이 모두 황제에게 사마소가 떠날 때에 그를 죽이고 병권을 빼앗아 사마사를 압박하여 관직을 삭탈하라고 권했다. 그러나 조서를 모두 써놓고도 황제는 두려워서 감히 실행하지 못했다. 19일, 사마사는 황태후를 핍박하여 명령을 내려 조방을 제왕齊王으로 폐위시키고 동해왕 조림曹霖의 아들 고귀향공 조모曹髦를 황제로 영입했다. 당시 조모는 겨우 14세였다. 10월, 조모는 낙양으로 와 황제에 즉위하고 연호는 정원正元으로 개원했다. 이때부터 조위 정권은 완전히 사마사의 수중에 들어갔다.

삼국 위·옥잔

황상의 《급취장》

황상皇象의 자는 휴명休明이고 광릉 강도(지금의 강소 양주) 사람이다. 삼국 시기에 오나라의 서예가로서 일찍이 시중·청주자사 등의 관직에 있었고, 동한 장초章草의 전문가 두도杜度의 제자로 소전·예서에 능통하였으며 특히 장초에 조예가 깊어 '일대절수一代絶手'라고 불린다. 당나라의 장회근張懷瑾에 의해 신품神品의 반열에 추앙되었다. 황상의 초서 풍격은 '침착통쾌'한데 작품으로는 《급취장》·《천발신참비天發神讖碑》·《오대제비吳大帝碑》·《문무장대첩文武將隊帖》 등이 있다. 그중 《급취장》이 가장 유명하다. 《급취장》의 원명은 《급취편急就章》이었는데 원래는 중국 고대 아동들이 맨 처음에 배우던 책이었다. 서한 원제 때에 황문령 사유史游가 편찬했다. 첫 구절이 "급취기고여중이急就奇觚與衆異"로 시작되기 때문에 첫 두 글자 '급취'를 따서 편명으로 삼았다. 현재는 《급취장》의 모사본 중에서 송강현 박물관에 소장된 '송강본松江本'이 가장 유명하다. 이 송강본은 장초와 해서로 각각 1행씩 쓰여 있는데 자형이 표본적이고 필력이 강건하여 유려한 가운데 풍만함이 보이고, 변화 중에 또 통일성이 엿보이는 공인된 장초의 표본 중의 하나이다. 이후 장초는 중국 서예사상의 지위에서 더욱 두드러진다.

황상·급취장

249~258년
강유의 대위 용병술

촉나라 장군 강유姜維는 승상 제갈량의 유언을 받들어 해마다 위나라를 공격하며 중원 통일을 희망했다. 위 가평 원년(249), 강유는 위나라의 옹주雍州(지금의 섬서 관중 및 감숙 동부)를 공격했지만 아무 성과도 없이 돌아왔다. 위나라 가평 2년(250) 12월, 강유는 위의 서평西平을 또 공격하였지만 역시 아무런 성공도 거두지 못하였다. 위 가평 5년(253년) 4월, 강유는 수만 군사를 이끌고 석영을 출발하여 위나라 남안南安(지금의 감숙 농서)을 공격했으나 식량이 다 떨어져서 그냥 돌아왔다. 그 후 2년간 강유는 지속적으로 출병했는데, 위 감로甘露 원년(256) 7월에 강유는 군대를 이끌고 기산으로 나왔지만, 위나라 안서장군 등애鄧艾가 일찌감치 방비를 하고 있다는 것을 알고는 퇴각했다. 후에 등애와 강유는 단곡段谷(지금의 감숙 천수 동남)에서 결전을 벌인 결과 강유는 대패하고 병졸도 거의 다 죽었다. 이리되자 촉나라에서는 원성이 사방에서 일어났으며 강유는 상서를 올려 사죄하고 스스로 귀양을 자청했다. 위 감로 2년(257) 12월, 강유는 위나라에 내분이 일자 관중에 있는 병사를 회남淮南으로 보내 제갈탄諸葛誕을 공격하게 하고 자신은 그 틈을 타서 병사를 이끌고 낙곡駱谷(지금의 섬서 주지 서남쪽)으로 가 진천秦川을 공격했지만 위나라 장군 사마망司馬望과 등애는 성을 굳게 지킨 채 응전하지 않았다. 다음 해 2월, 강유는 다시 성도로 돌아왔다. 위 감로 3년

(258), 강유는 한중 전선의 각 수비군을 철수시키고 한漢과 악樂 두 성을 지키면서 적군을 깊이 유인하여 지칠 때를 기다렸다가 전군이 출병하여 승리를 거두고자 했다. 그러나 실제적으로 촉나라는 이때부터 요새를 버리고 죽을 날만 기다리는 꼴이 되었다. 강유가 해마다 병사를 동원했기 때문에 촉나라의 국력은 극도로 소진되어 멸망을 피할 수 없는 국면이 되었다.

강유

삼체석경의 건립

위 정시 2년(241), 위나라는 낙양의 국자태학문 밖의 한대 《희평석경熹平石經》이 있는 서쪽에 삼체석경三體石經을 세웠는데 역사에서는 이를 정시석경 혹은 위석경이라고 부른다. 석경에는 유가 경전인 《상서》《춘추》《좌전》 등의 경서가 새겨져 있으며 경문은 모두 고문·소전과 한 예서 세 종류의 서체로 쓰여졌기 때문에 삼체석경이라고 부른다. 이 경문은 유명한 문학가이자 서예가인 한단순邯鄲淳이 썼다고 하기도 하고 혹은 그의 서체를 모방한 것이라고도 한다. 그중 예서와 전서 두 체는 《설문해자》에 수록된 자체와 대체적으로 같고 고문은 《설문해자》에 수록된 것과 약간 다르나 기본적으로는 접근해 있다. 여러 서적에 기재된 원래 석경은 수는 모두 불일치하는데 대략 27개가 있다. 경문의 돌은 이미 모두 훼손되었는데 원래 지금의 낙양 동쪽 교외인 용호탄龍虎灘 일대에서 당송 연간에 잔석殘石이 출토되었고 이후에도 간혹 발견되었다. 현재 있는 잔석에는 《상서》《춘추》의 부분 경문이 있으며 대략 2500자에 달한다.

삼체석경 잔석 탁본

반절의 발명

삼국시대의 경학대가 정현의 제자 손염孫炎이 반절反切을 발명했다. 《안씨가훈·음사편》에 "손숙염孫叔炎이 만든 《이아음의爾雅音義》에는 한말 사람들만이 알던 독특한 반어反語이다"라고 기록되어 있다. 반절은 중국 전통의 일종의 음을 표기하는 방법으로 이는 한자漢字의 두 글자를 합쳐서 다른 한자의 독음을 표기하는 것이다. 예를 들면 '侯, 戶鉤切'이라고 하면 '호戶'와 '구鉤' 두 글자 속에서 반을 따오면 '후*' 자의 독음이 된다. 그중 '후'를 피절자被切字라고 하며, '호'는 반절상자反切上字, '구'는 반절하자反切下字라고 한다. 반절의 기본원칙은 즉 윗자의 성모[자음]와 그 피절자의 자음이 같아야 하며, 아랫자의 운모[모음] 및 성조가 피절자의 운모 및 성조와 같아야 한다. 이를 간단히 말하면 즉 반절 윗자[上字]에서는 그 소리[聲]를 취하는 것이고, 아랫자[下字]에서는 그 운韻과 조調를 취하는 것이다. 반절의 음을 표기하는 주음법注音法의 발명은 중국 음운사상 중요한 지위를 차지한다. 이는 곧 중국어 성운 구조의 출현을 의미하며 또한 운서韻書 탄생의 기초를 공고하게 다졌다.

* 중국어로 戶의 발음은 hu고 鉤의 발음은 gou인데 이 두 글자의 발음을 조합하여 侯는 hou라고 표기하는 방법임-역주

260년
조모를 죽인 사마소

위 감로 5년(260) 5월 7일, 위 황제 조모가 사마소에게 피살되었다. 조모(241~260)의 자는 언사彦士이며 위 문제 조비의 손자이자 동해왕 조림의 아들로 위 정시 5년(244) 고귀향공에 봉해졌다. 조모는 어렸을 때부터 배우기를 좋아했으며 그림에 뛰어났는데 그가 그린 인물고사는 위 시대에 독특한 한 파를 이루고 있다. 그는 또한 문부文賦를 잘 지어 《춘추좌씨전음春秋左氏傳音》등의 저서가 있다. 정치적으로 조모는 사마소의 전권에 몹시 불만을 갖고 있었다. 조모는 사마소의 권세가 날로 커지며 제왕의 자리마저 위험하게 되자 끝내 분을 참지 못하고 사마소가 위나라를 대신하는 것은 길 가는 사람도 모두 아는 일이라고 성토하면서 친히 토벌하기로 결심했다.

왕경王經 등이 그만둘 것을 간했지만 조모는 듣지 않고 어전의 시위·사동 등을 데리고 토벌한다고 북을 치고 함성을 질러 기세를 올리자 왕침 등이 급히 사마소에게 이 사실을 알렸다. 사마소는 중호군 가충에게 병사를 데리고 남궐에서 이들을 막으라고 파견했다. 기도위 성쉬成倅의 아우이자 태자의 시종인 성제成濟가 곧장 조모를 찔러 조모는 난리통에 죽게 되니 그때 그의 나이 겨우 20세였다. 사마소는 거짓으로 태후에게 조서를 전하고, 조모의 죄상을 폭로하고는 서인으로 강등시켰다. 또 업성鄴城(지금의 하북 자현)에서 연왕 조우의 아들인 상도향공 조황曹璜을 데려와 이름을 환奐으로 바꾸고 6월 2일 낙양에서 즉위시켰다. 후에 사마소는 대역무도의 죄로 성제 일족을 몰살하여 천하에 사죄하였다. 조모는 후에 왕의 예를 갖추어 전간瀍澗의 북쪽(지금의 낙양 서북)에서 장례를 치렀다.

검문관

검문관劍門關은 사천성 검각현에서 북쪽으로 25km 떨어진 검문산에 있다. 사천과 섬서의 고속도로를 끼고 있으며 옛날 촉나라로 통하는 길의 요새지다. 검문산은 즉 대검산大劍山으로 옛날에는 양산梁山이라고 했다. 산맥은 동서로 길게 100여km에 걸쳐 있는데 72개 봉오리가 연결된 것이 마치 날카로운 검劍과 같아서 검문이라는 이름이 붙게 되었다. 두보의 시 〈검문〉에 "오로지 하늘만이 요새를 만들 수 있으니, 검문은 천하의 장관이로다"는 시가 있다. 삼국 시기에 제갈량이 촉의 재상으로 임명된 후 술수戍守 관직을 설치했다. 검문관 꼭대기에는 강유성姜維城이 있는데 강유가 주둔하던 곳이다.

황보밀

황보밀의 침술과 뜸의 경전

위 감로 4년(259), 위진의 의학가인 황보밀皇甫謐은 중국에서 최초로 내용이 비교적 완전한 침술과 뜸의 경전인 《침자갑을경針炙甲乙經》을 지었다. 황보밀(215~282)의 어렸을 적 이름은 정靜이며 자는 사안士安이고 호는 현안선생玄晏先生으로 안정조나安定朝那(지금의 감숙 평량 서북) 사람이다. 그는 본래 경학가였는데 42살에 관절염을 앓고 게다가 귀가 멀기까지 하였다. 그래서 침과 뜸의 의술을 연마하였으며 마침내 침구 방면의 경전을 저작하여 침구학술의 발전에 커다란 공헌을 하였다. 그가 저술한 책으로는 《한식산방寒食散方》두 권이 있는데 지금은 모두 산실되었다. 그러나 《제병원후론諸病源候論》과 《의심방醫心方》 등의 저서 속에 부분적으로 보존되어 있다. 황보밀의 《침자갑을경》은 진대晉代 이전의 침술요법의 체계를 귀납하고 총결하고 있으며 침술과 뜸의 발전에 중요한 역할을 하였다.

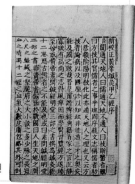

《침자갑을경》 서적 사진

263년

유선의 항복과 촉한의 멸망

위 경원 4년, 즉 촉 염흥炎興 원년 (262) 11월 위나라의 장수 등애가 군대를 이끌고 작은 길을 택하여 성도 아래까지 기습해오자 촉나라는 완전 무방비 상태에서 유선이 성을 나와 투항하게 되고 촉한은 이로써 멸망하니 겨우 두 임금, 43년(221~263) 만에 끝나고 만다.

등애의 병사들이 성도에 임박했을 때 촉의 군신들은 위나라 군대가 마치 하늘에서 떨어진 것처럼 당황하고 속수무책이었다. 후주 유선은 백관을 소집하고 대책을 상의하니 광록대부 초주譙周는 위나라에 투항할 것을 극력 주장했고 군신 대다수도 이에 응했다. 이에 후주는 시중 장소張紹 등에게 옥새와 인끈을 가지고 성 밖으로 나가 등애에게 투항하도록 했다. 유선의 아들 북지왕北地王 유심劉諶은 극력 주전을 펼치고 투항을 반대했다. 유심은 그의 주전을 아무도 들어주지 않는 상황하에서 할아버지 유비의 소열묘에서 한바탕 통곡을 한 후 처자식을 죽인 후에 본인도 자진했다. 그러나 유선은 여전히 전혀 동요되지 않고 다시 강유에게도 태복 장현張顯을 파견하여 종회鍾會에게 투항하라는 명령을 보냈다. 강유는 하는 수 없어 기회를 보아 다시 움직이기로 하고 잠시 거짓으로 종회에게 투항을 했다. 이로써 촉한은 결국 멸망을 고하게 되었다. 위는 촉을 멸한 후에 촉의 28만 호, 인구 94만 명, 병사 10여만 명, 관리 4만 명 및 수많은 금은·피륙·곡물들을 획득했다. 게다가 이때부터 양자강 상류를 점거하면서 하류에 위치하고 있는 동오에 커다란 위협을 가하게 되었다. 촉을 이긴 이 승리는 사마소의 정치적 자본을 증가시켰으며 이 승리는 그가 위나라의 제위를 찬탈하는 기초를 마련해 주었다.

망국의 한을 잊은 유선

촉나라가 멸망한 후 유선은 사마소에 의해 낙양으로 옮겨져 안락공安樂公에 봉해졌다. 하루는 사마소가 유선을 청해 연회를 베풀었는데 연회 중에 촉나라의 가무가 연출되었다. 좌중에 있던 촉나라 사람들은 이를 듣고 모두 감상에 젖어 우울해하는데 유선만은 희희낙락했다. 사마소는 이를 보고서는 "사람의 무정함이 여기까지 이르렀단 말인가? 비록 제갈량이 살아 있다 하더라도 이 자를 보필할 수 없었을 텐데, 하물며 강유가 어찌 이 자를 보필할 수 있었겠는가?"라고 한탄했다. 그리고는 유선에게 "촉나라가 몹시 생각이 나겠소"라고 묻자 유선은 "이런 즐거움 속에 있으니 촉나라는 생각 안 나오"라고 대답했다. 이리하여 "즐거워서 고향에 돌아갈 생각을 잊다"라는 고사성어인 '낙불사촉樂不思蜀'이라는 말이 생겨났다. 지금 이 말은 "탐닉하여 본분을 잊다"라는 말로 쓰인다.

고잔도

고잔도古棧道는 사천 북쪽의 중심 도시인 광원의 가릉강을 거슬러 올라가며 45km에 달한다. 명월협강 왼쪽의 절벽 위에서 보면 세 개의 돌구멍이 있는데 이것이 바로 유명한 사천과 섬서의 고잔도 유적지다. 잔도 백 리가 깍아지른 듯한 절벽에 걸려 있는데 운무가 표표히 날리며 아득한데 멀리 보면 마치 공중에 걸린 회랑같아서 '각도閣道' '운잔雲棧'이라는 명칭도 있다.

264년
오나라 손호의 즉위

오 영안 7년(264) 7월, 오 경제 손휴孫休가 병사하자 손호孫皓가 제위에 오르고 원흥元興으로 개원했다. 오 경제 손휴는 병이 깊어 말을 할 수가 없었다. 그래서 손으로 조서를 써서 승상 복양흥濮陽興을 입조케 하여 아들 손담孫霮을 그에게 부탁했다. 25일 손휴는 병사했다. 이때 촉나라는 막 위나라에 멸망당했고 또 관리의 폭정에 시달리고 있던 교지交趾 백성들은 관리 여흥呂興의 인솔하에 기병하여 오나라에 반대했다. 이와 같은 내우외환의 정세 아래 조정은 당황했고, 군민들은 모두 후덕한 군주가 있어 이 혼란한 국면을 타개하여 오나라를 위기에서 구할 수 있기를 소망했다. 이리하여 승상 복양흥·좌장군 장포는 손휴가 임종 시에 아들을 부탁한 말을 생각해볼 겨를도 없이 이미 폐위되었던 태자 손화孫和의 아들 오정후烏程侯 손호를 황제로

추대했다. 손호는 집권 초기에는 백성을 우대하는 법칙을 공포하여 사병과 백성을 궁휼이 여기며 가난한 자를 구휼하고, 또 궁녀들을 민간의 아내가 없는 이들에게 배필로 보내니 일순간 조야에서는 그를 칭송하고 훌륭한 군주를 얻었다고 모두 기뻐했다. 그러나 제왕의 자리가 공고해지자 손호의 본성이 나타나기 시작했다. 포악한 성격에 사치스러웠으며 의심이 많고 주색에 탐닉했다. 복양흥과 장포는 모두 손호를 제위에 오르게 한 것을 후회하였는데 이를 좌전군 만욱萬彧이 손호에게 밀고를 하였고 이 일로 인하여 둘은 살해를 당했다. 오나라의 조정은 이때부터 나날이 피폐해 갔으며 동오는 점점 멸망을 향해 내닫게 되었다.

《광릉산》의 유행

거문고 곡인 《광릉산廣陵散》은 또 《광릉지식廣陵止息》이라 부르기도 하는데, 삼국·위진 시대에 이미 상화초조대곡相和楚調大曲의 형식으로 '금琴*·쟁箏**·생笙(생황)·축筑***으로 작곡되어 널리 유행했다. 당시의 금 연주가였던 두기杜夔와 혜강은 이 곡을 연주하는 데 뛰어났다. 《광릉산》 곡명의 유래는 지금으로서는 고증할 수 없지만, 광릉은 군郡의 이름으로 지금의 강소성 양주 일대를 가리키고, 산散은 곡명의 일종으로 《광릉산》은 바로 광릉 지역의 곡조라는 뜻으로 초나라 풍격의 악곡이다. 현존하는 《광릉산》의 가장 오래된 악보는 '수隋나라 궁중에서 수습한 악보'에서 취한 것으로, 당과 송대를 거쳐서 후세에 전해졌다. 명대의 악보는 역대의 거문고 작곡가를 거치며 계속적으로 가공 발전하니, 그 길이가 45단에 이르러 편폭이 가장 긴 고대 거문고 곡의 하나가 되었다. 전곡은 6부분으로 나뉘며, 비록 후대 사람이 추가했지만, 정성正聲 전후 세 부분은 여전히 원곡의 면모를 보존하고 있다. "곡을 마치니, 노래가 끝나고, 난亂으로써 여럿이 합치된다"는 것은 그 구성이 상화대곡相和大曲의 영향을 받았음을 확실히 드러내준다. 혜강이 애탄한, "《광릉》의 단절"은 아마 그 자신의 연주 기술에 관한 말로 생각되며, 악보는 결코 단절된 적이 없으며, 진대晉代 이후에도 사람들에게 전해져 끊어지지 않고 내려왔다.

*거문고와 비슷한 모양으로 줄이 일곱이며 왼손으로 짚고 오른손으로 연주함-역주
**현악기의 하나로 모양이 대쟁大箏과 같으며 명주실로 된 열세 줄의 현이 걸려 있음-역주
***옛 중국 악기의 하나. 금과 같은 열세 줄의 현악기-역주

보병출행도 화상전

264년
종회와 등애의 내홍

위 경원 5년(264) 정월, 위나라가 촉나라를 멸한 지 얼마되지 않아 위나라 장군 종회와 등애는 서로 전공을 다투다가 죽음에 이르는 내홍이 시작되었다. 촉을 멸한 후 등애는 몹시 교만해져서 사마소에게 이 승리의 기회를 빌려 오나라를 공격하자고 몇 차례 상소를 올렸다. 이때 사마소는 등애가 모반을 할까 의심했고, 또한 종회는 몹시 등애를 질투하고 있었으며 게다가 독단으로 군권을 장악하고 있었기 때문에 투항한 촉나라 장군 강유와 위나라를 모반할 밀약을 했다. 이 목적을 이루기 위해서 종회는 등애와 사마소의 필적을 위조하여 두 사람의 편지를 고쳐가며 등애와 사마소가 서로 간에 의심을 하도록 하는가 하면 또 다른 한편으로는 군관인 위관衛瓘과 함께

등애가 위나라를 모반한다고 무고했다. 그래서 사마소는 등애를 압송하여 낙양으로 돌아가 치죄하라는 명령을 내렸다. 종회는 등애를 호송 수레에 가두고는 태후의 조서를 가탁하여 성도에서 모반을 꾀할 준비를 했으며 강유는 촉나라를 재건하기 위하여 종회의 모반을 선동했다. 이때 그는 종회에게 북쪽에서 온 장군들을 모두 죽여야만 기병하여 모반할 수 있다고 했는데 생각지도 않게 이 밀모가 모든 장군들에게 발각되어 장군들은 종회와 강유를 함께 죽여버렸다. 종회가 죽은 후 등애의 부하들은 죄수 호송 수레를 뒤따라가 등애를 모셔 성도로 돌아오고자 했다. 그러나 위관은 등애가 성도로 돌아오면 자신에게 불리하다고 여겨 병사들을 파견하여 면죽綿竹에서 등애 부자를 죽여버렸다. 이렇게 되어 촉나라를 평정한 종회와 등애 두 장수는 내홍 끝에 서로를 죽이는 결말을 초래하고 말았다.

민둔을 폐지한 위나라

위 함희咸熙 원년(264) 위나라는 민둔제도를 폐지했다. 민둔제도는 조조가 건안 원년(196)에 농업 생산을 격려하기 위해 만든 제도로 위나라 통치 기간에 광범위하게 추진한 일종의 둔전제도다. 민둔제도는 당시 중원의 농업 생산에 커다란 촉진 작용을 했다. 조위 후기에는 둔전 조세율이 점점 높아감에 따라서 둔전민들은 그 부담이 가중되었으며, 민둔제도는 점차 농업 생산에 심각한 장애 요소가 되었다. 그 밖에도 둔전민들은 엄격한 군사 관리를 받았으며 신분도 몹시 미천했기 때문에 조정에서는 심지어 그들을 관료귀족에게 상으로 하사하기까지 했다. 이렇게 되자 토지는 점차로 귀족과 관리들의 사유물이 되었으며 이리하여 둔전제도는 심각하게 파괴되었다. 또한 경제 효과도 나날이 저하되어 나라에서는 둔전에서 어떠한 이익도 찾을 수가 없었다. 이 때문에 사마소는 위 원제 조환의 명의하에 정식으로 민둔을 폐지할 것을 명령했다. 민둔 폐지 후 농민의 지위가 향상되어 농민들의 농작에 대한 적극성을 불러일으켰고 또 다른 한편으로는 촉나라 사람들을 중원으로 이주토록 격려하여 농사짓는 사람들의 수가 증가했다.

두 마리 소가 밭을 가는 화상전

밀전의 출현

꿀절임 식품인 밀전蜜餞은 중국 역사상 유래가 아주 깊어 일찍이 1700여 년 전에 출현했다. 《삼국지》에도 꿀에 갠 음식을 언급하고 있는데, 이런 종류의 식품은 중국 특유의 기술로 대내외적으로 특산물이 되었다. 밀전의 색깔과 품종은 많고도 다양한데 맛·색·향을 모두 구비하면서 저장하기에도 간편하여 오래도록 사람들이 즐겨먹고 있다. 각지의 원료와 지방 특유의 맛으로 다양한 종류가 있으니 북경식·광동식·조주식·복주식과 소주식 등 다섯 가지가 유명하다. 북경식 밀전은 또 '북밀'이라고도 하며 사과·복숭아·대추 등의 과일을 꿀에 절여서 만든 것이 특색으로 고대에는 대부분 황제께 올리는 진상품이었다. 광동식의 소금과 설탕에 담궈 말린 후 버터 처리한 매실과 아가위 열매 제품 역시 오랜 기간 동안 잘 팔리는 제품으로 무궁한 맛을 음미하게 한다. 소주식 밀전은 재료를 엄선한 것으로 제조 역시 몹시 정교하다. 밀전의 출현은 중국 음식업의 발전상 중요한 의의를 갖고 있다.

위 사대부

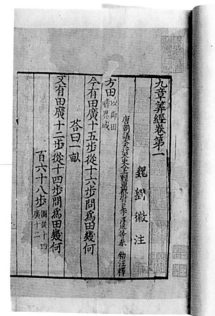

《구장산술》 서적 사진

《구장산술》

　　《구장산술九章算術》은 중국 고대 수학의 기념비적인 저작으로서 진대秦代 이전의 수학을 집대성하고 있다. 이 책의 출현은 중국 고대 수학 체계의 형성을 말해주고 있다. 《구장산술》은 일시에 한 사람에 의해 이루어진 것이 아니며 오랜 세월을 거쳐서 많은 사람들이 첨삭을 가하고 보충하여 동한 초년(50)에 책으로 이루어졌다. 《구장산술》의 내용은 몹시 풍부하고 제재도 또한 광범위하다. 모두 9장으로 246제題에 202술術이다. 《구장산술》은 중국과 세계 수학사상 몹시 중요한 지위를 점한다. 유럽에서는 16세기에 비로소 3원 1차 방정식을 연구한 사람이 있으나 1차방정식의 이론 및 해법은 18세기 말엽에나 출현하였다. 이는 이 책의 선구자적인 면과 비교된다. 중국 선진의 저서 중에는 수많은 수학적 지식을 기록하고 있지만 《구장산술》처럼 그렇게 체계적인 논술은 없다. 특히 쉬운 것에서 어려운 것으로, 간단한 것에서 심오한 것으로 편집된 체제는 중국 전통 수학의 이론 체계를 형성하고 있다. 이리하여 후세의 수학자들은 대체적으로 이 책에서부터 학습과 연구를 시작하고 있다. 당나라 때에 이 책은 국가에서 지정한 교과서였으며 북송 시기에는 정부에서 인쇄하였고, 이는 세계적으로 최초의 인쇄본 수학책이다. 수당 시기에는 조선·일본에 전해졌으며 현재는 일본·러시아·독일·프랑스어 등으로 번역되었다. 중국 고대 수학의 체계적인 총결로서 《구장산술》은 중국 전통 수학의 발전에 커다란 영향을 끼쳤다.

구당협

고대 수로로 사천에 들어가려면 장강 삼협을 지나야만 한다. 그곳의 풍경은 퍽이나 수려하지만 선박 운행이 매우 힘들다. 사진은 사천으로 들어가는 유일한 수로로서 장강삼협의 하나인 구당협瞿塘峽이다.

삼국 시기의 문예 학술

삼국 시기는 중국 역사상 사회적으로 혼란하고 정치적으로는 암흑의 시기였다. 그러나 동시에 그 시대는 정신적으로는 매우 자유스럽고, 해방적이었으며 예술적 기질이 풍부한 시기였다. 사람들의 주체적 사상이 전통적인 유학의 속박을 벗어난 후에 각성을 획득했으며 전체 문화 영역에서 전시대의 양한과는 전혀 다른 독특한 면모가 나타났다. 비록 문학 방면에서의 예술 성취는 선진 양한에는 못 미치고 이후의 당송보다도 못하지만, 그러나 문학 발전의 선상에서 바로 이 시기가 간과할 수 없는 키포인트를 가지고 있다. 바로 이 시기에 문학이 경학과 사학에 예속되던 지위를 탈피하여 독립적으로 발전해갔기 때문이며 이때부터 문학 자체가 주체가 되었다.

산수현취도山水趣圖

현학의 탄생

현학玄學은 진정한 본체론의 철학이다. 한대에는 기본적으로 우주론과 사회철학·수학·신학이 있었을 뿐 현학본체론의 출현은 중국 철학사상의 일대 사건이다. 이것과 비교해볼 때 우주론 이전의 도가 본체론은 유치하기 그지없는 것으로 일종의 반직관·반예술의 철학이다. 현학 발생기에는 비록 도가의 큰 영향을 받았지만 그러나 발전과정에서 독특한 개념 체계와 격식으로 변화했다. '화化'가 주도적인 관념으로 성숙되었을 때 현학은 이미 일종의청담이 아니고 진정한 철학이 되었다. 현학의 '화化'와 '자성自性'은 위진시대에 숭상하던 자연·개체의 정신과 일치한다. 현학은 도가의 본체론, 공자의 대동 세계와 비교해볼 때 더욱 개체화되는 경향이 있으며 더욱 현실적 철학경향이 있다. 현학의 명리를 가벼이 여기고 탈속하고자 하는 색채는 사실은 반사회 반문명의 말세적인 느낌이다.정시 시대의 하안何晏·왕필王弼은 현학의 창립자다. 그들은 노자·장자·주역을 삼현三玄으로 열거하고 유학을 모방하여 종지를 세웠다. 그들에게서 가장 주목할 만한 것은 무無로 도道를 대체하고 체용불이體用不二·본말불이本末不二라는 전체하에 무를 논한 점이다. 그들의 중점은 무에 있었으나, 그러나 유에서 무를 파악하는 것에 주의했고,생활철학상에서 그들의 무위론·성정론과 자연론은 모두 당시 사회의 정치적 압박하의 변태적인 것이었다. 그들은 당시 화두였던 언상의言象意의 관계를 논술했으며 아울러 이 개념으로 주역을 해석하고, 말[言]과 모습[象]을 버림으로써 뜻[意]에 도달하고자 했다. 이것은 실질적으로 위진 현학의 의意(신운神韻의 형이상학적 범주)를 제기한 것이며,유무 관계에서 그들은 단지 문제만 제기했을 뿐 그 체계는 노자와 한대의 특성을 여전히 지니고 있으며, 아직 유무를 상의象意의 층면 위에는 놓지 못했다.

조식의 문학 성취

조식(192~232)의 자는 자건子建으로 조비의 아우다. 그의 시가 창작은 수량과 질 면에서 모두 동시대 문인들을 넘어서고 있으며 당시의 최고라고 칭할 만하다. 조식의 일생은 조비 등극을 기점으로 하여 득의와 실의의 두 시기로 나뉘어진다. 초년에는 조조의 총애를 매우 받았기 때문에 상대적으로 안정된 환경 속에서 귀족 공자 생활을 했다. 그러나 후에 조비와 태자 자리를 겨룬 후에 세력을 잃게 되자 그 압박은 배가되었다. 그의 시가 창작 역시 전후 두 시기로 나뉘는데 서로 다른 내용을 가진 것이 특색이다. 조식 전기의 작품은 〈백마편〉·〈명도편〉 등이 대표적인데 공을 쌓고 업적을 세우는 웅대한 야심과 심지를 표현하고 있고 웅장하고 강건하여 그 의기가 상당히 높다. 그러나 후기 작품은 웅지가 좌절된 격분과 불평의 감정이 토로되어 있으며 그 대표적인 작품으로는 〈증백마왕표贈白馬王彪〉·〈우차편吁嗟篇〉·〈야전황작행野田黃雀行〉 등이 있다. 그중 〈증백마왕표〉는 역작으로 조비가 형제에게 가한 박해에 대한 분함과 강개함을 표현한 것이다. 조식의 산문과 사부 역시 좋은 작품이 많은데 〈여양덕조서與楊德祖書〉·〈낙신부洛神賦〉 등이 있다. 예술 표현에서 조식은 건안 시단에서 최고의 성취를 이루었다. 그는 시의 처음을 잘 시작하고 비유를 잘하며 종종 경구를 사용했다. 예를 들면 "큰 나무는 슬픈 바람이 많고, 바닷물은 파도를 일으킨다"라든가, "질풍이 밝은 태양을 몰아내니 태양은 서쪽으로 내달린다"는 구절이 있다. 이밖에도 그는 글자 선택·대우對偶와 화성和聲에 주의를 기울였다. 그의 시는 격앙된 감정이 풍부하고 또 문채가 있어 《시품詩品》에서는 "기백이 높으며 문장이 화려하다"고 그의 시가의 예술 풍격을 형용했다.

삼국·오·천발신참비

이 비석은 오나라 천새天璽 원년(276)에 세워졌다. 오나라 말의 황제 손호는 천명이 오나라에 있다는 여론을 조성한 후 하늘에서 신이 강림했다고 하며 이 비를 새겼다. 비석은 강소성 강녕江寧 천희사天禧寺에 세워졌으며 원통형으로 둥그렇게 새겨져 있다. 송나라 이전에 이미 세 조각으로 부러져 버렸기 때문에 '삼단비三段碑'라고도 한다. 송나라 때에 강녕부 학종경각으로 옮겨졌다. 청 가경 10년(1805) 교관이었던 모조毛藻가 편찬한 《옥해玉海》에는 화재가 나서 이 비석이 훼손되었다고 기록되어 있다. 그림은 명대의 탁본이며 현재 북경 고궁박물원에 소장되어 있다. 비문은 황상皇象의 서체라고 전해진다. 예서체에 전서를 삽입했으며, 처음 글자는 네모반듯하게 시작되다가 끝은 아주 예리하게 맺고 있다. 글자의 위세가 웅장하며 새로운 전각의 길을 터놓아 이후의 서예에 상당한 영향을 주었다. 위진시대에 예서는 한말의 양식화된 옛 풍격을 답습했고 정서正書와 초서는 점차 발전하여 성숙해졌으며, 전서 역시 종종 출현했지만 그러나 이미 고체古體가 되어 버렸다. 이처럼 각종 서체가 서로 융합 발전해가는 과정 중에서 나온 《천발신참비天發神讖碑》는 새로운 국면을 열어주었으며 주나라와 진秦나라 유풍의 진기한 서체 풍격을 지니고 있다.

대규모 불상 조각의 시작

인도불교가 점차적으로 전파됨에 따라 불상의 예술 기법 역시 중국에 전래되었다. 게다가 원류가 오래된 중국 고대 조각 예술과 서로 융합하고 어우러져서 중국 불상은 새로운 범주를 형성했고 위진남북조 시기에 이르러서 불교가 매우 성행하게 되며, 중국에서는 대규모 불상 조각 활동이 시작되었다. 동한 말년에 불교의 교의는 중국 전통 윤리와 종교관념과 서로 결합하기 시작했으며 이로써 더욱 광범위하게 전파되어 불교도들은 광릉光陵(지금의 강소 양주)에 불사를 건축하고 청동 불상을 주조하기에 이르렀다. 삼국 이후에 북방의 낙양, 남방의 건업(즉 남경)은 모두 불교의 도시였으나 애석하게도 당시 낙양에 10여 곳이나 되었던 사원의 작품은 보존되어 있지 않아서 불상의 모습을 고찰할 수 없다. 오나라 적오赤烏 10년(247) 강거康居*의 승려가 건업에 도착해서 불상을 만들고 포교했다. 오의 손권은 그 절을 건립하기 위하여 힘썼고 오 땅에 불상 조형들이 연속적으로 출현하기 시작했다. 삼국 시기에 이르러 중국 불상 조형의 규모는 이미 커졌고, 또한 천축天竺의 방법과 중국 본토 고유의 기법이 융합되어 친밀하면서도 자애로운 모습을 창조해 내었다. 그리하여 사람들이 현재 감상하고 있는 중국 불상의 모범이 되었으며 불상이 중국화되는 과정 중에서 점차적으로 자신만의 독특한 조각 방식을 확립하게 되었으며 이로써 불상 예술은 성숙의 궤도로 진입했다.

*한·위 시대에 중앙아시아 키르기즈 초원을 중심으로 한 터키계 유목민족의 나라―역주

죽림칠현

산도

죽림칠현은 삼국시대 위나라 말기 일곱 명의 명사를 함께 일컫는 말이다. 그들은 초국譙國의 혜강嵇康·진류陳留의 완적阮籍·하내河內의 산도山濤와 상수向秀·패국沛國의 유령劉伶·진류陳留의 완함阮咸·낭야琅邪의 왕융王戎이다. 그들은 서로간에 밀접하게 왕래하며 산양山陽(지금의 하남 수무修武) 대나무숲 아래서 자기들 멋대로 지냈기에 세상에서는 죽림칠현이라고 불렀다. 고평릉 정변 이후, 정권을 잡은 사마씨 집단은 명교名教를 제창하는 한편으로는 잔혹하게 반대 세력을 제거하여, 위나라 정권을 찬탈하는 데 더욱 박차를 가했다. 그러나 일부 명사들은 사마씨에 동조하기를 원하지 않았고, 사마씨가 표방하는 허위적인 예교에 심한 거부감을 표했다. 칠현이 바로 이런 명사들의 대표적인 인물이다. 그들의 사상은 대체적으로 비슷하면서도 약간씩 차이가 있다. 혜강·완적·유령·완함 등은 줄곧 노장 사상을 신봉하여 명교를 초월하여 자연에 따랐고, 산도와 왕융은 노장 사상을 위주로 하며 거기에 유가의 학술을 섞었다. 상수는 명교와 자연의 합일을 주장하였다. 본질적으로 말하자면 그들은 명교를 반대하지 않았고 오히려 자연적인 명교를 숭상했으며, 정치적 태도에 있어서는 후에 커다란 차이가 있었다. 혜강·완적·유령은 대권을 장악하고 있는 위 정권의 사마씨 집단의 분에 넘치는 희망에 대하여 비협조적인 태도를 취했으며, 상수는 혜강이 피해를 당한 후에 어쩔 수 없이 벼슬길에 올랐고, 산도는 처음에 은거했다가 40세 이후에 벼슬길에 나가서 사마씨 정권의 최고 관직까지 올랐다. 왕융은 공명심이 가장 강했으며, 완함은 진으로 들어간 후에 산기시랑 직을 맡기도 했다.

일곱 사람의 문학적 성취는 차이가 매우 큰데 완적의 작품은 현재 부賦 6편이 전해지고, 산문은 비교적 완성도 있는 것이 9편, 시가 80여 수 전해진다. 그의 부는 모두 단편의 소부小賦로, 영물시詠物詩·술지述志 등 내용이 하나가 아니다. 〈대인선생전大人先生傳〉은 그의 가장 뛰어난 장편 산문 작품이며 완적의 시가는 그의 중요한 문학 성취를 대표하고 있다. 혜강의 문학 성취는 주로 시가와 산문에서 잘 나타나고 있다. 논설문은 〈양생론〉과 〈성무애락론聲無哀樂論〉이 가장 유명하고, 서신인 〈여산거원절교서與山巨源絶交書〉는 신랄하고 소탈하며 혜강 산문의 대표작이다. 상수는 단지 〈사구부思舊賦〉가 전해지고, 유령은 〈주덕송酒德頌〉 한 편이 전해지는데, 글의 흐름이 경쾌하고 언어가 세련되며 위진 명사들의 현허玄虛를 숭상하고, 소극적이며 퇴폐적인 정신적 면모를 반영하고 있다. 완함은 음률에 정통했다고 하는데 문장은 전해지지 않고 있다. 산도와 왕융은 문필에는 그다지 뛰어나지 않았던 것 같다.

혜강

건안 풍골

건안 연간(196~220), 조조의 통치집단 안에 일곱 명의 걸출한 문학가가 모여 있었으니 그들은 바로 공융孔融·진림陳琳·왕찬王粲·서간徐幹·완우阮瑀·응창應瑒·유정劉楨이며 역사에서는 이들을 건안칠자建安七子라고 부른다. 그들과 삼조(三曹:조조, 조비, 조식)는 함께 중국문학사상 휘황한 시대를 창조하였으니 그들의 독특한 문학 풍격 즉, '건안풍골建安風骨'을 갖추게 되었다. 이런 정신은 당시 문단을 주도했고 후세 문학에서 숭상하며 본받고자 하는 모델이 되었다. 칠자의 문학 창작은 개성의 차이로 인해 각자 독특한 풍모가 있지만 모두 공통적인 특징을 구비하고 있었으니 이는 건안문학의 시대 풍모를 구성했다. 유협劉勰은 《문심조룡文心雕龍》 중에 이 풍격이 탄생한 원인을 귀납할 때에 이처럼 강개하고 격앙된 문학작품은 사회적 혼란과 풍속의 퇴폐에서 조성된 것이라고 했다. 아울러 이러한 정세하에서 문학작품은 비로소 사상적 깊이가 생기고, 문장은 심오한 의미를 함축하고 있으며 기개가 있게 된다고 했다. 유협의 논점은 매우 정확한 것으로 이와 같은 사상의 심원함과 심오한 뜻이 함축되어 있고 기개가 있으며 비장감이 풍부한 문학 풍격은 '건안풍골' 혹은 '건안풍력'이라고 존중되고 있다. 이는 건안칠자와 조씨 부자가 중국문학사에 이바지한 걸출한 공헌이다. 후세 문학혁신 운동 역시 건안풍골을 구호로 하였으며 진자앙陳子昂은 바로 이러한 기치 아래 혁신을 주도하여 당대唐代 시가 창작을 최고봉으로 끌어올렸다.

삼국·오·위지삼공동경位至三公銅鏡

晉武帝司馬炎

서진 西晉

서기 265~316년

서진 · 귀의저왕금인歸義氐王金印

서진 시기(281년)의 전체 지도

선비鮮卑

흉노匈奴

오손烏孫

서역장사부西域長史府

서西

강호羌胡

양주凉州

고구려

평주平州

유주幽州

병주并州

청주青州

기주冀州

사주司州

연주兗州

낙양洛陽

서주徐州

진주秦州

옹주雍州

예주豫州

진晉

익주益州

형주荊州

양주揚州

우주宇州

이주夷州

광주廣州

교주交州

주애주朱崖州

N

S

서진

265~316년

근 반세기의 정치 변동과 경제발전을 거친 후 삼국 정립의 평형을 유지하던 판국은 깨져버리고, 중원에 웅거하고 있던 조위 정권은 막강한 실력으로 263년에 촉나라를 멸하였다. 조씨 정권은 남북을 통일하기 위해 노력했지만 동시에 자신들에게도 위기가 출현했다. 265년에 사마염은 막후에 있다 드디어 무대 앞으로 등장하였다. 그는 하늘에 제사를 드리고 위나라의 '선양'을 접수한 후 새로운 왕조인 진晉(역사에서는 서진이라고 함)을 건립하였다. 10년 후에 진은 오나라를 성공적으로 평정하니 한말부터 시작하여 근 1세기에 걸친 분열 국면은 이로써 마감이 되었다.

통일된 국가를 건설하기 위해 서진은 완비된 관료제도를 확립했다. 경제적으로 서진 통치자는 백성이 편히 지낼 수 있는 정책을 실행하여 사회경제를 회복했고 사회 질서는 안정되었다. 그러나 좋은 세월도 얼마 가지 않았으니 291년 사마염 사후에 '팔왕의 난'이 폭발했고, 사마씨 집단 내부에 장장 16년 간에 걸친 피비린내 나는 대 살육이 시작되었다.

온갖 재난을 겪었던 오호五胡 민족들은 이런 기회를 틈타 그들의 족쇄를 풀고 진군을 대패시켰다. 그중 흉노 귀족 유연劉淵과 저족 수령인 이웅李雄이 각각 나라를 세워 독립했다. 311년 흉노는 정권을 할거하여 낙양을 폐허로 만들고 서진 황제 회제는 포로가 되었다. 일부 서진 관리들은 장안으로 도망가서 진왕 사마업을 황제로 옹립하여 잠시 남은 목숨을 유지했다. 또 다른 대다수의 관리와 백성들은 분분히 강남으로 도망을 가니 역사에서는 이를 영가남도永嘉南渡(후에 이들은 건강에서 동진을 건립한다)라고 한다. 316년에 사마업은 유총劉聰의 압박하에 투항하니 서진은 멸망했다.

비록 서진은 하나의 통일된 국가였지만 그러나 진나라 정권에서는 일찍이 없었던 민족 충돌이 늘상 있었으므로 서진의 통일에는 항상 분열의 요인과 불안정한 요소가 포함되어 있었으며 서진의 문화는 대통일된 높은 경지의 격조를 표현해내지 못했다. 비록 현학과 불교가 새로운 사상 요소로서 몰락하는 유학에 신선한 활력을 불어넣어 주었지만, 그러나 부패하고 몰락한 면모를 덮어줄 수는 없었다.

265~316년의 서진

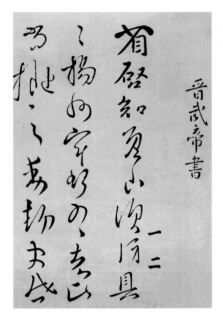

진무제 · 성계첩省啓帖

진무제 사마염은 서예에 뛰어나 송 진사陳思《서소사書小史》에 "황제는 행서와 초서에 능하였다"고 기록되어 있다. 송《선화서보宣和書譜》에도 "무제는 글씨 쓰는 것을 좋아하였으며 초서에 특히 뛰어난데 낙필이 웅건하며 영웅의 기개가 깃들어 있다"고 기록되어 있다.

265년
황제가 된 사마염

태시泰始 원년(265) 12월 11일, 사마염은 남쪽 교외에 제단을 설치하고 번제를 올리며 하늘에 고한 후 위 황제 조환을 핍박하여 퇴위시키고 스스로 황제가 되었다. 사마염의 자는 안세安世고 사마소의 맏아들이다. 조환을 핍박하여 퇴위시킨 후에 그를 진류왕에 봉하고 위를 진으로 바꾸니 역사에서는 이를 서진이라 하며 태시로 개원하고 수도는 낙양에 정하였다. 황제가 된 후 사마염은 종실 27왕에 분봉하니 사마씨 종실은 모두 왕에 분봉되었다. 사마염이 태시에 분봉한 이 일은 기본적으로 후한의 제도를 계승한 것으로 분봉된 자는 제후왕이지 더 이상 군민이 아니다. 왕국의 영토 역시 한 군郡에 불과하고, 왕국의 재상은 조정에서 임명했으니 태수와 다름이 없었다. 왕국의 상급 관리는 왕들이 스스로 선택했지만 재정은 자기 마음대로 할 수 없었다. 태시 2년(265) 12월, 둔전제를 계속 시행할 수 없게 되자 진 무제 사마염은 재차 조서를 내려 정식으로 민둔을 폐지했다. 사마염은 농관를 파직시키고, 누차 군현관에게 뽕나무 재배를 독촉하는 책임을 다하도록 명령했으며 사사로운 전객佃客 모집을 엄격하게 금했다. 이런 조치는 객관적으로 볼 때 농업 생산 발전을 촉진시켰다. 태시 4년(268) 정월, 가충賈充의 주재

연대별 주요사건

- 265년 사마염이 위 황제 조환을 핍박하여 선위를 받고, 진류왕에 봉함. 위를 진으로 바꾸고 진 무제가 됨
- 271년 오제 손호가 거병하여 진을 공략하자 진은 장수 둔수춘을 파견하여 이를 저지함. 오의 군대는 중도에서 퇴병
- 280년 서진이 오를 멸하고 전국을 통일
- 282년 의학자이자 사학자인 황보밀 사망
- 290년 진 무제 사후 황태자 충이 대를 이어 혜제가 됨
- 291년 팔왕의 난 시작
- 301년 조왕륜이 황제를 칭하고 제왕 사마경 등이 기병하여 조왕륜을 토벌. 이

특이 기의하고 성도에 할거
- 304년 이특의 아들 이웅이 성도왕으로 자처. 흉노 귀족 유연이 기병하여 한국을 건설
- 306년 팔왕의 난 종결
- 308년 한왕 유연이 황제를 칭함
- 310년 유연이 죽고 아들 화가 황위 계승 유총이 화를 살해하고 황제가 됨
- 311년 한국이 낙양을 함락하고 진 회제를 포로로 삼음
- 313년 유총이 진 회제를 살해. 조적이 북벌 단행
- 316년 한국이 장안을 함락하고 진 민제를 포로로 삼으니 서진 멸망

당 · 염입본 · 역대제왕상권 · 사마염도

진무제 사마염(236~290)의 자는 안세며 하내 온현 사람으로 진나라를 건립했다. 280년 동오를 멸하여 역사를 잠시나마 통일된 시기로 진입하게 했다.

로 수정된 새 법률은 후세 법률 형식의 모범이 되었다. 사마염은 또한 누차에 걸쳐 조서를 내려 지방관은 반드시 요역을 삼가고 근본에 힘쓰며, 아울러 개간에 힘쓰도록 했다. 반드시 토지를 합리적으로 이용하여 최대의 이익을 내도록 했으며 무의도식과 상품 판매를 금지했다. 진 태시 4년(268) 11월, 사마염은 공경대부들과 군국 수상들에게 어질고 정직한 충언을 할 수 있는 사람을 천거하라고 조서를 내렸다. 12월에는 오조五條 조서를 군국에 반포했는데 그 다섯 가지는 첫째는 몸가짐을 바르게 할 것이며, 둘째는 백성을 근면하게 하고, 셋째는 고아나 과부를 보살피고, 넷째는 기본에 충실하고 쓸데없는 짓을 삼가고, 다섯째는 인사를 제거하는 것이다. 이에 이르러 사마염은 황제가 되어 제도를 바꾸는 임무를 대체적으로 완성하였다.

275년
관노비를 둔전병으로 대체한 사마염

함녕 원년(275) 12월, 둔전의 형편이 날로 좋지 않은 상황하에서 진무제는 둔전병을 대신하여 관노비에게 농사를 짓도록 명령을 내렸다. 진 태시 연간에 대부분의 민둔은 이미 모두 없어졌으나 줄곧 시행되어오던 병둔兵屯은 계속 유지되어왔다. 병둔 실행은 군대에 대한 국가의 부담을 경감시키는 한편, 동시에 군대가 평화 시기에 상실하기 쉬운 활력과 힘을 주기도 했다. 서진 조정은 둔전병이 관의 소를 사용할 때 수확물을 8 : 2의 비율, 즉 정부가 8을 갖고 사병이 2를 갖도록 규정했다. 또한 개인 소를 사용하면 수확물은 7 : 3으로, 즉 정부가 7을 갖고 사병이 3을 갖는 식이다. 이러한 비율은 위나라 병둔이 6 : 4 또는 5 : 5인 것에 비하면 정부의 취득량이 너무 많았다. 둔전병들은 이러한 상황에 맞닥

뜨리자 생산의 적극성에 심각한 좌절을 느끼게 되었다. 더욱 많은 이익을 억기 위하여 진무제 사마염은 "업계 지역 관노비를 둔전병을 대신하여 농사를 짓도록 하되, 한 둔에 노비 50명과 사마를 배치하여 모든 것을 둔전법대로 한다"고 조서를 내렸다. 이처럼 병둔이 날로 상황이 나빠져가는 상황하에서 관노비를 조직하여 둔전병으로 대체하는 것은, 실제적으로는 병둔을 민둔으로 바꾸는 것이었다. 비록 이런 방법이 여전이 둔전법을 실행한다고는 말하지만 그러나 관노비에게 둔전병 대신 농사를 짓게 하는 것은 신분상에 변화가 일어나 군심을 안정시키고, 농업 생산 향상에도 매우 적극적인 작용을 했다.

기마도용

서진·기마의장용
높이 23.5cm, 길이 17cm로 1958년 호남성 장사 금분령에서 출토되었다. 이 인형은 망자의 의장대 부장품이다.

급총의 죽서 출토

진 함녕 5년(279) 10월, 급군汲郡 사람 부준不準은 위나라 양왕 무덤을 도굴하다가 고대의 죽간서 10수레를 도굴하게 되었다. 부준이 도굴하여 얻은 대량의 죽간서에는 위나라 사서인 '기년紀年' 13편이 들어 있었다. 하 왕조부터 위 안리왕安釐王에 이르기까지의 2000년 간의 일이 기록되어 있으며 여기에서 서술한 일과 경전의 기재는 많은 차이점이 있었으니 이는 연구할 만한 가치가 있는 고귀한 역사적 재산이다. 《목천자전》 등 5편은 주 목왕이 사방을 주유한 일을 기록하고 있으며 또 다른 일련의 서적들은 모두 몇십 편이 있는데 모든 죽간서를 합치면 대략 10여만 자가 된다. 죽간서에 씌어 있는 문자는 모두 과두문蝌蚪文*으로 죽간 위에 칠서漆書로 되어 있으며 매 편의 죽간에는 46자씩 쓰여 있다. 연대가 너무 오래된 데다가 도굴할 때 파손되어 묘 속에서 출토된 죽간은 대부분 완전하지 못하다. 죽간이 출토된 이후에 진무제 사마염은 이를 잘 보관하도록 명령을 내렸다. 순욱荀勗·화교和嶠·두예杜預 등의 학자들은 죽간에 제공된 자료에 의거하여 이를 15부, 87권으로 정리하였다. 순욱과 화교 후에도 위항衛恒·속석束晳 등이 계속하여 정리하고 이를 금문으로 해석했다. 장장 10년의 시간을 거쳐 마침내 《목천자전》·《죽서기년》·《급총쇄어汲塚鎖語》 3부 책으로 정리했다.

* 과두는 올챙이라는 뜻인데 올챙이처럼 위는 굵고 아래는 가느다란 글씨체를 말함~역주

280년
오나라를 멸하고 전국을 통일한 서진

진무제 사마염은 황제가 된 후에 오나라를 없앨 준비에 착수하였다. 진 태시 5년(269)에 진 상서좌복야 양호羊祜는 도독형주제군사로 양양을 수호하였다. 그는 사병들을 조련하며 군대의 전투력을 증강하였다. 동시에 늘상 진무제와 오나라를 멸할 대책을 상의하면서 오나라를 멸할 수 있는 대대적인 준비를 하였다. 진 함녕 4년(278), 양호가 병사하자 사마염은 두예를 진남대장군 도독형주제군사에 임명하고 양호가 이루지 못한 대업을 계속하도록 하였다. 279년 두예와 왕준王濬이 무제에게 상소를 올려 오나라를 토벌하도록 군대를 내줄 것을 청했다. 조정의 장화張華 등 주전파 역시 가충·순욱 등과 의견을 달리하며, 진 무제에게 발병할 것을 권했다. 사마염은 이 요구에 동의하여 장화를 탁지상서에 제수하고 오나라를 토벌할 계책을 주재함과 동시에 군량 조달을 관장하도록 하고 동시에 오를 토벌하라는 조서를 내렸다. 진 함녕 6년(280) 3월, 진의 용양장군 왕준이 무창에서 곧바로 건업으로 쳐들어가니 오의 군대는 투항했다. 왕준의 군대는 강에 가득하였고 그 깃발은 하늘을 덮으니 그 위세가 대단했다. 3월 15일, 8만 사병에 백리가 넘는 대오의 선박들이 석두성石頭城(지금의 강소 남경 북쪽 교외)으로 진입했다. 오국의 제왕 손호는 왕준에게 투항하였다. 이로써 오나라는 멸망하고 전국은 다시 통일이 되었다.

석두성石頭城
청량산(옛날에는 석두산이라고 칭하였음) 서쪽에 있는데 삼국시대에 산을 따라 건축되었기 때문에 이런 이름이 생겼다.

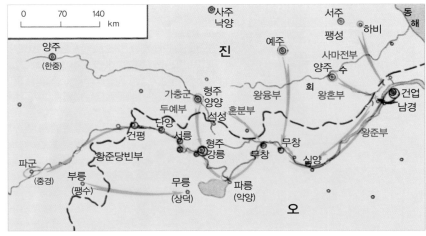

진이 오를 멸한 전투도

이밀의 《진정표》

서진 태시 3년(267), 진무제는 태자를 세우고 이밀李密을 태자세마太子洗馬에 임명하자 그 조서가 여러 번 그의 집으로 왔고, 군현 관리들도 여러 차례 그를 압박하자 이밀은 이에 《진정표陳情表》를 올렸다. 이밀(224~287)은 진나라 초기의 문장가로서 자는 영백令伯이며, 일명 건虔이라고도 했다. 무양武陽(지금의 사천성 팽산현彭山縣) 사람으로 아버지를 일찍 여의고, 어머니 하씨는 재가했다. 그는 어려서부터 조모에 의해 길러졌고, 일찍이 촉한에서 관리를 지냈다. 이 《진정표》에서 이밀은 조모 유씨가 연로하여 체력이 약하다는 것을 "서산에 지는 해, 목숨이 위태롭네", "생명이 위태로워, 아침에 저녁일을 보장할 수 없다"고 그 상황을 설명하고 있다. 그리고 집안에는 오직 자기만이 조모와 의지하여 살아왔기 때문에 잠시 동안은 왕의 부름에 응할 수 없다고 했다. 문장 속에서 저자는 자신의 형편과 조모와 손자 사이의 깊은 감정을 슬프고 구성지게 묘사하여 사람들의 눈물샘을 자극하고 있다. 또한 문장 언어의 정교함이 입신의 경지에 이르러 진한 감화력을 갖고 있어 후세에 《진정표》에 사용된 용어들이 관용어로 변하여 사용되고 있다. 예를 들면 "의지할 곳 없이 외롭게 서 있는데", "그림자와 서로 위로하며 지내는 고독한 처지" 등이다. 진무제는 이 글을 읽고 나서는 매우 감동받아 군현 관리로 하여금 이밀에게 조모를 봉양할 음식을 제공하도록 명했다. 이밀은 조모 유씨가 세상을 뜨자, 3년상을 다 치른 후에야, 비로소 태자세마·상서랑尙書郞에 응했다. 후에는 지방관으로 나갔다. 이밀은 자존심이 강하고 재주가 높았기 때문에 늘 조정으로 영전되기를 바랐다. 그러나 염원이 이루어지지 않자 마음에 원한을 품게 되었고 결국 관직에서 해임되었다.

서진·대서용對書俑

서진·무덤벽의 전화磚畵*

사냥

양을 끄는 소수민족

만두 찌기와 빵 굽기

* 전화는 벽돌에 그린 그림-역주

말 방목

280년
호조식 제도의 반포 시행

진은 오나라를 멸하고 중국을 통일했다. 진 태강 원년(280)에 진은 국가의 기본경제, 재정 제도인 호조식戶調式을 반포하였다. 호조식이란 점전제占田制·과전제課田制·호조식·한전제限田制 및 음친음객제蔭親蔭客制 등을 포괄하고 있다. 소위 점전이란 법령상 규정된 전답을 농민이 점유하는 것을 정부가 허락하는 것으로 장정 남자는 70무畝, 여자는 30무를 점유할 수 있었다. 과전이란 전답에 세금을 부과 감독하는 것으로 국가는 과전의 수량에 따라 세금을 징수한다. 한 집안에서 장정 남자의 과전은 50무, 여자는 20무이고, 미성년 남자는 25무, 여자와 노인 및 어린이에게는 부과하지 않으며 매 무당 전답세는 쌀 8승升이었다. 호조식은 장정 남자의 가구에 매년 비단 3필·면 3근, 성인 여자 및 미성년 남자는 반으로 감면되었다. 한전제는 1품 관원이 전답 15경頃, 그 이하는 매 1품씩 내려갈 때마다 전답 5경이 감소되도록 규정했다. 음친음객제는 관원에게는 전답의 과세 및 호조 납부면제 외에도 직위의 고하에 따라 그 친척까지 음덕을 볼 수 있는 제도로서 많게는 구족九族에 이르고 적게는 삼세三世에 이르렀다. 호조식 제도의 실시는 진대의 독특한 특색으로 진무제 사마염은 이런 조치의 제정을 통해 국력을 증강시켰다.

285년
《삼국지》를 편찬한 진수

태강 6년(285) 진수陳壽는 《삼국지》를 편찬하였다. 《삼국지》는 기전체의 삼국사로서 전체 65권으로 된 위·촉·오 삼국지다. 삼국지는 《위지》 30권, 《촉지》 15권, 《오지》 20권으로 되어 있으며 단지 기紀와 전傳만 있을 뿐 표表와 지志는 없다. 《위지》는 앞의 4권만 기로 칭하며, 《촉지》《오지》에는 전傳만 있고 기는 없다. 진수(233~297)의 자는 승조承祚로 파서巴西 안한安漢(지금의 사천 남충의 북쪽) 사람이다.

어려서부터 학문을 좋아하여 일찍이 초주譙周에게 배웠다. 진 건국 후에는 저작랑著作郎과 치서시어사治書侍御史 등을 역임했다. 태강 원년(280), 진나라가 오나라를 멸하자 그는 위·촉·오의 사료들을 수집하여 마침내 《삼국지》 65권을 편찬했다. 《삼국지》는 조씨의 위나라를 정통으로 삼고 있으므로 《위지》를 전체의 맨 앞에 두고, 위나라 군주에 대해서만 제帝의 칭호를 써서 '기' 속에 서술하고 있다. 그러나 오와 촉에 대해서는 주군을 제로 칭하지 않았을 뿐만 아니라 그들을 '전' 속에 서술하고 있다. 중국 고대의 기전체 정사 중에서 《삼국지》·《사기》·《한서》 및 《후한서》를 '전사사前四史'라고 부른다. 《삼국지》에서 취재한 내용은 몹시 근엄하고 문필 또한 정련되었으며 기사는 비교적 진실하다. 삼국 시기에 정치·경제·군사상에서 영향력이 있던 인물 및 학술사상·문학예술·과학기술상에 공헌이 잇는 사람들을 책 속에 모두 기재하고 있다. 이밖에도 중국 내의 소수민족 및 인접 국가의 역사도 기록하고 있다. 그러나 기록이 너무 간략하여 일련의 중요한 역사 사건과 인물의 사적들에 대해서도 상세하지 않고 심지어는 빠뜨린 것도 있다. 그밖에 《삼국지》에는 전장典章 제도 등에 관련된 '지'가 없는 것이 최대의 결점이다. 《삼국지》의 서사가 비교적 간략하기 때문에 남조 송문제는 배송지裵松之에게 이를 보충하여 교주를 하도록 명령했다.

청유갈채호青釉褐彩壺

삼고초려도

진수가 편찬한 《삼국지》는 후에 나관중이 이를 제재로 하여 《삼국연의》를 지음으로써 삼국 이야기는 널리 퍼졌다. 이 그림은 명대 사람이 그린 《삼고초려도》다.

290년
사마염의 제위를 이은 사마충

태희 원년(290) 4월 20일, 진 무제 사마염이 병사하니 향년 55세로 재위 25년이다. 태자 사마충이 제위에 오르니 혜제惠帝로 이때 나이 32세였고 태자비 가씨賈氏는 황후가 되었다. 사마충은 사마염의 둘째 아들로 9세 때 황태자에 책봉되었는데 백치로 유명하다. 궁 안의 사람들은 그의 등 뒤에서 "돼지같은 바보"라고 수군거렸다. 한번은 사마충이 화림원에서 두꺼비 소리를 듣다가 좌우 시중에게 "이 놈은 조정을 위해 우는가 아니면 개인을 위해 우는 것인가?"고 물었다. 이에 시랑 가윤賈胤이 "궁중의 두꺼비는 조정을 위해 울고 논밭의 두꺼비는 개인을 위해 웁니다"고 적당히 얼버무리자 사마충은 그런가보다고 했다. 천하가 어지러워져 백성이 굶어죽게 되자 사마충은 "곡식이 없으면 고깃국을 먹으면 되지 않느냐?"고 아무렇지도 않게 질문하니 이때 조정대신들은 사마충이 정사를 보살필 수 없음을 알게 되었다. 황후 가씨의 이름은 남풍南風으로 사공 가충賈充의 딸이다. 애초에 사마염은 위관衛瓘의 여식을 태자비로 간택하고자 했는데 가충은 그의 아내 곽괴郭槐를 사주하여 궁인들에게 뇌물을 주어 양楊황후가 사마염을 설득하여 자신의 딸로 간택을 바꾸도록 종용하게 했다. 사마염은 위관의 집안 혈통은 현명하고 또 아들이 많으며 여자들은 미모가 출중하고 키가 크고 피부가 희지만, 가충 집안의 혈통은 질투

가 많고 아들이 적으며 여자들은 추하고 키가 작고 피부가 검다고 여기고 있었다. 그러나 양황후가 재차 삼차 권하고, 또한 대신인 순욱 등도 가충의 여식이 현명하다고 유세를 하자 결국 사마염은 처음의 마음을 바꾸어 가충의 여식을 태자비로 간택했다. 이때 가남풍은 15세로, 태자보다 두 살이 많았다. 가비는 성정이 질투가 많고 속임이 많아 태자 충은 항상 그녀를 보기만 해도 두려워했다.

중국 최초의 역사지도집 출현

대략 태시 4년에서 7년(268~271) 사이에 배수裵秀는 《우공지역도禹貢地域圖》 18편을 완성했다. 이는 중국의 현존 문헌에서 고증할 수 있는 최초의 역사지도집으로 서언에는 지도 제작의 여섯 항의 원칙을 언급하고 있으니 이것이 바로 유명한 '제도육체制圖六體'로 중국 전통 지도(평면 측량 제작된 지도)에 이론적 기초를 다져주었다. 이리하여 배수는 중국 전통 지도학의 기반을 다진 사람으로 존경받고 있다. '제도육체'란 첫째로 비례척으로 지역의 대소를 측정하는 것이다. 둘째는 방향으로 각 지물의 방위를 확정하는 것이다. 셋째는 거리로 도로의 이정里程을 확정짓는 것이다. 넷째는 수평직선 거리를 말하고, 다섯째는 경사의 직선 거리를 말하고, 여섯째는 직선 거리를 말한다. 이 여섯 항목을 귀납해보면 현재 지도학에서 이야기하는 비례척·방향과 거리 3요소이며 이는 지도 제작시 비례척을 제정해야 하고, 지물 간의 방향을 측량해야 하며, 각 지물 간의 수평직선 거리를 구하는 것을 말한다. 배수는 또한 '육체六體'의 역할과 상호관계를 지적하였는데 그는 육체는 반드시 종합적으로 운용되고 서로 간에 참고할 수 있어야 한다고 여겼다. 그렇지 않으면 실제 지형을 반영하는 지도를 정확하게 제작하기 어렵다고 보았다.

실을 끌어 맥을 짚고 있는 그림

《맥경》

《맥경脈經》은 현존하는 가장 오래된 맥학脈學을 논술한 전문 저서로, 진대晉代 의학자인 왕숙화王叔和가 서진 초년(265)부터 무제 태강 3년(282) 동안 편찬한 의학서적이다. 왕숙화의 《맥경》은 3세기 이전 맥학을 체계적으로 총결한 전 10권의 책이며, 《내경內經》·《난경難經》·《상한론傷寒論》 및 《금궤요략金匱要略》 및 편작扁鵲과 화타華佗 등과 관련된 논설이 수록되어 있다. 맥의 이치와 맥법에 대해서 상세히 설명 분석했고, 처음으로 맥상脈像을 부浮·규孔·홍洪·활滑·삭數·촉促·현弦·긴緊·침沉·복伏·혁革·실實·미徽·삽澁·세細·연軟·약弱·허虛·산散·완緩·지遲·결結·대代·동動 등 24종으로 귀납하였으며, 모든 종류의 맥상의 형상 및 손가락의 감각 등에 대하여 구체적인 묘사를 했다. 또한 비슷한 맥상의 구별을 지적하여 8조로 나누고 배열 비교하여 손가락으로 진맥하는 방식을 초보적으로 확인했으며 내용은 대략 아래와 같다. 왼손의 촌부맥寸部脈*은 주로 심장과 소장, 관부맥關部脈**은 간과 쓸개, 오른손의 촌부맥은 폐와 대장, 관부맥은 비장과 위, 양 손의 척부맥尺部脈***은 주로 신장과 방광과 관계된다. 이처럼 촌·관·척寸關尺 세 부분의 맥 위치를 정해 진찰했다. 이는 후세 중의학에서 맥학의 발전에 중요한 기초를 다졌다.

* 넷째 손가락이 닿는 부위에서 짚이는 맥 – 역주
** 가운뎃 손가락이 놓이는 부분에서 짚이는 맥 – 역주
*** 요골 동맥의 맥박으로 넷째 손가락으로 짚이는 맥 – 역주

《맥경》 서적 사진

쌍룡 문양 심장형 옥패[雙龍紋心形玉佩]
청색으로 약간의 흰 반점이 있다. 기물의 상부에는 장방형의 구멍이 있고 아래쪽은 심장 모양으로 가운데에는 커다란 둥근 구멍이 있다. 구멍 아래에는 세밀하게 짐승의 얼굴이 조각되어 있고 구멍 양쪽에는 용 문양이 투각되어 있다. 앞 뒤 양면에는 모두 세밀한 새털구름 문양이 새겨져 있다.

재력을 다툰 왕개와 석숭

왕개王愷는 진무제 사마염 문명황후의 동생으로 관직은 후장군後將軍에 이르렀으며 자못 무제의 신임과 총애를 받았기 때문에 대권을 손에 쥐고 백성의 고혈을 짜내어 거부를 취했다. 왕개는 당시 산기상시散騎常侍 석숭石崇·사마염 경헌황후의 사촌동생 양수羊琇와 함께 3대 부호로 칭해졌다. 그들은 자신이 제일 부자라는 것을 증명하기 위하여 사치 정도로써 고하를 정하곤 했다. 왕개는 자신의 부에 필적할 만한 이가 없음을 과시하기 위해 당시로서는 상당히 귀중한 엿당물로 솥을 씻게 했다. 그러나 석숭은 이에 뒤질세라 더욱 진귀한 석랍石蠟을 땔감으로 사용토록 하였다. 왕개가 보라색 비단으로 40리짜리 병풍을 만들자 석숭은 무늬가 있는 비단으로 50리짜리 병풍을 만들었다. 석숭이 향료인 산초와 진흙을 개어 집을 장식하자 왕개는 붉은색의 석지石脂로 집을 덮었다. 진 무제는 왕개가 이기도록 여러 차례 재정적으로 그를 도왔다. 한번은 사마염이 왕개에게 2척 정도 높은 산호수를 하사하자 왕개는 득의양양하게 이를 가져와 석숭에게 자랑했는데 뜻밖에도 석숭은 철 여의봉을 들어 아무렇지도 않게 산호수를 박살내버렸다. 왕개가 이를 보고 분기탱천하자 석숭은 아무렇지도 않게 "이거 그렇게 소란스럽게 아까워할 필요 하나도 없소. 내가 당신에게 배상하면 될 것 아니오"라고 말하고는 집 하인에게 자신의 집에 소장하고 있는 산호수를 가져오게 했다. 거기에는 2척 높이의 산호수는 헤아릴 수 없이 많고 3, 4척 높이의 산호수도 6, 7개나 있었다. 왕개는 멍하니 눈만 크게 뜨고 있다가 찬탄을 금치 못했다.

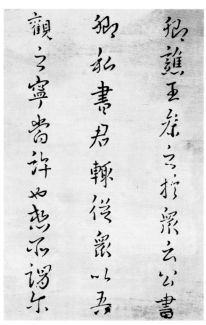

진 무제·초왕첩譙王帖

291년
가황후의 전권

원강 원년(291) 3월 8일, 황후 가남풍이 태부 양준楊駿을 모살하니 이는 가황후 전권의 시작에 불과했다. 양준은 사마염의 계비 양지楊芷의 부친이자 홍농弘農의 대호족으로 전권을 잘 이용하였다. 사마충(혜제) 즉위 후 양준은 태부·대도독으로 승진했다. 그는 대권을 독단하면서 조정을 휘둘렀고 친척들을 요직에 앉혔다. 종실 왕공과 안팎의 관료들은 모두 이에 원한을 갖고 불평했다. 가남풍은 태자비였을 때 질투로 몇 사람을 죽였고, 또한 임신한 첩에게 창을 던져 유산하게 했다. 무제 사마염은 대로해서 금용성金墉城을 수리하여 그녀를 폐위할 심산이었다. 양황후는 가비의 부친 가충이 국가에 큰 공이 있으니 선대들의 공덕을 보아서라도 용서해 줄 것을 간청하여 가비의 명분은 보존할 수 있었다. 양황후는 또 여러 차례 가비에게 근신하기를 권했지만 가비는 양황후가 자신을 돕고 있는 것을 알지 못하고 오히려 양황후가 무제 앞에서 자신을 헐뜯는다고 생각하여 양황후에게 원한을 갖고 있었다. 게다가 가황후는 조정에 간섭하고 싶은데 양준에게 늘 눌리자 황후 부녀를 더욱 미워하게 되었다. 291년 3월 8일, 가황후는 사람을 사주하여 양준이 모반했다고 하고 삼족을 죽였다. 19일 가황후는 여남왕汝南王 사마량司馬亮·태보 위관·초왕 사마위司馬瑋에게 정무를 보좌하도록 했다. 이때부터 가황후는 조정을 독단하며 제멋대로 행하니 폭정은 나날이 심

해져만 갔다. 사마요司馬繇가 그녀를 제거하려고 밀모를 꾸미자 가황후는 몹시 두려워하여 같은 해 3월 27일 사마요를 관직에서 파면하고 왕의 호칭도 폐하고는 대방군帶方郡(지금의 북한 동사리원)에 귀양보냈다. 6월, 가황후는 핑계를 대고 사마량·초왕 위 및 위관·위환 등을 죽였다. 이리되자 조정의 대권은 모두 가황후의 수중으로 떨어졌다.

오성 28수신도宿神圖 · 저성신氐星神

서진·네 장의 잎새와 인물 청동거울
청동거울의 직경은 16.7cm로 네 장의 잎새 문양이 장식되어 있고, 잎새 문양 사이에 나무와 새 두 마리의 도안이 있다. 나뭇잎 가운데에는 인물상이 있는데 이 네 사람은 공자와 제자인 중유仲由·안연顔淵·자공子貢이다.

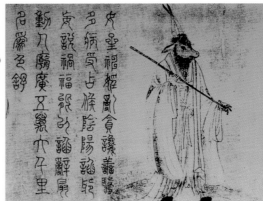

오성 28수신도 · 우성신牛星神

장화의 《박물지》

서진의 장화張華가 지리 박물에 관한 여러 가지 소소한 이야기를 모아 지괴志怪소설인 《박물지博物志》를 편찬했다. 서진 시기에는 지괴소설이 유행했는데 이는 당시 신선방술의 성행 및 불교·도교의 광범위한 전파와 밀접한 관계가 있다. 이 시기의 지괴소설 중 지금까지 전해지는 것은 30여 종에 이르며 내용이 방대하고 복잡한데 대략 3종류로 구분해 볼 수 있다. 그 첫째는 지리 박물에 관한 사소한 이야기이고, 둘째는 정사 이외의 역사이야기를 과장한 것이고, 셋째는 신선지괴 이야기다. 지리박물류 소설은 《박물지》이외에도 《신이기神異記》·《십주기十洲記》등이 있다. 《박물지》는 기이하고 특이한 물건, 고대의 사소한 이야기와 신선방술 등으로 나누어 기록하고 있는데 이미 알고 있는 산천지리의 지식에다 또 역사인물 전설이 있고, 기이한 화초와 벌레·물고기·들짐승·날짐승 등에 관하여 묘사하고 있으며 또한 황당무계한 신선방술 이야기도 기록하였다. 이들 대부분은 고문서에서 소재를 취했으며 적지 않은 고대 신화자료를 보존하고 있다. 예를 들면 8월에 어떤 사람이 은하를 넘어 직녀를 보았다는 괴이한 이야기는 견우직녀 신화의 원시자료가 되고 있다. 《수서·경적지》잡가류 서목에 의하면 《박물지》는 모두 10권이다. 지금까지 내용이 혼재되어 전해오고 있는데 문장은 소략하고 주석은 아주 적다. 아마도 원서가 실전된 후 후인들이 수집하여 만든 것 같다.

291년
팔왕의 난 시작

영평永平 원년(291)에 가황후는 초왕 사마위에게 양준과 그의 일당을 죽일 것을 명령하고 그 세력을 제거했다. 그리고 여남왕 사마량과 위관에게 정무를 보좌해 줄 것을 부탁하였다. 얼마되지 않아 또 초왕 사마위를 보내 사마량 및 위관을 죽이도록 했다. 이어 또 사마위를 죽이고 가황후는 조정을 독단하게 되었다. 진 원강 9년(299) 말, 가황후는 황태자 사마휼司馬遹을 폐서인하고 독살한 후 자신이 장기집권을 하고자 했다. 이러한 행동은 조왕趙王 사마륜司馬倫에게 모반하고 거병할 구실을 만들어 주었다. 원강 원년(291) 4월 3일, 조왕 사마륜은 거병한 후 낙양으로 진공하여 가황후와 그 친당들을 참수하니 16년간 지속될 황족 간의 혼란이 이로써 시작되었으며 이 혼전을 역사에서는 '팔왕의 난八王之亂' 이라고 한다. 조왕 사마륜은 낙양을 공략한 다음 해(301)에 황제를 폐하고 스스로 제위에 올랐다. 얼마 후 제왕 사마경司馬冏·성도왕 사마영司馬穎·하간왕 사마옹司馬顒은 연합하여 사마륜을 죽이고 혜제를 복위시켰다. 제왕 사마경이 정무를 보좌하면서 크게 위세를 떨치자 모든 사람들이분노했다. 그러자 이번에는 장사왕 사마예司馬乂와 사마옹이 연합하여 사마경을 공격해 죽이고 사마예가 조정을 장악하였다. 진 태안 2년(303), 하간왕 옹은 또 성도왕 영과 연합하여 장사왕 예를 공격하고 영이 조정을 독단했다. 이 해 말, 동해왕 사마월司馬越이 기병하여 사마예를 공격하고 예의 군대는 패하여 피살되었다. 사마월은 혜제의 명을 받들어 영을 공격했지만 실패했고 옹은 기회를 틈타 낙양을 공격하여 조정을 독단하였다. 진 영흥 2년(305) 사마월은 재차 거병하여 옹을 공격하였고, 옹과 영은 연달아 살해되었다. 진 광희 원년(306), 진 혜제가 독살당하자 사마월은 사마치司馬熾를 황제로 옹립하니 이가 바로 진 회제다. 이로써 사마월은 스스로 대권을 장악했고 '팔왕의 난' 은 종결되었다.

물방아 모형

물방아의 대량 사용

서한 시기, 식량 가공 기계인 물방아가 이미 운용되고 있었지만 모두 한 바퀴에 한 번씩만 갈아지므로 물의 이용률이 높지 않았고 효과도 그리 크지 않았다. 서진 사람 두예는 이를 원동바퀴를 대형의 와식臥式 물바퀴로 개량하고 큰 물바퀴의 긴 축 위에 세 개의 톱니바퀴를 장착하고 하나의 톱니바퀴에 각각 세 개의 돌방아를 연결하여 움직이도록 하니 모두 9대의 물방아가 돌아가는 셈인데 이를 수전연마水轉連磨라고 부른다. 수전연마의 제작은 물의 이용을 대대적으로 제고시켰다. 같은 원리에 근거하여 두예는 또 연이어진 방아대인 '연기대連機碓'를 만들어 내었다. 즉 하나의 물바퀴를 사용하여 몇 개, 혹은 몇 십 개의 방아대를 사용할 수 있어 이러한 방아찧기식 가공기계의 효율을 배가시켰다. 연기대를 포함한 수전연마가 발명 제작되자 신속히 광범위하게 사용되었으며 이전 시대에 이미 있던 단순한 방아와 함께 당시 사람들의 생활에 커다란 편리함을 가져다 주었다.

현담의 성행

위진남북조 시대는 민족 갈등·계급 갈등이 서로 얽혀 있었고, 정치적 불안정으로 관료들의 운명은 아침저녁 달랐으니 문사들은 공명과 녹을 피하고자 하였다. 세상사를 멀리하고 심원한 도를 숭상하고 논하는 풍조가 성행했다. 청담은 또 '청언淸言' 혹은 '현담' 이라고도 하며 동한 말년의 인물 품제品制에서 시작되었다. 조위 정권은 건립 후에 호족 지주에게 타격을 가하려는 정치적 필요에 부응하기 위하여 '구품중정제' 를 추진했다. 이로써 일반 선비들을 흡수하여 관료에 진출할 수 있었으니 구품중정제는 인물을 식별하고 관리를 선발하는 '재성지학才性之學' 이 되었다. 이로써 청담은 단순한 품제의 인물론에서 추상적인 재성才性 문제의 토론으로 변했다. 유소劉邵의 《인물지》는 바로 재성 문제에 관한 대표작이다. 정시 이후 사마씨는 조정을 독단하며 제위를 찬탈했고 정치는 중국 역사상 가장 심한 암흑의 시대로 진입했다. 이런 정치적 조직망을 피하기 위해 문사들은 있는 힘껏 지혜를 짜내야 했다. 그들은 정치적 모함을 피하기 위한 가장 좋은 방법은 말을 적게 하거나, 말을 않거나 혹은 정치와 무관한 쓸데없는 말이나 애매모호한 '현학적인 말' 을 해야 한다고 생각했다. 사마소는 완적을 천하제일의 근신하는 사람이라고 칭했는데 그는 매번 이야기를 할 때 현학적으로 했으며, 세상일은 평론하지 않았고 인물을 비평하지 않았다. 혜강은 말을 할 때 언중유골이었지만 어떠한 꼬투리도 남기지 않았으며 이것이 그의 몸을 보전하는 길이었다. 아무리 이렇게 해도 의심이나 시기를 피할 수 없자 명사들은 술과 약으로 호신부를 삼고 한식산寒食散을 복용하고 술로 근심을 달래는 것이 시대적 풍속이었다. 이러한 괴상한 행위의 사상과 이론은 모두 노장의 자연무위 사상에 의거하고 있다. 이 시기에 청담은 《노자》·《장자》·《주역》 등 소위 '삼현三玄' 사상을 현학화시켰다. 곽상郭象 이후 현학 청담은 또 불학과 합류하여 전체 양진 및 남북조 불교사상의 발전에 큰 영향을 주었다.

299년
강통의 《사융론》

원강 9년(299) 정월, 태자세마 강통江統은 융戎과 적狄이 중국의 영내로 들어온 후 수많은 갈등이 생기며 오호가 중국에서 난을 일으키는 원인이 된다고 생각하고, 이에 《사융론徙戎論》을 저작하여 그들을 본토로 돌려보내야 한다고 주장하였다. 동한 이래로 서쪽과 북쪽의 변경에서는 수많은 민족들이 계속하여 서주·유주·병주·관롱 등지로 이주해 와 한족들과 섞여 거주했는데 이주하여 온 민족들은 주로 흉노·갈羯·저氐·강羌·선비 등으로 당시 이들을 오호五胡라고 칭했다. 오호의 각 민족이 내륙으로 이주하니 이민족과 한의 문화 풍습은 서로에게 영향을 주었다. 당연히 이러한 변화와 영향은 또한 갈등을 내포했다. 병주의 흉노인들은 대부분 한인 지주의 노비

가 되었으며 한인 역시 노비가 된 자가 적지 않았다. 그들은 종종 핍박을 받고 천역에 시달렸으며 병졸이 되어 전쟁터에도 나갔다. 더욱이 지방관리들은 자신들의 영내에 있는 여러 이민족들을 납치하여 다른 곳에 팔아버렸기 때문에 이 시기에는 수시로 각 민족들의 반항이 일어났다. 내륙으로 이주한 이민족의 상류층들은 종종 자신의 백성들을 이용하여 할거를 실행했다. 이러한 정황을 서술하며 수많은 우려할 점이 나타나므로 '오호'를 강제적으로라도 이주시켜야 한다고 주장했다. 강통이 《사융론》을 저술한 의도가 바로 여기에 있지만 각 민족의 내륙 이주와 잡거는 장기간의 역사 발전의 결과이기 때문에 강통의 융족을 옮겨야 한다는 '사융' 론은 근본적으로 실현될 수 없는 것이었다.

위진·화상전·남자 손님이 아동의 무용을 감상하는 모습

서진·마노벽

오나라의 4종 비석

위진시대의•비각 예술은 대대적으로 발전했으며 가장 유명한 것은 '오나라의 4종 비석'이다. 《천발신참비天發神讖碑》는 진대秦代의 전각과 다르며 또한 당시의 예서체와도 다른데 이 양자 사이에 필체는 원필圓筆로 방필方筆을 어우르며, 붓을 댈 때는 먼저 예서체의 확고부동함을 사용하지만, 끝맺을 때는 가느다란 붓 끝에 침을 꽂는 듯한 날카로운 필획을 더하여 강건하고 힘찬 기세가 있으며 기이하며 거칠 것 없는 필체는 무궁한 맛이 들어있다. 《선국산비禪國山碑》는 전서체로 서법이 웅혼하지만 구조가 예서체와 서로 통하여 또 다른 풍격을 구비하고 있다. 《곡랑비谷朗碑》는 호남 뇌양耒陽 두공사杜公祠에 있다. 자형 구조는 여전히 예서체의 흔적을 갖고 있지만 필법은 이미 예서체에서 탈피하여 새로운 서체를 보여주고 있으며 초보적으로 해서체의 특징을 구비하고 있다. 따라서 이것을 최초의 해서체 비각으로 보는 것은 타당하며 이는 한자 서체가 예서에서 해서로 발전해가는 과정을 이해하는 데 아주 중요한 의의가 있으며 수량이 많지 않은 이런 종류의 비석 서체는 아주 진귀한 것이다. 《갈조비葛祚碑》역시 오나라 4종 비석 중 하나다. 오나라의 비석은 엄숙하고 고아하지만 또한 판에 박은 듯한 번잡한 예서체의 비석 자체 풍취를 힘써 추구하는 것 이외에도 새로운 활기를 개척했다. 그래서 옛것을 숭상하여 전서로 돌아가는가 하면, 또 창조적으로 해서를 받아들이니 이것은 예서가 이미 발을 내딛기 어려운 처지에 빠져버렸음을 명시하는 것이다. 옛것을 따르는 것은 어쩌다 한 번 생각지도 않게 흥에 겨워 해보는 것이고, 해서화되는 것은 진정으로 비석 서체 조각 예술의 방향을 구현하는 것이다. 예서체의 쇠퇴와 해서체의 흥기는 필연적인 발전 추세가 되었다.

곡랑비
작가의 성명은 없다. 강유위康有爲는 이를 "오나라 비석 4종 중 《곡랑》은 고졸하고 돈후하다. 네 비석은 모두 전서·예서·해서의 극치다"고 평했다. 네 종류의 비석은 즉 《선국산비》·《천발신참비》·《갈조비》와 이 《곡랑비》다.

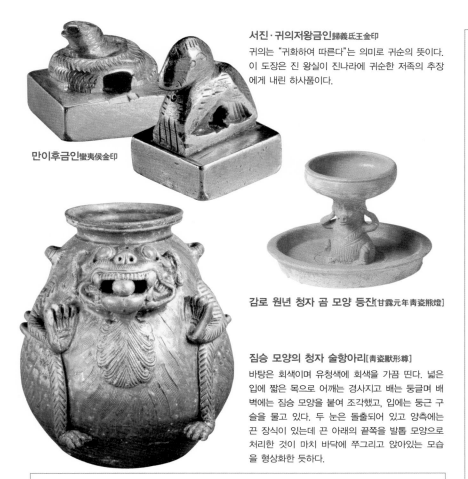

서진·귀의저왕금인歸義氐王金印
귀의는 "귀화하여 따른다"는 의미로 귀순의 뜻이다. 이 도장은 진 왕실이 진나라에 귀순한 저족의 추장에게 내린 하사품이다.

만이후금인蠻夷侯金印

감로 원년 청자 곰 모양 등잔[甘露元年靑瓷熊燈]

짐승 모양의 청자 술항아리[靑瓷獸形尊]
바탕은 회색이며 유청색에 회색을 가끔 띤다. 넓은 입에 짧은 목으로 어깨는 경사지고 배는 둥글며 배 벽에는 짐승 모양을 붙여 조각했고, 입에는 둥근 구슬을 물고 있다. 두 눈은 돌출되어 있고 양측에는 끈 장식이 있는데 끈 아래의 끝쪽을 발톱 모양으로 처리한 것이 마치 바닥에 쭈그리고 앉아있는 모습을 형상화한 듯하다.

'공방형'의 내력

진 혜제 원강(291~299) 연간에는 기강이 문란하고 세태 풍속도 날로 퇴폐해져 갔다. 혜제는 우매하고도 무능하여, 조정의 기강은 무너지고 당파에 의해 정치가 이루어지며, 부패와 뇌물을 주고받는 풍조 또한 심각하였다. 많은 사람들의 탐욕은 끝이 없었는데, 죽림칠현 중의 한 사람인 왕융王戎은 축적한 돈이 계산할 수 없을 정도로 많아서 늘 계산도구를 가지고 다니며 주야로 계산을 하면서도 부족하다고 여겼다고 한다. 그의 동생 왕연王衍의 처 곽씨 또한 돈 모으는 욕심이 끝이 없는 사람으로, 일찍이 침상의 가장자리를 돈으로 쌓아놓을 지경이었다. 부마駙馬 왕제王濟는 동전을 이용해 뜰의 벽을 만들고, 그 주위를 말을 타고 활을 쏘는 화살터로 만들었다. 그 당시 사람들은 그를 금락金埒(락은 낮은 담이라는 뜻)이라고 불렀다. 태자소부 화교和嶠는 "돈에 중독된 사람"으로 유명하다. 이처럼 오직 돈만 추구하는 것이 당시의 사회풍조가 되었다. 이런 사회 현상을 풍자하여 노포魯褒는 《전신론錢神論》을 지어 세태를 풍자했다. 《전신론》에서 그는 돈이라는 것은 "덕이 없음에도 존경을 받고, 힘이 없음에도 인기가 있으며, 금문을 배척하면서도 궁궐 문으로 들어갈 수 있고, 위험함을 편안함으로 바꾸기도 하고, 죽은 것을 살리기도 하고, 귀한 것을 천하게도 하고, 살아있는 것을 죽일 수도 있다. 돈이 없으면 분쟁이 생겨도 이길 수가 없고, 나락에 떨어져도 돈이 없으면 꺼낼 수도 없고, 원한도 돈 없이는 해결할 수 없다…… 무릇 오늘날의 사람들은 돈만을 안다" 했다. 또, "세상에서 신주단지 모시는 듯이 하고, 돈과 친한 것이 마치 형과 같으니, 그리하여 자字를 공방孔方이라 한다. 그것을 잃으면 가난해지고, 그것을 얻으면 부강해진다", "돈은 귀가 없지만, 귀신을 부릴 수 있다"는 등의 돈에 대한 이야기를 적고 있다. 《전신론》에서는 돈만 있으면 신도 귀신도 다 부릴 수 있으며, 삼라만상의 모든 일을 다 주재할 수 있다고 날카롭게 풍자했다. 이 문장이 나오자마자 세상의 불합리함에 분노하고 있던 사람들의 공감을 불러 일으켜 널리 읽혔다. 이때부터 '공방형孔方兄'은 돈과 동의어가 되었다.

현학의 완성

곽상郭象은 현학의 집대성자로 그의 《장자주莊子注》에서 현학의 모델이 완성되었다. 그는 여기에서 도道는 천지 만물의 조물주도 아니며 천지도 만물을 만들지 않았고 많은 존재는 스스로 만들어졌으니 이것이 바로 '독화獨化'로 어두움 속에서 홀로 독화된 후에야 비로소 변화 속에 처하게 된다고 했다. 이렇게 본체론을 취소하고 만물의 있음을 그것의 자연 그 자체로 귀속시켰다. 여기에서 출발하여 그는 각각 그 성질에 따른 처세술을 발전시켜 임자연론任自然論을 완성했다. 현학의 변증법과 이론 해석 방법은 여기에서 완성을 보며 이의 표현이 바로 언의지변言意之辨이다. 이러한 방법과 감정하는 풍격은 다 똑같은 득의망언이다. 대상 형질의 배후의 신운神韻과 의의를 찾아내는 것이다. 이것은 현학이 사람들에게 현玄의 본질을 느끼게 하는 것으로 그의 《장자주》 역시 언어로 주해를 한 것이 아니라 소요유를 진행한 것이다. 이리하여 곽상 철학은 본체론을 취소하고, 또한 대상도 취소했다. 그가 긍정한 있음[有]은 사물 자체가 유有가 되는 것이 아니라 그것들의 독화이며, 사물의 생화生化와 변화라는 것이다. 이것은 배위裴頠의 《숭유론崇有論》과는 다르다. 《숭유론》은 사물의 유와 유의 선천성을 긍정하고 또한 만물은 관계가 있다고 여겼기 때문에 구양건歐陽建의 언진의론言盡意論처럼 현학에 대한 배반이었다. 곽상은 현학 고전의 전범이다. 곽상이 완성한 현학 체계는 존재와 그 본성을 포기하고 도리어 존재물의 화化(기실 그 뜻은 신운의 일종임)가 철학 대상이 되었으며 이는 이학理學의 본질 노선이기도 하다.

동오·대천오천大泉五千 **동전**

진대의 독창적인 서예

한위漢魏 시기에 통용되던 예서가 쇠락하기 시작하고, 해서가 새로운 글자체가 되었다. 특히 종요가 해서체를 창조한 후, 해서체는 예서를 대체하는 과정을 걷기 시작했다. 예서의 간단함에서 발전한 장초章草가 날로 그 사용이 성행할 때, 금초今草는 해서의 성행에 힘입어, 이미 장초를 대체하는 단서를 드러냈다. 즉 행서는 해서와 초서 두 힘의 협공 아래서 잉태되고 있었다. 이 서체들은 모두 중국 서예 예술이 진대에 발전하기 위한 내적 조건을 준비하기 위한 이채로운 것들이었다. 위진 시기에는 종이가 보편적으로 사용되었으니 서예 연습과 그 서체를 전파하기에 편리한 조건을 제공해 주었다. 게다가 털이 풍성하고 부드러우면서도 단단한 붓, 색깔이 칠흙처럼 진한 먹과 질 좋은 벼루는 서예의 발전을 촉진시키는 데 유리한 조건으로 작용하여 서예 도구에 있어서 확실함을 보증해주었다. 한·위·진 시대에 현학·도학·불학 사상이 광범위하게 유행했는데, 이러한 사상들도 서예예술의 창작을 위해서 다양한 문화적 배경을 제공해주었다. 위진 시기에 현학이 흥하여 청담을 숭상하고 문풍이 대범하여, 당시의 사대부들의 사상과 취미에 직접적으로 영향을 미쳤다. 그래서 서예에서도 초탈적·풍류적 예술 풍격을 대담하게 추구하기 시작했다. 이는 행서의 자유롭고 웅혼함, 신운이 감도는 초탈함과 초서의 강하면서도 변화무쌍하고 통쾌하고 거침없이 일필휘지할 수 있는 심리적 기초를 다져주었다. 이 시기에는 굴을 파서 조각상을 만들고, 돌에 불경을 새기며, 절을 건립하고, 비석을 세우는 것이 유행하였는데, 이 또한 객관적으로 서예의 보급과 발전을 촉진하는 계기가 되었다. 위진 시기에는 서예이론 또한 유행했다. 이 시기에 연이어 출현한 서예가들은 서예 예술의 주체가 되어, 대대로 전승되며, 대대로 창조해낸 예술적 누적 속에서, 마침내 중국의 서예는 진대의 독립적인 예술로 자리매김했다. 진대의 서법은 독립적 예술로 간주되어, 당시唐詩·송사宋詞·원곡元曲·명청의 소설과 함께 거론되며 중국 고대 문명 사상의 찬란한 한 페이지를 장식했다.

301년
진 혜제의 복위

영녕 원년(301) 초, 조왕 사마륜이 제위를 찬탈한 후, 총신 손수孫秀를 중서령에 임용하니 조야에서는 원망이 들끓었다. 3월 제왕 경과 예주자사 하욱何勖·용양장군 동애董艾 등이 함께 기병하여 조왕 륜을 토벌하고 사자를 파견하여 성도왕 영과 하간왕 옹 등에게 군사를 일으키자고 요청하니 여러 왕들이 서로 호응했지만 양주자사 치륭郗隆과 안남장군 맹관즉은 사마륜에게 의탁했다. 사마륜과 손수는 급히 군대를 동원하고 방비하면서 2개월여간 격전을 벌였다. 4월 낙양성 안의 좌위장군과 광릉공 사마최司馬漼가 반란을 일으키고, 남액문에서 궁으로 쳐들어와 손수 및 그 도당들을 죽이고는 조왕 륜을 감금시켰다. 그런 후에 병사 수천 명을 금용성金墉城으로 파견하여 혜제를 모셔 오고 조왕 륜 및 그 아들들을 금용성으로 압송했다. 얼마 후에 조왕 륜은 사약을 받았고, 그 네 아들들도 죽임을 당하고 그가 임명했던 관리들은 모두 파면되었고, 그 군대들도 모두 해산되었다. 혜제는 복위한 후 영녕으로 개원하고 5일간 잔치를 벌이고 파견 나온 사신 사마경·영·옹 세 왕을 위로했다. 그들은 서울로 들어가 보필하라는 명령을 받고는 자못 위세가 등등하여 경성이 진동할 지경이었다. 후에 사마영과 사마옹은 각자의 봉지로 떠나버리니 조정 안의 대권은 모두 제왕 사마경이 장악하게 되었다. 이해 7월, 사마경의 형 사마유司馬蕤는 개인적인 원한으로 사마경의 독단을 상주하고 좌위장군과 밀모하여 사마경을 제거하고자 했다. 이 일은 사전에 발각되어 8월 사마유는 서인으로 강등되어 상용上墉으로 귀양을 가게 되었다. 상용내사 진종陳鍾은 암암리에 사마경의 밀지를 받고서 그를 죽였다.

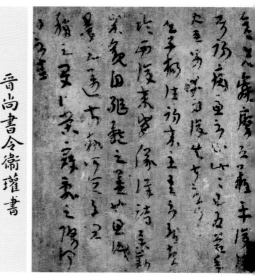

위관·둔책첩頓册帖

육기·평복첩平復帖

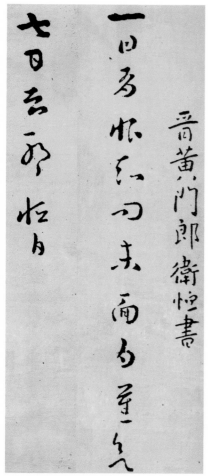

위항·일일첩一日帖

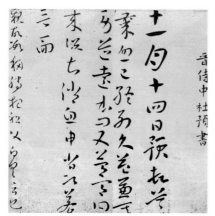

두예의 세종첩歲終帖

두예(222~284)는 경조京兆(현재의 서안西安) 두릉杜陵 사람으로 자는 원개元凱이다. 탁지상서度支尙書에 임명되었고, 박학 다식하여 조야에서는 그를 "두장군 杜將軍"이라 불렀다. 무공은 뛰어나지 않았지만 용병술이 탁월했다. 성공한 후에는 경서에 몰두했고 《좌전》에 주를 달았다.

304년
성도왕 사마영의 낙양성 입성

장사왕 사마예는 제왕 경을 멸한 후에 조정의 권력을 쥐게 되었고, 하간왕 옹과 성도왕 영은 봉지로 돌아갔다. 사마영은 자신의 공로를 믿고 사치스럽고 음탕한 생활을 하며 조정에 있는 사마예 때문에 자신이 뜻을 마음대로 하지 못하는 것을 불만으로 여기다 사마예를 제거할 모의를 했다. 마침 사마예가 사마옹의 심복 이함李含을 죽이자 태안 2년(303) 7월, 사마옹이 군대를 일으켜 사마예를 토벌하자 사마영도 이에 호응했다. 8월, 사마옹과 영 두 왕은 상서를 올려 사마예의 논공상에 대해서 불만을 토로하고 그를 파면하도록 건의했으나 혜제는 이를 거절했다. 두 왕은 사마예와 양황후羊皇后의 아버지 양현지가 조정을 독단한다는 이유로 기병했다. 8월부터 연말까지 사마영이 경성을 압박하자 낙양성 안에 물이 부족하게 되자 사마예는 왕공 노비들에게 손으로 쌀을 빻아 병사들에게 제공하도록 하였다. 궁과 백성들 모두 궁핍한 가운데 백성들이 굶어죽어가면서

쌀값도 폭등하니 낙양성의 형세가 몹시 위급해지자 양현지는 두려움에 죽었다. 동해왕 월越이 암암리에 성안의 좌위장군 주묵朱默과 모의하고 궁중의 장사들과 밀통하여 장사왕 사마예를 생포하여 금용성에 유폐시키고 혜제에게 사마예의 모든 직위를 해제하고 영안으로 개원하도록 압박했다. 또한 장방張方과 모의하니 장방은 영안永安 원년(304) 정월 27일, 3000명의 병사들을 금용성으로 파견하여 다시 사마예를 생포하여 그의 의복을 벗긴 후 철사줄로 돌기둥에 묶어 놓고 사방에 벌겋게 달군 석탄을 놓아 태워죽였다. 사마예의 이때 나이 겨우 28세였다. 이리하여 사마영은 낙양성으로 진입하여 승상의 직무를 담당하고 사마월을 상서령에 임명하였다.

서진·관씨管氏 부인 묘비

비석의 앞면과 뒷면은 모두 예서체로 되어 있다. 비의 머릿부분은 둥근 형태이며 위에는 세 가닥의 아취형 선으로 조각되었고, 아취형의 하단에는 이무기 머리 형상이 간단하게 조각되어 있다. 비석의 몸의 본문에는 망자의 행장과 장지 및 장사지낸 연월일이 기록되어 있고 비석의 뒷면은 모두 가슴에 새겨야 할 문구다.

304년
유연의 기병

영안 원년(304) 8월, 유연劉淵은 좌국성左國城(지금의 산서성 이석離石)에서 진나라를 타도하는 거병을 하였다. 유연의 자는 원해元海며 신흥(지금의 산서 흔현忻縣)의 흉노인이다. 어렸을 때 최유崔游를 스승으로 모시고 중국 서적을 두루 공부하였으며 특히 《춘추좌씨전》와 《손오병법》을 좋아하였다. 우현왕 유선劉宣을 수행할 때 흉노 세력을 회복할 방법을 모색하여 대선우에 추대되었다. 진 영안 원년에 왕준王浚과 사마등司馬騰이 기병하여 사마영을 토벌할 때 유연이 사마영에게 계책을 헌상하였기 때문에 사마영은 유연을 북선우 · 참승상군사에 제수하였다. 8월에 유연이 진나라를 향하여 거병을 하고는 자칭 대선우라 하였다. 동년 10월에 유연은 백성을 향하여 "옛날의 한나라는 천하의 으뜸으로 백성들과 은혜롭게 연결되어 있었다. 나는 이전 한나라의 생질로 형제간이다. 형이 망하면 아우가 이어받는 것이 마땅치 않은가?"라고 하였다. 이리하여 한漢이라고 건국하고 유연은 한왕이 되었으며 촉한 유선을 효혜황제로 추존하고 원희元熙로 개원하였다. 12월에 유연은 대릉大陵(지금의 산서 문수)에서 사마등을 격퇴하고 또 유요劉曜를 태원으로 파견하여 현씨泫氏 · 둔류屯留 · 장자長子 등의 지역을 점거하는 한편 하남의 각 지역을 공격하였다.

닭머리가 있는 청자 호[青瓷雙繫鷄首壺]

담자사潭柘寺
북경 담자산에 있는데 서진 때에 건립되었으며 북경에 있는 가장 오래된 사원이다.

서진 · 진남장군鎭南將軍 금인장

서진 · 선성공宣成公 금인장

사마표의 역사 기록

사마표司馬彪(약 240~306)의 자는 소통紹統이며 하내 온현(지금의 하남 온현)사람으로 사마의의 동생 사마민司馬敏의 후예다. 어렸을 때부터 학문을 좋아하여 부지런히 쉴 줄 모르고 공부했다. 그러나 그의 호색한 행동은 부친의 배척을 받아 계승지가 되지 못했기 때문에 그는 전심전력으로 광범위하게 공부를 하고 학문을 연구했다. 일찍이 기도위 · 비서랑 · 비서증의 관직을 역임하였다. 저서로는 《장자주》 · 《구주춘추九州春秋》 등이 있다. 또한 《속한서續漢書》 80권을 저술했는데 세조 광무제 유수劉秀부터 헌제 유협劉協까지 200년간의 동한의 역사사실을 기재한 기紀 · 지志 · 전傳을 포함하고 있다. 이 저작에서 사마표는 폭넓은 독서로 한의 중흥에서 건안 연간까지의 역사기록이 번잡하여 많이 빠진 것을 보충하고 있다. 현재 남아있는 것은 8지 30권으로 그중에는 기와 전이 부분적으로 산실되었다. 북송 이후 범엽范曄의 《후한서》의 기와 전에 맞추어 간행했다. 초주譙周는 사마천의 《사기》는 주진周秦 이전의 역사 사실을 기록할 때 사용한 것은 대부분 속설이며 정전正典에 근거한 것이 아니기 때문에 그래서 그가 《고사고古史考》 25편을 지었는데 옛 경전에 근거하여 사마천의 잘못된 곳을 교정했다고 한다. 그러나 사마표는 또 초주의 《고사고》 역시 완전한 것이 아니므로 《급총기년汲冢紀年》을 대조하면서 그중 120여 항목의 잘못된 점을 고증하여서 출간했다고 한다. 그러나 이 책은 후대에 이미 산실되었다.

속석

속석束晳(약 265~약 305)의 자는 광미廣微며 양평陽平 원성元城(지금의 하북 대명 동쪽) 사람으로 장화는 그를 몹시 아껴 자신의 수하로 초빙했으며 후에는 또 하비왕下邳王 사마황司馬晃이 그를 데려갔다. 태강 2년(281) 급군 사람 부준이 위 양왕묘를 도굴하여 죽간서 수십 수레를 획득했는데 그중에는 《기년紀年》 · 《역경》 · 《국어》 · 《목천자전》 등의 잔편 75편 및 동검 한 자루가 있었다. 속석은 진 무제의 명을 받들어 상세하게 이것들을 고찰하며 의문나는 점을 해석하며 유물들의 뜻을 고증했고 이로 인해 상서랑으로 승진했다. 속석은 《시경 · 소아》 중의 '소리만 있고 그 사辭는 없는' 6편 중에서 〈남해南陔〉〈백화白華〉 등을 보충하여 지은 후 이를 〈보망시補亡詩〉라고 했다. 속석은 학문이 깊고 교양이 풍부하며 고증에 정확했으며 저술도 상당히 많다.

304년
황제가 된 이웅

영안 원년(304) 10월, 이웅李雄이 성도왕을 칭하고 연호를 건흥建興이라 하였다. 이웅은 이특李特·이탕李蕩·이류李流 사후에 유랑민의 군대를 장악했으며 또한 청성산에 있던 처사 범장생范長生을 영입했다. 범장생은 덕이 높고 명망이 높아 촉 지방 사람들이 시종일관 그를 존경하였기 때문에 이웅은 그를 장관 자리에 추천하였지만 범장생은 이를 몇 번이나 사절한 끝에 승낙했다. 자신의 정권을 공고히 하기 위하여 이웅은 진나라 법을 폐지하고 신법을 반포하고 백성들과 약법 7장을 정하고 세금을 줄이고 부역을 감면하고 학교를 세웠다. 범장생 등의 보좌 하에 이웅의 세력은 날로 강대해져만 갔다. 건흥 3년(306) 6월, 성도왕 이웅은 황제를 칭하고 안평晏平으로 개원하고 국호를 대성大成이라 하고 이특을 경제景帝로 추존했다. 대성국이 새롭게 건립됨으로써 방치됐던 많은 일들이 다 손보기를 기다리고 있었으니 이웅은 범장생을 천지태사天地太師라는 요직에 임명하고 백관 제도를 건립했다. 건국 초에 이웅은 재력이 부족하다고 여겨 관직을 돈을 받고 팔았다. 상서령 양포楊褒는 직언을 서슴치 않는 사람으로 "폐하께서 관작을 설치하고 천하의 영웅호걸들을 불러들여야 하는데 어찌하여 관직을 돈으로 사게 합니까?"라고 직언하니 이웅은 대오각성하고 돈으로 관직을 사고파는 잘못을 중지시켰다. 이웅은 성정이 관대하며 돈후한 사람으로 형법을 간단

히 하니 그가 성도에서 왕이 된 몇 십 년 내에 대성국에는 모든 일이 번창했고 백성들은 편안하게 생업에 종사할 수 있었다. 이렇게 되자 전란에 고통받던 수많은 사람들이 대성국으로 도망 왔다. 함화咸和 8년(333), 이웅이 병사하니 향년 61세로 재위 기간은 30년이었다.

위진의 명사

태강의 꽃 육기

육기陸機(261~303)는 서진의 문학가로 자는 사형士衡이다. 오나라의 오현 화정華亭(지금의 상해 송강松江) 사람으로, 명문가에서 태어났으니, 조부는 육손陸遜, 아버지는 육항陸抗으로 모두 삼국시대 오나라의 명장이었다. 아버지 육항이 세상을 떠날 때, 14세였던 육기는 아버지의 군사를 형제들끼리 나누어 통솔하고 아문장牙門將이 되었다. 20세에 나라가 멸망하자, 아우 육운陸雲과 낙향하여 은거하며 학문에 힘썼다. 태강太康 10년(298)에, 두 형제가 낙양으로 와서 글재주로 일세를 풍미하니, 수도 안에 명성이 자자했고 "육씨 형제가 낙양에 들어오니, 삼장(三張, 즉 장화張華·장재張載·장협張協)의 가치가 떨어진다"라는 말이 생겨났다. 태상太常 장화는 그들을 특히 애지중지하여, "오나라를 정벌하여, 두 명의 준걸을 얻었구나"라 하였다. 육기는 진나라에 입조하여 태자세마太子洗馬·저작랑著作郞·중서랑中書郞을 역임했다. 또, 성도왕 사마영의 추천으로 평원내사平原內史를 맡기도 해서 사람들은 그를 육평원陸平原이라고도 불렀다. 태안太安 초, 성도왕을 위해 병사를 이끌고 장사왕 사마예를 토벌했다. 후장군後將軍·하북대도독에 임명되었지만 전쟁에 패한 후 모함을 당해, 사마영으로부터 죽임을 당하고, 삼족 또한 멸문지화를 당했다. 현존하는 육기의 시는 100여 수다. 그는 작품의 형식과 기교를 중요시해, 글의 수식과 대구에 힘을 경주하니 문장이 아름다워 태강문학의 주요 경향을 대표하고 있다. 그는 문학이론 방면에도 또한 실적을 쌓았으니 그의 《문부文賦》는 중국 첫 번째의 체계적인 창작론인데, 후세의 문학 창작과 이론 방면에 중요한 영향을 끼쳤다. 그의 부賦는 현재 27편이 존재하며 대부분 글의 길이가 짧고 간단하며 문필이 생동적이고, 단도직입적으로 품고 있는 생각을 밝히며, 마음 속에 느낀 바를 시로 읊었다. 그의 변려문은 시나 부보다도 훨씬 뛰어나다. 문학 창작 이외에도 그는 사학과 예술 방면에도 대단한 조예가 있었다. 육기는 서진 태강·원강元康 사이의 가장 명성 있는 문학가로, 후인들은 그를 "태강의 꽃"이라 부른다.

강동을 할거한 진민

진민陳敏의 자는 영통令通이고 여강廬江 사람이다. 광릉탁지를 역임하였으며 수춘에서 석빙石氷과 격전을 벌였고, 304년에 건강에서 석빙을 물리쳤다. 석빙을 격퇴한 후 광릉상에 임명되었다. 영흥 2년 8월에 진민은 주동적으로 동쪽으로 가기를 청하고 병사를 모으고 말을 사서 역양歷陽을 수호하며 동생 진회陳恢와 진빈陳斌을 약강歷江과 양양歷陽 등의 지역을 공격토록 파견하고 강동 지역을 할거하였다. 진민은 고영顧榮의 건의를 받아들여 강동의 호걸과 명사들을 임용하였다. 진민은 또 자신의 막료들에게 자신을 도독강동제군사·대사마·초공楚公·가구석加九錫에 추대하도록 명령하고 상서에 들어가 자칭 조서를 받았다고 하며 약강에서 한수로 들어가 어가를 맞이하도록 하였다. 진민은 강동을 점령하고 선정을 베풀었으니 예를 들면 광릉 북쪽의 호수와 강들을 연결하여 수로를 개척하여 뱃길을 단축하였다. 또 곡아曲阿에서 북쪽으로 몇 백 경을 개간하여 생산의 발전을 촉진하였다. 그러나 진민은 비천한 출신이었기 때문에 서진 문벌 정권과 강동의 귀족들은 그에게 반감을 갖고 있었다. 영가 원년(307)에 진의 정동대장군 유준劉準이 진민을 토벌하였다. 진민은 주작교에서 패하였고 모친 및 처자식을 포함하여 삼족이 멸문지화를 당하였다.

306년
팔왕의 난의 종결

원강 원년(291)부터 시작되어 여남왕 량·초왕 위·조왕 륜·제왕 경·장사왕 예·성도왕 영·하간왕 옹 및 동해왕 월 등이 최고 권력을 쟁취하기 위하여 장장 16년이라는 기간 동안 서로 죽고 죽인 사건을 일컬어 '팔왕의 난'이라고 한다. 광희 원년(306) 12월, 동해왕 사마월이 조정을 장악한 후에야 비로서 이 사건은 종결되었다. 동해왕 사마월은 군사를 일으켜 혜제를 영접하여 낙양으로 돌아오니 사마옹과 사마영은 세력을 잃고 정권은 점점 동해왕 월의 수중으로 들어왔다. 조가朝歌로 유배된 성도왕 영은 본래 공사번公師藩과 함께 군사를 일으키려 했으나 둔수태수 풍숭馮嵩에게 생포되어 업성鄴城으로 압송되었다. 범양왕范陽王 사마효司馬虓는 차마 성도왕 영을 죽일 수가 없어서 그를 연금 상태로 놔두었는데 10월 범양왕 사마효가 병사했다. 그러자 장사長史 유여교劉輿矯가 성도왕 영에게 죽음을 내리니 사마영이 죽을 때의 나이는 겨우 28세였다. 11월 17일, 진 혜제가 독이 든 떡을 먹고 다음날 아침 현양전顯陽殿에서 서거하니 향년 48세였다. 진 혜제 사마충은 재위 16년 동안 7차례나 연호를 바꾸었으며 조정의 기강이 대단히 문란하였고, 간신들을 총애하고 충신이나 현명한 신하들은 모두 피해를 당했다. 사마충의 죽음에 대하여 당시 사람들 사이에는 사마월이 죽였다는 소문이 있다. 혜제 사후 그의 동생 사마치司馬熾가 제위를 계승하니 바로 효회孝懷 황제로 연호는 영가다. 12월 사마월이 하간왕 사마옹을 사도에 임명한다고 낙양으로 불러들이면서 도중에 암살했다. 이에 이르자 혜제 사마충과 성도왕 사마영·하간왕 사마옹 두 왕이 모두 피살되고 조정의 모든 대권은 전부 동해왕 사마월의 수중으로 떨어졌다.

308년
유연의 건국과 16국의 시작

영가永嘉 2년(308) 10월, 유연이 황제가 되어 국호를 한漢이라 하고 영봉永鳳으로 개원했다. 유연은 황제가 된 후에 세력을 끊임없이 증강했다. 모반을 했다가 실패한 석륵石勒이 호나라 부족 수천 명과 오환烏桓 부락 사람 2000명을 이끌고 유연에게 귀순했고 상군上郡(지금의 섬서 서북) 4부部 선비 육축연陸逐延·저족의 추장 대선우 징徵·동래왕 미彌 등도 유연에게 귀순했다. 이들은 흉노·선비·갈羯·저氐·강羌 등의 각 부족으로 구성된 반진反晉 세력들로서 유연이 황제가 되려는 의도 역시 점차 명료해지기 시작했다. 황제가 되기 위한 준비로 유연은 도처에 출병하여 빈번하게 진나라를 침략했다. 308년 10월, 유연은 정식으로 황제가 되었다. 309년 정월, 유연은 태사령 선우수宣于修의 건의를 받아들여 정식으

유연의 죽음과 유총의 즉위

한 하서河瑞 2년(310) 7월, 유연의 병세가 위독하게 되자 유총劉聰을 대사마·대선우 및 녹상서사祿尚書事를 겸하도록 임명하고 평양 서쪽에 선우대를 설치했다. 얼마 지나지 않아 유연이 병사하자 태자 유화劉和가 즉위했다. 유화의 자는 현태玄泰고 어렸을 때에 《모시毛詩》·《좌씨춘추》·《정씨역鄭氏易》 등에 통달하였다. 한 하서 2년(310) 정월, 유연은 유총을 황태자에 봉했다. 황태자가 된 후에 유화는 의심이 너무 많아 조정의 문무 대신들과 불협화음을 만들어냈다. 유연의 재위 시에 종정 호연유呼延攸·시중 유승·서창왕 유예 등은 모두 중용하지 않았기 때문에 이들은 유화를 충동질하여 안창왕 유성劉盛을 죽이도록 하고 또 유총·유유劉裕·유룡·유의 등을 공격하고, 또 여러 왕을 죽였다. 이렇게 되자 유총은 군사를 끌고 반격을 가하기로 하고 서양문으로 진격해갔다. 7월 24일 광극서실에서 유화를 죽이고 유예·호연유·유승을 생포한 후에 저자거리에 효수하였다. 이후 유총이 즉위하여 광흥光興으로 개원하고 생모인 장씨를 제태후로 추존하고 황후 선單씨는 황태후로 하고 처 호연씨를 황후로 책립하였다. 선황후의 아들 의乂를 황태제로 하고 대선우대사도를 이끌도록 하였다.

서진·용 문양 금 버클
온몸을 비틀고 꼬리를 흔들며 구름 속으로 날아오르려 하는 용 모습이 버클에 투조되어 있다. 용의 몸 중앙 부분에는 터키석이 상감되어 있고 버클의 뒷면에는 황동편을 대어 견고하게 만들었다.

로 수도를 평양平陽(지금의 산서성 임분 서쪽)으로 천도했다. 분하汾河의 물줄기 속에서 치국의 옥새를 얻었는데 그 위에 '유신보지有新保之'라고 씌어 있었기 때문에 유연은 이는 자신에게 아주 귀중하고 상서로운 물건이라고 여겼다. 영가 3년(309) 3월, 진의 장군 주탄朱誕이 유연에게 투항하자 유연은 주탄을 선봉도독에 임명하고 유경劉景을 대도독에 임명하여 진을 공격토록 했다. 유경 군대의 구호는 진을 멸한다는 '멸진滅晋'으로 진나라 사람들을 보기만 하면 남녀노소 가리지 않고 무조건 죽였다고 한다. 유경이 여양黎陽·연진延津 등지를 공격한 후 제멋대로 위세를 떨치며 이 지역의 3만여 백성들을 마구잡이로 황하로 끌고 가 수장시켰다. 같은 해 여름 왕미王彌와 유총은 명을 받들어 진나라 군대를 격퇴하고 8월에 유총은 또 명을 받아 진나라의 수도 낙양을 공격했다. 9월 진의 홍농태수 탄연坦延이 거짓 항복하였다가 야간에 유총을 기습공격하여 대승을 거두었다. 유총은 낙양성 서명문까지 도달하여 군대를 낙하 옆에 주둔시켰다. 그러나 낙양의 수비가 너무 견고하고, 한군은 또 식량과 마초가 부족했기 때문에 11월 유총은 군사를 평양으로 철수시켰다.

16국·달팽이형 유리 연적
이 기물은 무게중심이 앞에 있는데 복부에 물이 반쯤 차면 뒷부분이 무거워지기 때문에 평형이 유지될 수 있다. 조형이 생동적이며 특별한 맛이 있는데 초기 유리제품 중에서 몹시 보기 드문 것이다.

311년
영가의 난

영가 4년(310), 유총은 한국漢國 황제가 된 후에 유찬劉粲·유요와 왕미 등에게 하남의 각 주군을 공략하도록 명령하니 낙양의 곳곳은 위급에 처하게 되었다. 조정을 장악하고 있던 서진의 동해왕 월은 오히려 석륵을 토벌한다는 명목하에 군사 4만여 명과 수많은 신하들을 거느리고 서울을 떠나 항項(하남 항성현)으로 떠났다. 이렇게 되니 결과적으로 낙양은 수비가 안 되고 텅 비어서 사마치는 고립무원의 상태가 되었다. 311년 3월, 동해왕 사마월이 항성項城에서 죽었다. 낙양을 수비하고 있던 이운李惲 등은 문상을 한다는 명목하에 왕공 관리들을 대거 이끌고 낙양을 빠져나가니 수도는 더욱 텅비게 되었다. 4월, 태위 왕연王衍 등이 전투 준비도 못한 채 사마월의 운구를 호위하며 동해국에서 장사지냈는데 석륵에게 쫓겨 영평성까지 왔다. 석륵의 기병들이 겹겹이 포위하여 압박해 오니 진의 장군과 병사들 10여 만 중에 목숨을 구한 자가 하나도 없었다. 석륵은 또 이운의 군대를 공격하고 함께 따라온 사마씨 종실 48명의 왕을 죽이고는 관을 열고 사마월의 시체를 태워버렸다. 이 쿠데타로 진군의 주력군은 붕괴되고 낙양은 조석으로 위태로웠다. 6월, 각 로路의 한군漢軍은 차례로 낙양을 공격하고 사마치를 포로로 삼고 왕공 및 백성 3만여 명을 죽였으며 병사들은 멋대로 궁 안의 보물과 재물, 궁녀들을 노략질하고 궁과 사당 관부 및 평민의 집을 불태웠다.

이 전란이 바로 '영가의 난'이다. 초평 원년(190) 3월, 동탁董卓이 병사들을 멋대로 풀어놓고 낙양성을 불태운 일이 있었는데, 위진 양 왕조를 거쳐 건설된 성은 영가의 난으로 인하여 또 한 차례 잿더미가 되고 말았다.

연꽃잎 문양의 뚜껑이 있는 청유관
[青釉蓮瓣紋蓋罐]

청자 공예의 성숙

청자는 청색을 띠는 금속 산화물 용액으로 만든 고온 유약을 칠해 구워낸 자기로 중국 자기업 제조 가운데 소성 시간이 가장 빠른 종류다. 청자는 하상夏商 때에 이미 출현했지만 공예가 아직 조잡하기 때문에 이를 원시청자라고 칭한다. 삼국 양진 시기에 월요越窯·구요甌窯·무주요婺州窯·의흥요宜興窯 등 청자 가마터가 있어 청자 생산은 이미 번영기에 진입했으며 제조 공예 역시 성숙기에 접어들었다. 청자는 다음의 4가지 방면에서 진보가 있었다. 즉 품종의 대대적 증가, 풍부해진 자기의 장식성, 자기 성형공예의 진보, 현저히 향상된 소성 기술 등이다. 이 시기에 청자의 유색은 청록색 위주로 비교적 안정적이었으며 기타 유색은 비교적 적었는데 이는 당시에 이미 자기를 굽는 가마 안의 온도를 잘 파악하고 있었음을 말해준다. 청자의 고아하고 청려하며 깨끗한 유색과 다채로운 장식 문양 및 그 핍진감과 생동감을 띠는 기물 조형은 중국 안팎의 사람들에게 보편적으로 사랑을 받고 있다.

매 모양의 두 귀가 있는 청자호[青瓷鷹形雙耳壺]

중국 문화의 일본 전래

　3세기 후반기부터 16세기까지 중국의 선진 문화는 대규모로 일본에 전래되어 일본 고분 문화의 흥기를 촉진했고 결국은 야오이[彌生] 문화를 대체하고 일본 역사문화의 진전을 촉진시켰다. 이 기간에 고분 문화를 대표하는 야마토[大和] 정권이 형성되기 시작하여 점차로 일본 열도의 중심이 되었으며, 4세기 후반부에는 기본적으로 일본을 통일하여 일본은 고대문명의 번성 단계에 진입하게 되었다. 이 시기에 일본은 한반도를 통하여 지속적으로 대륙의 선진 문화를 흡수하고 한반도의 변한·진한으로부터 끊임없이 철광과 철제 공구, 병기를 들여오고 또한 백제와도 교류하기 시작했다. 동시에 일본은 중국과도 직접적인 관계를 갖고 종종 사신을 파견하니 조위·동진·유송·남제·소량蕭梁 등과도 국교 관계를 수립하여 책봉을 받고 문화적 교류를 강화하며 자신의 국력을 증대시켰다. 238년 이후의 8, 9년간 일본 여왕 히미꼬[卑彌呼]는 4차례에 걸쳐 조위에 사신을 파견했으며 남녀 노예와 목면·직물 등의 예물을 헌상했다. 위나라도 역시 두 번이나 사자를 일본에 파견하였는데 대량의 중국 견직품과 보석 등을 가지고 갔다. 오진[應神] 천황(270~309) 시대에 많은 중국인들이 한반도에서 일본으로 이주했는데 그들은 중국에서 선진 양잠 직물 기술을 가지고 가서 직기와 누에치기를 개량했으니 일본의 비단업이 새로운 국면에 접어들었다. 불교가 일본에 전래된 것 이외에도 일본 정신문화에 대한 중국의 영향은 문화와 교육·유학 등의 방면에서 나타났다.　한자는 오진 천황 시대에 정식으로 일본 궁정에 전입되었다. 대략 405년, 백제 박사 왕인王仁이 오진 천황에게 《논어》 10권과 《천자문》 1권을 헌상하니 이로써 한자와 유가 경전이 정식으로 일본에 전래되었으며 문자가 없던 일본 역사를 마감하게 되었다. 이후 일본의 문자는 점차 한자의 음과 형태를 빌려 탄생되고 일본 민족 언어의 문자 역사 시대가 시작되었다.

짐승을 타고 있는 청자 촛대[靑瓷騎獸燭臺]

일본에 있는 공자 사당
중국과 일본·한국·월남 등의 국가는 '공자문화권'으로 불리고 있다. 이 사진은 1893년에 일본에 건립된 공자 사당이다.

312년
패권을 차지한 석륵

영가 6년(312) 7월, 석륵은 양국襄國(지금의 하북성 형태邢台)으로 진군한 후에 이곳에 수도를 세웠다. 석륵은 급상汲桑과 함께 한 거사가 실패한 후 유연에게 투항하여 대장이 되었다. 석륵은 한족이면서도 벼슬을 하지 못한 선비 장빈張賓을 참모로 하여 하급 선비들을 소집하고 또 다른 군대를 만들어서 '군자영君子營'이라고 불렀다. 이때부터 석륵의 전투력과 장빈의 지략이 결합되어 저항할 수 없는 군사적 역량을 형성하였다. 영가 5년(311) 4월, 석륵은 왕연이 이끄는 진군의 주력부대를 격퇴시키고 계속하여 10월에는 또 난공불락의 한국 대장 왕미를 죽이고 그 부하들을 모두 자기 휘하로 끌어들였다. 석륵은 이 기세를 몰아 건업까지 공격할 심산이었다. 그런데 뜻하지 않게 비가 계속 내려 3개월간이나 그치질 않으니 군사들은 기아와 질병에 고생하고 죽는 자가 태반이나 되었으며 강을 건널 수가 없었다. 이런 급박한 시기에 장빈이 북쪽으로 철군한 후 요새지를 택하여 그곳에 기반을 마련하고, 군량을 비축한 후에 병마를 사방에 파견하여 정복을 하여 세력 범위를 확대시키면, 제왕의 대업을 실현하고 천하를 제패할 수 있을 거라는 지략을 내었다. 4월 석륵은 군사를 이끌고 양국으로 진공하여 이곳에 수도를 세우고 기주冀州 군현의 양식을 약탈하여 양국에 비축했고 또 사람들을 양국으로 옮겨와 농사를 짓게 했다. 다음해(313)에 태학을 세우고 선비들을 교사로 채용하여 장군들과 관리들의 자제 300여 명을 입학시켜 공부하도록 했다. 건흥 2년(314) 가을, 조세를 정하고 주와 군의 수령들에게 호구조사를 하여 매 호마다 비단 2필, 곡식 2곡斛*을 납부토록 하였다. 석륵은 또한 천축국의 승려 불도증佛圖澄을 받아들이고 그를 대화상이라 칭했다. 불도증의 포교하에 석륵은 불사를 대대적으로 장려하고 불교를 보호했다. 이로부터 석륵은 패업을 펼쳐 나갔다.

* 곡식의 분량을 되는 그릇의 하나로 10말임-역주

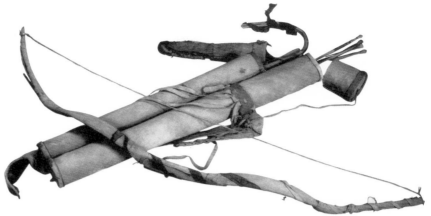

한진·활·화살·화살통
이 물건들은 분명히 당시 사람들이 수렵을 하거나 전쟁 시에 사용하였을 것이다.

석륵이 왕준을 죽임

석륵은 가평嘉平 3년(313) 속뜻을 숨긴 채 왕준에게 '권진표勸進表'를 상소하니 왕준은 이를 보고 매우 좋아하고 곧 사신 한 명을 양국에 파견했다. 석륵은 사신에게 일부러 병들고 초라한 병사들과 텅 빈 창고를 보여주고, 사신들 앞에서 짐짓 왕준이 하사한 사슴꼬리 앞에 가서 절을 했다. 왕준은 사자들의 이런 보고를 들은 후에 석륵에 대한 신임이 더욱 두터워졌다. 희평 4년(314) 초, 석륵이 왕준을 공격할 준비를 끝내자, 장빈은 먼저 유곤劉琨과 관계를 돈독히 하여 그의 지지를 얻도록 건의했다. 3월, 석륵은 군대를 끌고서 계성薊城(지금의 북경 남쪽)으로 진격하였으나 왕준이 병사들을 매복시켰을까 겁이 나 먼저 소와 양 몇 천 마리를 몰고 가면서 왕준에게 선물로 주는 것이라고 큰소리쳤다. 그러나 실제 의도는 모든 길을 차단하여 왕준의 부대가 공격하기 힘들게 하기 위한 의도가 숨어 있었다. 왕준은 좌우의 충언을 거절하고 석륵을 성 안으로 들어오게 했다. 그러나 석륵의 의도를 알았을 때는 이미 후회해도 소용 없었다. 석륵은 성으로 진입하여 왕준을 사로잡은 후 양국으로 압송해 죽였다. 석륵은 또 왕준 휘하의 정예병 1만여 명을 죽이고 다시 전 상서 배헌裴憲과 급사중랑 순작荀綽을 불러 기용하고는 한왕에게 낭보를 보고했다.

서진 왕준의 처 화방華芳 묘지 탁편
이 묘지墓志는 진대 계성薊城 위치를 탐색할 수 있는 중요한 자료다.

도간이 벽돌을 나르는 그림

도간

도간陶侃은 진나라의 장군 왕돈王敦의 부장으로 건흥 3년(315) 3월에 두도杜弢를 토벌하라는 명령을 받고 십여 차례 공격을 한 후에야 겨우 적군을 대파하고 두도의 항복을 받아내었다. 같은 해 두도가 재차 모반하자, 도간은 계책으로 철저하게 두도를 격퇴시켰다. 도간은 장사長沙를 공격하고 상주湘州를 평정하여 대공을 세웠다. 공이 많으면 사람들의 시기를 받는 것은 당연한 법으로 도간이 두도를 평정한 후에 왕돈은 전봉錢鳳의 헐뜯는 말만 듣고는 도간을 광주자사로 임명했다. 이때 광주는 왕기王機의 무리가 점거하고 있었고, 또한 폭넓은 기반을 가지고 있었다. 왕돈은 광주를 얻고자 노력했으나 번번이 실패하자 도간에게 광주를 수복하라고 명령했다. 진 건흥 3년 8월, 도간은 대군을 이끌고 광주성 아래까지 진격하여 일거에 왕기의 도당인 두홍의 군대를 대파했고, 왕기도 도망가는 도중 병사했다. 이리하여 광주는 평정되었다. 도간은 광주에서 할 일이 없어 한가해지자 매일 이른 아침마다 많은 벽돌을 집 밖으로 옮겨 놓았다가 또 저녁이면 벽돌을 집 안으로 옮겨 놓곤 했다. 사람들이 왜 그러냐고 묻자 도간은 "나의 뜻은 중원을 회복하는 것인데 여기서 너무 안일하게 지내다보니 앞으로 내 몸이 중임을 감당하지 못할까 봐 매일 이렇게 운동을 하는 것이오"라고 대답했다. 이에 모두들 감탄을 금치 못했다.

316년
서진의 멸망

영가 5년(311) 6월, 진 회제가 한나라 군대의 포로가 되어 평양에 압송되어오자 유총은 그를 '회계군왕'에 봉하고 삼사三司의 예의를 향유하게 하며 유귀인을 그에게 시집보냈다. 영가 7년(313) 초에 유총은 광극전에서 군신들과 대연회를 열고, 그 자리에서 진 회제에게 청의를 입혀 술을 따르고 흥을 돋구게 하니 진나라의 옛 신하인 유민庾珉과 왕준王儁은 비분을 억누르지 못하고 대성통곡했다. 이에 유총은 몹시 언짢아했다. 2월, 유총은 진 회제와 그의 옛 신하들 10여 명을 일거에 죽였는데 이때 진 회제는 30세였다. 진 회제가 피살되었다는 소식이 장안에 퍼지자 태자 사마업司馬鄴은 상복을 입고 4월에 황위에 오르니 이가 바로 효민황제로 건흥建興으로 개원하였다. 이때 그의 나이 겨우 14세였다. 당시 장안성에 사는 주민은 100여 호에 불과했고, 관과 민을 다 합쳐서 마차 겨우 4대였으며, 문무백관들은 관복도 없고 인끈도 없었으며 겨우 뽕나무에 관호를 새겨 사용할 뿐이었다. 한 건원 2년(316), 한군은 대사마 유요의 통솔하에 장안을 향해 공세를 취했다. 9월, 한군은 장안의 외성을 함락시켰다. 성 안에는 식량이 없고 밖에서는 구원병이 없는 상황하에서 민제는 한군에게 투항하기로 결심했다. 색림索琳은 자신의 아들을 유요에게 보내 투항하도록 하여 공을 얻고자 했지만, 결국 아들은 유요에게 살해당했다. 진 민제는 하는 수 없이 친히 상의를 벗은 채 양이 모는 마차를 타고서 성 밖에 나가 투항했다. 한제 유총은 민제를 광록대부로 강등시키고 회안후에 봉했다. 유요는 대도독에 봉하고 전국적으로 사면을 베풀며 인가麟嘉로 개원했다. 이에 이르러 서진은 사마염·사마충·사마치·사마업 네 황제, 52년(265~316)간 지속되고는 망했다.

칼을 든 도용

서진 시기에는 한말 이후의 문벌 귀족들이 대량의 부곡部曲, 즉 병사를 소유하는 사회 특징을 유지하고 있었다. 문벌 귀족들은 무덤에 종종 이런 병사 형상의 도용을 부장하여 묘 주인의 고귀한 신분을 표현하였다.

서진·여자 남자의 자용瓷俑

서진 시기 다양한 종류의 향로

　삼국 양진 남북조 시기의 귀족들은 향료를 사용하여 나쁜 냄새 제거하기를 좋아했다. 후조 집권시 대신 석호石虎는 자기 집 거실에 휘장을 드리운 채 네 모퉁이에 금향로를 놓았다. 남조 제나라 황제인 소보권蕭寶卷은 사향을 바닥에 칠하고 비빈들과 즐거움을 탐했다. 남조의 귀족 청년 문관들은 보편적으로 향이 나는 옷을 입었으며, 귀부인들은 외출할 때 전적으로 향로만 받들고 따라오는 하녀가 있었다. 당시 향료의 종류는 아주 많았는데 일부 명품 향료는 외국에서 수입하기도 했다. 거실에서 향료를 사용할 때는 향로 속에 향을 태워 그 향기가 향로의 구멍에서 새어나오게 했다.

손잡이가 있는 청자향로

향로는 입쪽에서 좁혀지는 발鉢 형태로, 입구에는 정丁자 모양의 손잡이가 있다. 향로 외면에는 광택이 나는 청유를 발랐고 배 부분에는 3층의 향로 구멍 90개를 투각했다.

청유 닭장

닭장은 장방형 덮개와 평평한 바닥을 조합하여 만들었다. 닭장은 장방형으로 창을 투각했고 안에는 수탉과 암탉이 각각 한 마리씩 있는데 조형이 아주 순박하며 귀엽다.

뱃전을 치며 맹세한 조적

　조적租逖(266~321)은 북방 범양范陽(현재의 하북성)의 명문 귀족 집안에서 태어났으며, 자는 사치士稚로 일찌기 유곤劉琨과 함께 주州의 주부를 지냈다. 두 사람은 '동고동락' 하는 사이로 닭이 울면 일어나 무술을 연마하며 웅대한 뜻을 세워 나갔다. 중원에 대란이 일어나자 유곤은 북방에 남아 호胡에 항거하며 병주자사에 임명되었다. 조적은 자신을 따르는 수백 가구를 거느리고 북방을 떠나 경구京口(현재의 강소성 진강鎭江)에 거주했다. 그는 동진 건국 전에 사마예에게 북벌할 것을 건의했고 예주자사에 임명되었다. 건흥 3년(313), 조적은 부곡部曲 백가를 거느리고 강을 건너 장강의 중류에서 뱃전을 두드리면서 맹세했다. "나 조적이 중원을 평정하지 않고는 다시는 이 강물을 건널 수 없을 것이다." 당시 중원의 군현 체계는 이미 붕괴되었고 가는 곳마다 모두 호족들의 보루가 있었다. 조적은 민활한 책략을 가지고 보루의 주인들을 위무하고 또 누차에 걸쳐 석륵의 군대를 무찔러 "황하 이남은 모두 진나라의 영토"로 만들었다.

　조적이 병사를 훈련시키고 군량을 비축하여 하북 진군을 준비할 때, 진 원제 사마예는 조적의 세력이 너무 확장되면 그에게 불리할까 걱정되어 청담가인 대연戴淵을 정서장군에 임명하고 북방 여섯 주의 모든 군 업무를 감독하도록 하여 조적을 제어했다. 이렇게 되자 조적은 북벌 사업이 성공할 수 없음이 눈에 뻔히 보이자 울분이 치밀어 화병이 나서 군막 안에서 죽음을 맞이했다. 조적 사후에 동진 내부에서는 계속적으로 왕돈의 난과 소준蘇峻·조약祖約(조적의 동생)의 난이 발생하니 조정은 내란의 와중에 빠져 북쪽을 돌아볼 여력이 없었다. 석륵이 이 기회를 틈타 하남을 공격하니 진군은 회남淮南까지 밀렸고 조적이 이룩한 북벌의 성과도 물거품이 되었다.

청유 돼지우리

돼지우리를 원통 모양으로 만들었는데 평평한 바닥은 약간 오목하게 되었다. 원통에는 긴 선으로 난간 모양을 투각했고 우리 바닥 안에는 돼지 한 마리가 누워 자고 있다. 그 표정과 동작이 귀엽고도 자연스럽다.

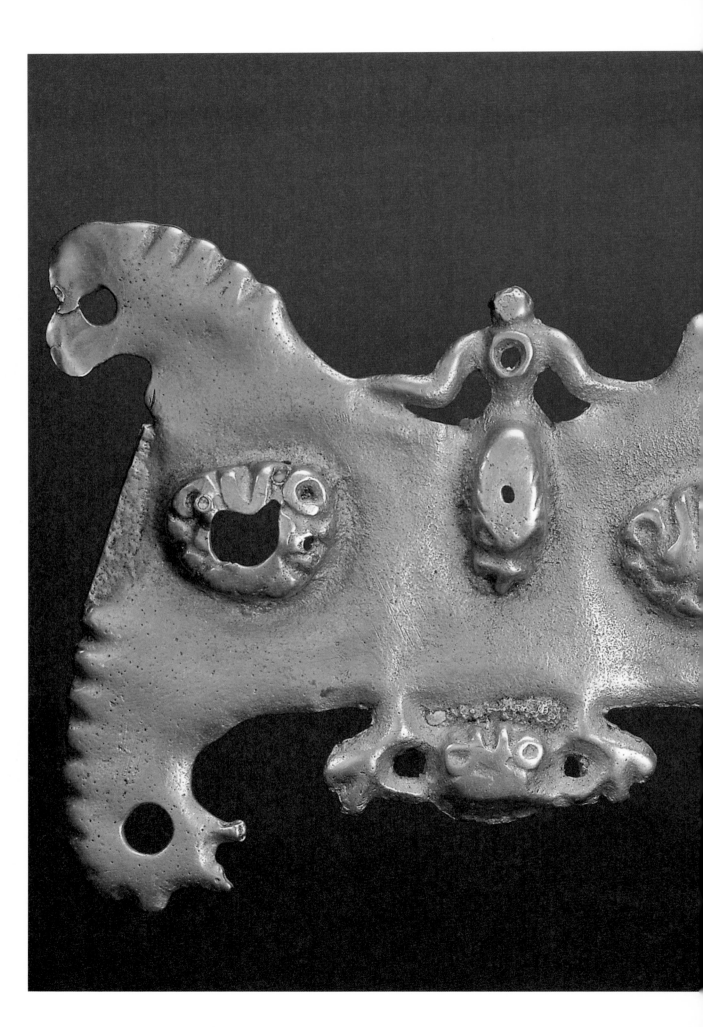

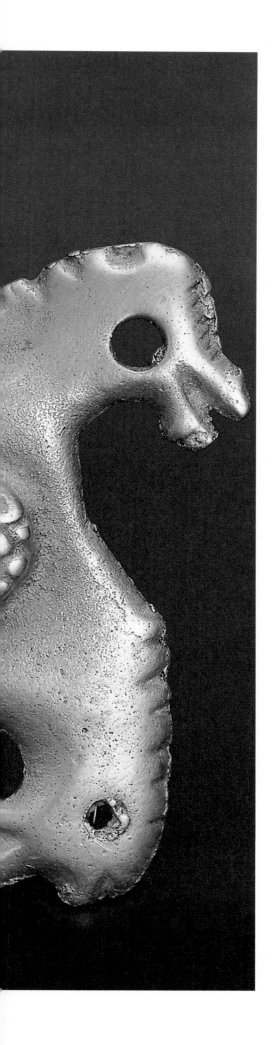

동진 東晋

서기 317~420년

동진 · 양 모양의 청자 촛대

동진 16국 시기(382년)의 전체 지도

고차高車

흉노匈奴

오손烏孫

거란契丹

유연柔然

선비鮮卑

고구

선선鄯善

전   진前秦

토욕혼吐谷渾

장안長安

건강建

동   진東晋

보계寶髻

이주夷

N

S

주애주朱崖州

왜倭

동진 광주   이주

교주

주애주

남해

동진
317~420년

진晉나라가 남쪽으로 천도한 때부터 유유劉裕가 송宋을 건립할 때까지 103년 동안 중국은 남북으로 분열되었고 쌍방 세력이 균형을 이루었기 때문에 남방의 조적·환온 등의 북벌이나, 북방의 부견苻堅이 거대한 기세로 감행했던 남침 역시 모두 실패로 종언을 고했다.

양자강 이북에서는 각 소수민족들이 분분히 일어섰고 이들은 돌아가면서 정치무대의 각종 역할을 담당했다. 강남 이남에서는 진 왕실이 망명정권을 건립하여 비록 서진의 정통 계승자라고 자처했지만 그들은 강력한 실력을 축적하지 못하여 강북을 수복하지 못하고 사마씨의 휘황찬란한 과거만을 찾을 뿐이었다.

서진이 멸망한 후에 흉노·선비·갈·저·강 등 소수민족이 앞서거니 뒷서거니 하면서 중국 북방 지역에 근 20여 개의 소수민족 정권을 수립했다. 정권은 빈번히 바뀌었으며 민족 간의 갈등이 첨예화하여 사회는 불안했고, 경제는 쇠락하여 북방민족 백성들의 생활은 극도의 고통 속으로 빠져들었다.

영가의 난 이후 낙양이 몰락하자 중원의 백성들은 분분히 남으로 이동했다. 318년에 사마예司馬睿는 정식으로 황제의 자리에 등극하여 동진을 건립했다. 동진 정권의 정치적 기초는 강남에 임시 거주하고 있던 문벌가들로서 그들은 대부분 가문의 명망과 관직의 권세에만 만족했을 뿐, 정치 소양과 정무 능력이 부족하여 동진 정권의 급속한 쇠퇴를 초래했다. 동진 말년에 안으로는 환현桓玄이 정권을 독점하였으며 밖으로는 손은孫恩·노순盧循이 기의하여 정권에 타격을 가하니 동진 정권은 간신히 명맥만 유지할 뿐이었다.

미천한 가문의 출신인 유유는 조정을 위급에서 구해내고 안팎을 정돈하고 평정했으며 결국은 동진 왕조를 무너뜨리고 진을 대신하여 스스로 나라를 세웠다.

동진 시기에 남방 농업 생산의 수준은 커다란 발전이 있었다. 북방 농민은 끊임없이 강남으로 이주하여 남방의 부족한 노동력을 보충해 주었으며 비교적 선진적인 농기구와 생산기술을 가지고 왔다. 남북 농민의 결합은 바로 북방의 농기 기술과 남방의 논 경작 경험의 결합이며 남방농업 발전의 중요한 원인이 되었다. 이리하여 중국의 경제 중심은 이때부터 남쪽 이동이 시작되었다.

317~383년의 동진 16국

서진이 멸망한 후 흉노·선비·갈·저·강 등 소수민족은 중국 북방에 근 20개의 소수민족 정권을 수립했다. 이들 정권은 빈번하게 교체되며 민족 간 갈등이 첨예화되었고 이에 따라 사회는 불안정하고 경제 역시 쇠퇴하였다. 그러나 이 시기의 어느 단계 혹은 일부 지역의 경우는 경제와 문화가 발전하는 가운데 다소간의 성과를 얻기도 했다. 후조後趙 석륵의 집정 시기에는 한인 장빈을 중용하여 양주凉州·요서遼西를 제외한 북방 지역을 통일하였다. 전진前秦의 부견苻堅 역시 한인 왕맹王猛의 보좌를 받으며 재차 북방을 통일하고 농업을 널리 보급하고 염치를 가르치며 현명하고 능력 있는 자를 등용하고 유학을 숭상하였다. 당시 요서·하서河西 두 지역은 생산체계가 비교적 잘 조직되어 있고 문화가 전파된 상태였기 때문에 서진 시기에 황폐한 상태에 처해 있던 지역이 효과적으로 개발·발전될 수 있었다. 317년 낭야왕 사마예는 건강(민제愍帝의 휘를 피하기 위해 건업建鄴을 건강建康으로 바꿈)에서 황제에 즉위하여 동진을 건립했다. 동진 정권의 정치적 기반은 호적 없이 강남에 거주하던 사대부였고 그 무력적 지지 기반은 북쪽에서 내려와 강남 지역을 떠돌아다니는 군중이었다. 동진은 왕씨의 지지하에 건립되고 공고히 되었으니 이를 일러 "왕씨와 사마씨가 함께 천하를 다스린다"고 하였다. 동진 초기의 대호족 낭야 왕씨로부터 영천潁川 유씨庾氏, 초국譙國 환씨桓氏를 거쳐 진군陳郡 사씨謝氏에 이르기까지 대호족과 황권의 공동 집정 정국은 줄곧 변하지 않았다. 동진은 건립 후 여러 차례 북벌을 감행했다. 먼저 조적祖逖이, 그 후에 은호殷浩가 북벌에 나섰으며 환온桓溫은 자신의 위엄과 명성을 높이려고 잃었던 국토를 수복하기 위해 3차례 북벌했지만 동진 정권의 나약함과 내부 권력투쟁으로 인해 여러 차례의 북벌은 결국 매번 모두 실패로 끝나고 말았다. 전진의 부견이 북방을 통일한 후 진秦과 진晉은 대치하게 된다.

저녁 노을 속의 육조六朝 석각
－벽사석상辟邪石像

연대별 주요사건

- 317년 사마예가 건강에서 황제에 즉위하고 동진 건립
- 319년 석륵이 왕을 칭하며 국호를 조라 하니 역사에서는 후조라 함
- 322년 왕돈의 제1차 거병. 진 원제 사망. 태자 사마소가 즉위하니 바로 진 명제임
- 324년 왕돈의 제2차 거병
- 326년 석륵이 왕파에게 구류*의 고하 평가를 관장하도록 하고 수재·효렴 시험 정책을 세우도록 명함
- 327년 소준·조약의 난 발발
- 328년 석륵이 유요를 생포. 동진·전량·성한·전조·후조가 병존하는 상황 형성
- 329년 동진이 조준·조약의 난을 평정
- 330년 석륵이 황제를 칭하고 건평으로 개원
- 347년 환온이 군대를 이끌고 서진하여 촉을 멸망시킴
- 349년 한인 염민이 민족의 원한을 갚자고 선동
- 353년 은호의 전진 북벌
- 356년 환온의 낙양 수복
- 357년 왕맹이 전진의 상서가 됨
- 370년 진왕 부견이 군대를 보내 연나라를 멸망시킴
- 376년 전진의 북방 통일
- 382년 전진은 여광에게 서역 정벌을 명함
- 383년 비수 전투 발발

* 유가·도가·음양가·법가·명가·묵가·종횡가·잡가·농가 등－역주

317년
사마예의 황제 즉위와 동진 건립

영가 원년(307) 7월, 조정은 하비下邳(지금의 강소성 수녕睢寧의 서북쪽)에 군대를 주둔시켜 진鎭을 지키고 있던 낭야왕 사마예에게 진을 건업(지금의 강소 남경)으로 옮기라 명하고 왕연王衍의 아우 왕징王澄을 형주도독, 친척 아우인 왕돈을 양주자사에 임명했다. 건흥建興 4년(316) 11월, 민제가 유총에 항복하며 서진은 멸망했다. 건흥 5년(317) 3월, 진 민제가 살해됐다는 소식이 건업에까지 전해지자 낭야왕 휘하의 관리들이 속속 사마예에게 상소를 올려 황제에 즉위하라고 권유했다. 10일, 사마예는 건업에서 황제로 즉위하니 이가 바로 진 원제晉元帝다. 이로써 동진 왕조가 정식으로 성립되었다. 건업은 민제 사마업司馬鄴의 이름자인 '鄴' 자 사용을 삼가기 위해 건강

으로 바꾸었다. 사마예는 대사면을 선포하고 연호를 대흥大興이라 하고 문무백관들을 모두 2등급씩 승진시켰다. 동진 정권은 서진 문벌 사대부 통치를 계승하여 발전하였다. 사마예가 강남에 진 왕실을 재건하고 중흥시키는 데 북방의 사대부인 왕도王導·왕돈 등 낭야 왕씨의 역할이 컸다. 왕도(276~339)는 동진 정권의 기초를 닦는 데 더 많은 공을 세운 자로서 당시 '강좌江左의 관중管仲'이라 불리었다. 영가(307~313)의 난 후에 민족 갈등이 사회의 주요 갈등으로 확대되고 사회관계에 새로운 변화가 나타났다. 이 때문에 강좌에 건립된 동진 정권은 문벌 독재의 수단일 뿐 아니라 동시에 한 민족 이익과 관련된 모종의 특징을 반영하기 때문에 '중원의 남성과 여성 중 강좌로 피란 온 이가 열에 예닐곱이다'라는 말이 돌았다.

322년
왕돈의 난

동진 건립 초기, 정권은 결코 안정적이지 못했다. 황제가 이끄는 조정인 내조內朝와 방진方鎭의 갈등이 첨예했다. 동진은 양주를 조정에 귀속시키고 형주를 가장 강대한 방진으로 만들려 하면서 벌어진 내조와 방진의 다툼은 '형주와 양주의 투쟁'으로 표현된다. 건흥 3년(315) 사마예는 왕돈을 원수로 임명하고 부대를 이끌고 두도杜弢를 토벌하게 했다. 왕돈은 무창武昌(지금의 호북 악성鄂城)에 진을 치고 제멋대로 관리를 파견해 무장으로 삼고 주군州郡을 함께 통치하면서 자신이 독단적으로 행동하려는 야심을 점차 드러내었다. 영창永昌 원년(322) 정월 14일, 왕돈은 황제 곁에 있는 간신 유괴劉槐 제거를 명분으로 삼아 무창에서 군대를 일으켜 진나라에 대항하자 반격을 가하니 심충沈充이 오흥吳興(지금의 절강 호주湖州 서남쪽)에서 호응했다. 3월 왕돈은 선봉장 두홍杜弘에게 건강을 압박하게 했고 이에 진나라의 장군 주찰周札이 성문을 열고 이들을 맞아들였다. 왕돈은 곧 석두성石頭城을 공격해 들어가

주개周凱·대연戴淵을 살해했다. 진 원제는 공경 백관에게 왕돈을 알현하도록 하고 아울러 그를 승상에 임명한 후 중외제군中外諸軍을 감독하게 하고 아울러 녹상서사錄尚書事·강주목江州牧으로 임명하고 무창군공武昌郡公에 봉했다. 그러나 왕돈은 이를 받아들이지 않고 오히려 백관과 군진을 바꾸며 자신이 하고 싶은 대로 행동했다. 4월, 왕돈은 군대를 불러 무창으로 돌아왔다. 영창 2년(323) 4월, 왕돈은 고숙姑熟(지금의 안휘성 당도當涂)으로 군대를 옮기고 스스로 양주목을 맡아 찬탈을 도모하였다. 태녕太寧 2년(324) 5월, 왕돈은 중병에 걸렸다. 진의 명제 사마소는 왕돈을 토벌하라는 조서를 내리고 왕도를 대도독大都督, 온교溫嶠를 도독동안북부제군사都督東安北部諸軍事, 치감郗鑑을 도독총가제군사都督從駕諸軍事로 임명하고, 소준·조약 등을 소집하여 수도를 보위하라는 조서를 내렸다. 왕돈은 온교 등을 주살한다는 명분을 세워 자신의 형 왕함王含을 원수로 임명하고 5만 군을 이끌고 건강으로 진격하여 다시 조정을 뒤엎으려 했다. 그러나 얼마 후 왕돈은 병사하고 왕함의 군대는 공격을 받고 무너져 왕돈의 난은 평정되었다.

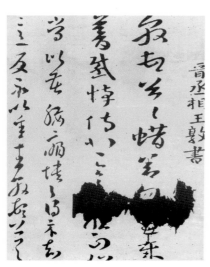

왕돈·납절첩蠟節帖

진 원제 사마예

사마예(276~322)는 자가 경문景文이고 동진 왕조의 첫 번째 황제다. 사마예는 사마의의 증손자로 15세에 아버지의 작위를 물려받아 낭야왕이 되었으나 황실에서의 지위는 그다지 두드러지지 않았다. '팔왕의 난' 때 실권을 장악한 동해왕 사마월이 그에게 건업을 지키게 했다. 처음 도착했을 때 남방의 세도가 호족들은 그를 북방의 '시골뜨기'라 헐뜯고 부임한 지 1개월이 되도록 인사하러 오는 이가 한 사람도 없자 사마예는 이 일로 근심에 쌓이게 되었다. 307년 계절禊節(음력 3월 3일) 날에 사악함을 떨어버리기 위해 백성이 물가에서 떼 지어 에워싸고 제사 올리는 틈을 이용, 의도적으로 북방에서 남하한 명망 있는 세도가이자 대 호족 왕도와 왕돈을 대동하고 가마를 타고 강가로 행차했다. 이 거동은 강남 귀족들을 깜짝 놀라게 만들고 이때부터 사마예는 남북 세도가 대호족의 연합 지지를 받아 동진 왕조를 건립했다.

원元·왕몽王蒙·갈치천이거도葛稚川移居圖

327년
소준·조약의 난

진 함화咸和 2년(327) 10월, 역양歷陽(지금의 안휘 화현和縣)의 내사內史 소준蘇峻이 거병하여 난을 일으켜 건강을 점령했다. 소준은 자가 자고子高이고 장광長廣 액현掖縣(지금의 산동 내양萊陽 남쪽) 사람이다. 서진 말년에 이르러 중원에 전란이 일자 소준은 군중을 모아 결집시키고 진 원제 사마예에게 투항했다. 그는 후에 왕돈의 반란을 진압하는 데 참여하여 전공을 쌓아 역양내사歷陽內史로 승진했지만 그 후 매우 교만해져 조정의 뜻을 경시했다. 함화 원년(326) 진 성제晉成帝 사마연司馬衍이 왕위를 계승한 후 조정의 대권은 외척 유량庾亮에게 넘어갔다. 유량은 소준과 조약祖約이 불충하다고 여겨 다음해 10월, 조정 신료들의 이견을 무릅쓰고 소준

을 정벌하라는 명을 내렸다. 소준은 이 소식을 듣고 예주자사 조약에게 연락하여 유량을 친다는 명분을 세우고 연합하여 군사를 일으켜 진을 공격하였다. 이는 동진의 황제가 이끄는 조정인 내조와 외진外鎭 간의 갈등이 또 한 차례 폭발한 것이다. 328년 정월, 유량 등은 서쪽 심양尋陽으로 도피하고 반군은 건강으로 계속 진격해 들어오자 사도司徒 왕도 등은 성제를 궁궐 안의 태극전 앞에 모셔놓았다. 이리되니 소준의 군대가 감히 태극전까지는 오르지 못하고 바로 성 안을 대대적으로 약탈하였다. 소준은 건강을 점거한 후 대사면을 명하고 스스로 자신을 표기장군驃騎將軍·녹상서사에 봉하고 왕도는 본래의 관직을 유지하게 하고, 조약을 시중侍中·태위太尉·상서령尙書令으로 삼으니 조정의 대권은 소준의 수중으로 떨어졌다. 함화 3년(328) 3월, 온교와 유량이 도간陶侃과 함께 소준을 치기로 약조한 후 도간은 4만의 병력을 이끌고 강을 따라 동으로 내려와 건강을 향해 진군했다. 9월, 도간은 수군에게 석두성을 공격하도록 지휘하고 유량과 온교는 1만의 병력을 이끌고 육지에서 공격을 감행했다. 소준은 8000의 병사들을 이끌고 응전하다 도간의 부장副將 팽세彭世와 이천李千에게 사살되었고 나머지 무리는 모두 뿔뿔이 흩어졌다. 329년 2월, 여러 진격로에 있던 군대가 석두성을 포위 공격함으로써 진 황실 남하 이래 최대의 반란은 진압되었다.

도교를 발전시킨 갈홍의 《포박자》

동진 시기 갈홍葛洪이 저술한 《포박자抱朴子·내편內篇》은 도교의 종교철학과 원시적 화학 연단술에 관한 중요한 저서로 도교사와 연단사에 중요한 영향을 끼쳤다. 갈홍(284~364)은 자가 치천稚川이고 스스로 포박자라 칭했다. 단양丹陽 구용句容(지금의 강소 구용현) 사람으로 동진의 저명한 도교 이론가이자 연단술사이며 의학자이자 약학자다. 그는 학식이 풍부하고 저서도 매우 많았지만 대부분 소실되었다. 그중 영향력이 가장 큰 저서인 《포박자》는 내편 20권과 외편 50권으로 구성되어 있으며 그중 《포박자·내편》이 그의 도교 신학을 반영하는 주요 대표작이다. 동진 시기 도교는 민간 종교에서 문벌 세도가를 위해 봉사하는 친정권적 종교로 전환되었는데 갈홍의 《포박자·내편》은 이와 같은 전환 단계의 이정표이자 촉매제 역할을 했다. 초기 도교는 종종 부적·주술 등의 종교 의식으로 병을 치료하여 많은 신도를 모았다. 후에 사람들은 이런 방법을 이용해 장생할 수 있다고 여기게 되었는데 갈홍은 이에 반대하였다. 그는 부귀신선에는 찬성하지만 민간 도교는 배척했고 더 나아가 왕은 엄중한 형벌과 엄격한 법률로 이런 무술 활동을 제지해야 한다고까지 주장했다. 그는 내수內修를 강조하는 동시에 외양도 함께 추구해야 하며 '외부 사물을 빌려 자신을 견고히 한다'는 견해를 제기하였다. 그는 황금이 부식되지 않으며 용해점이 높아 화학적 안정성이 높은 점에 착안하여 금단金丹에 사람을 늙지 않게 하고 보양시키는 기능이 있다고 추론, 신도들에게 아래의 수도 방법을 제시했다. ①적선입공積善立功 ②초목약이草木藥餌 ③굴신도인屈伸導引 ④보정행기寶精行氣 ⑤금단대약金丹大藥. 《포박자·내편》은 위진시대 연단술의 종합편으로 연단 방법이 대량 수록되어 있다. 갈홍은 한위漢魏 이래 도교 이론의 집대성자이며 그의 《포박자·내편》은 신선 도교에 비교적 완벽한 이론 틀을 제공하였다. 《포박자·내편》은 사회의 다양한 계층을 대상으로 공개적 포교 활동에 나선 신선 도교의 서적으로 남북조 시기 도교가 성숙해질 수 있는 조건을 마련하였다.

330년
후조를 건국한 석륵

진 대흥大興 2년(319), 석륵石勒은 수도 양국(지금의 하북 형대邢臺)에서 왕위에 오른 후 술 양조를 금지했다. 왕이 야외에서 거행하는 성대한 국가적 제사인 교사郊祀를 종묘에 올릴 때에도 술 대신 단술을 쓰라는 영을 내렸다. 또 관리를 파견해 각 주군州郡을 순시하며 농업을 널리 보급시키도록 했다. 이 결과 중원의 농업 생산이 점차 회복되고 석륵 세력도 강대해짐에 따라 국경 역시 부단히 확대되어 갔다. 329년 9월, 그의 조카 석호石虎가 전조前趙를 대파하니 나라를 세운 지 26년 만에 전조는 멸망하고 진롱秦隴의 토지는 모두 후조後趙에 귀속되었다. 330년 2월, 후조의 많은 신하들이 석륵에게 황제에 즉위하라 주청하자 석륵은 대조천왕大趙天王이라 자칭했다. 그는 황제로 행세하며 일을 처리하고 세자 석홍石弘을 태자로, 비妃 유씨를 왕후로 책봉하고 석호를 태위·상서령에 임명하고 중산왕中山王에 봉했다. 같은 해 9월, 석륵은 정식으로 황제에 올라 연호를 건평建平으로 개원하고 석홍을 황태자로 삼고, 기타 문무대신은 모두 차등을 두어 상을 내렸다. 석륵은 즉위한 후 매년 재능 있고 정직한 자를 공경 이하 관원으로 뽑으라는 조서를 내렸는데 이는 인재를 널리 찾아 등용하고자 함이다. 또 구품관인 제도를 지속적으로 실행하고 양국에 태학과 소학을 설립하여 고급 무관과 호족의 자제들을 선발하여 입학시키고 각 군국郡國에 학관을 설치한 후 각 군에 박사좨주博士祭酒 한 명을 파견하여 150명의 제자를 받아들여 유학 경전을 가르치도록 했다. 이후 후조의 국력은 크게 증대되었다. 석륵의 전성기 통치 영토는 남쪽으로는 회하淮河, 동쪽으로는 대해에 이르고 서쪽으로는 하서河西에 이르며 북으로는 연燕·대代와 국경을 접하게 되었다. 요동의 모용씨慕容氏, 하서의 장씨張氏가 통치하는 지역을 제외한 북방의 전 지역이 모두 후조에 귀속됨에 따라 후조는 회하 건너의 동진과 대치하게 되었다.

후조 불교의 흥성

후조 황제 석륵은 천축 승려 불도징佛圖澄이 일의 성패를 예언하는 능력이 있다 여기기 때문에 그에게 특별한 존경과 신임을 보냈다. 석호는 조나라의 정권을 찬탈한 후 불도징에 대한 존경은 더욱 깊어졌고 특히 의식衣食 면에서 특별 대우했다. 매번 입궐하여 황제를 알현할 때 태자와 왕공이 모여 있는 궁전에서 의식 진행자인 사의司儀가 "대화상大和尙"이라 외치면 모두 일어나 예를 올렸다. 석호는 사공 이농李農에게 조석으로 불도징의 일상 기거를 살피고 안부를 묻게 하고 태자와 왕공들은 5일에 한 번씩 그를 찾아가 뵙도록 했다. 이렇게 되자 백성들 대부분은 종교로 불교를 택하고 앞 다투어 사찰을 짓고 삭발 출가했지만 그중에는 부역을 피하려 불문에 들어간 자도 일부 있었다. 이에 건무建武 원년(335) 9월, 불교를 믿는 것과 출가하여 승려가 되는 것을 엄히 금하고 이들 모두를 환속시켜야 한다고 대신들이 주청하였다. 석호는 이를 받아들이지 않고 나라 안의 백성들이 모두 자유롭게 종교를 선택하고 믿을 수 있도록 했다. 이후로 후조의 불교는 더욱 성행하여 불교 사찰만 800여 개를 지었다.

후조·도금한 동銅불상

지금까지 중국에서 발견된 불상 중 확실한 연도가 새겨져 있는 첫 번째 불상이다. 이 불상은 풍격 면에서 이미 초기 조각상의 특색을 확실히 벗어나 '중국식 불상'으로 중국화되는 과정의 전형이다.

339년
왕도의 사망

왕도王導(276~339)는 자가 무홍茂弘이고 낭야 임기臨沂(지금의 산동성에 속함) 사람이다. 서진 말년 왕도는 낭야왕 사마예를 추종하여 그가 동진 정권을 건립하고 군주의 위신을 세울 수 있도록 도우면서 점차 강남 명문 세도가의 지지를 얻게 되었다. 왕도는 원·명·성 삼 황제를 모셨으며 동진 정권의 제도 창설에 많은 공헌을 세워 관직이 대사마大司馬·승상에까지 올랐다. 일찍이 명을 받들어 화질華軼·서감徐龕·왕돈·소준·조약의 난을 평정했다. 황제의 유조를 받들어 두 차례에 걸쳐 보국중신이 될 정도로 진나라 황제들의 깊은 신임을 얻었고 특히 성제에게 존중받았다. 함강咸康

왕도

원년(335) 3월, 왕도가 병이 깊어 입궐하지 못하자 성제는 친히 그의 관저로 행차하여 왕도 부부를 병문안했다. 같은 해 4월, 왕도는 대사마·도독중외제군사에 임명되었다. 함강 4년(338) 6월, 왕도를 승상으로 임명하고 사도관司徒官을 없애고 승상부와 합병하였다. 함강 5년(339) 7월, 향년 64세로 왕도가 사망하였다. 성제는 그를 위해 3일장을 치렀는데 그 성대함은 한漢의 박육후博陸侯 및 안평헌왕安平獻王의 장례와 비견할 만하며 여기에 천자의 예까지 더하였다. 같은 해 8월, 진 성제는 왕도가 병사하자 직위를 승상에서 사도로 바꾸었다. 왕도는 사람을 너그럽게 대하고 사람됨이 소박하고 욕심이 적어 삼 황제를 보위했지만 창고에는 저장된 곡식이 없고 의복 역시 사치스러움을 구하지 않았다. 주요 집정 기간 중 그는 남하한 사대부들을 인솔하여 강남의 호족 및 명문 귀족과 연합하여 공동으로 동진 정권의 안정을 유지하였다.

왕도·성시첩省示帖

339년
모용황의 전연 건국

함화 8년(333) 정월, 선비족의 하나인 모용 부족의 수령 모용외慕容廆가 사망하자 그의 3남 모용황慕容皝이 직위를 계승하여 모용 부족을 통솔했다. 모용황은 천성이 의심과 질투가 심해 즉위 초 법을 가혹하게 집행하여 백성들은 불안감에 떨었다. 모용황의 서형庶兄 모용한慕容翰은 "내 어찌 앉아서 죽기를 기다린단 말인가?"라고 탄식하고 아들과 함께 선비족 수령의 하나인 단료段遼에게 몸을 의탁했다. 또 그의 이복동생 모용인慕容仁은 거병하여 반란을 일으켜 요동(지금의 요녕 대릉하大凌河 동쪽)을 점령했다. 단료와 기타 부족 역시 모용인과 서로 격려하고 원조하며 사기를 진작시켰다. 함화 9년(334), 모용황은 친히 군을 인솔하여 요동 정벌에 나섰다. 함강 2년(336), 정월 요동 해안의 바닷물이 얼자 모용황은 사마고익司馬高翊의 건의를 받아들여 창려昌黎(지금의 요녕성 의현義縣)에서 얼음길로 300여 리를 진군하여 평곽平郭(지금의 요녕 개주蓋州 서남)을 육박하여 모용인을 토벌했다. 모용인은 황급히 출전한 결과 전투에서 패하여 붙잡혔고 사약을 받고 죽자 요동은 점차 평정되었다. 같은 해 요서의 단료는 단란段蘭을 유성柳城(지금의 요녕 조양 남쪽) 서남쪽 회수回水에 주둔하게 하고 아울러 일두귀逸豆歸가 안진安晉을 공격하여 단란을 지원하도록 하겠다고 약조했다. 모용황은 친히 대군을 이끌고 유성을 압박하여 단란과 일두귀가 이끄는 두 군대를 차례로 대파했다. 함강 3

년(337) 9월, 모용황은 진군鎭軍 좌장사左長史 봉혁封奕 등의 건의를 받아들여 자칭 연왕燕王이라 했다. 10월 왕으로 즉위한 후 후조에 사신을 파견하여 스스로를 속국을 일컫는 번藩이라 칭하고 동생 모용한을 인질로 보내 조나라 군이 연나라 군과 함께 단료를 공격할 것을 도모했다. 11월에 그의 부친 모용외를 무선왕武宣王으로 추존하고 부인 단씨段氏를 왕후, 아들 준俊을 왕태자에 책봉했다. 그는 또한 수도를 용성龍城(지금의 요녕성 조양朝陽)으로 정하고 동진의 연호를 버리고 연왕燕王 원년으로 바꾸었다. 역사에서는 이를 전연前燕이라 칭한다.

간보와 《수신기》

동진 연간에 사학자 간보干寶는 역대 신화 전설에 근거하여 중국 최초의 지괴志怪소설집인 《수신기搜神記》를 편찬했다. 《수신기》의 내용은 신비하고 기괴한 내용이 대부분이지만 민간 전설 역시 많이 보존되어 있다. 예를 들면 〈한빙부부韓憑夫婦〉·〈이기李寄〉·〈간장막야干將莫邪〉 등이 있다. 〈간장막야〉에 나오는 초나라 사람 간장막야는 초왕을 위해 검을 만들기 시작해 3년 만에 완성했으나 초왕은 시간을 너무 끌었다고 대로하여 그를 죽였다. 그의 아들 적비赤比는 이 사실을 알고 복수를 결심하지만 적절한 방법을 찾지 못하고 산으로 도피하던 중 한 객을 만난다. 이 산중객山中客이 적비에게 그의 목을 내놓으면 복수해 주겠다고 하자 적비는 조금도 저어하지 않고 자신의 목을 베어 산중객에게 맡겼다. 산중객은 적비의 머리를 가지고 초나라 왕을 알현하러 떠났다. 왕이 크게, 기뻐하니 객은 "이것은 용사의 머리로 응당 끓는 물에 삶아야 합니다"라고 아뢰었다. 왕은 이 말에 따라 머리를 삶았으나 삼일 낮 삼일 밤이 되도록 무르지 않더니 성난 눈을 부릅뜬 머리가 탕 위로 튀어 올랐다. 객이 "이 머리는 무르지 않으니 왕께서 친히 왕림하시기를 청합니다. 그리하면 반드시 무를 것입니다"라고 했다. 이에 왕이 적비의 머리 가까이로 가니 객이 검으로 왕의 목을 쳐 머리가 탕 속으로 떨어지고 객 역시 자신의 목을 스스로 베어 머리 하나가 다시 탕 속으로 떨어졌다. 그러자 머리 세 개가 같이 물렸다고 한다. 정말 정신이 쏙 빠질 만큼 간담이 서늘해지고 담대함이 넘치는 이야기다. 〈한빙부인〉은 다음과 같은 이야기를 담고 있다. 송 강왕康王이 한빙의 처 하씨何氏의 아름다운 모습을 보고 반해 강제로 빼앗으려 한빙에게 노역을 명하니 이 두 사람은 어찌할 수 없는 상황에 몰려 이루지 못한 사랑 때문에 차례로 자결했다. 하씨는 한빙과 같은 곳에 합장해달라는 유언을 남겼으나 강왕은 "이 부부의 사랑은 끝이 없으니 만약 합장시키면 내가 이를 막을 수 없다"하고 유언을 들어주지 않고 두 무덤이 멀리 떨어져 마주 보게 만들었다. 그런데 하룻밤 사이에 개오동나무 두 그루가 각각의 무덤에서 자라 나와 나무끼리 서로 엉겨붙고 뿌리는 땅 밑에서 서로 얽히고설켜 있으며 나뭇가지도 서로 끌어당겨 하나가 되자 사람들은 이 나무를 상사수相思樹라 불렀다. 상사수 위에는 원앙 한 쌍이 조석을 가리지 않고 머물러 앉아 목을 맞대고 구슬프게 울어대니 그 소리에 사람들의 마음이 감동되었다. 《수신기》의 편폭은 비교적 길며 대부분 가치 있는 내용을 담고 있어 육조 지괴소설에서 중요한 위치를 차지한다. 당시 사람 유담劉惔은 이를 '귀지동호鬼之董狐'*라 했다.

* 동호는 춘추시대 진晉의 사관으로 공자가 양사良史라 칭한 자다. 간보가 기괴하고 신령한 이야기에 능했기 때문에 유담은 간보를 귀계鬼界의 동호라 칭함—역주

호랑이와 개 무늬의 금 장식패

장식패 윗면에는 엎드려 있는 호랑이와 개가 각각 한 마리씩 있고 호랑이 몸에 말 머리 두 개가 주조되어 있다. 이처럼 호랑이·개·말이 함께 모여 구성된 장식품은 선비족 사람들이 흉노 문화를 흡수·소화한 산물이다.

석호의 횡포

333년, 석륵이 병사하자 그의 조카 석호는 태자 석홍과 석륵의 남은 아들을 살해하고 스스로 황제에 오른 후 업성鄴城(지금의 하북성 임장臨漳)으로 천도했다. 석호의 통치는 매우 잔혹하여 수시로 백성을 각종 대규모 노역과 병역에 강제로 복역시키고 일상생활은 돌보지 않아 원성이 도처에 자자했다. 황음 호색한 석호는 명령을 내려 여염집 젊은 처자 3만여 명을 차출한 후 궁녀로 삼거나 귀족들에게 시녀로 하사했다. 지방관은 석호의 비위를 맞추기 위해 미모의 기혼녀 9000여 명을 강탈하여 할당된 수를 충당하자 이 일로 많은 사람이 자결했다. 석호는 뽑혀온 미녀들을 검열하며 매우 기뻐했다. 석호의 아들 석수石邃는 흉악하고 잔인하여 종종 재미로 사람을 죽였다. 한번은 궁중의 미녀 하나를 아름답게 단장시킨 후 참수하고 혈흔을 깨끗이 닦은 후 쟁반에 머리를 담아 많은 사람들이 돌려보게 했다. 석호 부자와 형제 간에는 잔인한 살해가 자주 발생했다. 아들 석수는 석호 모살을 꾀했으나 석호가 이를 알고 아들과 며느리 등 26명을 죽인 후 큰 관 하나에 함께 매장했는데 이 일과 관련되어 죽은 자가 200여 명이 된다. 뒤를 이은 태자 석선石宣은 동생 석도石韜를 살해한 후 자신의 부친 석호마저 살해하려 했지만 석호가 보낸 군사에 체포되어 살해되었고 결국 어쩔 수 없이 막내아들 석세石世가 태자로 책봉되었다.

동진·장승요張僧繇·설산홍수도축雪山紅樹圖軸

341년
함강토단咸康土斷

동진 함강 7년(341) 4월, 진 성제는 '토단'* 실행의 명을 내렸다. 서진 말년 중원이 전란에 휩싸인 상황에서 사마예가 강남에 동진 정권을 수립하자 북방의 왕과 귀족, 사대부와 서민들이 분분히 남하하여 강좌에 거주했다. 교군현僑郡縣**의 경계에 제한이 없고 부역 정책에서 혜택을 받자 북쪽에서 이주한 교민의 생활은 점차 안정되고 생산 역시 발전했다. 그러나 교민들의 주거지가 분산되어 있고 호적부에도 혼동이 발생하여 관리하기 어려웠을 뿐 아니라 사대부들이 농촌의 광대한 토지를 차지해 조정의 재정 수입에 중대한 영향을 끼쳤다. 이에 성제는 토단제를 실시한다는 조서를 내려 교치僑置 군현을 폐지하고 토착민을 토지 구획의 기준으로 삼아 호적 정리를 실행했다. 이에 따라 남하한 왕공 이하 평민들의 호적을 거주하고 있는 군현에 편입시키고 강남으로 이주한 북방인들의 호적을 백지에 기재하는 백적白籍을 만들어 본래 거주자의 호적인 황적黃籍과 구분하여 거류자의 호적 관리를 강화했다. 토단을 실행하고 백적을 만든 후 관은 호적에 근거해 세를 부과하고 병역을 징발하니 교민의 부담이 가중되고 파산하는 자도 많이 생겼다. 일부 교민은 부역을 피하기 위해 호적을 은닉하고 신고하지 않았으며 세도가 호족에게 비호를 요청하는 자들도 생겨났다. 환온은 이를 고려하여 흥녕興寧 2년(364) 3월 1일에 명을 내려 세족이 비호하는 거류자들을 찾아냈으니 역사는 이를 경술庚戌토단이라 부른다. 동진 시기 세 차례의 토단이 있었다.

* 토착민과 외지에서 이입한 이를 불문하고 이들을 거주하고 있는 군현의 호적에 모두 통일적으로 편입시켜 납세와 복역의 의무를 부과하는 제도. 왕권 강화와 호족 소유의 노동력 징발, 부역 및 병력 자원을 확대하는 수단으로 이용함 - 역주
** 이주자들을 위해 설립된 지방행정 구획 - 역주

북주·살타나태자본생薩埵那太子本生

동진·장원莊園 생활 두루마리 그림

346년
환온의 성한 정벌

성한成漢 가녕嘉寧 원년(346) 11월, 동진 형주목 환온桓溫은 익주자사 주무周撫 등을 이끌고 성한 정벌에 나섰고 다음해 3월 성한은 패망했다. 환온은 초국譙國 용항龍亢(지금의 안휘 회원懷遠 서북의 용항집龍亢集) 사람으로 부마도위 직을 수여받았다. 영화永和 원년(345), 그는 유익庾翼의 뒤를 이어 도독형량사주제군사都督荊梁四州諸軍史·형주자사 등의 직무를 맡았다. 환온은 영웅적 재능과 뛰어난 책략을 갖추고 서쪽의 성한 점령 및 중원 북벌에 뜻을 두었다. 진 영화 2년(346) 11월 환온은 성한에 내란이 일어난 틈을 타 익주자사 주무, 남군태수 초왕譙王을 이끌고 원교袁喬를 선봉으로 삼아 거침없이 성한 이세李勢를 토벌했다. 다음 해(347) 2월, 환온의 대군이 청의靑衣(지금의 사천 청신靑神)에 이르렀다. 한漢의 주군 이세는 그의 숙부 이복李福, 사촌형 이권李權, 장군 잠견昝堅 등을 내보내 진의 군대와 대적하게 했다. 3월, 환온은 원교의 건의를 받아들여 적의 주력군을 피하여 친히 대군을 이끌고 한의 성도成都 가까이까지 쳐들어가 한의 장수 이권과 교전을 벌여 3전 3승을 거두고 이어 이세의 무리를 대파한 후 이 승리를 몰아 곧장 성도로 입성했다. 이세는 대세가 이미 기운 것을 보고 야반도주한 후 사람을 보내 환온에 투항했다. 성한의 패망은 나라를 세운 지 47년 만의 일이다. 환온은 이세와 종실의 10여 명을 건강으로 압송한 후 이세를 귀의후歸義侯에 봉했다. 승평昇平 5년(361) 이세는 건강에서 사망했다.

347년
동진과 비잔틴의 국교수립

347년 동진 왕조는 파촉巴蜀을 점령한 후 장씨 전량前凉 정권을 통해 정식으로 비잔틴과 국교를 맺었다. 일찍이 서한 시기부터 중국은 고대 로마제국과 왕래가 있었다. 그들은 중국을 새리사국賽里斯國[세리카Serica]라 불렀는데 '비단의 나라[絲國]'라는 뜻이다. 비단길이 열리고 왕래가 나날이 빈번해짐에 따라 중국과 로마의 무역 관계는 더욱 긴밀해졌다. 3세기 초, 삼국 중 조조의 위나라는 로마와 교류하는 새로운 북로를 개척했다. 옥문관에서 서북을 돌아 횡갱橫坑(지금의 고노극산庫魯克山)을 통과해 오선五船을 거쳐 동쪽에서 서쪽으로 돌아 차사전부車師前部 왕국(지금의 투르판 동남쪽 일대인 하라허주어

옥허리띠 고리 장식
길이 5.9cm, 넓이 1.6cm. 옥의 재질은 반투명으로 흰색에 윤이 나며 부드러운 느낌을 주고 중간 중간에 갈색 반점이 있다. 이 띠의 머리 부분은 동물이 머리를 돌린 모습이고 고리의 몸체는 간결하게 표현된 날개 모양이다. 동진 시중 고숭高崧의 묘에서 출토된 유품 중 질이 가장 좋은 옥기 중의 하나다.

비잔틴의 그물 문양 유리잔
잔의 몸체는 연녹색이며 배 부분에 세 줄의 파도무늬가 서로 연결되어 그물코 모양을 띠고 있다. 잔 두께는 매우 얇아 0.2cm에 불과하다. 잔 안쪽은 매끄럽고 반들거리며 외벽에 수평으로 결이 뚜렷하게 나있는 것으로 보아 유리를 불어 만드는 방식을 이용하였다.

16국·묘실 천장 벽화·승천도昇天圖

哈拉和卓)로 진입한 후 다시 천산天山의 북쪽 기슭을 넘어 오손烏孫·강거康居·엄채奄蔡를 가로질러 바로 흑해를 건너거나 카프카스산맥을 넘어 로마 제국에 들어간 후 마지막으로 제국의 새 수도인 비잔틴에 도달했다. 비잔틴은 로마 황제 콘스탄티누스 1세가 집권하던 기간(306~337)에 건설한 새로운 수도이며 비잔틴 사람들은 통상 수도라는 뜻의 불림拂菻[프롬Prom, 후롬Hrom, 로마Rome]이라 칭했다. 345~361년 사이 비잔틴의 사신이 진 왕조가 통치하는 장강 유역에 도착했다. 363년 진 애제哀帝 사마비司馬丕도 비잔틴에 사신을 보냈으며 아울러 하서河西의 한족 정권을 통해 쌍방이 비단 무역에서 협의를 달성하도록 하여 비잔틴으로 통하는 비단길의 원활한 소통을 보장했다. 동진과 비잔틴의 정식 국가 교류는 비단 교역을 더욱 편리하게 만들었을 뿐 아니라 서로 다른 문명을 전파하고 교류하며 각자의 역사적 발전 과정에 영향을 미쳤다.

전량의 서역 수복

전량前涼 건흥 23년(335) 12월, 전량이 쿠처Kucha[龜玆]·피찬Pichan[鄯善]을 정벌하고 서역의 여러 나라들이 모두 투항하자 이 지역을 사沙·하河 2개 주로 나누었다. 장준張駿은 장식자張寔子인데 어려서 음란 방종하기가 이를 데 없었지만 건흥 12년(324) 제위에 오른 후 이전의 행실을 철저히 고치고 새 사람이 되어 정사에만 온 힘을 쏟았다. 장준은 전조前趙에서 작위를 받았지만 327년 5월, 전조가 후조에 패하자 이 틈을 이용해 스스로 전조의 관작을 버리고 다시 진 대장군·양주목이라 칭했다. 이후 그는 군사를 일으켜 무기교위戊己校尉 조정趙貞을 공격하여 생포하고 이 지역에 고창군高昌郡을 두었다. 330년 5월 장준은 전조가 망한 틈을 타 하남 지역을 수복하고 무가武街·석문石門·후화候和·강천漒川·감송甘松 등에 오둔호군五屯護軍을 설치하고 동쪽으로 후조와 국경을 접하게 되었다. 6월 석륵은 장준을 양주목으로 임명하여 그 세력이 확대되는 것을 저지하려 했지만 장준은 조나라 신하가 되는 것을 수치스럽게 여기어 거절하고 여전히 진나라의 신하를 자처했다. 장준은 구지仇池를 통로로 삼아 매년 건강과 사신을 교류했다. 335년 12월, 장준이 보낸 장수 양선楊宣이 사막을 넘어 쿠처·피찬을 정벌하자 서역은 모두 항복했다. 전량은 가능한 최대한으로 농서 지역을 차지했고 병사와 군마가 모두 강성했다. 카라샤르[焉耆]·코탄[于闐] 등 서역의 여러 도시국가들은 경쟁적으로 사신과 공물을 보내 양涼과 관계를 맺었다. 장준은 양주涼州를 둘로 나누어 서쪽 삼군三郡에 사주沙州를 두어 돈황을 다스렸고, 동쪽 삼군에 하주河州를 두어 포한袍罕을 다스렸다. 양주는 장궤張軌 이후로 편안할 날이 없었는데 장준의 통치하에서는 나라 안이 점차 안정되고 형벌이 엄정한 부강한 나라가 되었다.

동진·갈색 반점이 있는 청자 대접[褐斑青瓷盆]

이 대접은 주둥이가 둥글며 넓은 입술은 밖으로 접혀 있고 배는 많이 나오지 않았고 바닥이 약간 오목한 모양이다. 주둥이 위에는 갈색 점 8개가 대칭으로 있고 배에는 줄무늬 3개가 있다. 청색 유약을 칠했지만 밑바닥에서 가까운 부분은 유약을 칠하지 않은 원래 상태를 드러내고 있다. 본래의 재질은 단단하며 유약이 고루 칠해져 있고 얼음에 금이 간 듯한 작고 가는 줄 모양의 빙렬氷裂 무늬가 있으며 문양은 간결하고 소박하며 조형미가 뛰어나다.

열녀전인지도烈女傳仁智圖(일부)

깍지 모양의 옥패玉佩

351년
부건의 전진 건국

전진前秦 황시皇始 원년(351) 정월, 부건苻健은 장안에서 천왕·대선우大單于에 즉위하고 대진大秦을 건국하니 역사에서는 이를 전진이라 칭한다. 전진은 씨족이 건립한 정권이다. 서진 말년 북방의 곳곳에 전화가 번지니 대대로 약양略陽의 임위臨渭(지금의 감숙 진안秦安 동남쪽)에 살던 씨족은 부족의 수령이였던 부홍苻洪을 영수로 추대하고 중원으로 진격해 점령한 후 차례로 전조와 후조를 신하의 예로 섬겼다. 후조가 멸망할 때 부홍은 이미 10만의 부족 무리가 있는데다 야심만만하여 관중을 점령할 계획을 꾸미고 있었다. 그러나 부홍은 이 계획이 실현되기 전에 독살되었고 그의 아들 부건은 부친의 유지를 이어받아 부족 무리를 인솔하여 관중으로 전진했다. 이 과정에서 관중 지역 씨족의 호응을 얻은 부건의 군대는 장안을 점령하고 있던 두홍杜洪을 격파하고 장안으로 진입했다. 351년, 부건(317~355)은 자칭 대진대왕·대선우라 칭하며 다음 해 황제라 명칭을 바꾸고 장안을 수도로 정한 후 국호를 진秦이라 했으니 역사는 이를 전진이라 한다. 부건은 정사에 몰두하고 유학을 숭상하며 백성들의 부역을 경감시켰고 장안성에 내빈관을 지어 먼 곳에서 오는 내빈을 접대했다. 이에 따라 관중의 경제가 회복되기 시작하고 전진 정권은 점차 공고해졌다.

대화상 '불도징'

불도징佛圖澄(232~348)은 16국 시기 후조의 고승이다. 서역의 쿠처(지금의 위구르 고차庫車) 사람으로 속세의 성은 백帛이고 어려서부터 도를 배워 현술玄術에 능통했다. 영가 6년(312) 갈파葛坡(지금의 하남 신채현新蔡縣)에서 석륵 부족이 무고한 사람들을 함부로 죽이는 장면을 목격하고 석륵을 감화시키고자 군대에 투신하여 도술로 석륵의 신임을 얻고 많은 가르침을 주었다. 불도징은 한자로 된 경서와 역사서를 공부한 적은 없으나 유생들과 논변할 충분한 능력이 있었다. 그의 상식은 넓고 깊으며 강의는 정열적이어서 문하에 가르침을 받는 자가 항상 수백 명에 이르렀고 그 제자를 모두 합치면 근 만 명이 되었다. 석륵은 조왕이 된 후에 불도징을 큰스님이라는 뜻으로 '대화상大和尙'이라 칭하며 매우 존경하며 귀하게 여겼고 일이 생기면 반드시 먼저 그의 의견을 물은 후 실행했다. 석륵 사후 불도징은 또 석호의 신임을 얻어 중용되어 비단 옷을 두르고 아름다운 수레를 탔다. 조회가 있는 날 불도징이 수레를 타고 궁전에 들 때 상시 이하 관원들이 모두 수레를 밀었고 태자가 수레 날개를 붙들고 올랐다. 이때 의례를 주관하는 자가 "대화상이 도착하셨다"고 외치면 이에 따라 관원들은 모두 일어나 그를 공경하며 맞았다. 석호는 사공司空 이농에게 매일 가서 문후를 살피라는 분부를 내렸고 태자는 5일에 한 번 문안 갔을 정도였으니 그가 누리는 대우는 다른 사람이 미칠 바가 못 되었다. 이로써 후조는 거국적으로 불교를 믿게 되었고 사찰을 마음대로 건립하고 운영하니 앞 다투어 출가하려는 풍조가 일시에 크게 일었다. 불도징은 조나라가 관할하는 주군에 모두 893개의 사찰을 건립했는데 이는 불교가 중국 대륙으로 전래된 이래 최고의 기록이다. 석호는 불교를 '융신戎神'이라 여기고 백성들이 불교를 믿고 출가하는 것을 명문화했는데 이 역시 중국 역사에서 처음 있는 일이다. 이 외에 불도징은 후조 국정에 참여하여 몇몇 문제에 대해 결정적 견해를 제시하는 등 후조에 대한 영향이 매우 컸다.

중국 최초의 지방지

《화양국지華陽國志》는 또 《화양국기華陽國記》라고도 하는데 상거常璩가 동진 목제穆帝 영화 4년(348)에서 영화 10년(354) 사이에 편찬하였다. 이 책은 파촉 지역의 역사·지리·인물을 기술한 중국 최초의 지방지다. 상거의 자는 도장道將이고 생졸연도는 상세히 알 수 없으며 촉군 강원江原(지금의 천숭주川崇州 동남쪽) 사람이다. 성한 이세 때 산기상시散騎常侍를 맡았고 저작을 관장했다. 그러나 환온이 이씨를 멸한 후에는 참군을 역임하여 건강 전역을 돌아다녔다. 상거의 《화양국지》는 기본적으로 향촌을 생각하는 정이 농후한 저서이자 정치를 논한 저서이기도 하다. 그는 향촌의 역사가 소멸될까 걱정하여 책을 썼는데 "오만과 교활함을 막고, 간악한 맹아를 근절하고, 《춘추》의 폄절貶絶하지 않고 죄악을 드러내는 폄절의 도를 숭상한다. 또한 현명하고 유능한 자를 드러내고, 치란治亂을 널리 알리는 것이니 역시 장려하고 권면할 만하다"고 하며 책을 쓴 이유를 밝히고 있다. 《화양국지》는 양梁·익益·영寧 세 개 주의 역사적 면모, 정치적 변천, 서로 다른 시기의 역사적 인물의 전기를 고대부터 시작하여 지금과 가까운 시대로 내려오고, 광범위한 영역에서 시작하여 작고 미세한 부분에 이르게 하는 자체적 기술 체계에 따라 한 권의 책으로 편찬하였다. 《화양국지》는 동진 원년 이전의 세 개 주의 역사를 집중적으로 저술한 당대 지방사의 걸작이다. 《화양국지》 4권은 서남 30여 개 소수민족과 부락의 명칭 및 분포에 대하여 기술했으며 특히 일부 부족의 역사·전설·풍속 및 한족 황실과의 관계에 대한 기록은 민족의 기원 및 이동 역사 등에 있어 매우 가치 있는 단서와 근거를 제공한다.

전진·'대진용흥화모고성大秦龍興化牟古聖'이라고 새겨진 와당

352년
은호의 북벌

환온은 촉을 멸망시킨 후 그 위세와 명성이 널리 퍼지자 수차례에 걸쳐 중원 북벌을 주장했고 조정 대신들은 이를 직접적으로 막을 방법이 없었다. 마침 용화 5년(349) 석호가 사망하고 중원이 대혼란에 빠지자 대신들은 이 틈을 이용해 은호를 양揚·예豫·서徐·연兗·청靑 오주제군사五州諸軍事의 도독에 임명하고 북벌에 출사토록 하여 환온을 제압하려 했다. 352년 2월, 은호는 사상謝尚·순선荀羨을 도총都總으로 삼아 수춘壽春으로 진주했다. 6월 29일, 진秦과 진晋은 영수潁水 계교誠橋에서 격전을 벌였고 그 결과 진晋나라 군대가 대패하고 궁지에 빠진 은호는 허겁지겁 수춘으로 도피했다. 그는 9월 사구泗口(지금의 강소 회음淮陰 북쪽)로 진주하고 대시戴施 등을 파견해 석문石門과 창원倉垣에 웅거하며 지키도록 했다. 12월 전진 대장 양안梁安과 뇌약아雷弱兒가 거짓으로 진나라 군대에 항복했다. 9년(353년) 10월 은호는 후조의 항장降將 장우張遇가 관중에서 진秦나라에 반란을 일으켰음을 알았고 또 양안과 뇌약아를 이미 모두 적절하게 배치했다고 오판했다. 이에 요양姚襄을 선봉으로 삼아 7만 대군을 이끌고 수춘에서 출사하여 북벌에 나섰으며 낙양으로 진격하여 원릉園陵을 수복할 준비를 했다. 그러나 뜻밖에 요양은 은호와 불화했고 은호를 시기하여 산상山桑(지금의 안휘 와양渦陽)에서 복병하고 있다 은호를 공격하니 은호의 군이 대패하고 초성譙城(지금의 안휘 박주亳州)

으로 퇴각했다. 10년(345) 정월 환온은 은호가 여러 차례 북벌에 실패한 점을 빌미로 삼아 그 죄상을 낱낱이 열거하는 상소를 올렸다. 조정은 결국 이 일로 은호를 서인으로 폐하고 동양東陽 신안信安(지금의 절강 구주衢州)으로 유배 보냈고 그는 영화 12년(356) 초, 유배지에서 사망했다.

동진·양 모양의 청자 촛대

명광개의 출현

명광개明光鎧의 기본적인 구조는 양당개兩當鎧와 같아 모두 갑옷의 일종으로 '한 면은 흉부를 가리고 다른 한 면은 등을 가리는' 것으로 끈을 이용해 이 두 쪽을 어깨에서 앞뒤로 연결시켰다. 다른 점은 명광개의 흉부와 등에 거울과 매우 흡사한 대형 금속 둥근 보호판이 각각 하나씩 달려 있어 태양이 비치면 빛이 반사되어 번쩍거린다는 점이다. 바로 이와 같은 특징 때문에 명광개라 불렸다. 양당개와 비교하면 명광개는 그 정밀도와 견고성이 대폭 향상되어 인체의 주요 돌출 부위를 더욱 완벽하게 보호할 수 있게 되었다. 명광개는 삼국시대에 이미 출현했었지만 남북조 시기에 이르기까지 여전히 비교적 진귀한 물품이었다. 북제北齊와 북주北周의 망산邙山 일차 전투 중 북주의 장수 채우蔡佑가 방호 능력이 비교적 강한 이 갑옷을 두르고 전투에 참가했다. "채우가 이때 빛이 나는 철갑옷을 입으니 향하는 곳마다 무적이었다. 이에 적이 '이는 철로 된 맹수다'라고 외치자 모두 급히 도망갔다"(《주서周書·채우전蔡佑傳》)고 한다. 북위 이후 명광개는 나날이 성행하여 점차 양당개를 누르고 가장 주요한 갑옷이 되었고 이런 사정은 수·당 시기에 이르기까지 여전히 변함없었다. 이는 중국 고대 갑옷 발전의 총결산이라 할 수 있다. 화기火器가 출현한 후 오직 활·창·검 등의 냉병기를 막는 데만 쓰이던 갑옷은 곧 쇠퇴하기 시작했다.

진晋·금룡

동진·흑유자사두黑釉瓷渣斗

354~369년
환온의 북벌

중원 수복을 통해 개인의 명망을 높이려는 의도하에 354년 2월에 환온은 4만 대군을 이끌고 강릉을 출발하여 양양鄭陽을 거쳐 무관武關을 지나 진령秦嶺을 넘어 관중을 향해 진군하며 씨족인 부씨苻氏가 건립한 전진前秦 정권을 토벌하였다. 이것이 환온의 제1차 북벌이다. 전진왕 부건은 태자에게 5만 대군을 이끌고 진의 군대를 저지하도록 했다. 이해 4월 환온이 통솔하는 군대가 남전藍田에서 전진의 군대와 대전을 벌여 대승을 거두고 파상灞上으로 진격, 전진의 수도 장안의 교외에 도착했다. 그러자 그곳의 백성들은 분분히 소를 끌고 술을 메고 나와 진의 군사를 위로했고 노인들은 "오늘 관군을 다시 보리라고는 생각도 못했다"고 하며 눈물을 흘렸다. 6월, 환온은 군량 부족 때문에 어쩔 수 없이 동관潼關으로 후퇴했다. 이에 전진의 군대가 계속 추격하며 공격하니 진나라 군대는 1만여 명의 손실을 입었다. 356년 6월, 환온은 제2차 북벌을 감행하여 강릉에서 거병하여 북으로 진군하였다. 8월, 환온은 이수伊水를 건너 강족 수령 요양의 군대와 이수 북쪽에서 전투를 벌여 압승을 거두고 낙양을 수복했다. 환온은 낙양에서 서진 황제의 능 몇 구를 복원했고 동진은 낙양으로 천도해야 한다고 여러 차례 건의했다. 그러나 동진 조정은 동남쪽에서 일시적 안일을 꾀할 뿐 북으로 돌아갈 생각이 없고 환온의 북벌에 대하여 소극적 태도를 지니고 있었기 때문에 환

온은 부득불 군대를 거둬들여 남으로 돌아갔다. 359년, 모용씨의 전연前燕 정권이 중원 지역을 점령했다. 363년에 환온은 대사마·도독중외제군사·녹상서사로 임명되었고 다음해 양주자사를 겸임했다. 환온은 재상으로서 형·양 두 개 주의 자사까지 겸하게 되면서 동진의 대권은 완전히 환온의 손으로 넘어갔다. 369년 환온은 장악하고 있는 권력을 이용하여 제3차 북벌에 나서 전연 정권을 토벌하였다. 이해 4월에 출발하여 6월 금향金鄕(지금의 산동 금향)에 도착하였다. 환온은 수군을 인솔하여 운하運河·청수하淸水河를 거쳐 황하에 진입하여 방두枋頭(지금의 하남 준현浚縣 서남쪽, 황하의 중요한 나루터)에 이르기까지 줄곧 진군했다. 전연의 왕은 모용수慕容垂를 대도독에 임명하고 5만 군을 이끌고 대항하도록 했고 이와 별도로 장수를 파견해 진나라의 군대의 양식 보급로를 차단했다. 진나라의 군대는 연나라의 군대에 수적으로 불리한데다 군량 보급로마저 차단되고 비축해둔 군량이 곧 바닥이 나게 되자 환온은 어쩔 수 없이 육로로 철군했다. 모용수가 경기마병 8000을 인솔하여 추격하자 진나라의 군대는 산산이 흩어져 군의 진용을 갖출 수 없었고 목을 베인 군사의 수가 3만여에 이르렀다. 진나라는 환온의 패배 후 수복했던 회북의 영토를 다시 상실하게 되었다.

후조의 멸망

후조後趙 태녕太寧 원년(349) 4월, 후조 황제 석호가 병사한 후 후조에 큰 난이 일어났고 여러 자식들 간에 정권 찬탈을 위한 잔혹한 살해가 발생했다. 350년 석호의 수양 손자 염민冉閔(바로 석민石閔)이 정국이 혼란한 틈을 타 석감石鑑을 살해하고 스스로 황제라 칭하고 영흥永興으로 개원하고 국호를 대위大魏라 했는데 역사에서는 이를 '염위冉魏'라 한다. 석감 사후 석지石祇(석호의 아들)가 수도 양국襄國에서 황제에 즉위하고 영녕永寧으로 개원하였다. 영녕 2년(351) 3월 석지는 대장 유현劉顯에게 7만 군을 인솔하여 업성을 공격하게 했으나 유현은 염민에게 패하고 그에게 투항했으며 4월에 석지 및 승상 석병石炳·태재太宰 조서趙庶 등 10여 명을 살해했다. 이런 상황에 이르러 후조는 멸망하였다. 후조는 석륵이 조왕이라 칭한 후부터 석홍·석호·석세·석준石遵·석감 및 석지 등 일곱 군주를 거쳤으며 도합 32년간 지속되었다.

서예가 위부인

위부인衛婦人(272~349)의 이름은 삭鑠, 자는 무의茂猗다. 하동 안읍安邑(지금의 산서 하현夏縣 북쪽) 사람으로 서예 대가 위백옥衛伯玉의 친척 손녀이며 동진 초기 여양汝陽 태수 이구李矩의 처다. 위부인은 종요鍾繇에게 서예를 사사했고 집안 어른들의 영향을 받아 해서·행서·전서·예서에 모두 능했으며 해서체에 조예가 매우 깊었다. 왕희지王羲之는 어렸을 때 위부인에게 서예를 배웠다. 위부인이 쓴 《필진도筆陣圖》(혹자는 왕희지가 편찬했다고 하고, 혹자는 육조 사람의 위작이라고도 함)가 전해지는데 여기에는 붓을 쥐는 방법, 붓을 사용하는 방법 등이 기술되어 있다. 위부인은 한자를 쓸 때 필력이 좋은 것은 뼈[骨]가 많고, 필력이 좋지 않은 것은 살[肉]이 많다고 여겼다. 뼈가 많고 살이 적은 것을 근서筋書라 하고, 살이 많고 뼈가 적은 필체는 묵저墨豬라 불렀다. 또 힘이 있고 근이 풍부하면 성聖이고, 힘이 없고 근도 없으면 병病이라 했다. 당나라 장회관張懷瓘은 《서단書斷》에 그녀의 예서를 묘품妙品에 올려놓고 화초처럼 온유하며 맑은 바람처럼 온화하다고 평했다. 그녀의 진품 서예 작품은 일찍이 모두 유실되었고 북송 《순화각첩淳化閣帖》 중 행서·해서 8행 96자가 전해진다.

위부인

'백판천자'의 옥새 획득

영화 8년(352) 8월, 전국새傳國璽가 전전하다 진晉으로 돌아갔다. 알려진 바에 따르면 이 국새는 진秦나라 때부터 전해지는 것이라 한다. 국새 위에는 구불구불한 용 모양의 문양 속에 '호천지명昊天之命, 황제수창皇帝壽昌' 여덟 글자가 감추어져 있었다. 건흥 4년(316) 11월, 유총은 서진을 멸하고 전국새를 손에 넣었다. 대흥 원년(318) 11월, 유요가 황제로 즉위하자 유총은 왕등王騰과 마충馬忠을 시켜 국새를 유요에게 보냈다. 이후 중원은 전란이 일었고 옥새는 낙양궁에서 석륵과 석호의 손으로 들어갔고 석호는 국새에 '천명석씨天命石氏' 네 자를 새겼다. 석호가 죽은 후 염민은 업성에서 이 옥새를 얻었다. 연의 군대가 업성을 공격하자 염민 수하 대장 장간蔣干은 사신을 진의 사상에게 보내 도움을 청했다. 이에 사상은 대시에게 장사 백여 명을 이끌고 업성에 들어가 업성 사수를 돕도록 명했다. 장간은 즉시 국새를 대시에게 보내고 대시는 다시 하융何融에게 국새를 지니고 방두까지 가도록 했다. 352년 8월, 사상은 방두에서 국새를 받아 동진의 도읍 건강에 이르니 백관이 경하했다. 사마예 때부터 전국새가 없었기 때문에 중원의 여러 나라는 동진의 황제들은 자리만 차지하고 실권은 없는 '백판천자白版天子'라 조롱했으나 이제 전국새는 다시 진으로 들어오게 되었다.

막고굴 공정 시작

동진 영화永和 9년(353), 돈황석굴 중의 막고굴이 착공되어 대대적 불사가 시작되었다. 돈황석굴은 막고굴·서천불동西千佛洞·유림굴榆林窟과 수협구水峽口의 소천불동小千佛洞 등 모두 4개의 굴로 이루어져 있고 그 규모가 매우 크다. 그중 가장 유명한 막고굴은 최대 공정이자 최고의 예술적 성취도를 지니고 있다. 이외 기타 몇 군데는 모두 그 지류라 하겠다. 막고굴은 또 천불동이라고도 하는데, 감숙성 돈황의 동남쪽 25킬로미터 지점에 있는 대사산大沙山과 삼위산三危山 사이의 대천구大泉溝 서쪽 기슭의 옥문력암玉門礫岩 절벽에서 3리 정도 이어지며 펼쳐져 있다. 동진 때 착공한 후 북위·서위·수·당·오대·송·원 등 여러 대를 거쳐 증수되어 왔으며 현존하는 동굴은 550개에 이른다. 막고굴은 위에서 아래로 층을 나누어 굴착했고 가장 높은 경우 4층으로 되어 있다. 절벽의 석질은 부서지기 쉬워 조각하기에 적합하지 않기 때문에 굴 속의 뛰어난 예술 작품은 대다수 대형 벽화와 소조상이다. 현존하는 동굴 중 469개 굴에 아름다우면서도 섬세한 소조상 2000여 개와 5만여 제곱미터에 달하는 벽화가 있다. 벽화에는 불교 신화와 관련된 이야기가 그려져 있는데 내용이 풍부하고 다채롭다. 벽화 속의 그림은 실물과 아주 흡사하며 생동감이 넘쳐 살아 움직일 것만 같다. 특히 세밀한 부분에서 제작자가 들인 공력이 들어나는데 꼭 알맞게 표현된 옷의 주름·무늬·근육·표정 등은 높은 예술 경지를 드러낸다.

돈황 막고굴 벽화

돈황 막고굴

연 정권을 보좌한 모용각

전연前燕 건희建熙 원년(360) 정월, 연왕 모용준慕容儁이 병사하자 겨우 11세의 태자 모용위慕容暐가 왕위를 이어받고 건희로 개원했다. 모용준의 동생 태원왕太原王 모용각慕容恪은 명을 받고 정무를 보좌했다. 모용각(?~366)의 자는 현공玄恭이며 창려昌黎 극성棘城(지금의 요녕 의현義縣 서북쪽) 사람이다. 모용황慕容皝의 넷째 아들로 몸이 장대하고 용맹했으며 의지가 굳고 과감하여 일찍이 아버지를 따라 여러 차례 정벌 전쟁에 참여했고 태원왕에 봉해졌다. 동진은 모용준이 이미 사망했음을 알고 '중원을 도모할 만하다'고 여겨 기회를 타 출병하여 연을 공격할 준비를 했다. 그러나 모용각이 보좌한다는 사실을 알고 대장군 환온은 "모용각이 아직 존재하니 나의 걱정이 깊다"고 탄식했다. 모용각은 왕을 보좌하는 동안 뛰어난 업적을 쌓았고 법도를 엄수했으며 모든 일은 반드시 모용평慕容評과 상의하여 결정하고 독단적 주장을 한 적이 한 번도 없었다. 그는 어진 이를 예의와 겸손으로 대하고 우수한 인재를 등용하니 전연의 정국이 일신하게 되었다. 모용각은 모용수를 도독하남제군사·연주목·형주자사에 임명하고 여태蠡台에 주둔하도록 하고, 부안傅顔을 호군장군으로 임명하고 회하淮河에 진주하여 진나라의 공격을 방어하도록 했다. 이로써 연나라에는 안정 국면이 나타났다. 모용각이 보좌한 7년간 전연의 정국은 비교적 안정적이었으며 군사 역량과 사회적 생산은 더 한층 공고해지고 발전했다.

왕희지의 서예

전해지는 바에 의하면 왕희지는 어렸을 때 매우 열심히 서예를 배워 걸으면서도, 밥을 먹으면서도 서체를 연마했다고 한다. 마음 속으로 글자를 생각하면서 손가락으로 몸에 대고 써보곤 했는데 이렇게 시일이 흐르자 옷에 글자를 써본 자리가 다 헤질 정도였다. 그는 또 매일 글자를 연습한 후에 문 앞의 연못에 가서 붓과 벼루를 씻곤 하였는데 세월이 흐르자 이 연못물이 모두 검게 변해버려서 이를 '흑지黑池'라고 부르게 되었다. 왕희지는 일찍이 명산대천을 주유하면서 서예가의 필적이 남겨진 곳을 보면 반드시 한 획 한 획 자세하게 모사했다. 전하는 바에 의하면 그는 53세 때에도 여전히 옛사람들의 비첩을 모사했다고 한다. 한번은 자면서 손으로 허공에 글자를 쓰다가 자기도 모르게 아내의 몸에 쓰게 되었다. 아내는 화가 나서 "당신은 어째서 항상 남의 몸에다 글씨 연습을 하고 그래요. 당신 자신의 몸은 없단 말이에요?" 하고 쏘아 부쳤다. 왕희지는 아내의 '자신의 몸自家體'이라는 말을 듣고 홀연히 '자신만의 서체自家體'를 창조하여야 한다고 깨닫게 되었다. 이때부터 그는 유명 서예가들의 여러 가지 장점을 취하고, 정화를 흡수해서 천변만화의 신기를 얻게 되었고, 게다가 열심히 연습한 끝에 드디어 자신만의 서체를 완성했다.

353년
왕희지의 '천하제일 행서'

왕희지(303~361)는 자는 일소逸少, 본적은 낭야(지금의 산동 임기)고, 회계會稽(지금의 절강 소흥紹興) 사람이다. 그는 진나라의 사도 왕도王導의 조카이며 일찍이 우군장군·회계내사를 역임했기에 후대 사람들은 그를 왕우군王右軍이라 불렀다. 왕희지는 평생 자연과 더불어 즐기며 친구 사귀기를 좋아했다. 전하는 바에 따르면 왕희지는 7세 때 서예를 배웠고, 12세에 선인들의 필론을 통독했다고 한다. 그의 주요 공적 역시 서예 분야에서 집중적으로 드러나며 그의 아들 왕헌지王獻之와 함께 '이왕二王'이라 불린다. 그는 처음에 위부인에게 서예를 배웠는데 후에 여러 가지 장점을 널리 수용하며 여러 서체에 두루 정통했으며 특히 해서와 행서·초서에 능했다. 그의 서체는 매우 유려하고 거침없는 스타일로 한위漢魏 이래 지속되던 질박한 서풍을 일시에 바꾸어 놓고 서예를 새로운 경지로 올려놓아 '서성書聖'이라 불린다. 여러 세대를 거치며

전해지는 그의 대표작으로 〈난정서蘭亭序〉·〈십칠첩十七帖〉·〈이모첩姨母帖〉·〈봉귤奉橘〉·〈상란喪亂〉·〈초월初月〉 등이 있다. 그중 〈난정서〉는 후대에 가장 많은 영향을 끼쳤기에 '천하제일 행서'라 불린다. 진 목제穆帝 영화 9년(353) 3월 3일, 왕희지와 당시의 문사 명사인 사안謝安·손작孫綽 등 41인은 회계산 음현陰縣에 있는 난정에서 모임을 갖고 술을 마시고 시를 읊으며 각자의 회포를 풀었다. 후에 이를 《난정집시蘭亭集詩》로 묶었고 왕희지가 〈난정집서蘭亭集序〉를 썼다.

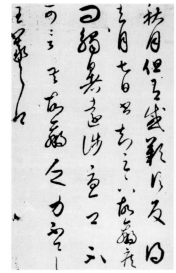

왕희지·칠월도하첩七月都下帖

왕희지·난정서蘭亭序

357년
전진 정권을 보좌한 왕맹

왕맹王猛(325~375)의 자는 경략景略이고 북해北海 극현劇縣(지금의 산동 창락昌樂 서쪽) 사람으로 위군魏郡(지금의 하남 안양安陽)에서 태어났다. 그는 빈한한 집에서 태어났지만 박학다식하고 다재다능하며 병서를 즐겨 보아 전략과 용병에 능했다. 왕맹과 부견 두 사람은 첫 대면에서 마치 옛 친구를 만난 듯 서로 잘 통했으며 큰 사건의 흥망성쇠를 논하는데 이상하리만큼 잘 맞았다. 375년 6월, 부견이 쿠데타를 일으켜 부생苻生을 살해하고 스스로 대진천왕에 오른 후 왕맹·권익權翼·설찬薛贊 등을 기용하여 조정을 보좌하게 했다. 그러나 부견이 왕맹을 임용한 일이 씨족 출신 호족 번세樊世를 우두머리로 하는 종친 훈구 세력들의 불만과 질투를 촉발했다. 번세는 왕맹을 죽이고자 했으나 부견이 대로하여 번세를 참형에 처하도록 명했다. 왕맹은 이 일로 명성을 크게 날리게 되었다. 왕맹의 위정은 엄격하나 각박하지는 않았으며 권신 귀족들이 법을 문란하게 만들면 엄중히 처벌했다. 당시의 황태후의 동생 강덕强德은 누차 법을 어겼으며 술에 취해 횡포한 짓을 하고 백성의 재물과 자녀들을 약탈하는 장안의 우환거리였다. 왕맹은 임무를 맡자 바로 장터에서 강덕을 참수하고 뒤이어 왕의 인척과 호족 20여 인을 주살하니 백료들은 놀라 자숙하고 간신배는 행동을 조심했다. 이에 부견은 "나는 지금 천하에 법이 있음을 알았다!"고 감탄하며 왕맹을 더욱 신임했다. 그는 한 해에 5차례 승진되어 그 권세를 안팎으로 크게 떨쳤다. 왕맹은 18년 동안 임직하면서 유가의 법도를 종합하고 청렴결백한 자를 선발하며 실효를 중시하니 정치적 업적이 뚜렷했다. 정치적으로 법을 간결하게 하고 정사는 관대하게 처리하여 백성이 안심하고 일에 전념하며 생활할 수 있도록 했다. 경제적으로는 논밭을 개간하여 창고가 가득 찼다. 문화적으로는 학교를 여러 곳에 세우고 민족 융합을 도모하기 위하여 저족·강족의 한화漢化를 추진했다. 그가 정치를 보좌하는 기간에 '관롱 지역은 근심 걱정이 없고, 백성은 풍족하고 즐거웠다' 하니 이 시기 전진前秦은 의식주 문제가 기본적으로 해결되어 먹고살 만한 상태가 되었다.

환온·대사첩大事帖
환온(312~373)은 동진 초국 용항龍亢(지금의 안휘 회원懷遠 서북쪽) 사람으로 자는 원자元子다. 명제明帝의 사위로 유씨庾氏를 이어 장강 중류의 병권을 장악했다.

진 간문제·경사첩慶賜帖
이 첩은 진 황제 서예 중 특별히 뛰어나게 깔끔하고 정제된 작품으로 천하제일로 꼽힌다.

알현하며 이를 잡은 왕맹

왕맹은 위진시대 명사로 생활 속의 소소한 예절에 구애받지 않았다. 354년, 동진 대장 환온이 군을 통솔하고 북벌하며 장안 부근의 파상에 주둔했을 때 왕맹은 삼베로 된 짧은 옷을 입고 알현하러 왔다. 그는 조리 있고 당당하게 환온과 대담을 나누며 당시의 형세를 분석하는 동시에 한편으로는 몸의 이를 잡는 등 방약무인했다. 그러나 환온은 이런 왕맹을 뛰어난 인재라 여겨 동진에서 벼슬을 하도록 초빙했으나 왕맹은 응하지 않았다.

직필로 기록된 《진양추晉陽秋》

동진 태화 연간, 백성 중 열에 너댓이 빈번한 노역, 질병과 전쟁으로 사망하자 백성들의 원망과 분노가 자자했다. 369년 12월, 비서감秘書監 손성孫盛이 쓴 《진춘추晉春秋》(후에 《춘추春秋》와 서명이 중복되는 것을 피하기 위해 《진양추晉陽秋》로 바꿈)는 당시의 사건을 사실에 입각해 그대로 기록하며 당시 권력자들을 질책했고 환온이 연나라 북벌에 패전한 일도 기록했다. 환온은 이를 보고 대로하여 손성의 아들에게 전연 북벌에서 패전한 것은 틀림없지만 그러나 손성이 말한 바처럼 그렇게 심각한 결과에 이르지는 않았다고 지적했다. 그리고 만약 이 내용이 수정되지 않은 채 이 책이 널리 유포되면 앞으로 손가의 운명을 장담할 수 없을 것이라 경고했다. 손성의 아들은 여러 차례 환온에게 용서를 구했고 수정하겠다고 약속했다. 여러 자식들이 머리를 조아리고 울며 손성에게 손씨 집안의 앞날을 위해 《진양추》를 수정해달라고 청했지만 손성은 대로하며 절대 허락하지 않자 자식들은 할 수 없이 몰래 수정한 후 이 책을 환온에게 바쳤다. 그러나 손성이 애초에 별도로 써놓은 사본이 여러 나라에 돌고 있었고 진 효무제가 즉위한 후 공개적으로 천하의 색다르고 귀한 서적을 구하자 요동(군명 양평襄平, 지금의 요녕 요양遼陽 북쪽)의 어떤 사람의 수중에서 이 사본을 얻을 수 있었다. 이 책과 동진에서 유행했던 판본은 서로 다르며 이 후 두 종류의 판본이 모두 전해지게 되었다.

371년
진 황제를 폐위시키고 대권을 독점한 환온

동진의 대사마 환온은 스스로 재간과 명성이 세상에서 제일이며 자신을 능가할 자가 아무도 없다고 여겼고 "사내대장부가 훌륭한 명성을 백세에 전하지 못하는 것은 오명을 만대에 남기는 것"이라 개탄했다. 그는 세 차례의 북벌 감행을 통해 공적을 쌓아 정치적 위신과 덕망을 높이려 했으나 방두에서 제3차 북벌이 대패하여 명성이 땅에 떨어졌다. 참군 치초郗超가 황제를 폐하고 권위를 다시 세우자고 건의하였다. 이에 이 두 사람은 태후 면전에서 황제가 성병을 앓고 있으며 그의 세 아들은 모두 친자가 아니며 이로써 사마씨의 혈통을 어지럽혔다고 모함했다. 이에 태후는 황제 폐위에 동의했다. 동진 태화太和 6년(371) 11월, 대사마 환온은 진의 황제 사마혁司馬奕을 동해왕으로 폐하고 승상을 새로 임명했으며 회계왕 사마욱司馬昱을 황제

로 옹립하니 이 사람이 바로 간문제簡文帝이다. 환온은 새 황제를 세운 후 창끝을 자신과 융합하지 못하는 황족 및 조정 신하에게 돌려 엄嚴·유庾 두 막강한 호족 세력을 거의 다 제거했다. 함안咸安 2년(372) 6월, 간문제가 서거하였다. 환온은 본래 간문제 사마욱이 자신에게 황위를 선양하거나 자신이 섭정하기를 바랐는데 둘 다 뜻대로 되지 않았다. 그래서 환온은 입조를 거절하다 영강寧康 원년(373) 2월이 되어서야 건강에 도착해 병사를 대동하고 효무제孝武帝를 알현하였다. 이에 건강은 일시에 인심이 흉흉해지고 사회가 혼란에 빠지게 되었으나 시중 왕탄지王坦之, 이부상서 사안이 막힘없이 능수능란하게 대응하자 환온은 비로소 반란을 멈추었고 진 황실은 안정을 되찾았다. 3월 환온은 고숙姑孰으로 물러나 7월에 병사하니 향년 61세였다.

위진魏晋의 화전畵磚·봉건지주의 씨족 장원

위진 화전·앉아서 술과 음식을 대접하는 처첩

북방 오벽塢壁 장원의 광범한 출현

조위曹魏 말년에서 서진에 이르기까지 토지겸병 현상이 나날이 심각해졌다. 대지주 장원은 나날이 많아지고 커졌다. 16국 대란의 혼전 시기에 이르러 중원의 사대부 및 백성들은 속속 남하했고 북방에 남아 있는 세도가·호족 지주는 오랑캐의 철기 침략에 대항하기 위해 종족이 모여 살며 흙으로 만든 전시 방어용의 작은 성채인 오벽塢壁을 대량 건설하고 그 안에서 할거했다. 친족 중에 지위가 가장 높고 능력이 출중한 사람을 종주宗主로 천거하여 종족 전체를 통솔하도록 했다. 장원에 모여 살던 사람들은 많은 경우 4~5000천 가구이고, 적은 경우 1000 가구 정도였다. 이런 사람들 중 대다수는 호족의 비호를 받는 호족 개인 소유 군대인 부곡部曲, 세도가 호족에 종속된 농민인 전객佃客이었다. 오벽 장원은 전형적인 봉건적 자급자족적 자연경제였으며 장원은 생활에 필요한 거의 모든 생필품을 공급할 수 있었다. 오벽 장원은 정치·군사·경제, 이 모든 역량이 하나로 융합된 막강한 실체였다. 장원 내에는 호족의 무장 군사가 이들의 농지와 장원을 보호했다. 무장한 전객이 바로 부곡인데 이들은 일정한 군사훈련을 받아 전시에는 참전하고, 전쟁이 끝나면 다른 전객과 함께 생산에 종사했다. 장원 영주는 종종 자신의 부곡을 이끌고 정치적 역량이 더욱 강한 호족에 의탁하여 정사에 참여했다. 북방 오벽 장원은 이와 같이 든든한 정치적·군사적 역량이 있었기 때문에 요동치는 정국에서 안정적 토대를 확보할 수 있었으며 역대 정권은 여기에 의지하며 이를 이용했다.

승려이자 명사인 지도림支道林

지둔支遁(314~366)의 자는 도림이고 속세의 성은 관關이며 세상 사람들은 그를 '지공支公' 혹은 '임공林公'이라 불렀다. 진류陳留(지금의 하남 개봉 동쪽) 사람이며 일설에는 운하雲河 동쪽 임려林廬(지금의 하남 임주林州) 사람이라고도 한다. 영가 시기 그는 가족을 따라 강남에 거류하다 25세에 출가하여 승려가 되었고 차례로 지산사支山寺와 서광사棲光寺를 세웠다. 그는 당시 사안·왕희지 등과 교류하며 내왕했고 현학의 이치를 논하는 데 뛰어났다. 지둔은 불교 내전 중 《반야경般若經》에 대한 연구가 매우 깊었다. 반야학은 몇 개의 파로 분화되는데 지둔은 이른바 '육가칠종六家七宗' 중의 즉색종卽色宗의 대표 인물이었다. 그는 색즉시공을 반야학 6대가의 하나로 인식했으며 그 이론적 성숙도는 다른 학파를 넘어섰다. 지둔 역시 일찍이 신학에 뜻을 두고 돈오頓悟를 주장했다. 돈오는 제7지第七地*에서 생겨나지만 제7지 이상에서도 여전히 반드시 수행해야 한다고 했기 때문에 '소돈오小頓悟'라 불렀다. 당시 노장에서 시작된 무無를 본위로 하는 도가의 학문인 현학玄學과 불교가 동시에 성행했고 승려들은 노장 사상에 기초하여 유무·본말을 논하는 청담淸談을 숭상했다. 지둔은 바로 이런 기풍의 대표 인물로서 당시 사람들은 그가 왕필王弼에 필적한다고 보았다. 청담 중 그의 견해에서 드러나는 경지가 현학에 부합할 뿐 아니라 현학보다 더 높아서 당시 명사들의 많은 찬상을 받았다. 지둔은 말과 학 기르기를 좋아하고 초서와 예서에 정통했으며 문장 짓기에 뛰어나고 시를 읊는 데 능하니 분명 명사의 풍모와 재능을 지녔다 하겠다.

* 불교에서 대승의 보살이 수행 과정상 거치게 되는 10단계의 경지 중 7번째 경지-역주

동진·청유 갈색 반점 자기발鉢

이 자기 그릇의 높이는 10.2cm, 주둥이 직경은 11.8cm다. 바닥은 평평하고 배는 북 모양이며 뚜껑이 있다. 파란 유약을 그릇 전체에 칠했고 뚜껑과 배에는 갈색 반점무늬가 있어 이 자기 그릇을 소박하면서도 고상하게 보이도록 한다.

376년
전진의 북방 통일

전진前秦 건원建元 12년(376), 전진은 전량前涼과 선비족 탁발씨拓跋氏가 세운 대국代國을 멸망시키고 북방을 통일했다. 370년 전진은 이미 북방의 최고 실력자이자 강적인 전연을 멸망시킨 바 있다. 전진과 전량은 일찍이 군신 관계에 있었으나 366년 전량의 국왕 장천석張天錫은 사람을 보내 양국의 외교관계를 단절한다고 통보했다. 이즈음 전진의 부견은 이엄李儼을 공격했고 이에 이엄은 장천석에게 도움을 청했다. 그러나 얼마 되지 않아 장천석은 예상 외로 왕맹이 이엄을 생포하도록 놔두고 관여하지 않았는데 이 일로 안목이 짧은 그의 약점이 드러났다. 이후 전진은 은덕과 위엄을 두루 베푸니, 협박과 회유 아래 장천석은 다시 한번 부견에게 신하로 복종했다. 반년 후 장천석은 또 한 차례 전진을 배신하고 진晉의 환온과 내왕하며 진秦을 멸하려 했다. 376년 부견은 모성毛盛·요표姚表 등에게 13만 대군을 통솔하여 전량을 정벌하도록 했는데 그 정벌 길은 내내 파죽지세였고 고장姑藏에 진입하여 포위하자 장천석은 항복하고 전량은 멸망했다. 이후 양주涼州 군현은 모두 전진 지도에 편입되어 그 한 부분이 되었다. 전량이 멸망한 후 부견은 군대의 사기가 고조된 상황을 이용해 376년 겨울 부락符洛에게 10만을, 구난俱難·등강鄧羌 등에게는 20만의 군대를 주어 대국을 공격하라 명했다. 대국의 군대는 일격의 반격도 가하지 못한 채 십익건什翼犍이 도주하고 곧이어 다시 운중雲中(지금의 내몽고에 속함)으로 되돌아갔으며 대국에는 또 다시 내란이 발생했다. 전진은 이 기회를 틈타 운중을 공격하여 대국의 국왕 십익건의 아들 십식군什寔君을 죽이니 대국은 멸망했다. 전진은 기본적으로 북방을 통일했고 남방의 동진 정권과 회수를 경계로 남북 대치 국면을 형성했다.

진왕 부견

부견(338~385)은 자가 영고永固이고 약양略陽 임위臨渭(지금의 감숙 천수현天水縣 동쪽) 저인氐人으로 16국 시기 전진前秦의 국왕이다. 부견의 조부 부홍은 16국의 하나인 전진의 기초를 닦았고 백부 부건은 351년 관중을 점령한 후 진천왕이라 자칭하고 장안을 수도로 정하고 다음해 황제에 올랐다. 후에 부건의 아들 부생이 왕위에 오른 후 지나치게 포학하여 357년 부견에게 살해되었다. 부견은 스스로 제위에 오른 후 황제의 호칭을 버리고 대진천왕이라 칭하였다. 저족인으로서 부견은 업적이 뛰어난 황제이다. 그는 후조의 석호, 위의 염민 등이 지녔던 협소한 민족관과는 달리 백성을 사랑하고 각 민족이 단결하여 천하가 한 집안이 되는 국가를 희망했다. 그는 선비·강·갈·흉노 등의 여러 씨족의 인물을 중용했을 뿐 아니라 한족의 장수와 정치가들도 신임하였고 특히 한인 왕맹은 더더욱 중용했다. 383년 부견은 많은 신하의 반대에도 불구하고 동진으로 진군하다 패전하고 385년 요장姚萇에게 살해되었다.

376년
사안의 집정

동진 태원 원년(376) 정월, 사안은 중서감中書監·녹상서사 등의 직위를 수여받아 동진의 대권을 장악했다. 태원 2년(377) 7월, 동진 조정은 상서복야尙書僕射 사안을 사도에 임명했으나 사안은 이 일로 실권이 상실되는 것을 원치 않아 겸양하고 받아들이지 않았다. 동진 조정은 사안에게 별도로 시중 및 도독양·예·서·연·청 오주五州제군사직을 내리자 비로소 임명을 받아들였다. 사안은 명사로서 큰일을 중시하고 작은 일은 경시했으며 음악을 좋아하고 등산과 연회를 즐기며 청담을 논하니 그의 행동거지와 풍모는 모든 사람이 흠모할 정도였다. 국가 정사에 참여한 후 그는 환온을 견제하고 진나라 조정을 보호하기 위해 많은 노력을 쏟았

다. 그는 동진 정권을 장악한 후 사씨謝氏 일족의 권세가 과도하게 강성해지는 것을 방지하는 조치를 취했고 아울러 당시 이미 실세한 환씨桓氏 일족을 적절하게 대우하여 그들 하나하나를 적당한 자리에 앉힘으로

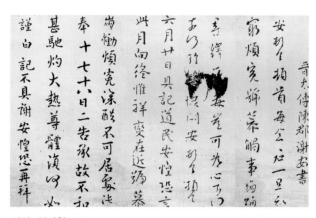

사안·처민첩凄悶帖

써 동진 정국의 상대적 안정을 보장했다. 사안은 재임 시기에 파격적 인재 등용과 대담한 임용으로 약세에 처해 있던 동진이 비수전淝水戰에서 승리할 수 있는 유리한 조건을 제공했다. 후에 사안은 사마도자司馬道子에게 배척당하자 어쩔 수 없이 직접 북벌하겠다는 상소를 올렸으나 동의를 얻지 못하고 얼마 후 병을 얻어 태원 10년(385)에 병사했다.

사안

풍류 재상 사안

사안(320~385)의 자는 안석安石이고 본적은 진군陳郡 양하陽夏(지금의 하남 태강太康)다. 매우 일찍부터 이름이 나 여러 차례 조정의 부름을 받았으나 모두 사양하고 기생을 데리고 다니며 자연을 즐기기만 했다. 40여 세에 비로소 관리가 되어 정서征西대장군(환온)사마·오흥태수·이부상서 등을 역임하였다. 사안은 '침착하고 여유 있게 (환온의) 간계를 막았고, 연회를 열어 벗들과 즐기나 도적의 무리(부진苻秦 등)를 평정시켜' 한 시대의 명재상이 되었다. 그러나 역시 이 때문에 효무제는 그를 꺼리고 소원하게 대했으며 황제의 아우 사마도자는 사안의 병권을 찬탈했다. 사안은 자신의 안전을 위하여 광릉廣陵의 진鎭으로 나가도록 윤허해 달라고 청하였으나 태원 10년 병으로 사망했다. 사안은 천성이 음악을 좋아해서 재상으로 있을 때나 상을 치르는 중에도 음악이 끊이지 않았으며 사대부들이 이를 따르자 점차 풍습이 되었다. 그의 명성은 매우 높았기 때문에 사람들은 앞 다투어 그를 본받고자 했고 이에 따라 그의 거동은 종종 한 동안 풍습으로 자리 잡게 되어 그는 '풍류 재상'이라 불렸다.

갈홍의 《주후방》 편찬

진대晉代 갈홍葛洪(284~364)은 《주후구졸방肘後救卒方》을 편찬했다. 《주후구졸방》은 또 《주후비급방肘後備急方》이라고도 하며 줄여서 《주후방肘後方》이라 한다. 책의 이름에서 알 수 있듯이 팔꿈치에 늘 차고 다닐 정도로 엄선된 내용을 싣고 있는 매우 실용적인 응급처방 의학서다. 이 책은 각 의료과의 의학 지식을 모두 다루고 있지만 그 중 특히 천연두와 결핵성 전염병 방면에 대한 인식이 비교적 정확한 세계적으로 가장 오래된 기록이다. 《주후방》의 내용은 급성으로 발병하는 전염병·기생충병 및 내과·외과·산부인과·소아과·이비인후과의 증상을 포괄하고 있으며 식중독·약물중독 및 벌레와 짐승에 입은 상처까지 다루었다. 《주후방》은 중국 3~4세기 이전의 의학 성과를 반영한다. 그 처방은 간단하여 실행하기 쉽고 약품은 쉽게 구할 수 있으며 가격 역시 저렴해서 대중 보건위생에서 중요한 역할을 했다. 이 책은 아울러 의학과 약학 지식의 보급을 촉진시켰고 후대 중의학에 큰 영향을 끼쳤으며 의학사에서 매우 중요한 위치를 차지한다.

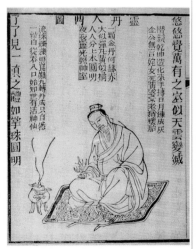

영단靈丹을 솥에 넣는 그림

377년
북부병을 건립한 진나라

장강 하류의 군사 역량을 충실하게 하고 수도 건강을 수호하며 강 상류의 환씨 세력의 재기를 제지하고 전진前 秦의 남하를 억제하기 위해 사안은 새로운 군대를 건립하고자 하였다. 효무제 태원 2년(377) 10월, 조정은 사안의 조카 사현謝玄을 남연주南兗州자사로 임명하고 신군 조직 준비 임무를 맡겼다. 사현은 즉시 남연주의 군사처리 기관을 경구京口(지금의 강소 진강시鎭江市)에서 광릉(지금의 강소 양주시)으로 옮겼고, 남서南徐·남연 두 주에서는 북방에서 내려온 거주민들이 속속 징집되어 군에 편입되었다. 당시 팽성彭城(지금의 강소 서주시徐州市)의 유뢰지劉牢之 등 수 명은 용감무쌍함으로 발탁되었다. 사현은 유뢰지를 참군에 명하고 정예부대를 이끄는 선봉으로 임명했다. 진

나라 백성들은 경구를 북경이라 불렀기 때문에 당시 사람들은 이 지대支隊를 '북부병北府兵'이라 불렀다. 태원 4년(379) 5월 전진의 장수인 구난俱難과 팽초彭超가 회남으로 진공하는 동시에 삼아三阿를 포위하였다. 이에 북부병은 삼아를 지원하여 한 번에 승리를 거두고 전진의 군대를 북쪽으로 퇴각하도록 압박했다. 태원 8년(383), 비수전에서 북부병은 초인간적인 용맹함으로 전진을 격파하며 군의 중견 역량이 되었다. 북부병의 군사력은 각 정치집단의 쟁탈 대상이 되었고 북부군 장수 역시 동진 정국을 좌우하는 주요 역량이 되었다.

동진·무사용

383년
비수전투

376년, 전진은 북방을 통일한 후 동진과 회수에서 대치하며 동진 정벌을 준비했다. 건원 19년(383) 7월, 부견은 여러 신하의 반대에도 불구하고 동진을 대대적으로 공격하라는 조서를 내렸다. 8월 부견은 백만 대군을 남으로 진격시키고 수륙 양공 작전을 펼쳤다. 9월 부견의 동생 부융苻融의 30만 대군은 이미 회하淮河 전방에 도착해 수양壽陽(지금의 안휘성 수현壽縣)으로 진공하였다. 동진 재상 사안은 상서복야 사석謝石을 대도독으로 파견하고 서주·연주자사 사현謝玄을 선봉으로 삼아 8만 군을 통솔하여 적을 맞게 했다. 또 용양龍驤장군 호빈胡彬에게는 수군 5000을 이끌고 수양을 지원하라고 명했다. 10월 전진 군대의 선봉이 회수를 넘어 수양을 공격하여 동진의

바둑의 성행

삼국시대 사대부 귀족들이 바둑이나 장기 등의 오락을 즐김에 따라 바둑이 발전하기 시작하여 우수한 기사들이 대량 배출되었다. 뿐만 아니라 오늘날의 승단제에 상응하는 기품제棋品制가 세워졌고 바둑 두는 법을 연구하는 전문 서적까지 출현했다. 이 시기 사대부 귀족은 그들 특유의 정치적·경제적 권리에 근거해 사치스럽고 한적한 생활을 누렸다. 이들에게 바둑은 고아한 소일거리이자 취미 활동으로 널리 애호되어 위로는 황제로부터 아래로 왕공대신·문인 학사에 이르기까지 모두 바둑을 낙으로 삼았다. 삼국시대 조조·송 태조宋太祖 유유劉裕·제 명제齊明帝 소란蕭鸞·양 무제 소연蕭衍 등이 모두 바둑을 좋아했다. 이 시기에는 바둑 실력 평가를 실시한 결과에 근거해 기사棋士의 기예의 높고 낮음에 따라 구품九品으로 나누는 품제品制가 탄생했다. 위나라 한단순邯鄲淳의 《예경藝經》에는 "무릇 바둑의 품에는 아홉 가지가 있다. 첫째 입신入神, 둘째 좌조坐照, 셋째 구체具體, 넷째 통유通幽, 다섯째 용지用智, 여섯째 소교小巧, 일곱째 투력鬪力, 여덟째 약우若愚, 아홉째 수졸守拙이다. 지금은 구품 외에 더 이상 논하지 않는다"는 기록이 있다. 사실 당시 구품 외에 '기성棋聖'이라는 칭호도 있었다. 이 구품제가 후에 일본으로 건너가 일본 구단제九段制의 기초가 되었다. 마지막으로 당시 바둑 발전 수준을 보여주는 주는 것으로 기보와 바둑 두는 법을 연구한 전문 서적의 출현을 들 수 있다. 《남제서南齊書·소혜기전蕭惠基傳》의 기록에 따르면 '송 문제 시기, 양현보羊玄保가 회계태수로 있을 때 황제가 (저褚)사장禇莊을 동으로 보내 현보와 한 수 두게 했다. 그러나 기보를 제작해야 했기 때문에 황제에게 돌아가 복기해야 했다.' 이는 바둑 고수의 기보를 기록하는 녹제錄制에 관한 기록이다. 기법을 연구한 전문 서적으로는 《기세棋勢》 4권, 《기세》 10권 3종, 《기세》 8권, 《기도세棋圖勢》 10권과 《기법棋法》 8권 등이 있다.

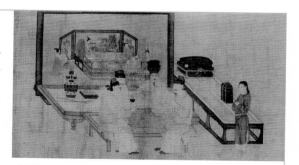

바둑을 두는 그림[對弈圖]

평로平虜장군 서원희徐元喜를 생포했다. 동진 장군 호빈은 이 소식을 듣고 협석硤石(지금의 안휘 수현 서북쪽)으로 퇴각하였다. 부융은 장군 양성梁成에게 군사 5만을 이끌고 낙간洛澗(지금의 안휘 회하 지류 낙하洛河)에 주둔하며 회수의 물길을 끊어 호빈이 동쪽으로 철수할 수 없도록 하는 한편 수양에 주둔한 전진 군대의 방어 임무를 공고히 했다. 사현의 군대는 동쪽에서 서쪽으로 퇴진하는 데 주력하며 전진 군대의 공격이 두려워 낙간 동쪽 약 12킬로미터 되는 곳에 병력을 주둔시켰다. 부견은 호빈군을 전멸시키기 위해 친히 8000의 병력을 이끌고 항성項城에서 수양을 향해 긴급히 추격하는 한편 또 동진에서 투항한 장수 주서朱序를 보내 동진의 군사의 투항을 권유하도록 했다. 그러나 주서는 이 기회를 이용해 사석에게 전진 군대가 아직 집결하지 않은 틈을 이용해 출격하면 격파할 수 있을 것이라고 계책을 냈다. 사석

은 주서의 건의를 받아들여 11월 초 선봉 유뢰지에게 북부군 정예병 5000을 이끌고 낙간을 건너 전진 군대를 격파하고 전진의 장수 양성의 목을 베어오라 명했다. 동진의 공격을 받은 전진 군대는 괴멸하여 회수로 퇴각했는데 이때 익사한 병사가 1만 5000명에 이르렀다. 유뢰지는 군을 이끌고 추격하여 전진의 양주자사 왕현王顯 등을 생포하자 전진 군대는 대패하여 수양으로 퇴각했다.

동진은 낙간에서 대승을 거둔 후 수륙 병진의 기세를 몰아 비수 동쪽 기슭에 주둔하고 전진과 강을 사이에 두고 대치했다. 11월 2일 사현은 사람을 부융의 진영으로 보내 동진의 군대가 강을 건너 결전을 치를 수 있도록 전진의 군대를 뒤로 약간 이동해 줄 것을 요구했다. 부견과 부융은 동진의 군대가 강을 건널 때 기습적으로 철기병을 출격시켜 격파할 속셈으로 사현의 요구에 동의했다. 그러나 한인漢人

과 각 부족의 노역자로 구성된 전진의 군대는 더 이상 싸우기를 원치 않았기 때문에 명령을 듣자마자 바로 후퇴하니 수습할 방도가 없었다. 주서는 이 틈을 이용해 진지 뒤에서 "전진의 군대가 패했다! 전진의 군대가 패했다!"고 고함치자 전진 군대의 진용은 큰 혼란에 빠졌고 동진의 군대는 이 기세를 이용해 강을 건너 맹공격을 가했다. 부융은 전진 군대의 퇴각을 저지하고자 했지만 혼란한 전장에서 낙마하여 참수되었다. 이제 전진의 군대는 장수를 잃은 졸개들만 남은 꼴이 되어 군대라 할 수도 없게 되었다. 사현은 승세를 놓치지 않고 추격하며 수양성 서쪽 15킬로미터 지점까지 줄곧 적을 베며 진격했다. 부견은 화살을 맞고 단신으로 북쪽으로 도망갔다. 비수 전투는 전진의 참패, 동진의 대승으로 끝났다. 부견은 장안으로 돌아온 지 얼마 되지 않은 385년에 강족 장수 요장에게 살해되고 전진은 와해되었다.

비수 전투 그림

384~420년의 동진 16국

비수 전투 후 전진의 내부 갈등이 순식간에 한꺼번에 폭발되었다. 모용수는 부견을 다시는 왕이라 칭하지 않고, 요장 역시 전진에 대항하는 반란을 일으켜 385년 부견을 추격·살해했다. 394년 전진이 멸망하자 북방은 새로운 분열에 빠져들었다. 모용의 집권층이 잇달아 관동으로 돌아와 차례로 후연·서연·남연과 북연을 건립했다. 관중에는 강족 요씨가 건립한 후진後秦과 흉노족 철불씨鐵弗氏가 건립한 대하大夏가 차례로 등장했다. 농우하隴右河 서쪽 회랑지대에는 저족 여씨呂氏가 건립한 후량後凉, 선비족 걸복乞伏 부족이 건립한 서진西秦, 선비족 독발秃髮 부족이 건립한 남량南凉, 한인 이숭李嵩이 건립한 서량西凉과 노수호족盧水胡族의 저거沮渠 부족이 건립한 북량北凉이 차례로 등장했다. 이렇게 해서 모두 11개 정권이 건립되어 혼전 할거하는 국면은 북위가 중원으로 진격하면서 비로소 막을 내렸다. 동진의 사안은 공이 높아짐에 따라 남들의 시기를 받게 되어 권력을 강제로 사마도자에게 이양했지만 사마도자는 재능이 전혀 없는 자로 어리석기 이를 때 없어.동진 정권은 다시 한 번 당쟁의 혼란에 빠졌다. 왕공王恭·은중감殷仲堪의 난이 일어났고 손은孫恩·노순盧循의 농민 기의가 있었다. 403년, 환현桓玄은 스스로 왕위에 올랐으나 금방 또 망해버렸다. 420년에 유유가 진제를 폐하고 제위에 오르며 동진은 멸망했다. 이 시기 중국의 남방은 송宋·제齊·양梁·진陳의 남조 시기로 진입한다.

후진後秦 구마라습鳩摩羅什의 사리탑

후진은 불교를 숭상하여 401년 인도의 후예로 서역의 명승인 구마라습을 장안으로 초청하고 국사의 예로 대접했다.

연대별 주요사건

- **384년** 모용수가 연나라를 중건. 모용홍이 서연 건립. 요장이 후진 건립
- **386년** 탁발규가 대국을 세운 후 국호를 위로 고치고 평성을 수도로 정함
- **394년** 모용수가 서연을 멸망시킴
- **395년** 북위가 중원으로 돌격
- **397년** 왕공·은중감이 난을 일으키고 다음 해 재차 난을 일으킴
- **400년** 농서의 이고가 군중에 의해 돈황 태수로 추대되고 후에 양공이라 칭하니 역사에서는 서량이라 함
- **403년** 환현이 황제라 칭하고 국호는 초라 했으나 곧 망함
- **409년** 위의 도무제는 쿠데타 중에 살해되고 탁발사가 왕위 계승
- **412년** 걸복건귀가 피살되고 걸복치반석이 하남왕이라 자칭
- **417년** 유유가 장안으로 입성하고 후진이 망함
- **420년** 유유가 송 왕조를 건립하니 동진이 망함

모용수의 연나라의 중건

전진前秦 건원 19년(383) 11월, 모용수는 북부 변경 지역 백성 위무를 명분 삼아 북상하는 부견을 벗어나 12월 안양에 도착했는데 마침 정영丁零 사람 적빈翟斌의 반진反秦 봉기와 맞닥뜨리게 되었다. 모용수는 적빈과 연합하여 전진의 업성을 공격하고 모용농慕容農에게 거병하여 호응하라는 밀령을 내렸다. 모용수는 스스로 대장군·대도독·연왕이라 칭하고 진 건원 20년을 연燕 원년으로 바꾸고 모용보慕容寶를 태자로 책봉하고 관리들의 관직을 승진시키고 작위를 수여해 연을 세웠으며 역사에서는 이를 후연後燕이라 부른다. 그러나 장기간의 공격에도 업성은 함락되지 않았다. 후연 모용수 2년(385) 7월, 부견이 죽고 전연의 업성 수장守將 부비符조가 군을 이끌고 업성에서 철수하여 장안으로 돌아가자 후연의 군대는 비로소 업성으로 진격하

여 점령하였다. 그 후 모용수는 중산中山(지금의 하북성 정현定縣)을 수도로 정하고 연호를 건흥建興이라 하였다. 후연 건립 후 모용수는 군대를 이끌고 남북으로 정벌 전쟁을 벌여 점령지 영토가 나날이 확대되었다. 건원 원년(386) 7월 적빈이 반역을 도모하다 피살되었다. 394년 모용수는 군을 이끌고 서연을 공격하여 모용영慕容永을 살해하였다. 이후 후연은 동진의 청青·연兗 등지를 공격하여 빼앗았고 후진과 관동, 관서를 나누어 차지하고 비수 전투 후 북방의 여러 정권 중 비교적 강성한 왕국이 되었다.

모용수(326~396)는 자는 도명道明이고 선비족 출신으로 창려昌黎(지금의 요녕 조양朝陽) 사람이다. 전연 왕 모용황의 다섯째 아들로 일찍이 방두(지금의 하남 신향시新鄕市 동북쪽)에서 동진의 환온을 대파하였다. 그러나 조카 모용위의 질투 때문에 살해될 위기에 처하게 되자 할 수 없이 부견에게 투항하였고 부견은 그를 극진한 예로 대우하였다. 비수전 후 모용수는 기회를 틈타 연을

재건하고 중산에 도읍을 정했다. 그의 노력 하에 후연은 현재의 하북·하남·산동·산서·요녕에 이르는 지역의 대부분 혹은 일부를 차지하여 한때 매우 강성한 나라로 자리 잡았다. 396년 합피전合陂戰에 참군한 후연은 위나라에 참패하였다. 이때 이미 4개월간 병을 앓고 있던 모용수는 후연으로 돌아오는 도중 상곡上谷(하북 탁록涿鹿 동남쪽)의 저양沮陽에서 숨졌다.

서림사고탑

혜원은 여산廬山에 도착한 후 처음 용천정사龍泉精舍와 서림사西林寺에 머물렀다. 후에 제자들이 점차 늘어나 동림사를 짓고 기거했다

여산에서 불법을 행한 혜원

혜원慧遠(334~416)의 속성은 가賈이고 안문雁門 누번樓煩(지금의 산서 영무寧武 부근) 사람으로 도안道安에게 수계했다. 383년 혜원은 나부산羅浮山(지금의 광동 박라경博羅境)으로 가는 도중 심양潯陽(지금의 강서성 구강시九江市)을 지나다 여산의 고요하고 그윽하며 수려한 경치에 이끌려 그곳에 거처를 정하였다. 혜원은 여산에서 신도를 모아 포교하며 《반야경》·《법화경法華經》·《열반경涅槃經》을 강의하였다. 그는 아울러 법성본체法性本體·신불멸과 인과응보 등의 불교 이론 및 불교 철학 사상에 관한 글을 저술하는 한편 불교 저작을 널리 퍼뜨렸다. 혜원은 유·불·도 학설에 두루 정통하여 유교와 도교 서적으로 불교의 이치를 꿰뚫는 데 많은 관심을 기울였다. 그의 강학은 불교를 주로 하되 유교와 도교를 부로 했기 때문에 수많은 문인 학사가 불교에 동감하고 불교를 수용하며 신앙으로 받아들일 수 있었다. 이 밖에 혜원은 각 파의 불교 학설을 창도하고 서역 승려가 경전을 번역하도록 했으며 비담학毗曇學 및 선학과 율학 서적을 남방으로 전파하는 일을 추진했다. 그 자신 역시 이 때문에 남방불교의 최고 지도자가 되었고 여산은 북방의 장안과 더불어 중국의 양대 불교 중심지가 되었다.

쿠처를 멸망시키고 후량을 건국한 여광

부견이 중원을 통일한 후 전진 건원 18년(382)에 여광呂光에게 군사 7만과 철기 5000을 주고 서역으로 진군하도록 했다. 383년, 300여 리 사막길을 건너는 여광 군대의 행군 과정에서 이 길에 연해 있는 카라샤르[焉耆] 등 여러 나라가 연달아 자진해 귀순했으나 오직 쿠처[龜玆]왕 백순帛純만이 성을 근거지로 삼고 저항하다 전진 군대에 포위되었다. 384년 여광은 각지에서 오는 쿠처 지원군 70여 만을 대파하고 쿠처를 공격하자 30여 개 국이 투항했다. 전진의 군대는 이 전투에서 처음으로 신식 장비인 연쇄개連鎖鎧*를 선보였다. 여광은 쿠처성에 들어간 후 한漢 조정이 여러 나라에 하사했던 신표信標인 절부節符를 모두 전진의 절부로 바꾸고 백순의 동생 백진帛震을 쿠처왕으로 세웠다. 부견은 이어 여광을 안서장군安西將軍·도독옥문이서군사都督玉門以西軍事·서역교위로 임명했다. 비수 전투에서 전진이 패하자 장안은 위급해지고 부장副將이 여광에게 속히 관중으로 돌아가기를 청했다. 이에 여광이 군사를 이끌고 옥문관에 이르렀는데 전진의 양주자사 양희梁熙는 여광이 제멋대로 회군한다고 질책하며 병사 5만을 풀어 그를 주천酒泉에서 저지했으나 여광에게 패했다. 동진 태원 10년(385) 9월, 여광은 고장성姑臧城(지금의 감숙 무위武威)에 진입해 양주涼州를 점거했다. 10월 여광은 진의 주군인 부견이 피살된 것을 안 후 태안太安으로 개원하고 스스로 양주목·주천공이라 칭하고 후량을 세웠다.

* 다섯개 고리가 서로 연결되어 한 부분이 화살촉을 맞게 되더라도 나머지 고리가 이를 방어하여 화살이 뚫지 못하게 하는 장비 ─ 역주

모용홍의 서연 건국

건원 20년(384) 3월, 전진의 북지장사北地長史 모용홍은 후연 왕 모용수가 업성을 진공한 틈을 이용해 관동으로 도망간 선비족의 부락민 수천 명을 모아 둔화음屯華陰(지금의 섬서성)으로 되돌아갔다. 전진 장수 강영强永을 격파한 후 스스로 도독섬서제군사·대장군·옹주목雍州牧·제북왕濟北王이라 칭했다. 전진왕 부견은 옹주목거록공鉅鹿公 부예符叡를 통사統師로 임명하고 병력 5만을 이끌고 모용홍을 치도록 했다. 그러나 전진군은 패배하고 통사 부예는 피살되었다. 이때 전진의 장수 두충窦沖에 참패한 모용충慕容沖 또한 군사를 이끌고 모용홍에 투항하니 모용홍의 대오는 10여 만으로 증가되었다. 이에 모용홍은 서신을 부견의 조정에 있는 전연의 망국 군주 모용위를 송환하라 부견에게 청했다. 부견은 대로했지만 모용위를 한결 같이 처음과 동일하게 대우했고 모용위에게 모용홍·모용충·모용수 등을 불러서 타이르는 서신을 보내도록 명했다. 그러나 모용위는 이와 반대로 비밀리에 모용홍에게 사신을 보내 자신은 고려하지 말고 오직 대업에만 힘을 쏟으라는 내용을 전하게 했다. 이에 모용홍은 연흥燕興으로 개원하고 연을 세우니 역사에는 이를 서연西燕이라 칭한다. 서연이 건립된 후 관내와 관외에서 귀순한 선비족이 10여 만에 달해 한차례 크게 명성을 날렸다. 6월, 모용홍은 엄격하고 가혹하게 법을 집행하다 부하에게 살해되고 그 동생 모용충이 왕

위를 계승했다. 386년 모용충이 피살되고 단수段隨가 왕이라 칭하며 창평昌平으로 개원했다. 이후 서연의 내란은 그치지 않았고 394년 모용수가 이끄는 군대와 서연이 태벽台壁에서 전투를 벌였고 서연은 멸망하였다.

호법금강護法金剛 문양의 관 받침다리

384년
부견를 살해하고 황제가 된 요장

요장姚萇(?~393)의 자는 경무景茂고 남안南安 적정赤亭(지금의 감숙 농서 동남쪽) 사람으로 강족 수령 요양姚襄의 동생이다. 전진前秦 수광壽光 3년(357) 4월, 형 요양이 부견에게 살해되자 요장은 그 부락 무리를 이끌고 전진에 투항했다. 그는 부견의 군대가 패하면 그 기회를 빌려 자립하고자 부견에게 진나라를 쳐야 한다고 적극으로 주청했다. 전진 건원 20년(384) 3월, 모용홍은 거병하여 전진에 반란을 일으켰다. 진왕 부견은 거록공 부예를 통사, 요장을 사마로 파견하여 모용홍을 토벌하게 했다. 4월 두 군대는 장택長澤에서 전투를 벌였고 부예의 군대가 패하여 살해되자 부견은 크게 노하여 조도趙都와 강협姜協을 죽였다. 요장은 이

소식을 듣고 매우 두려워하다 결국 배신하고 위수渭水 이북 방목지로 도망가 스스로 대장군·대선우·만년진왕萬年秦王이라 칭하고 연호를 바꾸고 개국하니 역사에서는 이를 후진後秦이라 부른다. 백작白雀 원년(384) 6월, 부견은 친히 보병과 기병 2만을 이끌고 요장 정벌 길에 나섰다. 그러나 같은 해 7월 서연의 모용충이 군대를 이끌고 전진의 도성 장안으로 진군하니 부견은 곧 군을 퇴각시켜 장안을 지원했다. 다음 해 5월, 서연은 장안을 포위하고 공격하자 양측은 격전을 벌였고 전진이 처음엔 이겼으나 결국 패하게 되자 부견은 수백의 기마병을 이끌고 오장산五將山으로 도피했다. 7월 부견은 요장의 부대에 생포되어 8월에 피살되었다. 동진 태원 11년(386) 4월에 요장이 장안에 입성해 황제라 칭하고 연호를 건초建初로 개원하고 국호를 대진大秦이라 했다.

수인보살—도안

도안道安의 속가의 성은 위衛이고 상산常山 왕류王柳(지금의 하북 정정正定 남쪽) 사람이다. 12세에 출가하여 승려가 되었고 후에 업鄴으로 유학하여 불도징을 스승으로 모시고 그 문하에 들어가 공부했다. 북방의 전란이 그치지 않을 당시 도안은 각지를 전전하면서 불경을 깊이 연구하고 불도들을 가르쳐 소승 교리를 널리 전파했다. 그는 또 현학을 사상적 기초로 삼아 불학에 현학의 색채를 가미했다. 365년, 연나라 군대가 낙양을 공격하자 도안은 전란을 피하여 승려와 제자 혜원 등 400여 명을 이끌고 동진 치하의 양양으로 넘어가 강남에서 포교와 저술 활동을 시작했다. 그는 불경을 논하고 불법을 강론할 때 재계하고 임했으며 매우 열심이었다. 동진은 그에서 왕공의 대우를 해주었다. 그는 조정이나 민간에서 현학을 숭상하는 풍조에 부합되도록 《반야경》을 대대적으로 강의하고 아울러 불경을 정리했다. 379년, 도안은 주서朱序 등과 함께 양양을 지켰으나 성이 무너지자 부견의 포로가 되어 장안에 들어갔다. 부견은 그를 신묘한 인물로 보아 장안 오중사五重寺로 보냈고 도안은 죽기 전까지 불경을 연구하며 설법을 폈다. 도안은 중국 불교 발전에 매우 큰 공헌을 했다. 그는 불교는 오직 국가의 주군에 의탁해야만 비로소 성립한다는 원칙을 확립했고 사회를 '교화' 시키는 사명을 적극적으로 펼쳤을 뿐 아니라 많은 경전을 체계적으로 정리했다. 그의 꼼꼼한 조사와 검증을 거쳐 《종리중경목록綜理衆經目錄》 1권이 편찬되니 후세 사람들은 이를 《도안록道安錄》 혹은 《안록安錄》이라 불렀다. 이는 중국에서 첫 번째로 불경 목록을 기술한 저작이다. 그는 또 여러 경전을 두루 살펴보고 참고 비교하여 《반야경》·《도행경道行經》·《안반경安般經》 등의 경전에 주를 달았다. 도안은 또 승려와 비구니의 본보기를 제정하고 불도의 성씨를 통일했으며 중국 승려로서의 일상적 종교 수련과 활동 예절은 도안의 '승니궤범僧尼軌範' 에서 비롯되었다. 도안의 영향은 매우 크고도 깊어서 사람들은 그를 '수인手印보살' 이라 부른다.

달과 서왕모西王母
16국·북량·높이 145cm, 감숙 주천 정가갑丁家閘 5호 묘전실墓前室 서벽 위쪽의 벽화다.

386년
탁발규의 북위 건국

전진이 대국代國을 멸한 후 대왕 탁발십익건拓跋什翼犍의 손자 탁발규拓跋珪는 독고獨孤 부락과 하란賀蘭 부락을 전전했다. 진 태원 11년(386) 정월, 우천牛川(지금의 내몽고 시라무린강)에서 부족 대회를 소집, 개최하고 대왕代王의 자리에 즉위한 후 연호를 등국登國이라 정했다. 2월 탁발규는 대국의 고도 정양군定襄郡의 성락盛樂(지금의 내몽고 화림격이和林格爾 북쪽)으로 거처를 옮겼다. 4월 탁발규는 국호를 위라 하고 위왕에 즉위하니 역사에서는 이를 북위北魏라 칭한다. 탁발규는 즉위하자 먼저 쿠처[高車], 유연柔然과 고막해庫莫

奚를 격파하여 후환거리를 제거했다. 이어서 그는 그의 외숙 모용수가 건립한 후연과 연합하여 하란·흘돌린紇突鄰·흘해紇奚·하염간賀染幹·하눌賀訥 등의 부족를 멸했고 이로써 북위는 막강한 병력과 풍부한 재력을 지니게 되었다. 더 큰 발전을 위해 탁발규는 중원 땅을 놓고 후연과 겨루기로 결정했다. 396년 탁발규는 40만 대군을 이끌고 후연 토벌에 나서 병주幷州(지금의 산서)를 탈취하고 한인漢人의 제도를 모

방해 대성臺省*을 설치하고 조정 백관 및 지방의 자사·태수를 두었으며 쓸모 있는 인재라면 모두 임용했다. 397년 위군은 후연의 도성 중산中山을 점령하고 398년 업성을 공격하여 빼앗았다. 산동 반도의 남연과 동북의 북연을 제외한 태행산太行山 동쪽의 중원 지역은 기본적으로 북위의 판도에 들어감에 따라 북위는 북방 유일의 강국이 되었다.

* 상서성에 해당―역주

알선동 각석탁편嘎仙洞 刻石拓片

알선동 유적지
알선동은 호륜패이呼倫貝爾 맹악춘盟鄂春 자치기自治旗*의 대흥안령大興安嶺의 높이 100m의 매우 가파른 절벽에 자리 잡고 있다. 동굴 입구는 서남향이고 동굴은 깊이 92m, 높이 27m다. 세 개의 동굴방이 서로 연결되어 이루어졌고 매우 신비하고 고요하다. 알선동 안에서 북위 '태평진군太平眞君 4년(443)'에 북위 제3대 황제 탁발도가 중서시랑 이창李敞을 이곳으로 파견하여 조상에게 제사 올린 일을 기록한 각석刻石이 발견되었다. 석각의 내용은 알선동이 바로 《위서魏書》에 기록된 북위 선조의 거주지인 '석실石室'의 옛터이며 이 일대가 탁발 선비족의 발상지임을 증명한다.

* 旗; 내몽고 자치구의 행정구획 단위. 현에 상당함―역주

탁발규의 개혁

396년, 탁발규는 후연 모용수가 죽은 지 얼마 되지 않은 틈을 이용해 중원으로 진군하여 지금의 산서·하북 2개 성의 영토를 점령했다. 당시 중원은 경제와 문화 모든 면에서 선진적인 반면 탁발씨가 살던 곳은 여전히 낙후된 상태였다. 수월한 통제를 위해 탁발규는 평성平城으로 천도하기로 결정했다. 이에 따라 먼저 백성들을 이주시켜 밭을 갈고 평성을 관리·운영하게 하니 평성 주위에는 넓은 옥토가 생겼다. 이런 후에 탁발규는 평성으로 천도하고 황위에 올랐다. 그는 한 문화를 흠모하여 점차 장안·낙양 등 중원의 유명한 성城의 규칙과 제도를 모방하고 궁실을 짓고 종묘와 사직을 세웠다. 또 도리를 밝히고 권력을 평정하고 인재 등용 시 됨됨이를 세밀히 심사하였다. 얼마 후 또 한漢의 제도를 모방하여 상서이부랑 정연鄭淵은 관제를 확립하고 의조랑儀曹郎 동밀董謐은 예의를, 삼공랑三公郎 왕덕王德은 율령을 제정하도록 명을 내리고 이 모든 것을 이부상서 최굉崔宏이 총괄하여 판단하여 재가함으로써 관직 제도가 완비되었다. 봉건화를 강화하기 위해 탁발규는 최굉의 건의에 따라 혈연관계에 있는 각 부락 조직을 강제로 해체하고 거주지에 근거한 조직을 새로 편제하며 국가의 편호編戶로 편입시키라는 명을 내렸다. 399년, 탁발규는 처음으로 오경박사五經博士를 두고 국자태학國子太學의 생원을 3000명으로 증가시켰고 군현의 서적을 대대적으로 발굴·수집하여 평성에 집결시키도록 했다. 404년 탁발규는 또 왕王·공公·후侯·백伯의 4등작四等爵을 설치하고 아울러 산관 5등散官五等*을 세웠는데 품급은 제5급에서 제9급까지 있다. 이후 종실에 종사宗師를 두고 팔국八國에 대사大師와 소사小師를 두며 주군에도 역시 사師를 두어 종당宗黨을 판별하고 인재를 천거하도록 했다.

* 품계만 있고 실직이 없는 벼슬을 5등으로 나누어 대료중신에게 본래 관직 이외에 추가로 하사했음―역주

395년
연과 위의 참합파 대전

북위는 건립 초기 후연의 영향과 도움 아래 만리장성 바깥 지역에서 강국이 되었다. 그러나 후연이 부단히 말을 요구했던 사실로 미루어 볼 때 양측의 관계는 악화됐을 것이고 북위는 서연과 연합하여 후연을 위협했다. 북위 등국 10년(395) 5월, 후연의 모용수는 태자 모용보·요서왕 모용농·조왕趙王 모용린慕容麟에게 병사 8만을 이끌고 오원五原(지금의 내몽골 포두시包頭市)에서 출발하여 북위를 토벌하도록 했다. 북위는 후연의 공격 기미를 미리 알아채고 후연의 주력 부대와 결전하지 않는 전략을 택했다. 모용보가 후연을 떠날 때 모용수가 이미 중병에 걸린 것을 안 탁발규는 후연의 도성 중산으로 통하는 길에 사람을 보내 후연의 사자를 납치한 후 협박하여 모용보에게 모용수가 이미 사망했다고 거짓으로 아뢰게 했고 이에 후연의 군심은 극심한 혼란에 빠졌다. 10월 한파가 갑자기 몰아닥쳐 황하가 얼자 탁발규는 무기와 식량·장막·피복 따위의 군수품을 모두 남겨놓고 친히 정예 기마병 2만여 명을 통솔하여 밤낮으로 달려 참합파參合陂(지금의 내몽골 양성현凉城縣 동쪽)의 서쪽에 이르렀다. 이때, 후연의 군대는 비탈 동쪽에 주둔하고 있었다. 모용보는 부하의 건의를 받아들여 방어진을 강화했지만 수일간 보초 경계를 철저히 하지 않자 장군과 병사들은 모두 경계심이 해이해졌다. 이때 위나라 군대의 장수들은 말의 입에 재갈을 물려 아무 소리도 나지 않게 하

고 길을 몇으로 나누어 어둠을 틈타 조용히 진군하여 산 정상에 올랐다. 다음날 해 뜰 무렵 위의 군대가 산 정상에서 후연의 군영을 향해 말을 몰아 돌격해 내려가니 후연의 군사는 놀라고 당황해 아무 조치도 취하지 못한 채 사람과 말이 서로 밟고 밟히면서 무수히 많은 압사자와 익사자가 발생했다. 모용보와 그 형제는 몸만 피해 도주했다. 위군은 수많은 무기와 갑옷·군수품·기타 잡다한 물자를 노획하고 연나라 포로를 모두 산 채로 매장했다. 참합파 대전은 후연이 쇠약해지고 북위가 강대해지는 결정적인 전투로 북위가 중원으로 밀고 내려가는 데 유리한 조건을 만들어주었다.

사마도자

사마도자司馬道子(364~402)는 동진 황족 출신으로 진의 간문제 사마욱의 아들이며 회계왕에 봉해졌다. 진 효무제 사마요司馬曜와는 한 어머니에게서 태어난 형제간이다. 비수 전투 후 사마도자는 전력을 다해 사안을 정권 밖으로 퇴출시키고 대권을 혼자 장악했다. 그는 직권을 이용해 붕당을 형성했을 뿐 아니라 국정은 돌보지 않고 팽개쳐버렸다. 그와 효무제 두 형제는 하루 종일 술에 취해 노래하고 노는 것을 일로 삼고 취생몽사하며 타락한 삶을 살았다.

왕공의 진晉에 대한 반란

사마도자와 왕국보王國寶 무리가 동진의 조정을 농단하면서 동진은 점차 혼란하고 무능해져 갔다. 397년, 남연주자사 왕공王恭은 형주자사 은중감의 지지를 얻어 왕국보·왕서王緖 토벌을 기치로 거병했다. 이에 사마도자는 어쩔 수 없이 왕국보 등 2명을 살해하자 왕공은 군대를 해체하고 경구로 돌아갔다. 은중감은 자신의 부장 양전기楊佺期에게 병사를 이끌고 파릉巴陵(지금의 호남 악양시岳陽市)에 진주하도록 했다. 398년, 왕공은 왕국보의 동생이자 강주자사江州刺史인 왕유王愉를 토벌한다는 명분을 세우고 은중감·예주사자 유해庾楷·형주의 실력자 및 환온의 아들 환현 등과 연합하기로 약속하고 건강으로 진공했다. 사마도자는 그 아들 사마원현司馬元顯을 정토도독征討都督으로 삼아 군을 이끌고 적을 방어하라 명했다. 사마원현은 자신의 부하 장수와 북부 출신의 장수 고소高素를 유뢰지에게 보내 왕공을 배반하고 왕공의 직책을 그가 대신 맡으면 이를 허락할 것이라고 하였다. 유뢰지는 원래 왕공을 시기하고 있었기 때문에 즉시 진영 앞에서 반격을 가했고 왕공은 포로로 잡혀 건강으로 보내져 처형되었다. 이후 유뢰지는 도독연·청·익·유·정·서·양주·진릉제군사에 임명되어 북부병을 통솔하여 사마원현을 지원했다. 은중감과 환현 등은 왕공이 살해됐다는 소식을 듣고 심양(지금의 강서 구강시)으로 후퇴했다. 이 세 사람은 내부 갈등이 첩첩이 쌓여 있는 관계였기 때문에 다음해(399) 환현은 은중감과 양전기를 습격하고 자신은 도독형·양·옹·양·익·녕·강주제군사, 형주·강주자사가 되어 장강 상류 지역을 최대한 점거했다.

397년
독발오고의 남량 건국

독발오고禿髮烏孤(?~399)는 선비족 사람으로 일찍이 하서(지금의 감숙 서부 일대) 선비인들의 수령이었다. 인가麟嘉 6년(394), 그는 후량 여광이 내리는 관직을 받아들여 관군대장군冠軍大將軍·하서선비대도통河西鮮卑大都統이 되었다. 다음해 7월, 독발오고는 부족의 무리를 이끌고 을불乙弗·절굴折掘 등 여러 부족을 습격하자 이들은 분분히 투항했다. 당시 광무廣武 사람 조진趙振은 독발오고가 거병했다는 소식을 듣고 가업을 버리고 지척에서 그를 따랐다. 조진은 젊었을 때 병법 육도삼략六韜三略을 좋아했는데 독발오고는 이를 알고 매우 기뻐하며 조진을 좌사마로 임명했다. 진 융안隆安 원년(397) 정월, 독발오고는 남량南涼을 세우고 얼마 되지 않아 후량 금성金城(지금의 감숙 난주시蘭州市)을 공격하여 점령했다. 그 후 후량의 여광과 가정街亭(지금의 감숙 영등현永登縣)에서 격전을 벌였는데 후량의 군대가 대패했다. 이즈음 남량 정권이 점차 형성되기 시작했다. 남량 태초太初 2년(398) 남량의 군대는 서평西平(지금의 청해青海 서녕시西寧市)에서 양기梁飢를 타파하였다. 황하湟河와 요하澆河와 태수는 모두 군郡을 바치고 투항하고 고장姑臧(지금의 감숙 무위武威) 이남의 강족, 호족의 수만 부락이 남량으로 귀순했다. 독발오고는 무위왕武威王으로 호칭을 바꾸고 태초太初 3년(399) 1월, 악도樂都(지금의 청해 악도현)로 천도했다. 8월 독발오고는 음주 후 말을 타다 말이 앞발을 헛디디는 바람에 부상을 입어 얼마 후 사망했고 그 동생 독발이록고禿髮利鹿孤가 왕위를 이었다.

399년
손은의 의거

399년, 사마원현이 노비의 신분에서 벗어난 사람들을 병사로 징발하자 각 군의 호족과 소작농의 반대가 광범위하면서도 격렬하게 일었다. 이해 가을 도교의 수령인 손은孫恩은 군중이 모인 기회를 이용해 진晉에 반란을 일으켰다. 그는 해상에서 상우上虞(지금의 절강)를 공격하여 현령을 살해하고 회계를 습격하여 점거한 후 내사왕內史王응지凝之를 살해했는데 이때 모인 군중이 수만이었다. 그리고 회계·오군·오의吳義·의흥義興·임해臨海(지금의 절강 임해 동남 해변)·영가永嘉(지금의 절강 온주溫州)·동양東陽(지금의 절강 금화金華)·순안淳安(지금의 절강 순안) 등 8개 군에서 호응하니 손은은 수십만을 모아 건강으로 진공할 준비를 하였다. 이에 유뢰지 휘하의 북부병이 진압에 나섰고 손은은 연패하여 20만을 이끌고 바다

법현의 서행

법현法顯의 속가의 성은 공龔이고 평양平陽 무양武陽(지금의 서심현西沁縣) 사람이다. 20세에 대계를 받았다. 그는 중국에 율장律藏이 완전히 갖추어지지 못한 점을 마음 깊이 안타깝게 여겨 인도에 가서 이를 구하겠다는 염원을 세웠다. 399년 법현은 혜경慧景 등 4명과 함께 장안을 출발하여 장액張掖(지금의 감숙 장액 부근)을 거치며 지엄智嚴·보운寶雲 등의 승려 다섯 명과 만나 함께 서쪽으로 갔다. 402년 법현이 파미르 고원을 건너 북인도 경내로 들어갔을 때 법현과 동행했던 아홉 명은 죽거나 되돌아갔고 오직 법현과 도정道整 두 명만 남았다. 법현은 인도 중부에 있던 마갈제국(Magadha) 파련불읍巴連弗邑에서 3년간 거주하며 경률론 6부를 구했고 아울러 인도 문자를 배워 율문律文을 필사하여 구법의 숙원을 실현했다. 도정은 중국으로 돌아오지 않고 인도에 남았고 법현 홀로 귀국길에 올라 413년 가을 건강으로 돌아왔다. 법현은 399년 장안을 떠나 413년 건강에 돌아올 때까지 모두 15년의 세월 동안 29개국을 거쳤다. 그는 이 여정을 통해 이전에 중국에 없었던 《미사색률彌沙塞律》·《장아함長阿含》·《잡아함雜阿含》·《마하승지율摩訶僧祇律》·《살바다율薩波多律》 등 대소승 삼장의 기본 서적 10여 부를 얻고 불교 유적지를 순례하고 성지를 참배했다. 귀국 후에는 다시 불경을 여러 권 번역했다. 416년 저술된 법현의 《불국기佛國記》는 서행 구법 과정에 대한 상세한 기술이며 직접 체험을 통해 인도와 스리랑카 등지의 상황을 소개한 중국 고대 여행기이자 후대 사람들이 당시 중앙아시아와 인도에 이르는 지역의 불교 상황을 이해하는 데 있어 중요한 문헌이기도 하다.

법현이 저술하는 그림

로 퇴각하였다. 400년, 손은은 다시 상우를 공격하고 사염謝琰을 살해했다. 이에 유뢰지는 군을 이끌고 손은을 공격하자 손은의 군대는 패하여 다시 바다의 섬으로 들어갔다. 401년, 손은의 군대는 바다를 따라 북상, 장강 어귀에 도착하여 노독瀘瀆(지금의 상해시上海市)에 주둔하며 방어하고 있던 진의 내사 원산송袁山松을 살해했다. 그 후 병사 10여 만과 선적 2천여 척으로 건강을 향해 진공했다. 진의 조정은 유뢰지를 보내 적의 진로를 막고 공격하게 하니 양측은 경구에서 전투를 벌였고 손은이 막대한 손실을 입고 대패하여 또 한 차례 섬으로 들어갔다. 402년, 손은은 거병하여 임해를 공격했으나 이마저 실패하자 바다에 몸을 던져 자살했다. 남은 무리는 그의 매부 노순盧循이 이끌게 되었다. 노순은 비록 영가태수永嘉太守 자리를 수락했지만 여전히 해안의 군현을 공격했고 유뢰지 부하 유유에 모두 패하였다. 404년, 노순은 무리를 이끌고 바닷길을 이용해 옛 지방 고위 관리의 관청인 치소治所가 있는

번우番禺(지금의 광동의 광주)로 진공하여 광주를 점령했다. 405년 동진 조정은 정식으로 그를 정로征虜장군·광주자사로 임명했다.

고개지·여사잠도권女史箴圖卷

위진 회화예술의 최고봉 고개지

고개지顧愷之(344~405)는 동진 회화 분야의 탁월한 대표 인물이자 중국 역사상 저명한 대화가이며 초기 회화 이론가다. 그는 명망 가문 출신으로 자는 장강長康, 아명은 호두虎頭이며 진릉晉陵 무석無錫 사람이다. 그는 젊은 시절에 대장군 환온의 참군을 맡았고 후에 산기상시에 임명되었다. 고개지는 다재다능하고 명성이 매우 높아 당시 '화절畵絶·재절才絶·치절痴絶'의 삼절三絶이라는 명칭이 있었다. 그는 한위漢魏 이래의 민간화와 사대부화 영역에서 누적된 경험을 총결집하여 전통회화를 진일보 발전시켰다. 고개지는 초상화와 산수화를 세밀화로 그리는 데 능했다. 그는 회화의 묘미는 정신을 전달하는 '전신傳神'에 있다고 여기고 형상 묘사로 정신을 그려냈다. 그는 또 '정신을 전해 그려서 비추어내는 곳이 바로 눈동자다'라는 묘어妙語를 남겼다. 청년기에 그는 강녕江寧 와관사瓦官寺에 유마힐維摩詰 벽화를 그렸는데 그곳의 많은 사람들은 이 초상화에 눈동자를 그려 넣게 하려고 시주한 돈이 3일 만에 백만 전이나 모인 일은 한때 큰 화젯거리가 되었다. 그는 배해裴楷의 초상화를 그릴 때 단지 뺨 위에 터럭 3가닥을 덧그렸을 뿐인데도 풍채 늠름하고 표정에 활력이 넘치게 되었다. 사곤謝鯤의 초상화를 그릴 때는 그가 산과 물을 벗 삼아 즐기기를 좋아했기 때문에 바위와 골짜기를 배경으로 그려 사곤의 지향점과 풍모를 표현했다. 당나라 서화 평론가 장회관張懷瓘은 《화단畵斷》에서 "사람을 본떠 그리는 아름다움 중 장승요張僧繇는 그 육肉에 능하고 육탐미陸探微는 그 골骨에 능하며 고개지는 그 신神에 능하니 고개지가 최고다"라고 했다. 이 한 마디로 고개지가 중국 회화사에서 차지하는 지위가 확실해졌다. 고개지는 자신의 화론畵論에서도 '손가락이 오현을 타는 장면'을 그리기도 쉽지 않지만 '날아가는 기러기를 눈으로 떠나보내는 장면'을 그리기는 더욱 어렵다고 했다. 이 말은 바로 정신과 형상의 겸비를 추구하는 그의 자세를 드러내며 이는 후대 중국화 창작과 회화미학 사상의 발전에 지대한 영향을 끼쳤다.

고개지·낙신부도권洛神賦圖卷의 두 번째

고개지·낙신부도권洛神賦圖卷의 세 번째

는 사마덕종司馬德宗(안제安帝)을 맞이하여 건강으로 모셔와 복위시켰다.

403년
환현의 왕위 찬탈

환현桓玄(369~404)은 동진 초국譙國 용항龍亢(지금의 안휘 회원懷遠) 사람으로 자는 경도敬道다. 일명 영보靈寶라고도 하고 권신 환온의 아들로 남군공南郡公 작위를 계승했다. 융안隆安 2년(398) 환현은 청연양주자사靑兗兩州刺史 왕공, 형주자사 은중감과 기병하여 조정을 농단하던 회계왕 사마도자와 그 아들 사마원현에 반기를 들었다. 다음 해 그는 은중감과 싸워 이기고 형주를 겸병했다. 융안 3년(399), 환현은 형강이주자사荊江二州刺史를 이끌고 장강 중류 지역을 제압하고 조정에 대항했다. 원흥元興 원년(402), 사마원현이 진공을 가하자 환현은 이에 맞서 동하東下에서 거병하여 건강으로 쳐들어가 사마원현을 살해하고 조정을 장악하였다. 다음해(403) 말, 그는 나라를 세워 국호를 초楚, 연호를 건시建始라 정하고 후에 영시永始로 바꾸었다. 환현은 조정을 총괄하여 다스리며 간신배 무리를 파면하고 어질고 뛰어난 인물을 발탁했다. 그러나 얼마 후 그는 지나치게 사치했고 법령을 조석으로 고치자 많은 사람들이 심한 실망감을 느꼈다. 얼마 후 삼오三吳(지금의 강소 오현에서 절강 호주 일대) 지역에서 기근으로 소동이 일며 전에는 살림이 넉넉했던 삼오 지역이 쇠락하여 보잘것없는 곳으로 변했다. 환현은 교만하고 사치스러우며 음란하고 정치는 부패하여 황제에 오른 지 얼마 되지 않은 원흥 3년(404) 2월, 북부병을 이끌고 토벌 길에 오른 유유에게 강릉에서 살해되었다. 유유

기악비천伎樂飛天 북주北周 맥적산麥積山 제4굴(상칠불각上七佛閣)

맥적산 석굴

맥적산 석굴 시공

맥적산 석굴(지금 감숙 천수天水 동남 45리)은 후진後秦 요흥妖興(394~416) 시기에 착굴하기 시작했는데 당시 '절벽 전체에 만상이 새겨져 있고, 절벽이 누각으로 바뀌었으니, 바로 진주秦州 제일의 풍광'이라고 일컬어졌다. 후에 양주涼州에 할거하는 각 정권이 부단히 굴착하여 북위 초기에 이르면 상당한 규모에 이른다. 북위가 석굴 건축예술을 중시함에 따라 맥적산 석굴은 새로운 시대에 진입하게 되었다. 이 시기 개착한 석굴은 매우 많고 건축 스타일 또한 완전히 동일하지는 않다. 예를 들면 어떤 석굴은 사각형의 내실과 평평한 천장, 좌우측 벽에 각각 둥근 아치 모양의 감실이 있다. 또 어떤 석굴은 정면 벽과 좌우 측면 벽에 각기 큰 감실을 파고 네 벽의 위쪽에 소형 감실을 판 경우도 있다. 평면을 말발굽 모양으로 만들고 천장이 무지개처럼 높고 길게 굽은 형상을 한 석굴도 있다. 벽화는 예사롭지 않으며 신기한 내용을 위주로 하며 연대상 가장 오래되고 면적이 가장 넓은 것으로는 서방정토변西方淨土變이 있다. 맥적산의 석굴 감실은 194개이고 색 진흙을 바른 불존 및 석조 불존이 7000여 구 안치되어 있으며 1000여 제곱미터에 이르는 벽화도 있다. 이들 대부분은 북위 시기 창작되었으며(일부분은 16국 시기 및 서위에서 명대에 이르는 시기에 제작되었다), 맥적산 석굴 예술작품 중에서 매우 중요한 지위를 차지하고 있다.

초당사

서안 서남쪽 약 35㎞에 자리 잡고 있는 초당사草堂寺는 원래 16국 시기 후진 요흥의 소요원逍遙園의 일부다. 서기 401년 요흥은 서역의 구마라습을 맞아들였고 후에 구마라습은 바로 이 소요원으로 옮겨와 사문沙門을 이끌고 범문 경전 97부 425권을 대조 번역하였다. 이는 고대 중국의 대규모 불경 번역의 첫 번째 사례가 된다. 경전 번역 후 요흥은 또 구마라습에게 여기서 강연할 것을 요청하니 일시에 불법이 창성하게 되었다.

도연명과 그의 문학

도연명陶淵明(365~427)의 이름은 잠潛 또는 원량元亮이라 하며 자는 행行이고 심양 자상紫桑(지금의 강서 구주) 사람이다. 그의 증조부 도간陶侃은 동진 개국 원로공신이었지만 도연명 대에 이르러 집안 형편은 이미 몰락했다. 도연명은 어렸을 때 빈곤한 생활을 했지만 매우 부지런히 공부하여 유가의 육경 및 제자백가의 서적 중 읽지 않은 것이 없었다. 청년 도연명은 본래 '모든 백성을 크게 구하겠다' 는 포부를 지니고 있었다. 그는 동진과 남조 송 시대에 살았는데 29세 때 벼슬 길에 올라 좨주祭酒 · 참군 등의 낮은 관리직에 임명되어 자신의 포부를 펴보지 못했을 뿐 아니라 본의 아니게 알량한 관리사회의 인물을 상대하게 되었다. 이 모든 것이 그로 하여금 앞날의 벼슬길에 대한 희망을 잃고 실의에 빠지게 만들었다. 도연명은 10여 년의 벼슬 생활 중 이미 여러 번 사직하고 은거한 적이 있었다. 그의 자서전적 성격의 〈오류선생전五柳先生傳〉에는 간결한 문체로 자신의 '한적하고 고요하게 지내며 말을 많이 하지 않고, 영화와 이익을 좇지 않으며', '빈천함을 근심하거나 두려워하지 않고 부귀에 급급하지 않는다' 는 성격과 풍모를 기술해 놓았다. 도연명이 벼슬생활 중에서 마지막으로 맡았던 관직은 팽택령彭澤令이다. 그는 80여 일 임직하는 중 군郡의 위법사항을 감독하는 독우督郵가 현으로 오는 것을 맞이하게 되는데 한 하급관리가 공경하는 자세로 영접해야 한다고 알려주었다. 그러자 그는 "나는 쌀 5되 때문에 허리를 굽히지 않는다"고 한탄하고 즉시 사직하고 돌아가 은거하고 벼슬길에 나가지 않았다. 도연명이 사직하고 집으로 돌아가는 중에 쓴 〈귀거래혜사歸去來兮辭〉는 벼슬길에서 되돌아오는 기쁨으로부터 전원생활에 대한 애착을 혼신의 힘을 다해 묘사하여 그의 고결한 지향점이 두드러지게 표현되었다. 또한 서사敍事 · 사경寫景 · 서정이 매우 자연스럽게 결합되었고 언어가 참신하면서도 유려하여 사부辭賦의 명작으로 칭송된다.

명 · 장붕張鵬 · 연명취귀도축淵明醉歸圖軸

시가는 도연명 문학 중 가장 뛰어난 분야다. 그는 은거생활 중에 대량의 전원시를 썼다. '집 주위는 300평 남짓인데, 초가는 여덟아홉 칸', '가물가물 저 먼 촌락, 한들한들 마을 연기, 개는 골목 깊숙한 곳에서 짖어대고, 닭은 뽕나무 위에서 우네' 와 같은 시가는 순결하고 수수하며 아름다운 전원생활을 상세히 묘사했을 뿐 아니라 정취 또한 넘쳐흐른다. 전원시 외에 〈음주飮酒〉·〈의고擬古〉·〈독산해경讀山海經〉 등 다른 내용의 글도 썼다. 그는 천성이 술을 좋아하여 거의 모든 시에서 술을 언급하며 술에 취해 세상을 잊으려 했다. 그리고 더 많은 경우 술에 빗대어 자신의 마음을 전달하며 자신의 웅장한 포부가 아직 실현되지 못했음을 토로하고 다스리기 어려운 감정을 삭이지 못하고 분개했다. 〈도화원기桃花源記〉는 도연명 산문의 걸작으로 주인공이 겪은 우여곡절이 담겨 있는 신기한 이야기다. 등장인물 간의 대화가 있고 그림과 같이 아름다운 자연 경색에 대한 묘사가 있어 마치 유토피아 사회가 눈앞에 펼쳐져 있는 듯하다. 작품이 담고 있는 아름다운 예술 형식과 풍부한 사상, 내용이 서로 잘 결합되어 천년이 넘도록 줄곧 많은 이의 사랑을 받아오고 있다. 도연명의 시와 사부, 산문은 예술상 독특한 풍격과 지고한 조예를 지니고 있으며 그가 창시한 전원시田園詩라는 체體는 고전 시가에 새로운 분야를 개척했다. 그의 작품은 수수하고 자연스러우며 자신의 진실한 느낌에서 나오지 않은 것은 하나도 없기에 읽는 이가 친근감을 느끼고 감동받는다. 그의 작품은 모두 후세에 큰 영향을 미쳤다.

404년
환현을 격파한 유유

403년, 환현은 황제라 칭한 후 하루 종일 교만과 사치에 빠져 유람과 사냥을 일삼고 대대적인 토목공사를 과도하게 벌여 백성들을 고통에 시달리게 하니 조정과 민간에는 분노와 원한이 가득했다. 북부군의 장수인 유유劉裕·하무기何無忌·유의劉毅·유도규劉道規 등은 기회를 틈타 기병하여 조정에 대항하여 반란을 일으켰다. 404년 유유와 환현의 전장戰將 오보지吳甫之는 강승江乘에서 대전을 벌였다. 유유가 장도를 쥐고 "전진"을 크게 외치니 그가 향하는 곳마다 적들이 패하여 흩어지며 달아났고 오보지는 참수되었다. 얼마 후 유유는 다시 나락교羅洛橋에서 환현의 우위장군右衛將軍 황보부皇甫敷를 대파했다. 계속하여 유유는 다시 환겸桓謙과 복주산覆舟山(지금의 남경시 북쪽)에서 전투를 벌였고 일격에 초군의 주력 부대를 무너뜨렸다. 환현은 전쟁에서 패한 후 진 안제 사마덕종을 위협하여 광릉廣陵으로 데리고 도주했다. 404년 4월, 하무기와 유도규는 군을 이끌고 서쪽으로 환현을 추격하다 분구湓口(지금의 강서 구강 동쪽)의 강 가운데 있는 상락주桑落洲까지 이르렀고 환현의 부장副將 하담지何澹之가 이끄는 수군과 접전을 벌였는데 환현이 이끄는 초나라 군대가 대패했다. 상락전 후 환현은 형주에서 병마를 재건하고 전함 200척을 이끌고 강릉에서 동쪽으로 내려와 쟁영주崢嶸洲에서 유유와 대전을 벌였다. 그러나 환현의 군대가 재차 대패하자 환현은 함대 한

척으로 강릉으로 도망쳐 되돌아 왔다. 이후 환현은 모거지毛璩之의 조카 모수지毛修之의 말을 믿고 개주蓋州로 갔다 개주 도호督護 풍천馮遷에게 살해되었다. 의희義熙 원년(405)에 유의가 대군을 이끌고 강릉으로 진공하여 환씨 일족을 멸족하고 환현의 도당 환진桓振을 주살하고 안제 사마덕종을 건강으로 모셔왔다.

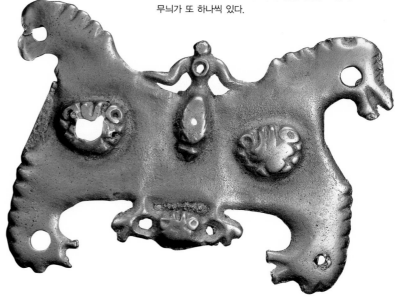

네 마리 짐승 무늬의 금 장식품
이 장식품의 길이는 8.9cm, 넓이는 6.3cm다. '네 마리 짐승'(혹은 네 마리 새)은 사각형의 각 끝에 배치되어 있고 가운데 사람 하나가 올라앉아 있다. 이 장식품의 좌우 양측 하단에 각각 짐승 얼굴 모양의 무늬가 또 하나씩 있다.

후진왕 요흥

요흥姚興의 자는 자략子略이고 강족 출신이며 후진後秦의 국왕이다. 요흥은 재위 기간 중 정사에 힘써 평민 중 스스로 몸을 팔아 노비가 된 자를 사면하라는 영을 내리고 농업 생산을 발전시키는데 관심을 두었다. 그는 또 문치를 매우 중시하여 율학을 장안에 세우고 각지의 관리를 집중적으로 교육시키며 불교와 유학을 제창하였다. 그는 인재 선발 역시 매우 중시하여 "자고로 황제가 창업할 때 이전의 조정에서 재상을 찾지 않고 또한 후대의 장수를 기다리지 않는다. 오직 당세의 인재를 선발하여 한 사람 한 사람 각기 자신의 장점을 발휘하도록 하고 그 역할을 다하게 하면 대치大治에 이르게 된다"고 생각하였다. 성문 교위 왕만총王滿聰이 장안의 북문인 평삭문平朔門을 지키고 있을 때의 일이다. 요흥이 나들이 나갔다 늦게 돌아오며 이 문으로 성에 들고자 하였다. 그러나 왕만총은 날이 어두워 첩자와 양민을 판별할 수 없다고 하며 문을 닫고 받아들이지 않아 요흥은 어쩔 수 없이 다른 문으로 성안으로 들어갔다. 다음날 아침 일찍 요흥은 왕만총이 성을 지키는 직무를 충실히 이행하였다고 칭찬하며 승진시켰다.

요흥은 차례로 전진, 서진西秦과 후량을 멸망시키고 아울러 북위와 동진에 필적하니 그는 16국 시기 부견의 뒤를 이어 가장 능력 있는 군주의 하나로 꼽힌다. 그러나 그는 만년에 권고를 듣지 않아 독발녹단禿髮傉檀·혁련발발赫連勃勃의 반란이 일어나게 만들었다. 후사 문제에서 그는 요흥姚泓을 태자로 세웠으나 후에 요필姚弼을 총애한 결과 궁중의 무장 찬위의 난이 일어났다. 요흥이 사망한 다음해 후진은 내외적으로 곤란한 상태에 빠져 있던 중 동진의 유유에 멸망되었다.

410년
노순의 기의

의희 6년(410), 유유가 남연의 모용초慕容超 북벌에 나서자 광주가 근거지인 노순盧循은 그의 자형 서도복徐道覆의 건의와 지지하에 기회를 틈타 동진 북벌 길에 나섰다. 2월 북벌 군대는 길을 둘로 나누어 북방을 향해 돌격했다. 한쪽은 노순의 통솔하에 오령五嶺을 넘어 강릉을 직접 향하여 장사長沙에서 형주자사 유도규를 격파했다. 다른 한쪽은 서도복의 통솔하에 여릉廬陵(지금의 강서 길수吉水 북쪽), 예장豫章(지금의 강서 남창南昌)으로 곧바로 내려와 관군에 압승을 거두고 진남장군鎭南將軍·강주자사인 하무기를 살해하였다. 5월 노순과 서도복이 군대를 한 곳으로 합치고 상락주(강서 구강 동북쪽의 장강 중에 있음)에서 진晉의 위장군·예주자사 유의를 대파하였다. 노순이 하무기·유도규·유의에 연승을 거둔 후 동진 조정은 북벌에 나선 유유를 급히 소환했다. 그런데 이때 노순과 서도복은 진군 방향을 놓고 의견 충돌이 생겼고 이는 유유에게 한숨 돌리고 체제를 정비할 아주 귀중한 시간을 준 셈이 되었다. 유유는 이 기회를 틈타 병사를 대규모로 모집하고 성지城池를 수리·보수하고 전국 각지에서 인력과 말을 집결시켜 건강에 들여보내도록 하여 수도를 보위했다. 5월에서 7월 사이 노순의 북벌군은 건강성 아래 진을 쳤지만 아무 성과도 없었고 전승의 기회를 상실했을 뿐 아니라 군대의 전투력이 대대적으로 약화되어 부득불 철수하여 심양으로 퇴각하였다. 10월,

서도복은 수군 3만을 이끌고 강릉으로 진공했으나 파총破冢에서 유도규에게 패하고 1만여 병사를 잃었다. 12월 노순은 또 진의 군대와 대뢰大雷·좌리左里 등지에서 대전을 벌였으나 모두 패하자 어쩔 수 없이 광주로 퇴각하였다. 의희 7년 2월, 유유는 파병하여 서도복을 살해했다. 3월 노순은 아무리 공격해도 번우가 함락되지 않자 교주交州로 길을 바꾸었으나 교주자사 두혜杜慧에게 패하고 물에 뛰어들어 자진했다.

북연의 옥잔

위진魏晉 화전畵磚·기사가 창으로 큰 양을 찌르는 그림

하의 통만성統萬城 축조

흉노족인 혁련발발은 하夏를 세우고 국력이 점차 강성해진 후 주요 적대국이자 대대로 원수인 선비족 탁발씨의 진격에 대항할 준비를 했다. 봉상鳳翔 원년(413) 3월, 질간아리叱干阿利를 책임 장인匠人으로 삼아 북쪽의 수산水山과 흑수黑水 남쪽(내몽골 오심기烏審旗 남백성자南白城子)에 축성하여 임시 도성으로 삼았다. 질간아리는 설계는 정밀했지만 성미가 거칠고 급하며 성정은 잔인했다. 그는 축성 시 흙을 쪄서 성을 쌓으라고 기술자들에게 명하고 완공되면 송곳으로 검사하는데 만약 찔러서 1촌寸이라도 들어가면 이 부분을 쌓은 이를 즉시 살해하여 그 시체 역시 성벽을 쌓는 데 썼다. 이 때문에 성벽은 칼날을 갈 수 있을 정도로 매우 견고했다. 성을 다 쌓은 후 혁련발발은 스스로 '짐은 천하를 통일하고, 만방에 군림할 것이다'라 하며 성을 '통만統萬'이라 이름 지었다. 통만성은 높이가 10인仞*, 성 하부의 두께는 30보, 성 위의 너비는 10보, 성벽은 5인이다. 성 안의 누각과 정자는 높고 크며 공중으로 날아오를 듯한 비각飛閣이 서로 연이어 있다. 성문 4개를 설치했는데 동쪽은 위를 불러들인다는 '초위招魏'이고, 남쪽은 송을 마주한다는 '조송朝宋', 서쪽은 양을 정복한다는 '복량服凉', 북쪽은 북방을 평정한다는 뜻으로 '평삭平朔'이라 하였다. 이렇게 이름을 지은 것은 혁련발발이 천하통일의 야심을 품었음을 드러낸다. 그러나 안타깝게도 통만성은 혁련발발 사후 2년, 즉 송 원가元嘉 2년(425)에 북위 탁발도가 점령했다.

* 인은 길이 단위로, 1인은 7자 혹은 8자임- 역주

413년
유유의 의희토단

동진 안제 의희 9년(41) 3월, 당시 태사였던 유유는 환온의 경술년 토단이 실행된 지 이미 오래 되어 점차 그 효과를 상실하여 나라 안의 백성이 실제 호적과 심하게 불일치함을 알게 되었다. 그는 이런 상황이 국가 병역의 공급원 및 조세 부역 수입에 혼란을 가져온다고 판단하고 다시 토단을 실행해야 한다고 주청했다. 유유가 의희토단義熙土斷을 실행할 때 진릉晉陵(지금의 강소 진강·상주 일대) 경내의 서徐·연兗·청靑 3개 주의 이주 교민 가구는 실시 대상에서 제외되었으며 기타 북방에서 이주한 거주자[流寓] 군현 대다수는 성省이 통합되어 본지의 군현으로 귀속되었다. 회계(지금의 절강 소흥)의 네 개 성씨 중 여요余姚의 세도가 우량虞亮은 이 정책에 항명하여 망명한 자 1000여 명을 숨겨주다 사형되었다. 이후 강력했던 호족이 잠잠해지고 전 지역이 모두 삼가야 할 바를 알게 되었다. 의희토단은 역사상 제4차 토단이자 비교적 철저했던 토단이다. 이는 동진이 강력한 호족과 사대부 세력에 타격을 가하고 동진 정부를 보위하는 병역의 공급원과 조세 부역 수입 확보에 중요한 작용을 했다.

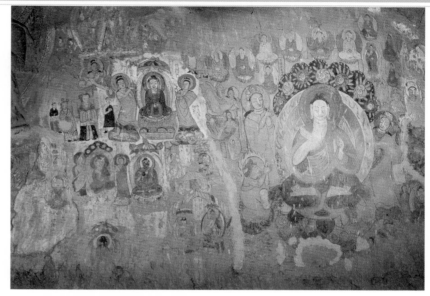

병령사丙靈寺 석굴 제169굴 북벽의 설법도

병령사 석굴
병령사 석굴은 현존하는 두 개의 서진 시대 동굴이다. 그 중 169굴은 '서진 건홍建弘 원년'(420)이라는 표기가 있는데 이는 중국에서 현존하는 가장 오래된 석굴 의 연도표시다.

양진兩晉의 반야학 유행

위진 시기 《반야경》을 중심으로 하는 인도 대승의 공종학설空宗學說이 중국에 유입되었는데 그 교의는 물질세계 존재의 허구성을 논증한다. 반야는 불교 육도六度의 하나로 지혜를 통해 열반의 피안에 이른다는 가르침을 의미한다. 여기서 지혜는 매우 신비한 뜻을 지니고 있으니 객관 세계를 인식하는 지식이 아니라 오로지 불교의 최고 정신 본체를 체득하는 데 쓰이는 특수한 지혜. 불교의 '반야바라밀'은 일종의 지고한 경지이며 이를 체득하는 요령은 속세 범인의 지혜를 버리고 반야로 현실 세계의 허환虛幻·비진실성을 깨닫는 것이다. 《반야경》 전편의 내용은 사람들로 하여금 '공空'이 한 글자를 인식하도록 유도하는 데 있다. 그러나 '공'을 어떻게 설명하느냐에서는 승려 간에 매우 큰 차이가 있다. 당시 현학의 영향을 받아 불교 승려들이 포교하는 반야공종 학설은 기본적으로 현학 이론을 출발점으로 한다. 그런데 현학에 존재하는 다양한 관점은 반야공종에 각기 상이한 유파를 탄생하도록 하였다. 이 때문에 초기 반야학의 소위 '육가칠종六家七宗' 논쟁은 각 가家가 서로 다른 각도에서 반야의 공의 관념을 설명하며 현학화한 불교를 형성하기에 이른다. 반야는 승조僧肇에 이르러 최고봉에 이르렀다. 승조가 전대의 반야학을 집대성하여 세운 철학 체계는 비록 결과적으로 이론상 종교적 신비주의에 빠졌지만 중국 철학 이론과 사유의 발전을 촉진했으며 중국 학술사상 발전사에서 그 업적은 절대 사라지지 않을 것이다. 반야학 다음으로 사회에 널리 포교된 유파는 바로 열반학이다.

왕희지의 서예

왕희지(303~361)의 자는 일소逸少, 호는 담재澹齋며 낭야 임기 사람으로 명문가에서 태어났다. 왕희지는 어렸을 때 위부인에게서 서예를 배웠으며 후에는 진한 이후의 명작들을 널리 보고 여러 장점들을 취합하고 서체를 열심히 연마한 끝에 자신만의 독특한 풍격을 형성하였다. 초서는 장지張芝를 사사했고, 해서는 힘껏 종요鍾繇를 배워 옛 법식을 계승한 기초 위에서 자신이 새롭게 창조하여 한위 이후에 내려온 전서와 예서 필법하의 질박한 작품을 일시에 변화시켰다. 그의 해서는 치밀하고도 기이하여 고금의 으뜸이며, 행서는 아름답고도 강건하며 변화가 다양하고 풍격이 자연스러워 중국 서예 발전사상 높은 지위를 차지하고 있다. 후세 사람들은 왕희지를 '서성書聖'으로 추앙하고 있다. 또 우장군을 역임했기 때문에 '왕우군王右軍'이라고도 부른다.

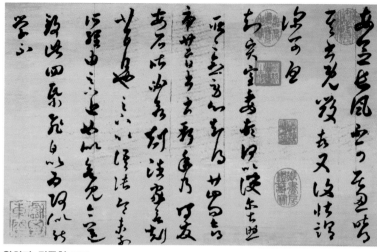

왕희지 · 장풍첩長風帖

왕희지 · 유목첩游目帖

왕희지 · 황정경黃庭經

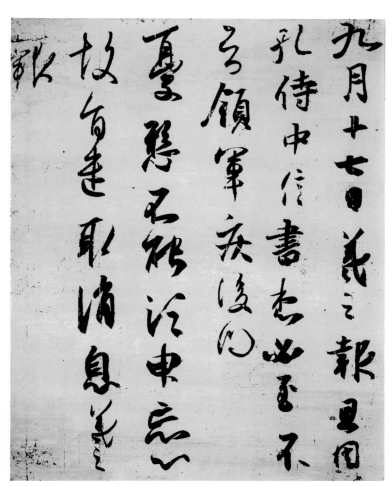

왕희지·공시중첩孔侍中帖

왕희지·한절첩寒切帖

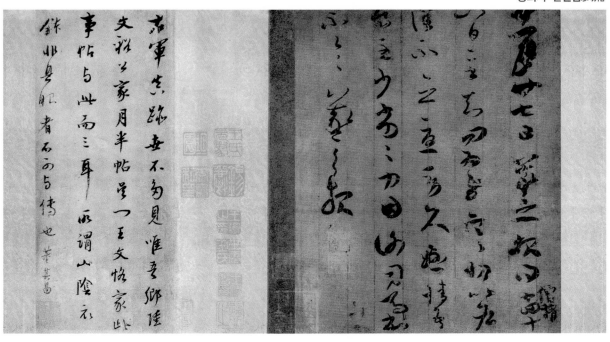

낙신부도

　낙신부도洛神賦圖는 동진의 유명한 화가 고개지의 작품이다. 고개지의 자는 장강長康, 아명은 호두虎頭며 진릉晉陵 무석無錫 사람이다. 그는 박학다식하며 재기가 있고 시와 부를 잘하고 서법에 능했으며 특히 그림을 잘 그렸다. 인물상·불상·금수·산수 등에 뛰어났다. 당시 사람들은 그를 '화절畫絕·재절才絕·치절痴絕'로 불렀다.

　낙신부도는 삼국시대 조식의 유명 작품 〈낙신부〉를 제재로 한 작품으로 구체적이고 생동적인 형상을 이용하여 부의 내용을 완벽하게 표현했으며, 이 시기의 새로운 문예이론 속에서 감정 생활을 중시하는 요구를 체현해내었다.

　작가는 〈낙신부〉의 내용을 점차적으로 묘사하고 있다. 처음 부분은 조식이 시종을 데리고 낙수가에서 처량하게 앞을 응시하고 있는 모습이 마치 낙신(즉 견甄씨)*이 하늘거리는 의상을 입고 파도를 건너 오는 것을 보고 있는 듯하다. 그 다음 그들은 서로 예물을 교환하고 낙신과 그녀의 일행이 공중이나 혹은 물 위에서 자유자재로 노닐고 있다. 이때 바람신은 바람을 멈추게 하고, 강의 신은 물결에게 고요하라 명령하며, 물의 신은 북을 두드리고, 창세의 신 여와는 노래를 부르는 가운데 조식과 낙신은 여섯 마리 용이 모는 운거雲車를 타고 소요하며 속마음을 나누고 있다. 마지막 부분에서 조식은 낙수를 건너는 배 안에서 사모의 정을 이기지 못한 채 강변을 떠나 마차를 타고 멀어져 가면서도 고개를 돌려 슬프게 바라보며 한 없이 아쉬워하고 있다.

　낙신부도의 주요 인물은 서로 다른 장면에서 반복적으로 출현하지만 그 형상의 변화는 다양하다. 인물의 배경이 되고 있는 산의 돌이나 나무들은 긴 두루마리 그림의 단락 단락을 나누는 동시에 연결하기도 하는 기능을 하면서 구도의 완정성을 유지하고 있다. 그림 속의 낙신의 의상은 바람에 표표히 날리며, 그 움직임은 완곡하고도 침착하며 눈빛은 한 곳을 응시하고 있어 정다우면서도 망설이고 주저하는 표정을 잘 표현하고 있다. 조식의 형상은 귀족 시인의 풍모를 갖추고 있는 동시에 슬퍼하며 사모하는 정신 상태를 표현하고 있다. 그림의 채색은 밝고 곱고 아름다우며, 시의詩意 정취가 가득하다. 이 그림은 인물 심리의 표현에 성공했고, 감정 내용을 표현하는 데 깊이와 조예가 있어 이 시기의 중국 회화의 새로운 발전을 반영하고 있다.

* 조식의 형 조비의 아내인 황후 견씨를 낙신에 비유―역주

낙신부도권의(첫 번째)

낙신부도권의(네 번째)

낙신부도권(일부)

위진의 고분 벽화

　　한대에 하서 회랑을 획득한 이래 역대 정부는 끊임없이 이곳을 개발하고 백성을 이주시켜 둔전을 하며 농업 문화를 하서 지역으로 들여왔다. 근년들어 주천·가욕관 등지의 묘에서 위진 시기의 한족 생활을 반영하는 적지 않은 벽화가 출토되었다. 이들 벽화는 중원의 마차와 의복 제도 상황을 표현하고 있으며 또한 적지 않은 농업 생활의 정경이 담겨 있다. 이로써 현지 한족인의 생활과 중원 지역이 이미 큰 차이가 없음을 알 수 있다.

방목
채색그림의 벽돌. 길이 39cm, 너비 19.5cm로 감숙 고대高臺 위진 묘에서 출토되었다.

군마
채색그림의 벽돌. 길이 36.5cm, 너비 17.5cm로 감숙 가욕관 위진 7호묘에서 출토되었다.

숫소와 신수도神獸圖
북제·남아 있는 벽화의 높이는 약 80cm며 산서 태원 왕곽촌王郭村 누예묘婁叡墓에서 출토되었다.

수렵도(일부분)

고구려(서기 4세기 중엽). 높이는 약 100cm, 너비 130cm로 길림 집안현 통구 무용총 주실 좌측 벽의 벽화다.

수렵

채색그림의 벽돌. 길이 36.5cm, 너비 17.5cm로 감숙성 가욕관 위진 7호묘에서 출토되었다.

돼지 도살

채색그림의 벽돌. 길이 36.5cm, 너비 17.5cm로 감숙성 가욕관 위진 12호 묘에서 출토되었다.

의장대의 출행

북제의 벽화·세로 160cm, 가로 202cm로 산서 태원 왕곽촌 누예묘에서 출토되었다.

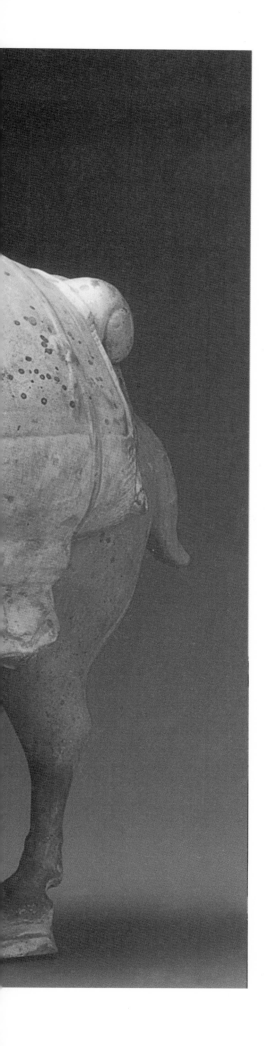

남북조 南北朝

서기 420~589년

북조 · 소머리 녹각 금제 머리 장식품[牛頭鹿角金冠飾]

남북조 시기(송위 시기)의 전체 지도

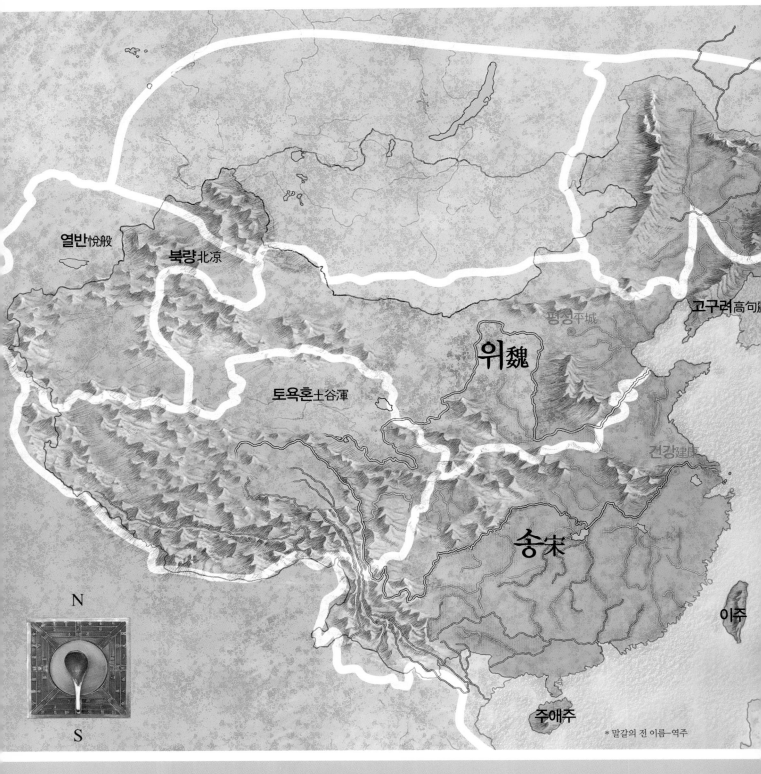

열반悅般

북량北凉

고구려高句麗

평성平城

위魏

토욕혼土谷渾

건강建康

송宋

N

S

이주

주애주

*말갈의 전 이름-역주

남북조
420~589년

420년, 하급 관리 출신인 유유劉裕는 유명무실한 동진을 대신해 나라를 세워 황제가 되고 국호를 송宋이라 했다. 이 뒤로 약 반세기 동안, 강남에는 차례로 제齊·양梁·진陳 등 건강建康을 도읍으로 하는 세 개의 정권이 출현했으니, 역사상으로는 이 네 개의 정권을 남조南朝라고 부른다. 북방에서는 소수민족 정권의 겸병 전쟁이 거듭되다가, 북위의 도무제道武帝 탁발도拓跋燾가 439년 북방을 통일했다. 역사상으로는 북위와 위나라 말기에 분열된 동위·서위 및 이를 이은 북제北齊·북주北周를 합하여 북조北朝라고 부른다.

420년 유송劉宋 왕조가 건립된 이래, 589년 진陳나라가 수隋나라에 멸망할 때까지 남북조는 모두 170년간 이어졌다. 유유는 송나라를 건국한 후 북부병北府兵을 이용하여 황권 정치를 세우고, 남조 각 왕조의 정치적 기본 틀을 확고히 했다. 그러나 남조의 네 정권은 모두 수명이 길지 않았고, 왕조의 잦은 교체는 남방 경제 발전을 더디게 했으며, 557년 진패선陳覇先이 황제를 칭하고 나라를 세울 때 강남은 이미 쇠락의 형세를 보이고 있었다. 진나라 정권은 강남 전역의 통치를 실현하기 어려웠고 다만 북방이 잠시 분열된 덕에 겨우 20여 년을 연명할 수 있었다.

유송이 건국된 지 얼마 안 되어 북방은 선비족 탁발씨가 건립한 북위 정권이 장기간의 전쟁을 거친 후에 재차 북방을 통일했다. 선비족 사람들이 중원에 들어온 후 민족 간의 대융합이 촉진되었으며 특히 효문제는 494년에 수도를 낙양으로 천도하고 개혁을 실시하니 북방에서 오랫동안 계속되던 대융합 대세는 최고조에 이르게 되었다.

북위 정권은 북위 말년에 폭발한 변경의 폭동과 농민 기의의 격랑 속에서 결국은 사라지게 되었다. 북위의 폐허 위에 차례로 동위와 서위가 건국되기도 했지만 북제·북주의 대립이 있었고 결국은 북주가 다시 북방을 통일했다. 581년 수나라 왕 양견楊堅은 북주의 마지막 황제 우문연宇文衍을 축출하고 수나라 정권을 건립했다. 589년 수나라가 진陳나라를 멸망시킴으로써 남북조는 막을 내렸다.

남북조 시기에는 찬란한 문화를 창조했고 조충지·도연명·심약·가사협 등과 같은 역사책에 영원히 기록될 과학자·문학가들이 배출되었으며, 또한 막고굴·용문석굴·운강석굴 등의 보기 드물게 빼어난 유물을 남겼다.

420~589년의 남북조

420년
송을 건국한 유유

진픕 원희元熙 2년(420) 6월, 유유劉裕는 황위에 오른 후 국호를 송宋으로 개국했다. 유유(363~422)의 자는 덕여德輿, 아명은 기노寄奴이고 본적은 팽성彭城(지금의 강소 서주徐州)이다. 그의 증조부 유혼劉混은 영가의 난 때 도강하여 단도丹徒의 경구에 거주했었는데 유유의 대에 이르러 집안은 이미 쇠락해 있었다. 유유는 처음 북부군北府軍에 투신했고 환현의 난을 평정한 후 관직이 시중·거기장군車騎將軍까지 오르며 점차 동진 왕조의 군권을 장악했다. 동진 의희 6년(410), 유유는 군대를 이끌고 북벌에 나서 남연을 평정한 후 태위太尉·중서감中書監에 봉해지며 조정의 권력을 장악하기 시작했다. 이후 4, 5년간 유유는 유의劉毅·제갈장민諸葛長民·사마휴지司馬休之 등의 정적을 제거한 후 제2차 북벌을 감행하여 관중을 탈환했고 이 공로로 의희 14년(418) 상국相國·송공宋公의 관직을 받았다. 이때 유유는 동진을 치고 들어설 조건이 이미 성숙된 상태였다. 진 원희 2년(420), 유유는 자신의 수하가 미리 작성한 "공제恭帝는 흔연히 붓을 들고 적지赤紙를 써서 조서로 삼는다"는 선위禪位 조서를 진 공제에게 가지고 가 베껴 쓰도록 했다. 이후 유유는 남쪽 교외에 단을 쌓고 황제의 자리에 등극하여 국호를 송이라 하니 이이가

바로 송 무제武帝다. 송 무제는 영초永初로 개원하고 건강建康(지금의 강소성 남경)을 수도로 정하고 '진시력秦始曆'을 '영초력永初曆'으로 바꾸었다. 그는 진 공제를 영릉왕零陵王으로 폐한 후, 다음 해 6월 사람을 보내 독살했다. 이로써 유유는 선양하여 자리에서 물러난 황제를 죽이는 선례를 만들었다. 이렇게 되자 총 104년을 거치며 역대 11황제가 재위했던 동진 왕조는 막을 내리고 남북조 시대가 시작되었다.

유유

유유(363~422)는 자가 덕여, 아명은 기노이며 경구(지금의 강소 진강鎭江) 사람으로 남조 시기 송나라를 세운 인물이다. 유유는 젊었을 때 농사짓고 물고기를 잡으며 장사를 하였으나 후에 동진 왕조가 부견을 방어하기 위해 건립한 북부병에 종군했다. 왕조 내부의 알력 와중에 그는 권신 환현을 살해하고 동진 왕조의 군정 대권을 확실하게 수중에 넣었다. 420년 유유 세력의 강압 하에, 동진의 마지막 황제 인 공제 사마덕문司馬德文은 황위를 양위하겠다는 의사를 표명했고 이에 따라 유유가 황위를 물려받고 국호를 송이라 개칭했으며 수도는 변함없이 건강으로 정했다. 이에 동진 왕조는 멸망을 고하였다. 유유의 집권 시기 토단법을 실행하여 사마씨가 북방에서 내려온 사대부에게 주었던 우대정책을 철회하고 이들의 현 거주지가 토착지가 되도록 만들어 남방 토착민과 동등하게 대우했다. 아울러 원래 북방에서 내려온 사대부를 위해 만들었던 교군縣僑郡縣을 없애 행정 통일의 편의 및 지출 절약을 도모했으며 동시에 호족 세도가의 세력을 약화시켰다. 유유는 비교적 진보적 정치를 하여 부역과 세금을 삭감하고 가노家奴 신분인 자를 사병에서 면제해 주었다. 유유는 2년간 황제를 하다 422년 59세에 병사했고 후에 무제라는 시호가 주어졌다.

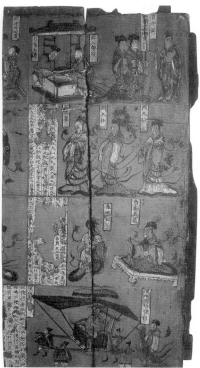

《병풍칠화열녀고현도屏風漆畵列女古賢圖》
북위·나무 재질에 옻칠한 그림으로 80cm×40cm
다. 산서성 박물관과 대동시大同市 박물관에 나
누어 소장되어 있다.

병령사炳靈寺 석굴
사진은 북위 시기 제172굴의 석조 불상이다.

**남조·연꽃 모양의 청자 술단
지[靑瓷蓮花尊]**

남조 궁정의 첫 번째 사건

유송 왕조가 건립된 후 2년도 되지 않아 개국 황제 유유가 병사하였다. 이후 3년간 정권이 계속 바뀌다 송 문제宋文帝에 이르러서야 비로소 30년간의 안정 상태를 이룰 수 있었다. 유유 사후 전례에 따라 태자 유의부劉義符가 즉위하니 바로 송 소제宋少帝다. 당시 소제는 겨우 17세였기 때문에 부량傅亮·서선지徐羨之·사회謝晦 등이 정권을 보좌하였다. 그러나 소제는 즉위 후 지나치게 놀기만 좋아하고 정사는 돌보지 않았다. 정권을 보좌하는 대신들은 유의부의 덕망을 상실한 행위를 보고 그를 폐위하기로 결정하였다. 제도에 의거해 유의부가 폐위된 후 유유의 차남 유의진劉義眞이 황위를 계승하였다. 유의진은 문예를 좋아하여 문사 사령운謝靈運과 안정지顔延之 등을 벗으로 삼았고, 만약 뜻을 이루면 이 둘을 재상으로 삼겠다고 공언하였다. 이렇게 되자 서선지와 부량·사회 등은 비밀 모의를 거쳐 먼저 유의진을 서인으로 폐위하여 신안군新安郡으로 보낸 후 유의부를 영양왕營陽王으로 폐한 지 한 달도 되지 않아 유의부와 유의진을 모두 살해하였다. 뒤이어 경평景平 2년(424) 6월, 황제의 의장儀仗과 어가를 싣고 강릉으로 가 유유의 3남 유의륭劉義隆을 영입하여 황제로 세웠다. 유의부를 폐위시키고 살해한 일은 유송劉宋과 남조 궁정의 첫 번째 사건으로 남조 궁정 정치의 잦은 변란은 실제로 이 사건에서 시작된다.

북제·교서도校書圖(일부)

닭 머리 모양의 물대가 있는 청자 주전자
[靑瓷雙流鷄首壺]

주전자 윗부분의 반구는 바깥으로 펴져 있으며 허리는 잘룩하고 목은 길고 어깨는 둥글며 배는 깊고 바닥은 약간 오목하다. 어깨 앞쪽에는 위를 향해 곧게 뻗어 있는 닭 머리 모양의 물이 나오는 물대 두 개를 나란히 배열해 놓았는데 닭의 정수리 부분에 벼슬이 높게 달려 있고 튀어나온 둥근 눈에 머리를 들고 우는 모습을 하고 있다. 뒷부분은 둥글게 굽은 모양의 손잡이가 두 개 있는데 손잡이 윗부분의 용 머리는 주전자의 반구와 서로 이어져 있고 용 머리의 두 눈은 앞을 보며 물을 마시는 형상이다. 손잡이 아랫부분은 주전자 어깨와 서로 이어져 있다. 손잡이 위쪽은 약간 가늘고 아래쪽은 다소 굵으며 어깨 좌우 양측에 각기 교각 모양의 손잡이가 하나씩 있다. 청색 유약을 칠했고 빙렬冰裂무늬가 있다. 조형이 정교하고 아름다우며 생동적인 이 물주전자는 당시 일반적으로 사용되었다.

420년

서량을 멸망시킨 북량

서량 가흥嘉興 4년(420) 7월, 북량은 서량의 수도 주천酒泉을 쳐부수고 서량을 멸망시켰다. 북량은 노수호盧水胡 부족 사람인 저거몽손沮渠蒙遜이 융안隆安 5년(401)에 건립하고 수도를 장액長掖으로 정했다. 412년 저거몽손은 하서왕河西王이라 칭하고 현시玄始로 개원했다. 저거몽손은 북량을 건립한 후 여러 차례 서량의 이씨에 패하였기에 서량에 깊은 원한이 쌓여 있었다. 진 의희 13년(417), 서량의 이고가 병사하고 그 아들 이흠李歆이 뒤를 이었다. 이후, 이흠은 토목 공사를 크게 일으켜 백성들을 여러 차례 부역으로 징발했으며 가흥 4년(420) 7월에는 주위의 권고를 듣지 않고 친히 북량 정벌에 나섰다. 그런데 이 일이 있기 전부터 북량 역시 이씨를 없애려는 마음이 있었기 때문에 서량을 유인하기 위하여 남쪽의 서진西秦을 토벌한다고 일부러 떠벌이고 다녔다. 이흠은 여기에 속아 넘어가 군을 이끌고 북량 공격에 나섰다. 저거몽손은 변경에 병사를 매복시켜 서량의 군대를 격파하고 아울러 이흠까지 살해했다. 저거몽손은 승세를 이어 서진하여 주천을 점령했다. 이흠의 동생이자 돈황태수인 이순李恂이 이 소식을 듣고 돈황을 지키며 스스로 관군 장군·양주자사라 칭하고 북량에 계속 대항했다. 다음해 3월, 저거몽손은 군사 2만을 이끌고 돈황을 포위·공격하며 성밖의 삼면에 둑을 쌓고 성 안으로 물을 끌어대자 돈황성은 함락되고 이순은 자결했다. 저거몽손은 서량 땅을 점령한 후 지휘와 명령을 엄격하고 공정하게 집행했으며 추호도 백성들의 이익을 침해하지 않았고, 서량의 옛 신하들 중 재능과 명망이 있는 자는 일괄적으로 임용했다. 그는 또 전 지역에서 공적인 일로 부상을 입거나 불구가 된 사람과 순직한 이의 가족을 위로하고 물질적 도움을 주는 방법을 취했기 때문에 서량 지역은 변란 속에도 사회는 안정되고 나라가 태평하고 백성이 편안했다.

남조 도자기의 번영

위진남북조 시기 남방 사회는 비교적 안정되었기 때문에 동한 말기 발명된 청자와 흑자黑瓷가 모두 신속히 발전했다. 자기의 응용 범위는 다소 확대되었고 자기 제조업은 광범위한 지역으로 보급되었으며 자기 제조 기술 역시 대대적으로 향상되었다. 남조의 자기 제조 기술은 배토坏土 및 유약의 선택과 배합부터 성형成形, 유약 입히기, 가마 만들기와 굽기에 이르기까지 장족의 발전을 이루었다. 성형 기술의 경우 이 시기에 이미 물레의 회전의 힘을 이용해 두 손으로 배토를 끌어당기며 성형하는 방법을 사용했고 이때 사용한 물레 역시 선진적인 자기 재질의 축정완軸頂碗 장치를 사용했다. 이에 따라 생산율은 제고되고 자기의 질 역시 점차 향상되어 남방 청자의 바탕은 곱고 섬세하면서도 단단하며 유약을 바른 표면의 매끄러운 정도 또한 증가했다. 남조 자기는 종류도 나날이 다양해져 주전자·주기酒器·항아리·쟁반 외에 타구唾具·등잔걸이·박산로博山爐·다리 셋 달린 연적·촛대 등이 있었는데 그 제작 수준이 나날이 향상되고 조형 역시 더욱 아름다워졌다. 남조 도자기 산업은 기술·종류·조형 등의 방면에서 모두 전대의 기초 위에 비교적 큰 발전을 이루었고 당송시대 유명한 가마가 출현할 수 있는 탄탄한 기초를 닦아 놓았다.

청자탁잔靑瓷托盞
남조의 다구로 강서 남창南昌 묘에서 출토되었다. 총 높이 11.5cm, 구경 7.7cm, 잔 바닥의 직경은 6.6cm다. 이 기물은 상부의 찻잔과 하부의 잔 받침으로 구성되어 있다.

425년
위나라의 유연 토벌

유연柔然은 4세기 말 흥기하기 시작하여 5세기에는 이미 지금의 몽고 초원에 강대한 유목민족 정권을 수립했다. 유연은 동쪽으로 대흥안령大興安嶺에서 시작하여 서쪽으로는 카라샤르[焉耆]에 이르고 남쪽은 대사막과 인접하고 북쪽으로는 서시베리아에 이르는 광대한 지역을 통치했다. 유연의 통치 집단은 줄곧 전쟁을 부와 노예를 증가시키는 수단으로 삼아 사방의 이웃 나라를 부단히 약탈했다. 북위 시광始光 원년(424) 8월에 유연의 칸인 대단大檀이 북위의 명원제明元帝가 병사한 틈을 이용해 6만 군사를 이끌고 운중雲中의 성락궁盛樂宮을 공격하자 위 태무제 탁발도는 친히 어가를 몰고 토벌에 나섰다. 군대가 운중에 이르렀을 때 유연의 대군에 포위되었지만 탁발도는 침착하게 적을 물리쳤다. 그러나 그는 이를 수치스럽게 여겨 원수를 갚고 설욕하겠다 맹세하였다. 시광 4년(427) 7월, 유연은 탁발도가 친히 하夏를 정벌하러 나가 위나라의 내부가 비어 있는 틈을 이용해 재차 출병하여 운중을 침범하였다. 신가神䴥 2년(429) 4월, 탁발도는 친히 수만의 기마병을 이끌고 고비 대사막을 넘어 유연의 칸의 궁전까지 신속히 진격했다. 유연은 이 공격으로 심각한 타격을 입어 역량이 대폭 약화되었고 이로부터 쇠락의 길을 걷다 6세기 중엽 돌궐과 서위의 공동 공격에 철저히 섬멸되었다.

훌룬부이르[呼倫貝爾] 초원
유연은 말 위에서 태어난 민족으로 몽고 초원에서 흥기했다.

꽃잎·새·물고기 무늬가 있는 둥지 모양의 도금 동기

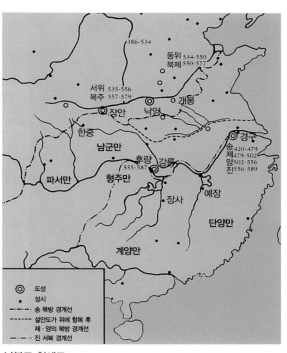

남북조 형세도

430년
유송의 제1차 북벌

송 무제 유유가 송 정권을 건립할 무렵 북위의 탁발씨는 이미 나라를 세워 북방을 통일하고 있는 중이었다. 송 문제와 북위의 태무제가 각자 황제에 즉위한 후 두 나라는 모두 일정 기간 동안 정책 수정 시간을 필요로 했기 때문에 남북은 몇 년간 평화 상태를 유지했다. 그러나 송 문제 유의륭은 몇 년간의 내부 정돈 및 건설을 마치고 조건이 이미 성숙했다고 판단하고 원가元嘉 7년(430) 봄, 즉시 출병하여 북벌에 나섰다. 북위 태무제는 대로하여 기冀·정定·상相 세 주에 배 1000척을 건조하라는 명을 내리고 유주幽州 이남의 변방의 병사들을 하상河上에 집결시켜 송의 군대에 대비했다. 북위는 역량을 집중하기 위해 낙양·호뢰虎牢·활대滑臺 등 군사적 요충지에 있는 장수 및 병졸들에게 성을 버리고 북으로 철수하라는 명령을 내렸다. 송의 군대는 이들 중요 진鎭을 접수한 후 병력이 분산되었다. 11월 위의 군대가 반격을 가하기 시작하며 송의 장군 유언지劉彦之를 영창진靈昌津에서 물리쳤다. 이후 북위의 대군은 모든 전선으로 출격하여 낙양·호뢰 등지를 차례로 수복했다. 이에 유언지는 배와 갑옷을 버린 채 잔여 병력을 이끌고 팽성으로 퇴각했다. 이때 송의 북벌군은 연패를 거듭했고 요충지 활대에서도 부단히 위급함을 고해 오자 송 문제는 어쩔 수 없이 다시 정남대장군征南大將軍 단도제檀道濟를 파견하여 군대를 이끌고 가 지원하도록 했다. 송 문제가 제1차 북벌로 입은 손실은 막대하여 이후 장기간 대규모로 출병할 여력이 없게 되었고, 이 때문에 송과 위는 향후 20년간 대체적으로 서로 전쟁 없는 평화 시기를 보냈다.

목란 종군도

북조 민가의 대표작 〈목란시〉

〈목란시木蘭詩〉는 북조의 장편 서사 민가로 악부樂府시집 '양고각횡취곡梁鼓角橫吹曲'에 수록되어 있는 최고 걸작이다. 〈목란시〉는 목란이 남장을 하고 아버지를 대신해 종군하는 이야기를 담고 있다. 목란은 늙으신 아버지를 안전하게 모시기 위해 아버지를 대신해 출정이라는 고된 임무를 의연히 맡는 자기희생 정신을 표현하였다. 목란은 10년에 걸쳐 수많은 전쟁을 치르며 성공적으로 사명을 완수하여 꿋꿋함과 용감함을 보여준 반면, 개선하여 귀향하는 길에 관작을 받지 않고 오직 보통 여성으로 생활할 수 있기만을 원하는 순박하고 고결한 속내를 드러내었다. 〈목란시〉는 민간 서사시로 민간 색채가 농후하며 풍격 역시 비교적 굳세고 힘차면서 소박하고 고풍스러운 민가의 예술 특징을 표현했다. 반복법과 대구법을 연속 운용한 시구의 운율은 아름다움과 음악성을 만들어 냈으며 문답법을 이용한 심리 상태 묘사는 이를 데 없이 섬세하다. 또 유사한 구조와 음을 반복하는 대우구對偶句는 간결하고 세련되며 정제되어 풍부한 함의를 내포하며 정련된 언어는 서사 분위기를 더욱 두드러지게 한다. 〈목란시〉는 북조 악부 민가의 걸출한 업적을 대표한다. 〈목란시〉의 예술적 특색과 사상 내용은 후세에 매우 큰 영향을 끼쳤다. 두보는 〈목란시〉 중 전 가족이 목란을 환영하는 장면을 묘사할 때 사용한 표현법을 〈초당시草堂詩〉에서 의도적으로 모방하였다. 목란은 지금까지도 여전히 무대와 은막에서 여성 영웅의 이미지로 창조되고 있다.

북위의 교렵의 성행

서진 멸망 후 흉노·선비 등의 소수민족이 차례로 중원의 주인이 되었다. 원래 유목을 업으로 삼았던 이들 민족은 모두 말을 타고 사냥하는 데 능숙했고 중원에 들어와 주인이 된 후에도 종종 다양한 통로를 통해 이런 전통을 유지했다. 북위에서 울타리를 쳐 짐승을 포위하고 사냥하는 교렵校獵이 성행한 일은 이런 역사적 상황을 설명한다. 대규모 교렵은 줄곧 북위의 왕공 귀족들이 무술을 익히는 중요한 수단이었다. 《위서魏書》에는 교렵 행사와 관련된 많은 기록이 있다. 교렵 외에 교사校射 시합과 마사馬射 시합 또한 매우 성행하였다. 화살 쏘는 법을 익히도록 하기 위해 북위는 매년 정기적으로 '구일마사九日馬射' 행사를 거행했고 도읍 부근의 태수와 관리들은 모두 도읍으로 와 이 행사를 관람하라는 명을 내렸다. 또 수도의 여인들 역시 전투 원조를 관람하러 오도록 했고 참가하지 않는 자는 군법에 따라 죄를 물었다. 이로써 당시 마사 시합의 정황 및 명성과 위력을 알 수 있다. 조정이 사격 및 무술 익히기를 중시하는 풍조는 민간에까지 영향을 미쳐 당시 사예射藝 훈련이 더욱 보편화·전문화 되었다. 잦은 활 쏘기 연습 행사는 북위 사예가 비교적 큰 발전을 이루도록 했다. 당시 사격 훈련으로 주로 과녁 맞추기와 달리는 말 위에서 쏘기가 있었고 '달리는 말의 좌우에 매달려 쏘기', '거꾸로 매달려 쏘기' 및 '움직이는 물체에 쏘기' 등 난이도가 비교적 높은 기술 동작이 있었다.

북위·태자 교사校射 부조

번영기에 진입한 중국 회화

위진남북조 시기가 되면 한말 이래 지속되던 유학 예교의 지위가 흔들리면서 사람들은 일정 정도 사상적으로 해방되었다. 그리고 명사들의 출현, 청담의 성행, 현학의 흥기, 사회생활에 미친 불교의 영향 등등 각종 사상적·문화적 배경 아래 예술은 다방면에서 모두 찬란한 성과를 거두었다. 문학이 왕성하게 발전하고 회화 역시 점차적으로 중국 고유의 화풍을 형성했다. 그리하여 다수의 회화 대가와 대량의 모사본이 유통되는 명화 및 그림을 의론하는 대량의 저작이 역사상 처음으로 탄생하며 중국 회화는 번영에 들어선다.

위진남북조 시기는 또한 산수화의 맹아기이기도 하다. 산수화의 발전은 강남의 수려한 산수가 사람들에게 선사한 자연미를 향유하는 것일 뿐 아니라 당시 현학 사상의 성행 및 현학가들이 표방한 은둔과도 관련이 있다. 위진남북조 시기 남북 각지에서 활약한 화단의 대가들 중에는 혜강·사령운 등의 명사뿐 아니라 진 명제 사마소·양 원제 소역紹繹 등 제왕까지 있으며 회화에 심취한 이들로 인하여 회화는 전면적인 번영 양상을 보였고 더 나아가 한 시대의 획을 긋는 업적을 이루어 냈다.

431년
토욕혼의 하 정벌

하나라의 혁련씨赫連氏는 원래 흉노족의 한 분파였으나 한족과의 통혼을 통해 장기간 유씨劉氏 성을 따라 썼으며 이런 전통은 혁련발발赫連勃勃 대까지 이어졌다. 혁련발발은 야심이 큰 자로 누군가의 밑에 있어야 하는 흉노족의 귀족에 머물기를 원치 않았다. 진 의희 2년(406), 혁련발발은 자신을 거두어 준 장인과 후진後秦의 고평공高平公 몰혁우沒奕于를 습격하여 살해하고 그 부족의 무리를 통합하여 다음해 스스로 천왕·대선우大單于라 칭하고 연호를 용승龍昇으로 개원하고 백관을 제정하였다. 그는 흉노족이 하후夏后씨의 후손이므로 국호를 대하大夏로 해야 한다고 생각했고 흉노족이 모계의 성인 유씨를 따르는 것은 불합리하다고 여겨 곧 혁련씨로 성을 바꾸었다. 혁련발발은 왕위에 오른 후 몇 년간 무력 공격을 연속적으로 감행하여 진 의희 14년(418)에 장안을 점거했다.

송 원가 3년(426) 혁련발발의 다섯째 아들 혁련정赫連定이 평량平凉에서 황제가 되었다. 송 원가 8년(431), 혁련정이 서진을 침략하자 서진은 위나라에 구원을 요청했다. 그러나 위나라가 출병도 하기 전에 서진의 걸복모말乞伏暮末은 혁련정에게 참살되었다. 북위의 침공을 두려워한 혁련정은 포획한 서진의 백성 10여 만 명을 혹사시키며 황하를 건너 저거몽손을 습격, 북량의 토지를 탈취할 준비를 하였다. 그러나 토욕혼吐谷渾왕 모괴慕瑰가 파견한 모이연慕利延과 습건拾虔이 기마병 3만을 이끌고 중간에 매복해 하의 군대가 강을 건너기를 기다렸다 기습 공격을 하여 압승을 거두었다. 이 전투에서 하나라의 왕 혁련정을 생포하여 북위로 압송함으로써 대하는 멸망했다. 하나라는 진 의희 3년(407)에 건국하여 위 신가 4년(431)에 멸망하기까지 25년에 걸쳐 3명의 왕이 재위하였다.

북위 석각 화상

433년
사령운의 피살

송 원가 10년(433), 저명한 시인 사령운謝靈運이 광주에서 피살되었는데 향년 49세였다. 사령운(385~433)은 아명이 객아客兒이고 진군陳郡 양하陽夏(지금의 하남 태강太康) 사람이다. 동진의 명재상 사현의 손자로 진 나라 시기 강락공康樂公 봉작을 세습 하였기에 세간에서는 그를 사강락謝康樂이라 불렀다. 사령운은 유송 시기에 영가태수를 지냈으며 비서감·시중·임천내사臨川內史를 역임했다. 그는 어려서부터 배우기를 좋아하여 경서와 역사서에 통달하였고 당시 저명한 문학가였으며 큰 포부를 지니고 있었다. 무제 유유가 재위하던 시기 사령운은 황태자 유의진과 매우 친하게 교류하며 그의 총애를 받았고 유의진은 만약 자신이 황제가 되면 반드시 사령운을 재상으로 삼을 것이라 공언했다. 그러나 유의진이 피살되고 문제 유의륭이 즉위함에 따라 사령운은 자연히 중용될 수 없었다. 사령운 본인은 자신이 명문가의 고귀한 신분으로 재주가 보통 사람을 뛰어넘는다고 자부하였고 자신이 조정에 참여할 수 없는 상황 때문에 마음이 편치 않아 병을 이유로 자주 입조하지 않았으며 때로는 야외로 나가 산수를 즐기며 십 수일이 넘도록 돌아오지 않기도 했다. 문제는 그의 재능을 아껴 깊이 따지지 않고 아예 사령운에게 장기 휴가를 주어 집으로 돌아가도록 하였다. 그 후 임천내사로 있을 때 어떤 일로 정권을 쥐고 있는 팽성왕 유의강劉義康의 미움을 사 모반죄로 광주로 귀양보내지고 얼마 후 피살되었다.

사령운

441년
구지전투

구지仇池(지금의 감숙 성현成縣 낙곡진洛谷鎭)는 남조 송나라 시기 무도왕武都王 양현楊玄이 점거하던 곳이다. 송 원가 6년(429) 양현이 사망하자 그의 아우 양난당楊難當은 양현의 아들 양보종楊保宗을 폐위시키고 자신이 무도왕의 지위를 계승했다. 양난당은 야심이 매우 큰 자로 송의 촉과 한 땅을 빼앗고자 여러 차례 변경 지역을 침략했다. 송 원가 18년(441) 12월, 송나라 문제는 양난당을 토벌하기 위해 출정했고 다음해 5월 송의 군대가 구지를 공격·점령하자 양난당은 북위로 도주하여 지원을 요청했다. 북위의 탁발도는 양난당의 원수를 대신 갚는다는 명분을 내세워 군대를 네 개의 길로 나누어 대대적 남침을 감행했다. 원가 21년(444) 8월, 북위는 구지전투에서 승리를 거둔 후 송나라로 사신을 보내 적극적으로 관계 회복을 노렸다. 이때가 되어 송나라와 위나라의 전쟁은 일단락을 고한다.

모래로 쌀을 되는 척하여 위나라 군대를 물리친 단도제

원가 7년(430) 봄, 송 문제가 거병하여 북위 토벌에 나서자 위 태무제는 먼저 주고 후에 빼앗는 전술을 채택하여 같은 해 겨울 대대적 반공을 가하여 송나라의 군대에 연승을 거두었다. 송의 군대는 모든 전선에서 패하고 군사적으로 요충지인 활대滑臺에서마저 위급함을 고해왔다. 이에 송 문제는 급히 정남장군 단도제檀道濟를 지원군으로 파견하였다. 단도제는 위나라 안평공 을기권乙旃眷·제주자사濟州刺史 실번고결悉煩庫結을 상대로 연승을 거두고 위나라 군대와 30여 차례의 접전을 벌이며 수차례 대승을 거두었다. 그러나 역성歷城에 진격할 때 위나라 장군 숙손건叔孫建이 좌우로 협공하며 군량을 모두 태워버렸다. 이때 활대는 이미 위나라 군대에 무너진 상태였기에 단도제는 활대를 이미 잃었다 판단했고 군량도 부족했기에 하는 수 없이 철군했다. 위나라 군대는 송의 군대가 이미 군량이 떨어졌음을 알고 군대를 풀어 추격하도록 하였다. 송나라의 군사들은 모두 두려움에 떨다 싸움에 패하여 뿔뿔이 흩어졌다. 이 위급한 순간 단도제는 군사를 인솔하여 회군하는 길에 야영을 하며 각 병영마다 밤에 쌀을 되는 것처럼 위장하라는 명령을 내렸다. 이에 병사들은 큰 소리로 쌀 대신 모래를 세며 수량을 보고했고 마지막으로 장군들이 조금 남아 있던 쌀로 모래를 덮었다. 날이 밝자 송나라 야영지에 도착한 북위의 추격병은 모래를 덮은 쌀을 보고 단도제에게 군량미가 남아 있다고 여겨 감히 경솔하게 공격하지 못하고 조용히 군사를 이끌고 퇴각했고 단도제는 의기양양하여 군대를 이끌고 안전하게 되돌아갔다. 이 역사적 사실로부터 후에 '단도제가 모래를 되다'는 고사가 나왔다.

443년
서진의 멸망

서진西秦은 농서 선비족 걸복씨乞伏氏 집단이 세운 나라다. 진晉 태원太元 19년(394) 걸복건귀乞伏乾歸가 처음으로 진왕秦王이라 칭했다. 걸복치반乞伏熾磐이 즉위한 후 서진은 남량을 멸하고 토욕혼에 연승하여 청해호青海湖 동쪽 일대까지로 영토를 확장하며 전성기에 진입한다. 서진 건홍建弘 9년(428), 걸복치반이 병사하고 그 아들 걸복모말이 계위하면서 서진은 쇠퇴의 길을 걷게 된다. 걸복모말은 즉위 후 매우 가혹한 형벌 정책을 써서 지지 기반이 허물어지고 고립무원의 상태가 되었다. 상서 신진辛進은 전에 걸복모말의 모친에게 과실로 상해를 입힌 적이 있었는데 걸복모말이 이를 안 후 영홍永弘 2년(429) 2월 뜻밖에도 신진 및 그의 5족을 멸하였다. 10월에는 모반을 꾀하던 숙부 걸복십인乞伏什寅을 살해하였다. 영홍 3년(430) 3월에 걸복십인의 모친의 아우인 백양白養과 거열去列을 살해하니 이와 같은 모말의 잔혹한 행위는 대신들의 불만을 샀다. 11월 하나라의 혁련정이 침략하자 걸복모말은 위의 군대에게 지원을 요청하였고 위나라는 이를 승낙하여 평량과 안정安定을 봉쇄해주기로 약조했다. 이에 걸복모말은 성읍을 불태우고 귀중한 기물을 훼손한 후 1만 5000호의 관원과 백성을 이끌고 동쪽의 상겹上郏(지금의 감숙 천수天水)으로 옮겼다. 행렬이 남안南安(지금의 감숙 농서 위수 동쪽)에 이르렀을 때 이미 많은 영토를 토욕혼에 완전히 빼앗겨 걸복모말의 수하는 이 때문에 속속 반란을 일으켰다. 영홍 4년 1월, 토욕혼이 남안을 공격하자 걸복모말은 나가 항복하였다. 6월 하나라 혁련정은 걸복모말과 그 종족 500여명 전부를 살해하였고 이로써 서진은 멸망하였다. 서진은 건의建義 원년(385)에 나라를 세워 영홍永弘 4년(431) 멸망하기까지 총 47년, 네 명의 임금이 재위하였다.

중국 문화에 영향을 끼친 불교

위진남북조 시기 인도에서 들어온 불교가 중국에서 크게 흥성하여 각계 각층으로 파급되었다. 불교가 흥성하고 발전함에 따라, 불교는 일종의 외래문화로서 융화의 자세를 취하며 중국 문화의 주체 속으로 파고들어가 중국의 정치·경제·문화·건축·회화·조소·음악·민속 방면에 심대한 영향을 끼쳤다. 불교는 처음 '외래 방술方術'로 여겨졌지만 후에 강력한 영향력을 갖는 의식意識 형태 및 사회 역량으로 변하여, 유교와 도교 두 종교의 관심을 불러 일으켰다. 이 세 종교는 부단한 충돌을 거치며 서로 침투·흡수하기 때문에 이들 간의 충돌 과정은 또한 융합 과정이기도 하다. 불교를 통해 중국에 유입된 인도의 회화 기법이 중국 전통회화 기교와 결합된 후 중국 회화 예술은 아주 빠른 속도로 발전했다. 남북조 시기 불화는 회화 예술의 주요 소재였다. 조소 방면에서 불교는 포교의 필요성 때문에 불교의 풍부하고 다채로운 종교적 상상력을 제공하여 중국 조소 예술이 대대적으로 촉진될 수 있도록 했다. 내용 면에서는 사람과 동물 표현 중심에서 부처 및 여러 신을 표현하는 위주로 바뀌었다. 예술 형식 면에서는 단순 소박하고 꾸밈이 없는 상태에서 정교하고 성숙한 수준으로 발전했다. 이외의 불사 및 각종 불교 기념일은 중국인의 사회생활에 영향을 미쳤고 이로부터 불교는 중국 문화의 주요 구성 부분이 되어 중국 사회의 모든 측면에 영향을 끼쳤다.

구색록본생九色鹿本生 벽화

이 벽화는 북위시대 작품으로 돈황 제257굴 서쪽 벽 중간층에 있으며 전체 그림은 세로 96cm, 가로 385cm다. 이 벽화의 소재는 불경 고사 가운데 아홉 색깔의 사슴에 관한 이야기다. 사슴이 항하恒河에 빠진 사람을 구해주었는데 물에 빠졌던 사람은 사슴에게 그 행방을 아무에게도 말하지 않겠다고 다짐했다. 그런데 꿈에서 아홉 색깔의 사슴을 본 왕후가 그 가죽으로 요를 만들고 뿔로 장식품 만들기를 원하자 왕은 상금을 걸고 이 사슴을 찾았다. 물에 빠졌던 사람은 사슴을 배신하고 밀고하여 국왕을 이끌고 아홉 색깔 사슴을 잡으러 갔다. 사슴은 국왕을 보고 설움에 북받쳐 물에 빠졌던 사람의 배은망덕을 고했다. 이에 왕은 크게 감동하여 아홉 색깔 사슴을 보호하라는 명령을 내렸다. 이 그림은 국왕과 사슴이 대화하는 장면이다.

변법도辯法圖(서진·병령사 제 169굴)

북량 악기樂伎와 백희 벽화

월요越窯 연꽃 무늬 자기 접시

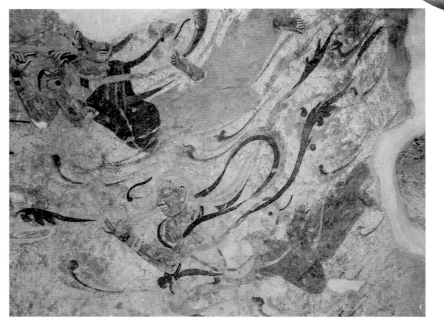

비천 벽화

네 명의 비천飛天은 각기 음악을 연주하거나 꽃을 뿌리거나 혹은 향로를 들고 향을 올리는 등 서로 다른 자세를 취한 채 옷의 띠를 높이 나부끼며 천궁으로 날아오른다. 비천의 얼굴·팔·손·다리 등 노출된 부위의 피부는 미세한 진흙으로 부조되었고 의상·치마끈·꽃무늬·떠다니는 구름·악기 등은 채색으로 이루어졌다. 이렇게 회화와 조소가 결합된 방식은 비천들을 사실적·생동적으로 표현하는 입체적 효과를 대대적으로 향상시켜 벽에서 튀어나올 듯한 느낌을 준다.

북방에서 유행한 '서량악'

　16국 시기부터 북방에 '서량악西凉樂'이 유행하기 시작했다. '서량악'은 전진前秦 말 양주凉州에서 시작되었고 당시에는 '진한기秦漢伎'라 불렀다. 북위 태무제 태연太延 5년(439), 태무제 탁발도는 양주를 평정하고 음악 반주에 맞추어 춤추는 악무樂舞를 하는 이 지역 예인藝人 및 악기·의상·무용에 쓰이는 장식물 등을 수도 평성으로 약탈해 돌아왔다. 이로써 양주 지역에 전해지던 '진한기'를 입수하게 되었고 '서량악'이라 바꾸어 불렀다. 북위와 북주 사이 '서량악'은 '국기國伎'라고도 불리며 국가 간의 의례나 가례嘉禮에 이용되었다. 북제는 궁정 아악을 제정할 때, 역시 '서량악'을 '낙양구악洛陽舊樂'으로 여기고 흡수·운용했다. '이렇게 서량 사람에게 전수되던 중국의 옛음악에 강족羌族과 호족의 소리를 섞은'《구당서舊唐書·음악지音樂志》서량악은 사실상(쿠처악[龜玆樂]을 중심으로 하는) 서역 각 민족의 악무와 ('청상악淸商樂'의 일부 요소를 포함한) 중원 한족의 악무가 상호 융합하고 철저히 이해된 후에 새로운 형태의 악무로 탄생한 것이다. '서량악'은 남북조 시기 북방에서 유행했을 뿐 아니라 수당 시기에 이르기까지 줄곧 성행했다.

444년
유의경의 사망

송 원가 20년(444), 《세설신어世說新語》의 편자인 임천왕臨川王 유의경劉義慶이 사망했다. 유의경(403~444)은 남송의 소설가로 팽성 사람이다. 유송劉宋 왕조의 종실로 임천왕 작위를 이어받고 일찍이 형주자사·강주자사 등을 역임했다. 《송서·종실전宗室傳》에는 유의경이 '문의文義를 사랑하여', '문학하는 선비를 불러 모으면 멀리서건 가까이서건 찾아온다'고 기록하고 있다. 저작으로 《서주선현전찬徐州先賢傳贊》·《전서典敍》 및 지괴소설인 《유명록幽明錄》 등이 있다. 그가 편찬한 《세설신어》는 위진 시기 일화를 소재로 한 소설을 집대성한 작품으로 비교적 높은 문학적 가치와 예술적 성취도를 지니고 있으며 후대 문학에까지 지대한 영향을 끼쳤다. 《세설신어》의 유통본은 6권 36편이며 주로 한漢에서 진晉·송에 이르기까지의 일부 명사의 언행과 일화를 기록했다. 내용에 따라 덕행·언어·정사政事·문학·방정方正·아량·식감識鑑 등의 36문門으로 분류된다. 기록된 인물은 모두 역사적 실존 인물이지만 그들의 언행 기술은 풍문에 근거한 것도 있기 때문에 전적으로 사실이라고 할 수는 없다. 《세설신어》는 일화와 뛰어난 언사를 기재한 필기 소설의 선구자로 후세에 이를 모방한 작품이 잇따라 등장했다. 이 저서 중의 많은 이야기들이 후대 문인들이 애용하는 전고가 되거나 혹은 후대 희곡 소설의 창작 소재가 되었고 후에는 일부 성어가 여기에서 나오기도 했다. 이를 통해 《세설신어》가 중국 문학사에서 차지하는 지위의 중요성과 영향의 심원함을 알 수 있다.

444년
태무제의 불교 탄압

중국 불교사상 일찍이 북위 태무제·북주 무제·당 무종唐武宗과 후주 세종世宗이 불교를 없애라는 조서를 내렸었는데 역사에서는 이를 '삼무일종멸법三武一宗滅法'이라 부른다. 위 태무제는 이와 같은 나쁜 선례를 처음으로 만든 황제다. 위 태무제 탁발도는 북량을 멸한 후 이 나라의 불교 신도(저거씨沮渠氏 종족 및 관리와 백성을 포함함) 수만 호를 당시 위의 수도 평성으로 이주시킴에 따라 북위에서 불교의 영향은 신속히 확대되었다. 그러나 탁발도와 대신 최호崔浩는 모두 도교를 숭상하고 불교를 혐오했기 때문에 최호는 불교 탄압에 주력하였고 탁발도 역시 그러했다. 태평太平 진군眞君 5년(444) 정월 12일, 탁발도는 왕공 서민이 사문·무당·박수를 개인적으로 부양하는 것을 금지하고 이를 위반할 경우 사문·무당·박수 및 공양주 집안 전체를 참살하라는 조서를 내렸다. 태평 진군 7년(446) 3월, 탁발도는 군을 이끌고 친히 노수호의 개오蓋吳 정복 길에 나서 장안으로 진격하며 사찰을 침입했다. 이때 사찰 내외에서 병기가 발견되면 이런 물건은 사문과 상관이 없는 물건이므로 틀림없이 개오와 내통하여 반란을 획책하는 증거라 여기고 사찰의 모든 사문을 주살하라는 명을 내렸다. 또 사찰의 재산을 정리하며 사찰 안에서 많은

외국 유리의 대량 수입

위진남북조 시기 중국과 서역의 여러 나라 간의 친선 교류가 발전함에 따라, 국외의 선진적 수공업 기술이 점차 중국으로 유입되었다. 할거하는 정권의 통치자들은 모두 아름다운 유리 제품에 열광했고 이에 따라 약 서기 2세기에서 5세기경에 외국의 유리 제품 및 그 제작 기술이 대량으로 유입되어 중국 남방과 북방의 유리 제조업 공예 수준에 획기적 발전이 있었다. 로마 유리는 당시 세계에서 독보적인 존재로 그 상품은 멀리 외국에까지 팔렸고 중국 역시 대량 수입했다. 로마에서 파키스탄의 탁실라까지 운반되어 온 유리 제품으로 반지·팔찌·그릇 등이 있고, 유리구슬은 오색·연한 남색·유채釉彩 등의 양식이 있었다. 로마의 유리는 중국의 남방과 북방에서 모두 유행했고 이 지역의 유리 제조업이 발전하는 데 막대한 촉진 작용을 하였다. 남방의 광주와 교주交州는 3세기 로마와의 교류가 비교적 빈번했다. 먼저 이집트 기술을 모방하기 시작했고 로마의 배합 방법을 사용하여 참신한 모양의 소다 석회 유리를 제작하였다. 북위 태무제 탁발도 시기(424~452) 수도 평성(지금의 산서 대동)의 대월지大月氏 상인은 오색 유리를 만들 줄 알았다. 이로부터 중국은 자체 제조한 유리가 점차 많아지게 되었고 더 이상 유리를 진귀한 보물로 여기지 않게 되었다.

북위·유리병

주조 도구 및 주군州郡 관민의 재산과 밀실에 숨어 있던 여인들을 발견하고 불교를 더욱 혐오하게 되었다. 최호는 이 기회를 이용해 다시 한 번 불교 탄압을 진언하고 탁발도는 같은 달 곧 불교를 없애버리라는 조서를 내렸다. 조서에는 "불교는 형상과 오랑캐의 경전을 추구하니 이를 모두 격파하고 사문은 노소를 불문하고 모두 구덩이에 묻으라", "이후 감히 오랑캐의 신을 믿고 그 형상을 빚거나 동으로 주조하는 자는 모두 주살한다"고 명하였다.

고구려·무용총 널방 동벽의 무용도*
이 그림은 고구려 사람들이 노래와 춤에 능함을 보여준다. 소박하며 꾸밈없는 화풍으로 고구려 벽화의 대표작이다.

* 원서에는 이 벽화를 가무벽화歌舞壁畵로 표기.-역주

한반도 삼국 음악의 중국 유입

위진남북조 시기 한반도는 고구려·백제·신라 삼국으로 나뉘어 있었다. 이 삼국은 중국의 남북조 정권과 모두 지속적 교류를 유지했고 이에 따라 경제·문화 교류 역시 부단히 이어져 이 삼국의 음악이 이 시기에 중국으로 유입되었다. 삼국의 음악은 고구려와 백제 음악을 위주로, 각각 고구려(지금의 한반도 북부 및 중국의 요녕과 길림 일대)와 백제(지금의 한반도 서남부)로부터 당시의 북연北燕으로 유입되어 급속도로 유행하였다. 북위 태무제 태연 2년(436), 북위는 연나라를 멸하고 이 두 나라의 음악을 입수할 수 있었다. 후에 북주 무제가 북제를 멸하며 이 두 나라의 음악이 계속 끊이지 않고 중국으로 유입되었고 점차 완비되었다. 고구려의 '공후인箜篌引' 곡이 유입된 후 중국 문인은 이 가락에 맞추어 사辭를 지었고 이 노래는 한때를 풍미한 명곡이 되었다. 한반도 삼국의 악기인 탄쟁彈箏·와공후臥箜篌·수공후竪箜篌·비파·오현五絃·적笛·생笙·소簫·소필률小篳篥*·도피필률桃皮篳篥·요고腰鼓·제고齊鼓·단고担鼓·패貝[조개 취주악기] 등은 14종류가 있으며, 이 악기들이 한 조를 이룬다. 위의 악기들이 모두 중국에 전해졌고 신라의 가야금 역시 이 시기 중국으로 전래되었다.

* 필률은 피리임-역주

고구려 벽화·안악3호분安岳三號墳*

* 원서에는 이 벽화를 무악시종도舞樂侍從圖로 표기-역주

만지수의 출현

삼국 시기 자수 공예가 큰 발전을 이루었다. 전진前秦 왕자년王子年의 《습유기拾遺記》에 따르면 동오 손권의 부인은 네모난 비단 위에 '오대 명산·강과 바다·성읍·진법陣法의 형세'를 수를 놓아 만드는 데 능하여 당시 사람들이 '침절針絶'이라 칭했다고 한다. 당대唐代의 풍지馮贄는 《남부연화기南部煙花記》에서 양 무제는 오색 자수 치마를 만들어 붉은 줄에 진주로 장식했다고 전하는데 이는 아마도 후세에 구슬로 수를 놓는 선례가 될 것이다. 남북조 시기 불교가 중국에서 광범위하게 유행하면서 빼어나게 아름다운 불번佛幡·불상 자수 작품이 많이 등장했다. 막고굴에는 북위 광양왕廣陽王 원가元嘉가 태화太和 11년(487)에 바친 자수 불상 조각이 있다. 수놓은 조각 정 중앙에 불상이 하나 있고, 오른쪽에는 보살이 있고, 아래쪽 한 가운데에 발원문이 있으며 공양하는 사람이 좌우에 한 명씩 있다. 여자 넷에 남자 하나만 겨우 남아 있는데 전부 호복胡服을 입고 있고 각각 옆에는 이름과 공양액을 수놓았다. 이 작품의 네 변은 모두 인동忍冬·연주·거북 등의 무늬로 장식되었고 이운二暈* 배색 방식을 사용해 만들었다. 이 자수 작품은 테두리의 무늬를 제외한 모든 공간을 수로 채운 현존하는 가장 오래된 회화성이 가미된 만지수萬地繡**다. 이로써 늦어도 남북조 시기에 이미 만지수가 있었음을 알 수 있다.

* 운은 색채의 농염으로 입체감·질량감·원근감을 표현하는 동양회화 기법임-역주
** 갖가지 색실과 금실로 바탕이 조금도 드러나지 않도록 전부 수를 놓아 이런 이름이 붙여졌음-역주

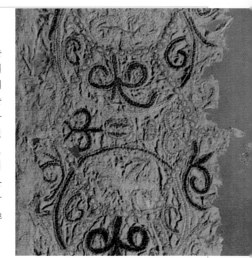

북위·불상과 공양인 자수

450년
유송의 북벌

송 원가 27년(450) 7월 12일, 송 문제 유의륭은 군신의 반대에도 불구하고 대대적 북벌을 명하는 조서를 내렸다. 같은 해 2월, 위 태무제는 친히 보병과 기마병 10만을 이끌고 기습적으로 남하하여 현호懸瓠(지금의 하남 여남현汝南縣)를 포위하고 공격하자 송의 남돈南頓 태수와 영천潁川태수는 성을 버리고 도주했다. 현호의 수장 진헌陳憲이 42일간 필사적으로 반격하자 위나라는 더 이상 공격하지 못하고 퇴각했다. 비록 위나라 군대는 퇴각했지만 이 전쟁에서 참담한 손실을 입은 송 문제는 분노를 삭이지 못하고 북벌을 결정했다. 송의 왕현모王玄謨는 주력군을 통솔하여 북상하며 차례로 확오確磝와 낙안樂安을 함락시킨 후 활대로 진격하여 포위하였다. 한편 송의 명장 유원경柳元景 등은 군대를 웅이산熊耳山(지금의 하남 노현盧縣)으로 이끌고 해당 지역의 무장 세력과 협력하여 홍농弘農·섬현陝縣·동관潼關을 연속적으로 함락시키자 관중의 한족과 강족·호족이 분분히 호응했다. 9월 위나라 황제가 군대를 이끌고 활대를 원조하러 나섰다. 왕현모의 군대는 매우 강했지만 오랜 기간 공격해도 활대를 함락시킬 수 없었다. 10월 강을 건너는 위나라 군대는 1백만이라 전해지고 북소리가 천지를 뒤흔들었다. 왕현모는 위나라 군대의 위세가 두려워 손써볼 겨를도 없이 경황 없이 급히 퇴각했고 이를 위나라 군대가 추격하여 남송의 사상자가 1만여 명에 달했고 부하들은 모두 흩어져 도주했으며 버리고 간 군 자재와 전투 기구들이 산처럼 쌓였다. 송의 군대는 패배 후 각 처에서 방어만 하며 힘들게 수비할 수밖에 없었다.

북위·무사 토우

오백 강도의 성불·전투 벽화

이 벽화는 불경 이야기를 배경으로 하였다. 교살라국僑薩羅國의 강도 오백 명이 난을 일으켰으나 국왕이 파견한 대군에 섬멸되고 포로로 잡혀 두 눈을 파내는 잔혹한 형벌을 받고 산속으로 추방되었다. 부처는 신통력으로 향산香山의 약을 불어 보내 오백 강도가 다시 눈을 뜨게 만들었다. 강도는 불법에 귀의하여 삭발 출가하고 산림에 은거하다 참선에 든 채 입적하여 결국 성불했다. 이 그림은 관군과 강도가 전쟁을 치르는 장면이다. 관군은 투구와 갑옷을 착용하고 손에 긴 창을 들고 철갑을 두른 말에 올라탄 반면 강도들은 보통 바지에 미투리를 신은 채 서로 죽고 죽이는 전투를 벌였다. 관병은 우수한 장비와 유리한 지형 등의 우세한 입장에서 강도들을 공격했기 때문에 강도의 필패는 예견된 것이었다.

북위·기마 무사 토우

1953년 섬서성 서안시 초창파草廠坡에서 출토되었다. 이 지역에서 출토된 기마 토우와 무사 토우는 모두 묘 주인이 우거牛車를 타고 외출하는 의장 행렬을 에워싸고 있는 구성 부분이다. 비록 제작 수준이 세련되지는 않지만 간결한 조형의 토우는 늠름한 풍채를 잘 드러내고 있으며, 특히 사람과 말이 모두 갑옷을 두르고 있는 기마 무사 토우는 위력을 사방에 떨쳤던 북방의 선비 탁발 부족의 기사를 사실적으로 형상화했다.

452년
위나라 두 황제를 시해한 종애

북위 태무제 탁발도가 450년 대군을 이끌고 송을 정벌하기 위해 남하하며 생긴 사상자가 대략 군의 절반에 이르렀다. 탁발도의 용병이 대외적으로 아무 공적도 세우지 못하자 궁정 내부 투쟁이 격화되었다. 중상시中常侍 환관 종애宗愛는 태자 탁발황拓跋晃이 국왕의 부재 기간에 국사를 대신 관장하는 것을 증오하여 태자의 심복 도성道盛을 모략하여 죄명을 뒤집어 씌웠다. 태무제가 이에 대로하여 도성을 참수하자 태자 탁발황은 종일 걱정에 싸여 지내다 451년 6월 14일에 병사했다. 후에 태무제는 태자가 무고함을 알고 후회막급이었다. 종애는 주살될 것이 두려워 452년 2월 5일, 먼저 손을 써 황제를 시해하고 후에 또 좌복야左僕射 난연蘭延과 진왕秦王 탁발한拓跋翰 등을 살해하고 자신과 관계가 특별히 좋은 남안왕南安王 탁발여拓跋余를 황제로 옹립하고 승평承平이라 개원할 계획을 세웠다. 그러나 후에 탁발여가 종애에 대하여 점차 불만이 쌓여 그의 권력을 박탈하려 했다. 이에 종애는 매우 화가 나 10월 탁발여가 한밤중에 백등산白登山(지금의 산서 대동성 동쪽)으로 선조에 제사를 올리러 간 틈을 이용해 궁중의 집사직인 소황문小黃門 가주賈周 등에게 현장에서 탁발여를 시해하도록 사주했다. 후에 근위병의 일종인 우림랑중羽林郎中 유니劉尼와 상서 원하源賀·육려陸麗 등이 밀모하여 황손인 탁발준拓跋濬을 영안전永安殿에서 즉위시키고 흥안興安으로 개원하니 이이가 바로 고종高宗 문성文成황제다. 문성제는 종애와 가주를 주살하고 그 삼족을 멸하라는 명을 내렸다.

최호 사건

북위 태평진군太平眞君 11년(450) 6월 10일, 북위의 사도 최호崔浩는 위 태무제 탁발도의 '국사안國史案'에 걸려 처형되고 문중과 인척들은 모두 멸문지화를 당했다. 최호는 도무제·명원제·태무제의 삼대조를 섬긴 북위의 보국 원로로 처음 박사좨주博士祭酒로 임명되었고 후에 관직이 사도에 이르러 군사와 국정에 여러 차례 참여하고 도왔다. 최호는 서예에 능숙하고 경전과 사서에 정통했으며 천문 역학에도 조예가 깊었다. 그는 박학다식하고 다재다능하며 스스로 매우 고명하다고 여겼다. 청하淸河 최씨는 원래 위진시대 지위 높은 사대부 가문으로 동진으로 남하하지 않고 북방 사대부로 당당한 일가를 이루었다. 그는 북위에서 벼슬을 하면서도 한족 사대부 고유의 특수 신분과 지위를 유지하기 원했다. 그는 일찍이 '인륜을 바로잡고 사대부를 가리는' 일을 담당했었다. 이런 일련의 '한漢을 숭상하고 오랑캐를 제압하는' 행위는 선비족 귀족들의 강렬한 불만을 격발하였고 이들은 기회를 봐 최호를 제거하려 했다. 최호는 말년에 감비서사監秘書事로서 명을 받들어 고윤高允 등과 북위의 사서인 《국기國紀》를 공동으로 저술했다. 최호는 북위 전 세대의 추악한 일을 모두 사실 그대로 기록했으며 높은 이의 이름을 직접 거명하지 않는 피휘避諱도 하지 않았다. 이에 선비족 귀족들은 모두 대로하여 연합하여 탁발도에게 고했다. 심지어 탁발도가 남침하는 틈을 이용해 최호가 반란을 모의하려 했다고 모함하는 자도 있었다. 탁발도는 대로하여 태평진군 11년(450) 6월 10일, 최호와 비서성秘書省의 관련 관리들을 주살하고 최호 문중과 인척인 범양范陽 노씨盧氏·태원太原 곽씨郭氏·하동河東 유씨柳氏 집안을 멸문하라는 조서를 내렸다. 이것이 바로 많은 사람이 연루된 '최호의 사건'이다. 당시 이 사건으로 처형된 자가 120여 명에 이르자 고윤은 탁발도가 싫어하는 기색이 분명함에도 개의치 않고 간하여 간신히 연루 범위가 더 이상 확대되지 않았다.

최호

최호(?~450)의 자는 백연伯淵이고 아명은 도간桃簡이며 북위 청하 동무성東武城(지금의 산동 무성) 사람이다. 부친은 현백玄伯으로 관직이 천부대인天部大人에 이르렀고 백마공白馬公에 봉해진 북위의 개국공신이다.

454년
송의 사수전 재 주조

원가 7년(430) 10월 5일, 송 문제 유의륭은 전서錢署를 설립하여 사수전四銖錢*을 주조하라는 조서를 내렸다. 사수전은 오수전五銖錢보다 20퍼센트 가볍고 윤곽과 모양 구조는 오수전과 같으며 1전을 주조하는 비용이 1전의 쓰임과 같아, 즉 사수전 생산 비용이 그 사용 가치와 같아 민간의 환영을 받았다. 447년 유의공劉義恭은 보통 동전보다 크며 화폐 가치 또한 높은 대전大錢의 유통을 건의하여 오수전 1개가 사수전 2개에 상당하도록 했으나 1년도 되지 않아 취소하였다. 후에 민간에서 옛 동전을 깎고 쪼아 사적으로 주화를 주조함에 따라 동전 중량이 또 한 차례 감량되어 453년에는 1.2그램

밖에 되지 않는 사수전이 나타났다. 송 효건孝建 원년(454) 정월 24일, 송 효무제 유준劉駿은 '효건사수孝建四銖'로 바꾸어 주조하라는 조서를 내렸다. 이 동전의 중량은 약 2.4그램으로 원래의 사수전과 비교해 중량이 40퍼센트 정도 줄었으며 동전에는 전서체 문자가 있다. 영광永光 원년(465) 2월 27일, 유자업劉子業 집정 시기에 결국 이수전二銖錢으로 개량 주조했다. 관전官錢이 나올 때마다 민간에서는 이를 모방하여 주조했는데 모양과 구조는 더욱 얇고 작아졌을 뿐 아니라 윤곽도 없었으며 '뇌자耒子'라 불렸다. 9월 심경지沈慶之의 건의가 채택되어 동전의 사적 주조를 윤허했고 이로부터 화폐제도는 급속도로 손상되었다.

* 수銖는 중국 고대 중량 단위의 하나로 1/24냥임 – 역주

남북조 · 옥벽사玉辟邪
이 벽사는 흰색에 황색이 스며있는 옥으로 만든 입체 조각이다. 벽사는 쭈그리고 앉아 있는 모습으로, 머리는 들고 있고 뿔 두 개는 아래로 늘어뜨린 채 두 눈을 부릅뜨고 입을 벌리고 턱에 난 긴 수염은 가슴까지 닿고 목은 가늘며 가슴을 활짝 펴고 있다. 조각은 소박하고 섬세하며 형상은 생동감 넘치며 용맹스럽다.

중국 비단 직조 기술의 서양 전래

동한 초기, 파미르 동쪽의 코탄국(于闐國) 왕은 중국의 양잠 비밀을 얻어내기 위해 계획적으로 동국東國(코탄 동쪽의 피찬(鄯善國), 지금의 위그르 약강若光)에 구혼하여 승낙을 얻었다. 이후 바로 동국의 공주에게 밀사를 파견하여 코탄국이 양잠하여 생산한 비단으로 옷을 지을 수 있도록 시집올 때 누에알을 가지고 출국하라고 전했다. 당시 동국은 누에알이 국외로 유출되는 것을 금지하였기 때문에 국경 검문소의 검사가 매우 엄격했다. 동국 공주는 시집갈 때 누에알과 뽕나무 씨앗을 모자의 솜 속에 감춘 후 특수한 신분 덕에 겨우 검사를 피하여 이것들을 코탄국으로 가져왔다. 이에 따라 기원 1세기부터 코탄은 뽕나무를 심고 누에를 치며 초보적이나마 독자적인 비단 제조업의 틀을 잡기 시작했다. 이렇게 되어 중국의 비단 제조 기술이 마침내 국외로 전파되었다. 늦어도 5세기 중엽에는 페르시아도 양잠 비단 제조 기술을 획득하여 화려하고 아름다운 금기능완錦綺綾紈*을 짤 수 있었다. 중국 비단 제조 기술의 페르시아 전수는 주로 유럽을 점거하고 있던 로마 제국에게는 큰 자극이었다. 그들은 페르시아가 중국 견사를 수입할 때 부리는 농간을 벗어나 본국의 비단 제조업을 발전시키려 하였다. 중국의 양잠 · 고치를 켜 실 뽑기 · 비단 직조 기술은 이로부터 유라시아 대륙에 번성하고 발전하게 되었는데 이는 의심의 여지없이 중국이 세계의 비단 직조 발전에 크게 이바지한 것이다.

* 錦: 색채와 무늬가 있는 비단. 綺: 무늬가 놓인 비단. 綾: 고운 생사로 짠 윤이 나는 무늬 있는 고급 비단. 紈: 희고 고운 비단 – 역주

홍지운주일천금紅地雲珠日天錦
이 비단의 도안은 일천日天(태양신)과 수렵 무늬를 위주로 '玄' · '吉' 등의 글자를 직조했는데 이국풍이 농후한 매우 진귀한 작품이다.

고창 고성故城

고창 고성은 투르판시 동쪽 약 40km의 아스타나 촌 동쪽에 자리 잡고 있다. 이는 양한兩漢 및 위진 시기 서역의 여러 나라를 진무할 직무가 있는 무기 교위戊己校尉의 둔병처였으며 후에 전량前凉 고창 군의 통치하에 있었고 국씨麴氏 고창 왕국의 수도 이기도 했다. 200㎡ 면적의 성을 외성·내성·궁성 세 부분으로 나눈 구조는 당나라의 장안성과 유사 하다.

연흥延興 5년 석가모니 상

북위시대 작품으로 전체 높이는 35.2cm며 1967년 하북 만성滿城 맹촌孟村에서 출토되었다. 불상 뒤쪽 에 '연흥 5년 4월 5일 장□□(차대次戴?)는 부처를 위하여 석가모니 부처 한 구를 만들었다' 는 명문이 새겨져 있다. 연흥 5년은 475년이다.

460년
감씨의 고창 건립

송 대명大明 4년(460), 유연은 저거씨 를 멸하고 감백주闞伯周를 고창왕으로 삼았다. 감씨는 고창高昌(지금의 신강 투 르판 동남쪽) 한족의 권문세가이며 16 국 말기 그 수령 감상闞爽이 유연의 도 움하에 고창을 점령하고 스스로 태수 를 맡은 후 북량의 통치를 벗어난다 고 선포했다. 442년 저거무휘沮渠無諱 가 북량의 잔여 부족을 이끌고 다시 고창을 점령하자 감상은 부족 사람들 을 이끌고 유연으로 피난하였다. 다 음해 저거무휘는 스스로 양왕凉王이 되었고 이것이 고창 지역에 나라가 생긴 시초가 되었다. 460년, 국세가 비교적 강성해지자 유연의 처라處羅칸 은 감씨가 다시 나라를 세울 수 있도 록 돕기로 결심했다. 11월 유연은 대 군을 남하시켜 고창을 함락하고 저거 무휘의 계승자인 저거안주沮渠安周를 죽이고 고창 감씨가 다시 그들의 생

활 터전으로 돌아가도록 도왔다. 이 때 감상은 이미 사망한 상태였으며 유연은 감씨 부족 사람인 감백주를 고창왕으로 세우고 이후 국호를 고창 으로 정했으며 '감씨 고창' 이라고도 불렀다. 감백주는 '감씨 고창' 을 건립 한 후 대외적으로 중원 왕조와의 정 부 차원의 관계를 철저히 단절하고 유연을 보호국으로 삼았으며 장기적 으로 사용해 온 수라부受羅部 진眞칸의 '영강永康' 이라는 연호를 썼다. 대내 적으로는 지방 경제를 발전시키고 한 족의 문화 전통을 숭상하며 불교를 신봉했다. '감씨 고창' 은 감백주로부 터 시작하여 감의성闞義成을 거쳐 마 지막 감수귀闞首歸에 이르기까지 모두 3대, 31년간 지속되다가 491년 쿠처 [高車]에 의해 멸망되었다.

북위·도금한 동 석가모니 상

석가모니가 수미좌須彌座에 결가부좌하고 설법하는 모습으로 귓바퀴가 크면서 아래로 처진 귀는 북위 시기 불상의 뚜렷한 특징을 지니고 있다.

금동 불상의 전성기 돌입

북위 초기 흉노족 혁련씨는 불학의 중심인 장안으로 쳐들어가 불상을 없애고 승려를 죽였지 만 고승 구마라습의 제자 백각선사白脚禪師는 평성에 도착하여 위 무제의 예우를 받았다. 북위 는 북량을 멸한(439) 후 수준 높은 기예를 갖추고 있는 양주 장인들을 평성으로 잡아오는 동시 에 수많은 승려들을 포로로 잡아 왔기 때문에 평성은 북방의 정치·문화 및 불교의 중심지가 되었고 이로부터 금동 불상이 대량 제작되었다. 남방의 경우 동진은 이미 제왕帝王들의 사치 경쟁이 시작되었고 이런 시대적 풍조는 뛰어난 명사급 장인들의 경쟁 심리와 실력을 겨루게 만드는 외적 추동력이 되었다. 대규戴逵·대옹戴顒 부자는 대표적으로 유명한 불상 제작 장인 이다. 양식 면에서 남조 금동 불상은 여유 있는 넉넉한 천의天衣의 옷자락 속으로 날아갈 듯 준 수한 자태가 돋보이게 하는 기법을 숭상하였다. 이는 남조에서 유행한 속되지 않게 아름다우 며 청아한 수골청상秀骨清像 인물의 전형이 불상 제작에서 구체적으로 표현된 것이다. 남조의 불상 제작은 전반적으로 형체의 윤곽에서 전체적 통일성과 매우 풍부한 장식적 특징을 드러내 며 이는 당시 경쟁적으로 사치와 낭비를 숭상했던 풍조에 부응한다. 남조와 북조를 불문하고 금동 조상의 규모는 모두 매우 웅대하고 예술적 기교 역시 날로 완벽해졌으며 이로부터 금동 조상은 완전히 중국화되었고 전성기를 맞이했다.

460년
운강석굴 착굴

북위 화평和平 원년(460)부터 승려 담요曇曜는 북위 문성제의 동의를 얻어 평성의 서쪽, 운강雲崗에 석굴을 파기 시작했다. 담요가 모두 5개의 석굴을 팠다고 하여 후세에 '담요오굴曇曜五窟'이라 불린 이 석굴은 전부 돔 모양의 둥근 지붕에 타원형 평면으로 천축天竺의 초가집 모양이다. 담요가 굴을 파 조각하기로 주력한 데에는 황실의 복을 빌고 군주의 기분을 맞추는 외에 더욱 중요한 목적이 있었다. 그것은 바로 '오랑캐에게는 원래 불교가 없다'는 설을 반박하여 불교의 연원이 장구하며 앞으로도 무궁히 이어질 것임을 선전하고 이를 통해 교권의 이익과 왕권의 이익을 밀착시키고자 하는 것이었다. 효문제의 조모 태황태후 풍씨馮氏는 불법을 독실하게 믿었으며 정무에 관여한 10여 년간 맹목적으로 부처를 숭상하며 복을 구하는 풍조를 전국에 퍼뜨렸다. 이로부터 운강석굴 조성 주체는 더 이상 황실로 국한되지 않고 일반 관리·승려·비구니·지주 등이 모두 자금을 제공하여 만들었으며 운강석굴은 북위 수도 부근 불교도의 중요한 종교 활동 장소가 되었다. 운강석굴은 세 가지 예술 풍격은 지니고 있는데 그것은 바로 중국 고유의 조각 전통, 외국 승려가 전수한 사자국獅子國(지금의 스리랑카)의 영향, 그리고 서역에서 전래된 간다라(지금의 파키스탄과 아프카니스탄 서부 일대) 예술의 영향이다.

운강 제 20굴 대불
북위 시기 제작되었고 높이는 13.7m다. 탁발 선비족이 중국 북방에 들어와 주인이 된 후 평성에 수도를 정하고 불교를 숭상하며 불당을 짓고 석굴을 파 불상을 만들면서 불교 예술은 고도로 발전했다. 북위 불교 예술 중에서 산서의 운강석굴이 가장 명성이 높으며 이 대불은 운강석굴의 조각 중 가장 크다.

북 치는 도녀용陶女俑

퉁소를 부는 도용

북위 산악백희散樂百戱의 성행

북위는 중국 북방을 통일한 후 가무에서 즐거움을 찾으려는 왕공 귀족의 욕구를 만족시키고, 또 음악 반주가 있는 춤인 악무樂舞를 빌어 문치와 무공을 과시하기 위하여 특별히 궁중에 각종 악무 기구를 설치하였다. 여기서 한나라와 진晉나라 궁정의 옛 제도를 모방하여 조하朝賀·절령節令·연회 등의 행사 시 중원에서 유행하는 각종 악무와 백희*를 들여와 공연하였다. 북위 천흥天興 6년(403) 겨울, 도무제는 태악太樂·총장總章·고취鼓吹 등 음악 기구에 잡기백희雜伎百戱를 증보하라는 명을 내렸고 이 결과 17여 종에 이르게 되었다. 궁중에서 고대 악무의 하나인 산악과 백희를 같이 공연하는 외에, 이 시기의 사찰 역시 교리를 전파하고 널리 신도를 모으기 위해 종교 기념일과 법회 등의 행사 시 가무와 기예를 공연했다. 바로 이렇게 산악 백희를 공연하는 과정에서 음악·무도·잡기가 상호 교류하며 우희優戱**와 가무희歌舞戱가 탄생되었다. 이런 가무희 및 그 표현 방법·형식·수단은 모두 후대 희곡 예술에 흡수·융화되었다.

*잡악雜樂·가무희歌舞戱·괴뢰희傀儡戱 등을 포함하는 고대 오락 형식의 일종-역주
**고대 악무나 만담을 위주로 하는 잡희雜戱-역주

462년
조충지의 대명력 제작

남조 송 효무제 대명大明 6년(462), 저명한 수학자이자 천문 역학인 조충지祖沖之는 전세대의 경험을 총결산한 기초 위에 자신의 실제 측량과 정확한 연산으로 남조에서 가장 우수한 역법인 대명력大明曆을 만들었다. 조충지가 만든 대명력 최대의 창조성은 동진의 우희虞喜가 발견한 세차歲差 현상을 역법 계산에 도입했다는 점이다. 이렇게 되면 동지점冬至點이 매년 변동하기때문에 역법에서 동지점을 고정시킴으로써 발생했던 역법과 천체 현상이 맞지 않는 문제를 고칠 수 있었다. 이는 구 역법의 심각한 결함을 극복한 것일 뿐 아니라 역법 계산의 정밀성을 향상시켰다. 조충지는 실측에 충실하고 수학을 잘하였다. 그는 역법을 만들 때 사용되는 기본 상수인 회귀년의 길이를 정확히 하기 위해 대명 5년(461) 동지 전후에 규표圭表를 사용하여 태양의 그림자를 측량한 후 동지 때 태양은 두수斗宿* 15도에 있다고 정하고 과거의 수치와 비교한 후 세차가 매 45년 11개월마다 1도 차가 난다는 결론을 얻었다. 비록 그가 정한 세차치의 정밀도가 그리 높지는 않지만 이는 독창적인 작업으로 중국 역법사상 중대한 진보일 뿐 아니라 그의 측량과 계산 방법은 후세의 본보기가 되었다.

* 고대인들은 황도와 적도 부근의 28개의 성수를 앞뒤로 선택하여 좌표로 삼고 이를 28수라고 불렀다. 두수는 북방 현무 7수 중의 하나임—역주

조충지(429~500)는 자는 문원文遠이고 남북조 시기 걸출한 천문학자이자 수학자다. 조충지는 먼저 대명력에 세차歲差를 도입하여 중국 역법의 일대 진보를 이루었다. 수학 방면에서 그의 주요 업적은 원주율 계산이다.

479년
송을 멸하고 제를 세운 소도성

송 승명昇明 3년(479) 4월 20일, 소도성蕭道成은 사람을 보내 송 순제順帝에게 선위하라고 압박을 가했다. 21일 송 순제는 조회가 임했는데도 나오지 않았다. 이에 두려워진 태후는 친히 환관을 대동하고 불상 덮개 밑에서 송 순제를 찾아내 강제로 선양 의식을 거행한 후 동저東邸로 보냈다. 송나라의 사공 겸 태보太保인 저연褚淵이 천자의 인끈을 바치며 백관을 거느리고 소도성에게 등극할 것을 권하였다. 23일, 소도성은 황제에 즉위하여 국호를 제齊로 정하고 건원建元으로 개원하니 이가 바로 제 태조 고황제高皇帝며 역사에서는 남제南齊 혹은 소제蕭齊라 부른다. 건원 원년(479) 4월, 소도성은 절약과 검소를 제창하며 종실의 둔저屯邸 운영과 호족 개인 소유 군대인 부곡部曲 모집을 금지하는 명령을 내렸다. 소도성은 재위했던 4년간 호적 정리라는 중대한 조치를 취했다. 소제는 유송과 마찬가지로 권력 쟁탈 때문에 종실 간의 학살이 부단히 자행되었다. 이 과정에서 소도성의 친척 아우인 소연蕭衍이 양양襄陽에서 거병하여 건강을 공격하고 황제라 칭하며 양조梁朝를 건립했다.

소도성(427~482)은 자가 소백紹伯이고 남란릉南蘭陵(지금의 강소 상주常州 서북) 사람이다. 479년 소도성은 송 순제를 강제로 퇴위시키고 스스로 황제의 자리에 오르고 개국하여 제라 칭했다. 즉위 후 소도성은 송 이래로 계속되던 폭정을 개혁하고 검소와 절약을 제창했다. 그는 즉위 기간 중 체납 조세와 묵은 빚을 감면해주고 여러 왕들의 사저 건축을 제한하는 데 주의했으며 교적관校籍官을 두어 매우 엄격하게 호적을 정리하도록 했다. 482년 소도성은 병사했고 묘호廟號를 고제高帝라 했다.

북위·원우묘지元羽墓誌

묘 안에는 묘주의 일생 및 가문을 새긴 사각형의 석지石誌가 있다. 하남 낙양에서 출토되었다. 길이 55.2cm, 넓이 51.6cm, 두께 16.4cm다. 원우는 북위 효문제 원굉元宏의 아들이다. 효문제가 낙양으로 천도할 때 원우는 명을 받들어 구 수도인 평성을 통제하며 천도에 불만을 품은 선비족 사람들을 달래었다.

짐승 얼굴·비천과 문지기

이 그림은 묘실 문 위의 벽화로 아치형 문의 중앙에 매우 사나운 짐승의 얼굴을 그려놓았다. 짐승이 입에 물고 있는 물건은 일찍이 강소성 진강시鎭江市 농목장에서 발견된 동진 융안隆安 2년의 묘에 있는 '사람을 무는 괴수' 화상전畵像磚의 양측에서 보였으며 동진 남조 민간에서 액막이에 썼던 모종의 법기와 유사하다. 짐승의 얼굴 아래 양쪽으로 각각 선녀가 박산로를 들고 있거나 꽃을 뿌리는 모습을 하고 있다. 홍예문 양측에는 작은 관을 쓰고 붉은 장삼에 흰 바지를 입고 손에는 의검儀劍을 쥔 채 서로 마주보고 서 있는 문지기가 하나씩 있는데 외양과 정신 묘사가 모두 빼어나다.

북연의 유리그릇

풍태후의 개혁

북위 효문제 시기 효문제의 조모 풍태후馮太后는 그가 섭정하던 기간에 일련의 제도 개혁을 시행했으며 개혁은 기본적으로 아래의 몇 가지 방면에서 이루어졌다. 첫째, 새로운 법령 제정. 태화 5년(481) 10월 위나라 중서령 고려高閭 등이 개정한 새로운 법령은 모두 832장으로 가문을 멸하는 문방門房의 주誅는 16장, 사형인 대벽大辟은 235장, 잡형雜刑은 377이었다. 옛 법도에 따라 칠대 선조까지 봉사奉祀하여 칠묘七廟에 제를 올렸지만 선왕조의 선례에 따라 대부분 칠묘제七廟祭에 직접 참례하지는 않았다. 태화 6년(482) 11월, 효문제가 친히 제사 올리는 일을 고려하며 담당 부서에 고대 왕가 예법의 전례에 따라 제물로 쓰일 짐승·제기와 상복 및 음악을 갖추라 명했고 이로부터 옛 법도에 따라 칠묘에 제를 올리기 시작했다. 둘째, 반록법班祿法 제정. 위나라 초기 백관은 봉록 없이 노략이나 부정부패로 생계를 꾸렸기 때문에 많은 폐단이 야기되었다. 태화 8년(484) 6월 위나라는 반록법을 실행하여 매 호의 조調를 비단 3필, 곡식 2곡斛*9말로 상향 조정하여 관리의 녹봉으로 삼았다. 백관에게 봉록을 내린 후 받은 뇌물이 다 합쳐 1필이 되는 자는 모두 사형시켰다. 셋째, 삼장제三長制 및 조조제租調制 설립. 태화 10년(486) 2월 내비서령內秘書令 이충李沖은 삼장법 실행을 건의하였고 풍태후의 지지를 얻자 즉시 삼장제를 수립하여 다음과 같이 규정했다. 백성의 호적을 정리한 후 5가구를 인隣이라 하여 인장隣長 하나를 두고, 5인장은 이里라 하여 이장里長 하나를 두고, 5리를 당黨이라 하여 당장黨長 하나를 둔다. 삼장의 직무는 호구를 확인하고 조세를 징수하며 병역과 요역을 징발하는 것이다. 또 민조民調는 일부일처를 1가로 하여 매년 국가에 비단 1필·조 2석을 받쳐야 한다. 15세 이상의 미혼 남녀 4인 또는 농사와 방직에 종사하는 노비 8인 또는 경작용 소 20마리를 소유한 자는 각기 일부일처에 부과한 조조租調를 받쳐야 한다. 넷째, 의복 색상 규정. 태화 10년(486) 정월 초하루 효문제가 조회 시에 곤룡포와 면류관을 착용하기 시작했다. 4월 입궐 시 입는 관복을 주朱·자紫·비緋(붉은 빛)·녹·청의 오등공복五等公服으로 정했다. 8월 상서와 오등작 이상에게는 주의朱衣·옥패·크고 작은 조수組綬**를 하사했다. 다섯째, 호戶에 따라 봉록을 내림. 태화 10년(486) 11월 위나라는 백성을 교화할 직무가 있는 관리에게 그가 다스리는 민호民戶 수에 따라 봉록을 내린다고 의결했다. 다섯째, 악장樂章 제정. 태화 11년(487) 정월 위나라 주군은 악장을 수정하여 고상하지 않은 것은 모두 삭제했다.

* 1斛은 10말―역주
** 옥패의 옥을 묶는 끈―역주

육탐미가 남제 화풍에 미친 영향

육탐미陸探微는 남조 송제宋齊 연간의 저명한 화가이며 오나라 사람으로 485년경에 사망했다. 그의 화풍은 남제 화단에 상당한 영향을 미쳤다. 육탐미는 인물 초상·날아다니는 새·움직이는 동물·불화 등을 그리는 데 능하였다. 송 명제 시 일찍이 시종을 역임하였으며 명제와 궁정의 귀족·공신 및 명사의 초상을 그렸다. 그는 고개지에게 사사하여 화풍이 섬세하고 선의 필적은 세밀했다. 그러나 고개지의 고고하면서 누에고치가 실을 뽑는 듯한 필법은 힘이 있고 예리하면서도 섬세한 선묘線描로 바뀌었고 아울러 기맥이 서로 이어지는 초서를 참고하여 자신만의 고유한 풍격을 창조했다. 그는 또 동한의 서예 대가 장지일張芝-의 필서에서 착안하여 선과 필획이 면면히 이어지며 끊어지지 않는 일필화一筆畵를 창조하였다. 이밖에 그는 또 인물 형상을 소조할 때 수려한 미간으로부터 생동하는 기색, 자연스러움과 시원스러움, 부드럽고 친절한 기품을 드러내는 '수골청상秀骨淸像'이라는 조형 양식을 창시했다. 이는 현학을 숭상하고 청담을 중시한 육조 명사의 이미지를 생동적으로 개괄한 것이자 시대적 특징을 지니고 있기 때문에 고개지와 함께 '고육顧陸'이라 칭해지며 일세를 풍미하였다.

485년

북위의 균전제 시행

북위 태화 9년(485) 10월, 북위는 균전제均田制를 실시했다. 균전제의 원칙은 성년 남자인 정丁의 수를 계산하여 경작지인 전田을 부여하는 것이다. 구체적인 내용은 ①조정이 균전 농민에게 노전露田을 준다. ②처음 전田을 받은 남성에게 별도로 뽕밭 20묘畝*를 주어 가업으로 삼게 하고 종신 반납하지 않는다. ③새로 정착 거주한 농민에게 원택전園宅田을 주는데 3식구당 1묘, 노비는 5식구당 1묘다. ④지방 관리는 품급에 따라 공전公田을 주는데, 자사는 15경頃**, 그 밑의 현령·군승郡丞은 6경이며 매매를 허용하지 않는다. ⑤가족 전체가 노인·어린이·장애자인 경우 전을 받을 자격이 없다. ⑥매년 정월 수전授田과 환전還田을 거행한다. 예를 들면 수전하고 바로 사망하거나 노비나 농사용 소를 매매한 자는 다음해 정월에 전을 환수한다. 토지는 넓고 인구는 희박한 지역의 경우 정부는 농민들을 개간하도록 격려하여 농사짓게 하고 후에 거주자가 생기면 법에 의해 수전한다. 균전제는

노예제 잔재가 매우 심한 특정한 역사적 조건 아래 북위 정권이 실행한 일종의 토지 분배 제도로서 봉건 토지 소유제에 대한 보완 제도다. 동시에 균전제는 떠돌아다니는 노동력을 새로 토지와 결합시켜 자작농의 수와 정부 납세를 확대시켰고 농업 생산 발전과 북위 정권의 봉건화 진행 과정을 촉진했다.

* 1묘는 6.667아르－역주
** 1경은 100 묘임－역주

서있는 도용
북조의 부장품이다. 이 도용은 무장을 한 형상으로 옛날 부녀자들이 입던 지금의 망토와 비슷한 외투인 피풍披風을 머리에 두른 북방 소수민족 복장을 하고 있다. 이 도용은 또 여성적 특징도 표현하고 있는데 이는 선비족이 한화된 후의 특징이기도 하다. 남용男俑이 여성화된 양식으로 당나라 초기까지 계속 이어졌다.

육탐미·죽림칠현과 영계기(일부)
이 그림은 남경의 남조南朝 묘의 벽돌에 새겨져 있다. 화면의 인물은 죽림칠현과 춘추시기 이름 높은 명사인 영계기榮啓期다. '죽림칠현과 영계기'는 조형이 생동적이고 선이 유려하며 대체적으로 정精에서 밀密로 나아가는 특징을 보인다. 이 그림은 내용과 형식의 통일을 이루었으며 역대 문헌에서 칭송한 육탐미 시대의 수준을 반영한다.

494년
위 효문제의 개혁

위 효문제는 낙양으로 천도한 후 적극적으로 한화漢化를 주장하고 일련의 개혁 조치를 실시함에 따라 한화는 가속화했다. 태화 18년(494), 효문제는 중서령 고려高閭에게 고악古樂을 정리하도록 했다. 19년 4월, 효문제는 노성魯城(지금의 산동 곡부)으로 가 친히 공자에게 제를 올리고 얼마 후 관제 개혁을 단행했다. 위나라 초기 선비족과 한의 관호官號가 함께 쓰이며 혼란된 양상을 보이자 효문제는 천도 후 왕소王肅를 기용하여 관제를 개정하고 위진남조의 제도를 따랐다. 5월 효문제는 호복胡服 착용과 선비족 언어 사용을 금하였다. 태호 20년(496), 정월 효문제는 또 성씨를 바꾸도록 명령했다. 동시에 낙양 천도 시 따라온 선비족 사람들은 일률적으로 하남 낙양을 원적으로 삼도록 하고 사후에 북쪽으로 이장할 수 없다고 규정했고 이밖에 족族의 성姓을 정했다. 효문제는 개혁 시 이미 형성되어 있던 한족 지주의 문벌 제도를 인정하고 아울러 이것을 선비족 귀족들에게 보급했다. 효문제의 한화 제도 개혁은 일부 보수적 선비족 귀족의 반대에 봉착했다. 태화 20년(496) 태자 탁발순拓跋恂은 평성으로 도주하여 반란을 획책하려 하였으나 효문제에게 발각되어 사형되었다. 같은 해 겨울, 선비족 귀족 목태穆泰·육예陸睿는 진북대장군鎭北大將軍 탁발사예拓跋思譽 등과 결탁하여 평성에서 군사 정변을 일으켰으나 효문제가 보낸 군대에 진압되어 반란은 평정되었고 이때부터 순조로운 개혁 진행이 보장되었다.

494년
북위의 용문석굴 착굴

위 효문제가 낙양으로 천도한 후 옛 수도 평성의 승려와 솜씨 좋은 장인들이 모두 낙양으로 모여들어 북위의 황실 귀족을 위하여 굴을 파며 불상을 조각하기 시작했다. 이로써 용문龍門석굴은 점차 운강석굴을 대신하는 불교 중심지가 되었고 이후 각 왕조의 건설을 거치며 방대한 규모의 석굴군을 이루었다. 그중 북위 시기 착굴한 대표적 작품으로 고양동古陽洞·빈양삼동賓陽三洞·연화동蓮花洞이 있다. 용문석굴의 굴착은 북위 태화 12년(488) 북위 종실의 비구 혜성慧成이 고양동을 만들면서 시작되었다. 북위 후기 예술 수준을 대표하는 석굴은 연화동이다. 연화동은 조각 기법상 이미 운강석굴의 직평도법直平刀法에서 원도도법圓刀刀法으로 전환했으며 예술 양식은 소박하고 중후한 동시에 호방한 풍에서 우아하고 단정하며 위엄 있는 방향으로 전환되었다. 북위의 불상 조각은 불교의 중국화와 세속화 추세를 구현했으며 효문제가 낙양으로 천도한 후의 민족 융합 특징을 반영한다. 용문석굴은 운강석굴의 예술 양식을 계승했을 뿐 아니라 부단히 발전하고 새로워지며 더 한층 민족적 특성을 띠게 되었다.

용문석굴 조상

용문석굴

효문제
효문제 탁발원굉(재위 기간 471~499)은 선비족 사람으로 탁발규로 시작된 북위 왕조의 여섯 번째 황제다. 위 효문제의 최대 공적은 선비족의 정치·경제·문화를 근본적으로 개혁한 점이다. 그의 제도 개혁은 서북의 각 부족이 지속적으로 중원으로 진입한 후 민족 간 서로 융합된 첫 번째 총결산이며 다민족 국가의 형성과 발전에 긍정적 기능을 했다.

남조 석각을 대표하는 〈예학명〉

남조 양무제 천감天監 13년(514), 화양진일華陽眞逸이 기르던 학의 죽음을 애도하는 〈예학명瘞鶴銘〉을 짓고 상황산초上皇山樵가 글을 썼는데 이것이 남조에서 가장 유명한 비각의 하나다. 새겨진 시기와 작가의 실명에 대하여 역대로 정설은 없지만 일반적으로 '화양은거華陽隱居' 도홍경陶弘景의 작품으로 보고 있다. 〈예학명〉은 마애 각석으로 원래 초산焦山(지금의 강소 진강鎭江) 서쪽 기슭의 석벽에 있었는데 후에 번개를 맞고 갈라져 양자강으로 떨어졌다 청대 강희 때 비로소 발굴되어 초산의 정혜사定慧寺로 옮겨졌다. 〈예학명〉의 필체는 웅장하고 힘을 간직하고 있으면서 날아오를 듯 하고 자체字體는 중후하고 고상하며 예스럽다. 비록 해서지만 행서와 예서의 필법의 맛과 정취를 지닌 참으로 뛰어난 석각 예술 작품이다. 이 비각은 아름다움과 질박함을 모두 갖춘 뛰어난 작품으로 역대 서예가들의 추앙을 받았다. 황정견黃庭堅은 "대자大字 중 〈예학명〉을 넘어서는 것이 없구나"라고 찬탄하였다. 미불米芾·육유陸游 등의 명사도 비석 옆에 제목을 달고 기록을 남겼는데, 모두 〈예학명〉을 매우 높이 평가했다.

〈예학명〉 탁본

조흰의 '개립원술開立圓術' 중에 설계된 입체 모형도

조흰祖晅이 제기한 '조흰 원리'는 하나의 정육면체에 콤파스를 이용하여 가로와 세로 양 측면에서 원기둥체를 안으로부터 절단할 때, 두 원기둥체의 공동 부분이 되는 '모합방개牟合方蓋'의 체적을 입방체에서 한 개의 원뿔에 상당하는 체적을 빼낸 차로 만들어 모합방개의 체적이 $3/2d^3$임을 구했고 아울러 구의 체적은 $V=1/6\pi d^3$임을 얻었다.

《수서隋書·율력지律曆誌》 중 조충지의 원주율에 관한 기록

조충지가 계산한 원주 길이는 직경의 3.1415926에서 3.1415927 사이로 세계 최초로 원주율을 소수점 이하 7자리까지 정확하게 계산한 수치다. 그는 치윤법置閏法을 개혁하여 '대명력'을 만들었다. 기록에 따르면 조충지는 지남차指南車를 개조하고 디딜방아인 수대마水碓磨와 천리선千里船을 만드는 등 많은 절묘한 기계를 제작했다.

조충지의 원주율 계산

조충지(429~500)는 중국 역사상 위대한 과학자로 수학·천문 역법·기계 제조 등의 방면에서 모두 뛰어난 업적을 남겼다. 조충지가 후세에 영향을 끼친 가장 큰 과학적 업적은 원주율 계산이다. 원주율 계산에 있어서 조위曹魏 말년 유미劉徽가 할원술割圓術을 이용하여 확정한 원주율 3.14는 후대에 신뢰할 만한 과학적 기초를 다져주었다. 유미의 방법은 의심의 여지없이 조충지를 일깨워주었다. 앞사람의 기초 위에 조충지는 원주율이 소수점 뒤 6자리까지 이르는 한층 더 정확한 값을 계산해냈다. 이는 15세기 아라비아 수학자 알 카시Al-Kash와 16세기 프랑스 수학자 F. 비에트 Francois Viete가 이보다 더욱 정확한 수치를 얻어내기 전까지 당시 세계에서 가장 앞선 성과였다. 분자와 분모가 백의 자리를 넘지 않는 분수로 제한하면 밀률密率* 355/113는 원주율 값에 가장 근접한 분수이며 당시로서는 최고의 성과였다. 그의 업적을 기념하기 위하여 사람들은 밀률을 '조율祖率'이라 불렀다. 수학 방면에서 조충지가 세운 업적은 그와 그의 아들 조흰이 공동 탐구한 구의 체적 계산 방법 및 《철술綴術》이라는 저서에서 구체적으로 드러난다. 이 저서는 후일 당나라 때 중요 교과서가 되어 학생들은 4년 간 깊이 연구해야 했다. 그러나 안타깝게도 이 책은 전해지지 않는다.

* 약률約率 π=22/7에 대응하는 개념─역주

494년

황제를 시해하고 황위에 오른 소란

소란蕭鸞은 제나라 고제 소도성의 둘째 형 소도생蕭道生의 아들로 고제와 무제에게 중용되었다. 그는 본성이 검소하고 소박하여 수레와 의복, 용모와 거동이 일반인과 같았다. 제 영명永明 11년(493) 7월, 제 무제가 사망하고 제의 태손 소소업蕭昭業이 즉위하여 융창隆昌으로 개원했다. 제 무제가 차남인 의릉왕竟陵王 소자량蕭子良과 사촌 동생인 서창후西昌侯 소란 두 명이 공동으로 정권을 보좌하라는 유조를 내리면서 소란은 제나라의 대권을 장악하기 시작했다. 소란은 황제를 폐위시키려는 뜻을 오래 전부터 품고 있었다. 소자량이 죽자 소란은 상서령이 되어 대권을 독식했고 '일인지하一人之下, 만인지상萬人之上'으로 거리낄 것 없이 더욱 대담해졌다. 게다가 소연이 참모를 하고 좌복야 왕안·후군장군영전내사後軍將軍領殿內事 소감蕭諶·사성교위射聲校尉 소탄지蕭坦之·단양윤丹陽尹 서효사徐孝嗣가 좌우에서 보좌하면서 폐위의 일에 자신감이 생겼다. 성공 가능성이 더욱 높아지자 소란은 폐위를 준비하기 시작했다. 이에 소란은 구실거리를 찾아 융창 원년(494) 7월 입궁하여 제나라 황제 소소업을 살해하고 거짓으로 태후령을 내려 울림왕鬱林王으로 폐위시킨 후, 15세인 소소업의 아우 신안왕新安王 소소문蕭昭文을 맞아들여 황제로 즉위시키고 연흥延興으로 개원했다. 연흥 원년 10월 10일, 소란은 다시 가짜 태후령을 내려 소소문을

해릉왕海陵王으로 강등시키고 얼마 후 살해했다. 그리고 소란 자신이 황제에 즉위하니 이가 바로 제 명제齊明帝이며 건무建武로 개원하였다. 11월에는 황자皇子 소보권蕭寶卷을 태자에 봉했다.

전연화조상비田延和造像碑

강건한 풍격을 지닌 위나라 비서법碑書法

북위 시기 불교가 성행하자 일시에 불당·조상造像·마애·비림碑林·묘지墓誌·각경刻經 등이 곳곳에 세워지며 북위의 비각 예술은 객관적으로 급속도로 발전했다. 북위의 비각은 대다수 해서의 일종을 사용했는데 이런 해서체는 한위 말년 종요鍾繇·위관衛瓘 등의 필법을 직접 계승하여 글자의 맺음이 긴밀하고 중후하며 단정하고 강건하다. 그러나 실제 비각에는 예서와 해서가 번갈아가며 쓰여 갖추어 지지 않은 서체가 없었고 서풍도 다양하여 남북조 시기 서예 예술의 걸출한 대표가 된다. 이런 비각을 위비魏碑라 하고, 서체 역시 '위비체魏碑體'라 부른다. 태화(477~499) 연간, 조상造像에 쓰이는 서체를 계승하여 서체는 우람하면서도 소박하고 중후한 서풍을 형성하여 웅건하며 질박하다. 필법은 하나의 서법에 얽매이지 않는 자연스러움과 품위를 지니고 있으며, 전서체의 필력·예서체의 세勢·행서와 초의 자유분방한 풍격·해서의 단정한 모습이 하나로 모여 있다. 청말 민초, 강유위康有爲는 위비의 아름다움을 백력웅강魄力雄强·기상운목氣象渾穆·필법도약筆法跳躍·점화단후點畵端厚·의태기일意態奇逸·정신비동精神飛動·흥취감족興趣酣足·골법통달骨法洞達·결구천성結構天成·조육풍미組肉豊美 등의 열 가지 항목으로 정리했는데, 이는 위비에 대한 극진한 숭배라 할 수 있다. 위비체는 동위東魏로 계승되어 수와 당까지 영향을 미쳤다.

북위·최경옹崔敬邕 묘지 탁편

495년
소림사의 흥기

소림사少林寺는 북위 태화 19년(495)에 지어지기 시작했다. 당시 선법禪法에 정통한 천축 승려 불타佛陀가 중국에 도착하여 북위 효문제의 예우를 받았으며 아울러 태화 19년 그를 위해 소실산小室山에 사찰을 지으라는 칙명이 내려졌고 의복과 음식을 제공했다. 사찰이 소실산의 무성한 수림 사이에 자리 잡고 있었기 때문에 소림사라 이름을 지었다. 효창孝昌 3년(527) 선종의 초대 조사 보리달마가 소림사에 불법을 전수했는데, 전하는 바에 따르면 그는 일찍이 절에서 9년간 면벽수도한 후 혜가慧可에게 불법을 전수했다고 한다. 이후 소림사 선법은 대대로 전승되며 해외로 전파되었다. 달마는 장기간 좌선을 했기 때문에 근육과 뼈를 운동시키기 위하여 후세에 널리 전해진 소림사 권법을 만들었다. 북주 건덕建德 3년(574), 무제가 불교를 금지함에 따라 사원의 건물은 훼손되고 파괴되었고 대상大象 연간에 중건되어 척호사陟岵寺로 개명했다. 수대에 다시 옛 이름으로 복원된 후 북방 제일의 선종 사찰로 나날이 발전했다. 당 초기 소림사에서 곤봉 무술을 잘하는 승려인 곤승棍僧 13명이 당나라 왕을 구하고 전공을 세우며 소림사는 '천하제일 명찰名刹'이라는 명성을 얻었다.

소연

북연北燕의 옥잔
이 잔의 재질은 비교적 얇으며 형태와 구조가 진晉나라의 방식과 같은 대접 모양의 잔이다. 16국 시기 옥기 중 지금까지 전해지는 것은 많지 않고 나라와 연대를 확실히 알 수 있는 것은 더욱 적은데, 이 옥기는 연대가 있어 확실히 고증할 수 있기 때문에 대표성을 갖는다.

502년
소연의 양나라 건국

소연蕭衍은 자가 숙달叔達이고 아명은 연아練兒며 제나라 소씨와 동족으로 남란릉南蘭陵(지금의 강소 상주 서북쪽) 사람이다. 그는 어려서 어머니의 가르침을 받아 금기서화琴棋書畵·경사자집經史子集·성상점복星相占卜·기사검박騎射劍搏 등등 섭렵하지 않은 것이 없으니 신동이라 불리었다. 벼슬에 처음 나갔을 때 의릉왕 소자량의 눈에 들어 소자량이 서주西州 계롱산鷄籠山에 서저西邸를 열었을 때 소연은 아주 어린 나이였지만 범운范雲·소침蕭琛·왕융王融·심약沈約과 더불어 '서저팔용西邸八龍'에 나란히 오르면서 풍운아가 되었다. 소연은 그의 부친이 제 영명 10년(492) 걱정과 두려움으로 죽은 후부

13명의 승려가 당왕을 구하는 그림[十三和尙救唐王]벽화

터 제나라 고제의 자손에 대한 원한이 깊었기 때문에 일찍이 제 고제 형의 아들 제 명제가 찬위하여 제 고제와 무제의 자손을 살해할 때 도운 적이 있다. 후에 명제의 시기를 사게 되자 점차 제나라를 빼앗아 차지하겠다는 생각을 갖게 되었다. 영태永泰 원년(498) 옹주자사가 되었다. 소보권(동혼후東昏侯)이 집정 중에 조정의 신하를 대대적으로 주살하여 인심이 흉흉해지자 소연은 이 틈을 이용해 거사 준비를 했다. 영원 2년(500) 10월, 소연의 형 소의蕭懿가 무고하게 소보권에게 살해되었다. 11월, 겨우 13세인 형주자사 소보융蕭寶融(제 화제齊和帝)이 황제가 되자 정식으로 거사하여 다음해 9월 건강 인근까지 쳐들어갔다. 12월 소보권은 부하에 살해되고 건강은 소연에게 점령되었다. 소연이 강제로 소보융이 선위하도록 만들었고 이로써 제는 멸망했다. 소연은 황제라 칭하고 국호는 양, 연호는 천감天監이라 정하여 드디어 양 왕조가 건립되었다.

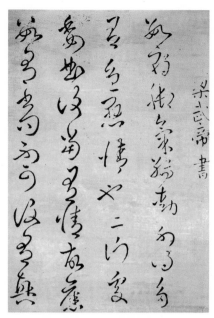

양 무제 소연·수조첩數朝帖

북조·도마용陶馬俑
이 말은 몸집이 장대하며 위풍당당하다. 머리를 숙인 채 길게 우짖으며 모든 마구를 갖추고 출발을 기다리고 있는 모습이다. 의장 행렬의 구성 부분임이 틀림없다.

홍수와 싸운 이숭

북위 명장 이숭李崇은 사람됨이 생각이 깊고 너그러우며 지략이 뛰어나 인심을 얻었다. 그는 수양壽陽에서 관리로 있는 동안, 항상 수하에 장사 수천 명을 양성해 두었기 때문에 침략을 감행한 적군 중에 패하지 않은 군대는 하나도 없었다. 남조의 양 무제가 여러 번 이간시켰지만 위나라의 주군은 시종 이숭을 신임하였고 그를 더욱 중용했다. 북위 연창延昌 2년(513) 5월, 수양 지역에 장마가 들어 물이 성까지 넘쳐흘러들었다. 당시 양주자사였던 이숭은 군대를 이끌고 성벽 주위에 주둔한 후 주야로 순찰하며 구조 작업을 벌였다. 성 밖의 수위가 가장 높았을 때는 물이 두 판版*만 더 되면 성벽 안으로 넘쳐 들어와 인가가 많고 번화한 곳이 곧 물속에 잠겨 수해 지역이 될 상황이었다. 이숭의 수하들은 형세가 급박한 것을 보고 모두 그에게 성을 버리고 부근의 팔공산으로 도피할 것을 권했다. 그러나 이숭은 회남淮南 전체의 안위가 자신 한 몸에 달려 있으며 본인이 일단 이곳을 피하면 백성들은 틀림없이 흩어져 이산가족이 될 것이고 이렇게 되면 천리 밖 양주는 위나라에 속할 수 없다고 판단했다. 당시 중앙을 통치하던 배현裵絢은 상황이 잘 풀리지 않는 것을 보고 성 남쪽의 주민 수천을 이끌고 배를 타고 남쪽의 고원으로 도피했다. 배현은 이숭 역시 틀림없이 자신과 마찬가지로 북으로 철수했다고 여겨 스스로 예주자사라 칭하고 양나라에 투항했다. 배현이 나라를 배반한 소식을 들은 이숭은 즉시 사촌동생 이신李神에게 수군을 통솔하여 공격하도록 하여 배현을 격파하고 그의 관할 지역을 파괴했다.

* 고대 성벽을 재는 단위로 1판의 길이는 8척임-역주

남조 도자기를 능가하는 북조 도자기

중국 북방 황하 유역은 삼국 양진 시기에 도자기 수공업이 매우 쇠퇴했다. 후에 탁발규가 북방을 통일하고 위 정권을 수립한 후 비로소 도자기 제조업이 차차 흥기했다. 부단히 새로운 시도를 모색하는 과정에서 남방 도자기 제조업의 경험을 흡수하여 독자적인 양식을 갖는 북방 도자기를 구워내 남방이 아름다움을 전유하던 국면을 타개했다. 북방 청자는 대략 북위 시기에 발명되었고 북제를 전후하여 청자 굽는 방식이 비교적 보편화되었다. 북방은 청자 외에 다시 백자를 창조하고 연유鉛釉 도자기를 발전시켰는데, 이는 중국 고대 도자기 기술의 또 하나의 중요 업적이자 후대 각종 채색 도자기 출현의 기초를 닦은 것이며 도자기 응용을 위해 더욱 넓은 길을 개척한 것이다. 저온 연유 도자기는 북조에서 부흥했다. 북위의 연유 도자기는 유약의 색과 조형 모두가 빼어나게 아름답다. 북조 도자기는 극도로 쇠퇴한 상황하에서 발전했기에 그 빠른 속도와 높은 성취는 중시할 만한 가치를 지닌다. 북조의 자기는 남방 한족 문화의 영향을 받아 조형과 장식 면에서 남조 자기와 공통적 특징을 지니고 있다. 그러나 다른 한편 예술 양식 및 의관과 복식 면에서는 북방민족 본래의 특색을 농후하게 표현하여 남북 문화 교류 추세를 반영하는 동시에 민족 대융합의 위대한 업적을 드러내고 있다.

520년
중국에 온 보리달마

양 보통普通 원년, 북위 정광正光 원
년(520) 남천축 고승 보리달마가 바다
를 건너 광주에 이르렀다. 보리달마(혹
은 페르시아인이라고도 함)는 지배층인 크
샤트리아로 일찍이 서천西天(인도)의 선
종 27대조 반야다라로부터 심법心法을
전수받았으며 자신이 28대조라 칭했
다. 520년 바다 건너 광주에 도착하여
건강에 들어가 소연(양무제)과 면담하
였으나 뜻이 맞지 않자 곧 강을 건너
북위로 가 숭嵩·낙洛·업 등지에 불법
을 전했다. 달마의 학문은 《능가경楞伽
經》4권을 근본으로 하며 일체의 유위
법有爲法에는 순서가 있다는 차제次第
의 선禪을 돈오돈수의 선으로 바꾸고
'교외별전敎外別傳'이라 불렀는데 초
기에는 그리 성행하지 못했다. 후에
제자 혜가를 얻어 심법과 가사를 전수
하고 "나는 본래 이곳에 와, 불법으로
정에 미혹되어 있는 자를 구했다. 하
나의 꽃에 다섯 잎이 피고, 열매는 자
연히 맺어질 것이다"는 게송을 읊어
자신이 창시한 '선종'이 장래 반드시
크게 번성할 것임을 예언하
였다. 양 중대통中大通 6년(동
위 천평天平 원년, 534), 낙빈洛濱
에서 입적했고 후세 중국 선
종의 시조로 모셔졌다. 선종
에서는 의발衣鉢이 대대로 이
어졌고 육조 혜능慧能에 이르
면 유가 사상을 부분적으로
선종과 융합시켜 선종은 중
국식 불교의 종가가 된다.

보리달마가 강을 건너는 그림 비석

공의 제3·4굴 외경

예불도(일부)

공의 석굴

하남성 공의 서북쪽 약 2.5킬로미터 지
역의 낙하洛河 북쪽 기슭의 망산邙山(현지에
서는 대력산大力山이라 부름) 암층 위의 공현鞏縣
석굴은 북위 말기 희평熙平(516~518)에서부
터 영희永熙(532~534) 사이에 만들어진 북
위 및 북위 조각 예술의 최고 업적이다.
이 석굴은 낙양의 용문석굴, 대동의 운강
석굴과 함께 중국 석굴 조각 예술의 최고
봉을 이룬다. 북위 통치자들은 매우 독실
하게 불교를 믿어 불교를 국교로 삼았다.
효문제는 일찍이 희현사希玄寺로 나들이
갔다 승려들에게 상으로 은을 하사하고
사원을 지으라는 명을 내렸다. 선무제 역
시 병 때문에 희현사에 와 불상 앞에서 예
불을 올렸는데 이때 숙련된 장인을 선발
하여 석굴을 만들고 석불을 조각하며 불
상과 불전을 손질하게 했다. 이와 같이 황
실이 선도하는 상황에서 황친과 신분이
높은 사람들은 속속 불법을 배우며 맹목
적으로 부처를 숭상하며 복을 비는 데 온
힘을 기울였다. 낙양으로 천도한 후 불교
는 중원의 전통 예술과 융합되었고 문화
가 발전하고 경제 역량 역시 증강됨에 따
라 공현 석굴의 규모도 거대해졌고 예술
수준 역시 일찍이 예가 없을 정도로 향상
되었다. 공현석굴이 획득한 가장 두드러
진 업적으로 다음의 세 가지가 있다. 첫
째, 조각 배치가 전체적으로 질서정연하
며 합리적이다. 여기에는 다방면의 내용
이 포함되어 있는데 예를 들면 석굴의 외
관, 석실 내부 형식 및 조각 그 자체의 구
조 등이 있다. 이외 외곽 없는 외관, 굴龕
모양의 중심 기둥 및 굴 내부 배치는 완전
히 새로운 형식을 드러낸다. 둘째, 감상龕
像의 발전과 새로운 형식의 의복 문양의
출현이다. 셋째, 장대한 규모의 군상 조각
인 예불도의 창작이다. 그 정경이 웅장하
고 방향과 복식이 일치하여 강렬한 총체
감을 띠며 동시에
각종 장식물을 빌
어 그림 전체의 층
차감을 조성하여
풍부한 변화감을
갖게 한다.

공의 제1굴 입불두상
立佛頭上

522년
불교의 일본 전파

불교는 인도에서 일본까지 전파되었는데 522년 일본 게이타이[繼體]천황 16년에 남조 양나라 시기의 저명한 조각가 사마달[司馬達]이 일본에 가 천황을 알현했다. 이어 그는 일본의 정치 중심지인 야마토[大和]국 다카이치[高市]군郡 판전원板田原에 대존 불상을 안치하고 귀의 예불을 올렸다. 그 후 그는 이곳으로 이주했고 소가노 우마코[蘇我馬子]에게 중용되었다. 그는 불교 예술 창설에 경주하여 중국적이면서도 인도 양식을 지닌 쿠라스쿠리노[鞍作]파 조소를 창조하여 불교 조소예술의 비조가 되었다. 538년 불교가 백제에서 일본으로 전래됨에 따라 소가씨蘇我氏 · 오오토모씨大伴氏 등의 씨족이 숭배하는 종교가 되었다. 이 이전인 534년, 541년에 백제는 남조 양 왕조에게 불교 전문가를 백제로 파견하여 《열반경》 등의 불교 경전을 전수해 줄

것을 청했다. 568년 긴메이[欽明]천황이 장목樟木을 들여와 불상 두 구를 조각한 것이 일본에서 불상을 조각한 시초가 되었다. 불교가 동쪽의 일본으로 전파된 것은 불교가 세계로 전파되도록 촉진했을 뿐 아니라 중국화된 불학 사상 · 문화 · 교육 · 예의 · 풍속 및 불교 조각 공예 · 미술과 의약 등의 지식 역시 일본에 이식되어 일본이 중국 문화를 수용하도록 감화시키는 작용을 했다.

제천신상諸天神像 벽화
이 벽화는 서위 대통大統 4년과 5년(538, 539)에 만들어졌으며 돈황시 막고굴 제285굴 내 서쪽 벽 정감실 남쪽에 있다. 이 그림에는 비슬뉴천毘瑟紐天 및 나라연천那羅延天 · 삼두육비三頭六臂 · 수장일월手障日月 · 지륜持輪 · 조개 및 각종 법기가 그려져 있다. 아래는 두 명의 역사가 있다.

막고굴

북제의 각경

　문선제文宣帝 고양高洋이 맹목적으로 부처를 믿는 기복 불교 풍조를 북제에 일으키기 시작하며 조정과 민간 모두 불경 베껴 쓰기, 사원 건축, 석굴 조성에 열중했고 불교의 각경刻經 사업은 더욱 왕성해졌다. 북제의 표기대장군 당옹唐邕이 불경을 명산에 새길 것을 발원했다. 북제 천통天統 4년(568)부터 모두 4년의 시간이 걸려 북향당산北響堂山에 석굴을 파 석굴 내외 벽에 《유마경維摩經》 · 《패경孛經》 · 《미륵성불경》 각 1부씩을 송곳으로 새기기 시작하여 무평武平 3년(572)에 비로소 완성했다. 북향당산의 경전을 새긴 동굴은 중국 불교사에 송곳으로 경을 새기는 석경石經 풍조가 일도록 했을 뿐 아니라 각경 지역이 전부 수도인 업 부근 및 노남魯南 연주 일대 산 지역에 집중되도록 했다. 북향당산의 각경 외에 남향당산 각경(572) · 보산寶山각경 · 저래산狙徠山각경(570) · 태산각경 · 수우산水牛山각경 · 첨산尖山각경(575) 등이 있다. 주 무제가 북제를 멸한 후 자신의 통치 지역에서 불교를 탄압했지만 불도는 여전히 그치지 않고 경전을 새겨 철산鐵山각경(579) · 강산崗山각경(580) · 갈산葛山각경 · 역산嶧山각경 등이 탄생했다. 이들은 모두 글을 새긴 면적이 상당히 넓은 · 전무후무한 마애 대자大字다. 경전을 새긴 해서나 예서는 북위의 비석체인 해서와 다르며 동한의 예서와도 다른 웅장하고 힘차며 간결한 풍격을 지니고 있어 후대 사람들은 이를 감상하고 좋아하여 모방했다.

신강 위구르 키르기즈 쿠처국 왕과 왕후 상

쿠처[龜玆] 양식을 형성한 신강석굴

신강석굴은 돈황·운강·용문 3대 석굴 외에 또 하나의 진귀한 중국 고대문명 작품이다. 불교는 기원 1세기 말 중국에 전래된 후 급속도로 서역(지금의 신강)에서 성행했고 당시 서역의 대국인 쿠처국(지금의 신강 쿠처Kuche[庫車] 및 그 주위 지역)은 불교의 중심지였다. 기원 5~6세기 쿠처 불교는 바야흐로 전성기에 접어들었고 이 시기에 대량으로 만들어진 불교 석굴은 쿠처 지역의 양식상의 특색을 집중적으로 구현했다. 이 일대의 지역적 특색은 동굴의 형태와 구조, 벽화의 소재 및 예술 양식 등의 방면에서 주로 드러난다. 첫째, 벽화 구성이 규격에 딱 맞는 대칭을 이루고 있다. 둘째, 화면의 인물을 돌출시킨다는 전제 하에 대량의 도안과 무늬 및 장식화가 벽화를 풍부하고 다채롭게 표현되도록 하며 벽과 굴 천정의 빈 공간을 메워 배경을 장식했다. 그 다음으로 쿠처석굴의 벽화는 화면의 내용에 따라 비교적 합리적으로 유사색과 보색을 사용했다. 유사색은 활동하는 인물을 그릴 때 사용하여 장엄하며 평온하고 신중한 효과를 낸다. 반면 보색은 배경을 두드러지게 하는 데 쓰여 종교적 분위기를 돋보이게 했다. 신강석굴에서 보이는 쿠처 양식은 기원 4~6세기 사이에 출현했으며 이후 차례로 한나라 양식과 위구르 양식이 나타났다. 이것은 당시 서역의 대국인 쿠처가 외부 문화에 대하여 상당한 개조 능력과 융화력이 있음을 보여준다.

524년
돈황석굴 착굴

정광 5년(524), 북위의 불자들은 또다시 돈황에 석굴을 파기 시작했다. 돈황석굴 중 일련번호를 붙인 현존하는 동굴은 492개이며 북위시대 제작된 것은 그다지 많지 않다. 북위의 불자들은 돈황석굴 조성에 있어 주로 전대의 성과를 이어받아 후대에 물려주는 역할을 했다. 돈황석굴은 동진 태화 원년(366)에 조성되기 시작했다. 당시 가장 유명한 건축가는 전진前秦 승려 악준樂僔이다. 얼마 후 법량法良 선사 역시 계속 석굴을 파 불상을 조각했고 서량과 북량의 축조를 거쳐 돈황석굴은 이미 대강의 규모를 갖추게 되었다. 북위 연간 불자들은 돈황에 계속 석굴을 축조했다. 북위 석굴은 선굴禪窟·중심주굴中心柱窟 및 복두정굴覆斗頂窟의 세 가지 양식이 있었다. 굴에 만들어진 주상主像은 보통 석가모니 혹은 미륵불이며 주상의 양 측에는 통상적으로 협시보살 둘이 있다. 벽화는 주로 부처의 전기, 본생 및 인연에 관한 이야기를 담고 있다. 대다수 벽화는 붉은 바탕에 누른빛을 띤 색을 바탕색으로 청·녹·자赭·백 등의 색 물감으로 그렸다. 북위 시기 축조된 석굴은 당시 사람들의 출중한 회화 및 조소 솜씨와 기술을 말해주는 역사적 증거다.

526년
갈영의 제나라 건국

효창 2년(526) 갈영葛榮은 선우수례鮮于修禮를 모살한 원홍업元洪業을 죽이고 계속 의병을 통솔하여 위나라 군대와 전쟁을 치르면서 영주瀛州로 진격했다. 위나라의 광양왕廣陽王 원심元深은 군사를 보내 이들을 추격하도록 했다. 이어서 갈영이 통솔하는 의병은 광양왕 원심·장무왕章武王 원융元融의 군대와 백우라白牛邏(지금의 하북 여현蠡縣 남쪽)에서 대전을 벌였다. 의병은 용맹하게 진격하여 장무왕 원융의 목을 베었다. 갈영은 즉시 스스로 천자가 되어 국호를 제라 하고 광안廣安으로 개원했다. 원심은 대세가 불리한 것을 보고 급히 퇴각했고 의병은 승기를 놓치지 않고 추격하여 그를 사로잡아 살해했다. 북위의 두 왕을 무찌르고 살해한 갈영의 그 세찬 기세를 막을 수 없었던 북위의 파병군은 의병과 전투를 치렀으나 모두 패배하였다. 갈영의 부하는 승세를 몰아 은주殷州·기주冀州를 함락했다. 두락주杜洛周가 정주定州를 점령한 후 갈영은 다시 두락주를 분열시켜 서로 싸우게 한 후 창주滄州를 공격하여 빼앗았다. 이렇게 갈영은 두락주 소유의 부대와 근거지를 삼키고 유주幽州·기주·정주·은주 등의 주요 군을 점거하자 의병은 수십만으로 늘어났다. 위나라는 갈영 때문에 대단한 낭패에 빠져 곤경에 처하게 되었고 이들에 대응하기에 벅찼다. 갈영의 의병 영향 아래 각 소수민족 역시 잇달아 험준하고 중요한 지세를 점거하고 조정에 대항했다. 이렇게 되자 위나라 정권은 일시에 흔들려 곧 무너질 지경에 봉착하게 되었다.

신강 키르기즈석굴 능격본생고사화菱格本生故事畵(일부)

북위·주춧돌

재질은 돌이다. 상부는 북 모양의 대야를 엎어 놓은 형상이고 아래는 사각 받침대며 이 받침대의 네 모서리 위에 악기를 다루고 있는 원뿔 모양으로 조각된 동자들이 각기 북 치고, 피리 불고, 비파를 타고 춤을 추는 모습을 하고 있다. 중심 기둥의 구멍 주위는 엎어놓은 연꽃잎이 둥글게 둘러싸고 있는 문양이 새겨져 있고 이 문양 아래 사면에는 몸을 서리고 산과 구름을 넘어가는 용이 돌출되도록 부조되어 있다. 사각 받침대의 사면에 휘감긴 인동초 문양이 부조되어 있는데 인동무늬 구조는 이방연속二方連續이며 그 가운데 악기를 다루며 춤추는 동자를 배치하여 이 규칙적인 도안이 풍부한 변화를 머금도록 했다. 전체 주춧돌의 조각은 세밀하고 형상은 생동적이며 고부조高浮彫와 저低부조 두 종류의 기법을 섞어 사용하고 있다. 조형은 사각과 원이 결합되어 각종 변화 속에 생명의 리듬감을 표현하고 있다.

말머리 녹각 금장식과 소머리 녹각 금제 머리 장식품

이런 종류의 관은 선비족 여인들이 착용했던 보요관步搖冠으로 머리가 흔들릴 때마다 이 관의 잎도 따라서 흔들린다.

보석을 상감한 금 돼지 허리띠 장식

띠의 장식물은 길이 10.8cm, 너비 5~5.6cm다. 보석을 상감한 반 부조의 금돼지를 주요 도안으로 했다. 금 돼지의 형상은 매우 생동적이고 사실적이며 무늬도 정교하고 아름답다.

북방에서 지속적으로 발전한 금은기 공예

삼국·양진·남북조 시기, 북방 소수민족의 금은기金銀器 공예의 발전은 주목할 만하다. 이미 출토된 많은 공예품은 소수민족 문화 및 외래문화의 영향을 받아 짙은 이국적 특색을 띠고 있으며 고대 변경 지역의 민족 문명과 중외 문화의 융합을 연구하는 중요한 실물 자료다. 내몽고 달이한 무명안達爾罕 茂明安 연합기聯合旗*에서는 일찍이 선비족의 금룡·소머리 녹각 금장식·말머리 녹각 금장식 등이 발견되었는데 조형이 매우 생동적이며 정밀하고 아름답게 제작되었다. 요녕 북표北票 서관영자西官營子 북연北燕 풍소불馮素弗 묘에서 '범양공장范陽公章'이라는 거북 모양 꼭지가 달린 금도장·금관 장식·사람 무늬의 산 모양 금장식·투각透刻한 산 모양의 금장식 편·금비녀·은동곳 등의 금은기가 출토되었다. 여기에 반영된 문화의 내적 요소로 중원문화의 전통, 현지 소수민족의 문화적 요소 그리고 불교의 영향까지 있어 당시 각종 문화가 교류하며 융합되었음을 알 수 있다. 서진 선비 부족이 남긴 대량의 금은기에는 동물 모양의 금장식 패·보석을 상감한 금 도장·금반지·금귀고리 등이 있다. 동물 모양의 금장식 패 뒷면에 새겨진 '의他**금他金'이라는 글자는 의他부족의 유물임을 말해준다. 이 패에는 동물 네 마리가 상하 두 층으로 나누어져 서로 엉덩이를 맞대고 있는 모양을 하고 있다. 이런 예술적 특징은 흉노족에서 기인한 것이지만 흉노족과는 차이가 있으며, 선비족 금은기의 대표적 공예 작품이다. 산서성 대동에서 발견된 5세기 페르시아에서 제조된 도금한 은쟁반은 북위 왕조와 서아시아 간의 경제 교역과 문화 교류를 반영한다.

* 旗는 내몽고 자치구의 행정구획 단위. 현에 상당함—역주
** 독음불명

527년
역도원의 피살

북위 효창 3년(527) 10월, 《수경주水經注》의 작가 역도원酈道元이 소보인蕭寶寅에게 살해되었다. 역도원(466 혹은 472~527)의 자는 선장善長이고 북위 범양 탁현(지금의 하북 탁현) 사람이다. 선무제와 효명제 두 황제 밑에서 벼슬했고 차례로 기주자사우경진동장군부장사冀州刺史于勁鎭東將軍府長史·노양태수魯陽太守·동형주자사東荊州刺史·하남윤河南尹 등을 역임하고 후에 어사중위御使中尉까지 올랐다. 그는 공부를 좋아하고 견문이 넓어 기서奇書까지 두루 열람했으며 그의 족적은 '수로를 찾아가고 개천을 찾아 두루 편력하여, 이를 한데 모아 철하는' 정도에 이르렀고 수로의 변천과 도시의 흥망 등의 지리적 상황을 고찰했다. 《수경》은 중국 전역의 수로계를 기술한 최초의 저작으로 전에는 삼국시대 상군장桑君長이 편찬했다는 설이 있었다. 《수경》에 기록된 하천은 137개이며 "우공 산천택지소재禹貢山川澤地所在" 60개 조목을 덧붙였는데 내용은 매우 간략하다. 원서는 유실되었다. 북위 역도원은 《수경》에 주를 달고 보충설명을 더하여 《수경주》를 저술했다. 《수경》은 《수경주》에 의하여 후대에 전해질 수 있었다.

《수경주》 책 사진

528년
이주영의 하양의 변 발발

북위 무태武泰 원년(528) 초, 수렴청정하던 호태후胡太后와 효명제 간의 갈등이 나날이 격화되었다. 효명제는 진양晉陽(지금의 태원太原)에 주둔하고 있는 계호족契胡族 수용秀容 부족의 추장 이주영爾朱榮에게 군대를 이끌고 와 호태후를 위협하라는 밀조를 보냈다. 호태후는 이주영이 군대를 이끌고 다가오고 있다는 소식을 듣고 매우 두려워하다 독주로 효명제를 독살했다. 이어 호태후는 심빈潘嬪이 낳은 여아를 남아라고 속이고 이 아이를 황제로 삼은 후 대사면을 실시했다. 얼마 되지 않아 겨우 3세 된 임조왕臨洮王 세자 원쇄元釗를 또 황제에 즉위시켜 장기 독재의 망상을 품었다. 남하하던 이주영은 원쇄가 즉위하였음을 알고 대로하여 기회를 틈타 군대를 이끌고 황하를 건너 낙양을 향해 진격해갔다. 하내河內(지금의 하남 심양沁陽)에 도착한 이주영은 장락왕長樂王 자유子攸를 황제에 옹립하니 이가 바로 위 효장제孝莊帝

다. 이주영의 군대는 자유의 벗인 정계명鄭季明이 성문을 활짝 열어 놓았기 때문에 아무 교전 없이 바로 낙양에 입성했다. 호태후는 이미 사태를 돌이킬 수 없다고 보고 후궁과 비빈을 소집한 후 이들에게 모두 출가하여 비구니가 되도록 명하고 자신도 삭발하여 비구니가 되었다. 4월 14일, 이주영은 사람을 보내 호태후와 3세 된 어린 황제 원쇄를 하양河陽(지금의 하남 맹진孟津 동쪽)으로 보내 황하에 던져 익사시켰다. 낙양성으로 돌아오기 전, 위나라 백관을 도저淘渚(지금의 하남 맹현孟縣)에 소집하고 이주영은 이들이 부패와 횡포를 일삼았기 때문에 더 이상 정권을 보좌할 수 없다고 통렬히 꾸짖은 후 군대를 풀어 2000여 명의 관원 전부를 처형했다.

쿠처 토랍吐拉 천불동 신新2호 동굴 천정 벽화

숭악사탑

숭악사탑 평면도

숭악사탑의 완성

숭악사탑嵩嶽寺塔은 중국에 현존하는 가장 오래된 밀첨식전탑密檐式磚塔이다. 이 탑을 만든 연대에 관한 사료 기록은 없으며 학술계에 정광 원년(520) 혹은 정광 4년(523)이라는 두 가지 견해가 있다. 그러나 이 탑이 북위의 불교 건축물이라는 결론에는 현재까지 이견이 없다. 숭악사탑은 하남성 등봉登封의 서북쪽 6킬로미터 지점인 숭산 남쪽 기슭에 위치하고 있다. 이곳은 원래 북위 서무제의 행궁行宮이었는데 효명제 정광 원년에 불교 사찰로 개조되어 한거사閑居寺라 명명했고 수隋 인수仁壽 2년(602)에 숭악사로 개명했다. 숭악사탑은 이 절에 전해 내려오는 유일한 건축물이다. 이 탑의 총 높이는 37.045미터이고 간단한 기단 위에 탑신이 있다. 탑신은 15층으로 중국 고대 건물의 이음자국인 첩삽疊澁이 있는 밀첨탑으로 꼭대기에 탑찰塔刹이 있고 문감門龕에 돌을 끼워 맞추어 넣은 부분을 제외하면 탑 전체는 모두 푸른 벽돌을 소니장素泥漿*으로 붙이고 쌓아가면서 만들었다. 탑 전체는 벽돌벽에 안은 빈 간단한 구조를 채택하였으며 평면은 12각형이다. 숭악사 탑은 현존하는 고탑 중에 이와 같은 구조 형식을 갖춘 단 하나의 예로서 중국 건축사에서 중요한 위치를 차지한다.

* 찹쌀즙을 황토 진흙에 넣고 개어 만든 접착제의 일종 – 역주

불교 사찰 벽화 예술의 최고봉

불교가 동쪽에서 중국으로 전해진 후, 통치자의 주도하에 불사가 매우 활발하게 이루어졌다. 동진 100여 년간 건축된 사원이 1700여 곳이고 양나라가 들어선 후 사원은 2800여 곳으로 늘어나며 남조 불교는 전성기에 진입했다. 북위의 경우 정권이 수립된 후 불교는 비록 태무제 탁발도의 '불교탄압'을 한 차례 겪었으나 문성제 즉위 후 중흥하여 사찰을 짓고 석굴을 파 불상을 조각하고 벽화를 그리는 등 일시에 더할 수 없이 성행했다. 북위가 낙양으로 천도한 후 전국의 사찰은 3만여 곳에 이르러 전무후무하게 유행했던 불교와 서로 호응했다. 불교 예술, 특히 사찰과 석굴의 벽화 예술은 북조의 불교 석굴이 나날이 발전하고 남조 사찰이 점점 더 정밀하고 아름다워짐에 따라 더욱 심도있게 발전하여 최고봉에 이르게 되었다. 북조가 만든 대량의 석굴 중 감숙의 돈황·맥적산·병령사와 신강의 약강若差 배성拜城·쿠처 등의 석굴 사찰의 회화는 이 시기 불교 회화의 눈부신 업적이다. 이 시기 가장 유명하며 대표성이 가장 뚜렷한 돈황 막고굴은 북조의 석굴로서 위로는 북량, 아래로는 북주에 이르기까지 약 200년의 시간을 거쳤고 현존하는 석굴은 36개다. 굴 안의 벽화는 기본적으로 보존이 잘 된 상태이고 그림의 소재는 주로 부처 설법도·부처 전기·부처 본생 및 여러 종류의 인연에 관한 이야기와 공양인 상이다. 막고굴의 북조 벽화는 불교가 중국에 전래되고 중국 전통문화와 융합되는 역사적 과정을 전면적·사실적으로 기록하고 있다. 이 발전 과정은 병령사·맥적산 등 북조 석굴화 유적에 충분히 표현되어 있다. 이 시대의 화공은 불교 도본에 따라 벽면을 그림으로 꾸미는 동시에 개인의 이해와 상상을 부단히 첨가하여 한 시대의 생활과 심미적 취향이 벽화 속으로 침투되게 했고, 이로써 외래 불교 예술은 점진적으로 중국화되며 결국 중원 문화의 모체로 결집되어 전통 문화의 연속이자 그 보충 역할을 했다.

비천상 벽화

비천은 불교 예술에서 향음香흡의 신이라 불리며 악기를 연주할 수 있고 날아다니며 춤출 수 있는 온몸에 향이 나는 보살이다. 비천은 돈황 벽화에서 매우 중요한 주제다. 이 그림은 제285굴의 북위 시기 감실 벽 위의 한 쌍의 비천이다.

531년
고환의 기병

북위 보태普泰 원년(531), 이주세륭爾朱世隆 등은 장광왕長廣王 원엽元曄을 폐위시키고 광릉왕廣陵王 원공元恭을 황제로 세우니 이 이가 바로 절민제節閔帝로 연호를 보태로 개원했다. 진주晉州(지금의 임분臨汾 동북쪽)의 지세가 험준한 요충지에 웅거하던 고환高歡은 시기가 이미 무르익었다고 보고 보태 원년 6월, 신도信都에서 기병하여 이주씨를 토벌했다. 고환은 북위 초기 장군이었던 고호高湖의 증손자다. 고환은 어려서부터 선비족 사람 틈에서 자랐으며 후에 역시 선비족 여인을 아내로 삼았다. 고환은 신도에서 기병한 후 지방 세력가인 고건高乾·봉륭지封隆之와 결탁했고 다른 한편으로는 각종 수단을 동원해 민심을 조작했다. 그는 이주조爾朱兆가 장차 육진六鎭의 투항한 귀순자들인 강호降戶를 계호契胡에게 분배하여 그 부하로 삼게 할 것이라는 거짓말을 유포하자 육진의 강호들은 격노했다. 고환은 바로 이런 육진의 강호를 기반으로 한족 명문가와 연대하여 기병하여 계호 이주씨를

공격했다. 고환은 기병 후 사기 충천하여 진격하는 내내 성을 공격하며 그 땅을 빼앗고 잇달아 승전보를 전하였다. 보태 원년 10월 초, 고환은 손등지孫騰之의 계책에 따라 신도에서 발해 태수渤海太守 안정왕安定王 원랑元朗을 황제에 오르게 하여 신도성 서쪽에서 즉위시키고 중흥中興으로 개원한 후 자신은 승상을 맡았다. 이주영과 고환은 한릉韓陵(지금의 하남 안양시 동북)에서 결전을 벌여 이주씨가 대패했다. 한릉 전투로 이주씨의 사기는 크게 손상을 입은 반면 고환은 자신의 패업을 위한 든든한 토대를 다졌다.

양 태자 소통

소통(501~531)의 자는 덕시德施이고 양 무제의 태자이다. 즉위하기 전에 사망했고 시호가 소명昭明이기 때문에 그가 편찬한 《문선》을 《소명 문선》이라 부른다.

531년
요절한 양나라의 태자 소통

양 중대통中大通 3년(531) 4월 6일, 양의 동궁태자이자 저명한 문학가인 소통蕭統이 겨우 30세의 나이에 사망했다. 양나라 시기에는 많은 작가와 작품이 등장했으며 중국 문학사상 각종 문학 형식이 한층 더 발전한 시기였다. 아울러 성숙된 정형화의 길로 나아가고 있었으며, 문학 개념의 연구 토론과 문학 형식의 판별 분석 역시 더욱 정밀해졌다. 현존하는 가장 오래되고 가장 영향력 있는 문학 총집이 바로 소통이 선택 편집한 《문선文選》이다. 《문선》은 모두 30권이며, 수록된 작가가 130명, 작품은 514편이다. 작품 배열 기준은 '무릇 문文의 체體에 따라 각각 한데 모았다. 시부詩賦의 체體는 하나가 아니므로 각기 따로 분류했고 각각 시대에 따라 순서를 두었으며' 문학 작품은 부賦·시·잡문 등 크게 셋으로 분류하였고, 다시 부·시·소소騷·조詔·책册·영令·교教 등 38종류로 세분하였다. 그중 부와 시의 수량이 가장 많다. 《문선》에서 채택한 표준은 유명작가의 유명작을 위주로 하였다. 《문선》은 30권의 편폭으로 당시 각종 문체 발전의 대체적 윤곽과 대표작품을 개괄한, 후대인이 선진에서 양대 초엽까지의 700년간의 문학 발전사를 연구하는 중요한 자료다.

고환성 유적지

동위와 서위로 분할된 위나라

북위 영희 3년(534), 효무제 원수元修*가 고환의 압박에 불만을 품고 서쪽 장안으로 달아나 우문태宇文泰에게 의탁하자 고환은 대로했다. 10월 17일 11세이던 청하왕淸河王 세자 원선元善을 다시 황제로 세우니 이 이가 바로 동위 효정제孝靜帝이며 영희 3년을 천평天平 원년으로 개원하고 업으로 천도했다. 이렇게 되기 전부터 북위는 대 동란을 겪으며 점차 양대 군사 집단을 형성하고 있었다. 하나는 진양을 근거지로 하는 고환 집단이고 다른 하나는 장안을 근거지로 하는 우문태 집단이다. 영희 3년(534) 5월, 원수는 계엄을 선포하고 하남 등의 주州의 군대를 이동시켜 직접 대군을 이끌고 양나라를 정벌하겠다고 공언했지만 사실 진양晉陽을 습격하려는 의도가 있었다. 노회한 고환은 이미 사정을 훤히 알고 선수를 쳐 기선을 제압하기 위하여 역시 양나라를 정벌한다는 명분하에 20만 대군을 나누어 남하시켜 낙양까지 육박했다. 원수는 다급해지자 우문태에게 구원을 요청했다. 고환은 동관까지 쳐들어가 화음華陰까지 진주했다. 원수는 우문태의 지원이 있었기 때문에 낙양으로 돌아가지 않겠다는 입장을 고수했다. 그러나 같은 해 윤 12월, 우문태는 효문제 원수를 독살하였다. 다음해(535) 정월, 우문태는 남양왕南陽王 보거寶炬를 황제로 세우니 이가 바로 서위 문제文帝며 대통大統으로 개원했다. 이로부터 북위는 점차 분열되어 동위 정권은 고환 집단의 독점 아래 있고, 서위 정권은 우문태가 통제했다.

* 효무제는 탁발씨를 원씨元氏로 바꾸었음―역주

금속 열처리 공예를 개선한 기모회문

기모회문綦母懷文은 북제 시기 사람으로 관강법灌鋼法*의 실천자다. 생존 연대는 확실하지 않으며 일찍이 신주信州(지금의 사천 만현萬縣과 호북 파동巴東 사이)자사였다. 그가 중국 역사에 공헌한 일은 금속 열처리 공예를 개선한 일이다. 《북제서北齊書·방기전方伎傳》에 따르면 북위와 북제 사이(534~577) 기모회문은 관강법을 이용한 검인 숙철도宿鐵刀를 제작할 때 '다섯 종류의 짐승의 오줌으로 씻어내고, 다섯 가지 짐승의 유지로 담금질했는데 이렇게 하면 동물의 오줌 속에 함유된 염류의 냉각 속도가 물보다 높기 때문에 담금질 후 강철의 경도가 비교적 높아진다. 동물의 유지는 냉각 속도가 비교적 낮아서 담금질할 때 물러서 금이 가고 쪼개지는 것을 피할 수 있고 강철의 인성韌性을 향상시켜 변형을 줄일 수 있다. 이상의 내용을 통해 당시 염분을 함유한 물과 유지를 서로 다른 냉각 속도를 갖는 담금질 매질媒質로 사용했음을 알 수 있다. 기모회문이 서로 다른 종류의 담금질제를 사용할 줄 알았다는 것은 그가 이미 담금질제와 담금질 후 강철의 기능 간의 관계를 분명하게 인식했으며, 유지 담금질과 오줌 담금질의 금속 열처리 공예를 성공적으로 운용했음을 나타낸다. 기모회문은 관강기술의 실천가로 줄곧 사람들의 칭송을 받아오고 있다.

* 중국 고대인이 창조한 일종의 독특한 저온 제철 방법―역주

귀빈출행도 화상전貴嬪出行圖 畵像磚
벽돌의 길이는 38cm, 폭 19cm, 두께 6.3cm다. 귀족 여인들이 성장하고 나들이 가는 정경을 생생하게 묘사하였다. 동진시대 유명한 화가 고개지 작품 중의 인물 형상과 닮은 점이 많다.

정교하고 아름다운 화상전의 제작

일찍이 한나라 시기에는 벽돌과 돌에 그림을 새긴 화상전과 화상석 중 서로 어깨를 나란히 할 만한 작품이 많다. 그러나 석묘石墓 제작에는 막대한 시간과 공이 소요되어 쉽게 만들 수 없었기 때문에 화상석은 한말 전란 시기부터 점차 더 이상 유행하지 않게 되었다. 반면 화상전은 예술 공예가 진보함에 따라 계속 발전하여 위진남북조 시기 또 한 차례 새로운 눈부신 업적을 이루었다. 화상전은 줄곧 주로 묘주 생전의 호화롭고 쾌락적인 생활과 사후 극락으로 돌아가는 광경을 묘사하는 데 사용되었고 그 다음으로 유가의 각종 사회윤리와 도덕을 표현하는 인물화와 역사 이야기를 담은 그림이 있었다. 남북조 시기 불교가 중국 대지에 성행하며 당시의 사상 문화 영역에 지대한 영향을 주었을 뿐 아니라 이와 마찬가지로 각종 예술 범주에 깊숙이 침투했다. 따라서 화상전은 한나라 시기의 전통 소재로부터 벗어나게 되었고 이전의 소재를 적당히 보류하는 선에서 불교 사상에 헌신할 수 있는 영역에 열정적으로 투신했다. 이에 따라 불교 내용을 반영하는 정교하고 아름다운 작품이 대량 출현했다.

고습의 유행

북위는 호나라 복장의 영향을 받아 일반 여성들이 소매가 좁고 몸에 붙는 짧은 저고리를 즐겨 입어 복장은 '위는 끼고 아래는 풍성한' 스타일이었다. 남북조라는 두 종류의 풍조가 서로 영향을 주고 융합되어 고습袴褶 복장이 유행했다. 고습은 호복의 일종으로 한대 중원에 유입되기 시작했다. 동한 말년이 되면 바지[褲子]는 이미 몸에 딱 붙고 좁은 긴 바지에서 바지통이 매우 넓은 '통이 큰 바지'로 바뀌어 상류사회에서 유행했다. 남북조 시기 폭이 넓은 바지와 같이 맞추어 입는 상의를 '습褶'이라 부르고 이 두 종류의 의상을 '고습'이라 했다. 일반적인 고습을 기초로 관원들의 조복은 바지의 아랫단 폭을 넓게 하고 저고리의 소매통을 넓게 하여 당시 유행하던 넓은 소매에 넉넉한 저고리와 비슷해졌다. 북조는 편리를 도모하기 위하여 오른쪽 여밈을 왼쪽 여밈으로 바꾸었다. 고습을 입은 사람이라면 일반적으로 모두 허리에 가죽 허리띠 매기를 좋아했고 여유 있는 사람들은 금은을 조각하고 주옥을 박아 장식했다. 전체적으로 보면 고습의 특징은 품이 넉넉하고 편안하면서도 또한 반드시 띠로 묶기 때문에 헐렁하고 끌리는 것처럼 보이지는 않으며 입으면 몸이 호리호리하면서 풍채가 뛰어나 보였다. 또 남녀가 같이 입을 수 있어 광범위하게 유행되었으며 당시의 심미적 취향을 일정 정도 반영한다.

남조·갑마甲馬 화상전
이 화상전에 고습이 등장해 당시 사회의 복장을 재현하고 있다.

남조·의장儀仗 화상전

소역·직공도 두루마리

소역의 직공도

양 원제 소역蕭繹(508~554)이 형주자사로 임관했을 때인 대동 6년 전후에 그린 〈직공도職貢圖〉는 당시 중원 이외 지역의 부족 및 국가의 인물 형상과 풍속 및 인정을 사실적으로 묘사하여 예술사에서 중요한 가치를 지니고 있다. 이 그림은 또 〈번객입조도도番客入朝圖〉라고도 부르는데, 원래 25명의 사신이 있었으나 지금 전해지는 북송 모사본은 이미 파손되어 12명만 있다. 이들은 활국滑國·페르시아·백제百濟·쿠처·왜국·낭아수狼牙修·등지鄧至·주고가周古柯·가발단呵跋檀·호밀단胡密丹·백제白題·말국末國의 사절이다. 각각의 사신 상 뒤에 있는 간단한 제목에는 이들 국가와 지역의 개황과 역대 교류해온 역사적 사실이 기술되어 있다. 그림의 인물 형태 묘사는 상당히 정확하고 정교하고 아름다우며 서로 다른 지역의 인물들의 각각 상이한 복식과 몸차림·얼굴 피부색·행동거지를 통하여 서로 상이한 인물의 기질·성격과 표정·태도를 표현했다. 예를 들면 활국 사신은 서북 민족의 특징을 나타내고 낭아수의 사신은 열대 분위기를 지니고 있으며 왜국의 사신은 몸에서 섬나라 풍격을 드러낸다. 이 그림의 가장 중요한 업적은 인물의 얼굴 생김새에 제각기 가지고 있는 고유한 특성을 형상화했다는 점이다. 사신들 중에 어떤 이는 침착하고, 재기가 뛰어나면서도 약해 보이는 자도 있고, 어떤 이는 질박하고 호쾌하고 시원시원하다. 각자 두드러진 성격과 지역 특징을 가지고 있지만 다양한 인물은 모두 사신으로서의 기쁨과 공경하는 표정을 짓고 있어 작가의 예술 기법상의 다양성과 통일성을 표현한다.

537년
사원 전투

북위가 동위와 서위로 분열된 후, 대통 원년 우문태와 고환의 양대 집단은 공개적으로 반목하며 각기 정예 부대를 동원하여 한동안 사방에 전화가 일고 도처에 봉화가 올랐다. 대통 3년 (537) 8월, 서위에서 기근이 발생하자 서위의 우문태는 동위를 토벌하려 출병하여 동위의 곡식 저장 요지인 항농恒農을 공격·함락하여 현지에서 군량을 충당했다. 고환은 자기의 양식 창고가 급습당한 것을 보고 대로하여 즉시 대장 고오조高敖曹에 3만을 이끌고 항농을 겹겹이 포위하도록 했다. 또한 자신은 친히 20만 대군을 이끌고 포진蒲津에서 황하를 건너 위세당당하게 장안까지 쳐들어가 우문태와 생사를 건 마지막 승부를 벌이고자 했다. 우문태는 고환의 맹렬한 기세를 보고 그가 전열을 완전히 정비하기 전에 맹공을 감행하기로 결정하였다. 10월, 우문태는 부족을 이끌고 고환 군대와 60리 정도 떨어진 사원沙苑(지금의 섬서 대려大荔 남쪽 낙洛과 위渭 사이)의 안영安營에 도착했다. 우문태와 여러 장군들은 의논을 거쳐 부대를 좌우로 나누어 각각 방진方陣을 치고 장사들은 모두 갈대 숲 속으로 매복하여 위곡渭曲에서 적을 기다리다 북소리를 듣고 출격하기로 결정했다. 동위 군대는 병사도 많고 세력도 강하며 군력은 서위 군대의 20배에 달했기에 진격하는 내내 의기 양양하여 군심이 교만하고 나태했다. 이에 우문태가 군대를 이끌고 공격하자 고환은 대패하여 그날 밤 내내 황

하를 건너 도주했다. 사원 전투로 동진이 입은 손실은 무장 병사 8만, 버린 갑옷과 병기가 18만으로 동진의 참패였다. 우문태는 1대 20의 절대적 열세에서 강적을 물리치고 수도로 개선했다.

돈황의 잔권殘卷 《본초집주本草集注·서록序錄》
도홍경의 《본초집주》는 원래 세 권이었다. 이 책에 '약재 성질의 본원에 따라 순서를 정하고, 병명에 따라 통증 부위의 모양을 보아 진단하는 법을 논하여, 항목을 책의 머리말에 써 놓으니, 자세히 살펴보아 베풀어 쓰라'는 내용으로 보아 이는 틀림없는 〈서록〉의 일부다. 일본 류코쿠[龍谷]대학 도서관 소장.

도홍경
도홍경은 남조의 제나라와 양나라 연간의 의학자로 단양 말릉秣陵 사람이다. 일찍이 소연이 제를 찬탈하고 양나라를 건국하는 일을 보좌했다. 저서로 《본초경집주本草經集注》 등이 있다.

《본초경本草經》에 주를 단 도홍경

도홍경陶弘景(456~536)의 자는 통명通明이고 그가 저술한 《본초경집주》는 《신농본초경神農本草經》이후 본초학의 중요 이정표라 할 수 있다. 《신농본초경》에 기록된 365종의 약재의 기초 위에 《명의별록名醫別錄》에서 뽑은 365종의 신약을 증보하여 모두 730종이 수록되어 있고 아울러 비교적 상세한 주를 달았다. 도홍경은 이 책을 각기 크기가 다른 글자로 나누어 구별하여 편집하여 작은 글자로 주를 달고 붉은색과 검은색의 큰 글자로 각각 《신농본초경》과 《명의별록》의 내용을 수집하여 기록했다. 이렇게 처리하자 전체 책 내용의 기원과 발전 상황이 분명해졌다. 《본초경집주》의 중요한 업적은 먼저 통일된 체계에 따라 당시 유통되던 각종 《신농본초경》을 정리했다는 점이다. 이 책은 먼저 약재를 그 자연 속성에 따라 분류했다. 약재의 치료 성능에 따른 분류는 임상 실험에 중요한 지도적 의의를 갖는다. 책에는 약재의 산지·채집·정제·보존·감별 등에 대하여 비교적 많은 보충과 설명이 있고 특히 약재 산지가 약물 치료 효과에 미치는 영향을 중시했다. 《본초경집주》는 중국 약학사에서 매우 중요한 지위를 차지한다. 즉 이 저작은 남북조 이전의 본초 관련 저작을 한 차례 체계적으로 정리한 것으로서 중국 주류 본초학 저작의 원형을 대략적으로 정형했다.

543년
우문태의 부병제 창설

서위 대통 9년(543), 서위 우문태는 정식으로 부병제를 창설했다. 대통 8년(542), 우문태는 육군六軍을 처음 설치했는데 대대로 전해지는 주나라 제도에 따라 매 군은 1만 2500명이다. 당시 병사의 공급원은 관롱關隴 호족들의 오족五族 내의 인척인 친당親黨과 동향 사람이었고 군대의 통솔자는 대소 호족으로 충당했다. 사실상 이는 씨족 혈연관계로 조성된 지방군이다. 이것이 바로 최초의 '부병府兵'이다. 위나라 초기 설치한 '주국대장군柱國大將軍'이라는 관직은 등급이 높을수록 권한 또한 컸다. 주국대장군은 모두 8명으로 이들 중 우문태의 권세가 가장 커서 각 군을 감독하며 병권을 한손에 장악했다. 원흔元欣은 종실이

었으나 허명만 걸어놓은 상태였기 때문에 정사에 관여했지만 실권은 전혀 없었다. 나머지 6명의 주국대장군이 육군을 나누어 통솔했고 각 1인이 2명의 대장군을 통솔하였다. 육군에는 모두 12명의 대장군이 있고 각각의 대장군은 또 각기 2명의 개부장군開府將軍을 통솔함으로 모두 24명의 개부장군이 있게 된다. 그리고 각각의 개부장군은 각 1개 군을 거느리므로 실제로 24개 군이 존재한다. 이 새로 창설된 부병은 대통 16년(550)에 이미 대강의 규모를 갖추었다. 부병 자신의 조세와 노역, 징집은 일체 면제였다. 부병은 평소에는 농사를 짓고 농한기에 훈련을 받았다. 부병의 말·소·양 등의 가축과 군

량은 일률적으로 통군統軍의 6개 주국대장군이 총괄하였고 별도로 각 부府에 낭장郎將 하나를 두어 징집·복역·퇴역 등을 관리하게 하였다. 병사는 호등戶等의 고하·장년 남자인 정구丁口의 다소·재력 정도에 따라 선발하고 호적은 군부에 속하며 군현에 속하지 않았다. '사병私兵'의 성격을 띠고 있기 때문에 부병의 전투력은 매우 강했다. 이것이 바로 우문태가 창건한 부병제다.

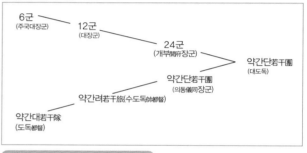

북위·서주 부병조직 체계표

북제·누예묘 벽화

북조 회화 수준을 대표하는 누예묘 벽화

남북조 시기 중원에 들어와 주인이 된 북방 소수민족 사이에 맹목적으로 부처를 숭상하며 복을 구하는 풍조가 휩쓸면서 일반적으로 정중한 장례를 숭상함에 따라 황실의 능은 매우 웅장하고 화려하게 지어졌다. 그중 현란하고 눈부신 묘벽의 채색화는 북조의 고도의 회화예술 수준을 반영하는데 그중 북제의 외척 누예묘婁睿墓의 벽화가 대표작이라 할 수 있다. 누예묘는 지금의 섬서성 태원시 진사晉祠 왕곽촌王郭村에 자리 잡고 있다. 묘주 누예는 북제 무명武明황태후의 친정 조카로 생전에 일찍이 대장군·대사마·동안군왕東安郡王 등의 직을 역임했고 무평원년(570)에 장례를 치렀다. 누예 묘의 벽화를 종합적으로 살펴볼 때 화면은 웅장하고 아름다우며 수법은 사실적이고 생활의 숨결이 농후하다. 스타일은 단순하며 호방하고, 선은 강건하면서 세련되며 인물의 풍채와 동작을 중시했다. 운염법暈染法* 운용에 상당히 정통한 이들은 옅은 붉은색으로 운염하여 가까이서 보면 평면이지만 멀리서는 들어가고 튀어나오게 보이도록

하는 입체적 명암 효과를 두드러지게 표현함으로써 화면이 실체감과 공간감을 지니게 하였다. 더욱 특징적인 것은 전체 구도가 인간 생활과 고대 신화 및 유불도가 융합하여 하나가 된 장편의 예술적 기록이라는 점이며, 외래 예술 성분을 융합하여 민족의 회화 표현 기법을 풍부히 하면서도 단선으로 윤곽을 그리고 채색을 거듭하는 중국 전통회화의 특징을 보존하고 있다는 점이다.

* 붓에 물기를 많이 하여 스며들고 번지게 표현하는 기법-역주

548년
후경의 난

양 태청太清 2년(548), 후경侯景은 수양에서 기병하여 건강성으로 진격했다. 후경은 건강에 들어가기 전 이미 소정덕蕭正德을 황제로 세웠다. 건강을 공격하여 함락시킨 후 그는 즉시 소정덕을 폐위했다. 양 태청 3년(549) 5월 27일, 후경은 양나라 태사 소강蕭綱을 황제로 세우니 이가 바로 양 간문제簡文帝다. 6월 29일, 후경은 소정덕을 교살하고 이때부터 대권을 독점하며 강남에 피해를 입혔다. 다음해 양나라는 대보大寶로 개원했다. 후경은 조정을 독점하기 위하여 결사적으로 자기 자신에게 관직을 부여했다. 대보 원년(550), 후경은 자신에게 '우주대장군宇宙大將軍'이라는 관직을 다시 더 봉한 후 '육합六合'의 여러 군무를 감독했다. 위엄을 갖추기 위하여 후경은 가혹한 형벌을 남발했고 군대를 풀어 인구가 많고 물자가 풍부한 지역을 점령

하여 멋대로 사람을 약탈하여 북방에 팔아넘긴 결과 이 지방 백성들은 거의 죽거나 뿔뿔이 흩어지게 되었다. 11월, 후경은 자신이 황제가 되어 국호를 한漢, 연호를 태시太始로 바꾸었다. 대보 3년(552), 왕승변·진패선이 연속적으로 후경의 군대를 격파하고 건강성에 진주했다. 후경은 대세가 이미 기운 것을 보고 심복 수십 명을 따라 동쪽으로 황급히 도주했으나 4월 양나라 장군에게 살해되었다. 후경의 난은 생산을 회복 불가능한 지경으로 만들어 놓았고 풍요로웠던 강남은 들판에 백골이 뒹굴고 열 집에 아홉 집이 폐가가 되었으며, 논밭이 황폐해지고 경제가 쇠퇴하였다.

북주·천원天元 황태후 금 옥새
이 금 옥새는 정사각형이고 엎드려 있는 천록을 손잡이로 만들었다. 옥새 면에는 전서체로 '천원황태후새天元皇太后璽' 여섯 글자를 양각했는데 옥새를 만든 기법이 독특하다.

남조·월요의 갈색 반점 연꽃잎 무늬 도기 접시[越窯褐斑蓮紋]
이 접시는 높이 3cm, 구경 11.1cm다. 접시 바닥이 패였으며 연꽃잎이 조각되어 있다. 청황색 유약을 발랐고 간간이 갈색 반점으로 장식하였다.

북제·청자 화문육계관劃紋六繫罐
이 그릇의 조형은 우아하고 유약이 고루 칠해졌으며 매우 고상하여 북조 자기 중의 상등품에 속한다.

남북조 능묘 조각 예술의 부흥

남북조 시기 조각 예술이 성행했는데 그 중 중요한 한 분야인 능묘 조각 예술도 부흥했다. 남조 능묘 조각의 전반적 형세는 한대 석각과 비교할 수 있다. 즉 외래 양분을 흡수하는 동시에 새롭게 창조하여 양식과 풍격은 인도·그리스·페르시아의 예술적 요소를 갖추고 있으면서도 여전히 한대 석각의 유풍을 지니고 있어 그 종류가 더욱 풍부해졌다. 북조 능묘의 지면地面 석각은 남조에서 성행한 것에는 미치지 못한다. 북위 효장제 탁발자유拓跋子攸의 정릉靜陵에 있는 '석옹중石翁仲' 1구는 높이가 3.14미터이고 머리에는 농관籠冠을 쓰고 옷자락이 넓은 옷에 띠를 두르고 있으며 양 손은 가슴 앞에 모아 맞잡고 있고 장검을 차고 있는데 그 자태가 숙연하며 장중하고 전신의 비율이 적당하다. 이것은 위진남북조 시기 작품으로 지금까지 전해지는 유일한 능묘 석각 인물 조상인데 위로는 동한의 석인石人 조상을 계승하고 아래로는 당릉唐陵 석인 조상 및 송릉宋陵 석조石雕를 이끈 중요한 이정표적 의의를 갖는다. 남북조의 능묘 석각을 비교하면 그 서로 다른 특징이 남조의 경우 묘 앞 석각의 외관을 웅장하게 꾸미는 것을 중시한 한문화 전통을 계승한 반면 북조는 묘의 장식과 부장품에 불교 관념을 더욱 많이 반영한 데 있음을 알 수 있다. 남방의 지하는 습하기 때문에 전묘磚墓가 많았고 묘 장식에 주로 화상전이 쓰였다. 북조는 석관石棺을 조각하여 장식하는 것을 중시했다. 예술 풍격에서 보자면 남조는 수려하고 정교하고 아름답고 생동적인 반면 북조는 장중하고 탄탄하며 소박하다. 이들의 공통점은 위로 한대를 잇고 아래로 당·송을 이끌었으며 불교의 영향을 매우 크게 받았다는 점이다.

북향당산 제7굴의 기이한 짐승

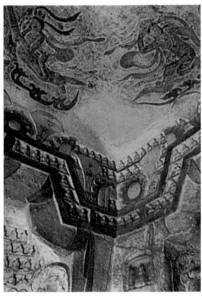

남향당산 제7굴의 무늬를 새겨 장식한 천정

북제·상평오수常平五銖

상평오수는 북제에서 가장 주요하게 유통되던 화폐로 북제의 화폐 제조 수준을 대표한다. 상평오수는 북제 정권이 사회 경제를 안정시키기 위해 채택한 강력한 조치다.

550년
고양의 동위 찬탈과 북제 건국

동위 무정武定 8년(550) 5월 10일, 제왕 고양高洋은 황제의 보좌에 등극하여 천보天保로 개원하고 국호를 제齊라 하였다. 동위 고환의 집정 시기 장자 고징高澄을 계승자로 정하고 또 차남 고양을 실력자로 양성하여 고씨 집안의 권세를 안정시키고자 했다. 형제간의 시기와 질투를 피하기 위하여 고양은 평상시 재능을 감추고 드러내지 않았다. 고환 사후 고징이 집권했으나 오래지 않아 암살당하고 고양이 형을 대신하여 정권을 장악했다. 동위 무정 8년(550) 정월 18일, 태원공太原公 고양은 승상으로 승격되어 중외제군사를 감독하였고 3월 제왕齊王으로 봉해졌다. 고덕정高德政이 여러 차례 고양에게 황위에 오르도록 권했고 서지재徐之才·송경업宋景業 등 역시 고양에게 점성술과 귀갑 등의 점괘 결과를 설명하며 반드시 5월에 황위를 선양받아 황제에 올라야 한다고 공언하였다. 고양은 크게 기뻐하여 진양에서 업으로 되돌아 왔다. 문무백관은 대세의 향방을 읽고 감히 반대하는 자가 하나도 없었다. 5월 초 사공 심락潘樂·시중 장량張亮·황문시랑 조언심趙彦深 등이 입조하여 주청을 올리자 동위 효정제가 소양전에서 이들을 친견했다. 장량은 "제왕은 비범하고 어질고 덕이 많아 백성들이 모두 그를 옹호하고 우러러 모시니 폐하께서 요임금이 순임금에게 황제의 자리를 선양한 일을 본받아 제왕에게 황위를 양위하기를 원하옵니다"고 아뢰었다. 효정제는 어찌할 수 없어 "기왕 이렇다면 당연히 조서를 먼저 써야 한다"고 했다. 이에 중서랑 최할崔劼·배양지裵讓之는 "이미 다 써놓았다"고 아뢰었다. 이어 시중 양음楊愔이 조서를 올렸다. 효정은 하는 수 없이 서명했고 이로써 고양이 계획한 정권과 황위 찬탈의 추악한 극본은 결국 성공했다.

남북 향당산 석굴

동진 시기(534~550) 향당산響堂山에 굴을 파 절을 짓기 시작했다. 무정武定 5년(547), 제 헌무왕獻武王 고환은 장수漳水 서쪽에서 유물을 거두어 빈 장사를 치르고 시신은 향당산 석굴의 중심 기둥 천정에 매장했다. 이로써 이 시기 석굴 건축이 이미 상당한 규모를 이루고 있음을 알 수 있다. 북제 문선제 고양(550~559)은 아버지 고환·형 고징을 이어 향당산에 계속 굴을 파 절을 지었고 이로부터 향당산은 북제 석굴의 집중지가 되었는데 실제로는 북제 여러 황제의 능묘다. 이후 각 왕조도 계속 증수하면서 향당산 석굴은 고대 중국의 저명한 석굴의 하나가 되었다. 남향당산 석굴은 향당산 남쪽 기슭에 산을 파서 지었는데 상하 2층으로 나누어 화엄동·반야동·공동空洞·아미타동·석가동·역사동力士洞·천불동 등 모두 일곱 개의 굴을 만들었다. 북향당산 석굴은 향당산 서쪽 기슭의 북쪽 산허리 절벽을 파고 만든 것으로 남·북·중 세 부분으로 구성되어 있으며 모두 아홉 개의 굴이 있다. 북제 시기 팠던 제2·제4·제7 이 세 굴(즉 각경동·대불동·석가동)이 중심이 된다. 남향당산 석굴은 외관상으로 볼 때 석굴 회랑으로 파 만든 탑 모양의 석굴이 가장 두드러진다. 이 굴은 목조 구조를 모방하여 건축적 맛을 풍부하게 지니고 있으며 특히 능묘라는 특성에 의해 생긴 사문탑四門塔 형식은 더 한층 독창성을 드러내며 석굴 분야에서 독자적인 한 파를 형성했다. 남북향당산 석굴은 특색을 지니고 있음에도 불구하고 여러 방면에서 북제 시대의 풍격을 드러낸다.

석가 입상감立像龕

이 상감은 한대漢代 사천의 조각 전통을 계승하여 조각이 정밀하다. 이 기풍은 장강 하류와 일맥상통하며 멋스럽고 수려하다.

석각 예불도

북위 정광 6년(525) 미륵 조상 불좌의 석각화다. 그림 전체가 북위 시기 상류층 인물의 의상과 두발 모양, 소와 말이 끄는 가마 및 선묘線描 기예의 깊은 조예 수준을 형상화하여 반영하고 있다.

557년
진패선의 진나라 건국

진패선陳霸先(503~559)의 자는 흥국興國이고 아명은 법생法生이다. 원적은 영천潁川이나 남으로 이주한 후 오흥 장성長城(지금의 절강 장흥) 사람이 되었다. 어려서 가정이 빈한했지만 병서 읽기를 좋아했다. 처음에는 마을에서 미관말직인 이장을 하였고 후에 건강에 와서 유고리油庫吏가 되었고, 후에 신유후新喩侯 소영蕭暎에게 병서를 전수했다. 소영이 당시 광주자사였기 때문에 진패선은 소영을 따라 광주에 와서 중직참군中直參軍을 했다. 진패선은 난을 평정한 공이 있어 서강독호西江督護로 선발되었고 얼마 후 교주交州 이비李賁의 난을 평정하는 공을 세워 양 무제 소연이 그를 친견하고 직각장군直閣將軍 자리를 수여하며 신안자新安子라는 호를 내렸다. 후경이 반란을 일으키자 진패선은 병사 3만을 모집했고 왕승변王僧辯과 연합하여 후경을 토벌하고 반란을 평정한 후, 전공으로 또 상을 받아 사공이 되어 양주자사揚

북조의 석각 선화

북조의 작품 속에는 당시 사회생활 모습이 남아 있다. 예를 들면 상단商團이 낙타를 이용해 운송하는 그림, 상담하는 그림 등등은 모두 당시 동서 무역이 심도 있게 발전한 결과 탄생한 독특한 산물이기 때문에 농후한 생활의 맛과 사실적인 숨결이 깊게 담겨 있다. 남북조 시기 유목민족은 북방에 소수민족 정권을 건립하고 통치자들은 불법을 숭상하여 당시 외국(주로 인도)의 종교 화가가 전래하는 불교 예술을 대량 흡수했다. 동시에 이들은 수려하면서 번창하는 남조 문화를 동경하여 적극적으로 남북 교류를 전개했다. 이로써 북조 예술 중에 소수민족과 한족, 이 큰 차이를 갖는 두 종류의 예술적 기교와 심미 요소가 잘 융합되어 독자적 매력을 지닌 새로운 예술 양식을 형성했다. 북조는 석조와 석각 모든 분야에서 모두 뛰어난 업적을 이루었는데 석각 선화線畵에 대해 말하자면 지금까지 전해지는 이 시기 우수한 작품은 당대 중국 회화 중 선묘線描 예술의 최고 수준을 대표하기에 충분하다. 북조 석각 선화의 자랑스러운 업적은 먼저 대규모 불교 석굴 조성과 불교 조상비造像碑 성행의 덕을 보고 있다. 가장 오래된 북조 석각 선화는 불교 석탑에 남아 있으며 각종 석굴 중의 불좌·벽감壁龕 역시 선화를 새겨 그려 넣는 주요 대상이었다. 불교 이야기 및 불교와 서쪽에서 전래된 문화의 각종 도안 역시 작품 속에 자주 사용되며 널리 퍼져 있다. 예를 들면 연꽃이나 보상화나무, 부처를 보호하는 사자, 서역의 곡예 등등이 자주 보인다. 이런 불교 석각 선화의 발전 과정에서 외래문화와 본토 문화의 융합 및 더욱 확대·발전되는 모습이 형상적으로 전개되었다.

州刺史 직을 수여받고 경구를 안정시켰다. 서위가 강릉을 함락시키고 소역(양 원제)이 죽자 진패선은 왕승변과 함께 진 안왕晉安王 소방지蕭方智를 황제(양 경제梁敬帝)로 맞이했다. 바로 이때 진패선은 기회를 틈타 경구에서 기병하여 석두성을 기습하여 왕승변을 살해하고 이미 왕승변이 옹립한 소연명蕭淵明을 폐위시킨 후 소방지를 황제로 새로이 옹립했다. 이로부터 진패선은 자신의 문무와 도략에 의지하여 강력하게 북제의 남침을 격퇴하고 왕승변 잔당의 모반 행위를 평정했다. 자신의 지위를 공고히 한 후 진패선은 조서를 위조하여 자신을 진공陳公에 봉하고, 얼마 후 또 다시 자신을 진왕에 봉했다. 마지막으로 태평 2년(557) 10월 6일, 진패선은 자신이 옹립한 소방지에게 강제로 양위하도록 하니 양 왕조는 멸망하고 만다. 이때까지 모두 네 명의 황제가 56년간 재위하였다. 10월 10일 진패선은 황제가 되어 국호를 진陳이라 하고 영정永定으로 개원했다.

577년
주나라의 북방 통일

건덕建德 6년(577) 2월, 북주가 북제를 멸하고 북방의 영토를 통일했다. 북주 무제는 건덕 4년(575) 7월과 건덕 5년(576) 10월 두 차례 제나라를 정벌했고 북제의 중요 도시인 진양晉陽을 점령했다. 북제 무평武平 7년(576) 12월, 주 무제가 병사를 이끌고 업성을 공격하자 북제의 후주後主 고위高緯는 책임을 회피하기 위하여 북제 승광承光 원년(577) 정월 1일, 8세 된 아들 고항高恒에게 선위하니 고항은 유주幼主가 되어 승광으로 개원하고 고위는 스스로 태상황제太上皇帝에 올랐다. 3일 북제 태왕태후와 태상황후 등은 수도 업에서 제주濟州로 도주했다. 9일 북제의 고항 역시 측근을 이끌고 동쪽으로 피했다. 19일 북제 태상황제 고위 역시 기병 백 명을 이끌고 동쪽으로 도피했다. 20일 북주 군대는 업성을 함락했다. 21일 고위는 제주로 도피하여 가족과 잠시 합류한 후 고항에게 영주瀛州에 주둔하고 있는 임성왕任城

王 고개高湝에게 선위하라는 자신의 의중을 잘 알아듣게 전한 후 고위 자신 천상황天上皇이 되고 고항을 수국천왕守國天王으로 칭했다. 이어서 고위는 전 가족을 남쪽의 청주青州로 도피시켜 진陳나라에 의탁하려 했으나 북주의 대장 울지강尉遲綱에 추격당해 포로가 되었다. 2월 고개는 신도(지금의 하북 익주)에 4만의 병력을 집결시켜 잃었던 땅을 되찾고자 했으나 북주 제왕齊王 우문헌宇文憲에게 격파되어 포로가 되었고 이로부터 북주가 북방을 통일하게 되었다. 주나라가 제나라를 멸하고 북방을 통일한 일은 객관적으로 북방 각 민족의 융합이라는 역사 과정이 완성되도록 했고 활력이 충만한 새로운 한족을 형성하여 진일보한 남북방 통일을 위한 준비를 할 수 있게 되었다.

가사협

가사협의 《제민요술》

대략 영희永熙 2년에서 무정武定 2년(533~544년) 사이 북위의 농학자 가사협賈思勰은 종합적 성격의 농서 《제민요술齊民要術》을 저술하였다. 가사협은 청주(지금의 산동 수평현壽平縣) 사람으로 생졸 연대는 정확하지 않으며 일찍이 고양태수를 역임하였다. 《제민요술》은 모두 10권 92편, 11여만 자이며 내용이 매우 풍부하여 농업·임업·목축업·부업副業·어업 등의 생산 분야를 두루 다루고 있다. 권두에는 〈서序〉와 〈잡설〉이 각각 한 편씩 있다. 〈서〉는 책 전체의 개요이며 〈잡설〉은 후세인들이 지은 것으로 여겨진다. 이 책의 주요 내용은 다음과 같다. 첫째, 토양 경작과 농작물 재배 관리 기술. 둘째, 채소와 과수 재배 기술을 포함한 원예와 식수植樹 기술. 셋째, 동물 사육 기술과 목축 및 수의獸醫. 넷째, 농부산품 가공 및 조리 기술 등이다. 이 책에 인용된 100여 종의 고대 농서와 잡저雜著의 내용은 《사승지서汜勝之書》·《사민월령四民月令》·《도주공양어경陶朱公養魚經》 등 지금은 전해지지 않는 저작의 일부 내용을 보존하고 있기 때문에 중요한 사료 가치를 지니고 있다. 《제민요술》은 진한 이래 중국 황하 유역의 농업 과학 기술과 관련된 지식을 체계적으로 총괄하였으며, 이 저서의 소재 선택과 배열 방식은 후세 농학 저서들이 믿고 따를 수 있는 전범을 제공하였다. 이 책은 중국에 현존하는 가장 오래되고 가장 완전한 농학 명저일 뿐 아니라 세계 농학사상 가장 오래된 명저이기도 하며 후세 농업 생산에 심원한 영향을 미쳤다.

명승지 오악의 개발

남북조 시기 불교와 도교가 일시에 크게 유행하여 산림에서 자유롭게 소요하며 예속에서 벗어난 은둔 기풍이 사대부 사이에 매우 성행했다. 이에 따라 사람들의 심미적 취향에도 현저한 변화가 발생하여 자연계의 아름다운 사물이 사람들의 지대한 관심을 받게 되었다. 높고 험한 오악五嶽은 그 독특한 자연 풍광으로 사람들의 지대한 흥취를 불러일으켰고 사람들은 이와 같이 기묘하고 독특한 자연 경관에 인문적 의의를 집중적으로 부여하기 시작했다. 이는 불교와 도교의 경승지와 관람 명승지가 지닌 가치를 발휘하여 이 지역이 점차 개발되게 만들었고 이로부터 그 이름이 널리 알려졌다. 오악의 '악嶽'은 본래 높고 험준한 산을 뜻하는데 중국 고대인의 마음속에는 '하늘에 닿을 만큼 험하고' 높은 산은 하늘의 버팀목이며 나라의 복이나 흥망성쇠와 관련된 지위가 매우 높은 성지였다. 중원 지역의 동서남북과 중앙에 자리 잡고 있는 다섯 개의 높은 산, 즉 동악 태산·남악 형산衡山·서악 화산華山·북악 항산恒山·중악 숭산嵩山이 오악으로 불리며 고래로부터 중시되었다. 하늘의 아들인 천자, 즉 황제들은 오악에 직접 왕림하거나 사람을 보내 제사를 올렸으며 태산의 봉선封禪은 역대 조정이 존재했던 그 어떤 시기와 비교해도 이와 견줄 만한 대상이 없을 만큼 큰 제전이었다. 위진 남북조 시기 오악의 여러 산은 불교 사찰과 도교 도장을 자유롭게 짓는 장소가 되었고 각각의 '악'에는 모두 하나의 악신嶽神을 모셔 이 산을 관장하는 최고의 신으로 삼았다. 이는 이 산들의 아름다운 자연경관에 불교·도교 등의 종교적 의의를 두루 갖춘 인문적 의의를 부여했고, 풍경이 뛰어난 명승지로서 많은 신도들이 와서 산 위의 사원에 참배하고 유람하도록 이끌었다.

태산 십팔반
십팔반十八盤은 태산에서 가장 험한 길이다. 산길 양쪽의 산봉우리는 하늘을 찌를 듯 우뚝 솟아 있어 마치 벽이 곧게 서 있는 듯하다.

동악 태산

동악 태산은 산동 장청長淸과 태안泰安 사이에 가로 걸쳐 있다. 이곳은 중국 고대 문화가 가장 발달한 제로齊魯 평원에 자리 잡고 있기 때문에 더욱 더 신봉되었고 오악의 으뜸이자 '천하제일 명산'이라는 명성을 지닌 채 경배되어왔다. 진시황과 한 무제 모두 일찍이 이곳에서 봉선 대전을 올렸고 위진남북조 이후에는 불교와 도교 활동의 중요 장소였으며 수당 시기에는 이미 20여 개의 불교 사찰이 있었는데 대묘岱廟와 산정의 벽하원군사碧霞元君祠가 가장 유명하다. 대묘 북쪽에는 중요 지점을 여러 곳 통과하는 역대 황제의 등산 어로御路가 있다. 태산 서쪽 길 일대는 매우 높은 곳에서 떨어지는 폭포와 깊은 못이 사람을 황홀경에 빠지게 만들며 산 위에는 '일관봉日觀峰'과 '월관봉月觀峰' 등이 있다.

서악 화산

서악 화산은 섬서성 화음華陰에 있는데 주봉인 낙안봉落雁峰·조양봉朝陽峰·연화봉 세 봉우리가 정족의 모양으로 서 있다. 절벽과 벼랑, 심산유곡이 빽빽이 들어서 있으며 험준하고 특이한 지형과 경관이 특징이다. 남북조 시기 사람들은 여기에 도관을 지었고 이후 줄곧 도교 성지의 하나가 되었다.

화산 하기정

이 정자는 화산에 홀로 높이 솟은 봉우리에 자리 잡고 있다. 정자 내에는 바둑판이 있어 바둑 두는 정자라는 뜻으로 '하기정下棋亭'라 부른다. 전해오는 바에 따르면 송 태조 조광윤趙匡胤은 이곳에서 화산을 내걸고 도사 진단陳摶과 내기 바둑을 두었는데 결국 진단에게 졌다고 한다.

보련등寶蓮燈

화산 각석

화산의 전설—산을 갈라 모친을 구한 심향

전해오는 바에 따르면 선비 유언창劉彦昌은 시험을 끝내고 서둘러 돌아오는 길에 화산(섬서성 내)을 지나며 마음을 동하게 할 정도로 아름다운 삼성모三聖母 조각상을 보고 자신도 모르게 시 한 수를 남겨 삼성모에 대한 애모의 마음을 표현했다. 삼성모는 유언창의 진실한 마음에 감화되어 천상의 금령을 깨고 속세로 내려와 유언창과 부부의 연을 맺고 몇 년 후 심향沈香을 낳았다. 이랑신二郎神은 여동생이 인간 세상으로 시집갔다는 소식을 듣고 매우 분노하여 일말의 혈육의 정도 없이 삼성모를 화산으로 눌러놓았다. 심향은 매일매일 어머니를 찾으며 울었고 울음소리에 벼락신이 동정의 마음이 생겨 심향을 산 중으로 데리고 와 하루도 빠짐없이 무예를 가르쳤다. 15년 후 벼락신은 심향에게 그의 모친의 처지를 알려주었고 아울러 산을 쪼갤 수 있는 신묘한 도끼를 주며 심향에게 화산 밑에 깔려 있는 모친을 구하라고 했다. 심향은 이랑신을 찾아가 모친을 꺼내달라고 부탁했지만 무정한 이랑신은 삼성모를 꺼내주기는커녕 심향까지 사지로 몰아넣으려 했다. 심향은 더 이상 참을 수 없는 상황에서 도끼를 휘두르며 이랑신과 목숨을 건 싸움을 벌였다. 이때 나타난 네 신선은 모두 심향을 동정하여 그가 이랑신을 이길 수 있도록 도와주었다. 심향은 화산 기슭으로 내려와 어머니를 크게 외치며 도끼를 들어 화산을 내리치고 오랜 세월 산 밑에 깔려있던 모친을 구해냈다.

중악 숭산

중악 숭산은 하남성 등봉登封에 있고 산 위의 사찰과 도관은 매우 오래 되었는데 그중 대법왕사大法王寺는 가장 오래된 사찰의 하나로 동한 시기에 지어졌다. 소림사는 중국 불교 선종의 발상지이며 북위 정광 연간에 쌓은 숭악사탑 또한 중국에 현존하는 역사 깊은 밀첨전탑이다. 북위 선무제가 일찍이 여기서 불교를 믿으며 경전을 강의한 것으로 미루어 이 시기 숭산의 불교 활동이 매우 번창했음을 알 수 있다.

중악묘 준극전峻極殿

중악묘는 숭산 황개봉黃盖峰 아래에 있으며 원래는 태실사太室祠였다. 진秦나라 때 건축하기 시작했고 후에 지금의 이름으로 바뀌었으며 하남 최대 규모의 사찰 건축물이다.

북악 항산

산서성 혼원현渾源縣에 있는 북악 항산은 그 산세가 험하고 웅장하며 도교의 도관이 매우 많다. 건축 구조가 절묘한 현공사는 산 입구 '석문욕石門峪'의 낭떠러지 절벽에 자리 잡고 있다. 근 40여 개 사당 전부가 절벽에 매달아 받혀 놓은 큰 들보에 의해 지탱되고 있는 세계 건축 구조에서 찾아보기 힘든 광경을 연출하고 있다. 이쁜 아니라 현공사는 사찰과 도관이 혼합된 건축군建築群으로 석가·노자·공자가 하나의 사당 안에 모셔져 있는 중국 종교 건축 가운데에서도 보기 드문 형식이다. 현공사는 북위 후기에 건축되기 시작했으며 현존하는 건축군의 주요 부분은 명청시기에 지어졌다.

현공사

현공사懸空寺는 북악 항산의 절벽에 있다. 기록에 따르면 현공사는 북위 말기인 6세기 초에 지어지기 시작했고 역대 여러 차례 증수되었다.

형산

남악 형산

남악 형산은 호남성 중부의 상강湘江 강변에 위치하며 형양衡陽에서 장사까지 800킬로미터에 이어져 있다. 주봉이 72개나 되며 외관은 큰 새가 날개를 편 모양을 하고 있어 예로부터 '남악은 날아가는 형상'이라는 말이 있다. 이곳의 사찰은 남북조 시기 건설되기 시작했고 도관 역시 많으며 역대 남방 도교의 중심지다. 형산에는 서원도 매우 많기 때문에 남방 문화중심지의 하나가 되었다. 형산에 모셔진 주신은 '남악진군眞君'이다.

남북조 석굴 사원의 벽화

장건張騫이 사신으로 서역과 왕래한 후, 중국은 경제와 문화 교류상 타림분지 남북의 실크로드를 거쳐 국외 지역과 왕래했다. 대략 기원 1세기 전후 불교는 대월지국大月氏國에서 신강으로 유입되었고 실크로드 남로의 호탄국과 실크로드 북로의 쿠처국이 가장 먼저 불교를 수용한 후 다시 하서河西 회랑 지대를 거쳐 본토로 유입되었다. 위진 무렵이 되면 신강의 코탄·피차·쿠처·고창 및 하서의 주요 도시인 돈황은 이미 승려들이 무리를 이루고 있고 석굴 사원이 장엄하고 아름답게 장식되었으며 종소리가 조석으로 끊이지 않는 불교 명승지가 되었다. 불교가 중국으로 유입되면서 통치자들의 주도하에 불사가 크게 일어났다. 동진 백여 년간 지은 사원은 1700여 곳이며 양나라가 들어선 후 사원은 2800여 곳으로 늘었고 남조 불교는 전성기에 진입했다. 북조에 북위 정권이 건립된 후 불교는 한 차례 태무제 탁발도의 '불교탄압'이라는 재난을 입었지만 문성제 즉위 후 불교는 다시 부흥하여 사찰을 짓고 굴을 파며 불상을 조각하고 벽화를 그리는 등 일시에 크게 성행하였다. 북위가 낙양으로 천도한 후, 전국의 사찰은 3만여 개에 달했다. 이때가 되면 남북 각지의 불교 예술은 이채로운 작품들을 왕성하게 쏟아냈으며 신강의 약강 배성·쿠처·감숙 돈황·맥적산·병령사 등의 석굴 사찰 벽화는 이 시기 불교 회화의 찬란한 업적을 대표한다.

오백 강도의 성불·수렵도

이 그림은 서위 돈황 제285호 석굴 남벽 윗부분 벽화다. 첩첩산 중에서 살찐 커다란 누런 양 한 마리가 앞쪽으로 날듯이 달리며 뛰어 가 산모퉁이를 돌아서면 기민한 사냥꾼이 튀어나와 재빨리 활을 당겨 화살을 재고 있다. 화면은 산중 수렵 장면을 표현했다.

능격본생고사화菱格本生古事畵

신강 키르기스 14호 석굴 천정벽 서측 벽화

북위 돈황 벽화·공양보살

화생감미化生龕楣

돈황 제285호 석굴의 서위 벽화다.

수마제녀인연須摩提女因緣(일부)

신강 키르기즈 제254호 굴의 주실 권정券頂* 벽화로 연대는 정확하지 않다. 이 굴은 전실前室과 주실主室 두 부분으로 나뉘어져 있다. 주실 천정은 종권형縱券形이다. 권정 가운데 용마루 부분이 수마제녀인연으로 아래 그림은 이를 확대한 것이다. 공작을 타고 있는 이는 나운羅雲이고 용을 타고 있는 이는 우비가섭優毗迦葉이고 흰 매를 타고 날고 있는 이는 대가전연大迦旃延이며 사자를 타고 있는 이는 아나율阿那律이고 흰 코끼리를 타고 날고 있는 것은 원련圓蓮이다.

* 돔 형식의 천정을 말함–역주

위진남북조의 도자 예술

절강을 중심으로 하는 청자 제작 공예는 동한 말기부터 성숙하기 시작하여 신속히 사람들의 일상생활 속으로 파고 들어왔다. 자기는 도기를 대신했을 뿐 아니라 점차 금은기와 칠기의 대용품이 되어 남방 사회 일상생활의 주요한 용구가 되었고 이로부터 월越·구甌·무婺·덕청德清의 4대 도요 계보가 형성되었다. 중원은 북위의 통일 후, 특히 효문제의 낙양 천도 후 적극적으로 한화 정책을 추진하였고 경제적으로 발전했으며 북방의 도자기업 역시 회복되었다. 북제에 이르면 북방은 청자에 필적할 만한 백자를 성공적으로 구워냈고 이로부터 중국 도자업은 남북 양대 자기 계보를 형성했다.

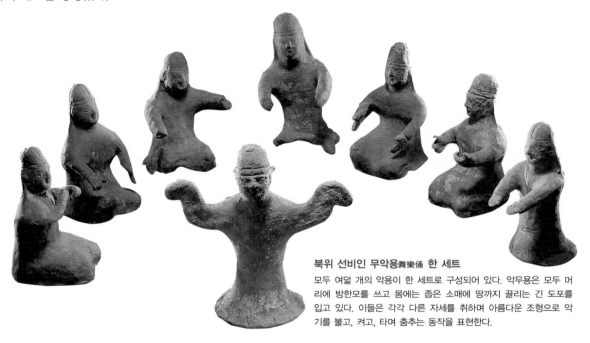

북위 선비인 무악용舞樂俑 한 세트
모두 여덟 개의 악용이 한 세트로 구성되어 있다. 악무용은 모두 머리에 방한모를 쓰고 몸에는 좁은 소매에 땅까지 끌리는 긴 도포를 입고 있다. 이들은 각각 다른 자세를 취하며 아름다운 조형으로 악기를 불고, 켜고, 타며 춤추는 동작을 표현한다.

북위 · 황유편호黃釉扁壺

북제 · 황유녹채사계관黃釉綠彩四繫罐

남조·연꽃 문양의 뚜껑이 있는 청유관[靑釉蓮瓣紋蓋罐]
이 관의 배 부분과 뚜껑에는 두 겹의 연꽃잎이 새겨져 있다. 연꽃잎이 위에서는 덮고 아래는 벌어져 있는 모습이다. 이 뚜껑이 있는 관은 월요계의 작품이다.

북위·진묘도용鎭墓陶俑
이 두 개의 도용은 무사 형상을 본떠 조소로 만들었다. 도용은 갑옷을 입고 있으며 험악한 얼굴을 하고 두 손으로 귀신을 몰아내는 자세를 하고 있다.

서진·사자 모양 청자우靑瓷盂

북제·백유녹채장경병白釉綠彩長頸瓶

남북조 시기의 공예품

　한말 중원에 대란이 일자 수많은 북방인이 풍요로운 남방으로 유입되면서 남방 경제가 신속히 개발되도록 촉진 작용을 했고 사람들의 생활과 비교적 밀접한 공예 미술 생산의 중심지가 중원에서 남방으로 바뀌었다. 삼국 시기 '백공百工'으로 호적에 오른 예인들은 동진 이후 실시된 돌아가며 부역하는 번역番役 제도하에서 원래의 인신 예속 관계이던 장인 신분에서 점차 벗어나 비교적 자유롭게 수공업을 경영하며 공예품 창조에 종사할 수 있게 되었다. 도자기·칠기·직물 염색 및 금속 공예가 보편적으로 발전하였고 동구東甌의 표자縹瓷, 성도의 촉금蜀錦, 소흥의 동경 銅鏡 등은 모두 일세를 풍미했던 공예 명품이다.

남조 송·투공용문백옥선비두透空龍紋白玉鮮卑頭
백옥기로 재질은 단단하고 광택이 돌며 여기에 공 중을 가르고 날아가는 용무늬를 투각透刻으로 장식 하여 만들었다. 뒷면에 양각으로 '경오년 황실의 창 고에서 백옥으로 곤룡포 띠고리의 머리 부분을 만 들었고. 동년 12월 병진년에 마쳤고, 700을 썼다. 신하 범허范許·봉거도위신奉車都尉臣 정경程涇·영봉 거두위각후令奉車都尉闕侯 장여張余'라는 명문이 기 록된 간지와 언급된 관직 인원으로 보아 이 작품이 남조 송 문제 유의륭의 어용품임을 알 수 있다.

동위·채색 석조 보살입상
석회암 재질의 입체 조각된 입상으로 하단의 네 귀퉁이가 꼭 물리도록 가로와 세로의 끝을 들쭉날쭉하게 파낸 부분인 장부가 있다. 보살은 정 수리에 쪽을 지었고 관을 매고 두건에는 금이 붙어 있으며 목에는 금 색 목걸이와 구슬을 꿰어 만든 목에 두르는 고대 장식품인 영락瓔珞을 걸고 있다. 숄은 어깨 아래로 늘어뜨려져 있으며 양쪽 손목에는 팔찌를 하고 왼손은 가볍게 숄을 잡고 있고 오른팔은 가슴 앞에 반쯤 들고 있 으며 긴 치마를 입고 맨발로 연대蓮臺 위에 서 있다. 완전히 다 채색되 지는 않았지만 색채가 아름답다. 조각과 채색 공예가 최상의 상태이며 정교하고 우수하다.

북조·청동 우거牛車
이 우거는 소·멍에·긴 끌채·바퀴 한 쌍이 달린 가 마로 이루어져 있다. 수레를 끄는 황소의 몸통은 튼 튼하고 큼직하며 머리에 쇠코뚜레를 꿰고 목에는 멍에를 메웠는데 멍에 양측에 각각 반원형의 고리 가 수레 끌채와 연결되어 있다. 수레는 직사각형이 고 뒤로 문을 열며 수레 전면 판자에 격자창을 주 조했다. 수레 지붕에 덮어씌운 덮개는 수레 앞뒤로 돌출되어 있다. 원형의 바퀴 한 쌍은 살이 16개다. 이런 식의 청동 우거는 지금까지 오직 이 하나만이 발견되었다.

북위·도금 상감 굽 높은 청동 잔[鎏金鑲嵌高足銅杯]

주기酒器로 1970년 산서 대동 남쪽 교외 지역의 북위 유적지에서 출토
되었다. 높이 9.8cm, 구경 11.2cm, 굽 부분은 직경 6.8cm다. 지금의
산서 대동은 494년 북위가 낙양으로 천도하기 전의 도읍이다. 5세기
북위와 서역은 경제적·문화적 교류가 있었기 때문에 도읍에 적지 않은
중앙아시아와 서아시아 승려, 예술가와 '백만장자' 상인들이 모여 살았
다. 이 북위 유적지에서 여러 점의 기물들이 출토되었으며 기물의 조형
과 장식은 서아시아 풍격을 농후하게 띠고 있다.

석가천불비釋迦千佛碑

북주·손잡이가 달린 은제 도금 물병[銀製鎏金把手水瓶]

이 은제 도금 물병의 입은 오리 주둥이 모양이고 손잡이 꼭대기 부분
에 투구를 쓰고 높은 코에 움푹 들어간 눈을 하고 있는 호인胡人 남자
두상이 주조되어 있다. 손잡이 양 끝의 위아래에는 양 머리가 장식되어
있고 남녀 각 1인이 한 쌍을 이루며 모두 세 쌍이 배 부분에 둥글게 돌
아가며 장식되어 있다. 이들은 같은 얼굴에 각기 다른 자세를 취하며
이별하기 아쉬워하는 한 쌍의 연인의 모습을 묘사하고 있다. 이런 유의
장식 양식은 페르시아풍이 농후하며 현존하는 사산왕조 페르시아 은기
중 가장 정교한 작품의 하나다.

북조·청자 연화준蓮花尊

북조 말기 청자는 매우 유행했던 용기였다. 나팔 모양의 주둥이와 평평한 입술·긴 목·튀어나온 배·길
고 둥근 굽을 하고 있다. 배 부분에는 엎어 놓은 연꽃잎을 한 바퀴 돌아가며 첩첩이 빚어 놓았다. 연꽃잎
은 넓고 두툼하고 끝 부분이 아주 약간 밖을 향해 뻗어 있다. 배 부분에 인동화 문양이 새겨져 있고 아
랫부분에는 연꽃잎 무늬가 두 층으로 장식되어 있다. 둥근 굽의 바깥쪽에는 연꽃잎 무늬가 첩첩이 빚어
져 있다. 전체가 연꽃인 이 용기는 회백색으로 옥과 같이 투명하고 맑은 빛이 나며 조형은 우아하고 수
수하면서도 고풍스럽고 정밀하며 아름답고 점잖다. 북방 자기 계열 중 일품인 작품이다.

隋

서기 581~618년

수·용 모양의 손잡이가 달린 닭머리 모양의
백자호[白瓷雙把龍柄鷄首壺]

수나라 시기(612년)의 전체 지도

실위室韋

말

동돌궐東突厥

서돌궐西突厥

거란契丹

해奚

고구려高

수隋

여국女國

유구流

보계宝髻

복부濮部

N

S

왜국倭國

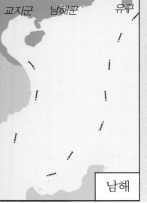

교지군　남해군　유구

남해

수

581~618년

서기 581년, 북주의 대승상이자 도독내외제군사 수왕隋王 양견楊堅은 주 정제周靜帝를 폐위시키고 자신이 황제가 되어 국호를 수로 바꾸었는데 이 이가 바로 수 문제隋文帝다. 수 문제는 중앙집권을 강화하는 일련의 조치를 취하여 중앙에 오성육조五省六曹 설치를 통하여 재상의 권한을 분산하고 상호 제약하도록 만들었다. 또 지방의 주현州縣 수를 축소하여 주현 이급제를 실시했다. 이 외에 《개황률開皇律》을 반포하여 중앙 권력을 강화하고 사회질서를 유지했다. 또한 구품중정제九品中正制를 과거제로 대체하여 문벌 정치의 영향을 청산했다.

수나라는 정권을 공고히 하는 동시에 역사적 조류에 부응하여 전국 통일 전쟁을 치르고 589년 남방의 최후 정권인 진陳나라를 격파하고 남북을 통일함으로써 서진의 영가의 난 후 근 300년의 분열 국면이 막을 내렸다. 수 정권의 통치 영역은 동남쪽으로는 바다에 이르고 서쪽은 차말且末(지금의 신강 타림분지)에 이르며 북쪽은 오원五原(지금의 내몽고 항금후기杭錦後旗 서쪽)까지 도달하니 동서 9300리, 남북 1만 4815리에 이르는 거대한 제국의 왕조를 형성했다. 수 양제煬帝는 즉위후, 막강한 경제 능력을 배경으로 동경東京을 건설하고 운하를 팠다. 정교하고 화려한 동경이 오로지 황제 개인만의 욕망을 만족시켰다면 4800리에 달하는 대운하의 개통은 강남의 경제 문화 교류를 대대적으로 촉진시켰으며 국가 통일을 공고히 했다. 이밖에 수 문제가 새로 설치한 제도 또한 수 양제가 발전시키고 완비하여 수나라 초기 제도는 당나라 제도로 나아가는 필수적 매개가 되었다. 수 양제는 서역 및 동남아 인접 국가와의 관계를 강화했으며 양제 말년 수나라 영토는 최고에 달하였다. 그러나 수나라는 급속히 쇠락했다. 문제 때 축적된 재부는 헤프게 사용되어 신속히 고갈되었고 문제 시기 안정적이던 정국은 양제에 이르러 급속도로 동요되었다. 수 양제는 공명심이 매우 커서 무력을 남용하고 전쟁을 일삼았다. 그의 짧은 생애 중 세 차례나 남순南巡했고 몇 차례 고구려 정벌 전쟁을 치르면서 전 국민을 역사役事에 동원하고 전 지역의 백성을 징병했다. 그러자 전답은 황폐해지고 전국에서 수나라에 반대하는 기의가 수없이 일어났으며 통치 집단 내부마저 분열되며 수나라의 통치는 신속히 와해되었다.

618년, 이연李淵이 수 공제恭帝 양유楊侑를 폐위하고 황제에 올라 당나라를 건국하니 수나라는 결국 멸망한다.

581~604년의 수

삼국·양진·남북조 시기 중 비교적 짧았던 서진의 통일을 제외하면 전국은 기본적으로 분열 할거 상태였다. 그러나 이 시기 남북의 경제 문화는 발전했고 민족의 대융합이 있었기 때문에 통일의 실현은 사회와 역사 발전의 필연적 추세이자 각 부족 구성원의 절박한 요구이기도 했다. 581년 북주의 외척 양견이 북주의 정권을 탈취하고 수나라를 세웠고, 589년 수나라가 남방의 진陳나라를 멸망시키고 전국을 통일했다. 수나라는 건국 후 정치·경제 등의 제도에 일련의 개혁 조치를 취했다. 중앙에 삼성육부三省六部를 설치하고 지방의 주·군·현 삼급제를 주·현 이급제로 바꾸고 지방 관리의 임면권을 중앙이 행사함으로써 중앙집권을 공고히 했다.

연대별 주요사건

- **581년** 양견이 북주를 멸하고 수나라를 건립하니 이 이가 바로 수 문제임. 북주 육관을 폐지하고 상서·문하·내사 등의 성省을 설립하고 고경을 상서좌복야로 삼음

- **582년** 새로운 수도 대흥성을 옛 성인 장안 동남쪽에 건설

- **583년** 수나라가 돌궐을 격파하고 돌궐은 동·서 둘로 분열.

- **589년** 수나라가 진나라를 멸망시키고 남북을 통일. 이부상서 소위를 상서 우복야로 삼음

- **590년** 부병제 개혁. 군인들을 소집하여 주와 현에 소속시키고 전답을 개간하게 하고 호적을 관리하여 일반 백성과 동일시함

- **591년** 주현좌사를 제정. 3년에 한 번 교체되며 중임할 수 없음

- **598년** 고구려와 말갈이 요서를 공격. 수나라는 수륙 30만 대군으로 고구려를 공격했으나 아무 성과 없이 귀환함

- **599년** 동돌궐 돌리칸이 수나라에 복속하자 계민칸이라는 칭호를 내리고 의성공주를 시집보냄

- **600년** 태자 양용을 서인으로 폐하고 진왕 양광을 태자로 책봉

- **601년** 상서우복야 양소를 좌복야로 삼음

- **604년** 수 문제 사망, 수 양제 즉위

양견

수 문제 양견楊堅(524~604)은 수나라를 세운 인물로 홍농弘農 화음華陰(지금의 섬서성 화음 동쪽) 사람이다. 북주 시기 부친의 작위를 이어 수국공隋國公이 되었다. 그의 딸이 주나라 선제宣帝의 황후다. 대상大象 2년(580) 5월, 주 선제가 사망하고 그 아들 우문천宇文闡(정제靜帝)이 즉위하자 양견은 좌대승상左大丞相을 역임하며 군사를 감독 관리하고 조정을 장악했으며 수왕에 봉해졌다. 대정大定 원년(581) 2월, 양견은 주를 정벌하고 황제에 올라 수나라를 세우고 개황開皇으로 개원했다. 개황 7년(587), 수나라가 후량後梁을 멸하고 개황 9년 진나라까지 멸하여 남북 분립 국면은 끝이 나고 전국은 통일되었다. 수 문제는 즉위 기간 중 관제를 개혁하고 삼성 육부제와 주현 이급 체제를 확립했으며 구품 이상의 관리는 모두 중앙이 임명하도록 규정하여 중앙집권을 강화했다. 인수仁壽 4년(604), 수 문제는 태자 양광楊廣에 살해되었다.

청유 연꽃 문양 반구준[靑釉連瓣盤口尊]

581년
양견의 수나라 건국

577년, 북주의 무제 우문옹宇文邕은 북제를 멸하고 북방을 통일했다. 그가 다시 몇 년의 시간을 들여 북방의 돌궐과 남방의 강남을 평정하여 전국 통일을 준비하던 시기, 돌궐 북벌 길에 나섰다 중병이 걸려 578년 사망했다. 뒤를 이어 즉위한 선제宣帝 우문빈宇文贇(559~580)은 대망도 없으며 매우 잔혹한 황제였다. 즉위한 지 1년도 되지 않아 그는 7세 된 아들 우문천 즉 정제에게 자리를 넘기고 자신은 천원황제天元皇帝의 명의로 계속 정권을 장악했다. 그는 조정을 돌보지 않아 대신들은 그를 만날 수 없었고 일이 생기면 환관을 통하여 상주했다. 대신에 대한 질투도 나날이 심해져 대신이 위법할 경우 중하면 주살이고 경하면 채찍과 매로 다스렸는데 곤장 120대를 한도로 정하고 천장天杖이라 이름 붙였다. 이렇게 되니 위아래가 모두 공포에 떨고 안팎의

뜻이 맞지 않아 통치 집단 내부 갈등이 나날이 첨예화되었다. 대상大象 3년(581), 양견은 주를 멸하고 황제가 되어 국호를 수隋라 하고 장안을 수도로 정하니 역사에서는 이 이를 수 문제라 칭한다. 양견은 각종 수단을 이용하여 세상을 바꾸려는 숙원을 끝내 실현시켰다.

수 문제 기우도
이 수 문제의 기우도 벽화에 묘사된 성대한 광경에서 '개황치세' 분위기를 느낄 수 있다.

황유무녀용黃釉舞女俑
황유 무녀용은 수나라 묘에서 출토되었다. 황유를 바른 악용樂俑 군상의 일원으로 출토 당시 두 팔이 없었는데 후에 복원했다. 무녀용은 머리를 두 쪽으로 높게 빗어 틀어 올리고 둥근 얼굴에 온화한 표정을 지으며 살며시 미소를 머금고 목은 목걸이로 장식하였다. 소매가 긴 상의와 긴 치마를 입고 위에 얇은 비단솔을 둘러 어깨를 덮고 사선으로 내려 허리에서 묶었다. 들어 올린 한 쪽 팔에는 무용할 때 끼는 천이 나풀나풀 거리고 다른 한 쪽 팔은 아래로 뻗어 내렸다. 그야말로 "가는 허리는 명월을 희롱하고, 긴 소매는 동풍에 춤춘다"라 하겠다.

수·회남기조신수동경淮南起照神獸銅鏡
이 거울은 반구형의 꼭지가 달려 있고 팔각형의 꼭지 받침대 주위에 두 줄이 둘러쳐져 있으며 볼록 튀어나온 여덟 개의 사각형 위에 각각 한자가 하나씩 새겨져 있다. 안쪽은 동왕공東王公·서왕모西王母·사신四神 및 신수神獸로 장식되었고 두 개의 줄로 이들의 사이를 띄어놓았다. 바깥쪽은 명문 한 줄과 12간지 동물 등의 도안으로 장식했다. 가장자리는 엉켜 있는 나뭇가지 무늬가 한 바퀴 장식되어 있다. 이 거울의 문양은 매우 복잡하며 제작 수준이 무척 뛰어나다.

국청사
절강 천태현天台縣의 북쪽 5km 지점의 천태산 남쪽 기슭에 위치하며 중국 불교 천태종의 발원지다. 사찰은 수나라 개황 연간(581~600)에 지었고 처음 이름은 천태산사天台山寺였으나 사찰을 지은 지의智顗가 "사찰이 완성되면 나라가 맑아질 것이다"라는 유언을 남겼기 때문에 대업大業 원년(605)에 '국청사國清寺'라는 이름을 하사받았다.

581년
관제 개편

양견은 수 나라를 건국한 후 북주가 《주례周禮》에 따라 설립한 천관天官 대총재大冢宰·지관地官 대사도大司徒·춘관春官 대종백大宗伯·하관夏官 대사마大司馬·추관秋官 대사구大司寇·동관冬官 대사공大司空 등의 육관을 폐지하고 중앙에 최고 정권기관인 상서성·문하성·내사성의 삼성三省을 설치하였다. 상서성은 이부·예부·병부·도관都官(형부)·탁지度支(호부)·공부 등 육부를 통솔하며 각 부는 각기 4사四司를 관할한다. 삼성 외에 대臺·시寺·감監·위부衛府가 있다. 내사성의 최고 수장은 내사령內史令이고 바로 밑의 관직은 내사시랑이며 주요 관직인 내사사인內史舍人의 직무는 황제 뜻을 받들어 조서 초안을 작성하는 일이다. 문하성의 최고 수장은 납언納言

이고 바로 밑의 관직은 문하시랑이며 주요 관직인 급사중給事中의 직무는 조정 신하들의 상주문을 조사하고 중서中書의 조서를 재심하여 만약 부당하다고 여겨지면 돌려보내거나 논박하여 바로잡는 것이다. 내사성과 문하성의 두 성은 궁 안에 설치했으며 간언의 직무가 있어 황제의 과실을 바로잡았다. 상서성은 궁 밖에 설치했고 최고 수장인 상서령은 실제로는 임명하지 않고 바로 그 밑의 관직인 좌·우복야가 직권을 대행하여 도성都省의 관직상의 일을 책임지며 육부를 총괄하였다. 각부의 최고수장은 상서尙書, 그 바로 밑은 시랑이라 칭하고 각각 각종 조정의 명령을 관철시키는 일을 담당한다. 상서성과 각 부의 사司는 중앙에서 실질적 업무를 맡고 있는 구시삼감九寺三監 및 주와 현의 지방 관리에 대하여 감독과 지도의 권한을 갖는다.

수 문제를 보필한 독고황후

수 문제 양견의 황후는 성이 독고獨孤이며 서위와 북주의 주국대장군柱國大將軍 독고신獨孤信의 딸이다. 외가는 산동의 명문 세가인 최씨崔氏 집안이다. 독고씨는 어려서부터 집안 분위기의 훈도로 유교 예법 교육을 받아 말과 행동거지가 대범하며 신분에 걸맞았다. 양견이 수나라를 건립한 후에 독고씨는 온 힘을 다해 그의 대업을 지지했고 내외 정사를 물은 후 많은 견해와 관점을 제시하였는데 이것이 모두 수 문제의 의견과 합치했기 때문에 문제는 독고황후를 총애하는 동시에 얼마간의 경외심을 품었다. 581년 10월, 독고씨의 외사촌 최장인崔長仁이 죄를 지어 참형에 처하게 되자 문제는 사형은 면하게 해주려 했다. 그러나 독고씨는 사사로운 정에 얽매여 국가의 법을 왜곡할 수 없다고 여겨 법대로 최장인을 참수시켰다. 독고씨는 천성이 근검절약을 좋아하여 한 번도 사치하거나 부패한 적이 없었고 궁정 내외 사무 일체는 검소함을 따랐으며 심지어 기본적인 옷감이나 약품조차 비축하지 않았다. 문제는 북주 망국의 교훈을 거울로 삼아 권세를 임의로 외척에게 넘겨주지 않으려 했다. 독고씨 역시 자신의 친인척을 위해 논공행상을 하지 않았고 그의 형제가 벼슬을 해도 겨우 장군이나 자사에 불과했다. 독고씨는 오직 정치에만 관심이 있었고 제업을 이루도록 보필했는데 이런 황후는 역사상 매우 드물다.

삼성육부제의 간략한 표

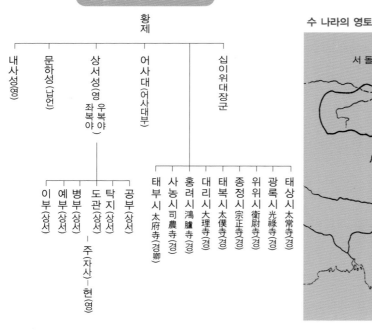

수 나라의 영토

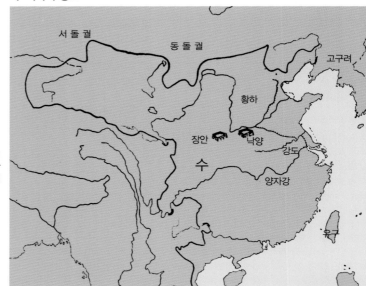

581~583년
원교근공의 책략으로
돌궐을 격파

581년 타발칸[佗鉢可汗]이 죽자 섭도攝圖가 사발략칸[沙鉢略可汗]으로 즉위하고 그의 동생 암라菴羅가 제2의 칸으로, 목간자대라木杆子大邏가 아파칸[阿波可汗]이 되었으며 사발략을 돌리칸[突利可汗]이라 불렀다. 여러 칸들은 각기 부족을 통치하며 곳곳에 퍼져 살았다. 수문제가 북주의 뒤를 이은 후 사발략칸은 북주의 천금千金공주의 종용에 따라 거병하여 수나라를 공격했다. 북주 시기 일찍이 천금공주를 돌궐로 모셨고 돌궐 내부 상황에 익숙한 장손성張孫晟은 '먼 나라와 친교를 맺고 가까운 나

라를 공격하며, 강하면 갈라서고 약하면 연합한다'는 방침을 상서로 올렸다. 그는 또 서역의 달두칸[達頭可汗]과 아파칸 및 동북의 처라후處羅侯와 연합하여 돌궐의 내부 분화를 재촉하고 다시 이 승세를 타고 사발략을 공격해야 한다고 건의했다. 수 문제는 원휘元暉를 달두칸의 사신으로, 장손성을 처라후의 사신으로 파견하여 돌궐 내부 분화를 재촉했다. 개황 3년(583), 수는 군을 여덟 갈래 길로 나누어 돌궐을 역습하여 사발략칸을 대파하고 아파칸에 여러 차례 승리를 거두었다. 돌궐은 사발략을 영수로 하는 동돌궐과 아파칸을 영수로 하는 서돌궐로 분열되었다. 개황 5년(585), 사발략이 신하의 예로 수나라를 섬기면서 수나라의 북방에 대한 우려는 해소되었다.

백유무사용白釉武士俑
수 왕조 무사용은 엎어놓은 연좌 위에 직립해 있다. 머리에 투구를 쓰고 몸에는 갑옷을 두르고 있으며 하의는 고습高襠을 입고 허리에 혁대를 매었고 장화를 신었다. 오른손은 주먹을 쥔 채 수평으로 들고 있고 왼손은 허리띠를 잡고 있으며 도용 전체에 백유를 칠했다. 이 용은 곤두세워진 두 눈썹, 크게 부릅뜬 눈, 양쪽으로 삐쳐 있는 콧수염 때문에 기세당당하고 사납게 보인다. 수대 조소 예술의 진품에 속한다.

수·맷돌과 키를 들고 있는 여자 도용

수·인화印花 청자관
이 항아리는 주둥이는 곧고 어깨에 사각형의 귀가 네 개 장식되어 있는데 사각형 귀 사이에 다시 꽃잎 두 장을 포개어 합쳐 만든 원형의 귀가 네 개 더 있어 모두 여덟 개의 귀가 있다. 배는 깊고 배 벽은 아래로 내려가면서 안쪽으로 모아지다 바닥 부분에서 다시 밖을 향해 퍼져 있으며 밑바닥은 평평하다. 어깨와 배 부분에 각기 줄무늬가 세 줄 둘러쳐져 있다. 어깨에 엎어놓은 연꽃잎이 한 바퀴 새겨져 있고 배 부분에는 원과 사각형이 갈마들며 꽃무늬를 이루고 있는데 원형은 여덟 장의 연꽃잎 모양이고 사각형은 테 안에 세로 줄무늬가 있다. 배토는 회색이 도는 황색이고 그릇 안팎으로 모두 청색 유약을 칠했지만 바닥까지 칠하지는 않았고 몸체에 빙렬氷裂 무늬가 있다. 이 항아리가 출토될 때 안에는 이미 탄화된 호도가 있었다.

584년
수나라의 광통거 건설

583년, 수나라는 새로운 수도 대흥성大興城으로 천도한 후 수륙 교통 상황이 나날이 번잡해졌다. 그러나 대흥성이 있는 중원은 하류의 수위가 붙지 않는 데다 조운漕運 시 주요 간선인 위수渭水가 당시 강물의 운동 현상과 지질의 영향으로 모래 양이 비교적 많고 여러 곳의 수로에 침적토가 많이 쌓여 원활한 운송을 가로막고 있었다. 개황 4년(584) 6월 21일, 수 문제 양견은 태자좌서자太子左庶子 우문개宇文愷에게 인부들을 조직하여 수로를 건설하라는 조서를 내렸다. 우문개는 수나라의 유명한 건축가로 582년 그의 주도하에 새로운 수도 대흥성을 계획·건설했다. 그 후 동도東都 낙양 대규모 건축 공사도 담당했다. 그는 관개 수로 건설의 명을 받아 수로를 파고 위수를 끌어들여 흐르게 했다. 관개수로는 대흥성 동쪽(지금의 섬서 서안 북쪽)에서 동관潼關(지금의 섬서 동관)까지 모두 300여 리에 이르며 그 설립 목적은 조운을 원활하게 소통시켜 교통이 원활해지도록 하는 데 있다. 이것이 바로 역사적으로 유명한 '광통거廣通渠'다.

황음 방탕한 진의 후주

진 태건太建 14년(582) 1월 13일, 진숙보陳叔寶가 제위에 오르니 역사에서는 진 후주陳後主라 부른다. 진숙보는 어려서부터 거만하고 횡포했으며 하는 일이 아무것도 없었고 성장한 후에는 주색을 가까이 했다. 하루 종일 놀 생각만 하며 황음 방탕한 생활을 한 역사상 유명한 우둔한 군왕이다. 진 지덕至德 2년(584) 11월, 진숙보는 임춘臨春·결기結綺·망선望仙 등 세 개의 누각을 짓도록 명령했다. 이 누각은 높이가 모두 몇 장丈씩이나 되었고 화원 안에 돌을 쌓아 산을 만들고 물을 끌어 못을 만들고 기묘하고 희귀한 화초를 심고 금·옥·진주·비취 등으로 장식하였다. 후주 자신은 임춘각에 거처하고 장귀비는 결기각에, 공孔·공龔 두 귀비는 망선각에 기거했으며 이들 외의 수많은 총애하는 궁녀와 여관女官들을 거느리고 하루 종일 궁원에서 놀았다. 그는 또 강총江總·공범孔範·왕차王瑳 등을 신임하여 이들을 자신의 곁에서 수행하게 하였다. 후원에서 연회를 벌이며 위아래 서열이 없게 노니 사람들은 이들이 무람없다 하여 '압객狎客'이라 불렀다. 진 후주는 술을 마실 때마다 후궁·여학사女學士와 압객에게 서로 노래하고 부賦와 시를 읊도록 하며 자극적인 것을 추구했고 또 그중에 아름다운 구절을 뽑아 악곡으로 만들어 궁녀에게 부르게 하며 자주 밤을 새며 아침까지 놀았다. 이 기간 중 진 후주가 창작한 《옥수후정화玉樹後庭花》·《임춘악臨春樂》 등의 악곡은 낮고 애절한 음조를 띠고 있으며 중국의 10대 명곡의 하나인 《춘강화월야春江花月夜》 역시 이 시기에 창작되었다고 한다. 귀비 장려화張麗華는 진 후주가 가장 총애하는 귀비 중의 하나였다. 백관이 정사를 상주하면 진 후주는 장려화를 무릎에 앉히고 함께 결정했다. 그렇게 되자 내외가 결탁하고 공적인 명목을 빌려 사복을 채우며 부패하여 뇌물을 수수하고 교만과 횡포로 인한 불법이 자주 횡행했다. 진 후주는 대대적인 토목공사를 벌여 국고는 나날이 고갈되어 갔고 여기에 환관까지 교묘한 수단으로 재물과 권력을 빼앗으니 백성의 세금과 부역은 해마다 증가하고 원성이 자자했다.

수·선산병조사신경仙山并照四神鏡
이 동 거울은 동그란 꼭지가 있고 엎드려 있는 짐승 모양의 꼭지 받침대가 있다. 꼭지 받침대 바깥쪽으로 각 변이 두 줄로 된 사각형이 있고 이 사각형의 네 각과 V형 문양이 서로 마주보면서 네 개의 장식 부분으로 나뉘며 V형 문양 안에는 각기 짐승의 얼굴이 하나씩 있다. 문양으로 장식된 부분은 각기 기린·봉황·거북·용 등의 사령四靈이 배치되어 있다. 중앙에는 "선산병조 지수제명仙山并照 智水齊名……"으로 시작하는 32자로 된 명문이 있다. 바깥 부분은 12간지 동물들이 에워싸고 있고 거울의 가장자리는 기하학적 구름 모양으로 장식되었다.

수의 오아전선五牙戰船(복원 모형)

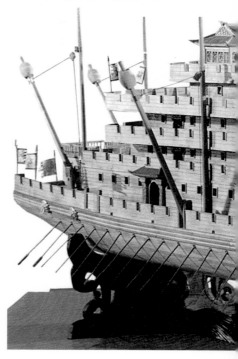

한금호

한금호(538~592)는 수나라 명장으로 자는 자통子通이다. 하남 동원東垣(지금의 하남 신안) 사람으로 대대로 장수를 배출한 집안 출신이다. 부친 한웅韓雄은 북주 시기 관직이 대장군까지 올랐다. 한금호는 집안 영향을 받아 어려서부터 담력과 지략으로 정평이 나 있었다. 그는 또 책 읽기를 좋아하여 경서와 사서 및 백가의 대의를 대략적으로 이해했다. 그는 신의군공공新義郡公 작위를 계승했고 영주永州와 화주자사和州刺史를 역임하였다. 개황 8년(588) 11월, 수나라가 대대적으로 거병하여 진을 정벌하자 한금호는 정예 기병 500을 빠른 속도로 진격시켜 먼저 건강성 안으로 진입하여 후주 진숙보를 포로로 잡음으로써 남북통일에 공헌했다. 그는 진나라를 평정한 공으로 주국柱國으로 승격되었고 양주총관凉州總管으로 나갔다 곧 소환되었다. 개황 20년 병사했다.

589년
진나라를 멸하고 남북을 통일한 수나라

개황 8년(588) 3월, 수 문제는 진나라를 멸하라는 명을 내렸다. 10월, 수 문제는 진왕晉王 양광楊廣·진왕秦王 양준楊俊·청하공淸河公 양소楊素를 행군원수로 삼아 51만 대군을 이끌고 여덟 갈래 길로 나누어 파촉에서 동해안에 이르는 수천 리 전선에서 진나라를 향한 공격을 개시했다. 모든 군대는 진왕 양광의 지휘를 받았다. 고경은 진왕晉王의 원수장사元帥長史로서 군무를 주재했다. 12월, 양소는 수군을 통솔하여 삼협으로 출전하여 강을 타고 남하하며 진나라의 군을 여러 차례 격파하고 한구漢口(지금의 호북 무한)까지 이르렀다. 다른 부대 역시 양자강까지 쳐들어갔다. 개황 9년(589) 정월 초하루에 하약필賀若弼은 광릉廣陵(지금의 강소 양주)에서 거병, 도강하여 12일 진나라의 군대를 대파하고 진나라 장수 소마가蕭摩訶를 포로로 잡았다. 한금호韓擒虎는 주작문朱雀門을 통해 건강(지금의 남경)으로 들어와 대성臺城까지 이르렀다. 진나라 후주後主와 장귀비·공귀비는 마른 우물 속으로 피해 있다 수나라의 군대에 포로로 잡혔다. 얼마 후 진나라의 통치 영역이 모두 수나라로 귀속되니 이때 수나라는 주 30개, 군 100개, 현 400개를 획득했다. 4월, 진왕 양광이 군을 이끌고 장안으로 돌아왔다.

양소

양소(?~606)의 자는 처도處道고 홍농 화음(지금의 섬서 화음현) 사람이다. 그는 사대부 출신으로 수나라의 명장이자 일대의 권세 있는 간신이었다. 양소는 어려서 공부를 좋아하였고 문재와 담력, 지략이 모두 뛰어났다. 북주 무제 시기 그는 이미 관직이 거기대장군의동삼사車騎大將軍儀同三司에 이르렀다. 수 문제 양견이 주나라를 멸한 이후 양소는 양견과 동일한 홍농 양씨라는 이유로 큰 신임을 받아 일찍이 명을 받고 고경 등과 함께 《수율隋律》을 편집·개정했다. 그는 매우 엄격하게 군을 통제했고 용병에서도 권모술수가 많았다. 수 문제가 중국을 통일하고 강남 권문세가의 반수反隋 전쟁을 평정하며 북쪽의 돌궐을 제어하고 북방 변경 방어 전쟁을 여러 차례 치르는 과정에서 양소는 모두 큰 공을 세웠다. 592년, 그는 상서우복야로 임명되어 상서좌복야 고경과 공동 집권하며 조정 대사를 처리했다. 재상의 자리에 등극한 후, 양소의 권세를 쥔 간신의 면모가 드러나기 시작했다. 그는 독고황후가 태자 양용楊勇을 폐위시키고 차남 양광을 태자로 세우려는 의중을 알아채고 양용을 폐위하고 양광을 책봉하려는 음모에 적극적으로 참여했다. 그는 먼저 유언비어를 유포하여 수 문제와 양용의 사이를 이간질시킨 다음 거짓 죄명을 꾸며내 악질적으로 모함하여 결국 양용이 폐위되도록 만들었다. 그는 자신이 도모한 이 일로 601년 상서좌복야가 되어 권력의 최고봉에 올랐다. 양소는 생활이 음탕하고 부패했으며 그가 후원에 모아놓은 아름다운 처첩·시비와 기생의 수가 천을 헤아렸다.

590년
부병제의 개혁

수 개황 10년(590) 5월, 수 문제 양견은 부병제府兵制를 개혁하는 조령을 반포하고 병농兵農 합일을 실행하였다. 수나라는 서위와 북주 이래 계속되던 부병제를 널리 시행하였다. 중앙집권을 강화하고 군대를 건설하기 위하여 수 문제 양견은 부병제에 일련의 중대 개혁을 실시하였다. 첫째, 건전한 부병 조직 체계를 세우고 중앙에 12위부衛府를 설치하여 부병의 범위와 역량을 확대하였다. 둘째, 군민軍民의 분적分籍 제도를 개혁하여 병농 합일을 실행하였다. 셋째, 사병은 위사衛士로 총칭하여 금위군의 성격을 갖도록 하였다. 이와 같은 일련의 개혁으로 부병제는 나날이 완비되어갔다. 개혁 후의 부병은 통솔상 12개의 위분령衛分領으로 나누었지만 위분령의 권한은 수도 주재 부병 감독으로 제한되었다. 동시에 12위에 각각 대장군을 설치하였고 전체적으로 황제의 안위를 직접적으로 책임지며 황제의 제어를 받았다.

수나라 초기 12부府의 간략한 표

	우령군부右領軍府
	좌령군부左領軍府
	우감문부右監門府
	좌감문부左監門府
	우령부右領府
황제	좌령부左領府
	우무후부右武侯府
	좌무후부左武侯府
	우무위부右武衛府
	좌무위부左武衛府
	우위부右衛府
	좌위부左衛府

청자 무사용武士俑
수나라의 청자용은 가슴을 꼿꼿이 편 직립 자세를 하고 두 손으로 방패를 누른 채 성난 눈과 오똑한 코에 입술은 굳게 다물고 있는 모습이다. 머리에는 비늘 모양의 갑편甲片이 달려 있고 양 측에 귀덮개가 있는 투구를 썼다. 목둘레 깃에 단추가 달려 있고 어깨에 있는 가죽으로 만든 단추 거는 고리로 비늘 모양의 갑편이 있는 바짓가랑이 사이를 보호하는 철갑을 연결시켰으며 가슴에는 금속을 다듬어 만든 원형 가슴 보호대가 있다. 어깨부터 팔까지는 원통형의 소매다. 허리는 가죽 띠로 묶고 갑옷은 무릎까지 덮으며 그 밑으로 옷자락과 장화가 드러난다. 이런 유의 갑옷은 금속 가슴 보호대가 있어 햇빛 아래서 빛을 반사하기 때문에 '명광개明光鎧'라 불렸다. 도용의 복부 아래에 기대어 세워진 방패는 테두리를 질이 좋은 둥근 쇠못인 유정鉚釘으로 둥글게 장식했고 가운데 원형과 타원형·팔각형 도안을 찍어 눌러 만들었다. 방패는 나무 재질로 만들었고 피혁으로 싼 후 유정으로 고정하고 다시 채색 그림을 그려 넣고 금은으로 상감 장식했다. 이 도용은 위무 당당하고 장중한 무사의 모습을 하고 있다.

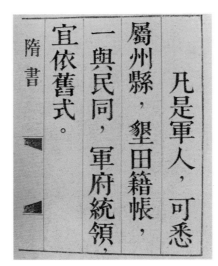

《수서隋書·고조기高祖紀》
수 문제의 부병제 개혁과 관련된 황제의 명령

동호부銅虎符
수나라가 부병을 징발할 수 있는 증표

수·쌍용쌍병백자준雙龍雙瓶白磁尊

598년
공적 없이 귀환한 고구려 원정

개황 18년(598) 2월, 고구려왕 고원高元이 수만 명의 무리를 이끌고 요서 정벌에 나섰으나 영주총관營州總管 위충韋沖에 패하여 돌아갔다. 수 문제는 이 일을 듣고 대로하여 같은 달에 한왕漢王 양양楊諒·왕세적王世積을 행군 원수로 삼아 수륙 양군 30만으로 고구려를 공격했다. 또 상서좌복야 고경을 한왕장사漢王長史로, 주라후周羅睺를 수군총관으로 삼아 서로 협조하여 행동하도록 했다. 9월 21일 두 부대는 모두 아무 성과 없이 귀환했을 뿐 아니라 수나라 군대는 열에 아홉이 사망하는 막대한 손실을 입고 사기가 크게 떨어졌다. 고원 역시 수나라의 국력을 고려하여 사신을 보내 유감을 표명하자 수 문제는 전쟁을 멈추고 이전과 마찬가지로 고구려를 대하였다.

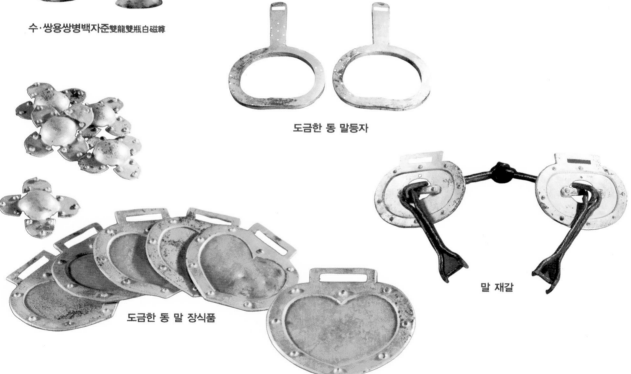

도금한 동 말등자

도금한 동 말 장식품

말 재갈

하조가 창조한 유리제조법

서한의 비단길이 개통된 이후 대월지국의 상인들은 유리그릇과 유리를 불로 구워 만드는 소조燒造 방식을 중원 지역에 전수했다. 그러나 수나라에 이르면 대월지 상인이 전수한 소조 방식은 이미 사라져 전해지지 않았다. 이에 따라 새로운 유리 제조 방법을 연구하여 탄생시켜야 할 중임이 솜씨가 뛰어나며 제작에 능란한 하조何稠의 두 어깨에 놓이게 되었다. 하조는 불로 구워 만드는 도기와 유리 공예를 차례로 깊이 연구했지만 모두 성공하지 못했다. 후에 녹자綠瓷 제작 시 사용하는 특수한 소제燒制 공예에서 시사점을 얻었고 또 유리 만드는 법을 개량하여 불어 만드는 방식을 발명했다. 이때에 이르러 새로운 유리 소제 방식이 탄생했다. 후에 사람들은 이런 방식을 '하조가 새로 창조한 유리 제조법'이라 불렀다. 하조의 유리를 불어 만드는 방식은 후세 유리그릇 제조에 심대한 영향을 미쳤으며 아울러 유리를 불어 만드는 현대적 방식의 기초를 닦아 놓았다.

나무에 올라 억울함을 외친 수나라 태자

양광이 태자로 책봉된 후 양용은 억울함을 참지 못하고 황제를 알현하여 해명하겠다고 여러 차례 요구했지만 양광이 가차 없이 저지했다. 하루는 양용이 더 이상 어쩔 수 없을 정도로 분노한 상태에서 동궁에 있는 큰 나무 위로 올라가 억울함을 외쳤고 이를 들은 수 문제가 무슨 일이 생겼는지 물었다. 양광을 지지하는 개국공신 양소는 기회를 이용해 양용이 귀신이 들려 약을 써도 고칠 수 없다고 아뢰었다. 이것이 바로 '수나라 태자가 나무에 올라 억울함을 외쳤다'는 고사다. 604년, 수 문제는 임종 무렵 비로소 양광이 그에게 불충하며 오히려 양용이 부황에 충심을 지니고 있음을 알고 양광을 폐위시키려 했지만 때는 이미 늦어버렸다.

전자건의 유춘도

《유춘도游春圖》는 현존하는 중요 산수화 작품이자 지금까지 보존된 가장 오래된 두루마리 형태의 산수화다. 두루마리 앞부분의 제題는 송 휘종徽宗 조길趙佶이 친히 '전자건유춘도'라 쓴 것으로 감정되었다. 전자건은 둥글고 힘찬 선과 아름답고 짙은 청록색으로 봄나들이 장면을 묘사하였다. 화면 공간 처리 면에서 이전 사람이 산보다 크고 물결이 이는 것을 허용하지 않으며 산림을 배열하지 않는 비례상의 불균형 상황을 개선하였고, 특히 호수의 잔잔한 물결과 탁 트인 원경을 매우 성공적으로 묘사하였다.

600년
태자를 바꿈

개황 원년(581), 양용은 황태자로 책봉된 후에 군사와 국가 법령의 결정에 여러 번 참여했다. 양용은 성정이 관대하고 정직하며 일을 꾸밀 줄 몰랐다. 후에 주악을 베풀며 하례를 받을 때 검소하게 하지 않아 문제와 독고황후의 미움을 샀다. 진왕 양광楊廣은 풍채가 우아하나 성정이 교활하여 문제의 신임을 얻어 태자가 되겠다는 목표를 세운 후 여색을 멀리하고 대신을 예로 대접하며 음악을 끊고 교묘한 말로 진상을 가리고 위장하여 차츰 황제와 독고황후의 환심을 얻었다. 양광은 또 양소와 양약楊約 및 우문술宇文術과 작당하여 파를 결성한 후 태자의 총애를 받는 신하 및 노비들을 금전으로 매수하여 태자를 감시하도록 했다. 양소는 기회를 틈타 문제 면전에서 태자 양용은 재능이 없으며 진왕이 부모에게 효도하고 검소함을 중시한다고 여러 차례 진언했으며 나아가 양용이 반역을 모의했다고 모함했다. 수 개황 20년(600) 10월, 문제는 태자 양용과 그의 자녀들을 서인으로 폐하고 11월 진왕 양광을 태자로 책봉했다.

산수화를 발전시킨 전자건

전자건展子虔의 생졸 연대는 분명하지 않으며 발해(지금의 산동성) 사람이다. 수나라에서 조산대부朝散大夫·장내도독帳內都督 등의 직책을 맡았다. 회화에 능했고 창작 범위는 대각臺閣·인물·말안장·불도佛道·가마·궁원宮苑·새·역사적 고사 등으로 매우 넓다. 그가 그린 대상은 생동적이고 흥취가 가득하여 당시 사람들이 매우 중히 여겼으며 동시대의 화가 동백인董伯仁과 나란히 거명되어 '동전董展'이란 호칭이 있었다. 전자건은 회화 창작에 능하고 인물 묘사가 매우 섬세하며 색운色暈*으로 화면을 그리고 긴밀한 선을 능란하게 써서 회화 대상의 성격 특징과 표정·태도를 마치 살아있는 듯 생동적으로 그려내 당대唐代 인물화법의 새로운 길을 개척했다. 전자건이 산수화에서 이룬 업적 및 회화 방법은 당나라 화가 이사훈李思訓 부자에게 채택되어 후세에 당화唐畵의 선조로 찬양되었다.

* 대상을 그릴 때 명도에 따라 동종색이나 인접색을 몇 개의 농담 단계로 나누어 층차감을 표현하는 회화 기법 - 역주

604~618년의 수

　수 양제는 즉위 후 동도를 건설하고 운하를 개통하며 사방으로 정벌 전쟁을 치르고 도처로 사냥을 다녔는데 그 진행 주기·속도와 효과 등 모든 면에서 중국 역사상 아주 보기 드문 황제다. 이렇게 할 수 있었던 주요 원인은 봉건국가가 대량의 자작농을 통제하고 있는 점과 수 문제 시기 전쟁과 부역이 비교적 적어 사회의 재부가 일정 정도 비축되어 있었다는 데서 찾을 수 있다. 비록 상황이 이와 같기는 하지만 사회의 수용력에는 일정 정도의 한계가 있기 때문에 일단 이 한계를 초과하면 거대한 사회 혼동이 야기되는데, 수 양제는 이런 한계 관리에 실패하여 건립된 지 30여 년 만에 수 왕조는 농민 기의군의 반란 속에 결국 멸망했다.

연대별 주요사건

- **604년** 수 양제 양광의 즉위
- **605년** 동도 건설·통제거 개통·한구 준설. 수 양제가 용주로 강도에 감
- **607년** 돌궐 계민칸의 내조. 수 양제는 북의 유림까지 순시
- **608년** 영제거 개통으로 북으로 탁군까지 통함
- **609년** 양제가 서쪽을 순시하고 토욕혼을 격퇴하여 지금의 청해에 이름. 신강에서 서해·하원·선선鄯善[피찬]·선차末[체르첸] 등의 사군 설치. 양제가 고창왕 국백아를 회견
- **610년** 강남하를 뚫어 남으로 여항까지 이름
- **611년** 백만 군을 탁군에 집결시켜 고구려 정벌을 준비. 왕박이 백두산*에서 기병하고 수나라 말 농민 기의 폭발
- **612년** 양제가 직접 고구려 정벌에 나섬.
- **613년** 양제의 제2차 고구려 정벌. 양소의 아들인 예부상서 양현감이 거병하나 패하여 피살
- **614년** 양제의 제3차 고구려 정벌
- **616년** 양제가 금군을 이끌고 강도에 이름. 각각 분산된 기의군이 점차 연합하여 이밀을 영수로 하는 와강군, 두건덕을 영수로 하는 하북 기의군, 두복위를 영수로 하는 강회 기의군 등 세 개의 막강한 기의군 형성
- **617년** 이연이 진양에서 기병, 관중으로 진군하며 장안을 공격하여 점령. 대왕 유유를 황제로 옹립
- **618년** 강도에서 병변이 발발하여 수 양제가 피살됨. 이연이 황제라 칭하고 당 왕조 건립. 무덕으로 개원하니 이 이가 바로 당 고조임

* 원서에는 장백산長白山으로 되어 있음—역주

양광

양광은 604~618년 동안 재위하였다. 즉위 후 낙양에 동도를 세우고 대규모 토목공사를 일으켰으며 궁전과 서원西苑을 지었다. 또 운하를 파고 장성을 수축하고 치도를 닦았다. 국민을 혹사시키고 물자를 낭비하니 심각한 생산 파괴 상태에 처했고 여기에 더해 가혹한 조세 징수와 무거운 병역으로 백성은 심각한 재난 상태에 직면하게 되었다. 611년부터 각지의 농민이 부단히 기의하니 수 왕조는 붕괴되고 양광은 후에 강도(지금의 강소 양주)에서 금군 장수 우문화급宇文化及 등에게 목졸려 죽었다.

상득진왕신수경賞得秦王神獸鏡

수·남백색 유리구슬을 상감한 금팔찌

이 금팔찌는 몸통이 네 마디로 되어 있고 각 마디의 양끝은 원형과 사각형의 희고 푸른 유리구슬이 세 개씩 상감되어 있다. 팔찌에 꼭지 고리가 있어 팔찌를 자유로이 벌리고 채울 수 있으며 꼭지를 거는 둥근 고리 부분에는 작은 터키석 구슬 여섯 개가, 갈고리에는 구슬 한 개가 상감되어 있다. 이 유물은 정밀하게 제작되었고 조형은 페르시아 풍격을 지니고 있다.

604년

부친을 살해하고 황제가 된 양광

　인수仁壽 4년(604) 7월, 문제의 병이 위독해지자 양소·유술柳述·원암元岩 등은 모두 입궁하여 병시중을 들었고 태자 양광을 대보전大寶殿에 들어와 기거하도록 불러들였다. 양광은 문제가 다른 생각을 할까 하여 조급해진 마음을 참지 못하고 양소에게 편지를 써 계위할 모략을 꾸몄다. 그러나 양소의 답신이 궁인에 의해 문제의 수중에 들어갔고 문제는 대로했다. 이와 더불어 문제는 양광이 자신의 애첩 선화부인宣華夫人을 궁정에서 농락하려 한 일을 알게 되었다. 문제는 이때 비로소 태자 양광을 폐위시키기로 결정하고 유술과 원암에게 전에 폐위한 태자 양용을 불러와 황위를 계승할 준비를 하라고 명령했다. 양소는 이 소식을 듣고 즉각 양광에게 보고했고 양광은 그 즉시 성지를 위조하여 유술과 원암을 체포한 후 자신의

심복을 궁정에 보냈고 궁의 문을 그의 측근 우문술 등이 통제하도록 했다. 후궁의 사람들은 다른 처소로 보냈다. 모든 계획이 철저하게 준비된 후 양광은 장형張衡을 궁으로 보내 13일 자신의 친부인 문제를 살해하도록 했다. 21일 양광이 황제의 자리에 오르니 이이가 바로 수 양제隋煬帝다. 이와 동시에 그는 양약楊約을 장안으로 보내 문제의 조서라 속이고 폐위 태자 양용에게 사약을 내리고 목매어 죽게 했다.

604~606년

동경 건설

수 인수 4년(604) 11월, 수 양제 양광은 이락伊洛(지금의 낙양)에 동경東京을 건설했다. 대업大業 원년(605) 3월, 양제는 상서령 양소를 영건동경대감營建東京大監으로, 납언 양달楊達과 장작대장將作大匠 우문개를 부감副監으로 임명하고 대규모 건설 공사를 시작했다. 약 1년의 시간을 거쳐 대업 2년(606) 초에 동경을 완공한 후 낙주洛州 주민과 여러 주의 부유한 상인 수만 명에게 신도시로 이주하도록 명했다. 동경성은 주위가 55리이고 서경 장안을 모방하여 건설했으며 성은 궁성·황성 및 외곽성 세 부분으로 이루어져 있다. 궁성은 궁전이 있는 곳이고 황성은 문무관이 사무 보는 곳이며 외곽성은 대성大城 혹은 나성羅城이라 불렸는데 관리의 사택이 있으며 백성들이 사는 곳이다. 동경의 식량 공급을 확보하기 위하여 대업 2년(606)에 양제는 동경 부근에 흥락興洛과 회락回洛 두 개의 큰 양식 창고를 새로 짓고

수십만 석을 비축하도록 했다. 완공 후 동도는 중요한 전략적 의의를 지닐 뿐 아니라 전국적으로 서경 이외의 또 하나의 정치·경제·문화 중심지이자 남북 교통의 중추로서 장안과 함께 이 도二都라 불리었다.

당·무기舞伎 팔각 금잔
높이 6.4cm, 구경 7.2cm다. 1970년 섬서 서안 남쪽 교외 하가촌何家村에서 출토되었고 현재 섬서성박물관에 소장되어 있다. 잔의 몸체는 팔각이고 각 면마다 악기를 다루고 있는 인물이 부조되어 있는데 그 표정과 자세가 각기 다르다. 고리 모양의 손잡이 위에 움푹 들어간 눈에 높은 코, 긴 수염을 늘어뜨리고 있는 노인 두상 한 쌍이 부조되어 있다. 문양 장식은 중서 문화의 교류를 반영한다.

여성복 모형도
짧은 저고리에 긴 치마는 수나라 여성복의 기본 양식이다. 이런 복식의 특징의 하나는 바로 치마허리를 비교적 높이 맨다는 점으로 일반적으로 치마허리가 허리 위로 올라가며 겨드랑이 아래에서 묶는 경우까지 있어 맵시 있고 호리호리한 인상을 준다.

부자父子를 섬긴 선화부인

선화부인 진씨陳氏는 진 선제陳宣帝 욱頊의 여식이다. 수나라가 진나라를 멸한 후 진씨는 비빈이 거주하는 궁전의 곁채인 액정掖庭으로 보내졌고 후에 궁정으로 뽑혀 들어가 문제의 후궁이 되었다. 독고황후 생존 시 진씨는 문제의 총애를 받았고 독고황후 사후에는 문제가 진씨를 귀인으로 봉하고 더욱 총애하여 육궁六宮 중에 진씨에 필적할 만한 인물은 하나도 없었다. 문제가 병환 중에 진씨를 선화부인으로 봉하는 조서를 내렸다. 문제는 와병 시 인수궁에 머물며 진씨와 이미 태자로 책봉된 양광의 시봉을 함께 받았다. 양광이 궁에서 진씨를 능욕하려 한 것을 안 문제가 양광을 심하게 꾸짖었으며 폐위된 태자 양용을 불러들여 다시 책봉하려는 마음이 간절했다. 후에 양광은 부친을 살해하고 즉위했다. 문제가 사망한 직후 양광은 사람을 보내 진씨에게 금합과 친히 서명한 봉인된 서한을 전했는데 진씨는 양광이 자신을 독살하려는 것으로 오인하여 두렵고 당혹한 마음에 감히 열어보지 못했다. 사실 안에는 애정을 표시하는 매듭인 동심결同心結이 여러 개 있었다. 이후 진씨는 다시 문제의 아들 양제를 시봉하기 시작했다.

대운하 개통

이전의 규모를 대대적으로 넘어섰다. 길이가 천리에 달하는 이 대운하는 세계적으로 위대한 토목공사의 하나다.

수나라의 대운하는 수 문제 때 착공되기 시작했는데 당시 위수를 대흥성(지금의 장안성)으로부터 동관까지 300리 정도 끌어들여 광통거라 명명했다. 수 양제가 건설한 대운하는 전체 공정이 4단계로 이루어졌다. 1단계는 대업 원년(605)에 수 양제가 강남·회북 백여만의 노동력을 징발하여 낙양 서원에서 회하 근처의 산양山陽(지금의 강소 회안淮安)에 이르는 북방의 통제거通濟渠를 건설했다. 2단계는 같은 해 다시 회남의 십여만 노동력을 징발하여 산양 한구邗溝를 확대 준설했다. 약 반년의 시간 동안 40보 정도 폭의 운하인 한구가 완공되었다. 이어서 통제거가 북쪽으로 연장되었다. 3단계는 대업 4년(608) 하북의 백여만 인력을 징발하여 영제거永濟渠를 건설했다. 이 운하는 주로 심수沁水의 수로를 이용하여 남으로 황하와 이어지고 북으로 탁군과 통하도록 했다. 4단계는 대업 6년(610) 장강 이남에 강남하江南河를 흐르게 하여 경구(지금의 강소 진강鎭江)에서 끌어들인 강물이 태호太湖 유역을 지나 전당강錢塘江 주위의 여항余杭(지금의 절강 항주)과 직접 통하게 되었다. 총 6년도 안 되는 기간에 대운하의 전체 공정이 완성되었다. 수나라의 대운하는 해하海河·황하·회하·장강·전당강 등 5대 하류를 서로 통하게 만들었다. 이는 동경인 낙양을 중심으로 서쪽으로 관중분지와 통하고 북으로 화북평원에 이르며 남으로 태호 유역까지 닿게 되어 통항 범위가

사리탑
강소 남경 서하사棲霞寺 대불각 우측에 있으며 수나라 인수 원년(601)에 만들어졌다. 팔각 오층 석탑으로 높이는 약 15m고 전체가 회백석으로 만들어졌으며 목조탑 구조를 모방했다.

일불이보살—佛二菩薩
수나라 석굴 조상이다. 불상의 높이는 약 4m고 보살은 약 3.65m다. 감숙 돈황 막고굴 427굴에 있다. 이렇게 한 조를 이루는 대형 채색 조상의 출현은 수나라 시기 석굴 예술의 새로운 특징이다.

605~617년
조주교 완공

수나라 대업 연간(605~617), 이춘李春 등의 장인들의 주도하에 하북성 조현趙縣 교하洨河 위를 가로지르는 세계 제일의 창견공敞肩拱* 돌다리가 건설되었으니 이것이 바로 조주교趙州橋다. 조주교는 또한 세계에 현존하는 가장 오래된 단공창견單孔敞肩 양식의 아치형 돌다리로 유럽과 비교해 10세기 앞서며 지금까지 1300여 년간 대지진을 여러 차례 견뎌내며 여전히 꼿꼿이 서 있어 '천하의 당당한 승리'라고 찬양받는다. 조주교의 창견식 아치교 양식과 네 개의 작은 아치가 있는 독특한 설계는 위대한 업적이며 중국 건축 기술의 발전을 한 단계 끌어올렸다. 조주교에 사용된 기법은 후대에 널리 계승되었고 명·청대에 이르면 건축 제도가 완비되고 교량 건설 기술

역시 더욱 출중해진다. 오늘날에 이르러서도 조주교의 기술은 철근 콘크리트 교량에 폭넓게 응용된다.

* 아치형 돌다리 양단의 다리 벽에 각기 두 개의 아치형 구멍이 있는 구조를 일컬음 – 역주

조주교
하북 조현趙縣 성 남쪽 2.5km 지점에 위치한 조주교는 조현이 옛날에 안제安濟라 불렸기 때문에 안제교安濟橋라 부르기도 했고 현지에서는 속칭 대석교大石橋라 한다. 수나라 대업 연간에 건설된 조주교는 중국에서는 물론 현존하는 세계에서 가장 오래된 창견 아치형 돌다리다.

조주교의 조각 예술
조주교는 세계사상 첫 번째의 매우 긴 창견 아치형 돌다리이며 과학 기술상의 업적이 매우 뛰어날 뿐 아니라 걸출한 예술적 특징도 지니고 있다. 조주교 전체 구조는 편안함 속에 웅장함이 깃들어 있다. 교량 양측의 석란石欄 망주望柱의 정밀한 조각·난판欄板 위의 반룡蟠龍·석수石獸의 얼굴·말려 있는 잎·꽃잎 장식 등의 세세한 부위의 조각은 그 도법刀法이 고아하면서도 힘이 있고 선이 유려하며 조형은 수수하면서 고풍스러운 수대 석조 예술의 일등품이다.

순국축苟國표이 제작한 석가상

한 시기를 풍미한 불교

사서 기록에 근거하면 불교가 중국으로 전래된 시기는 서한 말에서 동한 초 사이이고 수나라에 이르면 500년의 역사를 갖게 된다. 많은 통치자들은 모두 종교를 이용하여 통치 권력을 유지하려 했지만 북주 무제만은 예외에 속한다. 574년, 북주 무제 우문옹은 불교와 도교 두 종교를 금지하는 조서를 내리고 경전과 불상을 때려 부수고 사문과 도사들은 평민으로 환속하라는 명을 내려 불교와 도교는 치명적인 공격을 당하고 파괴되었다. 양견은 수나라를 건립한 후 적극적으로 두 종교, 특히 불교를 회복시키는 일에 착수했다. 그는 581년, 국경 안의 관원과 백성들은 자유롭게 출가하여 승려가 될 수 있다는 조서를 내렸다. 그는 또 전국적으로 인구수에 따라 자금을 모아 사찰과 탑을 짓고 승려들은 경전을 베껴 쓰며 불상을 만들라는 명령을 내렸다. 이에 일시에 불교가 전국을 풍미하며 민간에 유통되던 불서의 수량이 유가 '육경六經'의 수십 배에 달했다. 수 양제 역시 불교를 매우 숭상하여 일찍이 스스로 '보살계제자菩薩戒弟子'로 자칭했고 지관智觀을 예방하여 스승으로 삼았다. 수나라 전역에 23만 6,200명의 승려가 있었고 건립된 사찰은 3,985개 소이며 불상은 20여만 구가 만들어졌고 불탑은 100여 개에 이르며 주를 단 불경이 82권에 달했다. 이로써 불교 문화가 수나라에서 한 시기 매우 성행했음을 확실히 알 수 있다.

과거제도의 확립

대업 2년(606), 수 양제 양광은 진사과進士科를 개설하여 과거제도를 확립했다. 과거제도는 봉건통치 계급의 인재 선발 방법으로 남북조는 맹아 시기였고 수나라에 이르러 피어나 당대에 틀을 갖추었다. 남북조 시기에는 효렴·수재를 선발하는 방식으로 가문에 따라 관리를 뽑는 방식을 대체했다. 수나라 문제는 정식으로 구품중정제를 폐지했고 관리 임용은 더 이상 가문의 제한을 받지 않게 되었다. 606년, 수 양제 양광은 진사과를 개설하고 과거제도를 확립했다. 과거제도는 당나라까지 계속 실행되며 크게 발전했다. 당나라의 과거는 매년 거행하는 상과常科와 부정기적으로 황제가 직접 주관하는 제과制科로 분류된다.

수·청자 닭 머리주전자[靑瓷鷄首把壺]

수나라의 이파호*로 이 주전자는 반구이고 가장자리가 비교적 높으며 다소 퍼져 있다. 목이 길고 어깨가 둥글며 배는 아래로 내려가면서 좁아지며 바닥의 가장자리가 약간 밖으로 퍼져 있고 평평하다. 어깨 위로 솟아 있는 물대는 닭 머리 모양으로 닭 벼슬은 높고 눈은 둥글며 작은 입을 앞으로 내밀고 있으며 주전자 뒤쪽에 교룡 모양의 손잡이가 있다. 교룡의 머리는 주전자 반구와 바짝 이어져 있고 하반신은 주전자 어깨와 서로 이어져 있다. 어깨 좌우에 교량 모양의 꼭지가 각각 두 개씩 있다. 목 부분은 돌출된 평행선이 두 줄 둘러져 있고 어깨와 배에는 꽃을 인쇄하여 장식했다. 자기 표면에 청유를 시유했는데 유약이 흐른 흔적이 있고 배 아래쪽은 유약을 칠하지 않은 회백색의 배토가 노출되어 있으며 재질은 비교적 단단하다. 호리호리한 형태는 양진 시기 계수호鷄首壺가 변화·발전한 것이다.

* 손잡이가 교룡 모양인 주전자—역주

수·코끼리 머리 모양의 백유 주전자

주전자는 반구盤口이고 뚜껑이 있으며 어깨는 매끄럽고 배는 나왔으며 바닥은 평평하다. 이 용기의 몸체가 코끼리 머리와 같아 이런 이름을 얻었다. 주전자의 손잡이는 목을 빼고 머리를 숙인 용 모양으로 수려하며 생동감이 넘친다. 주전자 전체에 백유를 칠해 '남청북백南靑北白'이라는 당나라 자기 예술의 골격이 당나라 시기에 처음 그 단초를 드러냈다.

607년
중·일 정부 간의 교류 개시

수나라는 일본을 왜국이라 불렀다. 대업 3년(607), 일본은 오노노 이모꼬[小野妹子]를 대사, 쿠라츠쿠리 후꾸기꾸[鞍作福利]를 통사로 파견했다. 이들은 국서를 지니고 중국으로 외교 방문할 때 학승 수십 명을 대동하여 불교를 배우도록 했으며 일본인이 중국에서 불경을 전수받아 익히는 일을 상담했다. 대업 4년(608), 수 양제는 문림랑文林郎 배세청裵世淸을 일본으로 답방 보내자 일본은 거국적으로 환영하며 매우 융숭하게 접대했다. 천황은 특별히 기치시 오나리[吉士雄成]을 파견하여 대선 30척을 거느리고 쯔꾸시築紫로 가 영접하게 했다. 수나라의 배세청이 일본의 수도에 도착하자 일본 황태자와 여러 왕과 관료들은 예복을 입고 가장 정중한 예로 중국 사절을 접대하였고 떠날 무렵 다시 융숭한 송별 연회를 열었다. 배세청이 귀국하자 일본은 다시 오노노 이모꼬를 수나라로 파견할 때 네 명의 학생이 동행했고 아울러 다까무구노겐리[高向玄理] 등 여덟 명은 불법을 배우도록 파견했다. 이런 유학생들을 통하여 일본 문화가 중국에 전해지고 또 풍부하고 다채로운 중국 문화가 부단히 일본으로 전해지며 중일 쌍방의 경제·문화 교류가 강화되었다.

석수문용石守門俑

전체 높이 96cm, 폭 23.5cm다. 이 용은 사각형의 석좌 위에 서 있는데 머리에 작은 모자를 쓰고 있으며 근육이 매우 풍부한 네모난 얼굴에 두 눈썹은 솟아 있고 두 눈에는 정신이 깃들어 있으며 미소를 띠고 있다. 코는 아래로 늘어졌고 입은 약간 벌리고 두 손은 가슴 앞에서 환수검環首劍을 쥐고 있는데 검의 끝은 두 발 사이에 있고 몸에는 옷깃이 있는 짧은 도포를 두르고 있다. 상의는 무릎에 닿으며 허리는 띠로 묶어 등 뒤에서 비끄러매고 소매 폭은 넓어 발까지 내려오며 신발 끝은 위로 치켜 올려갔다. 얼굴과 두 손은 갈고 다듬어 윤이 나며 짙은 회색을 띠고 몸 뒤쪽에는 끌의 흔적이 남아 있으며 옅은 회색을 띠고 있다. 각 부위의 가공의 거칠고 정밀한 정도의 차는 몸과 의복이 확실히 구분되도록 하여 풍부한 사실감을 지니고 있다.

612~614년
수양제의 제3차 고구려 정벌

대업 7년(611) 2월, 양제는 강도(지금의 강소 양주)에서 용주를 타고 영제거로 들어가 탁군(지금의 북경)을 향해 가며 고구려를 정벌하라는 조서를 내렸다. 원홍사元弘嗣에게 동래東萊(지금의 산동) 해구에서 전함 300척을 건조하라는 명을 내리자 관리는 노역을 감독했고, 배 만드는 일꾼들은 주야로 물에 서서 일하며 쉬지 못하여 허리 아래로 전부 구더기가 생겨 열에 서넛이 죽었다. 전국 각지의 수륙군을 징발하여 원근을 가리지 않고 탁군으로 집결시켰다. 또 강회 이남의 선원 1만, 궁수 3만, 영남의 창수槍手 3만을 징집하여 모두 탁군으로 서둘러 모이게 했다. 5월 양제는

수·마노와 남수정을 상감한 금목걸이

수나라 때의 금목걸이로 금으로 만든 꽃모양 구슬 28개로 만들어졌다. 모든 금구슬에는 미주米珠가 10개씩 상감되어 있고 목걸이는 좌우 두 줄로 나뉘며 각 줄은 금구슬이 14개씩 있고 구슬 사이는 여러 겹의 금줄을 사슬처럼 꼬아 서로 연결시켰다. 상단은 금 고리로 갈고리 한 쌍과 둥근 고리 한 쌍으로 이루어졌으며 여기에 사슴 무늬를 새기고 사각형과 원형의 청금석을 상감하였다. 하단 중앙에 반구형의 금장식이 있고 그 양 옆은 각기 사각형과 원형의 금장식으로 구성되었는데 그 위에 홍마노·청금석·미주를 상감했다. 중앙 아랫부분에 매달린 금추는 남수정을 상감하고 가로로 '小'자를 새겼다. 이 목걸이는 당시 페르시아에서 중국으로 전래된 금 장식품이다.

하남·회남·강남에 병거 5만 승을 만들도록 하고 하남 북부의 인부들은 군수를 조달하게 했다. 7월에 강회 이남의 인부와 선박을 동원하여 여양黎陽과 낙구洛口 여러 창고의 쌀을 탁군으로 운반시키니 선단의 전후 길이가 천여 리나 되었다. 길에 오고 가는 인부가 보통 10만을 넘었고 밤낮으로 쉬지 않고 일해야 했기 때문에 시체가 길가에 널리고 전국이 술렁이기 시작했다. 대업 8년(612), 9년(613), 10년(614)에 고구려에 세 차례 대대적 공격을 감행했으나 막대한 손실만 입고 백성에게는 심각한 재난을 초래했다. 양제의 세 차례 고구려 정벌은 호전적인 무력 남용 전쟁으로 백성을 거국적 노역에 동원했고 전 지역의 군인을 싹쓸이했으며 세금과 부역이 막중해지고 전답이 황폐해져 결국 백성들의 저항이 일어 수나라의 멸망을 초래했다.

수·진주 보석을 상감한 금 꽃 나비 머리 장식품
[嵌珍珠寶石金花蝶頭飾]

616년

수 양제의 제3차 강도 유람

대업 11년(615), 수 양제는 세 번째 강도 유람을 했다. 그런데 이전의 배는 양현감楊玄感 병변 때 이미 소각되었기 때문에 강도에서 다시 이전의 배보다 더 크고 외관이 아름다운 배 수천 척을 만들라는 명령을 내렸다. 대업 12년(616) 7월, 용주 제작이 끝났다. 당시 수 왕조는 풍전등화 상태였다. 건절위建節尉 임종任宗은 상소문을 올려 간언하다 그 자리에서 곤장을 맞고 죽었다. 행차 전에 봉신랑奉信郎 최민상崔民象이 다시 이를 말리는 간언을 올리다 처형되었다. 대오가 막 사수汜水에 이르자 봉신랑 왕애인王愛仁이 다시 장안으로 회궁하자는 상주를 올리다 처형되었다. 이후 조정 신하들 중 감히 반대하는 자는 단 한 명도 없게 되었다. 수 양제는 강도에 이르러 지방관을 접견하며 예물을 많이 바친 자는 승진시키고, 예물이 적은 자는 파면했다. 이러자 지방관들은 경쟁적으로 공물을 바쳤고 가능한 최대 한도로 백성을 수탈하여 다음해 조세까지 미리 내는 자도 있었다. 이에 곤궁해진 백성들은 나무껍질과 풀잎까지 남김없이 전부 먹어치웠고 사람이 사람을 먹는 지경에 이르렀다. 역사에서 수 양제는 '정해진 거처가 없다'고 할 정도인데 재위 12년 중 도읍에 기거한 기간은 1년이 채 안 되고 도처로 순행한 기간이 11년을 차지한다. 그는 일찍이 북쪽으로는 만리장성까지 나갔고, 서쪽으로는 장액을 순찰했으며, 남쪽으로는 강도를 유람했다. 매번 행차 때마다 백성의 고혈을 얼마나 낭비하는지 헤아릴 수 없었고 백성들은 참으려야 참을 수 없는 지경이 되어 속속 봉기했다. 수 양제의 제3차 강도 유람은 그의 죽음의 여행이 되었다.

닭 머리 모양의 쌍 손잡이가 달린 백자주전자[白瓷雙繫鷄首壺]

수나라 계수호는 반구에 목이 가늘며 목 부분에 돌출된 줄무늬가 두 줄 있다. 어깨는 풍만하고 어깨 밑에서 배에 이를 때까지 점점 줄어들다 바닥 부분에서 다시 넓어지며 바닥은 평평하다. 어깨 부위에 앞을 향해 목을 내밀고 있는 닭 머리가 하나 있는데 벼슬은 높고 눈은 둥글며 입을 벌리고 울고 있는 모양이며 목에 깃털을 장식한 자국이 있다. 주전자 어깨 뒷부분에 달린 위를 향해 뻗어 오른 손잡이의 끝은 입을 벌려 주전자의 반구盤口를 물고 있는 교룡의 머리로 손잡이는 두 줄을 합쳐 만들었다. 꽃잎 한 쌍이 합쳐진 모양에 아래에는 둥근 떡 모양으로 장식한 매듭 모양 장식이 어깨 좌우에 각각 하나씩 있다. 어깨와 목이 교차하는 부문은 凸 모양의 선 이 한 줄 있고 배에는 凹 모양의 선이 두 줄 있다. 백유를 전체적으로 시유했지만 바닥에서 가까운 부분과 바닥은 칠하지 않았고 기물 몸체에 빙렬의 줄무늬가 있다.

채색 여용

이 두 개의 여용은 중국 고대 도자 조각 중에서 뛰어난 작품이다. 여용의 날씬한 몸매와 포동포동한 얼굴은 인생에서 가장 좋은 시기임을 증명한다. 당시 유행하던 높이 틀어 올린 머리와 두 어깨에 살포시 드리워진 비단 숄은 날씬한 모습의 우아한 자태를 더욱 빛내준다. 이들의 뭔가 하고 싶은 것을 참고 멈추는 자태와 한데 어우러진 눈살을 찌푸리는 듯 하면서 미소 짓는 표정, 그리고 어느 각도에서 보아도 아름답고 시원한 전신 윤곽선에서 표현되는 예술적 효과는 참으로 수나라의 높고 깊은 조예 수준에 감탄하게 만든다.

수 양제 묘

617년
삼대 기의군 형성

대업 12년(616), 기의가 발전함에 따라 수 양제는 조금씩 농민 기의 진압에 주의를 기울이기 시작했다. 수 왕조는 진압을 강화했지만 각 지역의 기의는 오랜 전투를 거치며 역량이 막강해져 공세를 강화하기 시작했고 많은 군현을 공격·함락하여 대량의 군병郡兵과 부병府兵을 해체시켰다. 수 왕조가 역량을 집중하여 진압을 실시하는 상황에서 몇몇 지역에서 최초로 일어난 기의군은 패배하였다. 이후 분산되어 전투를 치루면 각개격파되기 쉽다는 교훈을 얻은 기의군은 두복위杜伏威가 지휘하는 강회江淮 기의군, 두건덕竇建德이 지휘하는 하북河北 기의군과 이밀李密·적양翟讓이 이끄는 와강군瓦崗軍 등 삼대 기의군을 형성했다. 대업 13년 3월 와강군은 동도를 포위하고 육박해 들어갔고, 6월 수 왕조의 군대를 또 대파했다. 수 양제는 연지燕地의 정예병을 인솔하여 지원하라고 설세웅薛世雄을 파견했으나 하간河間 칠리정七里井에서 두건덕에게 대패했다. 기의군이 하북 및 중원과 강회江淮의 광대한 지역을 점령하자 수나라의 잔여 세력은 장안·낙양·태원·양주 등 고립된 거점으로 분할·포위되었고 이로부터 수 왕조는 여지없이 무너지는 지경에 들어섰다.

618년
양제의 사망과 수의 멸망

수 양제는 세 번째 강도에 이른 후 음탕함이 더욱 심해져 왕세충王世充에게 강회 미녀를 뽑아 궁에 보내도록 했고 모두 백여 명이 종일 술에 취해 미친 듯이 마셔댔으며 유일한 걱정은 실컷 즐기지 못하는 것뿐이었다. 그러나 천하가 위태로운 상황에서 그도 걱정하고 두려웠으며 불안해져 자주 소후蕭后와 마주하여 사람들이 자신을 전복시키려 한다는 소문에 관해 이야기했다. 또 그는 종종 거울을 들고 자신을 비춘 후 소후에게 "좋은 목이로다. 누가 이것을 칠 것인가!"라고 하였다. 이 무렵 수 양제는 북으로 돌아갈 마음이 없었고 단양丹陽(지금의 남경)을 수도로 정하고자 했다. 그러나 대다수 가사병駕士兵은 관중 사람들로 오랫동안 고향을 떠나 있었기 때문에 내심 도망쳐 돌아가고자 했고 실제 도망치는 자도 부지기수였다. 대업 14년(618) 3월, 호분랑장虎賁郎將 사마덕감司馬德戡·조행추趙行樞 등의 근신 10여 명은 수 양제와 연루되는 것이 두려워 밀모하여 서쪽으로 도주하기로 작당했다. 우문지급宇文智及은 이 계획을 듣고 '만약 그대들이 배반하고 도주한다면 참으로 멸망을 자초하는 일이다. 기회를 틈타 제왕의 업을 도모하는 것만 못하다'는 계책을 내놓았다. 이에 우문지급의 형 우문화급宇文化及을 주모자로 공동 추천했다. 마문거馬文擧와 교위령 호행달狐行達 등은 군사를 이끌고 궁으로 쳐들어가 양제를 목을 졸라 죽였다. 이때 함께 피살된 자로 양제의 아들 조왕趙王 양고楊杲·촉왕蜀王 양수楊秀·제왕齊王 양간楊暕 등과 수 왕조의 종실·외척 등이 있으며 오직 진왕秦王 양호楊浩만이 죽음을 면했고 수 왕조는 이로써 멸망했다.

우문화급

수 양제 사망 후 우문화급은 진왕 양호를 황제로 세우고 자신은 대승상에 올라 조정을 총괄했다. 얼마 후 그는 양호를 협박하여 군을 이끌고 북상하며 적당한 시기에 황제의 자리를 찬탈할 준비를 했다. 그러나 군대가 동산童山(지금의 하남 준현浚縣 서남쪽)에 도착한 후 이밀의 지도하에 있는 농민 기의군에 격파되었다. 동산 패전 후 우문화급은 잔여병을 이끌고 이곳저곳 전전하여 도피하다 위현魏縣(지금의 하북 대명大名 동쪽)에 이르렀다. 막다른 골목에 처했지만 여전히 황제의 나날을 꿈꾸며 사람을 보내 양호를 독살하고 자신이 황제가 되어 국호를 허許로 정하고 천수天壽로 개원했다. 이때 그는 이미 자신이 반드시 패할 것이며 황제에 오르는 것은 단지 잠시나마 자신을 위로할 뿐임을 알았다. 619년, 우문화급은 요성聊城(지금의 산동 요성)까지 도망쳤으나 하북 농민 기의군 영수 두건덕에게 생포되었고 결국 하간河間(지금의 하북 하간)에서 죽었다.

아미타불 법상

수나라 시기 동으로 만든 도금 불상으로 가운데 아미타불이 단정하고 장중한 얼굴로 연화좌에 앉아 있다. 양측의 보살은 준수하며 역사力士는 위엄을 갖추고 있어 엄숙하며 경건한 종교적 분위기를 자아낸다.

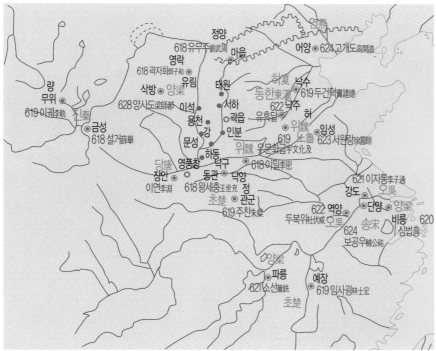

수나라 말기의 군웅 할거도

수대 회화 예술

수 문제 양견의 전국 통일로 근 300년에 달하는 남북 분열 상태는 끝이 났다. 정치적 통일과 경제적 발전은 또한 문화 예술의 번영을 촉진했다. 수대에는 불교가 부흥하여 사찰을 세우고 벽화를 그리며 굴을 파고 불상을 만들었다. 또 동도를 건설했으며 궁궐은 웅장하고 호사스러웠다. 남북 서화의 대가들이 수도 낙양에 집결하여 각자의 장기를 발휘하고 예술 경험을 교류하며 서로 영향을 주고받았다. 수나라 시기에는 미술이 전대의 기초 위에 더 한층 발전하게 만들어 새로운 최고봉을 향해 매진하는 추세가 나타났으며 또한 여러 방면에서 시대적 특색을 띠게 되었다. 불교 조상造像은 주나라와 제나라로부터 내려오는 방식을 계승하여 고아하고 아름답다. 벽화 예술 역시 전대의 수준을 대폭 뛰어넘어 그 면모에 매우 큰 변화가 생겼다.

수·돈황벽화·우거마牛車馬와 산림

기악천

이 그림은 돈황 제390호 굴 남쪽 벽 상단의 벽화다. 이 그림의 기악천伎樂天들은 비파를 타고 장구를 치며 피리를 불고 공물을 들고 있는 자세를 취하고 있다. 깨끗한 흰색 바탕에 짙은 색채의 비천과 소용돌이치는 천화天花가 눈에 확 뜨이며 생동감이 충만하다.

야반유성 – 한밤중에 성벽을 넘다

이 그림은 돈황 제397호 굴 서벽 감실 천정 남측 벽화다. '야반유성夜半逾城'은 불교 이야기 중의 한 장면이다. 석가모니가 '해탈'의 도를 구하기 위하여 집을 떠나 '출가'하려고 하자 그의 부모는 이를 막기 위해 성문을 굳게 잠갔다. 그러자 석가모니는 한밤에 집을 나섰는데 천신이 말의 발을 들어 올려 성벽을 넘도록 도왔고 이로써 그는 산에 들어가 수도하여 결국 성불했다. 이 그림은 감실 천정의 삼각형 평면 안에 그려졌는데 태자는 말을 타고 기악伎樂은 뒤를 따르며 천신이 말굽을 받쳐 들고 앞뒤에서 비천이 호위하고 있다. 화면은 빈틈없이 꽉 짜여 있고 색채 대비가 강렬하다.

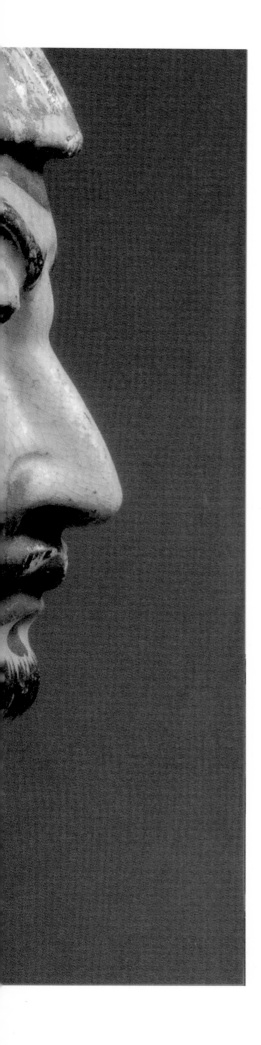

당 唐

서기 618~907년

당 · 악대를 태운 낙타 삼채용[三彩駱駝載樂俑]

당나라 시기(669년)의 전체 지도

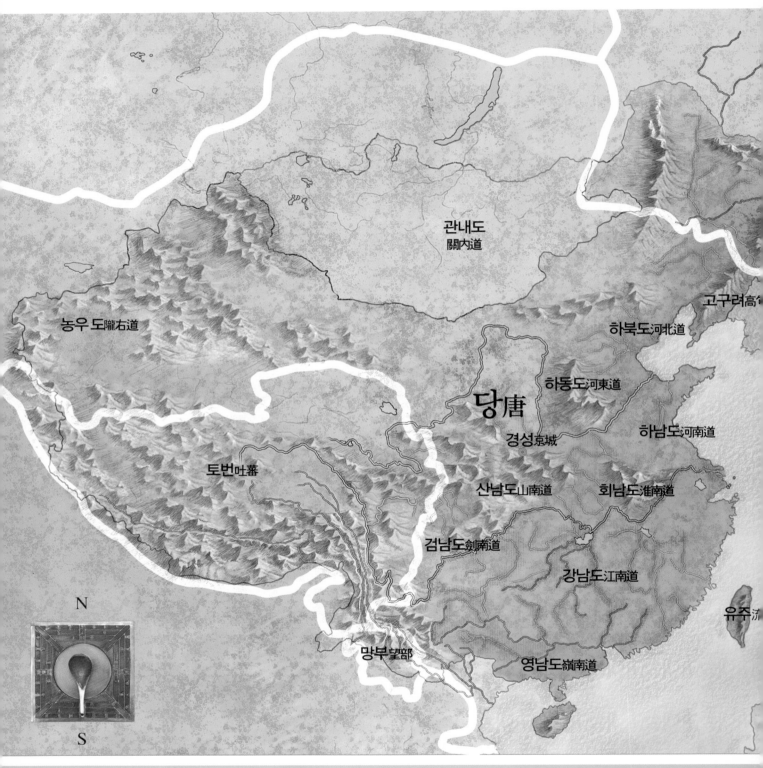

관내도
關內道

농우도隴右道

고구려高句

하북도河北道

하동도河東道

당唐

경성京城

하남도河南道

토번吐蕃

산남도山南道

회남도淮南道

검남도劍南道

강남도江南道

유주涳

N

S

망부望部

영남도嶺南道

일본

교주　영남도　광주　유구

남해

당
618~907년

　　수 의녕 2년(즉 대업 14년, 618), 이연은 수 공제를 압박하여 퇴위시키고 자신이 황제가 되어 이씨 당나라를 건립했다. 이후 다시 장장 10여 년의 전쟁을 거쳐 각 지방에 할거하던 세력을 제거하고 중국 역사는 다시 한번 통일된 강성한 시기로 진입하게 되었다.

　　당은 중국 역사상 공헌이 가장 크고, 국력이 가장 강성하며 가장 길었던 왕조의 하나로, 당의 최 전성기의 영토는 동북으로는 동해, 서북으로는 카스피해, 북으로는 바이칼호와 예니세이강 상류, 그리고 남으로는 일남日南(현재의 베트남 광띠QuangTri 일대)까지 확장되었다.

　　당은 건국 초기부터 사회의 안정과 정치적 진보를 매우 중시했다. 태종 이세민李世民의 치세는 오곡이 풍성하고 백성이 안락한 생활을 누린 '정관의 치세[貞觀之治]'를 구현했으며, 현종 이융기李隆基 치세에는 국력이 매우 강성해서 역사에서는 이를 '개원의 성세[開元盛世]'라고 칭한다. 경제적 발달과 사회적 번영은 당나라를 중국 역사상의 봉건사회에서 가장 번영된 최고의 시대로 만들었다. 정치상으로는 당나라는 위진 이래의 구품중정제도를 폐지하고, 진일보 개선된 과거제를 시행하여 양호하고도 질서 있는 정부관리 시스템을 건립했다. 경제상으로는 균전제를 추진하고 조용조租庸調 법을 실행하며, 황무지 개간을 장려하고 농업과 잠업을 장려하여 농업과 수공업 모두 전대미문의 발전을 거두었다. 군사면에서는 부병제를 계속 실행했고 고도의 중앙집권 체제를 실현했다.

　　당의 문화와 과학 역시 공전의 번영을 얻었는데 특히 시가詩歌 발전에 있어서는 중국 고전시가의 최고봉으로 발전했다. 당나라는 그 당시 전 세계에서 가장 강성한 국가 중의 하나로서 주위 인접 국가들과 밀접한 관계를 유지하면서 경제·문화상 빈번한 교류를 진행했다. 그러나 당나라의 번영과 강성의 배후에는 심각한 내우외환도 잠복하고 있었으니 이융기 집정 후기의 당나라는 이미 쇠퇴의 길로 접어들기 시작했다.

　　755년 폭발한 장장 8년간의 '안사의 난'으로 원기를 전부 소진한 당나라는 재기 불능이 되었다. 후에 비록 헌종憲宗의 중흥이 있었지만 그러나 만회하기에는 너무 늦었다. 875년 폭발한 황소黃巢의 기의는 당 왕조에 치명적인 타격을 주었으며 당은 이로써 군벌의 혼전 속으로 빠져들었고, 당나라 존재는 유명무실해졌다. 907년, 주온朱溫은 당나라의 마지막 황제를 핍박하여 선위하게 하고 새로운 정권을 수립하니 당나라는 이로써 멸망을 고하게 된다.

당

618~649년의 당

대업大業 14년(618) 5월, 이연李淵은 스스로 황제에 오르고 장안에 도읍를 정하고 개국하여 당이라 했다. 중국 역사상 유명한 당 왕조는 바로 이렇게 탄생하였다. 당 왕조는 건립 후 관중의 정세를 안정시키며 또 다른 한편으로는 사방으로 그 세력을 확장시켜 나갔다. 무덕武德 연간(618~626)에 계속해서 각지의 무장 할거를 평정했다. 정관貞觀 원년(627), 원래 돌궐의 칸에게 농락당하고 있던 원군장苑君璋이 당나라에 귀순했다. 정관 2년, 돌궐이 책립한 '해사천자解事天子' 양사도梁師都를 제거하니, 이때에 이르러 전국의 통일이 기본적으로 완성되었다. 당 고조 시기에 나라는 점차적으로 통일되어갔으며 사회도 점점 안정되어 갔고, 당 나라의 법령 제도 규모 또한 점진적으로 완비되어 당 태종의 '정관의 치세'를 위한 길을 닦아 놓게 되었다. 다만 무덕 시기에 경제는 여전히 회복되지 못했다. 당 태종의 20여 년 통치 기간에 사회·경제가 점차적으로 회복되어 당 왕조의 통치가 진정으로 공고해졌다.

연대별 주요사건

- **618년** 강도 쿠데타로 양제가 피살. 이연이 황제로 등극하고 당나라를 건국. 연호는 무덕이며 당의 고조가 됨
- **621년** 당나라 군대는 두건덕을 사로잡고 낙양의 왕세충을 항복시킴. 두건덕 피살 후 부장인 유흑달이 다시 하북에서 거병
- **624년** 신 율령 반포, 기본적으로 수나라 제도를 계승
- **626년** 이세민의 현무문의 변 발생. 태자 건성과 아우 원길을 죽임. 이연을 압박하여 퇴위시키고 이세민이 즉위하니 당 태종임
- **629년** 방현령을 좌복야로, 두여회를 우복야로 하고 상서우승 위징을 비서감에 제수하여 국정에 참여시킴
- **630년** 이정·이적이 돌궐을 대파하고 힐리칸을 포로로 잡으니 동돌궐 멸망. 서북 각 종족의 군주·추장들이 태종을 천칸으로 추대
- **637년** 방현령 등이 수정한 신 율령을 반포
- **640년** 당나라가 고창을 평정하고 그곳을 서주로 하고 안서도호부를 교하 지역에 설치
- **641년** 당나라 문성공주가 티베트로 가 토번국의 찬보贊普 송첸감포와 혼인
- **643년** 태자 이승건을 폐위하고 진왕 이치를 태자로 세움
- **645년** 현장법사가 천축에 가서 불교를 공부하고 불경 657부를 가지고 돌아옴. 당 태종이 직접 요동을 정벌하나 공적 없이 돌아옴
- **649년** 당 태종 서거, 고종 이치 즉위

618년
이연의 당나라 건국

수나라에 반대하는 할거 세력 중 이연 부자 집단이 마지막으로 군웅을 소탕하며 중국을 통일했다. 이연은 관룽의 귀족 가문 출신으로 그가 주둔하고 있던 곳은 수 왕조의 중요한 군사 요충지이기도 했던 태원이었다. 수 왕조의 몰락과 와해 시기에 이연은 수 정권이 곧 붕괴될 것을 목격하고, 대업 13년(617) 5월, 태원 부유수副留守 왕위王威·고군아高君雅를 죽이고, 태원에서 군사를 일으켜 겨우 120여 일 만에 이연은 곧 관중을 점령하고 장안을 공격했다. 장안에 입성한 후 이연은 수 양제의 손자 양유를 꼭두각시 황제(즉 수 공제)로 내세우고, 강도에 있던 수 양제를 태상황으로 추존하고, 이연 자신은 대승상·당왕唐王에 즉위했다. 대업 14년(618) 3월, 양제가 강도에서 피살당하자 같은 해 5월 이연은 양유를 폐위하고 스스로 황제가 되어 국호를 당이라 하니 이 이가 바로 당 고조이다. 연호는 무덕이며 장안을 도읍으로 정하니 이로써 당 왕조가 탄생되었다.

당 고조 이연

이연은 관룽의 명문 귀족 가문에서 출생했다. 조부 이호李虎는 서위 팔주국八柱國 중의 한 사람으로 북주 초에 당국공唐國公에 추봉되었다. 부친인 이병李昞은 북주 때 주국대장군柱國大將軍까지 올랐다. 모친인 독고獨孤씨는 서위의 개국공신이며 이호와 함께 팔주국의 한 사람인 독고신의 딸이며, 북주 명제 황후와 수문제 황후와는 친자매간이다. 이연은 주 천화天和 원년(566)에 출생했고, 어렸을 적에 부친을 여의고 7세에 당국공 작위를 세습했다. 수나라가 북주를 토벌한 후 15세의 이연은 수 문제의 친위대장인 시위관侍衛官으로 임명되었고 곧바로 자사에 임명되어 그의 정치적 생애가 시작되었다.

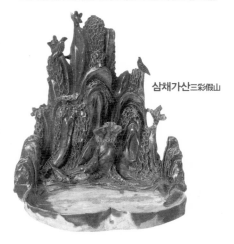

삼채가산三彩假山

619년
조용조 설치

당 무덕 2년(619) 2월, 당나라 초기에 조租·용庸·조調 법을 정하고 5년 후 균전제와 동시에 반포 집행했다. 매 정남丁男에게 밭 100묘를 주는 것을 전제로 하고, 이 기초 위에서 "토지가 있으면 조租가 있고, 집이 있으면 조調가 있고, 몸이 있으면 용庸이 있다"는 부역 방식을 실행했기에 이를 간단히 조용조 제도라고 부른다. 당나라 초기의 조용조 제도는 수대의 조세와 병역 제도를 직접 답습하여 개선한 것으로 자연재해를 당한 지방에 대해서는 감세를 해주어 백성의 조세부담을 전대에 비해 줄여 주었다. 아울러 납견納絹과 복역服役 간에 융통성을 발휘하여 객관적으로 농업 생산과 화폐경제의 발전에 유리한 점이 있었고, 또 농민 개인의 봉건국가에 대한 종속관계를 다소 약화시켜 당시의 사회·정치·경제의 발전 요구에 부합되어 당 초기에는 사회·경제가 번영하는 국면이 출현했다. 덕종德宗 건중建中 원년(780), 정남을 계산하여 토지를 주는 균전제의 해체에 따라 "정인丁人을 기본으로 한다"는 조용조법 또한 해이해져 양세법兩稅法으로 대체되었다.

삼채교태기사용三彩絞胎騎射俑

이 교태 기사용은 머리와 손 부분을 진흙으로 만들고 나머지 부분은 모두 교태*로 이루어져 있다. 인물상은 말 위에 가로로 걸터앉아 있는데 몸은 오른쪽으로 기울어져 있고, 고개를 비틀어 위쪽을 응시하고 있다. 왼쪽 팔은 공중을 향해 뻗쳐 있고 오른쪽 팔은 구부리고 활을 쏘는 모습을 하고 있는데 손 안의 화살은 이미 유실되었다. 허리에는 검을 차고 있고 벌린 다리 아래의 말은 듬직하고 꼿꼿하게 서 있다. 작품은 당나라 때의 호복을 입고 말을 타고 활을 쏘는 기풍을 반영하고 있다.

*이 문양은 당대에 출현한 새로운 공예로 제작이 복잡하고 몹시 공력이 들기 때문에 13세기 이후에 없어졌다고 함. 우리나라에서는 연리紋理무늬라고 하며 짙은 색과 얕은 편片의 백색 진흙을 원하는 틀에 넣어 만듦. 부드러운 색깔의 흙이 서로 엉겨 나무 나이테, 또는 화강암 무늬 형태가 생김-역주

이슬람 성묘

당 고조 무덕 연간(618~626), 이슬람교 선지자 마호메트의 문하생 삼현三賢과 사현四賢이 천주泉州에 와서 선교를 했다. 이들은 사후에 천주의 성 동문 밖 영산靈山에 안치되었다. 영산의 성묘聖墓는 지금도 여전히 동방의 이슬람교의 성지로 인식되고 있다. 그림은 이슬람성묘의 외부 모습이다.

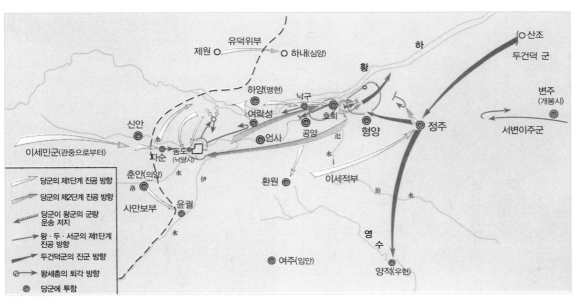

낙양 호뢰虎牢 전투도

- 당군의 제1단계 진공 방향
- 당군의 제2단계 진공 방향
- 당군이 왕군의 군량 운송 저지
- 왕·두·서군의 제1단계 진공 방향
- 두건덕군의 진군 방향
- 왕세충의 퇴각 방향
- 당군에 투항

개원통보

《당서唐書》의 기록에 의하면 개원통보開元通寶의 글귀는 서예가 구양순歐陽詢이 직접 쓴 것이다. 당 무덕 4년(621), 수나라의 오수전을 폐기하고 개원전을 주조했다. 개원통보는 당나라 때에 유통 기간이 제일 길고 중요한 화폐이며 중국 화폐사에 있어서도 특별히 중요한 의의가 있다. 당 이전의 화폐는 거의 중량을 명칭으로 삼았는데, 당나라 때부터 '보寶'니 '통보通寶'니 '개보開寶'니 하는 명칭을 사용하고 아울러 당시 제왕의 연호를 그 앞머리에 두었다. '개원통보'의 '개원'은 당연히 연호는 아니며 신기원을 연다는 의미이고, '통보'는 보화를 유통시킨다는 의미이다. 개원전은 한대漢代의 오수전을 모방한 것으로, 매 10전은 1냥의 무게였다. 개원전의 윤곽선은 매우 크고 돈에 주조된 문자, 즉 전문錢文은 단정하고 균일하며 주조가 정교하고 뛰어나 규범이 된다. 어떤 개원전 뒷면에는 달과 별 문양의 기호가 주조되어 있기도 하다.

정지절

정지절의 본명은 정교금程咬金이고 제주濟州 동아東阿 사람이다. 태종을 수행하여 두건덕·왕세충을 토벌하며 큰 공을 세워 숙국공宿國公으로 봉해졌다. 정관 13년(639) 진주자사晉州刺史에 임명되었다.

무덕 4년(621) 2월, 이세민은 정예 기병 천여 명을 선발해 검은 옷에 검은 갑옷을 입혀 좌우 양군으로 나누고 명장 진숙보秦叔寶·정지절程知節·울지경덕尉遲敬德·적장손翟長孫을 각기 총통으로 하고 곡수谷水(지금의 하남 면지현澠池縣의 면수 및 그 하류)에서 왕세충을 대파하고 아울러 낙양을 포위하였으나, 낙양성의 수비가 철저하여 이세민 군대가 포위한 지 10일이 지나도 별 성과가 없었다. 그러나 이세민은 절대 위축됨이 없이 낙양을 끝까지 공격하여 함락시키기로 결심했다. 당군의 갑작스런 공격에 왕세충은 두건덕에게 원조를 요청하자 두건덕은 병사들을 파견했지만 이세민은 단번에 두건덕의 군대를 물리치고 두건덕 본인도 포로로 잡았다. 그후 낙양을 포위하여 무덕 4년(621) 5월, 왕세충의 투항을 받아내었다. 이에 이르자 왕세충·두건덕의 군대는 이세민에 의해 모두 격퇴되었다. 두건덕은 포로로 압송되어 당나라 수도 장안에 들어와 저잣거리에서 참형을 당했다. 왕세충은 당나라에 투항했고 이세민의 죽이지 않겠다는 약속으로 죽음은 면했으나 서인으로 강등되고 형제·자식·조카들은 촉蜀으로 유배되었다. 왕세충은 정주 부주 역참에서 원수 독고기獨孤機의 아들인 정주자사 독고수덕獨孤修德에 의해 살해되었고, 그 자식과 조카들은 유배 가는 길에서 반역을 꾀하다가 모두 피살되었다.

채색 금박 갑옷 입은 기마용

기마용은 투구를 쓰고 어깨에 보호대가 걸쳐져 있고 갑옷은 가슴·배와 무릎까지 덮혀 있으며, 고개를 들고 가슴을 편 채 두 눈은 앞을 보고 있다. 한 손으로는 고삐를 잡고 한 손으로는 물건을 잡고 있으나 그 물건은 이미 없어졌다. 말 머리에 금박을 입혔고 말 몸 전체에 갑옷이 걸쳐져 있으며 갑옷은 홍색·녹색·남색·흑색으로 채색되어 있다. 도안이 정교하고 아름답다.

624년
당나라의 강남 평정

보공석輔公祏은 처음에 두복위杜伏威를 따랐는데 후에 두복위가 보공석을 시기하고 그의 병권을 축소시키자 이에 몹시 불만을 품게 되었다. 당 고조 무덕 5년(622), 두복위는 장안에 입성했으나 보공석은 단양丹陽을 지키게 했다. 다음해 보공석은 두신함杜信函을 맞이한다고 사칭하여 병사를 일으켰고, 또 당 조정이 두복위를 구류해 강남으로 돌아갈 수 없다고 사칭했다. 뒤이어 계속 의장을 크게 정비하고 군량을 운반하여 비축했다. 얼마 후 단양에서 즉위하고 송宋을 건국했다. 8월, 보공석은 해주海州(지금의 강소 연운항連雲港)·수양壽陽(지금의 안휘 수현壽縣)을 공격했다.

8월, 고조는 이효공李孝恭·이정李靖·황군한黃君漢·이세적李世勣에게 군대를 나누어 주고 사방에서 보공석을 포위해 토벌하도록 했다. 9월에는 관주關州에 주둔하고 있던 이세민을 돌아오게 하여 강주도행군원수江州道行軍元帥로 임명하여 대군을 통솔케 했다. 무덕 7년(624) 3월, 이정이 단양을 진격하자 보공석은 성을 버리고 달아났다. 후에 보공석은 포로로 잡히고 단양으로 보내진 뒤 처형되었다. 당군은 길을 나누어 보공석의 잔여부대를 공격하니 이로써 보공석의 기병은 평정되었다.

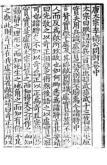
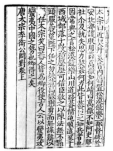

《당태종이위공문대》 인쇄물과 부조
《당태종이위공문대唐太宗李衛公問對》는 또한 《이위공문대》라고도 하며 간략히 《문대》라고도 하는데 당 태종과 이정李靖이 병법을 토론하는 형식으로 쓰여진 문답체 형식의 병서다. 이 책의 저자는 미상이지만 이정의 사적과 사상에 대해 깊이 연구한 사람일 것이다. 책의 내용은 이정의 군사 사상에 대한 총결 및 논술이다. 책 중에서 용병의 핵심 문제는 주도권을 쟁취하는 것이라 진공을 하든 방어를 하든 이것이 우선 되어야한다고 말하고 있는데, 이런 관점은 지금까지도 여전히 옳고 명철한 견해다.

채회문관용彩繪文官俑
머리에서 귀까지 오는 긴 두건을 쓰고 있고, 몸에는 넓은 소매의 긴 도포를 입고 있다. 양손을 맞잡아 가슴 위에 올려 놓고 있고 빨간 입술은 굳게 다물고 무표정한 얼굴을 하고 있는데, 상사에 대한 하급 관리의 공손한 모습을 표현해내고 있다.

이정
당나라 초기의 명장이자 군사가로 자는 약사藥師다. 경조京兆 삼원三原(지금의 섬서 삼원의 북쪽) 사람이다. 이정은 어려서 문무를 모두 겸비하여, 외숙부인 수나라 명장 한금호에게 높이 평가받았다. 수나라 말기 마읍馬邑(지금의 산서 삭주朔州) 군승郡丞에 임명되었고, 태원 유수留守 이연이 수나라에 반기를 들 의사가 있다고 고발하기도 했다. 이연은 장안에 입성했을 때 그를 죽이려 했으나, 이세민이 적극적으로 만류해 풀어주고 막부로 불렀다. 무덕 3년(620), 진왕 이세민을 따라 왕세충을 공격했고 그 공으로 군대를 주관하는 개부장군開府將軍에 제수되었다. 무덕 4년, 조군왕趙郡王인 효공孝恭을 따라 강릉을 할거하고 있던 소선蕭銑을 평정하여 그 공으로 주국柱國에 오르고 검교형주자사檢校荊州刺史가 되었다. 후에 영남을 안무하라는 명을 받고, 96개 군, 60여만 호를 받아 영남도안무대사嶺南道安撫大使에 제수되어 검교계주도독檢校桂州都督이 되었다.

당·월요 갈채 여의 구름 문양의 투각 향로
향로는 뚜껑·화로·받침 세 부분으로 이루어져 있고 그릇 전체에 푸른색 유약을 발랐다. 소성 정도에 따라 뚜껑·화로·받침의 유약색이 다르다. 뚜껑 부분은 청황색을 띠고 있어 월요 청자의 전형적인 색조를 띠고 있으며, 화로와 받침은 온도가 낮은 관계로 잘 구워진 것 같지 않다. 뚜껑과 그릇은 모두 갈색의 여의如意 구름 모양이 그려져 있다. 이 화로는 분향 도구로 뚜껑 손잡이·뚜껑 및 받침에 구멍이 나 있어 사용할 때 향기가 구멍을 통해 천천히 밖으로 스며 나오게 된다. 이 향로의 형체는 매우 크고, 조형이 아주 독특한 당대 월요 청자 중의 중요 작품이다.

채회목彩繪木 항아리
당대에 자기 항아리를 모방하여 제조한 목관은, 항아리 몸체에 보석으로 꽃모양을 장식하여 성당의 풍격이 물씬 풍기는 작품이다. 채회목 용기는 공기 중의 습도의 영향을 크게 받아 건조할 때와 습할 때의 차이가 크고 균열되거나 썩기 쉬우며 채색이 벗겨지기 쉬워 보존하기 어려워 특수 제작된 유리 케이스에 넣어 공기를 차단시켜야 한다.

624년
호적법의 반포

무덕 7년(624), 당나라가 반포한 새 제도는 관제·호적법·균전제 및 조용조법 등 세 가지 내용을 포괄하고 있다. 새로운 호적법은 민호民戶를 균등하게 100호戶를 이里로 삼고, 5리를 향鄕으로, 4가家를 인鄰으로, 5가를 보保로 하는 방법으로 조직한다고 규정했다. 남녀가 처음 태어나면 황黃, 4세는 소小, 16세는 중中, 21세는 정丁, 60세는 노老가 된다. 국가는 3년에 한 번 호적을 만들었고 호적에는 인구·연령·토지·신분·호등戶等·과세 등의 항목들이 포함되었다. 호적법은 또 황족·노비·승도僧道 등 특별한 신분도 들어 있다. 호적법은 사농공상이 각기 자신의 업을 맡고 양민과 천민 간 금혼·천민 세습·민호의 자유로운 이주를 불허하는 조항 등을 규정하고 있다. 당 초기에 반포 실행한 호적법은 농민을 토지에 견고하게 묶어놓았다.

626년
《대당아악》 수정

당 건립 초에는 군무·정무가 바빠 아악까지 돌아볼 겨를이 없어 연회 때는 수나라의 음악 체제에 따라 9부악을 연주했다. 몇 년 후 당 나라는 점차 안정을 찾아갔다. 이에 당 고조 이연은 무덕 9년(626) 정월에 유주幽州 범양范陽(지금의 하북 탁주) 사람 조효손祖孝孫을 태상시 소경太常寺少卿에 임명하고 명을 내려 아악을 수정하게 했다. 조효손은 일찍이 수나라에서 관리를 한 적이 있어 양梁·진陳·제齊·주周 및 수대의 구악·오초吳楚의 음악 및 오吳융戎의 기예까지 잘 알았다. 그래서 그는 남북의 음악을 자세히 따져 옛 음을 고증한 지 2년 반 후인 정관 2년(628) 6월에 《대당아악大唐雅樂》을 완성했다. 수정한 대당아악은 12개 달의 순서에 따라 각기 율을 정하고 선상旋相을 궁宮으로 하여 12악으로 제정하니 모두 32곡 84조로 이루어졌다. 조효손은 이미 손실된 지 오래여서 세상 사람들이 이해하지 못하는 선궁旋宮의 뜻을 회복시켜 이전 음악의 보존에 대해 공헌을 하였다. 《대당아악》의 수정

당나라 초기의 균전제

당나라 초기의 균전제에는 평민과 관에 농지를 나누어주는 두 가지 종류가 있었다. 평민에게 농지를 나누어주는 제도는 또 정남·중남·장애인·과부 혹은 홀아비·승려·상공업자 등 여러 등급으로 나뉘어진다. 18세 이상의 정남은 땅 100묘를 받았는데 그중 구분전口分田은 80묘, 영업전永業田은 20묘이고 그 나머지는 각 사람 수에 따라 정해졌다. 각 계층의 공훈이 있는 사람들은 훈전 100경을 받았고 땅에서 거둬들이는 수입을 봉록의 일부로 삼았다. 각종 관서는 공전公田을 점유할 수 있었고, 거기에서 나오는 수입은 판공비로 충당했다. 수전授田에는 관향寬鄕·협향狹鄕의 구별이 있었는데, 협향 구분전은 관향의 반이었다. 수전 중에 영업전은 자손에게 남겨줄 수 있었고, 구분전은 사후에는 관부에 넘겨야 했으며, 평민이 함부로 농지를 파는 것이 허용되지는 않았지만, 관이 농지를 파는 제한은 엄격하지 않았다. 영업전·구분전은 모두 매매가 금지되었으나, 이사를 하든지 병들거나 사망한 경우 영업전을 매매할 수 있었다. 균전제의 실시는 황무지를 개간하고 인구를 늘리고 병력을 공고히 하는 좋은 효과를 얻었고 당 초기의 경제 회복을 가속화하였다.

은 남북의 호胡 음악과 한漢 음악의 경계를 무너뜨리고 남북의 호 음악과 한 음악을 융합해 일체가 되게 하니 고대 궁정 음악사상 중요한 지위를 차지하고 있다.

당대의 관제

당대는 기본적으로 수대의 제도를 따르며 발전했다. 지방은 여전히 주州와 현縣 두 급을, 중앙에는 삼성三省·일대一臺·구시九寺·삼감三監을 두었으며, 아울러 정사당政事堂을 설립했다. 정사당은 재상이 공무를 논의하던 곳으로 당나라 초기에는 문하성에 설치했었다. 당 초기의 재상은 두 부류의 사람들로 구성되었는데 그 하나는 삼성의 장관이고 다른 하나는 황제가 지정한 지정사관知政事官이다. 재상은 오전에 정사당에서 공무를 논의하고 오후에는 본 관청으로 돌아가 일을 했다. 모든 군국대사와 오품 이상 관리들의 임면은 모두 정사당의 회의 의결을 거쳐야만 했고, 황제의 비준을 주청해야 했다. 정사당 회의는 황제의 전국 통치를 도와주는 최고 정책 결정 기구였다. 삼성 및 어사대御史臺는 황제를 보좌하는 최고 권력기관이었다. 삼성의 장관은 모두 재상이었다. 중서성은 조령의 초안을 잡고, 문하성은 심의 서명하고, 상서성은 전국최고 행정기관이었고, 그 아래에는 이吏·호戶·예禮·병兵·형刑·공工 6부의 구체적 사무를 장관하는 기구를 두었다. 어사대는 중앙 및 지방 관리들의 탄핵을 책임진 최고의 감찰기관이었다. 중앙의 기타 구체적인 사무는 태상太常·광록光祿·위위衛尉·종정宗正·태복太僕·대리大理·홍려鴻臚·사농司農·태부太府 등 구시九寺와 장작감將作監·국자감國子監·소부감少府監 등 삼감三監에서 관리했다. 지방기구는 주·현 두 등급으로 나누고 자사·현령으로 나누어 관리했다.

청자 악용
악용이 연주하는 악기는 요고·바라 등이 있다.

채색의 도기 원숭이
당대의 도기 원숭이는 각각 그 높이가 15.2cm와 13.5cm다. 두 원숭이는 단정하게 땅에 앉아 두 팔을 다리 위에 놓고 있는데 그 모습이 아주 자연스럽다. 원숭이는 원래 교활하며 까불기를 잘하는 동물이나 이 두 마리는 보통과 다르게 얌전하고 착한 모습을 나타내고 있으며 마치 작은 소리로 소곤거리며 비밀 이야기를 하고 있는 것 같다. 조각자가 원숭이들에게 사람의 영리함을 부여해 준 듯하다. 원숭이는 당대의 동물용動物俑 중 비교적 드물다.

금산사
강소성 진강鎭江 시내 서북의 금산 서쪽 기슭에 있는데 동진 시기에 지어졌고 원래 이름은 택심사澤心寺다. 당대에 산을 개척할 때 금을 얻은 이후 일반적으로 금산사金山寺라고 부르기 시작했다. 민간신화 《백사전白蛇傳》 중의 주인공 백낭자白娘子의 수만금산水漫金山 이야기는 바로 이곳을 배경으로 하고 있다. 절 안에는 주대의 청동 솥·제갈량의 전고·소동파의 옥대玉帶 및 문징명文徵明의 《금산도金山圖》가 있는데 이것들을 합쳐 '금산사보金山四寶'라 한다. 청 건륭 시기에 문종각을 짓고 《사고전서》를 보관하고 있었는데 태평천국의 난 때 훼손되었다. 왕안석·소동파가 금산사에 왔다가 모두 유명한 시편들을 남겼다.

당·구소환패금九霄環佩琴

무기도舞伎圖
이 그림은 장예신張禮臣 묘에서 출토되었는데 부장된 《무악도병舞樂圖屛》 여섯 폭 중의 하나다. 무희는 머리를 소라 모양으로 높게 틀어올리고 미간과 이마의 중간에 붉은색 새끼 꿩 장식이 있다. 몸에는 백색 바탕에 황색과 남색이 서로 뒤섞여 있는 권초 문양의 반 소매를 입었고 긴 소매는 비단이며 볼록한 가슴이 약간 드러나 있다. 아래에는 가슴에서 조이는 홍색의 긴 치마를 입고 있고, 발에는 끝이 올라간 굽 높은 신발을 신고 있다. 왼손으로 비단 솔을 돌려 잡고 있는데 비단을 휘날리며 춤을 추고 있는 자세를 연출하고 있다. 위에서 날고 있는 꿩과 춤추는 무희의 춤사위가 서로 잘 호응하고 있다. 무희의 얼굴은 포동포동하고 몸매는 늘씬하며 허리는 가늘어 당나라 때 기녀들의 심미적 취향을 잘 나타내주고 있다. 색채가 산뜻하면서도 화려하고 얼굴에는 세밀한 운염법暈染法*을 운용하여 곱고 부드러운 피부색을 잘 표현하고 있다. 그린 선이 매끄럽고 고우며 초당 시기 기녀화의 세밀하고 아름다운 풍격의 특징을 잘 표현해내고 있다.

* 붓에 물기를 많이 하여 스며들고 번지게 표현하는 법-역주

626년
현무문의 변과 이세민의 즉위

통일전쟁이 끝나감에 따라 황실 내부의 왕위 계승권 쟁탈을 위한 투쟁이 날로 심화되어 갔다. 626년, 진왕 이세민이 쿠데타를 일으켜 태자 이건성 및 그 아우 이원길 등을 죽였는데 이를 역사상 '현무문玄武門의 변'이라고 부른다. 당나라의 건립 과정 중 이세민은 공이 혁혁하여 실권을 장악하게 되었다. 태자 이건성의 공은 이세민에게 뒤졌으나 태자였고 또 넷째 아우 이원길의 지지를 얻어 왕위 투쟁 과정 중 유리한 입장에 있었다. 626년, 이건성·이원길은 돌궐이 침공한 틈을 타 진왕부의 장병들을 이동시켜 이세민의 역량을 약화시킬 것을 공모했다. 그런데 이세민이 이 사실을 알게 되자 측근인 방현령·장손무기 등과 계획을 세워 6월 4일 궁성의 북문인 현무문 안에 군사를 매복시켰다. 이건성과

이원길이 아침 조회를 하러 현무문에 이르러 매복한 병사들을 발견하고 급히 발걸음을 돌렸다. 이에 이세민은 뒤에서 큰소리를 지르며 쫓아가고 이원길은 급히 몸을 돌려 활을 당겨 연속으로 화살을 세 번 쏘았으나 모두 맞추지 못했다. 도리어 이세민이 쏜 화살에 이건성이 맞게 되고 이원길 또한 이세민의 부하 장수의 화살에 맞아 죽었다. 고조가 이 소식을 듣고 크게 놀라 배적裴寂 등의 신하와 상의하니, 소우蕭瑀·진숙달陳叔達은 "건성·원길은 본래 기의에 참여하지 않아 공이 없으면서, 진왕의 높은 공적을 질투하여 한패가 되어 옳지 못한 일을 한 것입니다. 현재 진왕이 그들을 토벌하고 죽였으니 폐하는 장차 나라의 일을 진왕에게 맡기시면 됩니다"라고 말했다. 이에 고조는 허락했다. 6월 7일, 이세민을 황태자로 세웠고, 두 달 후에는 압박에 못 이겨 이세민에게 양위하고 자칭 태황상이 되었다. 결국 이세민은 현무문의 변을 일으켜 황위에 올랐다.

당 태종

당 태종 이세민(598~649)은 당나라 제2대 황제다. 수 대업 13년(617), 그는 아버지 이연을 따라 진양晉陽에서 기병했다. 당나라 통일과정 중 이세민은 무력으로 금성金城(지금의 감숙성 난주시) 일대의 설거薛舉를 타파하고, 그의 아들 설인고薛仁杲를 압박하여 투항하게 했다. 돌궐 세력에 의지해 하동으로 남공한 유무주劉武周·송금강宋金剛을 격퇴했고, 두건덕 등 농민 기의군을 진압하며 점차적으로 전국을 통일해 갔다. 당 태종으로 즉위한 후 전제주의 중앙집권을 강화하여 국가의 통일을 공고히 하고 계속해 균전제와 조용조제를 널리 시행하며 실물로 노역을 대체하는 것을 허락했다. 돌궐 군사 귀족의 교란에 단호하게 대적하며 중국 내 각 민족 간의 친밀한 관계를 확대했고 인근 각 나라와 경제·문화 교류를 발전시켜, 당나라 초기의 사회 경제의 회복과 발전에 큰 영향을 끼치며 역사 상의 '정관의 치세'가 출현했다.

황위 쟁탈

당나라 건국의 험난한 과정 중에서 이연의 아들들은 모두 각자의 능력을 충분히 잘 발휘했다. 이연이 산서에 있던 기간 중에 17·8세의 큰아들 이건성은 하동河東(지금의 산서 영제포주진永濟蒲州鎭)에 머물며 집안을 보살폈다. 이연이 출병을 결정한 후 건성을 비밀리에 태원으로 불러와 이세민과 함께 서하군西河郡을 공격했고 병사를 이끌고 관중에 진입했다. 이연의 황제 즉위 후 건성은 적장자이기에 태자로 세워졌다. 황태자의 지위에 있었기 때문에 전국 통일을 위하여 병사들을 이끌고 전국 각지의 전투에는 참가할 수는 없었지만 그도 역시 일정 정도의 군사적인 재능을 가지고 있었다. 무덕 5년 말 그는 유흑달劉黑闥의 2차 봉기를 평정했고, 위징의 도움하에서 신속하게 산동 정세를 평정시켰다. 이세민은 고조의 둘째 아들로 어려서부터 활을 잘 쏘았다. 대업 11년(615), 이연이 산서 하동 무위대사撫慰大使로 임명되자 16세의 이세민도 데리고 태원으로 갔다. 이연의 곁에서 이세민은 전쟁과 통치계급 내부 간의 정치투쟁에 대해 잘 알게 되었고 비교적 많은 군사지식과 정치투쟁 경험을 얻게 되었다. 당나라 초기 군웅들을 제거하고 전국을 통일하는 전쟁 중에 이세민은 많은 전공을 세웠고 명성이 날로 높아갔으며, 권세도 날로 커져만 갔다. 특히 무덕 4년(621), 일거에 두건덕을 격파하고 왕세충을 압박하여 항복시켜 세상을 놀라게 하여 주목받는 인물이 되었다. 고조는 그를 천책상장天策上將에 봉했다. 또한 이세민 본인 자신도 자신의 세력 양성을 위해 더욱 노력했다. 왕위 계승자인 태자 이건성은 이세민의 공적이 날로 커가며 안팎 모두 세민에게 세력이 몰리자 자신의 지위에 점점 위협이 됨을 느꼈다. 태자 이건성은 또한 이세민이 결코 다른 사람 밑에 있을 사람이 아니라는 것을 알기에 원길과 한편이 되어 이세민과 대립하며 왕위 계승권을 쟁탈하기 위한 투쟁을 벌였다. 무덕 9년(626), 마침내 형제의 난이 일어났으니 이것이 바로 '현무문의 변'이다.

상서로운 짐승[瑞獸]

함양 순릉順陵 앞의 당대 석각 중의 하나다. 총 높이 415cm, 길이 150cm다. 상서로운 짐승의 몸체는 크고 살져 있고 정수리 부분에 구부러진 외뿔이 조각되어 있어 흔히 외뿔 짐승이라고 부른다. 머리는 사슴 같고, 몸통은 소 같으며, 발은 말발굽 모양을 하고 있고 긴 꼬리는 땅까지 끌려 있다. 앞 다리 상부에는 새털구름 무늬의 날개가 한 쌍 조각되어 있어서 흔히 또 익수翼獸라고도 부르며 또 벽사辟邪 혹은 상서로운 짐승으로도 부른다. 이 동물을 능 앞에 호위병으로 세워놓은 것은 그 묘를 수호하고 악귀를 물리치려는 상서로운 뜻을 담고 있다.

《자치통감資治通鑑》에 기재된 당의 군대가 돌궐을 대파한 내용

626년
위수의 맹약

626년, 당 태종 즉위 초에 돌궐의 힐리頡利칸과 돌리이突利二칸이 합병하여 10만 병사를 이끌고 경주涇州를 공격하여 점령하고 무공武功까지 진격하니 수도 장안에 계엄이 내려졌다. 돌궐군이 고릉高陵에 진공했으나 오히려 경주도행총관涇州道行軍總管 울지경덕尉遲敬德이 이를 격파해 천여 명이 죽었고 사근俟斤* 아사덕오몰철阿史德烏沒啜을 포로로 잡았다. 힐리칸은 다시 병사를 이끌고 위수의 편교便橋 북쪽까지 이르렀고 심복인 집실사력執失思力을 파견하여 장안의 소식을 탐문했다. 태종은 돌궐이 동맹을 저버린 것을 질책하고 집실사력을 문하성에 가두었다. 태종은 친히 고사렴高士廉·방현령 등 6기騎를 이끌고 위수 가에 이르러 강을 사이에 두고 힐리가 약속을 어긴 것을 질책했다. 그리곤 계속해 당의 대군이 추격하니 힐리가 상황을 보고 화의를 청했다. 쌍방이 편교 위에서 백마를 죽여 맹약을 맺었다. 당나라가 돌궐에게 재물을 주니 돌궐군대는 당나라 영역에서 철수했다. 이것이 바로 그 유명한 '위수의 맹약'이다.

* 돌궐의 관명-역주

627년
재상 직위 증설

태종은 즉위 후에 많은 의견을 수집하기 위하여 재능은 있으나 자격과 경력이 부족한 관원들을 흡수하여 정치에 참여하도록 결정했다. 정관 원년(627) 9월에 어사대부 두엄杜淹을 정치에 참여하게 하니 직책이 다른 자가 재상의 직무를 담당하는 '타관참예정사他官參預政事'가 시작되었다. 그 후 또 참의득실參議得失, 참지정사參知政事 등을 신설하니 모두 재상의 직위에 해당한다. 후에 또 정관 17년(643) 중서령·시중이 모두 삼품이기에 이적에게 '동중서·문하 삼품'을 수여했다. 방현령은 일찍이 진왕부기실秦王府記室을 역임했었는데 정관 원년(627) 중서령으로 임명되었고, 후에 정관 3년(629) 2월에 상서좌복야에 임명되었다. 두여회杜如晦는 방현령과 동시에 재상에 제수되었고 다시 상서우복야에 임명되었다. 방현령과 두여회 두 사람은 모두 진왕을 수행하며 사방을 정벌했는데, 방현령은 모략에 능하고 두여회는 큰일을 결단

방현령

방현령(579~648)은 당나라 초기의 명재상으로 이름이 교喬이고 현령은 그의 자다. 제주齊州 임치臨淄(지금의 산동 치박淄博 동북쪽) 사람이다. 현령은 경사經史를 두루 읽고 문장을 잘 지었고 글씨를 잘 썼으며 18세에 진사에 급제하여 우기위羽騎尉를 제수받았다. 수나라 말 대란 때 이연이 병사를 이끌고 중국 관내로 들어오자 현령은 위수 북쪽을 점령한 이세민에게 투신하여 진왕부기실·섬동도대행대고공랑중陝東道大行臺考功郎中을 맡았다. 이세민이 즉위한 후 방현령은 중서령이 되었다. 정관 3년(629) 2월, 상서좌복야가 되었다. 정관 11년, 양국공梁國公에 봉해졌다. 16년 7월, 사공으로 진급되어 조정의 일을 총괄했다. 정관 17년 장손무기 등과 함께 24인의 그림이 능연각凌煙閣에 그려졌다. 진왕 이치가 태자일 때 태자태부太子太傅를 역임했고 태종이 고구려를 정벌할 때 그가 남아 수도를 지켰다. 정관 22년 병사했다.

하는 데 뛰어났다. 방·두 두 사람이 재상으로 임명된 후 당 태종의 중요 조력자가 되었고 이에 사람들은 방현령의 모략, 두여회의 결단이라는 뜻으로 '방모두단房謀杜斷'이라 이들을 일컬었다. 정관 후 재상에 임명된 자 중에 중서령·시중을 제외하면 장기간 모두 '동중서·문하 삼품'이 더해졌고 상서성 장관 또한 예외가 아니었다. 정관 때 다른 관직으로 재상에 임명되는 사람이 매우 많았는데 그중 두엄·위징·이정·이적 등 많은 인재들이 있다. 이세민은 이런 제도를 빌려 그들의 재능을 충분히 발휘하여 '정관의 치세'를 위해 중요한 역할을 담당하게 했다.

629년
인도에서 불경을 가져온 현장

현장玄奘은 불교경전을 배워 익히는 가운데 이설이 분분한 것을 깊이 느꼈으나, 그에 대한 해답을 얻을 수 없자 서쪽 인도로 가 불경을 공부하려는 생각이 들었다. 정관 원년(627), 현장은 황제께 글을 올려 서역행에 대해 허락을 구했으나 당 태종의 허락을 얻지 못했다. 그러나 현장의 마음은 이미 정해져서 개인적인 천축天竺행을 추진했다. 천축은 현재의 인도를 말한다. 정관 3년(629) 8월, 독자적으로 혼자 장안에서 출발하여 수년간 많은 난관을 거쳐 결국 인도에 도달했다. 인도에서 10여 년간 경문을 연구하고 공부해 정관 19년(645) 정월에 그는 657부

의 산스크리트어 경전을 가지고 장안으로 돌아와 당 태종 이세민의 열렬한 환영을 받았다. 현장은 산스크리트어와 한문에 정통하여 직역과 의역을 교묘히 융합하여 경론 775부, 1,235전典을 번역하여 불교 전파에 공헌했다. 또한 현장은 자신이 구술하면 그 제자 변기辯機가 받아 쓴 서역을 가면서 지나친 나라와 지역의 상황을 소개한 《대당서역기大唐西域記》를 완성했다. 이 책은 당 태종이 서역 및 천축 각국의 상황을 알고자 하는 절실한 마음을 만족시켜 주었다. 현장은 또 법상종法相宗을 창시했는데 인도 10대 논사들의 저작을 종합 번역하여 《유식론唯識論》을 지어 법상종의 경전으로 삼았고 '입식론入識論'을 제기하고 '만법유식萬法唯識'·'심외무법心外無法'을 전파했다. 때문에 법상종은 또 유식종唯識宗이라고도 부른다.

오천축도
오천축도五天竺圖는 후세 사람이 현장이 그린 오천축도를 모방한 모사본일 것이다. 그림 중 붉은 선으로 표시한 것은 당 현장이 인도로 불경을 구하러 가면서 지나친 나라와 지역이다.

현장서행

현장
현장은 당나라 고승이자 불교학자·여행가·번역가다. 현장의 속세의 성은 진陳이며 낙주洛州 구씨현緱氏縣 사람으로 유학자 집안 출신이며 13세에 출가하여 각지를 돌아다녔고 명사들을 두루 방문했으며 경전을 폭넓게 읽었다. 그러나 각종 불교 이론들이 서로 나뉘어져 여러 갈래임을 알고 어느 것을 따라야 좋을지를 몰랐다. 이에 천축으로 갈 결심을 했고 여러 이론을 총결한 《유가사지론瑜伽師地論》을 구할 수 있었다.

현장이 경전을 구하여 장안으로 돌아오다

당 정관 19년(645) 정월 25일, 현장이 불경을 구하여 장안에 도착했을 때 "불교도와 민간인들이 모두 뛰어나와 열렬히 환영하여 도시가 기울고 시장이 파장"할 정도로 현장을 환영했다. 오래지 않아 당 태종이 접견하고 또한 환속하여 출사하라고 권했으나 현장은 완곡하게 거절하고 장안 홍복사에 머물며 경전을 번역했다. 《현장이 경전을 구하여 장안으로 돌아오는 그림》은 현장이 돌아왔을 때 성대한 환영을 받는 장면을 생동감 있게 묘사해내고 있다.

자은사 대안탑

자은사慈恩寺는 섬서성 서안 남쪽 교외 안탑촌雁塔村에 있다. 수나라 개황 9년(589)에 지어졌고 처음에는 무루사無漏寺라고 했다. 당 정관 22년(648), 황태자 이치가 확장하여 대자은사大慈恩寺를 건설했다. 현장이 황제의 명령을 받들어 홍복사弘福寺에서 자은사로 거처를 옮겨 경전을 해석하며 번역에 힘을 기울였다. 경내의 대안탑大雁塔은 당 영휘永徽 3년(652)에 현장이 인도에서 가지고 온 불경을 보존하기 위하여 지었다. 그림은 대안탑 외경이다.

장안의 현장 묘탑

이 탑은 서안 남쪽 교외의 장안현長安縣 두곡杜曲의 동쪽 소릉 들판의 흥교사興教寺 내에 있다. 탑은 당 총장 2년(669)에 건립되었으며 현장법사 사리가 묻힌 곳이다. 대화大和 2년(828), 탑이 다시 완전히 새로 수리되어 비로소 현재의 모습을 갖추게 되었다. 탑은 전체를 벽돌로 쌓아 올렸고 평면은 정방형이고 총 5층으로, 벽돌로 쌓아올린 누각형식이다. 탑신 아래는 매우 낮은 기단이 있다. 제 1층 탑신 남쪽면에는 벽돌로 열려 있는 아치형의 문을 쌓았고, 그 안의 네모난 방에 현장의 초상화가 있다. 묘탑이기 때문에 뒤쪽의 각 층은 비록 누각식이나 실제로 올라 갈 수는 없다. 탑 외부에는 매 층마다 벽돌로 쌓아 올린 8각 의주倚柱*가 있고 매 면마다 한 면을 3칸으로 나눈 4개의 기둥이 있다. 처마 아래는 가장 간단한 두공斗拱식으로 들쑥날쑥하게 벽돌로 쌓았는데 기타 건축에서는 보기 드물다. 이 탑은 고승 현장이 묻혀서 유명해졌을 뿐 아니라, 건축과 예술 형식상에 있어서도 벽돌을 사용해 목조 누각식 탑을 모방한 전형적인 초기 작품이다.

* 탑신의 기둥으로 벽에 붙어 반만 돌출되어 나온 사각형 기둥 - 역주

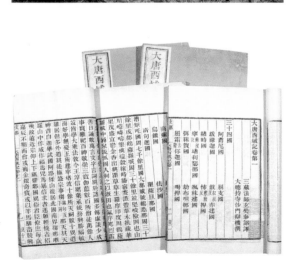

《대당서역기》

《대당서역기大唐西域記》 12권은 현장이 구술하고 변기가 글을 썼다. 본서는 현장이 당 태종의 명을 받들어 지은 것으로 정관 20년(646)에 완성되었다. 책에는 현장이 직접 방문한 나라와 지역에 대한 견문과 개황이 기술되어 있다. 사진은 《대당서역기》다.

동돌궐 대파

정관 3년(629), 태종은 대주도독代州都督 장공근張公謹의 건의를 받아 힐리칸이 당나라와 결맹하고도 또 반군 양사도梁師都를 원조한다는 것을 구실 삼아 대군을 파견하여 돌궐을 공격했다. 같은 달 병부상서 이정을 행군총관, 장공근을 부총사에, 또 병주도독 이적을 통한도 행군총관에, 화주자사華州刺史 시소柴紹를 금하도金河道 행군총관에, 영주대도독靈州大都督 설만철薛萬徹을 창무도暢武道 행군총관에 임명한 후 모두 10여만 대군을 끌고 돌궐을 토벌하러 여러 갈래 길로 출병했다. 630년 정월, 이적은 백도白道에서 돌궐을 물리치고 이정은 음산陰山에서 힐리칸을 크게 물리쳤다. 힐리칸은 철산鐵山(지금의 음산 북쪽)으로 도망가 힘을 비축해 다음 해에 권토중래하리라 마음먹으며 사신을 보내 화의를 청했다. 이정과 이적은 밤에 힐리칸을 습격하여 이정은 음산에서 돌궐 천여 군막을 습격하고 돌궐병 만여 명을 죽이고 10여만 명을 포로로 잡았다. 이적 또한 5만여 명을 포로로 잡았다. 힐리칸은 생포된 뒤 4월에 장안으로 압송되었다. 동돌궐이 당나라에 멸망된 뒤 또 10만여 명이 투항했다. 태종은 중서령 온언박溫彦博의 건의를 받아들여 투항한 돌궐병을 유주幽州에서 영주靈州 일대에 안치하고, 또한 순順·우祐·화化·장長 4주도독부를 두어 총괄하였다. 이렇게 되자 동돌궐은 평정되고 고비사막 이남인 막남漠南 일대는 당나라 경계로 귀속되었다.

당·채색 도금한 명광明光 갑옷을 입은 무사용

광주 회성사 광탑
광주 회성사 광탑은 당나라 때 지어진 것이라고 전해지는데 중국 이슬람교의 제일 오래된 유적이다. 탑은 원기둥형이고 벽돌로 쌓았다. 탑 가운데로 계단이 빙빙 돌아 올라가게 되어 있다. 꼭대기에는 테라스가 있고 그 주위에는 원형으로 보호 난간이 둘러쳐져 있는데 교도들을 불러 함께 모여 예배를 드리는 곳이다. 테라스 위에는 또 작은 원기둥 하나가 서 있는데 위에 원형의 뾰쪽한 첨탑이 있다. 탑 전체 모양이 특이하며 고대 탑 중 독특한 형식을 하고 있다.

회성사 광탑을 세운 회교도
당나라 때 광주廣州에 거주하는 외국인은 주로 아랍인과 페르시아인이었는데, 그들은 자신들의 풍속 습관과 종교 신앙을 유지했다. 전하는 바에 의하면 당 태종 정관 연간에 마호메트의 측근인 아비 와까스Abi Waqqas[阿布宛葛素]가 해도海道에서 광주로 와서 무역과 선교를 하며 광주 서쪽에 이슬람 사원과 탑을 각기 하나씩 지어 광주 회교도가 기도와 예배를 드리는 장소로 삼았다고 한다. 회성사懷聖寺는 중국 최초의 이슬람교 사원이고, 광탑光塔은 회성사의 서남쪽 모퉁이에 있는데 높이가 36.6미터이고 아래가 넓고 위가 좁은 원통 모양을 하고 있다. 위쪽에 같은 모양의 작은 탑이 더해져 있고, 작은 탑 위쪽에 2층으로 겹쳐진 처마가 휘어져 있고 그 위에 붓끝 모양의 첨탑을 하나 더 얹었다. 탑 아래 부분은 남북으로 두 개의 입구가 마주 보게 만들었고 나선형의 계단이 마주보고 올라가게 되어 있다. 탑 안팎은 백색으로 칠해져 있다. 광탑은 중국 현존하는 최대의 미나렛* 중의 하나다. 중국에서는 미나렛을 방극루邦克樓라고 하는데 전하는 바에 의하면 '방邦'과 '광光'의 음이 비슷하고 또 탑 자체에 광택이 흘러 광탑이라고 불렸다고 한다. 또 '환성루喚醒樓'라고도 하는데 그 주요 기능은 신도들의 예배 참여를 부른다는 것이다.

* 모스크의 첨탑-역주

이세적李世勣(594~669)은 당 초기의 명장군으로 본성은 서徐며, 이름은 세적이고 자는 무공懋功이다. 당나라에 귀의한 후 이씨 성을 하사받았고, 후에 당 태종 이세민의 휘를 피해 적勣이라는 외자 이름을 썼다. 조주曹州 이호離狐 사람(지금의 산동 견성甄城 서남쪽)으로 동군東郡 위남衛南(지금의 하남 준현浚縣)으로 옮겨와 살았다. 세적은 17세 때 적양翟讓을 따라 와강채瓦崗寨에서 기의했다. 무덕 원년(618), 세적은 이밀李密을 따라 당나라에 투항하여 조국공曹國公에 봉해졌다. 이후 수년간 이세민을 수행하며 낙양을 불법으로 점거하고 있던 왕세충을 평정했고 두건덕·유흑달의 하북 봉기를 진압하였으며 연주(지금의 산동)의 서원랑徐圓朗·강회江淮의 보공석 봉기군이 일으킨 여러 차례 전쟁 진압을 주도하고 참가했다. 이세민이 즉위한 후 그를 병주총관并州總管에 임명했다. 정관 3년(629), 이세적과 이정은 여러 갈래로 나뉘어 동돌궐 힐리칸의 무리를 섬멸했다. 다음해 동돌궐을 평정한 후부터 북방은 안정되었다. 승전 후 돌아와 병주도독부장사并州都督府長史를 역임했다. 정관 11년, 영국공英國公에 봉해졌다. 그는 병주에서 모두 16년간 있었기 때문에 직함으로 그를 부른다. 정관 15년에 병부상서로 이직했다. 정관 17년, 특별히 태자첨사동중서문하삼품으로 진급했다. 23년, 태종의 병이 위급할 때 그를 첩주도독疊州都督으로 강등시켰으나, 이치 즉위 후에는 그에게 다시 대를 이어 충성하겠다는 약속을 받아내기 위해 중임을 맡아줄 것을 당부하였다. 고종 즉위 후에 동중서문하에 임명되어 조정의 기밀에 참여했다. 후에 상서좌복야사공으로 승진되었으며 총장總章 2년(669)에 사망했다.

631년
배화교의 유행

월요 갈채 여의 구름 문양의 앵[越窯褐彩如意雲紋罌]

앵罌은 고대 그릇 이름이다. 이 앵은 몸 전체가 청황색을 띠고 있다. 뚜껑 꼭지는 막 피어나려는 연꽃 모양을 한 보주寶珠형태로 되어 있고 꼭지 밑은 연잎 모양이다. 뚜껑 및 몸체의 위아래는 모두 갈색 유약으로 칠해져 있고 여의운如意雲 문양이 그려져 있다. 이런 종류의 조형으로 반구호盤口壺나 혹은 병을 제작하기도 한다. 큰 그릇을 제작하면서도 이렇게 정교하고 아름다운 것은 실로 많지 않으니 당대 월요 청자 중에서 뛰어난 작품이다.

배화교拜火敎는 고대 페르시아·중앙아시아 지역에 유행하던 종교로 6세기 조로아스터에 의해 페르시아에서 창립되었고, 페르시아에서는 조로아스터교로 불리운다. 6세기 초, 배화교는 이미 중국으로 유입되었고 신강 위구르 지역을 거쳐 당대에 이르러 중국에서 더욱 유행하게 되었다. 선교사들은 당 황제의 환대를 받았고 자못 당조정의 예우를 받았다. 동경·서경 양 도시에 사당이 두루 세워졌다. 당 고조 무덕 4년(621), 조정은 배화교를 위해 전문 사당을 지었고 관부를 설치해 이 종교를 전문적으로 담당했다. 당시 교를 관리하던 관부는 살보부薩寶府라 불렀고 관직은 살보薩寶·천정祆正·천축祆祝·솔부率府·부사府史 등으로 나누고 제사를 주관했다. 관직은 4품에서 7품까지 차등이 있었고 또한 낮은 벼슬의 4품과 5품도 있었다. 당대 통치자들이 배화교를 자못 중시했음을 알 수 있다. 당 정관 5년(631), 배화교 선교사는 배화교의 교지를 태종에게 강해했다. 조로아스터교 선교사들이 당 조정의 높은 예우를 받았음을 알 수 있다.

두 어린이가 노는 그림[雙童嬉戲圖]

화면은 손상되어 있는데 두 아이가 풀밭 위에서 서로 쫓고 쫓기는 놀이를 하고 있다. 둘 다 붉은 색 멜빵이 있는 색동 긴 바지를 입고 있고 발에는 붉은색 장화를 신고 있다. 한 아이 손에는 털이 곱슬거리는 털북숭이 강아지를 안고 있는데 이 강아지는 고대 서아시아 지중해변의 비잔틴국에서 온 것으로 '비잔틴개'라고 부르는 아주 귀한 애완견이다. 어린아이의 형상이 앳되고 귀여우며 묘사한 선이 간결하고 부드럽다. 땅위의 암석, 모래와 풀은 선으로 간단히 묘사하고 청록색과 황토색을 칠했는데 당대 청록 산수화 기법의 특징을 반영하고 있다.

미륵불 좌상

사람들에게 널리 알려진 미륵불에는 각종의 서로 다른 형상들이 있다. 사천 청의강변의 천불암의 석각은 강가의 깎아지른 듯한 벼랑의 벽 위에 분포되어 있고, 모두 150여 감龕이 있다. 미륵좌불은 최대의 불감佛龕이고 높이가 3.24m이며 그 모양이 정교하고 아름다우며 비율이 정확하다. 당대에 조각되었다.

간언을 치하한 장손황후

당 태종 황후 장손황후長孫皇后의 성정은 현명하고 효성스러우며 소박 검소하고 책 읽기를 좋아하며 모든 일을 예의범절에 맞추어 행했다. 항상 태종과 함께 옛 일을 논하고 또한 많은 건의를 하여 태종에게 도움이 되어 주었다. 정관 6년(632) 3월, 장손황후의 친딸인 장락공주長樂公主가 출가하게 되었다. 장락공주에 대한 태종의 총애가 심해 시집갈 때 가져가는 혼수가 영가永嘉 큰 공주(고조의 장녀)에 비해 배나 더 되었다. 위징이 이를 극력으로 간언하자 태종은 이를 따랐고 이 일을 장손황후에게 말하자, 황후는 태종이 위징의 의견을 받아들인 것에 대해 찬성했다. 또 한번은 태종이 조회를 마치고 들어와 노기를 띠고 황후에게 말하기를 "내가 조만간 이 시골뜨기를 죽여버리겠소" 하였다. 장손황후가 급히 태종에게 그 이유를 물으니 태종은 위징이 조정에서 강력하게 간언을 하며 공공연히 욕를 보였다고 황후에게 알려주었다. 황후가 들은 후 조용히 물러나 조복으로 갈아입고 들어와 태종에게 축하를 올리며 말하기를 "저는 황제가 영명하면 신하는 더욱 정직하다고 알고 있습니다. 지금 위징이 감히 직언을 하는 것을 보니 이것은 바로 황제가 영명하시기 때문입니다. 그러니 제가 감히 축하를 안 드릴 수 있겠습니까" 태종은 이 말을 듣고 나서 노함이 만면의 희색으로 바뀌었고 위징의 직언을 더욱 좋아하게 되었다. 황후는 정관 16년(642) 6월에 병이 중하여 마침내 임종을 할 때에도 태종에게 충성스러운 간언을 듣고 참언이설을 듣지 말며, 방현령을 다시 기용하고 사냥과 건축을 줄이고 외척을 가까이하지 말고 장례를 간단히 치를 것을 권했다. 21일, 장손황후가 사망했는데 향년 36세였다.

채회문관용

이정은 당 태종 이세민의 여덟 번째 아들로 월왕越王에 봉해졌으나 무측천을 반대하는 군사에게 패해 자살하였다. 당 현종 개원 6년, 소릉昭陵*에 배장陪葬**할 것을 명하였는데 본래의 그 묘에서 문관용 2점이 출토되었다. 이 용은 머리에 높은 관을 쓰고 차나 칼라식에 오른 섶의 소매가 넓은 겉옷을 입고 있다. 허리띠로 허리를 묶고, 몸은 약간 위를 향하고 있으며 두 손은 홀을 쥐고 가슴 앞에 모으고 있다. 발에는 구름 문양의 위로 치켜 올라간 가죽신을 신고 있고, 좌대 위에 서 있는데 표정과 태도가 엄숙하고 우아하다.

* 당태종 이세민과 장손황후의 합장묘-역주
** 신하의 시체를 황제의 무덤 근처에 매장하는 것-역주

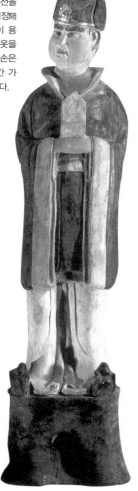

독락사獨樂寺

대불사라고도 불리우며 천진天津 계현薊縣 현내에 있다. 당대에 건립되었고 주 건축인 산문山門과 관음각은 요遼나라 통화統和 원년에 중건되었는데 중국 고대 목조 구조 건축물의 대표작이다.

단지원

단지원은 임치 사람으로 기골이 장대했다. 태종이 두건덕을 대파할 때 같이했으며 동도를 평정하였으며 관직은 우효위대장군에 이르고 번국공樊國公에 봉해졌는데 실제 900호를 봉함받았다.

당·낙타용駱駝俑
섬서 소릉 장락공주 묘에서 출토됨.

634~635년
토욕혼의 평정

토욕혼吐谷渾은 또 토혼이라고도 부르는데 원래 선비족의 한 갈래로, 4세기 초 수령 토욕혼이 부하들을 이끌고 요녕 서쪽에서부터 지금의 감숙성·청해성으로 이주해 왔으며 그 손자 섭연葉延에 이르러 토욕혼을 성씨로 하기 시작했다. 수당 때 토욕혼은 점점 강대해졌다. 당 태종 정관 6년, 토욕혼은 난주蘭州에서 소동을 일으켰는데 난주 병사들에 의해 쫓겨났다. 이후 토욕혼 복윤칸伏允可汗은 당나라에 사신을 파견하여 공물을 바치는 한편 제멋대로 선주鄯州(지금의 청해 낙도樂都)를 약탈했다. 정관 8년(634) 6월, 태종은 우효위대장군右驍衛大將軍 단지원段志元을 서해도西海道 행군총관에, 좌효위장

군左驍衛將軍 번흥樊興을 적수도赤水道 행군총관에 임명해 변경 부대를 이끌고 나가 토욕혼을 공격하도록 했다. 9월, 토욕혼은 또 양주涼州(지금의 감숙 무위武威)를 침범했다. 이에 태종은 크게 노해 정관 9년(635)에 토욕혼 정벌을 대대적으로 명령하고 이정·병부상서 후군집侯君集·형부상서 임성왕任城王 이도종李道宗·양주도독涼州都督 이대량李大亮·민주도독岷州都督 이도언李道彦·이주자사利州刺史 고증생高甑生 및 돌궐·거란의 부대에게 명하여 길을 나누어 토욕혼을 공격하게 했다. 당나라 군대가 토욕혼을 대패시키자 복윤칸은 부하에게 피살당하고 그 아들 순順을 칸으로 옹립하여 당나라에 항복했다. 당 태종은 순을 서평군왕西平郡王에 봉했다. 이때에 이르러 토욕혼은 완전히 평정되었다.

청황 유약으로 난초를 그린 자기 접시
당대 식기다. 접시 한가운데는 흰색의 원형이 있고 그 위와 주변에는 갈색의 난초 문양이 그려져있는데 그 선이 매끈하고 유창하다. 당시의 장인은 규격화된 형식을 피해 용기의 입·목·배·귀·병·손잡이 등에 변화된 기교를 넣어 기물 형태상 새로운 형식을 가져왔다.

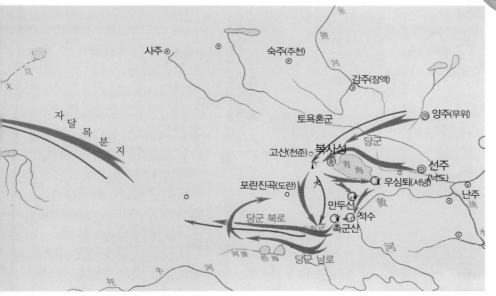

이정의 토욕혼 전투도

세계에 이름을 날린 중국의 조선업

수당 시기 중국 조선업은 신속히 발전했다. 수당 시기 대부분의 선박 재료는 비교적 견고하고 내구성이 강한 녹나무였고, 그 다음으로 장목樟木이었다. 그밖에 목란나무와 삼나무·메밀잣밤나무 등도 간혹 사용했다. 이런 목재들은 대부분이 양자강 유역 혹은 주강珠江 유역에서 생산되었기 때문에 수당 시기의 조선업은 대부분 강남 지역에 집중되어 있었다. 조선 공예 기술 방면에서도 수당 시기에는 많은 새로운 공예를 발명해내어 선박의 질적 양적 수준에서도 발전이 있었다. 예를 들어 방수 선창의 분리·대형 정크*·뱃바닥에 옻칠하기·철로 만든 닻의 발명이다.

방수 선창 분리란 방수벽을 이용하여 선실을 여러 작은 칸으로 분리해 줌으로써 배 위 갑판을 지탱하는 힘을 강화시켜주는 작용을 하게 되어, 선체로 하여금 충분한 횡강도와 뒤틀림을 막아주는 기능을 한다. 또한 배가 가라앉지 않는 힘을 강화시킬 수 있다. 즉 선실 안에 물이 들어온다 하더라도 칸막이벽이 있음으로 기타 선실은 전혀 문제가 없이 안전하다. 대형 정크는 당대 중·말기에 발명되었는데 후대의 중요한 배 모델이 되었다. 그것은 고대 너벅선에서 발전해온 것으로 평평한 바닥에 네모지고 선체가 넓어 흘수吃水**가 얕은 특징을 가지고 있다. 그래서 항해할 때 비교적 안정적이며 또한 물이 얕은 지대를 지나기도 수월해 실용성을 갖추고 있다. 배 밑창에 옻칠하는 것은 물의 저항력을 감소시키기 위한 것으로 항해 속도를 증가시키는 외에도 배 밑바다을 적당히 부패되지 않게 하는 역할을 한다. 특히 수질이 약간 산성을 띠고 있는 강남 지역에서 적당했다. 선진 공예기술을 채용하는 기초 위에서 수당 시기의 선박 제조는 고품질의 선박을 대량으로 제조했다. 수당 시기 높은 조선 기술 수준은 각국의 조선술에 영향을 끼쳐 세계 조선술에 큰 공헌을 했다.

* Junk는 얕은 바다나 강에서 승객이나 화물을 운반하고 고기잡이를 하는 바닥이 평평한 범선-역주
** 배가 물 위에 떠 있을 때 물에 잠겨 있는 부분의 깊이-역주

당대 해선海船 모형
당송 시대 조선술과 항해술은 모두 새로운 단계로 진입하였다. 배의 형태가 다양화한 것 외에도 선박의 방수 기술은 서방에 비해 10세기 이상 앞섰을 뿐 아니라, 이 기술은 해상 항해의 안전을 크게 향상시켰다.

화초 문양의 남색 유리접시
접시 구연부는 접혀 있으며 몸체는 원형이고 바닥은 평평하며 가운데는 볼록하게 튀어나와 있다. 접시 안에는 겹쳐진 음각 꽃잎 문양이 있다. 이 접시는 이슬람의 초기 유리제품에 속하며 산지는 이란이나 혹은 지중해 연안이다.

목우거

이 당대 목우거木牛車는 부장품으로 축소한 수레 모형이며 그 형상이 사실적이다. 목우는 약간 어리고 둔해 보이나 천진난만한 모습을 하고 있다. 전체 비율이 균형을 이루고 있고 나무 질감이 자연스러우며 수레 덮개는 대나무를 구부려 만들었고 간결하고 뚜렷하다.

618년, 이연은 장안에 입성한 후 수나라 부병제를 그대로 따를 것을 명령했다. 정관 10년(636), 당 태종은 부병제를 조정하여 12위衛와 태자동궁육솔太子東宮六率을 설립하여 부병의 중앙관리기관으로 삼았다. 당나라의 중앙관서는 남아南衙에서 사무를 보았기 때문에 남아 혹은 남사南司라고 불렀으며 12위는 남아에 속하고 재상이 책임을 짊으로 남아금군南衙禁軍이라고도 불렀다. 원종元從·우림羽林 등 금군이 처음에는 전문기구가 없어 대부분 환관 혹은 무관을 통해 황제가 친히 명령을 내렸다. 환관은 금원禁苑 내에 거주하며 남아와 상대적이었기 때문에 북아北衙라 불렀다. 금군은 항상 북문에 주둔하여 북아금군北衙禁軍이라고 불렀고 주로 황궁 호위를 위해 숙직을 담당했다. 황제는 병부를 통해 12위와 6솔이 통괄하는 부병 출병권을 장악하며 군대에 대한 통제를 강화했다. 이것은 봉건 중앙집권 국가의 안전과 안정을 유지하는 데 있어서 매우 중요한 작용을 했다. 때문에 남북아南北衙의 건립은 또한 봉건 군사 관리제도의 성숙과 완성을 상징하기도 한다.

638년
서돌궐의 분열

582년, 돌궐은 서돌궐과 동돌궐로 분열되었다. 당 정관 6년(632) 12월 서돌궐 돌륙呾陸칸이 죽고, 돌륙의 동생 동아설同娥設이 즉위하니 바로 사발라 질리실沙鉢羅咥利失칸이다. 그때 나라는 10개 부락으로 나뉘었고 매 부락마다 1명의 추장을 두었고 각기 화살 한 자루를 하사하고 10개 부락을 10전箭이라고 불렀다. 또 좌상左廂·우상右廂으로 나누고 좌상을 오돌륙五咄陸이라 부르고 5대 '철啜'을 설치했으며 수이아브 Suy-ab*의 동쪽에 거주했다. 우상을 오노실필五弩失畢이라 부르고 5대 '사근俟斤'**을 설치했으며 수이아브의 서쪽에 거주했다. 이 두 부락을 합하여 10성姓이라 했다. 질리실이 점점 민심을 잃게 되자, 그의 신하 통토둔統吐屯이 그를 습격하고 질리실칸은 패하여 카라샤르로 도망했다. 통토둔은 본래 욕곡설欲谷設을 대 칸으로 세우고자 했는데, 통토둔이 때마침 피살당하고 욕곡설 또한 전쟁에 패했다. 이에 질리실칸은 다시 돌아와 그가 원래 가지고 있던 토지를 경영했다. 정관 12년(638) 말, 서부의 5대 '철'은 욕곡설을 을비돌륙乙毗咄陸칸으로 세우자 질리실칸은 파병하여 욕곡설과 대전했다. 그리하여 서돌궐은 재차 동서로 나뉘어 통치되었다. 욕곡설은 이리하伊犁河 서쪽을 점거하고 질리실칸은 이리하 동쪽 땅을 점유했다. 서돌궐이 또 동서로 나뉘었기 때문에 역사에서는 원래 금산金山 동쪽에 있던 동돌궐(예를 들어 힐리·돌리)을 '북돌궐'과 '돌궐'로 부른다.

* 본문에는 한자 쇄엽碎葉으로 되어 있음. 수이아브는 고대 중앙아시아의 오아시스 도시로 구 소련의 토크마 트시 부근임 - 역주
** 돌궐의 관명 - 역주

당의 수도 장안

7세기의 중국은 당시 세계에서 제일 잘 계획되고 제일 아름다운 궁정을 가지고 있고 규모가 제일 큰 도시를 출현시켰는데 이것이 바로 당의 수도 장안성이다. 당 장안성은 수나라 대흥성大興城의 기초 위에서 더욱 확장하여 건축되었다. 수나라 대흥성은 저명한 건축가 우문개가 계획하고 설계하고 감독해 건설했다. 성 전체는 곽성廓城·황성皇城·궁성宮城으로 구성되었으며 면적이 약 84평방킬로미터에 달한다. 궁성이 먼저 건설되었는데 이곳은 황제의 거처이며 성 중심 북부에 위치한다. 황성은 후에 지어졌는데 궁의 남쪽에 있으며 중앙 관서구官署區이다. 곽성을 재건하여 궁성과 황성의 동서남 삼면을 둘러 쌓았다. 곽성 안에는 남북향의 대로 11개와 동서향의 대로 14개가 있었으며 곽성을 108개의 이방里坊*으로 나누고, 동서 양쪽에 설치한 시장은 각기 2방씩을 차지했으며 성의 상점·작업장을 모두 여기에 두었다. 당나라 때는 수나라 초기 황성의 동남·서남쪽에 대칭으로 배치한 대흥성 안의 도회都會·이인利人 두 시市를 동시東市·서시西市로 개칭했고, 수공업·상업점을 모두 여기에 집중해 놓아 중국 고대 계획 도시의 특징을 그대로 보여주고 있다. 아울러 당대의 공상업 활동·국제무역·문화 교류의 중요 장소가 되었다. 수당 양대의 정치·경제·문화 중심이 된 장안성은 웅장한 건축, 잘 계획된 배치 구도, 완벽한 기능을 갖춘 당시 세계의 최대이자 최고로 번영한 도시 중의 하나였다. 당나라 말 천우天祐 원년(904)에 주전충朱全忠은 소종昭宗을 압박해 낙양으로 천도하게 했고 이에 320여 년간 수도였던 장안은 폐허로 변해버렸다.

* 도시의 하급 행정 구획으로 직사각형 모양임 - 역주

당 장안성 평면 복원도

장안
당나라의 장안(지금의 섬서 서안)은 국제적인 대도시였는데 수십 개 나라에서 온 사절·상인·승려·유학생이 모두 이곳에 모였다. 장안은 또한 한당漢唐 실크로드의 동쪽 기점이기도 하다. 그림은 지금 서안의 서성문西城門이다.

638년
우세남의 사망

우세남虞世南은 벼슬이 비서감에 이르렀고 영흥현승永興縣丞에 봉해졌기 때문에 우영흥虞永興이라 불린다. 당나라 초기의 문학가이며 서예가다. 그는 박학하고 문장을 잘 지었고 서예에도 아주 능했다. 서법은 왕희지 7대손 석지영釋智永에게 친히 전수받아 이왕二王(왕희지王羲之·왕헌지王獻之)의 서예 전통을 계승하여 필치가 겉으로는 온화하나 내부에는 강함을 지니고 있어 글씨가 힘차고 아름답다. 구양순歐陽詢·저수량褚遂良·설직薛稷과 더불어 초당 4대 서예가로 불리는데, 그의 비첩碑帖《공자묘비孔子墓碑》가 후세에 전해진다. 이외에 우세남이 비서랑을 역임할 때 《북당서초北堂書鈔》를 편집했는데 모두 160권이며 여러 책의 명언 명구를 발췌하여 당시 작문의 모범을 제공했고, 모두 852류로 분류 편집했다. 우세남은 정관 12년(638) 말에 사망했다.

공자묘비
우세남이 문장을 짓고 글을 썼다. 끝에 있는 몇 자는 훼손되었다. 무후武后가 상왕단相王旦에게 명해 703년에 다시 새겼다. 또박또박 바르게 쓴 글씨다. 서법이 힘있고 깔끔하며 단아하고 장엄하고 엄숙하여 당 해서체의 규범이 되고 있다.

채회 기마무사 목용木俑
고창왕 국백아의 조카 장웅張雄(584~633) 묘에 대량으로 부장되었던 목용이다. 장웅은 고창 좌아대장군 겸 병부 요직에 있었으며 사후 장례식이 매우 성대했다. 이 기마무사 목용은 의장대의 일부분이다. 목용은 인물의 상반신과 하반신(말의 몸체와 함께 연결되었음) 및 말 머리·사지로 각각 나누어 조각한 후 서로 붙혀 모양을 만들었다. 종이풀을 이음새 부분에 붙였고 그 후 마지막에 전체적으로 채색했다. 무사의 몸에 입혀져 있는 갑옷은 주홍색이며 발에는 장화를 신고 오관과 턱 수염은 먹줄로 그려져 있으며 엄숙한 표정을 하고 있다. 왼손으로 말고삐를 잡고 있고 오른손은 위로 들어 가슴 앞에 대고 있는데 병기를 잡고 있었던 듯하다. 말은 모두 검붉은 색이며 먹줄로 그 모습을 그려 넣었다.

우세남

우세남(558~638)의 자는 백시伯施이고 월주越州 여요餘姚(지금의 절강 여요) 사람으로 수나라 대업 때 비서랑에 제수되었다. 당나라 건국 후에는 이세민이 진부秦府 참군으로 이끌었고 홍문관 학사를 거쳐 정관 7년(633) 비서감으로 옮겨갔고 영흥현자永興縣子 작위를 받았으며 은청광록대부銀靑光祿大夫에 제수되었다. 시호는 문의文懿다. 태종은 일찍이 세남은 '오절五絶'을 가진 사람이라 칭찬했는데, 첫째 덕행, 둘째 충직, 셋째 박학, 넷째 문사, 다섯째 서한書翰이라고 하였다. 그의 서법은 말년에 더욱 훌륭했다. 태종이 예서에 공을 들이며 우세남을 사사했지만, 항상 과戈자를 쓰는 데 어려움이 있었다. 하루는 '전戩' 자를 쓰는데 왼쪽의 '晉' 자만 쓰고 오른쪽을 비워놓자 세남이 붓을 받아들고 그곳을 채워 주웠다. 태종은 이를 위징에게 보여주며 말하길 "짐이 세남의 서법을 흉내내어 똑같이 썼으니 경이 한번 보시오"라고 했다. 이를 보고 위징이 "하늘이 내린 붓이임하니 만물의 형상은 그 모양을 벗어날 수 없고 신은 흉내 내어 쓸 수 없습니다. 우러러 성군의 글을 뵈오니 전戩자 중에서 과戈자만이 매우 비슷합니다"고 대답했다. 태종은 깊이 탄복했다. 우세남이 《공자묘당비척孔子廟堂碑拓》을 써서 바치니 태종은 왕희지의 황은 도장 하나를 하사했다. 《필수론筆髓論》을 저술했고 많은 학자들이 그를 존중했다. 81세에 별세했다.

장손무기

장손무기는 당 태종과 당 고종 때의 재상이다. 자는 보기輔機이며 하남 낙양 사람으로 그 조상은 선비탁발부鮮卑拓跋部 귀족이다. 아버지 성晟은 수나라 때의 명장이며 그 여동생은 태종의 황후다. 무기는 비록 군인 집안 출신이지만 오히려 배우기를 좋아하여 책략에 뛰어났다. 그는 어려서부터 이세민과 친하게 지냈으며 태원에서 기병한 후부터는 항상 이세민을 따라 정벌하고 기밀에 참여했다. 당 무덕 9년(626), 이세민이 현무문의 변을 일으킬 때, 그는 이 일을 계획하고 조직한 사람 중의 한 명이었다. 정관 연간 중 이부상서 · 상서우복야 · 사공을 역임하였고 조국공趙國公에 봉해졌으며 방현령과 함께 재상을 했다. 태종이 24인의 공신을 능연각에 그릴 때 거리낌 없이 장손무기를 제일 앞에 두었다. 현경顯慶 4년(659) 측천무후에 의해 검주黔州(지금의 중경 팽수彭水)로 유배당했고 강요로 목매 자살했다. 정관 중 그와 방현령이 《당률唐律》과 《율소律疏》를 편수했다. 영휘永徽 4년 《율소》 30권을 완성했다. 즉 지금 현존하는 《당률소의唐律疏議》는 장손무기의 주도하에 만든 것으로 동아시아의 저명한 봉건 법전이다.

운남 대리 불도사佛圖寺 사골탑의 전설

사골탑蛇骨塔은 운남 대리大理시 하관下關 북쪽 3킬로미터의 양피촌羊皮村에 있다. 왜 사골탑이라고 부를까? 운남의 각 민족에게 가장 오랫동안 전해져 내려오는 이야기가 있다. 당나라 때 하관은 남조南詔 관할에 속했으며 용미관龍尾關이라 불렸다. 하관 밖에는 큰 구렁이가 자주 나타나 사람과 가축을 삼켰다. 이에 많은 용사들이 이 구렁이를 잡으려 했으나 모두 잡지 못했다. 그 구렁이가 입을 한번 벌려 숨을 들이마시면 커다란 회오리바람이 일며 몇 장丈 밖에 있던 사람들마저 집어삼켰다. 당시 남조의 수도 대리에 살고 있던 단적성段赤誠이라는 청년은 이 큰 구렁이를 없애 백성들의 고충을 없애주기로 결심했다. 그래서 구렁이가 사람을 해치는 방법을 잘 알아둔 뒤 의연히 모험적인 방법을 생각해내었는데 바로 그 구렁이가 들이쉬는 회오리 바람을 이용해 구렁이의 뱃속으로 들어가 구렁이를 죽여버리는 것이었다. 그는 철갑옷을 입고 양손에는 칼을 들고 구렁이와 싸우러 나갔다. 과연 구렁이와의 거리가 몇 장이나 떨어져 있었는데도 그 구렁이가 들이마신 회오리 바람에 단적성은 순식간에 구렁이 뱃속으로 빨려 들어가게 되었다. 구렁이의 뱃속에서 그는 양 칼을 휘두르며 구렁이 장기들을 난도질하니 구렁이는 마침내 죽고 말았다. 단적성은 본래 뱀 주둥이를 통해 빠져 나오려고 했는데 뱃속에서 주둥이까지의 거리가 너무 멀고 또 굳게 닫혀 있어서 할 수 없이 구렁이의 등에 구멍을 내려고 하였다. 그러나 불행히도 구렁이 뼈에 칼이 걸려 빠지지 않게 되었고 이미 힘이 다한 단적성은 뚫고 나올 수가 없게 되어 구렁이 뱃속에서 죽음을 맞이하게 되었다. 용미관의 사람들은 삼일 밤낮을 기다렸지만 끝내 단적성을 볼 수 없었다. 이에 다 함께 구렁이 배를 갈라 단적성의 사체를 꺼내어 제사를 지내고 안장해 주었다. 그리고 그의 무덤 위에 탑을 지어 기념하며 아울러 뱀을 태워 그 탑 주위에 묻어 탑을 지키도록 했다. 이러한 연고로 탑의 이름을 사골탑이라 부르게 되었다.

자사 세습의 중지

정관 5년(631) 11월, 태종은 황친 · 종실 · 훈구대신 등의 등급을 결정하여 그들에게 한 곳을 통치하도록 하되 큰 죄를 지은 것이 아니라면 직위를 대대로 세습할 수 있도록 명령했다. 정관 11년, 태종은 형주도독荊州都督 · 형왕荊王 이원경李元景 등 21명의 왕을 세습자사에 봉하고, 또 공신 장손무기長孫無忌 등 14명도 세습자사로 삼았다. 좌서자左庶子 우지녕于志寧이 세습자사는 오래 동안 유지해갈 제도가 아니라고 상소했다. 장손무기 또한 봉함 받은 땅에 가지 않으려 했고 그의 며느리자 태종이 총애하던 장락공주 역시 태종에게 강력 간언했다. 장손무기는 전대에 자사 세습을 실행했던 이유는 국력이 강하지 못했기 때문에 그런 것이고, 또한 한대에 후侯 제도를 설치한 것도 이 때문이라고 여겼다. 만일 세습을 받은 후대가 못났든지, 형법을 위반하든지, 혹은 살육을 자초하든지, 혹은 대대로 상을 받든지, 혹은 집안의 몰살을 야기하든지 모두가 매우 불행한 일이라고 여기면서 장손무기는 단호히 거절하고 받지 않았다. 태종은 이에 정관 13년(639) 2월에 자사의 세습을 중지하도록 조서를 내렸다.

사골탑

사골탑은 대략 남조南詔 시기에 지어졌다. 현존하는 스타일로 볼 때 중원 지방의 밀첨식 석탑과 비슷한데 당시 남조와 중원 지방의 문화가 이미 밀접하여 불가분의 관계에 있다는 것을 말해준다. 탑은 4각형 13층의 밀첨식 전탑이며 전체 높이는 39m다. 제 1층 탑신이 제일 크고 높으며 정면에 감실문이 있고 표면은 아무 장식이 없이 간결하고 힘차다. 제 2층 탑신 이상은 모두 밀첨식 13층이다. 탑 처마는 고대의 건축법으로 층층히 밖을 향해 쌓아가며 떠받치고 있고, 처마 밑은 안으로 들여 쌓으면서 곡선을 이루고 있는데 당나라 탑의 특색이다. 탑찰은 금속으로 제작되었고 찰좌剎座 · 화개華蓋 · 보주寶珠 등으로 구성되어 있다. 이 탑은 지방 특색을 가진 매우 온전한 당대 밀첨식 탑이다.

640년
안서도호부 설치

서역의 고창왕 국문태麴文泰가 여러 차례 당나라 국경을 침범하고 대담한 약탈을 자행했다. 정관 13년(639), 태종은 후군집 등을 파견하여 이들을 토벌하게 했다. 14년 고창이 함락되었고, 9월 안서도호부安西都護府를 설치했다. 서역은 일찍이 서한 때 중앙정부가 이곳에 서역도호부를 설치했었다. 수나라 말기 한족인 국麴씨는 혼란함을 틈타 고창에 할거정부를 세웠다. 정관 이래로 고창왕 국문태는 고의로 당 정부에 대항했다. 태종은 국문태를 얻기 위해 사신을 보내 화의를 청했으나 귀순하지 않았다. 정관 13년(639) 12월, 태종은 이부상서 후군집과 부총관 좌둔위左屯衛 대장군 설만철로 하여금 병사를 거느리고 가서 토벌하게 했다. 당나라 군대가 적구磧口에 이르자 고창왕 국문태는 죽을까 두려워하며, 아들 지성智盛을 옹립하였다. 대군이 곧장 도성인 교하성交河城 아래까지 가서 성을 둘러싸고 맹공하니 지성이 나와 항복했다. 당나라 군대는 계속하여

22개의 성을 공격하여 8000여 호戶, 1만 7000여 명의 항복을 받아내었다. 서돌궐은 일찍이 고창과 맹약을 맺은 적이 있었기 때문에 가한부도성可汗浮圖城에 둔병하고 고창을 지원했으나 결국은 성이 함락되고 가한 부도성은 정주庭州가 되었다. 정관 14년(640) 9월, 안서도호부를 교하성에 설치했다.

대명궁 유적지

천산天山 · 포창蒲昌 · 안서도호부安西都護府 · 서주 도독부西州都督府 · 고창高昌 · 유중柳中 등 지역 관인官印 도장 모양(오른쪽부터 위에서 아래로)

안서도호부 전치소 교하(지금의 신강 투루판)고성 유적지

대명궁

대명궁大明宮은 당대의 궁전으로 지금의 섬서성 서안시 성 북쪽의 용수원龍首原에 위치하고 있으며 당나라 장안의 금원禁苑 안에 있다. 정관 8년(634), 건축하기 시작했고 이름을 영안궁永安宮이라 했다. 정관 9년에 대명궁이라고 이름을 바꿨고, 용삭龍朔 3년(663) 이후부터 당나라의 주요 조회 장소가 되었다. 대명궁은 수 문제 때 중수되어 당나라 때에도 계속 사용된 태극궁太極宮 · 개원 2년(714)에 건립된 흥경궁興慶宮과 합해 '삼내三內'라고 부르는데, 당나라 장안성 안의 저명한 세 군데 궁전 구역 중의 한 곳이다. 대명궁의 주전主殿인 함원전含元殿 및 그 뒤의 선정전宣政殿 · 자신전紫宸殿 등 삼전三殿이 서로 각기 쌍을 이루며 겹쳐지도록 의미를 부여한 '삼조三朝*'의 배치 및 건축물의 형상과 구조는 후대의 궁전 배치에 커다란 영향을 끼쳤다. 대명궁은 중국 고대 백성들의 위대한 재능과 지혜의 결정판이며 당나라 건축기술의 수준과 성취를 반영하고 있다. 그 형상과 구조 · 배치와 건축 토대의 구조는 후대에 당나라의 건축 풍격과 역사 정황을 이해하는 데에 역사적인 근거와 형상 자료를 제공해 주고 있다.

* 대조大朝 · 상조常朝 · 일조日朝로 구성되었으며 각기 특수 정무 · 중대 정무 · 일상 정무를 처리하는 데 사용함 – 역주

대명궁 함원전 복원도
대명궁은 장안성 밖의 북성北城 벽 동쪽 끝에 붙어 있는데 원래 수나라 금원의 일부분이었다. 정관 8년(634), 당 태종 이세민이 용수산龍首山의 지형을 따라서 영안궁을 건축하고, 이듬해에 대명궁이라 이름을 바꿔 태상황 이연이 거주할 수 있게 준비했다.

640년
공영달의 《오경정의》

정관 14년(640) 2월, 이세민은 유학을 숭앙하고 예교를 제창하기 위해 공영달孔穎達에게 《오경정의五經正義》를 짓도록 명했다. 태종은 즉위 후 교육을 크게 제창하며 학교를 늘렸다. 국자감 밑에 국학·태학·사문四門·서書·산算·율학律學을 설치했다. 또 홍문·숭현崇賢 두 개의 관館을 두었고 금군둔영비기飛騎에도 박사를 설치하여 교육했다. 아울러 천하의 유명 유학자를 대대적으로 불러모아 학관學官으로 삼았고 하나 이상의 대경大經에 밝은 학생이라면 모두 관리가 될 수 있도록 규정했다. 이에 사방의 학자들이 장안으로 운집하였고 고구려·백제·신라·고창·토번의 여러 왕들 역시 자제들을 장안으로 보내 교육을 시키니, 이에 국자감의 학생은 8000여 명에 달했다. 학교 교재는 유학 경서 위주였다. 태종은 유학자들이 논하는 학설이 다양하고 장구章

句가 번잡했기 때문에 공영달과 여러 유학자들에게 《오경정의》를 지어 강의하도록 명했다. 《오경정의》는 모두 180권이다. 주석은 기본적으로는 육덕명陸德明의 《경전석의經典釋義》를 참조하여 지으니 전국에 통행하는 주석본이 되었다.

연꽃 문양의 벽돌
당나라 때의 건축자재다. 이 네모난 모양의 벽돌은 당 대명궁 유적지에서 출토되었는데, 연꽃 문양으로 속을 가득 채우고 있는 모형이다. 이 벽돌 안에 그려진 두 개의 원이 벽돌을 안과 밖으로 양분한다. 벽돌 안쪽의 중간에는 12편의 연꽃 잎이 있고 바깥쪽 네 모서리에는 포도 덩굴 문양이고 제일 바깥쪽에는 구슬 문양이 이어져 있다. 활짝 핀 꽃송이·휘감긴 덩굴 잎은 사람들에게 자유롭고 호방한 성당盛唐의 예술 특징을 느끼게 해준다.

공영달
공영달의 자는 중달仲達이고 기주 형수衡水(지금은 하북성에 속함) 사람이며 당나라 경학가다. 어릴 때 유작劉焯에게 배웠고 일찍이 수나라의 하내군박사河內郡博士를 역임했다. 당나라 때 국자박사國子博士·국자사업國子司業·국자좨주國子祭酒 등 여러 직책을 역임했다.

서예가 구양순

구양순歐陽詢(556~641)의 자는 신본信本이고 담주潭州 임상臨湘(지금의 호남 장사시) 사람이며 수대 때에 이미 서예로 유명했다. 당대唐代에는 태자솔경령太子率更令을 지냈기에 구양순체를 또한 '솔경체率更體'라고도 한다. 그는 우세남·저수량·설직과 함께 당초 4대 서예가로 불린다. 구양순은 수대에서 당대로 넘어가는 시기에 이왕二王(왕희지王羲之·왕헌지王獻之)의 서예 풍격을 당대唐代로 가지고 들어왔다. 그의 서법은 멀리 위진시대를 계승하고 있는데 육조 박무준朴茂峻이 정리한 기초 위에서 자신만의 스타일을 창안해내었다. 그는 처음에는 왕희지의 글씨를 배웠으나 후에 점점 서체가 변하며 필력에 힘이 있어 한 시대를 풍미하는 명필가가 되었다. 그는 붓을 사용할 때 품위를 갖추고 침착하며 꺾임이 깨끗하고 매끄럽다. 글자 결구가 정밀하며 단정하여 극히 엄숙한 분위기를 자아내며 호방한 풍격 속에서 강건한 맛을 느끼게 한다. 구양순의 필체에는 왕희지의 필체가 묻어 있고 또 예서를 잘 썼는데 만년에는 글자형을 조금 길게 다듬어 필세筆勢가 단정하다. 《몽전첩夢奠帖》과 행서 《천자문》 등이 있다. 구양순의 글씨로 세상에 전하는 비각碑刻으로는 《구성궁예천명九成宮醴泉銘》·《황포탄비皇甫誕碑》·《화도사옹선사탑명化度寺邕禪師塔銘》·《우공공온언박비虞恭公溫彦博碑》가 있다. 예서 비각으로는 《방언겸비房彦謙碑》가 있다.

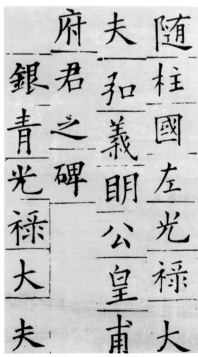

황보부군비皇甫府君碑(일부분)
전체 명칭은 《수주국 좌광록대부 홍의명공 황보부군지비隋柱國左光祿大夫弘議明公皇甫府君之碑》며 《황보탄비》라고도 부른다. 당나라 우지녕于志寧이 문장을 지었고 구양순이 글을 썼다.

641년
당과 토번의 화친

7세기 초, 송첸감포는 토번*을 통일한 후 당과 우호관계를 수립했다. 그러나 이후의 발전과정 속에서 이러한 관계는 결코 순조롭지 못해서 우호적인 동시에 갈등과 충돌이 동반되어 양국은 여러 차례 큰 군사적 충돌이 발생했다. 당과 토번 사이의 투쟁은 비록 비교적 격렬했지만 그러나 총체적으로 볼 때 갈등과 충돌은 일시적이거나 국부적이었으며 우호적인 추세는 결코 중단된 적이 없었다. 634~846년 동안 두 나라는 사절의 왕래가 빈번했고 사신의 임무는 각양각색이었지만 그들의 주요 임무는 화친과 회맹이었다. 당과 토번의 화친은 토번의 건국 초기부터 시작되었다. 송첸감포는 당풍을 몹시 좋아하여 당나라와 혼인관계를 맺을 수 있다면 매우 큰 영광이라고 생각했다. 634년, 송첸감포 사신을 보내 조공을 바침과 동시에 혼인을 청했다. 당 태종은 완곡하게 거절하고 풍덕하馮德遐를 파견하여 위로했다. 그런데 송첸감포는 다시 풍덕하를 수행하는 사신을 당나라에 보내어 더욱 많은 금은보화를 가지고 청혼을 표시했으나 역시 거절당했다. 송첸감포는 당 조정의 이목을 끌기 위하여 군대를 끌고 송주松州(지금의 사천성 송번)를 공격했으나 당군에게 패배했다. 군대를 물린 후에 곧장 사신을 보내 사죄하고 다시 혼인을 청했다. 640년, 송첸감포는 또 대상大相 녹동찬綠東贊을 장안으로 파견하여 5000냥을 헌금하고 진귀한 골동품 수백 점을 가지고 청혼했다. 태종은 황족인 문성공주를 시집보내기로 허락했다. 641년 초, 문성공주는 후행사後行使 강하왕 이도종李道宗과 신부를 맞이하는 토번왕의 특별 사신인 녹동찬의 수행하에 장안을 떠나 토번으로 향했다. 송첸감포 역시 백해柏海(지금의 청해 마다현)에서 신부를 맞이하고 사위의 예로 이도종을 알현한 후에 문성공주와 함께 나사邏些(지금의 라싸)로 돌아왔다. 문성공주는 토번에서 근 40년을 사는 동안 줄곧 토번 사람들의 깊은 사랑을 받았으며 680년에 병고했다.

* 지금의 티베트-역주

돈황 토번 결혼풍속도
이 그림은 토번 결혼의 민족 풍정을 반영하고 있다.

송첸감포
송첸감포는 티베트 역사 속의 영웅으로 장하藏河(지금의 야류장포강) 중류의 야룽하곡 지역에서 흥기하였다. 그는 티베트 지역을 통일하고 티베트의 찬보贊普가 되어 토번 왕조를 건립하였다. 찬보라는 단어를 《신당서 · 토번전》에서는 '군장軍長'이라고 해석하였다.

송첸감포의 능

문성공주가 토번으로 들어오는 성대한 광경

《토번왕조세습명감吐蕃王朝世襲明鑑》의 기록에 의하면, 문성공주 일행의 규모는 매우 대단했고 당 태종이 내린 혼수 역시 풍부하였다. 석가보살·보석·금옥서궤·360권의 경전·각종 금옥장·식품 등이 있었다고 한다. 또한 다양한 음식재료와 각종 문양의 도안이 있는 이부자리·점술서 300여 종·선악을 식별할 수 있는 명감·건축과 기술에 관한 저서 60여 종·400여 종류의 병을 치료할 수 있는 처방문 100여 종·의학논저 4종·진단법 5종·의료기계 6종이었다고 한다. 또 각종 곡물과 순무 종자 등을 가지고 왔다. 송첸감포는 친히 백해柏海에서 이들을 맞이하고, 당에서 온 일행에게 사위의 예를 갖추고, 마포일산瑪布日山(지금의 라싸 포탈라산)에 궁을 건설하여 문성공주가 살게 했다. 문성공주를 수행한 사람들 중에는 각종 기술자들이 있었는데 이들은 모두 중원 지역의 선진 농업·수공업·문화 과학기술을 티베트에 전파했다.

조캉사 내의 문성공주 토번 입성 벽화

티베트로 시집 온 문성공주

청해성 탑이사의 라마들이 소유화酥油花*를 이용하여 문성공주가 티베트에 시집오는 정경을 표현했다.

* 소젖이나 양젖을 끓여 냉각시킨 후에 응고된 기름을 소유라 하는데 여기에 여러 안료를 섞어 인물·꽃·짐승 등을 만든 공예품 – 역주

티베트 조캉사에 있는 문성공주

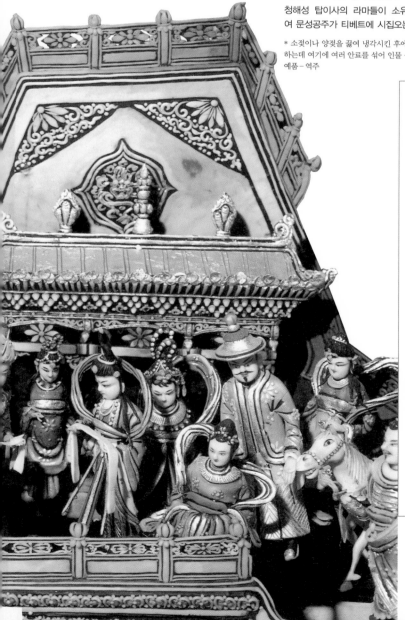

조캉사의 전설

옛날에 라싸성은 늪 지대였는데 왜당호倭塘湖라고 하였다. 641년, 송첸감포가 사신을 장안으로 파견하여 당나라와 혼인관계를 원하였다. 당 태종은 문성공주를 시집보낼 것을 허락하고 공주가 티베트로 시집갈 때 석가모니 한 존을 하사하였다. 이 불상에 공양하기 위하여 송첸감포는 커다란 신전을 짓기로 결정하고, 공주에게 그 궁전 자리를 직접 고르도록 하였고 그녀가 선택한 왜당호에 짓기로 하였는데 이것이 바로 조캉사大昭寺다. 전설에 의하면 조캉사를 짓기 전에 문성공주는 음양오행의 방법을 운용하여 티베트의 지형을 관찰하였는데 티베트의 형태가 누워 있는 마녀의 형상이었다. 왜당호가 바로 마녀의 심장에 속하였기 때문에 이 호수를 진압하여야만 이 마귀를 막을 수 있다고 여겼다. 그래서 공사가 시작되었는데 시공할 때 팽파彭波 지역의 흰 산양들을 몰고 흙을 메웠다. 산양은 티베트어로 '야惹[발음은 러]'이고 흙은 '살薩[발음은 싸]'이라고 하는데 그래서 사원의 이름을 산양과 흙이라는 뜻인 '야살惹薩[발음은 러싸]'이라고 하였다. 후에 사람들은 이 이름을 도시에 붙여주었다. 806년, '러싸[惹薩]'은 또 라싸[拉薩]라고 바꾸었는데 이는 '성지聖地'라는 뜻이다.

또 다른 설은 조캉사는 네팔의 적존공주赤尊公主가 지었다고 하는데 규모가 크고, 문성공주가 지었다는 건축물은 라모체小昭寺 사원이라고 한다. 그러나 조캉사를 건축할 때도 문성공주는 힘을 다하였다. 대소사, 즉 조캉사를 건축할 초기에 문성공주는 당에서 가지고 온 불상을 라모체 사원에 안치하였고, 적존공주가 가져온 작은 불상은 조캉사에 안치되었다. 8세기 초에 이르러 당나라는 두 번째로 금성공주金城公主를 티베트로 시집보냈는데, 이때 비로소 크고 작은 불상이 위치를 바꾸게 되었다.

능연각에 공신의 화상을 그리도록 명한 이세민

당 태종 정관 17년(643) 2월, 태종은 훈구대신들의 공로를 잊지 않겠다는 것을 표시하기 위해 능연각에 이들을 그려넣도록 했다. 능연각은 장안성 내의 태극궁 안의 동북쪽에 있다. 능연각의 내부는 모두 3구역으로 나뉘어 공이 높은 재상과 왕후들, 기타 공신들의 상을 그려 넣었다. 태종이 친히 찬贊을 쓰고, 저수량이 제題를 쓰고, 염립본이 그림을 그렸다. 모두 24명의 공신들의 화상이 있는데 그들은 장손무기·이효공·두여회·위징·방현령·고사렴·울지경덕·이정·소우·단지현·유홍기·굴돌통·은개산·자소·장손순덕·장량·후군집·장공근·정지절·우세남·유정회·당검·이적·진숙보다.

위징

위징(580~643)의 자는 현성玄成으로 관도館陶(지금의 하북에 속함) 사람으로 당나라 초기의 정치가다. 태자 건성의 세마洗馬를 역임하였는데, 태종이 즉위 한 후 그의 재주를 애석히 여겨 간의대부에 제수하였다. 정관 3년(629)에 비서감에 임명되어 조정에 참여하고 비부秘府 도서를 교정하였다. 후에 다시 상임시중에 배수되었고 정국공鄭國公에 봉해졌다. 위징은 탁월한 문치와 무공을 가졌을 뿐만 아니라 또한 계통적인 정치사상을 갖고 있었다. 그래서 그가 역대의 치국의 도를 총결하였는데 이는 중국 고대 정치사상사에 있어 비교할 자가 없을 정도다.

이승건

이승건李承乾(619~645)은 당 태종 이세민의 맏아들로 장손황후의 소생이다. 장안의 황궁 승건전에서 태어났기 때문에 이름을 '승건'이라 하였는데 적손이었기 때문에 황태자에 봉해졌다. 620년, 이승건은 겨우 한 살의 나이로 항산왕恒山王에 봉해졌다. 624년에는 중산왕에 다시 봉해졌다. 626년, 이세민이 즉위하여 당 태종이 되자 이승건은 태자에 책봉되니 이때 나이 겨우 8세였다. 그는 성정이 총민하여 태종의 귀여움을 독차지하였다. 10여 세에 태종이 행행을 나가면 항상 이승건이 장안에 남아서 나라를 감독하였다. 그는 태종의 면전에서는 충효를 말하면서도 동궁으로 돌아오면 사람들과 외설스럽게 놀며 색에 빠져지냈다. 정관 17년(643)에 폐위되었다.

위징의 고시

위징은 서예에 정통하였는데 태종은 황궁의 금은으로 천하의 옛 판본을 구매하였으며 위징·우세남·저수량에게 진위 감정을 하도록 하였다.

위징의 죽음

위징은 당초 '정관치세'의 과정에서 전체 국면을 좌우할 만큼 중요한 역할을 담당했다. 위징은 직언으로 유명했는데 "전대에 간언할 수 있는 유일한 신하"라는 명예를 얻게 되었다. 태종이 멋대로 행하는 것을 누차에 걸쳐 간하여 저지시켰으며 어떤 때는 태종이 꼼짝도 못하도록 했다. 위징은 또 사소한 것이라도 나쁜 것은 제때에 방지할 수 있도록 늘 태종을 깨우쳐 주어 처음과 끝이 모두 좋도록 했다. 정관 13년, '불극종십점不克終十漸*'을 상소하여 이세민의 정치가 전만 못하다는 것을 예리하게 비평했다. 위징은 200여 가지 일을 간언했는데 "전체를 잘 들으면 밝아지고, 한쪽만 믿으면 어두워진다"고 했으며, 또 황제는 배에 비유하고 백성은 물에 비유하면서 "물은 배를 띄울 수도 있지만, 또한 배를 엎어버리기도 한다"와 같은 유명한 정치 직언을 했다. 정치 논저로는 《정관정요貞觀政要》가 있다. 정관 17년(643) 정월, 위징의 병이 위급하자 태종은 사신을 보내 병문안을 하고 약을 하사했다. 위징이 죽자 태종은 9품 이상의 관원은 모두 상복을 입도록 하고 새의 깃으로 만든 양산 모양의 장식품인 우보羽葆와 악대를 하사하고 소릉昭陵에 배장陪葬하도록 했다. 그러나 위징의 처 배씨는 위징이 평소 근검절약했기 때문에 우보와 악대를 받지 않고 평범한 마차만 써서 운구를 싣고 가 장례를 마쳤다. 태종은 여러 신하들에게 "사람이 거울을 보면서 의관을 정제할 수 있고, 옛것을 거울로 삼아 흥망성쇠를 볼 수 있다. 사람을 거울로 삼으면 득실을 살필 수 있는데, 이제 위징이 죽었으니 짐은 거울 하나를 잃었구나"라고 말하면서 애통해 했다.

* 당 태종이 향락에 빠지자 위징은 그에게 군주의 도리 10가지를 적어 상소했는데 태종은 이를 병풍에 붙여놓고 조석으로 읽었다고 함–역주

643년
태자의 폐위

장손황후는 모두 세 아들을 두었는데 태자 승건承乾, 위왕魏王 태泰, 진왕晉王 치治이다. 승건이 향락을 탐하고 학업을 팽개치자 태종은 몹시 실망했다. 위왕 태는 총명하고 문학을 좋아하며 열심히 공부해서 태종의 사랑을 받았다. 이 두 사람은 신하들을 농락하며 각자 붕당을 만들어내 서로 간에 알력이 심했다. 승건은 이태가 날이 갈수록 태종의 총애를 받는 것을 보고 불안해져 한왕 완창完昌 · 후군집 등과 밀모하여 기병했지만 사전에 누설되었다. 이세민은 태자 승건을 서인으로 폐위하고 한왕 완창에게는 자진하도록 명하고 후군집 등은 모두 죽였다. 승건이 폐위된 후 태종은 장손무기 · 방현령 · 이적 · 저수량 등과 태자를 누구를 세울 것인지를 상의하였다. 태종은 주저하면서 결정하지 못하였는데, 재능이 뛰어난 위왕 태를 세우자니 다시 한번 골육상잔의 비극이 일어날 것이 두려웠고, 진왕 치를 세우자니 또 너무 유약한 것이 흠이었다. 결국 태종은 장손무기 · 저수량 등 원로 중신들의 의견을 따라서 정관 17년(643) 4월 7일, 진왕 치를 황태자로 결정했다. 동시에 진왕 태는 북원北苑에 연금시켰다. 9월, 태종은 장손무기를 태자태사, 방현령을 태부太傅, 소우를 태보太保, 이적을 태자첨사로 임명했다.

정토종 건립

정토종淨土宗은 중국 불교 유파 가운데 아미타불정토로 왕생하는 법문으로 전수되고 있으며, 수당 사이에 정식의 종교 유파로 발전하였다. 도작道綽과 선도善導는 정토종의 진정한 창립자다. 도작(562~645)은 담란曇鸞의 묘비에 기재된 것을 보고 정토종으로 개종하고는 전념으로 아미타불을 하루에 7만 번이나 독송하였다. 그는 사람들에게 콩이나 혹은 염주를 가지고 염불한 숫자를 세도록 하였는데 그는 원력願力을 빌어 서방정토에 왕생할 수 있다고 믿었다. 선도(617~681)는 처음에는 《법체法體》《유마維摩》를 암송했고, 후에 《관무량수경觀無量壽經》에 의지했다. 저서로는 《관무량수불경소觀無量壽佛經疏》《왕생예찬계往生禮讚偈》 등이 있다. 또한 《아미타경》 몇 십 권을 베끼고 정토변상 300폭을 그렸다. 이에 이르러 정토종의 이론과 의식이 완비되기에 이르렀다. 정식으로 하나의 종파로서 수당 사이에 광범하게 세상에 널리 퍼졌다. 서방정토에 가고자 하는 사상은 동진 시기에 이미 생겨났다. 혜원慧遠은 정토종의 시조로 숭앙받는다. 이후 정토사상은 대대로 전해내려 오는데 동진의 담란이 《안락정토의安樂淨土義》《찬아미타불게》를 저술하였으니 정토사상의 중요한 전승자다. 정토종은 중국에서 지금까지 줄곧 내려오고 있다. 선도 이후 정토종은 계속 퍼져서 역대로 유명한 승려들을 배출하였다. 선도의 《관무량수불경소》은 8세기에 일본으로 전해졌고, 12세기에 일본 승려 겐쿠[源空]*가 그 영향을 받아 일본 정토종을 창립하였다. 그후에 겐쿠의 제자인 신란[親鸞]이 정토진종淨土眞宗을 개창하였다.

* 일본정토종의 창립자인 겐쿠는 호넨[法然]이라는 이름으로 더 알려져 있음—역주

선도대사

섬서 장안의 향적사 선도탑

이 탑은 서안시 장안현 우곡 서남쪽 신화원神禾原의 향적사香積寺 내에 있는데 향적사탑이라고도 한다. 탑과 절은 모두 당 중종 신룡神龍 2년(706)에 건립되었다. 선도의 제자인 회운懷惲의 《융천법사비隆闡法師碑》의 기록에 의하면 이 탑은 선도의 묘명이 아니며 오히려 그를 기념하기 위해 세운 불탑이라고 한다. 전해지는 바로는 이 탑이 완공되었을 때 당 고종은 부처 사리 몇 과顆를 하사하였으며, 무측천 역시 이곳에 와서 기도하였다고 한다. 선도는 학문이 깊은 승려로 정토종에 관한 저서를 여러 권 저술하여 정토법문의 교의를 찬술하였다. 정토종은 8세기에 일본으로 전파되었다. 일본 고승 호넨[法然]은 선도의 경서의 교리에 의거하여 일본의 정토종을 창립하였는데 일본 전역에 전파되었다. 현재 일본 정토종의 신도들은 향적사를 그들의 성지로 여기고 있다.

643~645년
공 없이 회군한 고구려 정벌

당나라 초기에 한반도의 고구려*·신라·백제 삼국은 모두 당나라와 교류가 있었다. 삼국 간에는 평소에 간극이 있어서 늘상 서로 간에 공격을 했는데 후에 당나라 사신의 권유로 군대를 거두었다.

정관 16년(642), 고구려의 권신 천개소문泉蓋蘇文**이 쿠데타를 일으키고 국정을 전단했다. 17년(643)에는 백제와 연합하여 신라를 공격하니 당나라는 사신을 파견하여 고구려에게 군대를 물리라고 권고했으나 듣지 않았다. 4월, 태종은 병사를 일으켜 고구려 정벌에 나섰다. 정관 19년(645) 5월, 태종은 태자 치에게 나라를 보살피도록 하고 소우를 낙양궁 유수에 임명한 후에, 친히 군사를 통솔하고 낙양에서 정주(지금의 하북 정주)로 북상했다. 5월, 대장 장량의 군대는 고구려가 점거하고 있던 비사성卑沙城(지금의 요녕 해성)을 습격하고, 이적을 요동 도행군대총관에 명하자 대군을 통솔하여 요동성 아래까지 진군했다. 태종이 친히 요동에 도착하자 당나라 군대의 사기는 하늘을 찌를 듯했고 요동성을 맹공격한 후, 태종은 요동성에 요주를 설치했다. 6월, 이적은 군대를 이끌고 백암성白岩城을 맹공했는데 태종이 친히 지휘를 하여 백암성의 수장 손대음孫代音을 압박, 항복을 받아내고 백암성을 암주岩州라 하고 손대음을 자사로 세웠다. 같은 달 당나라 군대는 안시성安市城(지금의 요녕 해성 남쪽의 영성자營城子)

을 포위했다. 고구려는 고연수高延壽·고혜진高惠眞에게 총 15만 명의 병사를 파견하여 돕도록 했다. 태종과 이적의 군대는 고구려군에게 대패하여 이 전투에서 당군은 2만여 명이 죽고, 포로는 무수하게 많아 고구려는 전국이 진동했다. 후에도 약한 곳을 먼저 공격한 후에 안시성을 공격하자는 정확한 건의를 받아들이지 않고 계속해 안시성을 포위 공격했지만 60여 일이 지나도 결과가 없자 태종은 정관 19년(645) 9월 군대를 철수시켜 아무 공도 없이 회군하였다.

* 원문에는 고구려를 고려高麗로 표기했으나 중국에서는 고구려를 종종 고려로 표기하므로 우리 식으로 고구려로 번역하였음—역주
** 연개소문으로 중국 사서에서는 천개소문이라고 표기함—역주

울지공

울지공尉遲恭의 자는 경덕이고 선양 사람이다. 수나라 말에 당에 귀의하였고 두건덕·왕세충·유흑달 등을 토벌하였으며 무수한 전공을 세웠다. 무덕 초에 진왕秦王(이세민)이 우부참군으로 이끌었는데 누차에 큰 공을 세웠다. 현무문의 변 때 태자를 죽여 악국공鄂國公에 봉해졌다. 그림은 능연각에 그려진 모습이며 시호는 충무다.

당 장군용

비취빛 팔각 정수병
당대의 도자기로 둥근 주둥이·긴 목·둥근 배로 되어 있고 목 아래 부분에는 세 줄의 계단 형식으로 장식이 되어 있고, 팔각 궁형 모양이다. 어깨와 배 부분은 수직으로 여덟 개의 각이 지어져 있으며 둥근 굽이 있다. 비취빛 자기는 그 소성 기술과 배합 공예 비밀이 전해지지 않고 있다. 이 자기는 진품으로 전해지는 것이 아주 적어 더욱 일종의 신비감을 느끼게 해준다. '비취자기秘色瓷'라는 명칭은 당나라 육귀몽陸龜蒙의 《비색월기秘色越器》 시에 "9월 가을, 비와 이슬로 월요越窯를 여니, 천 개의 봉우리에서 비취색을 훔쳐왔네"라는 구절에 처음으로 등장한다. 이 비취병은 비취자기가 월요의 생산품이라는 것을 확실하게 말해주고 있다.

646년
당 태종의 《진서》 찬수

정관 20년(646), 당 태종은 《진서晉書》를 다시 편찬하도록 명령을 내렸다. 영고덕분令狐德棻, 저수량·허경종·이연수 등 21명이 진서의 저술에 참여했다. 새롭게 편찬하는 《진서》는 남조의 장영서臧榮緖가 저술한 《진서》를 원본으로 하여 여러 학자들의 진나라의 역사에 대한 의견과 진나라 시대의 문집 등으로 보충하여 새롭게 편찬했다. 당 태종이 일찍이 선제宣帝·무제의 두 기紀와 육기陸機·왕희지 두 전傳 등 4편의 사론史論을 저술했기 때문에 전체 책을 '어찬御撰'이라고 제했다. 《진서》는 태시 원년(265)부터 원희 2년(420)까지의 서진과 동진의 11황제, 256년간의 역사 기록이다. 《진서》는 처음으로 '재기載記'라는 새로운 체제를 창조하여 16국의 흥망성쇠의 역사를 기록했는데 현존하는 16국과 관련된 역사적 사실로서 비교적 완전한 중요한 사료이자 매우 높은 참고가치를 지녔다. '직접 역사 사실을 기록'한 것은 《진서》의 장점이지만 반면 적지 않은 문제도 존재하는데 예를 들면 취사 선택이 부당하며 미사여구가 너무 많다. 그러나 '안사의 난' 이후 진나라의 여러 역사들이 실전되었는데 오로지 이 책만이 존재한다. 그래서 《진서》에 수록된 광범위하고도 풍부한 사료는 진나라 역사를 연구하는데 기본적인 문헌자료가 된다.

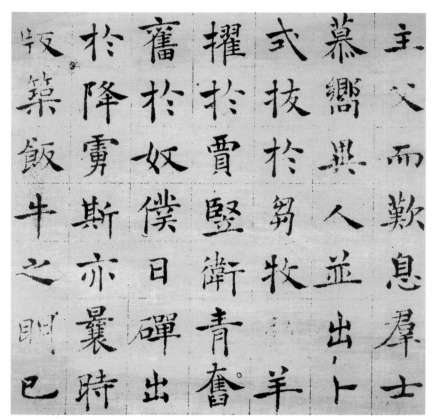

《예관찬》
서예작품 《예관찬兒寬贊》은 저수량(혹자는 구양순의 작품이라고 함)이 썼다고 하는데 진위 여부는 아직 결정 나지 않았다. 그러나 이 글은 저수량의 글씨 맛이 느껴진다. 해서 50행에 모두 340자다. 명대의 양사기楊士奇는 "글자에서 금이 나오고 행간에서 옥이 빛난다. 그 서법이 온아하고 몹시 아름답다"고 평했다. 지금 이 작품은 대만에 있다.

저수량
저수량(596~658)은 전당(지금 절강 항주) 사람으로 자는 등선登善이다. 당나라 초기에 진왕부에 들어갔고 태종 시에는 거랑居郎에서부터 시작하여 간의대부를 거쳐 중서령까지 올랐다. 그의 선조들은 하남의 양적陽翟 사람들이라서 저수량을 '저하남褚河南'이라고 부른다. 그는 직언으로 충간을 하여 태종의 뜻을 받들어 정치를 보좌했으나 후에 무측천에게 유배당하고 울화병으로 죽었다. 그 역시 당대의 걸출한 서예가였으며 서예사에 커다란 영향을 주었다. 사료의 기록에 의하면 그의 서예는 처음에 사릉과 구양순에게 배웠고, 후에는 우세남에게 배웠으며 마지막에는 이왕(왕희지와 왕헌지)의 장점을 취하여 신수神髓를 얻었다고 한다. 또 광범위하게 한위 육조의 서법을 구하여 이것들을 융합하고 관통시켜 스스로의 풍격을 이루어냈다. 태종이 왕희지의 글씨를 수집할 때에 모두 저수량의 감정을 받았다고 한다. 저수량이 남긴 작품은 아주 많은데 《안탑성교서雁塔聖教序》·《예관찬》·《음부경陰符經》·《고수부枯樹賦》·《맹법사비孟法師碑》 등이 있다.

647년
쿠처 정벌

정관 21년(647) 12월, 당나라는 쿠처[龜玆]가 이웃 나라를 약탈한다는 것을 구실 삼아 태종은 아사나사이阿史那社爾·계필하력契苾何力·곽효각郭孝恪 등에게 대군을 끌고 가 쿠처를 공격하라고 명했다. 정관 12년(648) 9월, 아사나사이가 군대를 이끌고 처월處月과 처밀處密 2부部를 공격하고 백성들을 당나라에 투항시켰다. 10월, 아사나사이는 대군을 이끌고 카라샤르[焉耆]의 서쪽을 거쳐 쿠처 북부의 변경을 공격하자 카라샤르왕 설파아나지는 성을 버리고 쿠처로 도망갔다. 이에 아사나

사이가 추격하여 그를 죽이고 선나준先那準을 카라샤르의 왕으로 세웠다. 쿠처의 수장들도 분분히 성을 버리고 도망가고 쿠처국왕 하리포실필은 5만여 군대로 저항했지만 당나라 군대에게 패배당했다. 12월, 아사나사이는 쿠처 국왕이 거주하고 있던 도성을 공격하고 곽효각에게 주둔하도록 했다. 하리포실필은 도주하면서 오히려 발환성撥換城을 점거했다. 윤 12월, 아사나사이는 발환성을 공격하고 쿠처 국왕 하리포실필을 포로로 잡았다. 후에 쿠처군은 또 서돌궐 군대와 연합하여 쿠처의 도성을 습격하니 당나라 수비대장인 곽효각이 이에 전사하였으나 당군은 전쟁을 준비하고 있던 터라 서돌궐과 쿠처의 연합군을 물리쳤다. 아

사나사이는 후에 또 5개 성을 공격하고 700여 성을 당나라에 귀의시키고 수만 명의 인력을 얻었다. 아사나사이는 쿠처왕 동생인 섭호葉護를 왕으로 옹립하고 비석에 공적을 새긴 후 돌아왔다.

아사나사이

비천 모습의 옥패[玉飛天佩]

당대의 옥기로 납작하며 양쪽 면의 문양은 똑같다. 조각의 배합은 거친 음각선으로 한 여성이 하늘을 날고 있는 모습으로 긴 옷을 입고 어깨에는 숄을 날리고 있으며 손에는 꽃봉오리를 들고 있고 아래는 길조를 나타내는 구름이 하늘가를 날고 있다. 송대의 비천 모습의 옥패와 비교해볼 때, 당대의 특징을 볼 수 있다. 즉 얼굴형이 풍만한 점, 당대 회화의 영향을 받아서 치마가 몸에 딱 달라붙는다는 점, 세 부분으로 나뉜 구름 형태의 응용으로 즉 구름 끝을 세 부분으로 하여 양측은 밖으로 말리게 하고 중간부분은 작고 둥글며 바깥쪽으로 약간 볼록하게 한 점이다. 옥패의 조각법은 거칠며 옥을 자른 곳의 각진 부분을 깨끗하게 마포질을 하지 않았다. 이는 당대 옥조각에서 작은 물건을 처리할 때는 질박하고 중후한 면이 있다는 것을 설명해 주고 있다. 예술 표현력 면으로 볼 때 이 옥제품은 남송 비천에 비하면 약간의 손색이 있다. 이 작품과 당대 벽화 속의 비천을 비교해 보면 동시대의 작품이라는 것을 비로소 확인할 수가 있다. 이런 유형학類型學쩍 비교방법은 우리가 감별시 사용하는 중요한 방법의 하나다.

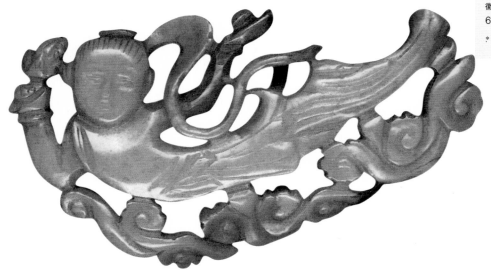

649년
당 태종의 병사

당 태종 이세민은 수나라 말년 아버지 이연을 수행하여 태원에서 기병을 하고 당 왕조의 건립에 커다란 공헌을 세웠다. 무덕 9년(626), 현무문의 변을 일으키고 태자가 되어 제위에 등극했다. 재위 기간 동안 부병제·균전제·조용조 제도를 추진했고 또한 지방관리의 심사를 엄격히 했으며 《씨족지》·《오경정의》등을 저술하게 하고 과거제도를 발전시켰다. 그는 수나라의 교훈을 흡수하여 현명한 신하들을 임용하고 허심탄회하게 간언을 받아들였기에 당나라 초기에 위징 등과 같은 직언하는 신하들이 출현할 수 있었다. 또한 방현령·두여회 같은 재상을 임용했다. 정관 연간에 사회 경제는 발전을 회복하여 '정관의 치세'로 불리게 되었다. 정관 15년, 문성공주를 토번왕 송첸감포에게 시집보내 티베트와의 경제·문화적인 발전을 촉진했으며 한족과 티베트족의 우호 관계를 강화했다. 정관 말년에는 고구려를 정벌하여 해마다 징병

을 하고 궁전을 건설하여 부역이 가중되었으며 계급 간의 모순이 심해졌다. 정관 23년(649) 정월, 태종은 친히 《제범帝範》 12편을 지어 태자 이치에게 주었는데 자신은 완전한 사람이 아니고 부당한 행동을 많이 했다는 것을 솔직히 시인했다. 임종할 즈음에는 장례를 간단하게 치를 것을 당부하고 또한 장손무기와 저수량에게 태자를 잘 보좌해주기를 당부하였다. 정관 23년(649) 5월, 당 태종은 취미궁翠微宮에서 병으로 서거했다.

당 채도 진묘수
높이 44.3cm, 1959년 고궁박물원에서 구매하여 소장. 이 짐승 얼굴의 진묘수는 사자 얼굴에 머리에 뿔이 나 있고 몸에는 날개가 달려 있으며 등에는 뻣뻣한 털이 나 있다. 네 다리는 웅크린 모습으로 판 위에 쭈그리고 앉아 있다. 황유에 색채를 더했다. 진묘수는 사람 얼굴과 짐승 얼굴 두 종류가 있으며 묘실 속에서 세트로 출현한다.

신기에 든 염입본의 그림

염입본閻立本은 초당의 걸출한 공예가이자 인물화가다. 처음에는 진왕부의 창고지기였는데 626년 명을 받고 《진부18학사도》를 그렸다. 정관 17년(643)에 다시 명을 받아 《능연각 공신 24인도》를 그렸다. 그밖에 그는 또 《서역도》·《영휘조신도》·《보련도步輦圖》 및 《역대제왕도》를 그렸다. 그는 가학家學을 계승했는데 특히 그림을 잘 그렸다. 그의 그림은 선이 둥글면서도 유창하고, 시원하면서도 견실하고, 색채는 진하고 깨끗하여 리듬감이 있고 구도는 비율의 조화가 뛰어나다. 기법이 성숙하며 아주 세세한 곳까지 그려내었다. 그는 종종 당시 정치상 중대한 사건을 가지고 창작했는데 예민하고 날카로운 안목과 성숙한 기법으로 심원한 역사적 의의를 갖는 한순간을 남겨 놓았다. 그의 그림 중에서도 특히 《보련도》와 《역대제왕도》가 후세 사람들이 추앙하는 그림이다.

당 태종의 소릉
당 태종 소릉昭陵은 섬서 예천현 구준산 위에 있다. 소릉은 산봉우리를 능으로 하여 산의 남쪽 기슭에 지하궁전을 파는 방식으로, 당대의 제왕들이 산을 능으로 하는 선례를 남겼다. 소릉은 당대 최대의 황제릉으로 산 아래의 침궁만 해도 378칸이나 되고, 공신 귀족 친척의 배장묘陪葬墓는 300여 기에 달하며 전체 면적은 30만 무(2만 헥타르)나 된다. 구준산의 산세는 해발 1188m로 동서 양측의 산세가 기복이 심하며, 계곡이 종횡으로 되어 있어 산세는 더욱 홀로 높이 솟아 있고 기세가 웅대하다. 당 태종은 이 산을 자신의 능침으로 선정하여 자신의 흉금과 기백이 위대한 면이 있음을 드러내고자 했다. 역대 문인들이 늘상 소릉을 가지고 당대 중국 통일의 강성함과 정치가 영명함의 상징으로 삼은 것도 이상한 일이 아니다.

당대의 도자기

당대의 도자기는 수대의 청자와 백자의 성숙한 기초 위에서 진일보 발전하여 "남방은 청자, 북방은 백자[南靑北白]"라는 국면을 만들어내었다. 동시에 또한 성숙한 흑자·황자 무늬가 있는 자기 등도 생산되었다. 가장 사람들의 주목을 받는 것은 중국 국내외로 이름을 떨친 당삼채와 유하채釉下彩다. 《도록陶錄》에 "도기는 당에 이르러 성했고, 도요지의 이름이 있게 되었다"는 기록이 있으며 일련의 도자기 공방들이 점점 명요名窯로 발전하기 시작했는데 월요의 청자(비색자기), 형요邢窯의 백자, 장사 동관요의 유하채 등이다. 해상과 육로의 실크로드가 더 한층 원활해짐으로써 인하여 도자기의 대량 수출을 촉진했으며 세계 도자기의 생산에 지대한 영향을 주었다.

백자

당대에 "남방은 청자, 북방은 백자"라는 말은 당시 백자의 주요 산지가 북방임을 설명해 주고 있으며 주요 산지로는 지금의 하북·하남·산서·섬서·산동 등지다. 그중에서도 하북성 임성臨城의 형요가 가장 유명한데 남방의 월요와 함께 병칭되고 있다. 형요 백자는 초당 시기에 처음으로 생산되었으며 개원, 정관 시에 전국으로 보급되었는데, "천하의 빈부귀천을 가리지 않고 모두 형요 백자를 사용한다"(《국사보國史補》)라고 할 정도였다. 육유의 《다경》에서도 '은과 같고 눈과 같다' 고 설명하고 있는데 바탕 위에 흰색의 흙을 더한 후에 흰 투명유透明釉를 시유하면, 흰 유색 속에서 노란빛이 반짝이게 된다. 자기 안에도 시유를 하는데 다리나 굽까지는 하지 않지만 자연스럽게 흘러내린다. 당 후기에는 자기 전체에 유약을 바르는 방식으로 바뀌었는데 몸체가 얇고 윤기가 나며 바탕은 모두 흰색으로 매끄럽고 광택이 나고 순수하다. 그릇의 형태는 소박하고 대범하며 문양을 넣지 않았다. 관·호·병·사발·접시·베개·촛대·완구 등이 있으며 바닥은 대부분 평평하고, 테가 넓은 옥벽玉璧모양이다.

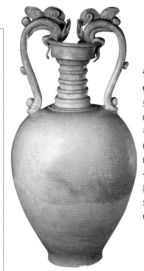

쌍룡 손잡이의 백유병[白釉雙龍耳瓶]
반구병으로 줄 문양이 긴 목 위에 장식되어 있고, 길고 둥근 북 모양의 배에 아래 바닥은 평평하다. 두 마리 용 손잡이는 반구와 병 어깨 위에서 연결되어 있다. 용 입은 반구를 꽉 물고 있는데 들기에 편하게 되어 있어 장식성과 실용성을 모두 갖추고 있다. 병의 몸체는 모두 백유로 시유했는데 이런 종류의 기물은 수대에 형성되었고 당대에 이르러 성행했다.

청자

청자는 당대 도자기의 주류로 청자 도요지는 남북 각지에 두루 퍼져 있었으며, 그중 남방의 월요 청자가 가장 유명하고 대표적이다. 주요 분포 지역은 무역 항구인 명주明州(영파) 부근으로 도요지들이 숲을 이룬 듯이 너무 많아 대량 생산과 대량 수출을 했으며 당, 오대, 북송 시기에는 더욱 성행했다.

월요 청자는 태토가 비교적 얇고 유채를 칠한 것이 균일하며, 청유는 형형한 색깔과 윤기가 흘러 다구를 많이 만들었다. 이는 당시 차를 마시던 유행과도 관계가 있다. 육우의 《다경茶經》에서 당시 각지 도자기의 다구를 품평할 때에 월요의 청자 다구가 최고 좋다고 찬미하면서 "옥 같기도 하고, 얼음 같기도 하다"고 했다. 월요 청자는 수출 이외에도 또 궁정에 사용하도록 공급했으며 조정에는 관을 설치하여 제작을 감독했다. 이것이 역대의 관요官窯의 효시가 되었다. 이리하여 월요 청자는 또 "비색자秘色瓷"라고도 한다. 그릇의 형태로는 관罐·호壺·병·잔[杯]·주발[碗] 등이 있다. 당대 청자는 월요 계열 이외에 또 견요甄窯·무주요婺州窯·악주요·홍주요洪州窯 등이 있으며 이밖에도 지금의 복건·광동·사천 지역에서도 청자가 생산되었다.

악사를 태운 낙타용 당삼채

금박을 붙인 채색 천왕용
당대의 도용으로 네모난 얼굴에 큰 입, 동근 눈을 하고 머리에는 위쪽으로 틀어올린 투구를 쓰고 있다. 투구 위에는 꼬리를 들어올린 공작이 장식되어 있다. 안에는 두루마기를 착용하고 있고 밖에 갑옷을 입었다. 갑옷 위에 금박이 붙혀져 있다. 허리는 줄 허리띠로 묶고 있으며 발에는 전투화 같은 발목이 긴 장화를 신고 두 발로 땅의 마귀를 꾹 밟고 서 있다. 조형이 생동감이 넘치며 예술적 감화력을 갖고 있다.

삼채 돈궤

당대의 부장품으로 높이 13.3cm, 길이 15.5cm, 너비 12.1cm다. 1955년, 섬서 서안 동쪽 교외 당대의 왕가묘에서 출토 되었다.

대형 삼채유 도자 촛대

이 촛대는 도기 등으로 좌대·자루·받침·등잔 네 부분으로 구성되어 있다. 등의 형태는 고대의 두형등豆形燈과 비슷하여 받침의 운두가 얕고, 받침의 중 심부에 입이 넓은 작은 등잔을 올려 놓았는데 마치 작은 사발을 받침 위에 올려 놓은 모습이다. 등자루는 위는 가늘고 아래는 굵은 대통 형상으로 아래 부터 위까지 한 바퀴 한 바퀴씩 가지런하고 세밀하게 줄 문양을 장식했다. 등의 좌대는 엎어 놓은 사발 모양으로 형체는 크며 돌출되어 있으며 묵직하 고 대범한 느낌을 준다. 유색이 선명하고 화려하며 얼룩 문양이 섞여 있다. 전체 기물은 장중하고 전아한 가운데 우수함이 드러난다.

채색 기마수렵용[彩繪騎獵俑]

이 인형은 전체 높이 37cm로 1991년 섬서성 서안시 동교 확구마금향현 주묘에서 한 세트가 출토되었다. 기마 수렵용으로 형상이 서로 다 달라, 매를 갖고 있기도 하고, 개를 데리고 있는 것도 있고, 표범을 데리고 있는 것도 있으며 당 대의 사회·경제 생활의 한 측면을 반영하고 있 다. 말 위에 있는 마부는 호복胡服을 입고 있는 데 오똑한 코에 눈이 움푹 들어가 있으며 수염 이 말려 있는 호인胡人 형상이다. 안장 뒤에는 표범 한 마리가 엎드려 있다.

말을 탄 여자 악사 용[彩繪女樂騎俑]

이 인형은 전체 높이가 36cm다. 1991년 섬 서 서안시 동교 확구마금향현 주묘에서 한 세트의 채회기마 주악여용이 출토되었다. 각종 악기를 연주하고 있는데 당시 음악 무 용의 정황을 반영하고 있다. 이 그림의 여자 인형은 머리에 공작관을 쓰고 몸에는 차이 나 칼라와 좁은 소매의 긴 두루마기를 입고 있다. 몸은 풍만하며 매우 집중한 표정을 하 고 있다. 두 손을 들어 막 북을 치며 연주하 는 듯한 모습이다.

당삼채의 독특한 풍격

당삼채 도기는 대표적인 당대 도자기로 풍부하 고 다양한 유색釉色과 미묘하고도 탁월한 조형으 로 널리 세상에 알려져 있다. 당대 도자기 예술가 들은 여러 종류의 금속 산화물이 갖는 색의 원리 에 대하여 한층 높은 지식을 가지고 있었다. 그래 서 원래 있던 연유도鉛釉陶에 철과 동·코발트· 망간 등 서로 다른 금속 산화물을 첨가하여 저온 에서 구워 황색, 녹색·청색·백색·남색 중의 한 색이나 혹은 여러 가지 색이 하나의 도자기에 드러나는 채색자기를 만드는데 이것을 바로 당 삼채라고 한다. 연유는 몹시 유동적이기 때문에 소성할 때의 시유 용량은 다르며, 한 종류의 시유 라도 농담濃淡과, 길고 짧음의 자연적인 변화로 기묘한 효과를 만들어내기도 하며, 몇 종류의 유 색이 서로 스며 배어들어 더욱 환상적이고 알록 달록하고 기이한 아름다움을 표현한다. 당삼채 는 바로 이런 여러 가지 유색의 특징을 이용하여 이들 색이 서로 침투하는 가운데 만들어진 화려 한 예술적 매력을 반영하고 있다.

당삼채 제품은 그릇과 용俑 두 종류로 나눌 수 있다. 그릇 종류는 생활용구들로써 병·관· 발·접시·사발·잔·벼루·향로·베개 등이 포함되어 있다. 용俑은 장식으로 사용하는데 귀 부인·시종·문관·무사·악사 등의 인물 형상 이 있고 또한 말·낙타·노새·소·사자·호랑 이·닭·오리·원앙 등의 날짐승 들짐승 등이 있다. 출토된 당대 삼채 용기는 형체가 풍만하면 서도 소박하고 중후하며, 선이 원활하고, 그릇의 몸 표면 색채는 알록달록하며 찬란하다. 당삼채 중에서 가장 주목을 받는 것은 낙타와 말 종류이 다. 삼채 말 몸체의 강건한 힘에는 건강미가 있 고, 혹은 서 있거나 혹은 질주하는 자태가 미묘하 지 않은 것이 하나도 없다. 서안 당묘에서 출토된 악사들을 태운 낙타용은 삼채낙타 중의 대표작 이다. 그중 하나는 등에 평평한 대를 지고 있고 그 대 위에 손에 악기를 들고 양반다리를 하고 있 는 여섯 명의 악사 인형을 태우고 있다. 여자 인 형은 중앙에서 표표하게 춤을 추고 있고 악사용 들은 모두 한족식 복장을 하고 있다.

당삼채는 초당부터 제작되기 시작했으며, 성당 시에 최고봉에 이르렀다. 안사의 난 후에 국력의 쇠퇴에 따라 점점 쇠미해졌다. 출토된 정황으로 볼 때 당나라의 두 수도였던 서안과 낙양에서 집 중적으로 출토되고 양주에서도 소량이 출토된 다. 그러나 당삼채의 도요지는 단지 하남성 공의 요鞏義窯 한 곳뿐이다.

당삼채는 중국과 동양의 도자 발전에 심대한 영향을 미쳤다. 예를 들면 중국의 요遼삼채·송宋 삼채·명삼채·청삼채 및 외국의 페르시아 삼 채·이슬람의 삼채·신라의 삼채·일본 나라奈 良의 삼채 등은 모두 그 풍격의 영향을 받았다.

649~755년의 당

649년, 당 태종 사후에 그의 아들 고종이 즉위했다. 고종은 병이 많아 황후 무측천이 그를 대신하여 정사를 처리하더니 점점 대권을 장악하게 되었다. 고종 사후 몇 년이 지난 후 무측천은 황제가 되고 당 태종이 발전시킨 정책을 지속적으로 추진했으며, 또한 수많은 인재들을 파격적으로 선발했다. 후대의 명신인 요숭姚崇·송경宋璟 등이 바로 무측천이 발탁한 사람들이다. 역사에서는 그의 통치에 정관의 유풍이 있다고 한다. 무측천은 중국 역사상 유일한 여황제였다. 무측천 이후에 당나라 정국은 요동쳤으며, 당 현종에 이르러서야 비로소 안정되기 시작했다. 당 현종 즉위 후에는 정사를 잘 아는 사람들을 임용하고 개혁 정신이 풍부한 요숭·송경을 재상으로 하여 정치에 힘을 기울였다. 당 현종이 통치한 전기는 정치가 비교적 안정되고 경제가 번영하여 당나라는 전성기에 들어섰다. 중국 봉건사회는 미증유의 성세 상황이 출현했다. 이 시기의 연호가 '개원(713~741)'이었기 때문에 역사에서는 이른 '개원의 성세[開元盛世]'라고 말한다.

황유 교태 도기 베개[黃釉絞胎陶枕]

당대의 생활용품으로 이 베개는 장방형의 타원형으로 곧은 몸신에 바닥은 평평하며 베개 면은 약간 안으로 들어가 있다. 바탕에는 황색과 갈색의 문양을 빚어서 붙혀 만들었는데 이런 종류의 공예를 교태絞胎라고 한다. 황색과 갈색 두 종류의 배토 진흙을 섞어 무늬를 형성하는데 이를 기물의 표면 위에 붙이고 투명유를 시유한 후에 소성하면 이런 교태 기물이 된다. 교태공예는 당대의 하남 지역에서 시작되었으며 송대에 성행했다. 교태로 제작된 기물로는 베개, 접시, 사발 등이 있고 대부분 작은 물건들이다.

연대별 주요사건

- 649년 당 태종 서거. 고종 이치 즉위
- 651년 고종이 장손무기 등에게 《영휘율》 편찬을 명령
- 657년 소정방이 서돌궐 발략칸을 공격, 당은 서돌궐 지역을 분할하고 몽지·곤릉 2개 도호부 설치
- 658년 당이 안서도호부를 쿠처로 옮기고 쿠처·코탄·카슈가르·카라샤르 네 개의 진을 통솔하고 '안서 사진'이라 약칭
- 668년 이적 등이 고구려를 공격하고 안동도호부를 설치
- 679년 안남도호부를 교주에 설치
- 680년 문성공주 사망
- 683년 고종이 임종 전에 국사를 결정하지 못할 때는 무측천의 견해를 취해 처리하라는 유지를 남김
- 684년 무측천이 중종을 폐위하고 노릉왕에 봉하고 이단을 황제로 옹립하나 정사에 참여치 못하도록 함. 무측천이 조정에 나와 황제를 자칭. 서경업이 양주에서 기병하며 무측천에게 항거했으나 3월에 패함
- 690년 무측천이 황제가 되어 국호를 주周로 바꿈
- 692년 왕효걸이 토번을 대파하고 안서

사진을 수복
- 705년 중종이 무측천을 압박하여 제위를 넘겨받고 국호를 당으로 회복
- 710년 위후가 중종을 독살. 이융기와 태평공주가 위후를 죽이고 예종을 옹립
- 712년 예종이 셋째아들 이융기에게 양위하니 이가 현종임
- 713년 현종이 여산에서 무를 강하고 공신을 귀양보냄, 요숭을 재상으로 기용하고 연호를 개원으로 함
- 731년 토번이 사신을 파견해 《모시》·《춘추》·《예기》를 구함
- 734년 시중 배요경을 강회·하남 전운사로 파견
- 736년 중서령 장구령을 우승상에서 파면하고, 이임보가 중서령을 겸임
- 738년 이여를 태자로 옹립하고 남소의 피라각을 운남왕으로 책봉하고 몽귀의라는 이름을 하사
- 742년 안록산이 평로절도사가 됨
- 745년 위구르[회흘] 회인칸이 돌궐 백미칸을 공격하여 죽임
- 755년 안록산이 반란을 일으키고 남하하여 낙양을 공격

653년
《당률소의》 반포

영휘 2년(651), 고종은 장손무기 등에게 《영휘율》을 편찬하도록 하니 율·령·격格·식式 4종으로 분류했는데 모두 500조다. 이는 또 명례율名例律·위금률衛禁律·직제율職制律·호혼율戶婚律·구고율廐庫律·천흥률擅興律·적도율賊盜律·투송률鬪訟律·사위율詐僞律·잡률雜律·포망률捕亡律·단옥률斷獄律 12편으로 나뉜다. 율문 해설을 통일하기 위하여 영휘 3년(652)에 고종은 또 장손무기·이적·우지녕 등에게 율문의 소의疏議를 해설하도록 하니 모두 12편 30권으로 원명은 《소의》였는데 송대에 《당률소의唐律疏議》로 바꾸었다. 《영휘율》 원문을 사실대로 기록하고 조條마다 주해注解를 더했다. 그 주해는 당나라 이전의 법률의 법전에 집중되었으며 군주전제주의·봉건윤리와 등급제도를 고취하고 있다. 이 책은 송·원·명·청 각 조대에서 봉건 법전을 제정하고 해석하는 원본이 되었으며 중국에서 현

존하는 가장 오래되고 체계적이며 가장 완전한 봉건 법전으로 중국 및 외국에 모두 커다란 영향력을 행사하였다. 영휘 4년(653) 10월, 전국에 반포 시행한 것은 당률의 완비를 의미한다.

모반죄로 참수 당한 고양공주

영휘 4년(653) 2월, 방현령의 아들 방유애房遺愛와 그의 처 고양공주 및 부마도위 설만철(고양공주의 딸 단양공주를 아내로 맞음), 시령무柴令武(태종의 딸 파릉공주를 아내로 맞음) 등이 밀모하여 모반을 꾀하고 형왕 이원경을 황제로 옹립하고자 했다. 고양공주는 몹시 교만하고 방자하였는데 방유애의 형인 방유직房遺直의 재산을 노렸다. 방유직은 고종에게 방유애와 고양공주 등이 모반을 할 것이라고 고해 바쳤다. 고종은 장손무기에게 이를 심문하도록 하였는데 방유애는 장손무기와 오왕 이각이 태자를 폐위한 일로 원수지간이라는 것을 알고는 오왕 이각이 함께 모반한 것이라고 무고하고는 이렇게 하여 공을 세워 죽음을 면하고자 하였다. 고종은 장손무기가 심문하여 올린 모반의 상황에 의거하여 방유애·설만철·시령무를 참수하고, 형왕 이원경·오왕 이각·고양공주·파릉공주는 자진하라고 명령을 내렸다. 이밖에 강하왕 이도종은 방유애와 왕래하였다는 이유로 영남으로 유배를 보냈다. 방유직은 동릉현위로 유배되었고, 그의 아버지 방현령은 배향配享이 파해졌다.

당률 잔편

653년
일본의 견당사 파견

영휘 4년(653) 5월, 일본은 견당遺唐 대사 키시노나가니[吉士長丹]·부사 키시노코마[吉士駒]·학문승 도곤[道嚴]·학생 코세노쿠스리[巨勢藥] 등 121명을 한 배에 태워 당(전하는 바에 의하면 학문승과 학생 14명이라고도 함)에 파견했다. 이와 동시에 별도로 견당 대사 타카타노네마로[高田根麻呂] 등 120명을 다른 한 배에 태워 파견했다. 7월에 타카타노네마로 등 120명이 탄 배가 사츠마노쿠니[薩麻國]의 사츠마노군郡 부근에서 조난을 당하였다. 이것이 일본의 제2차 견당사 파견이며 일본 야마토 혁신(645~654)후로는 처음이다. 영휘 5년(654) 2월, 일본의 견당사로 압사押使 타카무쿠노겐리[高向玄理]·대사 카와베노마로[河邊麻呂]·부사 쿠스시에다치[藥師惠日]가 당에 왔다. 압사 타카무쿠노겐리(일찌기 장안 유학생이었음)는 당에서 병사했다. 전에 견당사 대사로 왔던 키시노나가니 등이 신라 백제의 사신들과 함께 7월에 츠쿠시[筑紫]*로 되돌아갔다. 정관 4년(630)에서 건녕 원년(894)까지 일본은 모두 19차례에 걸쳐 견당사를 파견하였다. 일본에서 중국으로 견당사를 파견한 후 중일 양국 문화 교류는 더욱 증대되었다.

* 츠쿠시는 쿠슈의 옛 이름임-역주

견당사 선박
중국은 옛날부터 외국과 광범위한 경제·문화 교류를 해왔다. 육로 교류 이외에 해로 역시 상당히 중요한 교통 통로였다. 일본은 초당에서 당말에 이르기까지 10여 차례나 견당사를 중국에 파견하여 중국 문화를 학습했다. 그림은 일본 견당사 선박이 중국 동해를 항해하는 장면이다.

상추·시금치·수박의 전래

수당시대 사람들은 채소 재배를 몹시 중시했다. 또한 이 시대에 외국으로부터 새로운 채소와 과일 품종이 수입되었다. 현재도 일상생활에서 여전히 중요한 채소인 상추와 시금치 및 여름에 사람들이 좋아하는 수박은 이때에 외국에서 들어온 것이다. 상추는 원래 서아시아에서 생산되었고 수대에 처음으로 중국에 들어왔다. 두보의 〈상추를 심고〉라는 시는 이 채소를 가장 먼저 거론한 문헌이다. 시금치는 초당 때에 중국에 들어왔다는 구체적인 기록이 있다. 여름에 더위를 물리치기에 가장 좋은 수박은 원산지가 아프리카이다. 사료의 기록에 의하면 수당 즈음에 이미 위구르[回紇]에 전해졌다고 되어 있는데 《신오대사·사이부록四夷附錄》에 수박이 처음으로 중원에 들어온 기록이 있다. 남송 때에는 황하 이남 및 양자강 유역에서 수박 재배는 보편적이었다. 범성대의 〈수박밭〉이란 시의 주에는 "수박은 본래 연燕 지역의 북부에서 재배되었는데 지금은 하남성에서 모두 수박을 심는다"고 되어 있는 것으로 보아 수박 재배는 북쪽에서 시작하여 남쪽으로 이동했음을 알 수 있다. 상추·시금치·수박의 중국 전래는 수당 원예 기술 발전의 표현이다.

당삼채 수박

황택사 측천전 안의 무측천 석상

황택사

황택사皇澤寺의 본래 명칭은 오노사烏奴寺였으며 또한 천주묘川主廟라고도 한다. 전해지는 바에 의하면 본래는 이빙李氷 부자를 기념하기 위하여 건설되었다고 한다. 이 절은 광원시 서쪽 교외의 가릉강嘉陵江 서쪽의 오룡산 기슭에 있는데 무측천이 이곳에서 출생했다. 무측천은 황제가 된 후에 절의 비구니의 청에 의해 시주를 하고 절 이름을 황택사로 바꾸었다. 이 절은 20여 무畝의 면적에 주요 건축물로는 대불루 · 측천전則天殿 · 망강정 등이 있다. 측천전 안에는 보관을 쓰고 흰 비단옷을 입고 있는 모습이 비구니였을 때의 무측천의 모습과 흡사한 모습의 상을 모시고 있다. 또한 후촉 광정廣政 22년(959) "대촉이 주도독부황택사당측천황후무씨신묘기"라는 비석을 세우고, "무측천이 이 사람으로 사실과 부합되어 다시 쓰지 않는다. 정관 때에 그의 아버지 사확士彠이 이 주의 도독으로 있었고 여기서 무측천을 낳았다"고 되어 있다. 절 안에는 역대의 문인 선비들이 읊은 시가 아주 많이 있는데 그중에는 곽말약이 쓴 '광원황택사 비석과 "정치는 개원을 열었고, 치세는 정관을 넘었다. 아름다운 향기 검각에 흐르고 밝음은 이주를 덮는다"는 대련이 있다. 전하기로는 음력 정월 23일이 무측천의 생일이기 때문에 매년 이날이 되면 마을 사람들이 이곳에 와서 경축을 한다. 그래서 "정월 23일은 여자들이 강가에서 논다"는 풍속이 생겨나게 되었다. 황택사는 후에 북주北周 이래의 석굴 30여 개, 마애석불 1000여 기가 조성되었다.

655년
무측천의 황후 책봉

무측천(武則天, 624~705)은 어려서부터 문학과 역사 배우기를 좋아했으며 총명하고 권모술수에 능했다. 14세 때 용모가 아름다워 태종에게 발탁되어 궁 안으로 들어와 재녀가 되었으며 무미武媚라는 이름을 하사받았다. 태종 사후에 암자에 들어가 비구니가 되었다. 태자 이치李治는 무미의 재색을 사랑했는데 황제 즉위 후에 왕황후王皇后는 무미를 이용하여 고종을 소숙비蕭淑妃에게서 떼어놓고자 여러 차례 고종에게 무미에게 성은을 내리라고 권했다. 드디어 입궁하게 된 무미는 고종의 성은을 입고 소의昭儀에 봉해졌다. 왕황후와 소숙비는 점점 은총을 잃어갔다. 무측천은 자신의 친딸을 목졸라 죽이고 왕후의 소행이라고 무고를 하니 고종은 황후를 폐할 마음을 갖게 되었다. 고종은 권신 장손무기에게 의견을 물어보자 장손무기는 결사 반대했다. 영휘 6년(655) 9월, 고종은 몇 차례 장손무기 · 이적 · 저수량 · 우지녕 등 원로 중신들을 불러들여 황후를 폐할 일을 논했으나 모두 결연히 반대하였다. 그 이유는 "황후는 명문가 출신으로 선제께서 폐하를 위하여 취해주신 사람이지만, 무씨 집안은 출신이 미천하고, 일찍이 선제를 모셨기 때문에 무씨를 세우면 후세에 그 악명이 남을까 두렵사옵니다"라는 것이었다. 재상 한원韓瑗과 송제末濟 역시 극력 반대했다. 후에 고종은 황후 폐위의 문제를 이적에게 문의하니 이적은 이때 장손무기 등과 간극이 있었기 때문에 "이는 폐하의 집안일인데 남에게 물으실 필요가 있으십니까?"라고 대답했다. 고종은 이에 드디어 왕황후는 아들이 없고, 무소의武昭儀는 아들이 있다는 이유로 10월 왕황후와 소숙비를 폐위하고 서인으로 만든다는 조서를 내리고 무소의를 황후에 책봉했다.

당화유관唐花釉罐

침향정
섬서 서안 흥경공원 내에 있다. 침향정沉香亭은 당 흥경궁의 주요 건축물 중의 하나로 1958년에 원래 있던 자리에 복원 중건되었다.

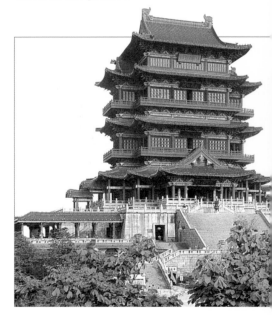

659년
《신수본초》의 반포

현경顯慶 2년(657), 훈구대신인 소경蘇敬의 건의로 당 조정은 영국공의 주재하에 소경 등 유학자와 의관 20여 명에게 본초를 편수하라고 명령했다. 현경 4년(659)에 이르러 《신수본초新修本草》 1권을 편성했는데 이를 《당본초》라고 한다. 《신수본초》의 구성은 본초의 본문 · 약도藥圖 · 도경圖經 세 부분으로 총 54권으로 모두 850종의 약물을 기록하고 있다. 유감인 것은 제2, 3부분은 책이 완성된 후 얼마 되지 않아 실전되었다는 점이다. 현재 남아 있는 《신수본초》는 그 본문 부분이다. 《신수본초》는 중국, 나아가서는 세계적으로 첫 번째의 국가가 정식으로 반포한 약전성藥典性 전문서다. 이 책은 체계적으로 당대 이전의 본초학의 성취를 총결했는데 내용이 풍부하고, 도문圖文이 많으며, 의사와 약재상들을 규제하는 표준 약물학 저서로 아주 높은 권위와 실용성을 구비하고 있

다. 또한 이후 오대 · 후촉 및 송대에서도 본 서는 관에서 본초를 편수할 때 보충하고 교정할 수 있는 원전으로 제공되었다. 이 책이 세상에 나온 후 중국 내외에 비교적 커다란 영향을 끼쳤으며 당 정부는 의학생의 필수 교재로 삼았다. 얼마 후 일본과 한국에도 전래되었는데 이 또한 의과 학교의 법정 교재로 채택되었다.

명 · 낙하고무도落霞孤鶩圖
명대 당인唐寅 작품으로 왕발의 《등왕각서》의 뜻을 취하여 그린 것이다.

왕발

왕발王勃(649~676)의 자는 자안子安으로 강주絳州 용문龍門(지금의 산서성 하진) 사람이다. 저명한 시인 왕적王績의 조카 손자로 집안의 훈도를 받아 어렸을 때부터 재주가 뛰어났으며 미성년일 때 이미 '신동'으로 이름을 날렸고 괵주참군虢州參軍을 역임했다. 그의 문학은 실용성 숭상을 주장했으며 "장엄하되 공허하지 않으며 강하면서도 윤택하고, 조탁하면서도 부서지지 않으며, 억제됨 속에 긴밀함이 있다"는 시문을 창작했다. 또한 상관의上官儀로 대표되는 궁정시풍은 "섬세함과 미세함을 다투고, 조탁에만 힘을 쓰며 골기가 모두 다하고 강건함을 들을 수 없다"고 비평하면서 제나라와 양나라 시풍의 여풍을 제거해야 한다는 것을 자각하기 시작하여 시풍의 변화에 중요한 역할을 하였다. 왕발의 시는 80여 수가 전해오는데 주로 오언율시와 오언절구로 제재의 영역을 개척했으며 격앙되고 웅혼한 분위기를 표현해 내었다. 그중 고향을 떠나는 작품이 비교적 유명하다. 왕발의 부와 서 · 표表 · 비碑 · 송訟 등의 문장은 90여 편이 전해진다. 〈등왕각서〉는 당대에 이미 인구에 회자되었으며 '불후의 천재의 작품'으로 알려졌다. 왕발과 양형楊炯 · 노조린盧照隣 · 낙빈왕駱賓王의 시문이 모두 유명한데 이들을 '초당사걸初唐四傑'이라고 한다. 《사고전서총목四庫全書總目》에서도 "왕발의 문장이 사걸 중에서 제일이다"라고 기록되어 있다.

등왕각

등왕각滕王閣은 남창시 감강贛江 강변에 있으며 황학루黃鶴樓 · 악양루岳陽樓와 함께 강남의 3대 누각으로 불린다. 당 현경顯慶 4년(659), 태종의 아우인 등왕 이원영李元嬰이 건립하였다. 상원上元 2년(675)에 중수되었고, 홍주도독 염백서閻伯嶼가 중양절에 이곳에서 크게 빈객을 맞아 연회를 베풀고, 높은 곳에 올라 부賦를 지어 경축했다. 또한 그 사위 오자장吳子章의 글재주를 자랑하기 위하여 그에게 서문을 쓰게 했다. 이때 마침 왕발이 고향에 가는 길에 이 곳을 지나다가, 역시 연회에 초대되었다. 염백서는 내빈들에게 서를 써줄 것을 청했으나 모두가 서로 사양을 했다. 오로지 왕발만이 외지에서 온 까닭으로 그 속사정을 몰랐고, 또 나이가 어려 혈기왕성한 까닭으로 사양하지 않고 그 자리에서 일필휘지하게 되었다. 이 때문에 염백서는 불쾌하여 사람을 시켜 암암리에 그를 감시하게 하고, 문장 지은 것을 보고하도록 했다. 염백서가 왕발의 문장 첫머리인 "남창은 옛 고을의 이름이고, 홍도는 신설된 도시네[南昌故郡, 洪都新府]"라고 쓴 것을 알고는 고개를 가로저으며 "흥, 세속적인 그 투잖아"라고 했다. 그런데 "등왕각의 그림자 물에 비추어 붉게 흐르고 , 아래를 굽어보니 공중에 매달린 것 같구나[飛閣流丹, 下臨無地]"라는 구절을 읽고는 "좋은 구절이로고!"라며 감탄했다. 그리고 "지는 노을은 외로운 백로와 함께 날아가고, 가을 물결은 아득한 하늘과 한 가지 빛으로구나[落霞與孤鶩齊飛, 秋水共長天一色]"의 구절을 읽고 나서는 놀라움에 책상을 치면서 "오, 이 자가 바로 천재로구나"하고 감탄했다. 서문이 완성되자 주위 사람들 모두 놀랐다. 이때부터 등왕각은 곧 왕발의 《등왕각서》와 함께 천하에 명성을 떨쳤으며 천고의 명승지가 되었다. 등왕각은 이미 1300여 년의 역사를 거쳐오면서 수차례 훼손되었고 중건되었다. 지금의 누각은 1985년 송대 양식을 본떠서 중건한 것으로 높이 54.4미터, 명明 3층, 암暗 4층으로 강을 향하여 우뚝 서 있는 것이 참으로 장관이다.

소정방

당·여자 흉상

당용唐俑의 종류는 아주 많은데 흉상 역시 그중의 하나다. 가슴과 머리는 모두 점토로 빚어 구워 만들었고 신체의 사지 등은 나무·종이로 제작되었다. 비단과 포목 등으로 만든 옷을 입고 있으며 특히 신강 투루판 아사탑나阿斯塔那 지역에서 출토된 것이 비교적 많다. 이 흉상은 중원 지역의 조형에 접근해 있다.

월요청자앵越窯靑瓷罌*

* 앵罌은 목이 긴 병을 말함-역주

663년
백제 평정

현경 5년(660) 3월, 신라는 백제와 고구려가 연합하여 여러 차례 신라를 침략했기 때문에 당 조정에 구원을 요청했다. 당나라에서는 대장 소정방蘇定方에게 수륙 대군 10만을 주어 백제를 공격하도록 했다. 당나라 군대는 백제를 공격하여 만여 명을 죽이고 백제왕 부여의자扶餘義慈와 태자 부여융의 항복을 받아냈다. 당은 백제 지역에 웅진 등 5도독부를 설치하고 백제의 수령을 도독, 자사로 했다. 용삭 원년(661), 백제의 승려 도침道琛과 이전의 장수 복신福信이 왜국으로부터 부여풍丰 전 왕자를 맞아들여 백제왕으로 추대하고 당의 수비병을 포위 공격했다. 이에 당 조정은 유인궤劉仁軌를 파견하여 신라 군사와 함께 부여풍 등이 점거하고 있던 부락을 공격했다. 용삭 2년(662) 7월, 유인궤는 백제군을 대파하고, 진현眞峴 등의 성을 점령했다. 용삭 3년(663) 8월, 유인궤는 군사를 이끌고 백강白江 입구에서 왜병을 대파하고, 왜선 400여 척을 불살라버렸다. 또한 백제의 왕성인 주류성周留城을 공격하니 백제왕 부여풍은 고구려로 도주하고 왕자 충승忠勝 등은 투항함으로써 백제는 평정되었다. 고종은 유인궤에게 백제에 군사를 주둔시켜 지키도록 명령하니, 유인궤는 백제 각지에 사람을 파견하여 정령政令을 선포하고, 농잠에 세금을 부과하고 사병을 훈련하여 고구려를 공격할 준비를 했다. 아울러 사신을 왜국에 파견하여 황제의 훈유訓諭를 알렸다. 당나라가 백제를 평정한 후에 왜국은 몇백 년 간 한반도에 감히 들어오지 못했다.

668년
고구려 평정

총장總章 원년(668) 9월, 당은 고구려의 내란을 틈타 출병하여 고구려를 토벌하는데 약 2년 여를 소비하여 마침내 평정했다. 건봉乾封 원년(666), 고구려 천개소문泉蓋蘇文이 죽고 장자 남생男生이 대를 이어서 막리지가 되었는데 남생과 동생 남건男建·남산男産이 권력을 다투다가 남생이 패하자 당 조정에 사신을 파견하여 구원병을 요청했다. 고종은 고구려의 내란을 기회로 6월 이적을 요동도행군대초관, 우효위대장군 계필하력契苾何力을 요동도안무대사에 임명하고 군사를 통솔하여 구원을 하도록 하였다. 동시에 또 장군 방동선龐同善·설인귀薛仁貴 등에게 함께 고구려를 정벌하도록 명령했다. 9월, 방동선은 남건의 고구려군을 대파하고 포위된 남생을 풀어주었다. 고종은 남생을 특

대당평정백제탑

탑 위에 당나라가 백제를 평정했다는 사적이 기록되어 있다.

진으로 요동대도독겸평양도안무대사로 임명하고 현토군공에 봉했다. 건봉 2년 정월, 이적은 군대를 이끌고 고구려 신성新城을 공격하고 승기를 타고 고구려군을 추격하고 고구려의 16개 성을 공격했다. 총장 원년(668), 이적은 병사를 이끌고 고구려의 부여성을 공격하니 부여천 등 40여 개 성이 속속 투항했다. 당나라 군대는 승리를 기화로 대행성大行城을 공격하니 당군의 다른 부대와 이적의 군대가 회합하고 압록의 병영에서 발병하여 고구려군과 접전을 벌였다. 당군은 또 고구려군을 대파하고 욕이성辱夷城을 공격하였으며 나아가 평양성을 포위하고 1개월 여를 대치 상태로 있었다. 9월, 당군이 평양성을 공격하니 남건과 고구려왕 고장高藏*이 동시에 포로가 되었다. 출병 2년 여 만에 당군은 고구려 백성 5부部, 176개 성, 69만 호를 획득했으며 개선군을 거느리고 회군했다. 12월, 고종은 고구려왕 고장을 사평태상백司平太常伯** 원외동정員外同正으로 강등시키고, 남산은 사재소경司宰少卿으로 삼고, 남건은 검주黔州로 유배 보냈다. 남생은 우위대장군右衛大將軍에 제수되었으며, 당군은 각급 장수들이 모두 상을 받았고 또 안동도호부를 설치하여 고구려 땅을 관할하게 했다.

* 고구려의 마지막 왕 보장왕을 뜻함-역주
** 고종 때에는 공부상서工部尙書를 사평태상백이라 하였음-역주

675년
봉선사의 낙성

봉선사奉先寺는 당의 동쪽 수도였던 낙양에 있다. 당 고종 함형咸亨 3년(672), 고종은 낙양 용문산을 깎아 노사나불 대상을 세우도록 명령을 내리고, 무측천도 이를 지원하기 위해 2만 관의 지분脂粉 돈을 기부했다. 전체 공정은 약 4년이 걸려서 상원 2년(675)에 준공되었는데 이것이 바로 봉선사이다. 봉선사 안에는 11위의 조상彫像이 있는데 노사나불·제자·보살·역사 등이다. 노사나불은 주불로서 불상의 높이는 17.14미터로 얼굴 모습은 풍만하며 당대 착굴 조상 중 제일 대불상이다. 주불 양쪽의 제자들은 모두 신의 풍모를 지니고 있으며, 사원 전체의 조각상은 빈틈없이 완전하고 조각법이 원숙한데 용문석굴 중 규모가 가장 큰 노천 감실이다. 상원 2년(675), 전체 공정의 준공 후 노사나불상의 첫 불공 의식인 '개광開光'에 무측천은 친히 신하들을 데리고 참석했다. 봉선사는 노천 마애 조각군이 있으며 남북의 너비는 약 36미터이고 동서의 깊이는 약 40미터, 중요한 불상은 모두 9위가 있는데 살아있는 듯한 생생한 모습과 기색이 약동적이다. 예술가는 불교에서 규정된 형상에 따라서 서로 다른 성격과 기질을 구비한 대형 불상을 조각했으니 봉선사는 가장 대표적인 석굴이다.

봉선사 노사나불

노사나盧舍那대불은 용문 최대의 불상으로 총 높이 17.14m로 얼굴 모습이 풍만하고 윤기가 흐르며, 엄숙하고 전아하다. 눈썹은 마치 초승달과 같고, 아래로 내리깔고 있는 눈꺼풀과 아래를 응시하고 있는 두 눈은 영민함이 깃들어 있는 함축된 두 눈매의 수려함을 더욱 돋보이게 한다. 콧등은 곧고, 입가는 약간 올라가 있는데 미소를 머금고 있으나 웃지는 않고 있는 모습이 장중하고도 우아하다. 예지롭고 명랑한 형상은 중국 불교 조형 예술의 전형적인 완벽한 아름다운 형상이다. 뒤의 배광은 구도가 정련되고 조각이 섬세한 용문 최대의 배광 장식으로 부조된 비천과 기악이 밖의 주위를 한 바퀴 둘러싸고 있다. 이 조각들은 서로 호응하고 있는데 그 세밀함은 전혀 틈새가 없고 모두 조화를 이루고 있다.

손사막 도금 동상

손사막

손사막(581~682)은 당대의 의학가로 경조京兆 화원華原(지금의 섬서 요현) 사람이다. 그는 어렸을 때 병을 많이 앓아서 의학을 공부했는데 전 시대의 성과와 자신의 실천 경험을 총괄하여 《비급천금요방》과 《천금익방》을 저술했다. 그는 중국 의학에 커다란 공헌을 했기 때문에 사후에 그를 '약왕'이라고 존칭한다.

682년
약왕 손사막의 죽음

영순永淳 원년(682), 손사막孫思邈이 세상을 뜨니 향년 101세였다. 사람들은 그를 존경하여 '약왕藥王'이라고 부른다. 손사막은 몇 십 년간의 의학 임상 실험 중 고대 의서는 치료 범위가 넓고 체계적이지 않아 찾아보기가 어렵다는 것을 발견하였다. 그래서 그는 여러 장점을 널리 수집하여 세심하게 삭제할 것은 삭제하고, 자신의 실천 경험을 결합하여 652년에 드디어 한 권의 의서가 완성되니 그것이 바로 《비급천금요방備急千金要方》으로 당대 이전의 의학 성취를 총집결했다. 30년 후에 또 반생애의 의학 경험을 총결한 기초 위에 《비급천금요방》의 자매격인 《천금익방千金翼方》이라는 의서를 편찬했다. 이 두 권의 《천금방》은 마치 날개 한 쌍이 서로 의지하며 높이 날듯이 서로 보완점을 보충해 주고 있으며 손사막의 전통의학 성취에 대한 전면적이고도 체계적인 총결체이다.

《천금요방》은 전체 30권이다. 제1권은 총론으로 의학·본초·제약 등에 관하여 기술하고 있다. 이어 임상 치료를 위주로 한 산부인과 2권, 소아과 1권, 오관과五官科 1권, 내과 15권, 외과 3권을 포함하고 있다. 그 외에 해독급구解毒急救 2권, 식치양생食治養生 2권, 맥학脈學 1권 및 침뜸 2권이 있다. 《천금익방》도 역시 30권으로 그 체제 구성은 《천금요방》과 비슷하다.

약왕산 유적지
약왕산藥王山은 섬서성 요현 동쪽 1.5km 밖에 있다. 사방 4㎢ 면적에 모두 해발 1000m 정도 되는 5개의 산봉우리가 있다. 당대에는 경옥산磬玉山이라 불렸고, 송·원·명대에는 오대산五臺山이라고 불렸다. 원래 불교 명산이었는데 당말에 도교 의학가인 손사막이 이 산에 은거하러 들어왔기 때문에 점차 불교와 도교의 성지가 되었다. 손사막이 후에 '약왕'으로 존경을 받았기 때문에 요현 오대산 역시 약왕산이라고 이름이 바뀌었다. 명대 목종穆宗 융경隆慶 6년(1672), 그의 의약서가 비석에 새겨져 산중에 놓이게 되었는데 그 후에도 계속 비석을 조각하여 모두 100여 개가 있다. 산 위에는 또 수당시대에 파놓은 석굴과 북위에서 당대까지의 조각상들이 여러 개 있다.

청자 뇌발擂鉢
뇌발은 일상생활 용기로 조미료나 뿌리 형태의 약재를 가는 기구다. 현재까지도 민간에서 사용되고 있다.

다른 점은 이 책은 약물학과 《상한론傷寒論》에 관하여 중점적으로 소개와 논술을 하고 있다는 점이다. 본서는 당대 가장 대표적인 의학 걸작으로 첫 번째의 임상의학 백과전서라는 명예를 갖고 있다. 손사막은 당대 매우 영향력 있는 의학이자 또한 중국 의학사상 가장 위대한 의학자의 한 사람이다. 그가 총결한 전통의학 성취는 후세에 보배로운 의학적 재산이다. 《천금요방》과 《천금익방》은 또한 국외로까지 전파되었는데 조선과 일본의 여러 의학자들이 인용을 하면서 의학계에 광범한 영향을 주었다.

683년
당 고종의 서거

홍도弘道 원년(683) 12월 4일, 당 고종 이치가 정관전貞觀殿에서 병사하니 재위 25년으로 향년 56세였다. 고종은 재위 기간 국내적으로는 균전제와 황무지 개간을 실행하니 국가적으로는 호수戶數가 상승하였다. 과거제를 발전시켜 재능 있는 하급 관리를 선발하여 재상에 임명하고 상서·중서·문하 3성의 장관(재상)의 권력을 축소시켰으며, 율령의 격식을 수정하고 《당률소의》를 편찬하여 전국에 반포 실행했다. 대외적으로는 동으로는 백제·고구려를 평정했고, 서쪽으로는 돌궐하로를 섬멸하여 당나라의 국가 판도를 최대한 확장시켰다. 현경 말년(661), 눈병이 나서 사물을 볼 수 없게 되자 무후에게 정치에 참여하도록 하여 두 군주가 있는 국면을 형성했다.

그러나 실제로는 무측천이 군사와 정권의 대권을 장악했고, 고종은 그저 머리만 끄덕일 뿐이었다. 12월 11일, 태자 이현이 즉위하니 바로 당 중종이고 무후는 황태후에 추존되었으나 군국대사는 여전히 무후가 장악했다. 이는 무후가 조정에 나와 황제를 칭하고 후에 황제가 될 수 있는 기초를 마련해주었다. 고종 사후에 건릉에 장사지냈다.

손사막 진맥도

건릉의 날개 달린 말[乾陵翼馬]

당 고종·모강서첩矛江敍帖

청옥 투각 비천옥패
青玉透彫飛天佩

낙빈왕

낙빈왕(약 626 혹은 627~684년 후)은 무주婺州 의오義烏(지금의 절강에 속함) 사람으로 당대 시인이며 왕발·양형·노조린과 함께 '초당사걸 初唐四傑'이라고 한다. 사걸은 시문으로 이름을 날렸다. 낙빈왕의 시가는 초당에서도 영향력이 매우 크다. 그와 노조린은 모두 7언가행을 잘 썼다. 그의 장편가행《제경편帝京篇》은 당시 절창이라고 가장 주목받던 시다. 낙빈왕의 오율 가운데도 훌륭한 작품이 많은데 그의 명작《옥 중에서 매미를 영탄하며 [在獄咏蟬]》라는 시는 물건에 자신의 마음을 기탁하여 감개가 깊고 도 오묘하여 인구에 회자되던 명편이다. 낙빈 왕 문집은 전화에 훼손되었고 후에 중종이 치 운경郗雲卿에게 명하여 문집을 만들게 하고 《낙빈왕집》이라고 했다. 전체 10권으로 그중에 는 부 1권·시 4권·문 5권이 있다.

684년
낙빈왕의 무측천 성토

낙빈왕은 어려서부터 재주가 특출 나 신동 소리를 들었다. 일찍이 동대 상정학사東臺詳正學士를 역임했는데, 일이 잘못되어 유배를 가서 오랫동안 변경에 있다가 조로調露 2년(680), 임 해현승臨海縣丞으로 부임했다. 광택光 宅 원년(684), 무측천이 중종 이현을 폐 하여 노릉왕에 봉하고, 스스로 황제 에 오르며 당나라를 주周나라로 바꿀 준비를 했다. 이해 9월, 서경업은 당 왕실을 회복하자는 구호하에 10만 군 중을 모아 양주에서 무장 봉기를 하 고 무측천을 토벌코자 했고, 낙빈왕 도 이 군사 행동에 참가했다. 그는 이 조직에서 예문령에 임명되고 문서를 관장했다. 이때 그는 저 유명한 〈서경 업을 대신하여 천하에 격문을 돌린다 〉는 격문을 썼다. 이해 11월, 기병이 실패하고 낙빈왕은 행방불명되었다. 이 격문은 어휘가 몹시 엄정하고 기 세가 폐부에 충만하며 붓끝에 정감이 있다. 서정은 물론이고 이론과 서사 에서 모두 그 붓 가는 것이 자유로웠 다. 제일 마지막 부분의 "오늘날의 영 역을 보니, 결국 누구의 천하가 될 것 인가"라는 두 구절은 힘이 있고 무언 가 깊이 생각하게 하는 문장으로 천 고에 길이 낭송되는 명구절이 되었 다. 무측천 역시 이 문장을 본 후에 그 의 문재에 탄복했다.

은도금된 거북이 형태의 '논어옥촛대[論語玉燭]'

서 있는 삼채 여용[三彩女立俑]

전체 높이는 44.5cm로 1959년 섬서성 서안 서교 중보촌中堡村 당 시대의 묘에서 출토되었다. 현재 섬서성 박물관에 소장되어 있다. 인형의 머리는 틀 어 올려 트레머리를 하고 있는데 얼굴이 통통하고 눈동자에 생기가 돈다. 붉은 입술은 꼭 다물고 있으며 입가에는 검은 점을 찍어 볼우물을 꾸몄다. 옷은 남색 바탕에 노란 꽃무늬 저고 리를 입었고 손 자세는 몹시 섬 세하다. 온화하고 고아하며 유연하 고 긍지가 있는 여성 풍모가 나 타나며 역시 당대에 숭상되 던 농염하고 풍만한 예술 풍격을 반영하고 있다.

채회 나무 용기

당대의 목기로 이런 종류의 용기는 모두 둥근 목재 를 빙빙 둘러가며 깍아 만든 것으로 일반적으로 소 형 용기다. 용기의 직경은 원목의 제한을 받기 때문 에 대부분이 일용품이며 주로 마른 과일 등을 담았 던 것으로 추측된다. 그림은 채회 삼족 나무 솥 조 형으로 금속 용기에서 디자인을 취하였다. 그 문양 은 연주문聯珠紋과 십자성 문양과 잎사귀 문양 위주 로 서역 문양 장식 풍격이 뚜렷하며 금속기가 가진 유정문卯釘紋의 특징을 모방하고 있다. 당대 채회 목기는 전해 내려오는 것이 몹시 적다. 당대 목기가 몇 천 년간 보존되어 오기란 실제로 쉬운 일이 아 니다. 문양 장식이 서역 문화의 특징을 갖고 있어 당대 서역 문화의 번영 및 그 영향이 깊었음을 설 명해주고 있어 비교적 높은 문화적 가치가 있다.

《서보》(일부분)

경락대 진무각

경락대經略臺 진무각眞武閣은 광서 용현성 동쪽의 인민공원 안에 있다. 전하기로는 당대 시인인 원결元結이 용관 경략사일 때 건축했기에 '경락대'라고 불리었다고 한다. 이곳은 조회와 사무를 보고 군사를 조련하는 데 사용되었다. 대에는 진무각이 있는데 이는 진무대제를 제사드려 화재를 예방하고자 한 것이다. 현존하는 진무각은 명 만력 원년에 세워진 것으로 목조 건물 3층 누각이다. 전체 누각은 지렛대 구성원리를 사용하여 약 3000개의 크고 작은 목재들을 연결하여 만들었고 철제는 전혀 사용하지 않았다.

687년
손과정의 《서보》

당 수공 3년(687), 손과정孫過庭이 《서보書譜》를 편찬했다. 손과정(646~691)의 자는 건례虔禮며 진류 사람이다. 일찍이 위주참군衛冑參軍·솔부녹사참군奉府錄事參軍을 역임했다. 손과정은 박학다식하고 문장이 아름답고 뛰어났다. 진자앙陳子昻이 쓴 묘지명에는 그는 재능이 많고 가슴에 큰 뜻을 품었다고 기록되어 있다. 그러나 그의 생애는 뜻을 이루지 못했다. 손과정은 해서·행서·초서 세 가지 서체에 모두 능했는데 특히 초서가 뛰어나다. 《서보》는 글과 문장이 모두 뛰어난 서예 이론 저서이며, 이 책의 글씨는 손과정 서예의 대표작이다. 서보서書譜序는 또 〈운필론〉이라고도 하는데 송대 사람이 감정한 바로 이것은 그저 한편의 서문일 뿐이다. 내용은 원류 찾기·서체 변별·유명 작품에 관한 평·필법에 관한 서술·학자들이 삼갈 것과 지음知音을 모르는 것 등 여섯 부분으로 구성되었다. 해서체와 초서체 설명은 문사가 세밀하고 언어는 간단하되 뜻은 깊고, 견해가 아주 깊고 예리하다. 이 책 안에는 많은 논점이 있는데 지금까지도 서예를 공부하는 사람들이 호평을 하는 책이다. 손과정의 저서 《서보》는 중국 고대 서예 이론사상 중요한 지위를 점하고 있다. 예를 들면 이 책 내용 중 서예를 배우는 3단계, 창작 중의 오괴오합五乖五合 등은 지금까지 여전히 학자들이 추앙하고 있다.

689년
노조린의 사망

노조린盧照鄰(약653~약689)은 자가 승지升之고 자호는 유우자幽憂子라고 한다. 유주 범양(지금의 하북 탁주) 사람으로 당대 시인이다. 그는 박학다식하며 문장을 잘 지었는데 특히 7언가행에 뛰어났다. 왕발·양형·낙빈왕과 함께 '초당사걸'로 불린다. 일찍이 등왕부전첨鄧王府典簽·신도위新都尉 등을 역임했다. 후에 병으로 관직을 사직하고 태백산에 은거하며 단약을 먹어 수족에 장애가 왔다. 저서로 《석질문釋疾文》·《오비문五悲文》 등이 있다. 무측천이 그를 현명한 인재로 초빙했으나 그는 관직 생활이 뜻대로 되지 않고 후에는 관절 류머티즘까지 심해져 영수潁水에 투신하여 죽었다. 일찍이 《석질문》에서 말하기를 "고종은 법치를 숭상하면서도 스스로 공자와 묵자를 배웠고, 무후는 형법을 숭상하지만 만년에는 스스로 노장에 심취"했다. 자신은 비록 마음에 큰 뜻을 품고 펼치려 해도 그렇게 할 수 없는 처지가 됨을 피력했다. 저서로는 문집 20권이 있는데 이미 실전되었다. 후인들이 다시 《유우자집》을 편집하였다. 그의 시는 대부분 우울·원망·고통을 담고 있는 작품으로 당시 암흑상을 폭로하고 있다. 그의 대표작은 〈행로난行路難〉·〈장안고의長安古意〉 등이 있으며 당나라 초기의 큰 재목이란 뜻으로 '초당거제唐初巨制'로 불린다.

노조린

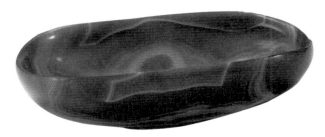

마노 절구

당 시대의 마노 절구인데 모양은 손잡이가 있는 잔과 비슷하지만 두 손잡이는 없다. 절구공이가 함께 있으며 약을 가는 절구이다. 어떤 사람은 이를 '이배耳杯'*라고 하지만 그렇지 않다. 작가는 마노의 자연스런 문양을 이용하여 이 작품을 화려하게 하여 주목을 끌게 했다. 자연의 미와 공예의 정수가 완벽하게 결합된 작품이다.

* 좌우에 귀와 같은 손잡이가 달린 타원형의 잔-역주

이사훈의 산수화

이사훈李思訓(651~718)은 당 왕실의 종실로 산수화에 뛰어났다. 무측천과 중종을 거쳐 현종 이융기 때에는 관직이 좌무위대장군에 올랐으므로 그를 대이장군大李將軍이라고 부른다. 《구당서·이숙량전李叔良傳》에 "이사훈은 특히 그림을 잘 그렸는데 지금 화가들도 이 장군의 산수화를 추앙한다"고 기록되어 있다. 《역대명화기》에서도 "당시에 예술가로서 칭해졌으며 한 집안에 다섯 사람이 있었다. 특히 그림에 뛰어났다. 세상에서 모두 그를 중시했는데 화단에서는 '일세의 묘妙'라고 칭했다." "이사훈의 아들은 소도昭道인데…… 아버지의 화풍을 변화시켰으며 그 묘함은 아버지를 능가했다. 관직은 태자중사太子中舍에 이르렀다. 해도海圖를 창작한 것은 묘하다. 세상에서 산수화를 말하는 사람들은 이들을 대이장군·소이장군이라고 칭한다. 소도의 관직은 비록 장군에 이르지는 못했지만 그 아버지를 따라서 이렇게 불렸다"는 기록이 있다. 이사훈·이소도 부자는 전자건展子虔과 정법사鄭法士의 "세밀하고 정교하며 아름다움이 모인" 풍격을 계승하고 있어 청록산수를 성숙기로 진입하게 했다. 그들은 이미 비교적 핍진하게 산천의 풍경을 그렸고 아주 세밀한 묘사를 거쳤기에 그 구도는 사람을 감동시킬 수 있는 작품의 경지에 이르고 있다.

강범누각도江帆樓閣圖

타이페이 고궁박물관에 소장되어 있는 〈강범누각도〉로 이사훈의 작품이다. 그림 속에는 강물이 흐르는 광활하고 아득한 곳에 돛단배가 있다. 세필로 산석의 윤곽을 그렸는데 긴 선으로 기암절벽을 스케치했으며, 준법皴法*을 대략적으로 사용하고, 진한 청록색을 펴 발랐다. 전자건의 《유춘도游春圖》와 비교해 볼 때 일종의 웅혼하고도 아득한 기세가 있다.

* 동양화에서, 산악·암석 따위의 입체감을 표현하기 위하여 쓰는 기법-역주

690년
황제가 된 무측천

천수天授 원년(690) 9월, 무측천이 등극하여 황제가 되고 당나라를 주周나라로 바꾸었다. 고종 사후 무후가 전권을 잡았고, 무후는 후에 중종 이현李顯을 폐하고 예종 이단李旦을 황제로 옹립했다. 천수 원년 7월, 승려 법랑法郎*회의懷義 등 열 사람이 지어 바친 《대운경大雲經》 안에는 하늘이 제왕이 될 만한 사람에게 내리는 상서로운 징조가 있는데 그것은 바로 여자가 주인이어야 하며 무측천이 바로 미륵의 하강으로 인간세상의 주인이 되어야 한다는 내용이 실려 있다. 이는 무측천에게 황제가 될 수 있는 이론 근거를 만들어 준 것이다. 재초載初 원년(690) 9월 3일, 시어사 부유예傅游藝는 무측천의 속뜻을 알아채고는 관중의 백성 900여 명을 이끌고 상소를 올려 국호를 주周로 바꾸고 황제를 무씨 성으로 내릴 것을 주청했다. 측천은 일부러 불허했지만 부유예는 급사중으로 승진되었다. 백관과 제실 종친·백성·변경의 추장들·승려·도사 6만여 명은 또 당을 주로 바꾸어야 한다고 주청했다. 예종 역시 부득불 황제를 무씨武氏로 바꾸어야 한다고 상소를 올렸다. 이에 무측천은 9월 9일에 당을 주로 바꾼다고 선포하고 천수로 개원했다. 12월에는 성신황제聖神皇帝로 존호를 받고 예종황제는 황사皇嗣가 되었고 무씨성을 하사하여 황태자로 황태손을 삼았다. 13일, 새 도읍 낙양에 무씨칠묘武氏七廟를 세우고 그 아버지를 왕으로 하여 시조부황제로 하고 평

왕 소자무를 예조강황제로 하고 무승사武承嗣를 위왕으로 세웠다. 무삼사武三思는 양왕梁王이 되고 무씨 여러 자매들은 공주가 되었다. 10월에는 천하의 무씨 들은 모든 과역을 면제한다고 정했다. 무측천은 당나라를 주나라로 바꾼 후 장장 15년을 이끌었고, 후에 신룡新龍 원년(705)에 여릉왕廬陵王 이현의 압박에 의해 황제의 자리를 내놓았다.

* 원서에는 법명法明으로 되어 있는데 오류인 듯 하여 바로잡음-역주

무후 행차도

무측천이 총애한 승려 회의

수공垂拱 원년(685) 11월, 승려 회의懷義*는 무측천의 총애를 받고 백마사의 주지가 되었으며 권세가 대단했다. 회의는 본명이 풍소보馮小寶이며 낙양에서 약장수로 생계를 유지하던 사람으로 모습이 건장하고 완력이 대단했다. 천금공주千金公主가 무측천에게 추천하여 무측천의 총애를 얻었다. 궁중 출입을 편하게 하기 위해 무측천은 그에게 머리를 밀고 중이 되도록 하여 백마사 주지가 되었다. 회의는 출입할 때 어가를 탔으며 조정의 신하와 귀족들은 모두 포복하고 예의를 갖추었다. 심지어 무승사武承嗣·무삼사武三思 마저도 그에게 하인의 예를 갖추었다. 회의는 기고만장하여 많은 사람들을 모아서 법을 어기곤 했다. 수공 4년(688), 무측천은 회의에게 건원전을 철거하고 명당明堂을 짓도록 하고 또 명당의 북쪽에 천당天堂을 건축하는 공사를 감독하게 했다. 여기에 소모된 비용이 수 조에 이르러 창고는 회의 때문에 텅 비어갔다. 후에 무측천이 어의御醫를 총애하자 회의는 질투가 나 어느날 밤 명당과 천당을 불살라 버렸다. 명당이 다 타버리자 회의는 불안해져 불손한 말을 하며 날로 방자해지자 무측천은 점점 그를 멀리하면서 싫어하게 되었다. 후에 회의가 역모를 할까 걱정되어 궁중의 역사 100여 명을 은밀히 뽑아 회의를 방비했다.

* 회의가 다른 서적에서는 설회의辥懷義라고 되어 있는데 설辥은 후에 하사받은 성임-역주

최고봉에 이른 용문석굴의 예술

용문석굴은 당대, 특히 고종과 무측천 시기에 조성된 감실龕室이 가장 많다. 당대 개착한 감실은 대략 용문석굴 총수의 10분의 6 정도이다. 용문에서 굴을 파고 불상을 조각하는 풍조는 왕실 및 문무 관리들이 주도적인 역할을 했으며 기타 승려·행회行會(동업자 조직)·서민·상인 및 신라·강거康居·토화라吐火羅 등 외국 승려들도 있다. 당대 용문석굴은 규모면으로 볼 때 큰 굴·작은 굴·작은 감실 세 종류로 700개의 굴감실窟龕室이 있다. 이 시기에는 굴감실 속의 조상造像의 제재가 확대되었다. 북조 시기에 이미 있던 석가·미륵·무량수·관세음·삼세불 이외에 또 비로자나·대일여래·지장상·아소카왕상·업도상業道像·약사여래상·보승여래상·유위불維衛佛·다보보살·천수천안관음과 역대의 조사祖師상들이 있으며, 동시에 또 경문을 간행한 사람들의 상도 있다. 당시 서방 정토의 숭배는 대단히 유행했었는데 아미타불 및 고통을 구제해주는 관음상은 당대 조상造像 총수의 반수를 점하고 있다. 당대 용문석굴 예술은 남북조 수백 년의 발전을 경과하면서 성숙한 단계에 도달했다. 용문석굴 감실의 조상은 규모·제재·기교로 볼 때 전대미문의 완전한 미의 수준에 도달했다. 그래서 당 태종에서 당 현종 초까지의 기간은 용문의 조상 활동이 비교적 흥성했으며 용문석굴사상의 제2의 조상 최고조의 시기라고 할 수 있다. 당대의 대표적인 굴은 잠계사潛溪寺·빈양남북동賓陽南北洞·봉선사·정토당·용화사龍花寺·극남동極南洞 등이 있다. 이 시기 용문의 가장 성취도가 높은 대표작은 봉선사 대형 군상의 조상인데 이는 중국 조각사상의 최고봉이다. 용문석굴은 중원에 위치하고 있는데 이는 외래의 불교 예술이 중원의 민족 전통 예술의 토양 속에서 풍부한 성과를 거둔 것으로 중국 고대 조각 예술의 완정한 체계의 집중적인 표현이다. 이리하여 용문석굴은 중국 석굴 예술 속에서 특수한 역사적 지위를 갖고 있다.

691년
재상에 임명된 적인걸

적인걸

천수 2년(691) 9월, 적인걸狄仁杰이 재상으로 임명되었다. 적인걸(607~700)의 자는 회영懷英으로 태원太原 사람이다. 당대의 유명한 신하로 어린 시절부터 큰 뜻을 품고 학문에 힘써 후에 명경明經으로 관직의 길에 들어섰으며, 이후 대리시승大理寺丞·시어사侍御史·자사·재상 등의 관직을 역임했다. 적인걸은 일생 동안 무수한 안건을 판결하면서 면밀한 조사를 통해 매우 공평하게 처리했다. 적인걸은 황제에게 직접 간언하는 신하로도 유명했다. 일례를 들면, 고종 때 대장군이었던 권선재權善才가 소릉昭陵의 측백나무를 잘못 벤 일이 있었다. 고종은 그를 죽이려고 했으나 적인걸이 도리에 따라 끝까지 애쓴 덕분에 권선재를 죽이는 대신 유배를 보내게 했다. 적인걸은 백성의 생업을 중요시 여겨 정치적 폐단을 힘써 고치려고 했다. 영주자사寧州刺史로 있을 당시 융하戎夏와의 관계를 개선하여 사람들에게 존경을 받았다. 강남순무사江南巡撫使로 재임하던 시절에는 사악한 신을 받드는 사당 1700여 개를 없앨 것을 왕에게 청했다. 한편 무측천은 커다란 불상을 짓고자 수백만의 노동력을 낭비하자 적인걸이 2 폐단을 고했고, 이에 무측천은 그가 옳다고 판단하고 이에 대한 부역을 철폐했다. 천수 2년(691) 9월에 재상으로 임명되자 무측천은 적인걸에게 다음과 같이 물었다. "경은 여남汝南(예주豫州)에 있을 때 나랏일을 매우 잘하였소. 경은 그대를 모함한 자가 누구인지 알고 싶소?" 적인걸이 말하기를, "폐하께서 신에게 허물이 있다고 여기신다면 신은 그것을 고치겠습니다. 만약 신에게 과실이 없음을 아신다면 신은 그것을 다행으로 여길 것입니다"라고 했다. 무측천은 그의 넓은 아량에 크게 감탄하고, 그를 더욱 신임했다.

692년
재상에서 해임된 무승사

무승사武承嗣는 무측천의 친조카다. 무측천이 황후에 즉위한 후 무승사의 아버지인 무원상武元爽과 큰아버지인 무원경武元慶을 죽이고 무승사를 예부상서禮部尙書에 임명하여 정사에 참여시켰다. 수공 원년(685)에 춘관상서春官尙書 동봉각난대평장사同鳳閣鸞臺平章事를 납언納言으로 바꾸고, 문창우상文昌右相에 임명하고 위왕魏王으로 봉했다. 무측천은 조정에 들어와 섭정하면서 중종을 폐하고 예종睿宗을 제위에 세웠는데, 무승사는 무씨武氏가 천하를 얻게 되었으니 마땅히 왕조의 이름을 주周로 바꾸어야 한다고 권했지만, 그 의도는 무측천이 자기에게 나라를 넘기게 하려는 것이었다. 또한 이씨 당나라 종실의 여러 왕들과 대신들 중 자신을 따르지 않는 자들을 처단하기를 청했고, 아울러 도당徒黨인 장가복張嘉福 등으로 하여금 무측천에게 자신을 황태자皇太子로 세울 것을 상주하도록 했다. 그러나 대신인 잠장청岑長淸

양형

시인 양형

양형楊炯(650~?)은 홍농弘農 화음華陰(지금의 섬서에 속함) 사람이며, 당대 시인으로 왕발·노조린·낙빈왕과 함께 '초당사걸' 이라고 불리었다. 현경 4년(659) 신동과神童科에 급제했고, 상원上元 3년(676)에는 제거制擧에 급제했다. 이후 교서랑에 임명되었으며, 첨사詹事와 사직司直에도 등용되었다. 수공 원년(685), 서경업이 거병한 무측천 토벌 사건에 연루되어 첨사부에서 파직되고 멀리 재주梓州 사법참군司法參軍으로 귀양을 갔다. 양형의 작품 중 변방에서의 전쟁을 주제로 한 시는 최고로 손꼽힌다. 그중에서도 특히 〈종군행從軍行〉의 '봉화가 서경西京에 비추니 마음이 저절로 격앙되네', '차라리 백부장百夫長이 되려 하니 서생보다 낫다' 는 구절에는 나라를 사랑하는 격앙된 감정이 드러나 있다. 그의 시는 지나치게 가식적이고 수식적인 궁정시의 특징을 일소하고 사람들로 하여금 호방한 기개를 느끼게 한다. 〈출새出塞〉·〈전성남戰城南〉·〈자류마紫騮馬〉 또한 나라를 위해 공을 세우고자 하는 정신을 표현했는데, 시의 풍격이 매우 호방하다. 양형은 시뿐만 아니라 부賦·서序·표표表·비碑·명銘·지誌·장狀 등 50편의 글을 남겼다. 그중 가장 유명한 것은 〈왕발집서王勃集序〉로 전쟁에 대한 의기충천한 정신을 표현하고, 필법을 자유자재로 구사하여 명문名文으로 전해 내려오고 있다. 양형의 작품은 복잡성을 띠고 있는데, 궁정시의 흔적을 가지고 있으면서도 이에 맞서려는 태도도 나타나 있어 작품을 통해 궁정시에서 탈피하여 혁신적인 문학 풍격을 따라가고자 하는 그의 의도를 엿볼 수 있다.

과 격보원格輔元 등의 거센 반대에 부딪혔다. 여의如意 원년(692) 5월, 하관시랑夏官侍郎 이소덕李昭德이 태후에게 은밀하게 고하기를, "지금 무승사의 지위가 친왕이자 동시에 재상으로 그 권력이 지나치게 커져 황제의 자리를 위협하려는 의도가 있는 듯합니다. 과거에 자신의 아버지를 시해한 일도 있었는데 하물며 조카가 고모를 죽일 수 없겠습니까? 게다가 제위 계승자는 태후의 아들임이 분명하며, 자손에게 천하를 넘겨주는 것이 만대의 일이거늘 어찌 조카를 후계자로 삼으려고 하십니까? 예로부터 지금까지 조카가 천하를 위하여, 그리고 고모를 위하여 사당을 세웠다는 말은 들어보지 못했습니다"라고 했다. 이 말을 들은 무측천은 크게 깨닫고 8월 16일 무승사를 문창좌상文昌左相과 동봉각난대삼품同鳳閣鸞臺三品로 임명함으로써 지정사知政事의 관직을 해임했다. 무승사는 재상에서 해임된 이후 줄곧 앙앙불락하다가 성력聖曆 원년(698)에 화병으로 죽었다.

손잡이가 달린 백자호瓷

697년
내준신의 죽음

내준신來俊臣은 본성이 매우 잔인한 관리였다. 추사원推事院을 세우고 형벌과 옥살이로 죄인들을 잔인하게 문책했다. 그는 동도東都인 낙양의 여경원麗景院을 도맡아 관장했는데, 이곳에 들어간 사람에게 코에 식초를 붓고, 땅을 파서 감옥을 만들었기 때문에 살아서 나간 사람이 없었다. 아울러 같은 무리의 사람들과 함께 지은 《나직경羅織經》에는, 없는 죄를 만드는 방법을 소개하고 잔혹한 형벌로 자백을 받아내는 방법이 적혀 있다. 내준신에 의해 억울하게 멸족을 당해 죽은 사람이 천여 집안이 넘었다고 한다. 만세통천萬歲通天 2년(697)에 내준신은 무씨 성의 여러 왕과 태평공주太平公主를 모함하려고 했으며, 또한 태자 이단과 여릉왕 이현을 모함하려고 이들이 남南·북아北衙와 함께 반란을 계획하여 나라의 권력을 빼앗으려고 한다고 무고했다. 이에 여러 무씨왕들과 태평공주는 선수를 쳐 내준신을 제압했다. 이들은 내준신의 죄를 알리고 반란을 꾀한 죄로 그를 극형에 처하게 했다. 한편 무측천은 그를 용서하려고 했으나 내사內史 왕급선王及善과 재상인 길욱吉頊이 내준신은 뜻을 함께 하는 무리들을 모으고, 충성스럽고 현량한 사람들을 모함했으며 뇌물을 탐내고 법을 어긴 사실을 꾸준히 고했다. 6월 3일, 무측천은 결국 그를 처형할 것을 명령했다. 이날 그에게 처형당한 이들의 가족이 앞 다투어 내준신의 살을 씹어먹고, 살갗을 벗겨내고, 배를 갈라 심장을 꺼내 형체를 알아볼 수 없을 정도로 밟았다. 무측천은 세상 사람들이 모두 그를 증오한다는 것을 알아차리고는 그의 무수한 죄악들을 낱낱이 알리도록 명하고, 그 가족들을 모두 주살했다. 그리고 그의 모든 가족의 재산을 몰수했는데, 이 소식을 들은 백성들은 모두 서로 축하했다.

말을 타고 요고를 두드리는 채색 여용女俑
당 초기 이후 '실크로드'를 통한 교류가 성행하면서 서역 문화가 중원 지방에 미치는 영향은 날로 커져만 갔다. 개원·천보 연간에 이르자 수도인 장안은 국제적인 대도시로 변모했고, 장안의 '호화胡化' 역시 매우 성행하여, 귀족과 평민 모두 앞 다투어 서역의 것을 모방했다. '서역의 음악과 서역의 말타기 그리고 서역식 치장이 50년간이나 계속 되어왔다.' 생활 취향의 변화는 인형 제작에도 영향을 미쳤다. 이 인형은 말을 타고 북을 두드리는 여자의 모습을 만들어 채색한 것이다. 머리에는 공작 모양의 높은 모자를 쓰고 있는데 공작의 꼬리 깃털이 인형의 머리 뒷부분까지 덮고 있다. 요고腰鼓와 공작 모양의 높은 모자, 그리고 좁은 소매의 복장은 의심할 여지 없이 모두 서역의 복장과 음악을 모방한 것으로, 당대 화려하고 웅장한 예술 풍격을 드러낼 뿐만 아니라 시대정신이 깃들어 있다. 진품인 기마 채색 여용들은 세트를 이루고 있는데, 이들은 각각 지니고 있는 서로 다른 악기를 통해 분별할 수 있으며, 인형이 지닌 악기들은 대부분은 서역으로부터 전해온 호악胡樂 악기다.

석가모니 입상

이 불상의 높이는 169cm, 너비는 45cm로 석가모니가 사각형 좌대 연대蓮臺 위에 세워져 있다. 나발螺髮에 둥글면서도 각진 얼굴에 긴 눈썹과 빛나는 눈, 커다란 귀와 곧은 코에 입가는 약간 들어가 있다. 머리는 약간 위를 향하고 있으며 미소를 머금고 있다. 오른손은 잘려져 있고 왼손은 가사 깃을 허리 사이로 잡아 두 팔 위로 드리우고 있다. 옷의 주름이 아치형의 선으로 조각되어 섬세하고도 역동적이다. 배와 무릎은 약간 부풀어져 있어 얇은 옷 안에 있는 곡선의 매끄러운 체구가 드러나 보인다. 옷깃 끝은 약간 말려 있는데 이는 의복의 장력張力을 표현한 것이다. 이 입상은 작가의 뛰어난 조각 기술을 충분히 드러낸 작품이다.

꽃을 새긴 백옥 술잔

이 잔의 높이는 3.5cm, 입구는 10cm로 잔은 8개의 꽃잎 모양으로 만들어졌으며, 꽃잎 하나하나에 권초 문양과 꽃이 조각되어 있다. 빛깔이 영롱하고 흰 빛을 띠고 있어 매우 아름답다. 이 잔은 손잡이가 없으며, 아래에는 둥근 굽이 있는 것을 통해 새로운 기법으로 창작된 작품임을 알 수 있다.

제 도끼에 제 발등 찍힌 주흥

당대의 잔혹한 관리였던 주흥周興(?~691)은 옹주雍州 장안(지금의 섬서 서안) 사람이다. 젊었을 때에 법률을 배웠고, 상서성도사尚書省都事가 되었으며 후에는 형부소경刑部少卿・추관시랑秋官侍郎・상서좌승尚書左丞의 관직을 맡았다. 수공 원년(685)에 무측천이 밀고자와 혹리酷吏 등을 주요 관직에 임용한 이래, 주흥은 끊임없이 무고한 사람들을 죽였는데 그 수가 수천 명에 달했다. 뿐만 아니라 다양한 형법을 만들어내어 잔혹한 방법으로 형을 집행했다. 천수 2년(691)에 어떤 사람이 주흥을 비롯한 좌금오대장군左金吾大將軍 구신적丘神勣과 내자순来子珦이 모반을 했다고 밀고를 하자, 무측천은 또 다른 혹리인 내준신에게 주흥을 심문하게 했다. 내준신이 주흥에게 묻기를, "죄인들 다수가 죄를 인정하지 않으니 어찌하면 좋겠는가?"라고 하자 주흥은 당시 자신이 이미 밀고된 상황인 줄 모르고 서슴없이 대답하기를, "죄수들을 큰 항아리에 넣고 사방에 불을 지펴 그들을 구워버리시오. 그러면 분명 죄를 시인할 것이오"라고 했다. 그러자 내준신은 부하에게 명령하여 커다란 항아리를 가져오게 한 뒤 항아리 주변에 숯으로 불을 지피게 했다. 그리고는 주흥에게 말하기를, '그대가 항아리에 들어가 보게'라는 뜻인 "청군입옹請君入甕"이라고 했다. 이에 주흥은 고개를 떨구고 죄를 시인했다. 무측천은 주흥이 자신을 도와서 당 황실과 대신 등의 정적政敵들을 제거할 때 충심을 보이고 전력을 다한 것을 생각하고는 벌책을 가벼이 하여 영남嶺南으로 유배를 보냈다. 그러나 주흥은 천수 2년(691) 정월에 영남으로 유배를 가던 도중 그의 원수에 의해 살해되었다.

* 현재까지 쓰고 있는 고사성어로 '제 도끼에 제 발등 찍힌다' '제가 놓은 덫에 치이다'는 뜻으로 사용하고 있음-역주

북정도호부 설치

장안長安 2년(702) 12월 16일, 무씨 주 왕조는 북정도호부北庭都護府를 설치하기 시작하고, 천산 북쪽의 서역 지방을 관할했다. 정관 14년(640), 당나라는 고창을 멸하고 그 지역을 서주西州로 삼았다. 그 후에 서돌궐을 공격하고 또 가한도성을 정주庭州로 삼고, 그 곳에 안서도호부를 세웠다. 642년부터 648년까지 당의 군대는 천산 남북쪽의 광활한 지역을 차례로 점령했으며, 쿠처[龜玆]・카슈가르[疏勒]・코탄[于闐]・수이아브Suy-ab[碎葉] 등 '안서사진安西四鎮'을 세웠다. 현경 2년(657)에 당나라는 서돌궐을 멸하고 서역 전체를 지배했다. 수이아브 동쪽에는 곤릉도호부昆陵都護府를, 서쪽에는 몽지도호부濛池都護府를 설치하여 모두 안서도호부에 예속시켰다. 수공 원년(685), 무측천은 재차 곤릉도호부를 설치했으나, 도호아사都護阿史 나원경那元慶이 제대로 통솔하지 못했다. 그리하여 천산 북쪽 기슭의 광대한 지역을 효율적으로 관리하기 위하여 정주에 북정도호부를 설치하고 최초로 염鹽・치治 등 16개 주州를 관할했다. 경운景雲 2년(711)에는 북정대도호부로 승격되어 안서대도호부와 함께 천산의 북쪽과 남쪽 지역을 나누어 관리했는데, 이는 천산 이북에서 바이칼 호수 이남까지를 포괄하는 지역으로 멀리는 양호兩湖 유역의 서돌궐 14성姓 부락과 번국番國까지 포함되었다.

705년
무측천의 서거

신룡 원년(705) 11월 26일, 무측천이 향년 82세(624~705)로 세상을 떠났다. 무측천은 "제호帝號는 없애고 측천대성황후則天大聖皇后라고 칭하라"는 조서를 유언으로 남겼다. 또한 왕황후王皇后와 소숙비蕭淑妃 두 일가를 비롯하여 저수량·한요韓瑤·유석柳奭의 친척 등을 모두 사면하도록 유언으로 남겼다. 아울러 무측천은 자신을 건릉의 고종과 합장해 줄 것을 유언했다. 그런데 급사중 엄선사嚴善思가 이에 대한 상소를 올려 "존귀하신 분이 먼저 돌아가시면 지위가 낮은 사람은 그 분과 같이 장사지낼 수 없습니다. 이는 존귀하신 분을 놀라게 해드리는 일이 되며, 온당치 못한 일인 것 같습니다. 게다가 예로부터 황후는 황제와 합장하지 않습니다. 건릉 옆에 능침을 따로 만들어 황후를 모시는 것이 좋을 것 같습니다"라고 말했다. 모든 관리들이 이에 대해 상세히 의논한 후, 중종은 무후의 유언을 존중하여 합장할 것을 명했다. 신룡 2년(706) 5월 18일, 측천대성황후를 건릉에 합장하였다. 신룡 원년(705)에 현무문玄武門의 변이 일어나 비록 이 변을 통해 주周를 무너뜨리고 당나라를 다시 세우기는 했으나, 궁극적인 목표는 바로 어머니가 아들에게 황제의 자리를 넘겨주는 것이었기 때문에, 여느 평범한 정권 교체와는 다르다. 더군다나 무후는 임종 시에 자신에게 제호를 붙이지 말고 황후라고 부를 것이며, 고종과 건릉에 합장시켜 줄 것을 원했다. 이러한 이유로 이씨李氏 당 왕조와 후대의 이씨 군주들은 모두 무후를 극진하게 존경했다.

건릉

건릉乾陵은 당 왕조의 제 3대 황제인 이치와 여황제 무측천을 합장한 무덤으로, 섬서 건현성乾縣城으로부터 북쪽으로 6km 떨어진 지역의 양산梁山에 위치하고 있다.

무자비無字碑

무자비는 무측천이 세상을 떠날 때 남긴 유언에 따라 세워졌다. 유언의 내용은 자신의 공과功過를 후세 사람들로 하여금 평가하도록 어떠한 문자도 새겨 넣지 말라는 것이다. 비의 높이는 6.3m, 너비는 2.1m, 두께는 1.49m로 송·금대金代 이후 이곳을 유람하던 사람들이 이 비 위에 제자題字를 새기는 바람에 '무자비'가 '유자비有字碑'로 바뀌었다.

성대했던 초당의 벽화

초당의 벽화에는 당시의 의장儀仗 행렬, 수렵 활동·궁정 활동·궁정 생활 그리고 평범한 가정의 일상생활 등 갖가지 광경이 그려져 있다. 황실 구성원들의 무덤 벽화에는 청룡과 백호를 쉽게 발견할 수 있음은 물론 수렵을 나가는 대규모의 행렬과 의장 출행 장면이 장관을 이루고 있다. 문무 관리의 무덤 벽화에도 청룡과 백호 이외에 유람을 나가는 모습, 말을 타고 나갈 준비를 하는 모습, 그리고 우거·말·낙타가 중심이 되는 의장대의 모습이 그려져 있으며, 이밖에도 예를 갖추어 손님을 접대하는 모습, 말을 타고 공놀이를 하는 장면을 그린 도안도 있다. 기둥·각재·지붕 받침·누각 등이 그려진 건축 장면도 있으며, 의장대·창 걸이개·표범을 길들이는 모습·매와 새매를 부리는 모습·낙타를 끄는 모습도 있다. 어떤 그림에는 남자 시종·여자 시종·보련과 여러 가지 일을 하는 모습이 그려져 있으며, 손에 각종 생활 용품이나 장기나 바둑·악기 등을 들고 있는 남녀 시종도 있다. 뿐만 아니라 잔치를 즐기는 그림, 정원에서의 행락, 종교 생활 및 농경·목축 활동을 하는 장면도 그려져 있다. 이러한 모든 광경은 당 초기의 사회 모습을 각기 다른 측면에서 반영한 것으로, 그 장면은 웅장하고도 성대하다.

화훼농업의 흥성

당대 중후기 이후, 대도시와 그 주변지역을 중심으로 화훼농업이 발전하기 시작했다. 화훼를 판매하는 것을 생업으로 삼은 전문적인 화훼농업이 출현했으며, 심지어 사찰이나 도관의 승려들도 '이윤 추구'를 목적으로 꽃을 재배하기 시작했다. 뿐만 아니라 대도시 안에는 꽃만을 집중적으로 판매하는 꽃시장이 형성되었다. 이러한 사실은 당시 화훼 농업이 매우 성행했음을 말해준다. 당대의 화훼농업 중에서 특히 높이 평가할 만한 것은 바로 모란 재배의 발달과 분재의 출현이다. 모란 재배는 대략 무측천이 통치하던 시기에 시작되었다. 모란은 당 현종이 즐겨 감상하고 높이 평가하여 날로 유명해지다가 점차 사회에까지 영향을 미쳐 일시에 유명한 꽃으로 자리 잡았다. 모란 재배는 시대의 유행에 따라 출현한 것임은 물론이거니와 그 기술이 대대로 전승되었다. 게다가 모란은 부귀와 상서로운 화목을 상징하며, 후에는 중국의 국화國花로 비유되었으니 그 영향이 매우 컸음을 알 수 있다. 한편 분재의 출현은 중국의 원예 기술이 고도로 발전했음을 보여주는 예다. 분재는 목본식물 혹은 초본식물과 물·돌 등을 이용, 예술적 가공 과정을 통해 화분에 식물을 심거나 배치함으로써 자연 경관을 축소하여 표현한 예술작품이다. 이미 발굴된 고고학적 유물이나 문헌에 기재된 사실에 따르면, 분재는 이미 당대부터 시작되었음을 알 수 있다.

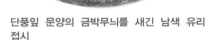

단풍잎 문양의 금박무늬를 새긴 남색 유리 접시
높이는 2.1cm, 바깥지름은 15.8cm, 안쪽 가운데 지름은 12.5cm며 가장자리 너비는 16cm다. 이 접시는 섬서 부풍扶風에서 출토되었으나 원산지는 지중해 지역으로 당나라 사람이 예불을 드릴 때 사용되었다.

돈황벽화·한밤중에 성을 넘다[夜半逾城]

차茶 산업의 발전

당대에 차 산업은 남방 지역의 농업 경제에서 중요한 부분을 차지하였다. 차 산업은 중국 역대를 거쳐 발전을 해 온 것으로 당대에는 이미 성숙 단계로 접어들었다. 중국은 차의 고향으로, 오늘날 차 생산국에서 생산되는 차들은 모두 직접적 혹은 간접적으로 중국에서 유입된 것이며, 이를 개량하고 발전시킨 것이다. 중국의 차나무 재배는 이미 상대商代부터 시작되었으며, 한대에 이르면 찻잎이 상품으로 발전하게 된다. 파촉巴蜀은 당시 전국 차 산업의 중심지로, 사천 지방에는 이미 차를 마시는 풍습이 널리 성행했다. 위진남북조 시기에는 양자강 중하류를 중심으로 차 산업이 눈에 띄게 발전했으나, 북방의 차 산업은 그다지 발전하지 못했다.

차를 마시는 풍습은 당시 차를 중요 상품으로 만드는 데 일조했으며, 그 결과 남방의 찻잎이 북방으로 대량 운송되었다. 찻잎 수요의 증가는 차 산업의 발전을 촉진시켰으며, 야생 차나무 이외에 인공 재배가 대량으로 이루어졌다. 또한 차의 산지가 대대적으로 증가하여 사천·운남·귀주·광동·광서·복건·절강·강소 등 15개 지역(당시 50개의 주군州郡)에서 널리 재배되었다. 차 재배가 적합한 지리적 위치는 대개 기후가 온난 다습한 진령秦嶺 및 회하淮河 이남 지역으로, 이 지역에 위치한 수많은 구릉과 산비탈에 모두 차나무를 심었다. 역사 기록에 따르면 강남의 백성들은 생활을 영위하기 위해 대부분 차 농사를 짓고 있었으며, 강회 지역 사람들도 열에 두세 명은 차 농사를 짓고 있었다고 한다. 농민이 직접 차밭에서 차를 재배했을 뿐만 아니라 지주와 관리들도 다원茶園을 운영했다. 《원화군현지元和郡縣誌》 권 25에는 "장성현長城縣(지금의 절강 장흥현長興縣)과 고산현顧山縣 서북쪽 42리 밖 지역에서는 정원貞元 연간 이후부터 해마다 고산顧山의 자순차紫筍茶를 황실에 진상하기 위해 일꾼 3만 명을 부렸는데, 여러 달이 지나야 일을 끝마칠 수 있었다"는 기록이 있는데, 이를 통해 당시 다원의 규모가 상당히 컸음을 알 수 있다. 당대의 차 제조업은 이미 상당한 수준에 이르렀다. 당시 찻잎은 거칠게 가공한 조차粗茶·가루차인 산차散茶·말차末茶와 찻잎을 벽돌 모양이나 원반형으로 뭉쳐 굳힌 병차餅茶 네 종류가 있었다. 또한 《당국사보唐國史補》의 기록에 의하면 당대에 이미 22종에 달하는 명차가 있었다고 한다.

차 산업의 발전이 성숙 단계로 접어들자 차나무 재배 기술 역시 많은 값진 경험을 축적하였다. 《사시찬요四時纂要》에는 재배 시기·차밭 선택·파종 방법·제초 방법·비료와 물주기·그늘 가리개 설치 방법 등을 포함한 차 재배와 관련된 전반적인 내용이 상세히 기록되어 있다. 후세에 지어진 농업 관련 서적과 차 관련 서적에서 볼 수 있는 차 재배 관련 기록은 모두 내용면에서 이 《사시찬요》를 뛰어 넘지 못하는데, 이를 통해 당대의 차 재배 기술이 후세에 미친 영향이 매우 컸음을 알 수 있다. 당대의 차 산업은 중국 차 산업 발전사상 조상들의 뒤를 잇고 후대를 열어주는 위치에 있다. 즉 남북조 시대의 기초 위에서 신속한 발전을 했을 뿐만 아니라 세계에도 영향을 미쳤다. 당대 차 산업의 성행에 힘입어 세계 최초로 차 산업에 관한 전문 서적인 《다경茶經》이 지어졌으며, 바로 이 시기에 차나무 종자와 재배 기술이 조선과 일본에 전해졌다.

육우

육우陸羽(733~804)의 자는 홍점鴻漸이고, 호는 계자季疵이며, 복주復州 경릉竟陵(지금의 호북 천문天門) 사람이다. 그는 가난한 집안에서 태어나 부모로부터 버림을 받고, 어린 시절 경릉 서탑사西塔寺의 지적선사智積禪師에 의해 양육되었다. 그는 불우한 유년시절을 보냈으나 총명하고 학문을 좋아했으며 의지가 매우 강했다. 지적선사는 차 마시기를 즐겨 육우는 어릴 때부터 지적선사를 위해 차를 끓였고, 이때부터 차에 대하여 흥미를 가지게 되었다. 육우는 유·선禪·도교 사상의 영향을 크게 받아 760년 소계苕溪(지금의 절강 호주湖州)에 은거한 이후 검소한 생활을 하면서 학문에 몰두하고 수많은 저서를 지었으나 세상에 전해지는 것은 오로지 《다경》뿐이며, 다른 책들은 전해지지 않는다.

《다경》 서적 사진

《다경茶經》은 3권 10개 항목에 모두 7000여 자로 구성되어 있다. 당대 이전의 차 재배 경험을 체계적으로 종합했으며, 차의 기원·종류·특성·제조 방법·끓이는 법·다구茶具·물의 등급·차 마시는 풍습·명차의 산지 및 차와 관련된 이야기 등을 담고 있는 차에 관한 최초의 전문 서적이다.

손잡이가 있는 봉수 청자 호[靑瓷鳳首執壺]
당대의 기물로 1954년 광동 광주廣州에서 출토되었
다. 높이는 18.7cm, 입구 지름은 1cm, 바닥 지름은
7.6cm다. 광주는 당대의 중요한 대외무역 도시 중
의 하나로 대량의 중국 상품, 특히 도자기는 이곳을
거쳐 바다를 통해 동남아시아·서아시아·북아프리
카 등지로 팔려나갔다. 이 손잡이가 달린 봉수 청자
는 인도네시아 남 술라웨시Sulawesi 에서 출토된
백자 봉수 호壺와 매우 흡사하여 당시 무역 활동의
상황을 반영하고 있다.

차 마시는 풍습의 성행

당대에는 남과 북이 통일되어 교류가 활발해지면서 북방에도 차를 마시는 풍습이 보급되었
다. 《봉씨문견기封氏聞見記》 권6 〈음차飮茶〉에는 "사람들이 잔을 잡고 있고, 곳곳에서는 차를 끓
이니 이를 서로 본받고 따라하여 마침내 풍속이 되었다. 추鄒·제齊·창滄·체棣· 점漸 지방에서
부터 경읍京邑에 이르기까지 도시에는 차를 끓여 판매하는 점포가 있었으며, 도사道士와 속인
의 구분 없이 모두 돈을 내고 차를 마셨다"는 기록이 있다. 중당 이후에는 차를 마시는 풍습이
더욱 보편화되어 "위로는 도읍에서부터 아래로는 마을에 이르기까지 차를 음식으로 여겨
쌀·소금과 다를 것이 없었다." 이러한 기록은 당시에 차는 이미 사람들의 일상생활 속 필수품
이 되었음을 말해준다. 변방 지역의 소수민족의 거주지에서도 이미 차를 마시는 풍습이 더 한
층 퍼졌다. 다도가 크게 유행하여 변방 지역 밖으로까지 전해졌으며 과거 위구르가 당 조정에
사신을 보낼 때, 명마를 타고 들어와 차를 사서 돌아갔다. 또한 토번 지역에도 한족 지역에서
생산되는 각종 차들이 유입되었다.

투다도*
그림은 송대宋代 《투다도鬪茶圖》인데 차를 품평하는
모습을 담고 있다. 당대 육우가 지은 《다경》에는 차
의 품질·재배 방법·그리고 끓이고 마시는 방법
등이 상세히 소개되어 있으며, 송대에 이르러서도
다도가 매우 성행하였다.

* 투다는 돈과 시간이 많은 사람들의 고아한 취미로 당대에 시
작되었으며 송·명대에 유행했다. 투다는 차의 우열을 감별하
고 품평하는 것임 – 역주

당대의 차 제조 방법

차의 제조 과정과 사용 도구에 대해서는 육우의 《다경》에 자세히 설명되어 있다. 육우는 차의 제조 방법을 찻잎 따기·찻잎 찌기·찻잎 빻기·두드려 말리기·배로에서 건조시키기·차를 무게에 따라 꿰기·보관하기 등의 일곱 단계로 나누었다.

우선 찻잎 따기를 살펴보면 찻잎은 대략 2월과 3월 사이에 따는데, 만약 비가 많이 내리거나 맑은 날 사이사이에 흐린 날이 많으면 딸 수 없으며 반드시 맑은 날에 수확해야 한다. 차 싹을 선택할 때에는 차나무 끝에서 자라는 매우 연한 잎이 가장 좋다. 품질이 좋은 차나무는 대부분 높고 험한 절벽 위에서 야생으로 자란 것이 많은데, 이 때문에 사람들은 질 좋은 명차를 수확하기 위하여 산에 오르고 강을 건너는 등 온갖 힘을 쏟는다. 당시에는 차를 전문으로 따는 기술자가 없었으며, 차를 즐겨 마시거나, 감정하는 차사茶師는 항상 자신의 등 뒤에 차 바구니를 메고 산에 올라가 차를 땄다. 이러한 사실은 전해지는 이야기를 통해서도 알 수 있다. 예를 들면 《신이기神異記》에는 차를 잘 끓이던 우홍虞洪이 산에 들어가 차를 따다가 선인仙人인 단구자丹丘子를 만났는데, 단구자는 우홍을 좋은 차가 나는 곳으로 안내하고 차로써 제사를 올리기를 요구하는 이야기가 기록되어 있다.

차 제조과정은 다음과 같다.

차 쪄내기 : 신선한 잎을 나무나 도자기로 만든 시루에 넣고, 그 시루를 솥 위에 올리고 물을 부은 다음 쪄내어 완전히 익힌다.

찻잎 빻기 : 찻잎이 짙어지면 완전히 익은 것으로, 식기 전에 절구에 넣고 빻는다. 빻을 때 입자가 고울수록 좋다. 그 다음에는 빻은 차를 찻틀에 붓는다. 일반적으로 찻틀은 철로 만든 것을 사용하며, 나무틀은 거의 사용하지 않는다. 틀의 모양은 원형·사각형 그리고 꽃 모양이 있는데 다양한 모양의 틀을 사용함으로써 여러 모양의 전차餠茶(찻잎을 쪄서 벽돌 모양으로 굳힌 차)를 만들 수 있다.

전차를 틀에 넣어 눌러 다지기 : 찻틀 아래에 첨포襜布(襜은 주름과 무늬가 매우 세밀하며, 표면이 매끄러운 견직물)를 놓고 그 아래 돌을 받친다. 받침돌의 아래 절반은 흙 속에 묻어 틀을 고정시켜 미끄러지지 않게 한다. 빻은 차를 틀에 넣은 후에는 반드시 찻잎끼리 잘 엉키어 틈이 생기지 않도록 눌러 다진다. 차가 완전히 응고된 다음 첨포를 당겨 가볍게 차를 거둬내고 다시 한 무더기를 올린다. 응고된 차는 수분이 완전히 제거되지 않았기 때문에 대나무 소쿠리에 넣어 바람이 통하게 한다.

차 말리기 : 차의 수분이 완전하게 제거되지 않을 경우 쉽게 썩기 때문에 보존하기가 어렵다. 따라서 배로焙爐*를 이용하여 차를 말리면 보관이 좀 더 용이하다. 우선 자연 건조시킨 전차의 가운데에 송곳을 이용하여 구멍을 낸다. 그리고 대나무로 만든 두드리개로 건조된 차를 두들겨서 전차에 뚫린 구멍이 생기도록 한다. 마지막에는 가느다란 대나무 막대기를 이용하여 전차를 한 덩어리 한 덩어리씩 펜다. 다음 이를 시렁 위에 걸어 두고 불을 쬐어 말린다. 배로는 깊이 2자, 너비 2자 반, 길이 1장丈 정도의 규격으로 땅을 판 뒤, 그 위에 낮게 담을 싸서 만든다. 차를 말리는 나무 시렁은 높이가 1척으로 아래·위 두 층으로 되어 있어, 반쯤 건조된 차는 아래에 두고, 이것이 완전히 건조 된 후에는 윗쪽 시렁으로 옮긴다.

차 꿰기 : 배로에 말린 전차는 근을 나누어 막대기에 꿰는데, 그 모양이 중국 고대에 통용되던 엽전처럼 가운데에 둥근 구멍 혹은 네모난 구멍이 있어 줄에 꿰어둘 수가 있어 저장하거나 휴대하기 편리하다. 전차는 가운데에 구멍이 있어 줄에꿰어 한 꾸러미로 만들 수 있기 때문에 운반하고 판매하기에도 매우 편리하다. 강동 지방에서는 대나무를 깎아 차를 꿰었으며, 섬서 지방에서는 곡식 줄기껍질을 새끼줄처럼 꼬아서 차를 꿰었다. 강동 지방은 무게 한 근의 차를 꿰어 '상천上穿'이라고 했고, 반근은 '중천中穿', 4, 5량兩은 '소천小穿'이라고 불렀다. 반면 섬서 지방은 차 120편片을 '상천', 80편을 '중천', 50편을 '소천'이라고 불렀다.

차 보관하기 : 전차를 보관하는 것은 매우 중요한 작업으로, 잘못 저장할 경우 차맛에 커다란 영향을 미친다. 육기育器는 차를 보관하는 도구로, 대나무 조각을 엮어 만든 뒤 사방에 종이를 바르고 가운데에는 잿불을 묻을 수 있는 장치를 설치해 온도를 일정하게 유지할 수 있다. 따라서 장마철에는 불을 피워 온도를 높여 습기로 인한 부패를 방지했다.

* 차를 만들 때에 사용하는 건조로-역주

당·기러기와 구름 문양의 도금한 은제 차 맷돌

중국인은 한대漢代부터 차를 마시기 시작했다. 이후 육조 시기에는 점차 풍속으로 자리 잡았고, 당대에 이르러 차 마시는 풍습이 더욱 성행했다. 당대 사람들은 차를 마시는 데 일정한 순서와 다례를 갖추었는데, 예를 들면 차를 끓이는 방법, 차를 따르는 방법, 차를 가는 방법, 차를 보관하는 방법, 소금을 보관하는 방법 등이 있다. 그림은 서안 법문사法門寺 지궁地宮에서 출토된 것으로 당대 사람들이 차를 갈 때 사용하던 은으로 만든 차 맷돌이다.

차를 거르는 체[茶羅子]*

명차의 제조 기술은 매우 발전하여 심지어 전용 도구까지 필요하게 되었다. 그림은 섬서 부풍 법문사에서 출토된 것으로, 차를 넣어 체에 거르는 다구다. 선인이 학을 탄 모습을 도금으로 장식했으며 서랍이 있는 차를 거르는 체다.

* 장방형의 2단으로 된 곽인데 뚜껑·체·서랍·체걸이 등으로 이루어짐 - 역주

백유 찻잔과 받침대[白釉車托把杯]

당대의 다구로 높이는 7.6cm, 잔의 입구 지름은 8.2cm, 굽 지름은 4.2cm며, 잔받침의 지름은 16.3cm, 굽 지름은 9.3cm다. 이 다기는 당대 정요定窯에서 만들어진 것으로 형태가 반듯하고 규격에 맞으며, 잔의 모양이 얇듯하고 가볍다. 백유를 시유하여 빛깔이 곱고 광택이 나서 장식을 더욱 돋보이게 할 뿐만 아니라, 완벽하고 아름다운 형태를 간직하고 있어 보기 드문 작품이라고 할 수 있다.

710년
토번으로 시집간 금성공주

경룡景龍 원년(707) 4월, 당 중종은 토번의 국왕인 찬보贊普 기예축찬棄隸踏贊의 부탁에 응하여 옹왕 수례雍王守禮(장회태자章懷太子의 아들이자 중종의 적조카)의 딸을 금성공주로 봉한 뒤, 토번 국왕에게 시집보냈다. 토번의 황태후는 당시 북방의 돌궐을 우환거리로 보고, 앞뒤로 있는 적의 공격을 피하기 위해 대신 실훈열悉薰熱을 당나라로 보내어 각 지방의 특산물을 진상하며 손자의 혼인을 청해 중종에게 억지로 결혼 승낙을 받아내었다. 경룡 3년(709) 11월, 토번 국왕은 대신인 상찬돌尙贊咄 등 1000여 명을 당나라로 보내 공주를 아내로 맞이했다. 이듬해(710년) 정월, 중종은 좌효위左驍衛 대장군 양구楊矩에게 공주를 토번으로 배웅하도록 명했다. 중종 또한 위하渭河를 건너 시평현始平縣까지 공주를 직접 배웅했다. 백경박百頃泊에 특별히 임시 천막을 치고 왕공 재상과 토번 신하들을 환대했다. 송별연회 석상에서 중종은 공주가 어린 나이에 먼 곳으로 시집을 가야한다고 이야기하면서(당시 토번 국왕의 나이도 14세에 불과했다) 매우 슬피 울었다. 중종은 여러 신하에게 시를 짓게 하여 공주를 송별하게 했으니 그 장면은 매우 슬펐다. 후에 중종은 시평현을 금성현金城縣으로, 백경박도 봉지향鳳池鄕 창별리愴別里로 그 이름을 바꾸고, 양구를 선주鄯州(지금의 청해 서녕西寧 악도樂都)의 도독都督으로 임명했다. 토번 국왕은 공주가 토번에 도착하자 그녀를 위해 별도로 궁실을 지어 그곳에서 지내게 했다. 금성공주는 문학과 예술을 좋아하여, 토번에 들어올 때 수만 필의 고급 명주뿐만 아니라 악공樂工을 데려오고, 수많은 서적과 여러 기예技藝를 함께 가지고 왔다. 공주는 토번에 온 이후에도 당 왕실에 부탁하여 《모시毛詩》·《예기禮記》·《좌전左傳》·《소명문선昭明文選》 등의 서적을 얻었으며, 이를 티베트어로 번역하여 토번 문화 발전에 커다란 영향을 끼쳤다.

제지업의 발달

수나라 때는 영토가 크게 확장되어 전국 각지로부터 종이를 만드는데 필요한 우수한 제지 원료들을 쉽게 구할 수 있었다. 당시 비교적 통용되던 원료는 주로 마麻 종류였고, 그 다음은 가죽류였는데 오늘날 각지에서 출토되고 있는 수당 시대의 종이를 통해 위와 같은 상황을 알 수가 있다. 마 종류나 가죽 종류 이외에도 지금의 광동 소관韶關 일대에서는 당대에 대나무로 만든 종이가 발견되었다. 죽지竹紙 제작은 비교적 까다로운데, 그 이유는 대나무 줄기 조직이 촘촘하고 섬유는 억세며 그 성분 역시 복잡하기 때문이다. 그러므로 죽지의 출현은 당시 제지 기술의 발전을 가늠할 수 있는 증거가 된다. 이렇게 제지 원료가 전국 각지에서 나왔다는 것은 곧 전국 어디서나 종이 제작이 이루어졌음을 말한다. 당대에 종이를 생산한 지역으로는 강주江州·신주信州(지금의 강서江西 지역)·익주益州(지금의 사천 지방) 등으로 그 중 가장 유명한 곳은 익주로 마지麻紙가 많이 제작되었다. 제지기술은 수·당·오대五代 시대에 눈에 띄게 발전하였으며, 특히 '지약紙藥'의 발명과 사용이 발전의 증거라고 할 수 있다. '지약'은 제지 과정 중에 현탁懸濁 작용을 하는 식물의 장액漿液으로 종이풀의 성능을 개선시켰다. 수당 시대의 종이는 종류가 많은데 그 중 가장 유명한 것은 '화선지'이다. 화선지는 안휘安徽 경현涇縣 일대에서 생산되었는데, 그 제작 과정이 복잡하나, 조직이 세밀하여 먹물의 윤기를 유지시켜주며, 종이의 질이 매끄러워 운필이 용이하다. 또한 종이가 질겨서 필묵의 마찰에 좋고, 깨끗하여 색을 드러내기에 좋은 특징을 가지고 있다. 게다가 벌레를 쉽게 먹지 않아 장기간 보존할 수 있어 '천년수지千年壽紙'라고도 불렸다.

당대 불경을 적은 두루마리
이 불경을 적은 종이는 섬유질이 촘촘하고 균일하다. 이는 당대 제지 기술이 매우 정교했음을 설명하고 있다. 제지 원료를 반죽하는 기술이 매우 뛰어나며 비교적 고급에 속하는 식물 섬유지다.

당대 종이 제작 과정도

선종 남파를 창립한 혜능

선종은 중국 불교사상 영향력이 가장 큰 종파로 당대 고승인 혜능慧能이 본성을 보면 부처가 된다는 견성성불見性成佛의 법문을 널리 전파하여 이룩되었다. 몇 백 년 동안 이어져오던 불교 경전을 읽고 좌선하던 수련 방법을 바꾸어서 선종의 사상과 유파는 전국에 빠르게 전파했다. 혜능의 종교 개혁은 중국 선종의 본격적인 시작으로, 이로부터 선종은 철저히 중국화된 불교 교파로서 중국 사회에 광범위하게 전파되었다. 혜능은 본심本心·견성성불의 법문을 논했고 성정자오性情自悟, 돈오성불頓悟成佛을 주장했으며, 번잡한 종교 의식을 거행하지 않았다. 그 교리는 중국 불교의 다른 종파인 천태天台·유식唯識·화엄종華嚴宗 등의 교리보다도 훨씬 간단하고 명쾌했다. 혜능의 불경 강의 내용은 그 제자인 법해法海에 의해 《단경壇經》으로 정리되었다. 이것은 중국 승려가 쓴 저작 중 유일하게 '경經'이라고 칭할 수 있는 저작으로, 혜능의 선의 교리를 완벽하게 간직하고 있는 중국 선종의 주요 경전이다. 《단경》의 요지를 살펴보면 다음과 같다.

혜능

"모든 중생은 누구라도 불성을 가지고 있으므로 사람들은 모두 성불할 수 있는 내재성이 있다. 속세를 떠나고 무념해야 비로소 좌선할 수 있으며, 선은 마음 속에 앉아 있는 것이니, 마음에 잡념이 없어야만 행동하고, 머물고, 앉고, 누워도 모두 좌선이 되며 돈오성불할 수 있다." 혜능은 돈오성불을 주장한 반면, 신수神秀는 점오漸悟를 주장했다. 이로 인해 선종에는 남·북 두 지류가 생기게 되었고, 각각 '남돈南頓'과 '북점北漸'이라는 명칭이 생겨났다. 혜능으로부터 시작한 선종은 몹시 흥성하여, 그 신도 수는 천태종과 화엄종 등 모든 종파를 뛰어넘었다. 선종은 혜능 사후에 하택河澤·청원靑原·남악南岳의 3대 계통으로 분화되었으며, 대대로 전해져서 지금까지 명맥을 유지하고 있다. 선종은 중국 불교의 각 종파 중에서 전파가 가장 오래된 종파다.

참선도參禪圖

'참선'은 불교 선종의 기본 수행 활동으로, 참선의 기본 자세에는 다섯 가지가 있다. 중요한 것은 앉는 방식으로 일반적으로 '좌선'이라고 하며, 이 밖에도 눕는 와식臥式, 걷는 행주식行走式, 서서 수행하는 입식立式, 그리고 자기 마음에 따라 참선하는 수의식隨意式이 있다. 위의 세 그림은 와선도·행선도·좌선도다.

백자 장경병長頸瓶

당대 백자는 북방 지역을 중심으로 많이 생산되었다. 그중 형요邢窯는 지금의 하북성 임성현臨城縣과 내구현內丘縣 일대에 있던 가마터로 여기에서 생산된 백자는 그 색깔이 눈과 같이 희면서도 은과 같이 빛이 났고, 두드리면 곱고 낭랑한 소리를 내어 당시 최고 수준의 백자를 대표한다.

남보타사

남보타사南普陀寺의 원래 이름은 보조사普照寺였으며, 하문시廈門市 오로산五老山 아래에 있다. 당대에 지어졌으며 민남閩南 불교의 성지聖地다.

귀부인들의 사봉관 임명권 독점

조정의 귀부인인 안락공주·장안공주長安公主·위후의 여동생인 성국부인成國夫人·상관첩여上官婕妤·첩여의 모친인 정씨鄭氏 등은 모두 권세에 의지하여 관직을 파는 행위를 일삼았다. 비록 천한 신분의 종복이라 하더라도 30만 전의 돈만 있으면 황제가 직접 쓴 관리로 임명한다는 문서를 만들 수 있었는데 이러한 문서는 정식 봉투가 아닌 비스듬히 봉한 사봉斜封을 사용하여 측문側門을 통해 중서성中書省에 전해졌기 때문에, 후대 사람들이 이러한 관직을 '사봉관斜封官'(중서성에서 노란 종이에 붉은 색 글씨를 써서 정식으로 봉한 칙명과는 다르다)이라고 했다. 사봉관이 국가에게 나쁜 영향을 미친 것은 매우 분명한 사실이다. 그러나 이러한 관직은 중서성과 문하성門下省을 거치지 않고 직접 수여되는 것이기 때문에 이 두 성의 관원들은 격분했지만 감히 말을 꺼내지 못하고, 다만 관련된 부서들로 하여금 이 사실을 발표하게 하여 일을 처리할 수밖에 없었다. 당시 이부吏部의 원외랑員外郎이었던 이조은李朝隱만이 차례로 1,400명이 넘는 사봉관을 비판하여 조정의 위아래 사람들로부터 원망과 불평하는 소리를 듣게 되었으나 그는 조금도 두려워하지 않았다. 경운 원년(710) 8월, 요숭과 송경 두 재상과 어사대부 필구畢構가 함께 예종에게 진언하여 이전 왕조에서 봉해진 사봉관을 없앨 것을 주장했다. 예종은 그들의 간언을 받아들여 15일에 수천 명의 사봉관을 해임시켰다.

내인쌍륙도内人雙陸圖
이 그림에서 '내인'은 궁중 사람을 의미한다. '쌍륙'은 위진 남북조시대에 시작되어 당대에 매우 성행한 장기류(일종의 주사위 오락)의 놀이다.

710년
중종을 시해하고 섭정한 위후

경룡 4년(710) 위후韋后와 안락공주安樂公主는 6월 2일 당시 나이 55세였던 중종을 신룡전에서 독살했다. 위후는 독살을 숨기고 발상하지 않은 채, 다음날 여러 재상들을 궁으로 불러 부병府兵 5만 명을 징집하여 경성을 지키게 하고, 자신은 조정 전체를 관리했다. 뿐만 아니라 좌감문左監門 대장군겸 내시였던 설사간薛思簡 등에게 명령하여 군사 500명을 거느리고 속히 균주均州로 보내 초왕譙王 중복重福을 방비하도록 했다. 또한 형부상서 배담裴談·공부상서 장석張錫을 함께 중서문하삼품中書門下三品에 임명하여 동경東京을 지키게 했다. 동시에 이부상서 장가복張嘉福·중서시랑 잠희岑羲·이부시랑 최식崔湜을 평장사平章事로 임명하여 조정의 일을 분담하여 처리하도록 했다. 같은 날 태평공주와 상관소용上官昭容은 몰래 유서를 베껴 온왕溫王 중무重茂를 황태자(중종의 어린 아들로 위후의 소생은 아니다)로 세우고 황후를 지정사知政事로, 상왕相王인 이단을 참모정사參謀政事로 세웠다. 9월 4일, 중종의 관을 태극전으로 옮기고, 모든 관원들을 조정으로 불러 정식으로 발상했다. 위후는 무측천이 했던 것을 본떠 섭정하고, 온왕 중무를 황제로 즉위시켜 천하의 죄를 지은 사람들을 용서하고, 연호를 당륭唐隆으로 바꾸었다. 그리고 마침내 5월에 황태자인 중무가 황제로 즉위하여 소제少帝가 되고, 위후는 황태후로 추존되었다. 위후가 국정을 맡은 이후 종초객宗楚客과

여러 위씨韋氏들은 위후에게 무후를 본받을 것을 권하였으며, 위온韋溫·무연수武延秀·안락공주 등 역시 상왕과 태평공주를 제거하고 소제인 중무를 폐위시켜 뜻을 이루고 싶어 했다. 그러나 위후의 섭정은 19일 만에 끝이 나고, 상왕 이단의 셋째 아들인 이융기가 금위군 및 무사들과 연합하여 군사를 데리고 태평공주 등과 함께 입궁하여, 위후와 안락공주를 포함하여 그 무리들을 모두 죽였다.

710년
절도사 설치

경운景雲 원년(710) 10월 20일, 유주진수幽州鎭守 경략절도대사經略節度大使인 설눌薛訥(설인귀薛仁貴의 아들)을 좌무위대장군左武衛大將軍 겸 유주도독으로 임명했다. 당나라는 이때부터 절도사를 설치하기 시작했다. 당 왕조의 규정에 따르면 친왕으로서 절도사에 임명되었지만, 친왕 본인이 직접 그 직위에서 일상 업무를 처리하지 않고 여전히 경성에 머무르면서 벼슬을 하는 경우에만 자신이 맡은 지방에 다시 '부대사副大使'라는 직책을 둘 수 있었다. 그 밖의 절도사 아래에는 절도부사를 설치할 수 있어, 절도사의 일상 업무 처리를 도왔다. 당대에 세워진 절도사라는 직위는 변방 지역을 안정시키고 변방을 강화하는 데 일정 정도의 역할을 했다. 그러나 후에 절도사가 병력을 소유하여 세력이 강해지면서 관직의 이동도 받아 들이지 않았고 더 나아가 군사를 일으켜 반란을 일으키는 화근을 심게 되었다.

당 경운종景雲鐘

이 종은 지금으로부터 1200여 년 전인 당대 경운 2년(711)에 제작된 것으로, 현존하는 중국의 최대 동종銅鐘이다.

보상화와 해바라기 문양 거울[寶相花*葵花鏡]

얼굴을 비추던 도구로 지름은 20.5cm며, 섬서 서안 동쪽 교외에서 출토되었다. 이 거울은 여덟개 해바라기 꽃잎 모양이며 중앙에 둥근 꼭지 손잡이가 있다. 연꽃잎 무늬가 손잡이 받침으로 되어 있다. 손잡이의 바깥 부분은 나뭇잎이 이어져 원 모양으로 둘러져 있는데 그 나뭇잎 밖으로 덩쿨진 가지가 뻗은 여덟 송이의 보상화가 원을 이루며 둘러져 있다. 꽃이 두 종류로 나뉘어져 있는데 만발했거나 막 피려는 모양으로 나타나 있으며, 모두 꽃잎이 겹쳐져 있다.

* 보상화는 가상의 덩굴무늬의 꽃으로 중국 당나라 때부터 이런 문양을 흔히 사용함. 보상화를 주제로 한 장식적 덩굴무늬를 보상화문이라고 함-역주

712년

당 현종의 즉위

이융기李隆基(685~762)는 당 예종 이단의 셋째 아들로, 당 왕조의 7대 황제다. 현종은 과단성 있고 영민하고 용맹했으며 지략이 뛰어났다. 뿐만 아니라 재주가 많았는데 특히 음악에 조예가 깊었다. 처음에 그는 초왕楚王에 봉해졌고, 후에 다시 임치왕臨淄王에 봉해졌다. 경운 2년(711), 이융기는 그의 고모인 태평공주와 결탁하여 반란을 일으켜 위후와 무후의 잔당들을 죽이고, 아버지인 이단을 옹립하여 황제에 모셨으며, 위후를 제거한 공으로 태자로 책봉되었다. 연화延和 원년(712) 7월에 서쪽에서 혜성이 나타나 헌원軒轅을 지나 태미太微로 들어가 대각大角에 이르렀다. 이를 본 태평공주는 이단에게 방사方士를 보내 진언하기를, "혜성은 옛것을 사라지고 새로운 것이 펼쳐질 것을 예견하는 별자리입니다. 혜성이 한 번 나타나면 황제의 자리도 그에 따라 바뀌게 됩니다. 이는 분명 태자가 천자가 될 것을 보여주고 있습니다"(이는 태자가 황제를 살해하고 황제 자리를 찬탈한다는 의미를 담고 있다). 이단은 방사의 말뜻을 알아차리지 못하고 말하기를, "태자에게 자리를 물려주면 화를 피할 수 있을 것이오. 나는 이미 결심을 굳혔소"라고 했다. 이융기가 이 사실을 알게 된 후 급히 입궁하여 머리를 조아리며 아뢰기를, "저의 공로가 미약함에도 불구하고 여러 형제들을 물리치고 태자가 되어 밤낮으로 편치가 않습니다. 어찌하여 폐하께서는 이리도 급하게 자리에서 물러나시려 하시는지 알 수가 없습니다"라고 했다. 이에 이단이 대답하기를, "내가 천하를 얻은 것은 모두 네 덕분이다. 지금의 황제 자리는 재앙이 있다. 이에 내가 너에게 이 자리를 물려준다면 화를 복으로 바꿀 수가 있는데, 너는 어찌하여 의심을 하느냐?"라고 했다. 이융기는 이를 끝까지 거절했다. 이단이 다시 말하기를, "너는 효성스런 아들이다. 어찌하여 내가 죽은 뒤에 내 관 앞에서 황제의 자리에 오르려고 하느냐?"라고 했다. 이에 태자는 하는 수 없이 눈물을 흘리며 물러났다. 태평공주와 그 무리들 또한 황제에게 간언하며 황제의 양위를 반대했다. 그러나 이단은 이를 듣지 않고 결국 7월 25일 태자에게 황위를 물려줄 것을 정식으로 공포했다. 8월 3일, 이융기(현종)가 즉위하고, 예종인 이단은 태상황제太上皇帝로 추존했다. 8월 7일, 현종 이융기는 연호를 선천先天으로 바꾸고, 천하의 죄 지은 자들을 사면했다.

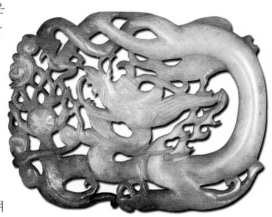

용 문양을 조각한 백옥 장식품

713년
재상으로 복직한 요숭

현종이 즉위한 후, 요숭姚崇은 713년에 재상으로 복위했다. 이융기는 군사 기강과 나라의 큰일에 관하여 요숭에게 자문을 구했다. 요숭은 유독 여러 직책을 맡았는데 과단성 있는 일처리 능력과 어긋남이 없는 언행으로 백성을 위하여 일했다. 당시 그를 능가하는 사람이 없을 정도였으며, 민심과 황제의 총애를 모두 받아 "당시 사회를 폐단으로부터 구한 재상"이라는 명예로운 이름이 붙여졌다. 요숭은 재상이 된 이후 현종에게 10가지 의견을 제시했고, 현종은 기본적으로 이를 받아들였다. 요숭은 속인이 승려가 되는 것을 반대하고, 승적이 없는 승려를 1만 2000여 명을 단속하고, 그들에게 환속을 명령했다. 그러나 요숭의 두 아들 광록소경光祿少卿 요이姚彝와 종정소경宗正少卿 요이姚異는 빈객을 지나치게 끌어들이고 뇌물을 받아 사람들로부터 비난을 받았다. 또한 요숭의 측근인 중서성 주서主書(종7품)인 조회趙誨도 호인胡人들로부터 뇌물을 받았다. 이러한 비리가 폭로된 후 현종은 조회를 직접 심문했고, 조회는 사형에 처해졌다. 요숭은 온갖 힘을 다해 그를 구하려고 애썼고, 이에 현종은 매우 화를 냈다. 후에 경성 지역에 한하여 사면이 단행되어 현종은 조회에게 곤장 100대의 형을 내리고 영남嶺南으로 추방하라고 명했다. 요숭은 이 일로 인해 몹시 두려워하며 수차례 재상의 자리를 사양함으로써 혐의를 피하고자 했으며, 광주도독廣州都督 송경宋璟

을 자신의 직무를 대신하여 맡을 사람으로 추천하고, 현종의 허락을 받아내었다. 그 후 요숭은 개원開元 4년(716) 윤 12월에 개부의동삼사開府儀同三司로 폄직되었다.

요숭

요숭은 섬주陝州 섬석陝石(지금의 하남 삼문협三門峽 남쪽) 사람으로 재능이 매우 뛰어났다. 그는 지조와 절개를 숭상했으며, 무후·예종 이단 그리고 현종 이융기에 이르기까지 3대에 걸쳐 재상을 지냈다. 그의 본명은 원숭元崇이었는데, 무후 시기 원지元之로 이름을 바꾸었고, 개원 시기에는 피휘避諱하여 다시 요숭으로 이름을 바꾸었다. 예종 시기에 태평공주를 동도東都로 보낼 것을 진언하여 폄직되었다가 현종이 즉위한 이후 다시 재상의 자리에 올랐다.

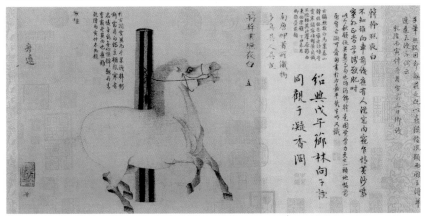

한간·조야백도권

'조야백照夜白'은 당 현종 이융기가 타던 말이다. 이 그림은 붓을 이용함이 간결하고도 세련되며, 선이 가늘지만 힘이 있고, 말의 몸에는 선염을 약간 더하여 준마의 웅장한 모습을 표현했다.

한간의 말 그림

한간韓幹은 당대 화가로 경조京兆(지금의 섬서 서안) 사람이며, 천보 연간(742~756)에 이름을 날렸다. 그는 초상·인물·꽃 그리고 대나무를 잘 그렸으며 특히 말을 잘 그렸다. 사물을 그대로 그리는 사생 기법을 중시했으며, 대개 궁중과 왕부王府의 명마를 그렸다. 말을 잘 그렸기 때문에 당시 소를 잘 그리던 대숭戴嵩과 함께 '한마대우韓馬戴牛'라고 불렸다. 한간이 그린 말은 실물과 완전히 똑같았다. 그의 첫 스승은 조패曹霸였으나, 한간은 스승인 조패·진굉陳閎·위언韋偃 등이 가지고 있던 격식을 깨뜨리고, 한대부터 이어진 우수한 회화 전통을 계승한 독보적인 존재였다. 한간은 실물 말을 스승으로 삼았으며, 그의 창작 태도는 매우 엄격하고 빈틈이 없었으나, 말을 그대로 복제하고 재현하지는 않았다. 그가 그린 말은 비교적 튼실하고 침착한 모습을 하고 있는데 이는 그가 관찰한 말이 황제가 타던 말이기 때문이었다. 그는 이무기의 목에 용의 몸을 하고 골격을 완전히 드러낸 채, 하늘을 나는 모습으로 말을 그린 선대 화가들의 '용마龍馬' 풍격을 고치고, 정련된 사실주의 기법을 운용하여 성당盛唐 시대의 숨결이 그대로 반영된 새로운 풍격을 창조해내었다. 뿐만 아니라 정확한 비례를 중시하고 강인함과 역량을 강조하기 위하여, 가늘고 고른 둥근 선으로 말의 체구를 그렸으며, 선염渲染*의 방법으로 색을 배합하여 색도色度에 변화를 줌으로써 생명력 있는 리듬을 전달했다. 한간의 작품으로는 〈옥화총도玉花驄圖〉·〈조야백도照夜白圖〉·〈목마도牧馬圖〉·〈세마도洗馬圖〉·〈팔준도八駿圖〉·〈백마도百馬圖〉 등이 있으며, 이 작품들은 당대 말을 그린 작품들의 풍격을 대표한다.

* 색칠할 때에 한쪽을 진하게 하고 다른 쪽으로 갈수록 차차 엷게 칠하는 기법-역주

713년
발해왕 대조영

총장 원년(668)에 당나라는 고구려를 멸망시킨 후 평양성 안에 안동도호부安東都護府를 설치하였다. 원래 말갈 속말부粟末部에 속하였으나 후에 고구려에 귀속한 대조영大祚榮*이 백성들을 취합하여 영주營州로 옮겨와 살았다. 무후 통천通天 원년(696)에 거란족인 송막도독松漠都督 이진충李盡忠이 반란을 꾀하면서 대조영은 더 이상 영주에서 살 수 없음을 깨달았다. 그리하여 말갈의 걸사비우乞四比羽와 함께 유민들을 데리고 동쪽으로 이동, 천연 요새를 기반으로 자립을 고수하였다. 한편 당의 장군인 이해고李楷固는 군사를 데리고 이들을 토벌하고자 걸사비우까지 죽였으나, 오히려 대조영에게 크게 패하였다. 이후 대조영은 백성들을 데리고 영주에서 2000리 떨어진 동모산東牟山에 성을 쌓아 지켰다. 대조영은 지혜와 용맹을 모두 갖춘 인물로, 수많은 고구려인들과 말갈인들이 그에게 의탁하고자 하였다. 그리고 오래지 않아 2000리의 토지를 차지하고, 10만여 가구와 수만 명의 사병이 커다란 부락을 이룰 정도로 발전하였다. 대조영은 스스로를 진국왕振國王이라 칭하고, 돌궐에 의지하여 그 세력이 날로 커져갔다. 당 현종은 즉위

한 후 대조영을 상대로 끊임없는 유화 정책을 펼쳤다. 이에 선천 2년(713) 2월에 대조영을 좌효위대장군左驍衛大將軍과 발해군왕渤海郡王으로 봉하였으며, 그가 통치하는 지역을 홀한주忽汗州로 삼고, 그에게 도독都督의 관직을 겸하게 하였다. 이로부터 대조영은 나라이름을 발해라 칭하였다. 발해국이 세워진 이후 대조영은 당의 제도에 따라 정치와 경제 제도를 정비하였을 뿐만 아니라, 한자漢字를 사용하였다. 현종 이후에 발해는 종종 장안에 사신을 보내 조공을 바치고, 봉호封號를 청하였으며, 학생들을 여러 차례 경사京師의 태학太學으로 보내 학습시켰다. 대조영은 개원 7년(719) 3월에 세상을 떠났으며, 현종은 대조영의 아들인 대무예大武藝가 왕위를 잇도록 명하였다. 이후 발해는 거란에 의해 멸망하였고(926), 거란의 태자인 야율배耶律倍가 동단왕東丹王의 자리에 올랐다.

* 우리가 알고 있는 역사와 다른 점이 있으나 원문대로 번역하였음—역주

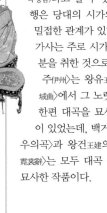
당대 궁악도宮樂圖

자개를 상감한 비파

대곡의 유행

대곡大曲은 중국 고대의 대규모의 무곡舞曲이다. 한위漢魏 시기에 이미 상화대곡相和大曲과 청상대곡淸商大曲이 있었는데, 계승과 발전의 과정을 거쳐 수당 시기에 이르면 이미 성숙 단계로 진입했다. 당대에는 가무대곡歌舞大曲을 매우 중시했으며, 가장 대표적인 음악 형식을 갖추고 있었다. 일반적으로 대곡은 산서散序·중서中序·파破 세 부분으로 나뉘는데, 각 부분은 다시 몇 단락으로 나눌 수 있다. 산서는 리듬이 자유로운 기악 부분이고, 중서는 가두歌頭라고도 하며 비교적 느리고 노래 위주로, 기악 반주가 들어간다. 파는 무편舞遍이라고도 하며 리듬이 점차 빨라지고 무용이 주가 되며 기악이 반주 역할을 한다. 중서에서 노래 부분은 대부분 서정적인 단락이며, 파에 진입한 이후 무용은 점점 고조에 이르게 되고, 마지막에는 불타오르듯 격앙되지만, 우아하고도 자유로운 것도 있어, 반드시 일정한 규격이 있는 것은 아니다.

대곡 중에서 일부 법곡法曲이라고 불리는 것이 있는데 곡조가 맑고 우아하며, 그 기원은 불교 음악과 관련이 깊다. 뿐만 아니라 도교 음악의 요소도 가미되었는데 이러한 곡은 선소곡仙韶曲이라고 칭했다. 당대 가무대곡의 종류는 매우 다양하고, 곡의 수도 많아 최고라고 칭할만하다. 중당 시기 최령흠崔令欽이 지은 《교방기敎坊記》는 당대 교방 활동에 관한 중요한 기록으로, 46개의 대곡과 278개의 일반곡 이름이 적혀 있다. 그중 〈양주凉州〉·〈쿠처악[龜玆樂]〉 등과 같은 유명한 대곡은 변경 지역의 이름을 붙였다. 무엇보다도 시의가 풍부하고 낭만주의 정신이 깃든 작품은 〈예상우의무霓裳羽衣舞〉(〈예상霓裳〉이라고 약칭함)라고 할 수 있다. 대곡의 성행은 당대의 시가의 발전과 밀접한 관계가 있다. 대곡의 가사는 주로 시가에서 일부분을 취한 것으로, 예를 들면 〈이주伊州〉는 왕유王維의 〈위성곡渭城曲〉에서 그 노랫말을 취했다. 한편 대곡을 묘사한 시도 많이 있었는데, 백거이의 〈예상우의곡〉과 왕건王建의 〈예상사霓裳辭〉는 모두 대곡 〈예상〉을 묘사한 작품이다.

714년
북정에서 패한 돌궐

개원 2년(714) 2월 7일, 돌궐의 우두머리인 묵철은 아들 동아同俄와 매부인 화발힐리발火撥頡利發, 그리고 대장大將 석아실필石阿失畢을 파견하여 대군을 이끌고 당의 국경을 침범하여, 북정도호부北庭都護府를 포위하였다. 당시 북정도호부의 상황은 매우 위급하였다.

당시 성을 지키던 대장은 당대 유명한 도호였던 곽건관郭虔瓘이었다. 강적인 돌궐의 군대와 맞섰으나 그는 평정을 유지하고 군사를 이끌고 힘써 대항하였다. 돌궐군은 장기간 북정北庭을 공격할 수 없었기 때문에 그들의 기세는 날로 격해졌다. 그러나 묵철의 아들인 동아는 자신의 무공이 뛰어나다고 자만하고, 군대의 병력이 강력하다고 과신하였다. 그리하여 당의 군대를 하찮게 여기고, 항상 홀로 창을 들고 적진에 들어가 성 밑을 점령하고, 성 안을 향해 큰 소리로 떠들고 욕하였다. 이에 곽건관은 길가에 건장한 군사들을 매복시킨 뒤 동아가 올 때를 기다려 기습 공격을 감행하였고, 동아는 그들에 의해 살해되었다. 한편 돌궐은 동아가 포로로 잡혔다고 판단하여, 사신을 당 군대로 보내 자기들의 군수품과 군용 양식 전체를 주면서 동아를 돌려보내 줄 것을 요구하였다. 그러나 동아가 이미 죽었다는 사실을 알게 된 후 돌궐에서 온 사신은 슬피 울면서 돌궐로 돌아갔다. 돌궐의 대장인 석아실필은 묵철이 아끼던 아들이 죽었다는 소식을 듣고 매우 두려워했

으며, 묵철이 결코 자신을 쉽게 용서하지 않을 것임을 알았다. 그리하여 그는 심사숙고 끝에 당나라 군대에게 의탁하기로 결정하고, 2월 25일 아내와 함께 부하를 거느리고 당나라 군대에 투항했다. 한편 장군을 잃은 돌궐의 군대는 군기가 해이해지자, 도호 곽건관은 이를 틈타 즉시 대군을 이끌고 성 밖으로 나가 적군을 한꺼번에 격파시켰다. 결국 돌궐의 군대는 화발힐리발의 통솔 아래 후퇴하여 돌궐로 돌아갔다. 당의 군대가 대승을 거둔 후, 곽건관은 현종의 칭찬을 받았으며, 좌우림대장左羽林大將 겸 안서대도호安西大都護·사진경략대사四鎮經略大使의 직책에 봉해졌다. 석아실필은 우위대장군右衛大將軍과 연북군왕燕北郡王에, 그의 아내는 금산공주金山公主에 봉해졌다.

714년
무역을 관리하기 위해 설치한 시박사

당 정부는 714년 광주에 시박사市舶使를 설치해 해상 무역을 관리했다. 이 제도는 원나라 말년까지 줄곧 700년 동안 지속되었다. 당대에는 상업 경제가 번영하고 대외 무역도 매우 발달했다. 또한 육상과 해상 무역이 빈번해지고 날로 정규화되자 정부는 전문적 기구를 설치하고 담당관리를 두어 이를 효과적으로 관리했다. 이로써 대외 무역의 부단한 발전을 촉진시켰으며 무역의 효과적인 발전에 긍정적인 역할을 했다.

당나라와 남해 각 국가와의 해외 무

역은 당조의 대외 무역에서 중요한 지위를 차지하고 있다. 당시 당나라와 해상 무역을 전개한 국가로는 신라·일본·인도·스리랑카·파사국波斯國(페르시아)·남해의 여러 섬나라, 대식국大食國(아라비아) 등이 있고, 그중 대식국이 가장 중요한 국가였다. 이들 국가들은 배를 타고 중국에 와서 무역을 했는데, 대부분 페르시아만에서 인도를 거쳐 말레이 군도를 돌아 지금의 광주에 도착했다. 그 다음 다시 광주에서 영남의 교주交州, 강남의 양주揚州, 복건福建의 천주泉州 및 복주福州, 명주明州, 온주溫州 등의 통상항으로 흩어졌다. 해상 무역은 발전이 매우 빨라 대규모 무역이 일상화되었고, 무역액의 규모가 매우 컸다. 또한 당나라는 육상 무역도 매우 중시했는데, 그중에서도 특히 주변 각 소수민족과의 무역인 호시互市를 더욱 중시했다. 호시는 경제적 요소 외에도 당나라와 서역 각국 간의 무역과 교류를 더욱 강화하고 촉진시키는 매우 중요한 정치적 요소도 있었다. 또한 호시를 통해서 내륙에 부족한 중요한 군용 물자인 말을 얻을 수 있었다. 이는 국방과 매우 직접적인 관계가 있는데, 말의 숫자는 한 국가의 국방력 수준을 반영하기 때문이다. 당 정부는 '호시감互市監'을 두어 전문적으로 호시 무역을 관리하도록 했다. 당나라와 돌궐·선비족·위구르족·강족羌族·토번 등 변경 지방의 소수민족과의 관계는 전쟁과 강화가 끊임없이 반복되었지만 무역 활동은 언제나 매우 빈번했다.

장욱 광서도狂書圖

전하는 바에 의하면 장욱은 술을 좋아하여 매일 취한 상태로 소리를 지르고 뛰어다녔으며, 붓을 들면 더욱 괴팍해졌다고 한다. 이러한 이유로 사람들은 미쳤다는 뜻으로 그를 '장전張顚'이라고 칭했다. 일찍이 공주가 짐꾼과 말다툼을 하는 것을 보고 필법을 깨달았고, 공손대랑公孫大娘이 검기무劍器武를 추는 것을 관람하고 신운神韻을 얻었다고 한다.

장욱의 광초

장욱은 당대 서예가로, 자는 백고伯高이며, 오군吳郡(지금의 강소 소주) 사람이다. 서예에 능하며 해서에 정통했고 특히 초서가 가장 유명한데, 그의 필체는 달아나는 형세요 기묘한 형상을 하고 있으며, 획이 끊임없이 이어지고 돌아 굽이치는 특징으로 새로운 풍격을 갖추었다. 왕희지와 왕헌지의 금초今草를 계승하여 초서의 명맥을 유지시켰다. 초당 시기 초서는 서법 발전의 기반을 조성하는 단계로, 구양순·우세남·저수량·설직薛稷 등 뛰어난 서예가들이 해서로 이름을 알렸으나, 이들은 행서와 초서에도 매우 뛰어났다. 손과정孫過庭은 왕희지와 왕헌지의 서법을 본보기로 삼았으며, 그가 저술한 《서보書譜》는 저자가 초서를 직접 쓴 자필본으로 유명하다. 손과정의 필체는 힘이 있고 유창하며, 묵법이 환하면서도 부드러워 이른바 '천 글자가 하나와 같으면서도 글자 하나하나가 각기 다른' 필법을 구사하여 이미 당대 초서의 새로운 의미를 표현해 내었다. 개원 원년 연간에 활동한 서예가 장욱은 금초의 기초 위에 이를 발전시켜 광초서狂草書를 창조했다. 광초서의 필체는 기묘하고, 왕희지와 왕헌지의 영역을 초월하였고, 장지張芝·왕희지와 함께 후세 초서의 모범이 되었다. 시인인 두보는 〈음중팔선가飮中八仙歌〉에서 '장욱은 술 석 잔이면 초서의 성인이 되는데, 갓을 벗고 맨머리로 왕공 앞으로 나아가, 붓을 휘둘러 글을 쓰면 구름과 연기 같았다'고 읊었다. 후에 장욱은 마침내 '초성草聖'으로 이름을 널리 알리게 되었다. 상해 박물관에 소장된 〈낭관석기서郎官石記序〉 탁본은 장욱이 세상에 남긴 해서체의 유일본으로, 원석原石은 오래 전에 유실되었다. 이 탁본의 해서는 전체가 탁 트인 느낌을 주며 순박하면서도 고상하고, 품위가 있으면서 조화를 이루고 있다. 아울러 서체는 우세남·저수량과 흡사한 풍격을 드러내고 있다. 장욱의 서법은 두 가지 면을 지니고 있어, 해서는 '지극히 근엄하고', 초서는 '지극히 자유분방' 하다.

백도무마白陶舞馬

말의 몸통은 전체가 순백색으로 마치 상아를 조각한 듯하다. 몸통은 크고 강건하며 살이 통통하고 둔부가 둥글다. 갈기는 구불구불하여 파도 문양을 이루고 있으며, 두 귀는 곧추섰다. 머리를 숙인 채 입을 벌리고 있으며, 눈빛은 높이 치켜든 앞발굽을 응시하고 있다.

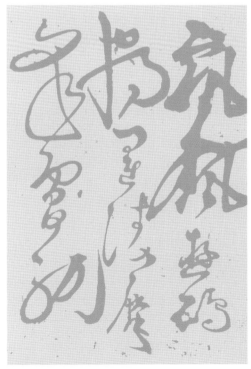

장욱의 천자문(일부분)

너울을 쓰고 말을 탄 여용[戴面沙女騎俑]

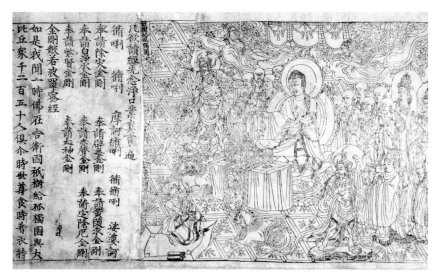

금강경

당 함통咸通 9년(868)에 인쇄되었다. 1900년 감숙 돈황 천불동千佛洞에서 발견되었고, 원본은 영국 런던박물관에 소장되어 있다. 두루마리 형태로 제작되었는데 첫머리에는 설경도說經圖를 인쇄했고, 그림 다음에 경문이 있으며 맨 끝에는 '함통 9년 4월 15일 왕개王玠가 부모님을 위해 삼가 만들어 보시한다'는 글귀가 새겨져 있다. 이 《금강경金剛經》은 인쇄사상의 금자탑이라고 할 수 있다.

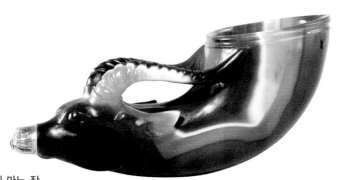

당·소머리 모양의 마노 잔

당나라는 주변 국가와의 교역이 활발했다. 이 잔은 조형 면에서 볼 때 중앙아시아 일대에서 온 물건이다.

당·다라니경한문인陀羅尼經漢文印

조판 인쇄업의 흥기

중국 고대의 조판 인쇄는 대략 당대 초기에 흥기했고, 당 중기와 말기에 점점 전국으로 보급되었다. 현재 세계 최초의 인쇄물은 1974년 서안에서 출토된 초당 때의 《다라니경주陀羅尼經呪》다. 현재 전해지는 당대 중기와 말기의 인쇄물은 각각 3종과 5종이 있는데, 대부분이 경문이나 고대의 두루마리 식인 권축장 불경이며 필적이 또렷하고 인쇄된 문자가 거침없다. 7세기 당 정관 연간에 조판 인쇄가 출현하기 시작했다. 당시 당 태종의 황후 장손씨가 죽은 후, 궁중에서는 《여칙女則》10편을 편찬했다. 태종은 이것을 보고 크게 감탄하여 이를 후세에 남겨 가르침을 주어야겠다고 생각하고, 《여칙》을 목판에 새겨 간행할 것을 명령했다. 고대에는 목판에 새겨 인쇄를 할 때 가래나무[梓木]를 사용했으므로 각판刻版, 즉 목판에 새기는 것을 '각재刻梓' 혹은 '재행梓行'이라고 했다. 당대 현장법사는 정관 19년(645) 서쪽의 인도에서 돌아와 인덕 원년(664) 입적할 때까지 매년 무려 다섯 바리에 달하는 종이에 인쇄된 보현보살상을 배포했다. 당대에 책을 간행하던 장소 가운데 오늘날 고증할 수 있는 곳은 수도였던 장안·동도 낙양·월주越州·양주揚州·강동·강서가 있고, 특히 익주益州 성도成都가 가장 발달했다. 《여칙》과 현장법사가 인쇄하여 배포한 불상은 모두 수도 장안에서 인쇄한 것이었다. 8세기 장안에는 책을 인쇄하여 파는 오늘날의 서점인 서방書坊이 출현했으며, 장안 동시東市에는 책을 인쇄하는 인쇄소인 이가李家와 대자가大刁家가 있었다. 초기의 조판 인쇄는 민간에서 유행했으며 오대 후당後唐 명종明宗 장흥長興 3년(932)에 이르러 관청에서 조판 인쇄를 하기 시작했다. 이때부터 정부의 서적 인쇄량이 나날이 증가했다. 정부는 국자감이 서적 간행 사무를 주관하도록 했으며, 활판도 국자감에 보관하여 '감본監本'이라고 불렀다.

연꽃 모양의 도금은 사발[鎏金蓮蘇紋荷葉足銀碗]

이 그릇은 당 시기에 불사 활동 때 쓰이던 예기로 1987년 섬서성 부풍 법문사 탑지궁塔地宮에서 출토되었다. 전체 높이 8cm, 입지름 16cm, 굽지름 11.2cm로 도금 장식이 되어있다. 입구가 넓고 해바라기 모양이며 배 벽에서 아래로 갈수록 좁아지고 바닥은 평평하다. 굽은 둥글고 나팔형으로 뒤로 말린 연꽃 잎 모양이며, 잎의 끝이 위로 말려 있다. 사발의 벽은 거푸집의 모형을 사용하여 상, 하 두 겹의 연꽃잎을 엇갈리게 배열했으며 연꽃잎 끝의 뾰족한 부분이 입둘레가 되도록 했다. 연꽃 잎 위에는 잎줄기와 꽃봉오리 도안을 도금했다. 둥근 굽 밖에는 잎줄기 무늬 위에 길상을 나타내는 꽃봉오리를 도금했으며 둥근 굽 바닥에는 "아내도우후겸압아감찰어사衙內都虞侯兼押衙監察御史 안숙安淑이 영구 공양품으로 보시한다"는 글이 써 있다. 굽의 안쪽 벽에는 검은 글씨로 '후吼'라는 밀교의 주문이 써 있다. 내려다볼수록 은사발은 마치 한송이 막 피어나려는 은 연꽃처럼 금빛이 흘러넘치며 반짝반짝 생동감이 넘친다.

722년
부병제의 해체

초당의 병제는 수대의 부병제府兵制를 계승하여 병농兵農을 분리하지 않았다. 개원 10년(722) 8월에 현종이 장열張說의 건의를 받아들이고 모병제募兵制로 숙위宿衛를 충당하면서 부병제가 해체되기 시작했다. 당초의 부병제와 균전제均田制는 매우 밀접하게 연계되어 있었는데, 개원 연간에 균전제가 와해되자 백성들이 대거 유랑하거나 이주하게 되면서 부병도 심각한 부족 현상을 보이게 되었다. 이에 장열이 모병제를 실시하여 숙위를 충당하고, 요역의 종류와 관계없이 모두 우대하면 탈주병들도 서로 모집에 응하려 들 것이라고 주청했다. 현종은 이러한 건의를 받아들였고, 과연 불과 10일 만에 13만 명의 정예병을 모집하여 각 위衛에 나누어 배치하고 교대로 근무하도록 했다. 이때부터 병농 분리가 시작되었으며 모병제로 직업 병사를 모집했다. 이듬해인 723년, 정부는 정장 12만 명을 소집하여 장종長從 숙위라 했는데, 일년에 두 번 근무를 하면 주현州縣의 노역을 면해주었다. 개원 13년(725), 장종 숙위를 확기彍騎라 개칭하고 국가에서 병사에게 군량을 나누어 주었다. 개원 25년(737), 당 정부는 다시 군대 정원을 점검하고 장정(장정건아長征健兒라고도 함)들을 모집하여 장기적으로 변방군을 맡도록 했다. 이때에 이르러 경성 숙위와 국경을 수비하는 병사는 모두 모병제로 소집한 정장으로 충당했으며 부병제는 유명무실해졌다. 천보 8년(749) 5월, 재상 이임보는 절충부折衝府가 병사의 징발을 알리는 부절符節과 칙서를 내리지 못하게 주청했다. 이로써 부병에는 관리만 남고 병사는 없어졌으며, 부병제는 완전히 해체되었다.

돌사자

석사는 포성현蒲城縣 당 예종 이단의 묘인 교릉橋陵 남문 밖 서쪽에 있다. 전체 높이는 2.83m고, 좌대는 가로 세로 각각 3.36m, 1.66m다. 사자는 앞다리를 세우고 뒷다리는 구부려 장방형의 좌대에 웅크리고 앉아 있다. 또한 머리를 들고 가슴을 펴고 둥근 눈은 먼 곳을 응시하며 입을 벌리고 귀를 세우고 포효하는 모습을 하고 있다. 이 돌사자는 숫사자로 머리에는 물결 모양으로 날리는 기다란 갈기가 있고, 턱 밑에는 수염이 있으며, 다리의 바깥쪽 측면에는 섬세한 솜털이 있고, 그 위쪽으로 난 긴 털은 나선형 모양을 하고 있다. 꼬리는 몸을 감싸 등 위에 비스듬히 얹어 놓았으며 꼬리의 끝 부분은 몸을 따라 아래로 늘어뜨렸다. 이 돌사자는 조형이 생동감이 있어 형체가 살아 있는 듯하며 힘이 있어 생기발랄한 느낌을 주며, 당대 능묘의 석조 가운데 가장 대표적인 작품이라고 할 수 있다.

생동적이며 섬세한 성당 벽화

초당 벽화의 광활하고 성대한 기세는 근 100년의 발전 변화를 거친 후, 당 예종 경운 연간에 이르러서 당의 벽화는 제 2시기로 넘어간다. 제 2시기는 당 예종 경운 연간에서 당 현종 천보 연간(742~756)이다. 이 시기의 벽화 제재에서 두드러진 표현은 일상 가정생활이 주도적 지위를 점하게 되었으며 수렵출행이라든가 의장출행의 장면은 대대적으로 감소되었다는 점이다. 어떤 벽화는 남자 시종과 여자 시녀, 예를 들면 쟁반을 들고 있는 남자 시동이나 연꽃을 들고 있는 여자 시녀, 물건을 들고 있는 시녀 등을 그리고 있다. 또 누각 건축·기마 시위 및 화훼·초석 등의 그림도 있다. 성당盛唐 벽화는 상세하게 인물을 그리는 것이 주가 되었으며 화가와 화공들은 각종 인물, 즉 시녀·내시·문관·무관·마부·낙타몰이꾼들을 세밀한 관찰을 통하여 단순하고 숙련된 선과 화려한 색채를 사용하여 생생하게 그 형상을 묘사하고 있다. 채색에 있어서는 같은 종류로 착색을 했고, 외래 것을 흡수 융합하는 데에 주의를 기울이는 기초 위에서 창작하는 노력을 기울였다. 건축물의 기둥, 각재목角材木, 두공斗栱*은 단선을 사용하여 평서법으로 처리했다. 그밖에 복식은 운염법暈染法을 사용했고 도안의 문양은 첩운법疊暈法을 채택했다. 이러한 기교의 운용은 성당 벽화를 더욱 세밀하게 하여 사람들의 눈길을 빼앗고 있다. 동시에 벽화가 오랜 풍화와 침식을 견디내며 지금까지도 여전히 선명한 색채를 유지하도록 했다.

* 큰 규모의 목조 건물에서, 기둥 위에 지붕을 받치며 차례로 짜올린 구조─역주

자오선의 길이를 측정한 승려 일행

당대 개원 12년(724), 승려 일행一行은 세계적으로 첫 번째로 자오선(경선)의 길이를 실측했는데 이는 아랍 천문학자인 알·파라자밀이 814년에 실측한 것보다 90년이나 빠르다. 승려 일행(683~717년)은 본명이 장수張遂고 위주魏州 창락(하남 남악현) 사람으로 당대의 고승이자 천문학자, 지질측량학자다. 개원 연간에 일행은 《대연력大衍曆》을 편찬했는데 전국의 천문 대지를 측량하는 구성원을 대규모로 조직하여 중국 전역의 12곳을 측량했다. 남쪽으로는 교주交州에서 북으로는 철륵鐵勒에 이르렀다. 그들은 측정 지점의 정오의 해 그림자의 길이를 측량하고, 측정 지점의 북극 고도로 남북의 낮밤의 길이를 결정했으며 또한 각지의 일식의 식분蝕分* 등을 측량했다. 일행은 또한 복거도覆矩圖를 발명하였는데 단혈丹穴을 남의 경계로, 유도幽都를 북의 경계로 하여 밀리파가 매번 1도 변화하면 상응하는 변화를 곧 복거도로 표시했다. 이러한 측량은 《대연력》이 일식과 주야 길이를 계산할 때에 중요한 숫자를 제공해주었다. 기원전 3세기 말에 고대 희랍의 천문학자인 아리스타르코스Aristarchos[BC 310?~BC 230?]는 땅이 둥글다는 신념하에 지구 주위를 측량하려 했고, 피타고라스학파는 여행자들이 보았다는 밀리파 변화에서 지구가 둥글다는 것을 생각하게 되었다. 유감인 것은 중국의 전통 천문학자 중에는 명확한 지구 개념을 가진 사람이 없었다는 것이다. 일행은 이미 지구의 자오선 1도의 원주 길이를 측정했으므로 비록 대지는 공 모양의 테두리라는 것을 발견했으나 지동설과의 연관관계를 잃고 말았다.

* 일식이나 월식 때에 태양이나 달이 가려진 정도로 태양이나 달의 지름에 대한 이지러진 부분의 백분율로 나타냄─역주

승려 일행

돈황 217굴 벽화·법화경변法華經變의 일부분과 환성유품幻城喩品

734년
재상 이임보

이임보李林甫는 원래 이부시랑으로 아첨을 잘하고 교활한 자로서 여러 환관, 비빈들과 깊은 교분을 쌓았다. 그래서 황제에 대한 일거수 일투족을 가장 먼저 알 수 있었다. 이리하여 그는 매번 황제의 마음에 맞는 말을 상주하여 당 현종의 신임을 얻었다. 당시 무혜비武惠妃가 가장 총애를 받았으며 그 아들 수왕壽王 모瑁 역시 현종의 총애를 받고 있었다. 이에 이임보는 무혜비에게 알랑거리고 빌붙어 황문시랑黃門侍郞으로 발탁되어 승진할 수 있었다. 개원 22년(734) 5월 28일에 현종은 배요경裴耀卿을 시중에, 장구령을 중서령에, 이임보를 예부상서·동중서문하 삼품에 임명했다. 이때부터 이임보는 점점 전권을 행하기 시작했다. 그의 19년 간의 승상 생애에서 현종은 그에게 줄곧 깊은 신뢰를 보내고 의심치 않았다. 이임보는 유명한 간신으로 술수 부리기를 좋아하며 겉으로는 꿀 같은 달콤한 말을 하면서 배후로는 음모를 꾸미는 인물이었다. 이임보는 현종의 신임을 받거나, 자신을 반대한

모든 사람들과 어떻게 해서든지 친히 왕래하면서 교제를 맺었으나 권세를 장악하자 이 사람들을 모두 제거했다. 설사 교활하고 노련한 사람일지라도 이임보의 손아귀 아래서는 어쩔 수 없이 패하게 되어 있었다. 또한 승상인 장구령·배요경 등도 모두 이임보가 배척하여 승상에서 파면되었다. 이임보가 재상에 있던 기간 동안 조정에는 더 이상 직언을 간하는 사람이 없었다. 당대의 쇠락은 바로 이때부터 시작되었다.

곡강지와 한요

곡강지曲江池는 남북이 길고 동서가 좁으며 연못의 물이 구불구불하기 때문에 '곡강지' 라는 이름이 붙었다. 한요寒窯는 당대 승상의 딸인 왕보천王寶釧과 가난한 청년 설평귀薛平貴가 결혼 후에 살던 동굴집이다. 사진은 곡강지의 일부분으로 담장 안이 한요다.

고대 체육의 흥성 시대

수당 시기 고대 체육은 전대미문의 흥성 시대로 접어들었다. 씨름·줄다리기·그네·바둑 등이 광범위하게 유행했다. 가장 유행했던 체육 활동은 마구馬球와 축구였고 여자들도 참여했다. 마구·축구·바둑 등의 운동은 당대에 일본으로 전래되었다. 마구는 정관 연간에 토번에서 전래된 것이다. 당 태종은 장안 거리에서 사람들이 모여서 마구를 하는 것을 보고 이 운동이 매우 좋다고 여겨 이를 널리 알리라고 명령했다. 당 태종은 마구를 매우 즐겼고, 공을 다루는 기술도 뛰어났다. 당 태종은 즉위하기 전인 어느 날 형제·부마 등과 함께 토번 사람들을 상대로 마구 시합을 해서 완승을 거두었다. 당 고종의 대대적인 제창 아래 많은 귀족·관리·문인 학사 및 여자들도 모두 마구 경기에 열중이었다. 마구는 후대에도 끊임없이 성행하다가 청대에 이르러 명맥이 끊겼다. 당대의 마구 활동은 통치계급의 장려 아래 상당한 범위 내에서 크게 발전할 수 있었다. 특히 운동장 시설을 짓고, 시합을 통해 교류하며, 군대에 널리 보급되고, 기술 수준이 향상되는 등의 발전이 있었다. 당대의 축구는 한위漢魏 시기와 비교하여 진보가 있었다. 한대의 축구공은 속이 꽉 찼지만 당대의 축구공은 기체를 채운 가죽 재질의 공이었다. 대시인 이백도 축구를 매우 좋아했다고 전해진다.

당·채회타마구용彩繪打馬球俑

말 타고 공을 치는 채색 도용

장구령

장구령은 걸출한 정치가일 뿐만 아니라 또한 당시를 풍미하는 시인이었다. 그는 재주가 뛰어나며 문장이 고아하고 시의 역시 초탈의 경지에 이르렀다. 재상 장열張說은 그를 "후에 출현한 시인의 우두머리"라고 평했다. 그의 〈감우感遇〉·〈망월회원望月懷遠〉 등의 시는 모두 천고에 전해져 내려오는 명작이다. 그의 저서 《곡강장선생문집曲江張先生文集》 20권이 세상에 전해진다.

737년
재상에서 파직된 장구령

장구령張九齡(673~740)은 당 현종 개원 연간의 재상이다. 그는 젊었을 때에 이미 문장으로 이름이 나 있었으며 약관의 나이에 진사가 되었다. 그 후 비서감·집현원 학사를 역임했으며 개원 19년(731)에 중서시랑을 역임했다.

후에 이임보가 승상이 되는 것을 반대했기 때문에 이임보의 원한을 샀다. 개원 24년(736) 여름, 장구령은 자신의 친한 친구인 엄정지嚴挺之를 승상으로 추천하려고 했지만 엄정지는 그 위인됨이 너무나 정직하여 이임보 같은 위인을 경멸하였기 때문에 결국 이임보의 중상모략을 받게 되었다. 이리하여 현종은 이전에 원한이 쌓였던 것을 고려하여, 또 배요경과 장구령이 당을 결성하여 사사로운 영리를 취한다는 구실을 대어 개원 24년(736) 11월 27일, 우승상 배요경과 좌승상 장구령

을 정무에서 파면하는 동시에 이임보를 겸중서령에, 우선객牛仙客을 공부상서에 임명했다.

개원 25년(737) 4월, 감찰어사 주자량周子諒은 우선객을 탄핵하며 요참서를 그 증거로 삼았지만, 당 현종은 이일이 몹시 황당하다고 여겨 주자량을 매를 치며 꾸짖은 연후에 양주襄州(지금의 광서 상사현上思縣)로 유배를 보냈다. 주자량은 장구령이 추천한 사람이었기 때문에 장구령도 4월 20일 형주장사荊州長史로 좌천되었다. 장구령은 정직하고 현명하여 감히 직언으로 간언을 하며 국가의 일을 자신의 소임으로 삼았으나 간신에게 모함을 받게 되었다. 그러나 비록 왕의 뜻을 거슬러 조정에서 쫓겨났지만 당 현종은 여전히 내심으로는 장구령의 사람됨을 좋아하여 늘 추천된 사람을 볼 때마다 언제나 그 위인됨을 장구령과 비교하곤 하였다. 장구령은 개원 28년(740) 2월 형주에서 죽음을 맞이하니 향년 68세였다.

곰 문양의 은쟁반

여섯 장 꽃잎의 은쟁반에 곰 문양이 있는 당대의 기물이다. 높이 1cm, 입지름 3cm로 1970년 서안시 남쪽 교외의 하가교촌何家촌村에서 출토되었다. 문양으로 장식된 곰은 입을 벌리고 먹이를 기다리는 모습 혹은 울부짖는 모습을 하고 있다. 곰은 원래 우둔하고 흉폭한 동물이지만 고대 장인의 심혈을 기울인 디자인을 거쳐 온순하고 귀여운 모습을 하고 있다.

삼채三彩 사자

당삼채의 동물 조형은 말과 낙타가 주류를 이루며 사자는 매우 적다. 일본 나라[奈良]의 쇼소인[正倉院]에 한 쌍, 중국 역사박물관과 섬서성 박물관에 각각 한 쌍이 소장되어 있고, 이 사진의 삼채 사자가 네 번째 쌍이다.

739년
대화성에 도읍을 정한 남조

수나라에서 당나라 초에 이르기까지 지금의 운남 지역인 전지滇池에는 백만白蠻족이 살고 있었고, 서이하西洱河 지역에는 하만河蠻과 오만烏蠻의 몽蒙씨 성을 가진 부락이 있었다. 이들은 장기간의 융합과 발전을 거쳐 드디어 6개 노예주 정권을 형성하기에 이르렀으며 이 정권을 '육조六詔'라고 칭한다. 6조 사이에는 서로 통혼을 했으며 병력이 대체적으로 비슷하였기 때문에 서로 간에 다툼이 많았다. 당대에 지금의 운남성에 거주하던 오만 사람 피라각皮羅閤은 서이하를 기반으로 한 오만 노예주를 핵심으로 삼고 백만 등 기타 소수민족 노예주들을 연합하여 당나라에 부속된 소수민족 정권인 남조南詔국을 건립하였다. 남조국 왕의 성씨는 몽蒙으로 시조의 이름은 사룡舍龍이며 애

뢰哀牢에서 몽사천蒙舍川으로 이주해 왔고 대대로 당의 관리를 지냈다. 토번 세력이 이해洱海 지역으로 들어온 후 당 조정은 이 지역에서의 토번의 발전을 억제하기 위하여 남조의 정책을 지지하였다. 713년, 당 현종은 피라각을 대등군왕臺登郡王에 봉하였다. 737년 피라각은 당의 주재하에 하만과 전쟁을 하여 이겼다. 738년, 당은 피라각을 운남왕에 봉하고 몽귀의蒙歸義라는 이름을 하사하였다. 739년, 피라각은 대화성大和城(지금의 대리현大理縣)으로 도읍을 정하고 계속 각종 제도를 수립하여 남조 정권을 건립하였다. 통치 중심은 지금의 운남 서부 대리大理 백족자치주 일대였다. 남조는 당 정부의 지지하에 건립된 나라로 건립 후에는 당의 책봉을 받았으며 당에 대한 번속 관계를 확립하였다. 이는 남조가 정치·경제·문화 방면에서 내지의 한족과 불가분의 관계에 있었음을 반영하고 있다.

당대 서역의 변경 도시
타클라마칸 사막 오지에 있는 폐허가 되어 버린 당대 변경의 성 모습이다. 이 지역은 일찍이 변새시인들의 호탕한 감정을 끓어올려 "황사는 백전의 금갑옷을 뚫고, 누란樓蘭을 쳐부수지 않으면 결코 돌아가지 않으리"라는 시 구절을 짓도록 하였다.

잔을 입에 물고 춤추는 말 문양이 있는 은주전자

739년
당의 토번 정벌

개원 25년(737) 2월, 당은 맹약을 파기하고 출병하여 토번을 기습 공격하였다. 당나라는 토번과 강화조약을 체결한 이래 변경이 안정되고 백성들은 부유하였다. 하서절도사 최희일崔希逸은 사신을 토번 변경의 장군 걸력서乞力徐에게 파견하여 쌍방이 철병하기를 희망한다고 알렸다. 최희일이 거듭 이 입장을 견지하자 걸력서는 하는 수 없이 여기에 동의하였다. 이리하여 흰 개 두 마리를 죽여 맹세를 하고 쌍방은 수비대를 철수하였다. 토번이 당과 토번의 경계 지역에서 소와 양을 가득 풀어 방목하기 시작하였다. 이때 마침 토번이 서쪽에 있던 발률勃律을 공격하자 발률은 대패하고 당에 급히 도움을 청하였다. 현종은 토번에게 군대를 철수할 것을 명령하였으나 토번은 거

절하였고, 이에 현종은 대로하였다. 당시 최희일의 수하인 손해孫海가 입조하여 이런 사실을 아뢰었다. 손해는 공을 세우고 싶은 마음에 토번은 방비가 없어 만일 습격한다면 틀림없이 대승을 거둘 것이라고 아뢰었다. 현종은 이 말만 듣고 내급사 조혜종趙惠琮을 손해와 함께 하서로 파견하였다. 조혜종은 하서에 도착하여 최희일에게 토번을 습격하라는 성지를 가져왔다고 거짓으로 고하였다. 최희일은 이에 하는 수 없이 개원 25년(737) 3월 25일 양주涼州에서 군대를 출병하여 토번을 공격하였다. 청해의 서쪽에서 토번을 대파하니 걸력서는 도망가버렸다. 최희일은 내심 부끄러운 마음을 갖게 되었지만 조혜종과 손해는 이 일로 커다란 상을 받았다. 이때부터 토번은 당나라에 조공 바치기를 거부하고 당과 토번의 관계는 다시금 결렬되었으며 쌍방 간의 전쟁은 끊임없게 되었다.

개원 26년(738) 7월, 현종은 농우隴右절도사 두희망杜希望과 검남劍南절도사 왕호王昊에게 선주鄯州에서 출병하여 토번을 공격하라고 명령하였다. 토번은 강의 좌쪽에 염천성鹽泉城을 축조하고 토번 군사 3만 명을 발병하여 응전하였다. 좌위위랑장左威衛郞將 왕충사王忠嗣가 먼저 부대를 이끌고 적진으로 들어가 적진을 교란시키자 두희망은 그 기회를 타서 적을 대파하였다. 9월, 토번이 발병하여 검남절도사 왕호를 안융성安戎城에서 공격하니 당군은 거의 전멸하였다.

개원 27년(739) 12월, 당은 다시 출병하여 안융성을 탈환하고 평융성이라고 이름을 바꾸었다. 다음 해 12월 금성공주가 토번에서 세상을 떠났다. 개원 29년(741), 토번은 사자를 당에 파견하여 금성공주의 죽음을 알리고 당과 화친하기를 희망하였다. 그러나 현종이 거절하여 이런 뜻은 이루어질 수 없었다.

거북이 문양이 있는 복숭아 모양의 은쟁반
당대의 기물로 복숭아 모양 속에 거북 모양이 들어 있는 은쟁반이다. 높이 1cm, 입지름 12.3cm며 1970년 서안시 남교 하가촌 굴 속에서 출토되었다. 거북이는 천년을 산다하여 옛사람들은 이를 장수의 상징으로 여기고 '구수龜壽'라 하여 기물의 장식으로 자주 이용했다.

삼채도안마三彩陶鞍馬
당삼채마로 말은 고개를 든 채 장방형의 발판 위에 곧게 서 있다. 두 귀는 쫑긋 서 있고 두 눈은 둥글게 뜨고, 입을 벌려 큰 소리로 울고 있는 듯하다. 잘 다듬어진 갈기 · 묶은 꼬리 · 고삐의 장식 · 말안장이 모두 구비되어 있으며 등에는 꽃 문양이 있는 모포가 덮혀 있고, 앞다리는 곧게 편 채로 서 있고 뒷다리는 약간 구부리고 있다. 말의 몸체 바탕에는 백유를 시유하였으며 사이사이에 녹색 · 황색 등의 채유로 장식하였다. 조형은 생동감을 지니고 있으며 무척 아름답고 표정과 태도가 상당히 핍진하다. 몸체는 아주 웅장하며 위무가 있고 자태가 강건해 보인다. 삼채유는 자연스럽게 흘러내리고 있다. 당대 삼채도마는 비교적 많지만 유색이 찬란하고 다채로우며 백유로 시유된 말은 보기 드물다. 당삼채 기물 중에서도 뛰어난 작품이며 연대가 기록된 고분 출토품으로 보존 상태가 완전하다.

득세한 양씨 일족

현종은 양귀비를 총애했기 때문에 양씨 일가에 대한 총애 역시 매우 컸다. 그는 우선 양옥환의 아버지 양현염楊玄琰을 병부상서에 추존하고 그의 숙부인 양현규楊玄珪를 광록경으로 발탁하고 그의 종형제인 양섬楊銛은 전중소감殿中少監에, 양기楊錡는 부마도위에 명했다. 양귀비에게는 세 언니가 있었는데 현종은 이 세 사람을 한국부인韓國夫人·진국부인秦國夫人·괵국부인虢國夫人에 봉하고, 아내의 자매란 뜻으로 '이姨'라고 부르며 자유롭게 황궁을 출입하게 하였다. 이들이 입궁하면 옥진공주玉眞公主마저도 예를 갖출 정도였다. 이들 세 부인과 양섬·양기 등 다섯 집안은 권세가 너무 높아 안하무인이었으며 다섯 집안은 경쟁적으로 저택을 지어 사치가 극에 달하여 무수한 물자를 소모하였다.

부용탕

부용탕芙蓉湯은 구룡탕의 서쪽에 있는데 당시 양귀비가 목욕하던 곳이다. 백거이는 그의 시에서 "쌀쌀한 봄, 화청지 목욕을 하사하니[春寒賜浴華淸池], 온천물 매끄러워 고운 화장 씻어내네[溫泉水滑洗凝脂]"라고 노래하였다.

745년
귀비에 책봉된 양옥환

천보天寶 4년(745) 8월, 당 현종은 양옥환을 귀비貴妃에 책봉했다. 이때부터 양귀비는 10여 년 동안 현종의 총애를 받으며, 양씨 가문도 높은 권세를 누렸다. 포주蒲州 영락永樂(지금의 산서 영제永濟) 출생인 양귀비(719~756)의 어릴 때 이름은 옥환玉環으로 어려서 아버지를 여의고 숙부의 집에서 자랐다. 후에 수왕부壽王府로 들어와 수왕비에 책봉되었다.

개원 25년(737), 현종의 총애를 받던 왕비인 무혜비가 세상을 떠나자 수천 명 후궁 가운데 더 이상 현종의 마음에 드는 이가 없었다. 이에 수왕비를 추천하는 자가 있었는데, 현종은 수왕비를 보고 첫눈에 반해 그녀에게 출가하여 여도사가 되라는 자신의 의중을 전하고 태진太眞이라는 호를 내리고 수왕에게는 다른 비를 주었다. 그리고

화청지

화청지華淸池는 여산驪山의 서북쪽 기슭에 있다. 당 태종 정관 18년(644), 유명한 건축가이자 화가인 염입덕閻立德의 주재하에 이곳에 탕천궁湯泉宮을 건설했다. 당 현종은 후에 이곳을 온천을 중심으로 하여 제2의 수도로 확장 건설하고 화청궁으로 이름을 바꾸었다. 궁전이 온천 위에 건설되었기 때문에 또 화청지라고도 한다. 당 현종은 매년 음력 10월이면 양귀비와 함께 이곳으로 와 겨울을 지내며 정무를 처리하고, 신하를 접견하다가 다음해 2월이나 4월에 장안으로 돌아가곤 했다.

얼마 되지 않아 슬며시 태진을 입궁시켰다. 태진은 음률에 정통하고 가무에 뛰어났으며 또한 총명하고 민첩하며 사람의 마음을 잘 이해하여 현종의 깊은 총애를 받았다. 귀비가 한창 총애를 받을 때에는 그녀가 마차를 타면 환관 고력사가 말고삐를 쥐었으며, 700명이나 되는 전문 인력이 양귀비의 옷에 수를 놓았다. 사람들은 이 권세 있는 양귀비에게 아부하며 빌붙기 위해 온갖 진귀한 기물과 보물을 헌상하기에 바빴다.

양귀비는 신선한 여지荔枝*를 무척 좋아했는데 현종은 이를 위해 매년 영남의 역참에서 장안으로 직접 여지를 공수하라 명령하여 신선한 맛과 색을 유지하도록 하였다. 양귀비는 두 차례 현종의 뜻을 거슬러 집으로

당대 귀부인 모습

보내진 적이 있는데, 이때마다 현종은 마음이 불안하고 침식을 잃어 곧 다시 궁으로 데려온 후에는 총애가 더욱 깊어졌다.

* 중국 남방에서 나는 과일인 리치—역주

753년
일본에 건너간 감진

천보 12년(753), 승려 감진鑒眞은 다섯 번을 시도한 후 여섯 번째 일본행에 성공하다. 그는 당나라에 온 일본 사자를 따라 일본으로 건너가 불도를 널리 펼쳤다. 감진대사(688~763)는 양주揚州 강양江陽에서 출생하였으며 속성은 순우淳于로 14세 때 출가하여 승려가 되었다.

그가 고승을 따라서 동도인 낙양과 장안으로 가니 중종中宗이 예를 갖추어 그를 초빙하였다. 그는 중종을 위해 경전을 해설하였고 또한 낙양과 장안에서도 도를 강의하였다.

천보 원년(742), 중국 낙양에 와서 이미 10년이 된 일본 고승 영예榮睿·보조普照 등이 양주로 와서 감진을 배알하고는 일본으로 건너가 널리 불계를 전해주기를 간청하였다. 천보 2년에서 천보 9년(743~750)까지 감진은 전후 5차례에 걸쳐 일본으로 떠나거나 일본에 갈 준비를 하였지만 매번 여러 가지 원인 때문에 실패하였다.

천보 12년(753), 감진 일행은 양주에서 출발하여 소주에 도착하였고, 소주에서 견당부사遣唐副使가 탄 배로 바꿔 타고 일본으로 건너갔다. 이 해 12

연화탕蓮花湯
당 현종이 목욕하던 곳으로 구룡탕九龍湯이라고 부른다. 욕탕 안에는 백옥으로 조각한 연꽃이 한 쌍 세워졌는데 연꽃 위에서 맑은 온천수가 뿜어져 나오는 것이 마치 맑은 옥이 부숴져 내리는 것 같다 하여 연화탕이라고도 부른다.

감진 좌상
이 좌상은 감진의 제자 인기忍基 등이 생전의 모습을 근거로 하여 제작한 것이다. 이 좌상은 아직까지 도쇼다이지의 개산당開山堂 내에 안치되어 있으며 일본의 국보다.

감진을 환영하는 그림
감진이 여섯 번째 도해에 성공하여 일본에 가서 계율을 강의하고 수계를 한 것은 불교계의 커다란 사건이었다. 이 그림은 감진이 일본에 도착하여 환영 받는 정경이다.

월에 일본에 도착하여 융숭한 환대를 받았다. 다음해(754) 4월, 쇼우무聖武 천황 등에게 수계授戒를 주었다. 천보 14년(755), 감진은 도다이지東大寺*의 불상 앞에 계단戒壇을 설치하고, 성대하게 수계 의식을 거행하였다. 같은 해 일본 측은 감진에게 당선원唐禪院을 지어주고 이곳에서 살도록 하였다. 쇼우무천황 사후에도 일본은 쌀과 소금을 공양하여 감진을 봉양했다.

대종代宗 광덕 원년(763) 5월, 감진은 도쇼다이지唐招提寺**에서 열반하였다. 감진이 일본에 건너간 일은 일본 불교 만이 아니라 일본의 의학·건축·조각 등의 여러 방면에 중요한 영향을 주었으며 중·일 문화 교류사에 중요한 사건이었다.

* 일본 나래[奈良]에 있음 — 역주
** 일본 나라에 있음 — 역주

도쇼다이지
감진은 일본에서 10년간 생활하고 당 광덕廣德 원년(763) 나래[奈良]의 도쇼다이지에서 열반에 드니 향년 76세였으며 경내에 묻혔다.

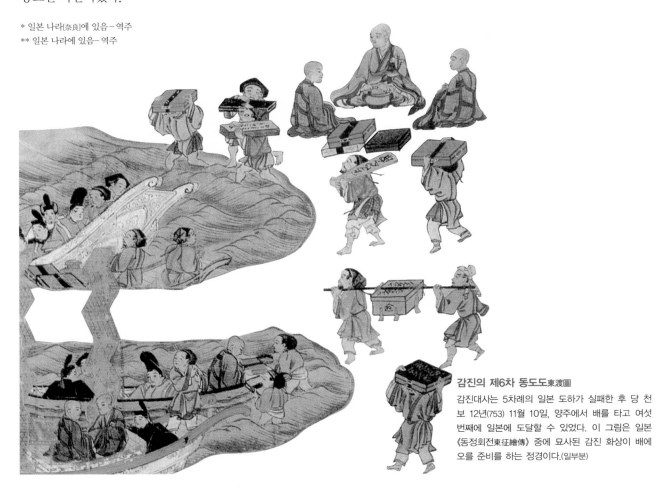

감진의 제6차 동도도東渡圖
감진대사는 5차례의 일본 도하가 실패한 후 당 천보 12년(753) 11월 10일, 양주에서 배를 타고 여섯 번째에 일본에 도달할 수 있었다. 이 그림은 일본 《동정회전東征繪傳》 중에 묘사된 감진 화상이 배에 오를 준비를 하는 정경이다.(일부분)

당나라의 걸출한 시인들

당 현종 개원과 천보 연간부터 '안사의 난'이 발발하기 전까지 당대 사회는 고도로 번영하였으며 또한 예술적 분위기가 농후한 시대였다. 당시唐詩는 100여 년의 준비와 숙성기간을 거쳐 이때에 이르러 최전성기의 클라이막스를 맞이하였다. 초당·성당·중당·만당의 네 단계로 나눌 때 비록 성당의 기간은 가장 짧지만 당시의 성취는 오히려 가장 휘황찬란하다. 이 시기에는 위대한 시인 이백이 출현하였을 뿐만 아니라 재능이 뛰어난 우수한 시인들이 많이 배출되었다. 몇백 몇천 년을 내려오며 인구에 회자되며 광범위하게 전해져 내려오는 시구들은 모두 이시기에 태어났다. 열정의 충만함, 호방함과 분방함, 농후한 낭만적 기질 등을 모두 갖춘 것이 성당시의 주요 특징이다. 설혹 편안하고 조용한 아름다운 작품이라 할지라도 생기가 충만하여 광채가 찬란하다. 이것이 바로 후인들이 흠모하여 마지 않는 '성당의 소리'다.

당 현종 천보 14년(755), 안사의 난이 발발하자 당 왕조는 번영에서 쇠락의 길로 급속히 빠져버리고 당시唐詩 역시 이에 따라 중대한 변화가 나타났다. 이백과 두보는 줄곧 당나라 시의 세계에서 양대 산맥이자 중요한 최고봉이자 동시에 당시의 영역을 구성하였다.

이백과 두보는 11살밖에 차이가 나지 않으며 당 왕조의 전성시대와 전성에서 쇠락의 시대로 들어가는 안사의 난을 모두 겪은 사람들이지만 그들의 창작은 어느 면에서 근본적 차이가 있다. 이백 시가의 주도적인 예술적 특징은 대당제국이 가장 번영하였던 연대에 형성되었다. 따라서 개인 정서의 표출을 중심으로 자유로운 인생의 갈망과 추구를 노래하였다는데 그 현저한 특징이 있다. 반면 두보 시가의 주도적인 예술적 특징은 오히려 안사의 난 전야에 형성되기 시작하여, 이후 수십 년 동안 천하가 와해되고 온 천지에 가득한 슬픈 고통의 소리 속에서 자라났다. 이리하여 방금 지나가버린 시대 속에서 유행했던 충만함과 자신감, 낭만적 색채가 풍부했던 시가 분위기는 두보에 이르러 뚝 끊겼다. 여행길에서 두보는 국가와 민족의 운명에 대해 침중한 책임감을 느끼면서, 피와 눈물로 가득찬 국토를 응시하며, 시대의 모습과 자신의 내심의 비애를 충실하게 묘사했다.

이러한 사회에 대한 깊은 침잠, 정치와 민생의 질고에 대한 깊은 관심, 사실을 중시하는 창작 경향 및 이로부터 초래된 언어표현 형식의 일련의 변화는 당시의 내용과 풍격의 중대한 변화를 나타낼 뿐만 아니라 당 이후 송대 시가의 발전에 이르기까지 심원한 영향을 끼쳤다.

음중팔선도飮中八仙圖

음중팔선은 모두 당나라 개원·천보 연간의 인물들로, 그림의 왼쪽부터 초수焦遂·소진蘇晋·최종지崔宗之·이적李適·여양왕汝陽王·이진李璡·이백·하지장賀知章·장욱張旭 등 8명이다. 이들은 모두 술을 좋아하고 세상에 구속받지 않은 생활을 하여 '음중팔선'이라고 불렸다. 두보는 이들을 위해 〈음중팔선가飮中八仙歌〉를 지었다.

맹호연

당대 시인 맹호연孟浩然(689~740)은 양양襄陽 출생이다. 그의 인생의 전반부는 힘들게 고학하며 녹문산鹿門山에 은거하였다. 40세에 비로소 장안으로 나와 벼슬을 구하였으나 뜻을 이루지 못하였다. 강회 오월 일대를 12년간 주유한 후에 고향으로 돌아와 은거하다가 세상을 떳다. 그는 시창작에 있어 왕유와 이름을 같이하니 세상에서는 이들을 산수전원시파의 대표로 '왕맹王孟'이라고 함께 칭한다.

시선詩仙 이백

　이백의 자는 태백太白, 호는 청련거사靑蓮居士며 본적은 농서隴西 성기成紀(지금의 감숙 진안秦安)다. 당대의 가장 뛰어난 낭만주의 시인으로 후대에 '시선'으로 불린다. 서역의 수이아브[碎葉]에서 출생한 이백은 5세에 아버지를 따라 면주綿州 창륭昌隆(지금의 사천 강유江油)으로 이주했다. 스무 살 무렵 그는 공부를 하는 한편 사천 지역을 자유롭게 여행하며 중국의 고대문화를 광범위하게 접촉했다. 그의 사상은 유가 경전 외에 종횡가와 도가의 영향을 받았기 때문에 세계관이 비교적 복잡하다. 25세에 그는 검을 들고 고향을 떠나 친지와 이별하고 먼 길을 여행하기 시작하였는데 중국의 절반 정도를 떠돌아다녔다. 그는 관직에는 뜻을 이루지 못하고 42세가 되어서야 비로소 당 현종의 부름을 받고 장안에 가서 예인직인 공봉한림供奉翰林 직을 맡았다. 그러나 권력가들을 깔보고 방탕하며 거리낌없는 성격 때문에 3년을 못채우고 현종은 다시 돈을 주어 내보냈다. 55세에 영왕永王 이린李璘의 막부에서 일을 거들다가 모반죄를 얻어서 야랑夜郎(지금의 귀주 동재桐梓 일대)으로 유배되었으나 귀양길 도중에 사면을 얻어 배를 돌려 심양潯陽으로 돌아갔다. 61세 때는 이광필 군막으로 종군하여 적을 죽여 말년에 조국에 충성하려 하였다. 그러나 중도에 병이 들어 돌아올 수 밖에 없었고 다음해에 안휘에서 객사하였다. 이백의 일생은 아주 복잡한데 천재적인 시인으로서 그는 또한 협객이자 자객이고 은사이자 도인이며 책사, 술주정뱅이 등의 여러 가지 기질과 행력을 가지고 있다. 현재 전해져오는 이백의 시는 900여 수다. 그의 시는 성당시기의 사회현실과 정신생활의 면모가 반영되어 있다. 중국고전시가의 발전사상 이백은 위로는 굴원을 계승하고 아래로는 이하李賀·소식·신기질辛棄疾 등을 탄생하게 하였으며 낭만주의 예술의 최고봉에 도달하였다.

태백루
태백루太白樓의 명칭은 적선루謫仙樓·태백사·청련사淸蓮祠라고도 하는데 지금의 안휘성 마안산시 채석기采石磯에 있다. 당대 시인 이백을 기념하기 위하여 지어진 누각이다. 이백은 만년에 당도當塗에 살았었는데 여러 차례 채석기로 놀러와 시를 지었다. 누각은 당 원화 연간에 처음으로 지어졌으며 송·원·명·청시대에 여러 차례 전쟁 속에 훼손되었고 중수되었다. 지금의 누각은 청 광서연간에 건축된 것이다.

왕유의 시의를 그린 두루마리 그림

왕유(701~61)의 자는 마힐摩詰로 태원太原 기祁(지금의 산서성 기현) 지방 출신이다. 일생을 관직에 나갔다가 은거했다 하는 유유자적한 생활을 하였다. 이 〈화왕유시의도축畵王維詩意圖軸〉(그림 위의 제시는 "문 걸어 닫고 오랜 세월 저서에 몰두하니, 심어 놓은 소나무 모두 노송이 되어버렸네" 라는 뜻임)은 바로 왕유가 만년에 망천輞川에 있는 별장에 은거하며 산수시를 창작하는 생활을 반영하고 있다.

산수전원 시인 왕유

왕유

왕유는 당대의 유명 시인이다. 어렸을 때부터 세상을 구하겠다는 포부를 가지고 변경지역에서 관리를 한 적이 있다. 중년 이후에는 정국의 변화와 불교의 선종사상의 영향을 받아서 관직에 있으면서 은거 생활을 하기 시작하였다. 왕유는 전반기에 일련의 국경을 소재로 하는 시를 썼으나 그의 가장 중요한 작품은 산수시로 구성의 정교함, 음운의 조화 등 대단한 예술적 솜씨가 돋보인다.

당시 시가詩歌가 흥성할 때 사람들은 곧잘 유명한 절구를 악보에 맞추어 반복적으로 노래로 부르곤 하였다. 왕유의 시구에 근거하여 지은 〈송원이사안서送元二使安西〉에 "위성에 아침 비 내려 흙먼지를 적시니, 객사의 버들잎 파릇파릇 더욱 새롭네. 그대에게 한잔 술 다시 권하노니, 서쪽의 양관에 가면 친구는 없으리"라는 구절이 있다. 이 시 속에 '위성'과 '양관'이 있기 때문에 〈위성풍渭城風〉 혹은 〈양관곡陽關曲〉이라고도 칭한다. 당시 사회에서는 〈이주伊州〉라는 대곡이 유행하였는데 이 곡의 가사는 대부분 5언, 7언 절구 혹은 율시의 4구를 채택하여 관현악과 거문고의 일종인 금琴으로 반주를 하고 반복하여 노래를 거듭하는 방법으로 시 속의 의미를 전부 토로해내었다. 〈양관삼첩陽關三疊〉은 즉 〈송원이사안서〉라는 절구의 기초 위에 대곡 〈이주〉의 악보에 맞추어서 이루어졌다. 노래는 처연하고 슬프며 부드러우면서도 그윽한 것이 당시와 당곡이 결합된 전범이다. 〈양관삼첩〉은 바로 같은 운자를 세 번 거듭한다는 뜻이다. 백거이는 〈남원시소악南園試小樂〉 속에 "높은 음조의 관현악기를 올리면서, 느릿하게 〈위성渭城〉을 노래하네"라고 기록하고 있다.

천하를 주유한 두보

당대 가장 뛰어난 현실주의 시인 두보杜甫(712~770)의 자는 자미子美이고 본적은 양양襄陽(지금의 호북성)이다. 그는 대대로 유가를 신봉하고 관리를 하던 집안에서 태어났으며 이는 그의 일생의 창작 인생에서 아주 중요한 영향을 주었다. 두보는 일찍부터 영특하였는데 그의 〈장유壯遊〉라는 시에 자신의 어렸을 때를 회고하는 구절이 나오는데 다음과 같다. "나이 일곱에 생각이 더욱 건장해져 장화의 '봉황' 글을 줄줄 읊었다. 아홉 살 때에 쓴 큰 글자가 한 포대나 된다"고 말하고 있다. 두보는 14, 5세 때에 문단에서 두각을 나타내며 선배들의 중시를 받았다. 20세 때부터 두보는 10여년 간의 주유생활을 시작하였는데 그는 먼저 오월吳越을 주유한 후 금릉·소주를 거쳐 배를 타고 섬계剡溪를 거쳐 천모산天姥山까지 갔다.

개원 23년(735), 낙양으로 돌아와 진사 과거시험에 참가하였으나 떨어지고 만다. 그 다음해에 또 이전의 제와 조나라 지역을 주유하는 제2차 여행이 시작되었으며 개원 29년(741)이 되어서야 비로소 낙양으로 돌아왔다. 천보 3년(744), 두보는 낙양에서 이백과 교유를 맺고 함께 양송梁宋 지역을 여행하였는데 이때에는 유명한 시인 고적高適도 동행하였다. 후에 고적이 남쪽 초지역으로 떠나자 이백과 두보는 함께 북쪽 산동성 지역으로 떠났다. 이들은 높은 산에 올라 옛날을 회고하고, 깊은 산속을 찾아다니고, 술을 마시며 시를 논하며 깊은 우정을 맺었다. 두보는 만년에 이때를 "제나라와 조나라 지역을 주유할 때, 자못 호사스러움이 지나쳤다네, 봄에는 총대叢臺(한단시 소재)에서 노래 불렀고, 겨울엔 청구靑丘 옆에서 사냥을 했네"〈壯遊〉라고 노래했다. 이 시기의 주유생활은 두보에게 조국의 수많은 문화 유적과 장대하고도 아름다운 산하를 직접 체험하도록 해주는 한편 훌륭한 스승 및 친구와 교유할 수 있도록 하여 그의 시 창작 발전과 성숙을 위한 준비였다.

이 시기에 당왕조는 나라가 부강하고 백성은 부유하였는데도 불구하고 현종은 큰 업적을 이루는 것을 좋아하여 계속 변경을 개척하고 있었기 때문에 사회에는 이미 불안 요소가 숨어있었다. 두보는 이런 일에 대하여 어떤 예감이 있었지만 그다지 중시하지는 않았다. 그가 이 시기에 썼던 시는 아마도 수백 수가 넘었을 것 같은데 현재는 20여 수밖에 전해지지 않는다. 그 중에도 5언율시와 5언고체시가 중요하다. 이들 시에는 청년시인 두보의 앞날과 능력에 대한 낙관적이고 자신있는 모습을 표현하고 있으며 혈기왕성하게 향상하고자 하는 청년의 패기로 충만되어 있다. 예를 들면 이 시기에 쓴 가장 유명한 시 〈망악望嶽〉에는 "최고봉에 올라보니 보이는 뭇산들이 미미하구나"와 같은 것이다. 기상이 쾌활하고 필력이 웅건하여 평범하지 않다. 청년 두보의 적극적인 낙관주의 정신을 충분히 드러내고 있다.

755~820년의 당

'안사의 난' 이후로 당 왕조는 전성기에서 쇠퇴기로 접어들면서 '대당성세大唐盛世'의 번영 시대를 마감한다. 당말 100여 년 동안 정치 부패, 번진의 할거, 환관의 전횡, 격렬한 당쟁 등은 왕조 전체를 혼란의 도가니로 빠트렸다. 그러나 쇠락하는 가운데서도 여전히 몇몇 황제와 대신들은 쇠퇴해가는 형세를 만회하고자 힘을 다하여 정치·경제에 있어 일련의 개혁을 단행하였다. 그들의 이러한 행동은 당 왕조가 다시 한번 '중흥'의 국면을 마련하도록 하였다.

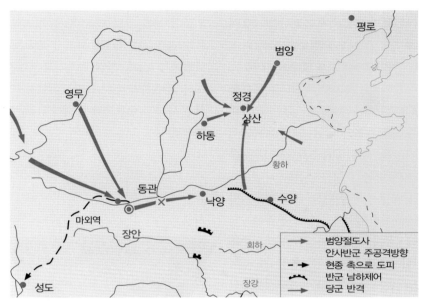

안사의 난 형세도

연대별 주요사건

755년 안록산이 범양에서 반란을 일으키고 남하하여 낙양을 공략

756년 반군이 관동을 점령하니 현종은 촉으로 피신. 도중에 군사들이 마외역에서 쿠데타를 일으켜 양국충을 죽이고, 현종에게 양귀비를 죽이도록 압력을 가함. 태자 이형이 영무에서 즉위하니 숙종임. 현종은 태상황으로 추존

757년 당나라 군대와 회흘군이 장안과 낙양을 수복

763년 사조의가 자살하고 나머지 잔당들의 투항으로 안사의 난 종결. 토번이 장안을 10여 일간 공격하고 점령

780년 양세법의 실행

781년 성덕 이유악·치청의 이납·위박의 전열 등 하삭 번진들이 당에 반발

796년 환관으로 좌·우 신책호군중위를 삼으니 환관의 금군 장악이 제도로 확립

805년 순종이 퇴위를 강요당하여 태자 이순에게 양위하니 영정으로 개원

812년 위박 절도사 전흥이 당에 귀순

817년 회서 평정

819년 치청·성덕·노룡이 당에 귀순. 하북 산동의 중요 지역을 조정에서 직접 통제

820년 헌종이 환관에게 시해당하자 목종이 즉위

삼채도 천왕용

당 삼채용으로 이 인형은 누워있는 소 위에 서 있다. 머리에는 갈관鶡冠이라는 모자를 쓰고 있으며 험상궂은 얼굴에 몸에는 갑옷과 전포를 입고 있다. 두 어깨를 덮고 있는데 오른손은 높이 들고 주먹을 쥐고 있으며 왼손은 허리쯤에 펴고 있다.

755년
안사의 난

당 현종 이융기 말년에 절도사 안록산과 사사명은 장장 8년간이나 계속되는 반란을 일으켰는데 이를 역사에서 '안사의 난'이라고 한다. 예종 때에 처음으로 설치한 절도사라는 직책은 변방의 군진을 통치하는 직무에 불과하였다. 현종은 주변의 각 부족을 억제하고 방어하기 위하여 절도사를 10여 개 증설하였다. 그들은 군정 관리 이외에도 주재하는 곳의 민정과 재정도 겸하여 관리하게 됨으로 권세가 아주 커졌다. 현종의 통치 후기에 정치가 부패하고 중앙군의 방비가 허술하였는데 천보 원년(742), 전국의 병사 57만여 명 중 변경의 병사가 49만을 점하였다. 안록산은 즉 변경의 세력이 강하고 나라 안의 병력이 약화되어 꼬리가 커져 자르지 못하는 국면에서 기병하여 당에 반기를 들었다. 안록산은 천보 원년에 평로절도사에 임명되었고 후에는 평로平盧(지금의 요녕 조양朝陽) · 범양范陽(지금의 북경) · 하동(지금의 산서 태원太原 남서쪽) 3진 절도사를 겸하게 되어 그 병력은 막강하였다. 안록산은 장안 조정이 부패하고, 힘이 없는 실정을 꿰뚫어 보고, 또 재상 양국충과 권력 투쟁을 벌이던 차에 드디어 천보 14년(755) 양국충을 토벌한다는 명목하에 범양에서 기병하였다. 하북 주현에서는 소문만 듣고 군사가 와해되고, 수령이나 하급관리들은 도망가거나 투항하고 포로가 되었다. 반군 선봉대는 신속하게 낙양을 향하여 오니, 당 현종은 대장 봉상청封常淸을 낙양으로 보내 6만을 모병하였지만 훈련조차

받지 못한 이 병사들은 바로 반군에게 패배당하고 낙양은 함락되었다. 봉상청과 섬주에 주둔하고 있던 고선지 대장군은 함께 동관潼關(지금의 산서 동관 북동쪽)으로 후퇴하였다. 현종은 환관의 무고한 말만을 믿고서 봉상청과 고선지 두 장군을 죽이고 병으로 집안에 있던 대장 가서한哥舒翰을 기용한 후 병권을 주고 동관으로 보냈다. 다음해 정월 안록산은 낙양에서 대연황제大燕皇帝라 칭하고 부장 사사명에게 하북을 공격하도록 명령하였다.

당 · 꽃문양이 조각된 적금赤金 사발

동관에서 패배한 가서한

천보 14년(755) 12월 말, 현종은 가서한哥舒翰의 명성이 널리 퍼져 있고 게다가 안록산과는 반목이 있었으므로 그를 병마부원수에 제수한 후 20여만 명의 장병을 통솔하여 동관을 수비하게 하였다. 동관은 당 왕조의 수도인 장안성으로 들어가는 대문으로 안록산은 동관을 공략할 수 없게 되자, 사람을 시켜 당에 반기를 들었던 장군 최건우가 지키는 섬군陝郡(지금의 하남 섬현陝縣과 삼문협三門峽)의 병력이 4000도 되지 않고 모두 약해져 무방비 상태가 되었다는 거짓말을 퍼뜨렸다. 현종은

곽국부인 춘유도권(일부분)

당 · 장훤張萱 · 곽국부인이 봄나들이하는 두루마리 그림[春遊圖]

이 소식을 들은 후 가서한을 재촉하여 동경을 수복하도록 하였다. 가서한은 부득이하게 천보 15년(756) 6월 4일, 가슴을 부여잡고 통곡하면서 병사를 데리고 관문을 나섰다. 6월 7일, 안록산의 대장 최건우의 군대를 영보의 서쪽 평원에서 만났다. 최건우는 지세가 험한 지역을 근거지로 삼아 기다리고 있다 우선 약한 병사들을 내보내 가서한의 군대가 잘못 판단하도록 하였다. 그리하여 당군들의 경계심이 느슨해지기를 기다렸다가 반군 복병들이 기습을 감행하여 당군을 대패시켰다. 가서한은 하는 수 없이 수백의 부하와 함께 수양산首陽山(지금의 산서 영제永濟)에서 황하를 넘어 관문으로 들어섰다. 6월 9일, 최건우는 동관을 공격하여 점령하였다. 가서한은 부장에게 체포되어 안록산에게 넘겨졌다.

756년
마외파馬嵬坡의 변고

천보 15년(756) 6월 14일, 현종과 그의 시종들은 마외역馬嵬驛(지금의 섬서 흥평興平 서쪽)까지 피난을 갔다. 금위군들은 굶주리고 피로에 지치니 구데타가 발생하게 되었고 군사들은 양국충을 죽이고 또한 그의 아들 호부시랑 양훤楊暄과 한국·진국秦國 부인을 죽이고 게다가 양귀비를 죽이기를 청하였다. 현종은 "귀비는 구중깊은 궁궐에 있었는데 어찌 국충이 모반한 사실을 알았겠느냐?"고 하자 고력사는 "귀비는 무죄입니다. 그러나 금군병사들이 이미 국충을 죽였으니 귀비가 폐하 곁에 있으면 장졸들이 마음이 불안합니다. 그

러니 폐하께서는 심사숙고하십시오. 금위병들이 안전해야 폐하께서도 안전하십니다"고 대답하였다. 이리하여 현종은 고력사에게 귀비를 불당으로 데리고 가서 죽이도록 하였다. 마외역의 변고가 있은 후 이용기는 다시 서쪽으로 피난 가고자 하였지만 마을 노인들이 모두 길을 막고 남아주기를 희망하였다. 이용기는 이에 군사 3000명을 태자에게 주고 반역도들을 물리치라고 명하고 장안으로 돌아왔다. 이후 태자는 북으로 영무靈武(지금의 영하寧夏 영무 남서쪽)까지 진격하였고 이용기는 남쪽의 성도로 들어갔다.

양귀비의 무덤과 외경

당명황행촉문령처唐明皇幸蜀闻铃處
당 명황(현종)이 피난길에 종소리를 들은 곳

종소리에 놀란 당 현종

가서한의 병사들이 영보에서 패하고 동관을 잃게 되자 장안으로 급보가 날아들었다. 현종은 황망하니 놀라고 당황하여 어찌할 바를 모르고 급히 재상들을 불러 모아 의견을 구하였다. 양국충은 본인이 검남절도사였기 때문에 솔선하여 촉 땅으로 피신해야 한다는 의견을 냈다. 현종은 이 의견을 받아들여 6월 13일 양귀비 자매와 왕자·비빈들·황손과 양국충 등 황실의 일가 친척 및 총애하는 관원들만을 데리고 궁궐의 연추문延秋門을 나섰다. 그러나 나머지 백관들은 황제가 이미 피난간 것도 모르고 있었다. 현종의 행렬은 동관현 20여 리 되는 곳에 도달하여 오래된 역참에 도착하였다. 당 현종이 이곳에서 잠시 쉬고 있는데 한밤중에 갑자기 종소리가 울리자 추격병들이 이곳까지 따라온 줄 알고 깜짝 놀라서 깨어났다. 후에 종소리는 처마 끝에 매단 풍경이 바람에 울리는 것임을 알고는 비로소 가슴을 쓸어내렸다. 현종의 피난길이 얼마나 낭패스러웠는지 이 일로서 알 수 있다.

756년
당 숙종의 즉위

천보 15년(756) 7월, 이형李亨(숙종肅宗)이 영무靈武에서 황제로 즉위하고, 이융기(현종)를 태상황제로 추대하고 연호를 지덕至德으로 바꾸었다. 이형은 이융기의 셋째 아들로 총명하고 기억력이 좋아서 2세 때 왕으로 봉해지고, 개원 26년(738)에 황태자 자리에 올랐다. 천보 13년(754) 1월, 안록산이 조정에 들어오자 이형은 그가 모반할 관상이라고 현종에게 그를 죽이도록 주청하였으나 이융기는 듣지 않았다. 후에 안록산은 정말 반역을 하고 양국충을 죽인다는 기치하에 병사들을 동원하여 수도로 쳐들어왔다. 이융기는 창졸간에 도망하여 마외까지 다다랐는데 마을의 원로들이 길을 가로막고 이형에게 도적들을 토벌하도록 주청을 하니 이융기는 이를 허락하였다. 태자 이형은 이때부터 북상해 가면서 병마들을 모집하니 그 군세는 날로 커져만 갔다. 7월 12일, 태자는 무령성 남루에서 황제로 즉위하니 숙종이다. 군신들은 풍악을 울리며 경하하였고 숙종도 눈물을 흘리면서 흐느꼈다. 이때부터 이형과 신하들은 장안과 낙양을 수복하고 안사의 난을 평정하는 중임을 지게 되었다.

곽자의가 회흘 반역자들을 설득하는 그림
756년, 토번과 회흘이 연합하여 변경을 장악하였다. 곽자의郭子儀는 단기출마로 회흘에 가서 반역자들을 설득하고 10만 토번군을 격퇴시켰다.

회흘 군이 당의 군대를 도와 장안을 수복

이형(숙종)은 즉위 후 돈황왕 승채承宷와 복고회은僕固懷恩을 회흘로 파견하여 군사에 관한 국가 간의 수호협정을 맺었다. 회흘칸은 딸을 승채에게 시집보내고 수령을 파견하여 당 조정에 와서 화친을 청하였다. 11월, 회흘칸은 그의 신하 갈라지葛羅支에게 군사를 주고 원조하도록 하였다. 이숙李俶은 삭방朔方 등의 군사와 회흘, 서역의 15만 대군을 이끌고 20만 대군이라 소문내면서 반란군을 토벌하였다. 삭방군은 반란군과 10여 차례 싸웠지만 이기지 못하였고, 오히려 반란군은 정예부대를 매복시켰다가 관군의 후방을 기습 공격하였다. 복고회은은 이에 회흘군을 이끌고 들어가 그 복병들을 전멸시켰다. 당의 장군 이사업李嗣業은 또 회흘군과 함께 출격하여 진지의 후방으로 나가고, 삭방 등의 군대와 함께 전후로 협공을 가하니 반란군은 크게 붕괴되고 그날 밤 당군은 드디어 서쪽의 도성인 장안을 수복하였다. 그런 후에 다시 동쪽 수도인 낙양으로 진군하였다. 두 군대가 협공을 하니 반군은 대패하고 시체들은 온천지에 가득하였다. 안경서安慶緒는 나머지 무리들을 데리고 낙양에서 하북으로 도망갔다. 지덕 2년(757) 10월 19일, 숙종은 봉상鳳翔에서 어가를 돌려 장안으로 들어왔으며 태자태사 위견소衛見素를 촉으로 보내 현종을 맞아들였다.

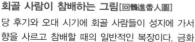

회골 사람이 참배하는 그림[回鶻進香人圖]
당 후기와 오대 시기에 회골 사람들이 성지에 가서 향을 사르고 참배할 때의 일반적인 복장이다. 금화관에 변발을 하고 둥근 옷깃에 좁은 소매의 무늬가 있는 긴 도포를 입었으며 허리띠를 늘어뜨렸다.

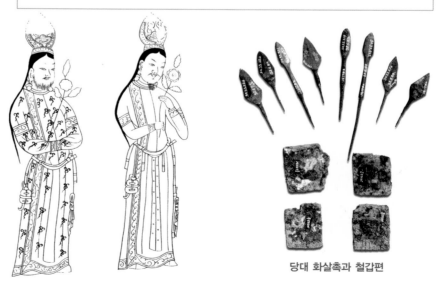

당대 화살촉과 철갑편

756~757년
장순의 항전

장순

안사의 난이 발발한 후에 진원眞源 (지금의 하남 녹읍鹿邑) 현령인 하동(지금의 산서 영제永濟) 사람 장순張巡이 기병하여 반군을 토격하자 종군한 관리와 백성들도 수천 명에 이르렀다. 756년 3월과 5월에 장순은 옹구雍丘(지금의 하남 기현杞縣)에서 두 차례나 반란군을 격퇴시켰다. 숙종 지덕 2년(757) 7월 6일, 반군 대장 윤자기尹子奇는 또 수만 명을 징병하여 휴양睢陽을 공격하였다. 식량은 이미 바닥이 나고, 장사들은 한 사람당 하루에 쌀 1홉만을 배급받았으며, 차 종이와 초목근피를 섞어 먹으며 연명하였다. 장순은 부장인 남제운南霽雲에게 기병 30을 이끌고 포위를 돌파하여 임회臨淮로 가 도움을 요청하도록 하였다. 그러나 임준 태수는 장병들을 붙잡아두고 구원하러 가지 않았다. 반군은 구원병이 오지 않음을 알고는 포위 공격을 더욱 옥죄기 시작하였다. 장순의 병사들은 차 종이도 다 먹어치우자 드디어 전마를 잡아먹고, 또 말을 다 먹게 되자, 참새와

쥐들을 잡아 먹었다. 참새와 쥐들도 다 잡아먹자 장순은 드디어 자신의 애첩을 죽이고, 허원許遠 역시 자신의 노예들을 죽이며 사병들을 기다렸다. 그런 후에 성안의 부녀자들을 죽여 먹었으며 다음으로는 허약한 남자들을 죽였다. 당시 성안 사람들은 반드시 죽어야 함을 알고 있었다. 이를 거역하는 사람은 없었으며 최후에 남은 사람은 400여 명이었다. 10월 9일 반군은 성을 공격하였고 성을 지키던 병졸들은 병이 들거나 굶주려 기운이 없어서 응전할 수가 없었다. 장순·남제운·뇌만춘雷萬春 등 36명은 모두 살해되었다. 장순은 임종시에도 안색이 변함이 없었으며 정의롭고 늠름한 모습이었다.

757년
환관 이보국의 정권 장악

이보국李輔國의 본명은 정충靜忠으로 어려서 환관이 되었고 천보 연간에 황태자 이형을 모시게 되었다. 안사의 난이 발발하자 이보국은 이형에게 삭방으로 가서 부흥을 도모할 것을 권하였다. 영무에 도착한 후에 이형은 더욱 이보국을 신용하니 이에 이보국은 이형에게 제위에 올라 인심을 들어쥐기를 권하였다. 이형은 제위에 즉위한 후 그가 심복임을 알고 나라를 보호한다는 뜻인 호국護國이라는 이름을 하사하였고 후에 다시 보국이라 개명하였다.

지덕 2년(757) 9월, 이필李泌의 청으로 이형은 군대를 호령할 수 있는 관인을 보국에게 주어 군대를 장악하게

하였다. 이형은 서경인 장안으로 돌아온 후에 보국에게 금군을 장악하도록 명하였다. 보국은 장숙비張淑妃에 빌붙어 세력이 조야로 기울어졌다. 후에 보국은 늘 궁중에 기거하였고 정책을 제정할 때는 반드시 그의 서명이 있는 연후에야 시행될 수 있었다. 재상 백관들이 임시로 상주할 때도 모두 반드시 보국의 통보와 전교를 거쳐야만 하였다. 언제나 은태문에서 천하의 일을 결정하였는데 일의 대소에 관계없이 모두 직접 처리한 후에야 이형에게 보고하였다. 형리들은 소송 사건을 판결할 때는 모두 보국에게 지시를 청하여 그의 뜻에 따라 죄의 경중을 다루었으며 이를 어기는 자는 감히 없었다. 태자 이예李豫가 황제로 즉위한 후 얼마 되지 않아 이보국의 전권을 삭감해버렸다. 후에 이예는 또 수하를 강도로 변장시켜 이보국의 집으로 보내 그를 살해하였다.

758년
사사명의 반란

안록산은 반란 후에 사사명史思明에게 하북 지역을 다시 공격하도록 명하니 사사명은 상산常山에서 안과경顏果卿을 격퇴시키고 계속하여 하북의 여러 도시들을 공격하였다. 안록산은 그를 범양절도사에 제수하였다. 안록산 사후에 사사명은 강한 군대를 가지고 범양의 옛 근거지에 머물면서 안경서의 제재를 받으려 하지 않았다. 그래서 757년 거짓으로 당 왕조에 항복하고 임시변통으로 삼았으나 얼마 되지 않아 다시 반란을 일으켰다. 건원乾元

원년(758) 6월, 이광필李光弼은 사사명이 결국 다시 배반을 하자 오승은烏承恩을 범양절도부사로 청하여 기회를 보아 사사명을 모살하도록 명령하였다. 그런데 일이 누설되어 사사명이 오승은을 죽이고 다시 반란을 일으켰다. 9월, 곽자의 등 아홉 절도사가 안경서를 포위하자 안경서는 사사명에게 사람을 파견하여 도움을 구하였다. 건원 2년(759) 1월, 사사명은 위주魏州에서 스스로 대성연왕大聖燕王이라 칭하고 왕이 되었다. 그는 3월 무리를 이끌고 안경서를 구하러 가서 관군을 대패시키고 끝내는 안경서를 죽인 후 그 무리들을 병합시켰다. 4월, 사사명은 자칭 대연大燕황제라 하고 순천順天으로 개원하고는 범양을 수도인 연경燕京으로 정했다. 761년, 안록산의 운명처럼 사사명도 그의 아들 사조의史朝義에게 시해되었다.

태원을 지킨 이광필

지덕 2년(757) 1월, 반군 대장인 사사명 등이 태원을 공격하였다. 이때 이광필 휘하의 정병은 모두 삭방(지금의 영하寧夏)으로 나가 있었고, 나머지 병사들은 모두 오합지졸뿐으로 1만 명도 채 되지 않았다. 이리하여 이광필은 사졸과 민중들을 데리고 성 밖에 참호를 파고는 굳게 지켰다. 또 벽돌 10만 개를 만들었는데 사람들은 그 용도를 알 수 없었다. 반군이 성으로 공격해 들어왔을 때 광필은 안에 이 벽돌을 겹겹이 쌓아서 성벽이 무너지면 이를 이용하여 그때 그때 보수했다. 이광필의 군령은 몹시 엄격하여 비록 반군이 공격하지는 않았지만 나졸들 역시 감히 태만할 수 없었으니 반군들은 기회를 얻지 못하였다. 이광필은 군사들 속에서 재주 가진 사람을 찾아내어 그들의 재주를 모두 사용하도록 하였다. 안변군安邊軍(지금의 하북 울현蔚山) 출신의 돈을 만드는 기술자들 세 명이 있었는데 이들은 땅굴을 잘 팠다. 반군들은 태원성 아래에서 고개를 쳐들고 욕을 해대곤 하였는데 이광필은 병사들을 이 땅굴로 보내어 그들이 욕을 할 때 갑자기 나타나 그자들의 다리를 나꿔채 성 안으로 끌고 들어와 성 입구에서 이들을 처단하였다. 이렇게 되자 반군은 길을 걸을 때면 먼저 땅바닥을 살펴보곤 하였다. 반군이 구름사다리와 흙으로 토산을 쌓아 성을 공격하면 이광필은 땅굴을 파서 이를 격퇴시켰다. 또 반군이 성벽 가까이 다가오면 이광필은 대포를 사용하여 큰 돌을 쏘아대었다. 한 발이면 20여 명은 죽어나갔다. 반군은 하는 수 없이 10여 보를 물러나가 멀리서 포위만 하였다. 이광필은 첩자를 파견하여 반군들에게 이쪽에서 항복할 것이라고 날짜까지 알려주며 교란시키자 반군들은 기뻐서 방비에 소홀하였다. 이광필은 방비가 소홀한 틈을 타서 병사들에게 반군의 주둔지 주위에 땅굴을 파게 하고는 나무로 지탱해 놓았다. 정한 날짜가 되자 이광필은 병사들을 데리고 성 위에 올라간 후 부하 장수에게 수천 명의 병사를 데리고 성 밖으로 나가 거짓 항복을 하도록 하니 반군들이 모두 이것을 지켜보고 있었다. 그런데 갑자기 주둔지의 땅이 가라앉아 죽은 자가 천여 명이 되었고 반군 진영에서는 대란이 일어났다. 이광필은 장병들을 거느리고 기회를 틈타 북을 울려대며 진격하니 포로가 되거나 참수된 자가 만여 명을 헤아린다.

이광필

밀가루로 요리를 만드는 찰흙인형들
당대의 작품으로 이 인형들의 높이는 9.7~16cm다. 찰흙인형은 찰흙을 태토로 하고 색채를 더하였으며 방아 찧기·키질하기·제분하기·밀가루 반죽하기·밀가루 반죽 밀기와 밀전병 굽기 등 집안일 하는 정경을 표현하고 있다. 여자 인형들은 짧고 좁은 소매의 흰색 저고리 위에 반팔의 덧옷을 걸쳤으며 남색 치마를 입었다. 옷은 깨끗하지만 표정에는 피곤함이 드러난다. 그 신분은 아마도 부잣집의 노비인 듯하다.

758년
광주에서 소란을 피운 대식국과 파사국

대식국大食國은 사라센제국이라고도 하며 아라비아 사람들로 구성된 페르시아의 서쪽에 있던 나라였다. 파사국波斯國(페르시아로 지금의 이란)은 토화라국吐火羅國(토하리스탄)의 서쪽에 있었다. 당 초기 이래로 대식국과 파사국 상인들이 대거 당나라로 와서 장사를 했는데, 대식국 상인들은 광주와 천주泉州 일대에 많았다. 건원 원년(758) 9월, 대식국과 파사국이 군대를 보내 광주성을 포위하자 광주 자사 위리견韋利見이 성을 버리고 도망갔다. 성에 진입한 두 나라의 군대는 창고를 대거 약탈하고 가옥을 불태운 뒤 배를 타고 바다를 건너 돌아갔다. 당 중기 이후 조선과 항해 기술의 진보로 해상 교역로가 날로 발전함에 따라 비단과 도자기 등 대량의 상품이 대부분 해상 교역로를 통해 수출되었다. 이에 대식국과 파사국 등의 군대가 광주 일대에서 자주 소란을 피우고 재물을 약탈했다.

성도의 두보 초당

759년
'삼리'와 '삼별'을 지은 두보

지덕 2년(757), 두보는 생명의 위험을 무릅쓰고 장안을 도망쳐 나와 섬서 봉상에 도착하니 숙종은 그의 충심을 포상하면서 그에게 좌습유라는 직함을 수여하였다. 그러나 그는 방관房琯을 구제하는 상소를 올리는 바람에 숙종의 노여움을 받아 거의 죄를 얻을 뻔 하였다. 다음해 6월, 그는 화주사공참군華州司功參軍으로 강등되었으며, 건원 2년(759) 봄, 하남의 고향에 친척을 방문하러 가서 〈신안리新安吏〉·〈동관리潼關吏〉·〈석호리石壕吏〉(이 세 작품을 '삼리三吏라 칭함), 〈신혼별新婚別〉·〈수로별垂老別〉·〈무가별無家別〉(이 세 작품을 '삼별三別'이라 함) 등 천고에 길이 명성을 남길 만한 시를 썼다. 같은 해 가을, 두보는 이보국이 국정을 전횡하는 것에 불만을 품고, 의연히 사직하고 전전한 끝에 12월에 성도에 도착하여 고적 등 옛 친구에게 의탁하였다. 이 시기는 두보의 인생역정 중 가장 고단한 시기로, 그는 국가와 집안이 망하는 고통을 맛보며 온갖 생활 체험을 다하면서 비교적 많은 작품을 창작하였는데 지금 200여 수의 시가 전한다. 그는 백성과 함께 전쟁의 고통을 맛보며 작품 속에 객관적으로 이 시대적 진실을 묘사하였으므로 '시사詩史'라는 위대한 의미가 여기에 있다.

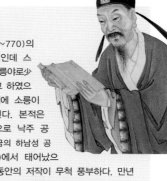
두보

두보(712~770)의 자는 자미인데 스스로는 소릉야로少陵野老라고 하였으므로 후세에 소릉이라고 불린다. 본적은 양양襄陽으로 낙주 공현鞏縣(지금의 하남성 공의현 동북)에서 태어났으며 일생 동안의 저작이 무척 풍부하다. 만년에는 형주荊州·상강湘江 등에서 쪽배를 집으로 삼아 떠돌아다녔으며, 일정한 거주지가 없었다. 늘 북쪽으로 돌아가고자 하였으나 끝내 갈 수 없었다. 당 대종代宗 대력 5년(770)에 상강에서 병사하였다. 두보의 시는 현실과 우국 우민을 반영함으로써 몹시 존중을 받고 있으며 그래서 '시사詩史'라는 영예를 얻었다. 대표작으로는 〈망악望岳〉·〈병거행兵車行〉과 '삼리三吏'·'삼별三別' 등이 있다.

두보 초당

지금의 성도成都 서쪽 교외 완화계浣花溪 시냇가에 있다. 대략 20헥타르의 토지를 점하고 있다. 주요 건축물로는 집무실·시사당詩史堂·시문柴門, 공부사工部祠 등이 있다. 초당草堂은 원래 두보가 성도에 머물었을 때의 고택인데 중당 후에는 존재하지 않았다. 그러다가 오대 전촉前蜀의 위장韋莊이 지금 이 자리에 초옥을 지었다. 북송 원풍 연간에 여대방呂大防이 이 지역에 근무할 때 처음으로 사당을 지었다. 후에 몇 대를 거치면서 보수하고 중건하여 오늘날의 규모를 갖추게 되었다. 두보와 이백을 병칭하여 '이두李杜'라고 하며 두보를 존경하여 '시성詩聖'이라고 한다. 본적은 양양이다. 759년 안사의 난을 피하여 가족 모두가 촉 땅으로 들어와 완화계 근처에 초옥을 짓고서 3년 9개월 동안 이곳에서 살며 200여 수의 시를 창작하였다. 그중에서 널리 퍼진 것은 작품은 〈초옥이 추풍에 무너진 노래[茅屋爲秋風所破歌]〉·〈한별恨別〉·〈춘야희우春夜喜雨〉 등 다수가 있다. 두보 초당에는 다음과 같은 후대 사람의 글귀가 있다.

"서로 다른 시대인데 지금의 강산은 그 언제런가? 서려 있는 용, 누워 있는 호랑이 같은 시인묵객이 얼마일까? 선생도 역시 오랜 세월을 유랑하셨는데, 초당엔 흰 달빛이 비치고, 맑은 바람만 불어오네."

도둑을 만난 상인 그림[商人遇盜圖]

이 그림은 돈황벽화 제 45호 굴 벽화에서 취한 것인데 '관음경보문품觀音經普門品' 변상도의 일부분이다. 그림 중앙에 창을 들고 한나라 복장을 한 자가 강도이고, 호나라 모자를 쓰고 있는 사람이 상인이다. 이 그림은 당나라와 서역 간의 장삿길이 몹시 험했음을 반영하고 있다.

페르시아 양식의 금은기

금은기의 가공기술은 소금銷金·박금拍金·감금嵌金·도금鍍金·염금捻金, 직금織金·피금披金·니금泥金·누금鏤金·권금圈金·첩금貼金·과금裹金·아금砑金·창금戧金 등 14종류의 방법이 있었다. 이러한 금공예 기술들을 종합적으로 운용하여 공예기술은 몹시 복잡해졌다. 이 시기의 대표적인 기물로 접시·잔·사발·주전자·관罐·솥·합·향로·향구·장신구 등이 있는데 그 그릇의 형태는 아름답고 문양은 생동적이다. 양식으로 볼 때 크게 두 분류로 볼 수 있는데 한 종류는 전통을 계승한 것으로 여전히 중국 전통의 도기·동기銅器·칠기 등의 기형과 문양을 채택하여 민족적 특색을 구비하고 있다. 다른 한 가지는 외국의 영향을 받은 것인데 기형과 문양이 모두 페르시아 금은기의 영향을 받아 서방 제재의 상서로운 짐승 문양과 포도 문양, 폴로polo 경기 모양 등이 출현하고 있다. 또한 일련의 금은기는 서방에서 수입한 것으로 당나라 장인들이 그 장점을 취하여 자신의 작품 속에 융합시켰다.

산예와 포도 문양의 거울[狻猊葡萄鏡]

산예*모양의 손잡이가 있는데 안의 원 속에는 각종 자태의 8마리의 산예가 있고, 그 사이에는 포도 문양이 장식되어 있다. 밖의 원 속에는 7마리의 나는 짐승과 3쌍의 산예, 위 아래에는 포도 및 가지와 잎 등이 장식되어 있다. 거울 테두리 장식은 겹친 꽃잎 모양이다. 이 거울은 문양이 서로 교차하는 가운데 몹시 정교하고 화려하다.

* 전설 속의 동물로 사자와 비슷하게 생겼음 - 역주

인물화를 도금한 은그릇

당대의 은기로 전체 높이 24.7cm, 뚜껑 높이 7.1cm다. 그릇의 뚜껑 꼭지는 둥그런 구슬로 되어 있고, 뚜껑의 표면은 4등분되어 있는데 모두 덩굴풀로 바탕을 장식했다. 안에 사자가 장식되어 있고 테두리는 연꽃잎으로 장식되어 있으며 평평한 가장자리는 서역 덩굴풀로 장식되어 있다. 그릇의 아랫부분에는 두 층으로 엎어놓은 연꽃잎이 있고, 중간에는 네 인물을 주제로 한 도안 세트를 새겨 넣었다. 봉황과 학이 춤을 추고 금사金蛇가 구슬을 물고 있는 도안으로 배합되어 있는데 미묘한 운치가 넘쳐나며 선경과도 같은 극락세계의 모습이다. 기물 장식 도안은 중국의 회화 기교와 금은 조각 공예를 절묘하게 하나로 융합하였으니 기술은 다를지라도 서로 같이 훌륭한 효과를 거두었다.

원재의 재정 관리

상원上元 원년(760) 5월, 숙종은 경조윤京兆尹 유안劉晏을 호부시랑에 임명하여 탁지사度支使·주전사鑄錢使·염철사鹽鐵使 등을 맡겨, 재정을 관리하고 군수품을 책임지도록 했다. 상원 2년(761) 11월 6일, 유안은 통주通州(지금의 사천 달현達縣)자사로 좌천되었다. 다음날 숙종은 어사중승御史中丞 원재元載를 호부시랑으로 임명하고 탁지사·주전사·염철사·강회전운사江淮轉運使 등을 맡게 했다. 원재는 봉상 기산岐山 출신이다. 보응寶應 원년(762) 1월, 원재는 또 조용사租庸使로 임명되었다. 그는 강회 지역이 비록 군대는 약하지만 백성들은 다른 지역보다 부유하다고 생각하고 호적에 따라 강회의 백성들에게 천보 말년 이래 납부가 체납된 8년간의 조세를 추궁한 후 엄격한 관리들을 파견하여 이 일을 재촉하였다. 복종하지 않는 자는 모두 엄형에 처하니 강회 백성들은 산림과 늪 지대로 도망을 갔으며 반항이 계속되었다.

동차의 발명

　동차簡車는 당대에 발명되고 사용되었다. 두보의 시에도 이미 동차의 일종에 관한 기록이 보인다. 《태평광기》 권 250에 당나라 사람인 등현정鄧玄挺이 절에 공양을 갔는데 승려가 채마밭에서 물을 주는 수차를 보고 "나무통을 연결하여 우물물을 긷는다"라고 적고 있다. 이곳의 동차의 구조는 여러 개의 나무를 하나의 톱니바퀴에 연결하고 바퀴축의 양쪽 밖에 함께 밟거나 손으로 돌리는 장치를 하고 있다. 물바퀴는 나무로 만들고 바퀴 위에는 작은 대나무나 나무통을 연결하여 물을 푸는 공구로 사용하였고, 하단은 물 속에 설치했다. 물 흐름을 이용하여 바퀴를 움직이도록 하여 샘 깊숙이 있는 물이나 적은 물도 끌어올릴 수 있도록 만들었다. 그리하여 물가에 멀리 떨어진 것과 상관없이 물을 농업을 위한 서비스 목적으로 만들었다. 유우석劉禹錫의 《기급기機汲記》에서 언급한 '기급'은 진일보 발전한 가공삭도架空索道*를 이용한 도르래 급수기로 도르래 급수법의 중대한 발전이다. 가공삭도와 도르래의 도움을 이용하여 상하 수직 운동을 대대적으로 경사운동으로 바꾸어서 강 양안의 농업 관개에 이롭도록 하였다.

* 공중에 설치한 강철선에 운반차를 매달아 사람이나 물건 따위를 나르는 장치. 주로 비탈이 심한 곳이나 산악 지방에서 운송을 하는 데 사용함－역주

동차(모형)

대나무 혹은 나무로 만든 바퀴로 물을 끌어올리는 기계다. 대나무 통 혹은 나무 통이 물 속에서 물을 가득 담으면 바퀴가 움직여 상부에 도달할 때 물이 자동적으로 수조에 떨어지게 되고 전답으로 흘러간다.

최호의 〈황학루〉

　최호崔顥는 당대 시인으로 변주汴州(지금의 하남 개봉) 출생이다. 《전당시全唐詩》에 그의 《최호시집崔顥詩集》 1권이 수록되어 있는데, 모두 40여 수로 그중 〈황학루黃鶴樓〉가 가장 유명하다. 〈황학루〉는 칠률시로 선인이 황학을 타고 갔다는 전설과 현실 속의 황학루 주변의 경치를 제재로 시 속에 옛날과 고향을 생각하는 정을 표현하고 있다.

　〈황학루〉

옛날의 신선은 이미 황학을 타고 날아가 버렸고	昔人已乘黃鶴去 석인이승황학거
이곳에는 텅빈 황학루만 남아있네	此地空餘黃鶴樓 차지공여황학루
황학은 한 번 가고 돌아오지 않는데	黃鶴一去不復返 황학일거불복반
흰 구름만 천년 동안 유유히 떠있네	白雲千載空悠悠 백운천재공유유
맑은 강물에는 한양의 나무들이 역력하고	晴川歷歷漢陽樹 청천역력한양수
향내 나는 풀들은 앵무주에 무성하구나	芳草萋萋鸚鵡洲 방초처처앵무주
해지는데 고향은 대체 어느 곳이런가	日暮鄕關何處是 일모향관하처시
강 위에 저녁 안개 서리고 시름만 더하네.	煙波江上使人愁 연파강상사인수

　위의 구절 중 "白雲千載空悠悠" 구절과 "煙波江上使人愁" 두 구절이 특히 유명하다. 앞의 구절은 학을 고대하지만 볼 수 없다는 서글픈 정서를 이끌어내고, 뒷구절은 고향을 보고 싶어도 볼 수 없는 답답한 심경을 이끌어내고 있다. 그 함의는 서로 다르지만 그러나 표현한 형태 특징은 완전히 부합된다. 똑같은 슬픔, 똑같은 망연자실함, 똑같은 침울함이다. 이 두 가지의 서로 다른 정감이 시 속에 하나로 융합되어 있으며 서로가 관조하고 양자가 서로 두드러져 보이게 하는 작용을 한다. 이 구절은 경치에 관한 언급이자 정감의 표출이기도 하다. 이렇게 정감과 경치가 함께 어우러지는 '정경교융情景交融'의 경지에 도달하고 있다. 전해지는 바에 의하면 이백이 이 〈황학루〉를 읽고 감탄한 나머지 "눈 앞에 경치가 있건만 그 도를 얻을 수 없구나 최호의 시가 제일이구나"라고 하였다. 엄우嚴羽는 《창랑시화滄浪詩話》에서 "당대 시인의 칠언 율시 중 최호의 '황학루'가 제일이다"고 칭찬하였다. 또한 심덕잠沈德潛은 《당시별재唐詩別裁》에서 다음과 같이 말했다. "뜻에서 먼저 영상을 얻고, 신비스러움이 언어의 밖에 있다. 종횡으로 시를 써내려 가니 드디어 천고의 기묘함을 얻었도다."

현재의 황학루

황학루는 널리 알려진 명승지로 유명한 '강남 3대 명누각' 중의 하나이다. 호북성 무한시 무창에 있으며 장강을 앞에 하고 사산蛇山의 정상에 자리하고 있다. 땅에 우뚝 솟아 하늘을 기대어 마치 푸른 병풍처럼 서 있다. 천재 시인 이백도 유명한 시구를 남겼다.

"친구는 서쪽으로 황학루와 작별하고, / 꽃피는 춘삼월에 양주로 내려가네."*

* 이 시는 이백의 〈황학루에서 광릉廣陵으로 맹호연을 보내며〉라는 시 중의 첫 구절임－역주

762년
대종의 즉위

상원 연간, 숙종 황후 장씨와 이보국은 한패가 되어 못된 짓을 하면서 전권으로 일처리를 하였다. 그러나 만년에 두 사람은 권력투쟁으로 충돌을 하게 되었으며 이보국은 이 일로 정원진程元振과 결탁하였다. 보응 원년(762) 4월, 숙종의 병이 깊어가자 장황후는 태자 이예에게 이보국은 오랫동안 금위군을 장악하였으며 황제의 칙령이 모두 그를 통하여 나왔다, 현재 황상의 병이 깊어 위독한데 이보국과 정원진이 음모를 꾸며 난동을 피우니 죽이지 않을 수 없다고 말했다. 이에 태자는 폐하가 이미 병이 위독하고 이 두 사람은 모두 폐하의 오랜 신하인데 만일 지금 말씀드리지도 않고 그들을 죽인다면 폐하께서 이 타격을 견디지 못할까 걱정이라고 대답하였다. 얼마 되지 않아 숙종이 병사하니 향년 52세였다. 이보국은 먼저 선수를 써서 장황후화 월왕 계係 등을 죽이고 4월 20일에 태자를 옹립하여 즉위시키니 이가 바로 대종이다.

낙타악무삼채용
駱駝樂舞三彩俑

762년
술에 취해 죽은 이백

보응 원년(762), 당대 대시인 이백이 62세의 나이로 세상을 떠났다. 안사의 난 이후 이백은 반란을 진압하여 국가 통일을 회복하는 의지를 품고 영왕 이린의 막부에 들어가 군대를 따라 동으로 내려갔다. 지덕 2년(757), 영왕이 반군에 패하고 피살당하자 이백도 야랑夜郎으로 유배되었는데 다행히 도중에 사면되어서 동으로 돌아왔지만 이때 나이 이미 59세였다. 상원 2년(761), 이백은 이광필을 따라서 사조의史朝義를 추격할 준비를 하였지만 병이 들어 중도에서 돌아왔다. 그 다음 해에 이백은 당숙인 이양빙李陽冰의 집에서 과음한 나머지 술에 취하여 죽었다. 이백과 두보는 함께 진자앙이 개창한 시가 혁신운동을 추진하였으며 그 영향은 몹시 심대하다. 이백의 현존하는 시는 900여 수, 산문 60여 편이 있는데 모두 송대 송민宋敏이 편찬한 《이태백전집》(30권) 속에 수록되어 있다.

수렵문 고족高足 은잔
당대의 주기로 높이 5.9cm, 입지름 7.2cm, 바닥지름 3.4cm다. 1970년 섬서 서안 남쪽 교외의 하가촌何家村에서 출토되어 현재 섬서성 박물관에 소장되어 있다. 그릇의 몸에는 진주 문양이 바탕에 장식되어 있으며 바탕 문양으로는 음각을 이용하여 수렵문 및 질주하는 멧돼지·사슴·여우 등이 조각되어 있다. 잔 바닥에는 이 그릇을 만든 장인의 이름 '마사馬舍' 두 글자가 새겨져 있다.

이백 시의도詩意圖
이 그림은 이백의 〈황학루에서 광릉으로 맹호연을 보내며[黃鶴樓送孟浩然之廣陵]〉의 정취를 나타낸 것이다.

친구는 서쪽으로 황학루와 작별하고,
꽃피는 춘삼월에 양주로 내려가네.
외로운 돛배 먼 그림자는 푸른 하늘로 사라지고
오직 긴 강이 하늘 끝으로 흐름만 보이네.

故人西辭黃鶴樓 고인서사황학루
煙花三月下揚州 연화삼월하양주
孤帆遠影碧空盡 고범원영벽공진
唯見長江天際流 유견장강천제류

763년
원재의 전권

광덕 원년(763) 12월, 대종은 원재의 정치적 적수인 묘진경苗晉卿을 태보에, 배준경裴遵慶을 태자소부에 임명하여 정사에서 파면시키니 원재의 권세는 날로 커져만 갔다. 원재는 환관 동수董秀와 깊이 결탁하여 그에게 수많은 금은 보화와 비단을 선물하고 주서主書 탁영천卓英倩과도 긴밀히 왕래하였다. 한편 대종이 마음먹은 바가 있으면 원재는 반드시 먼저 그것을 알아내어 진언을 하니 대종의 마음에 점점 들었고 더욱 그를 총애하게 되었다. 화원령華原令인 고요顧繇가 원재의 아들 백화伯和 등이 권세를 믿고 뇌물을 착복했다고 상주하였지만 대종은

오히려 고요를 금주錦州로 귀양보냈다. 영태 2년(766) 2월, 원재는 자신의 사적인 비밀이 폭로될까 두려운 나머지 대종의 명의로 모든 백관은 상주문을 반드시 각 부문의 장관에게 먼저 보고하고, 장관은 다시 재상에게 보고해야 한다고 명령을 내렸다. 그런 후에 만일 장관 재상이 필요하다고 여길 경우에만 황제에게 보고하도록 하였다. 형부상서 안진경顏眞卿이 이렇게 되면 황제의 귀와 눈을 가리고 언로를 막는 것이라고 하면서 반대하였다. 그러자 원재는 안진경을 협주峽州(지금의 호북 의창)로 귀양 보냈다. 이리하여 원재의 전권은 날로 드세져만 갔다.

중당 보살상
중당 시기 돈황은 토번의 통치를 받았다. 이 굴은 막고굴 중에서 보존이 가장 잘 된 토번 시대의 동굴이다.

'주가양' 파의 사녀도

주방周昉은 장훤張萱을 계승하여 귀부인을 잘 묘사하기로 이름이 높았던 화가다. 주방은 생몰연대 미상으로 귀족 집안 출신이며 자는 경현景玄과 중랑仲郎이고 경조京兆(지금의 섬서성 서안시) 사람이다. 주방에 관한 기록에 따르면 최초 활동 시기는 766에서 779년이고, 최후 활동 시기는 785년에서 804년이다. 그의 사녀仕女 그림은 처음에는 장훤을 모방하였으나 후에는 작은 차이가 생겼다. 붓을 사용한 것이 극히 세밀하며 의상이 간결하고, 색채는 유려하며 인물의 체형이 풍만한 것이 특징이다. 주방 붓끝의 인물은 비록 화려한 의복으로 장식을 하고 있지만 내심의 적막함과 공허함을 다 감추지는 못하고 있으니 마치 몹시 따분하고 무료함에 빠져 있는 심사 속에서 망연자실하여 동작이 느릿느릿하다. 주방의 여사도로 전해오는 유명한 작품인 《환선사녀도紈扇仕女圖》와 《잠화사녀도簪花仕女圖》는 선이 수려하고 힘차며 세밀하면서도 화려하며 인물 묘사가 몹시 핍진하다. 주방은 사녀를 잘 그렸음은 물론 불화 방면에서도 새로운 종파를 형성하였다. 그가 처음으로 창조한 아름답고 단정한 '수월관음水月觀音'은 역대 화가들이 형식을 답습하는 형식이 되어 주방의 학파라는 뜻인 '주가양周家樣'이라는 명예를 얻었다.

잠화사녀도
《잠화사녀도》는 주방의 작품으로 전해오는데 당시 귀족 사녀(궁녀)들이 놀며 즐기는 전형적인 생활에서 소재를 골라 그린 것이다.

청자각화엽문도 青瓷刻花葉紋瓶
당대의 청자는 일반적으로 태질이 견고하고 유색이 윤택하며 월요越窯 청자를 상품으로 친다. 꽃을 새겨넣는 도자기 제작 공예의 새로운 기법은 전대에는 많이 볼 수 없는 것으로 그 품질은 더욱 귀하다. 월요는 지금의 절강성 여요餘姚·소흥·상우上虞 일대다.

고격왕국 유적지
고격古格왕국 유적지는 티베트 찰달현札達縣에 있다. 고격왕국은 10세기 전반기 토번 찬보달마贊普達磨 후예인 덕조곤德祖袞이 세웠다. 이는 후토번 시기의 중요한 문화유적지이다.

토번찬보예불도 吐蕃贊普禮佛圖
토번인의 원래 신앙은 분교苯敎였는데 후에 불교를 들여와 휘황찬란한 불교문화와 예술을 발전시켰다. 이는 돈황 막고굴의 토번 찬보예불 벽화다.

토번의 장안 침입

안사의 난이 일어난 후 당나라 변경 지대에 있던 정예의 병사들은 모두 차출되어 수도로 왔기 때문에 변경의 방어는 공백 상태가 되었다. 토번은 이런 기회를 틈타, 수년간 서북부의 수십 개 주를 잠식한 후, 하서·농우 등지도 점거하였다. 봉상 이서에서 분주汾州 이북에 이르는 광대한 지역은 모두 토번이 장악하게 되었다. 광덕廣德 원년(763) 10월, 경주涇州자사 고휘高暉가 토번에 투항하고, 토번은 토욕혼·당항黨項·저氐·강羌 등의 민족 20여만을 이끌고 위하渭河를 건너 동으로 진군하여 오니 장안에서는 대경실색하였다. 대종은 옹왕 적適을 원수에, 곽자의를 부원수에 임명하여 함양에서 토번을 방어하라고 명령하였다. 그러나 중과부적이어서 곽자의는 증원병을 요청하였으나 정원진의 반대로 이루어지지 않았다. 얼마 안 되어 토번군이 편교(便橋(지금의 함양 서쪽)를 건너자 대종은 창졸간에 섬주로 몽진을 가고 6군은 후퇴하였다. 곽자의는 대종이 몽진을 갔다는 소식을 듣자마자 곧장 함양에서 장안으로 달려와 풍왕豊王 공굉琪 등 10여 명의 왕을 구한 후 출정 시의 군영으로 다시 돌아왔다. 10월 8일, 대종이 화주에 도착하니 관군용사觀軍容使 어조은魚朝恩이 신책군을 이끌고 섬군에서 영접하였다. 10월 9일, 토번이 장안에 진입하고 방화와 약탈을 일삼으니 장안은 텅 비게 되었으며 토번은 광무왕 승굉承宏을 꼭두각시 황제로 앉혔다.

투각 은향구

당대의 향로다. 직경 4.5cm로 원구 가운데가 상하 두 개의 반원구로 나누어져 개폐가 가능하도록 되어 있으며 닫을 때는 구멍에 고리를 채우면 된다. 상반구의 꼭대기 부분에 있는 둥근 손잡이 고리는 은사로 연결되어 있다. 사슬 위에는 걸 수 있는 고리가 있다. 아래 반원구 속에는 향을 사를 수 있는 합이 들어가 있는데 크고 작은 두 개의 반구의 은고리의 가운데에 얹어 놓았다. 금합은 반구형인데 그 직경과 테두리에 서로 연결된 두 지점을 축선으로 하여 금합보다 큰 반구 은고리와 함께 움직이며 회전하는 축과 연결되어 있다. 금합 바닥은 무겁고 입은 가벼워 작은 반구 은고리는 그 금합과 서로 두 지점에 의거해 수평선을 이루어 어느 쪽으로 회전하든지 금합은 시종여일 입은 위로 올라오고, 바닥은 밑으로 가도록 설계되어 있다. 향구의 제조 그 전과정은 당대의 예술로 승화될 정도로 갈고 닦은 고도의 기술을 반영하고 있다.

중만당의 여자 복식

이 옷은 중만당中晚唐 사이의 귀족의 예복으로 소매가 넓은 저고리와 긴 치마·솔 세 부분으로 구성되어 있다. 일반적으로 중요한 모임 때 입었는데 예를 들면 조회에 참석한다거나 결혼식 때에 입었다. 이런 의복을 입을 때는 머리에 비녀를 꽂고 비취나 금 장식의 머리 장신구를 달았으므로 '전차례의鈿釵禮衣'라고 한다.

763년
관군용사에 임명된 환관 어조은

어조은은 노주盧州 노천 사람으로 천보 말년에 환관으로 내시성에 입궁하였다. 성정이 지혜로워 선선납조령善宣納詔令이 되었다. 숙종 시기에는 영감군사에 임명되었다. 아홉 절도사가 상주相州에서 안경서安慶緒를 토벌할 때 통수를 두지는 않았지만 어조은을 관군용선위처치사로 삼았다. 광덕 원년(763) 10월에 토번이 침략하자 대종은 섬주로 피난을 갔고 당시 금군 대부분이 흩어졌지만 어조은이 신책군을 통솔하여 대종을 맞이하고 군심을 진작시켰다. 이리하여 대종은 특별히 어조은을 총애하였다. 12월, 대종이 장안으로 환궁한 후 어조은은 천하관군용선위처치사로 임명되어 전적으로 신책군을 통솔하게 되자 권력과 총애가 그를 따를 자가 없었다. 어조은은 호현鄠縣(지금의 섬서성 노현)과 중위교에 둔병을 설치하여 토번을 방비하였으며 환관 낙봉선駱奉仙을 호현축성사鄠縣築城使로 임명하여 그 병력을 통솔하도록 하였다.

764년
복고회은의 반란

광덕 2년(764) 정월에 상서좌복야겸 중서령·삭방절도사 복고회은僕固懷恩이 당에 반역을 하였다. 회흘 국왕인 회흘 칸이 복고회은의 사위였는데 복고회은은 안사의 난 이래 용감하게 전투를 하여 그의 가족 중 조정을 위하여 죽은 자가 46명이나 되었으며, 딸이 회흘로 시집을 갔기 때문에 회흘 병력의 원조를 받아서 두 수도인 장안과 낙양을 수복하고 하남·하북을 평정하였으니 그 공이 비길 데가 없었다. 그러나 도리어 모함에 빠지자 화가 나서 상서를 올려 소송을 하였다. 9월 22일, 대종이 배준경을 강주로 파견하여 복고회은을 위무하고 입조하도록 명령하였다. 복고회은은 부장의 권고를 듣고 입조를 사양하였다. 그후 얼마 되지 않아 복고회은은 회흘·토번의 10만여 명의 장병을 이끌고 침략하니 장안의 사람들은 놀라서 아수라장이 되었다. 대종이 곽자의에게 퇴치할 책략을 물어보니 곽자의가 말했다.

"회은은 그렇게 하지 못할 것입니다. 병사들을 이끌고 건릉의 남쪽에서 엄히 진을 치고 기다리면 회흘·토번 군이 전쟁을 하지 않고 물러갈 것입니다." 영태 원년(765) 9월에 복고회은이 회흘토번·토욕혼·당항黨項·노랄병奴剌兵 수십만 명을 이끌고 쳐들어왔다. 9월 8일, 회은은 중도에서 갑작스런 병에 걸려 명사鳴砂(지금의 영하 청동협)에서 병사하였다.

766년
국자감의 부활

당나라 초기에 국자감 산하에 국자학·태학·사문학·율학·서학과 산학 등 6학을 설치하였다. 안사의 난 이후로 국자감의 여러 칸의 방들은 모두 퇴락하였고, 사병들이 종종 그곳에 거주하였다. 국자감좨주인 소흔蕭昕이 학교는 폐지할 수 없다고 상소하니 대종은 국자감 학생을 다시 받아들이도록 명령하였다. 대력 원년(766) 2월 1일, 조정은 국자감에서 석존례를 거행하고, 재상과 어조은에게 문무백관을 거느리고 강의를 듣게 하니 백관의 자제들은 국자감 학생이 되었다. 어조은은 명을 받들어 석가의 날에 경문을 강의하였다. 그는 《주역》을 들고 높은 곳에 앉아서 '정절족鼎折足, 복공속覆公餗'*을 강의하여 재상을 풍자하였다. 왕진王縉은 이를 듣고 난 후 몹시 대로하였으나 원재는 오히려 기뻐하며 만족하였다. 어조은은 사람들에게 "화를 낸 사람은 인지상정이지만 웃은 자의 마음은 추측하기 어렵다"고 말했다. 8월, 국자감은 전체적으로 완비되었으며 국자감 내에 다시 석존의 예를 거행하였다.

* 솥의 발이 부러져 삼공이 먹을 음식을 엎으면 그 형벌이 목을 베는 것이라는 뜻으로 주역의 94효에 나오는 글귀임-역주

부릉의 석어

중경 부릉 양자강에 있는데 길이 1600m, 너비 10~15m의 암초석으로 그 위에 양자강 갈수기 수위를 나타내는 물고기 형태의 도안과 문자가 기록되어 있다. 최초의 것은 당 광덕 2년(764) 것이고, 가장 뒤의 것은 민국 시기에 만들어졌다. 모두 163편의 글이 조각되어 있어 1200여 년간의 양자강 갈수기를 연구하는 데 귀중한 사료를 제공해주고 있다.

부릉에 석어를 건립

송대의 기록에 의하면 당 광덕 2년(764)에 양자강 중류에 돌로 만든 물고기인 석어石魚를 건설하였다고 한다. 부릉涪陵 석어는 고대 양자강 중류에 있던 수위를 표시하는 석각 표지로 중경 부릉 북쪽 양자강의 백학량白鶴梁에 있다. 백학량은 서에서 동으로 장장 1600미터 이상이나 되는데 양자강의 흐름과 평행을 이루며 남북의 너비는 10~15미터로 늘 물 밑에 잠겨 있다가 겨울과 봄 사이 물의 양이 가장 낮은 갈수기 때 강의 한복판에 드러난다. 백학량의 경사면에는 물고기 형태의 도안과 글들이 종횡으로 기록된 석각들이 많이 있다. 이미 발견된 어도魚圖로의 3마리 중 2마리는 강희 24년(1685)에 새겨진 것이고 한 마리는 송대 제기題記에 기록된 바에 근거하여 소급하면 당 광덕 2년(764) 이전에 새겨진 것이다. 이들은 모두 현대 물자[水尺]와 같은 작용을 하여 역대의 서로 다른 연대의 서로 다른 갈수기 수위를 기록한 고정 표지다. 이미 발견된 송원명청의 약 160여 조의 제기 가운데는 연월일 기록 이외에도 종종 '쌍어가 이미 드러났으며 물은 이 석어 아래의 5척까지 내려갔다', '물이 석어 아래로 7척까지 내려갔다'는 등의 글이 새겨져 있다. 이는 천년 이상의 갈수기 수위를 분석 연구할 수 있는 자료를 제공해주는 귀중한 기록이다.

회흘인이 나귀를 끌고 있는 그림

당나라 때 북방 초원의 주인은 돌궐인과 회흘인으로 이 두 민족과 당나라 사이에는 늘 전쟁과 평화가 공존해 왔다. 회흘인의 형상을 표현하고 있는 이 그림은 유목민족과 말의 친밀한 감정이 잘 드러나 있다.

채색 보살상

이 그림은 당나라 시기에 조소한 채색 보살상이다. 보살은 자애로눈 눈썹과 선한 눈동자를 하고 있으며 두 볼은 후덕하고 윤기가 흐른다. 당시 사람들의 심미감을 반영하고 있는데 보살상의 복식 또한 몹시 화려하다. 게다가 몸 전체에 장식물이 아주 많은데 이는 당시 복식 스타일에 부합된다.

막고굴

막고굴이 있는 천애 절벽은 지질이 물러 조각이 어렵기 때문에 굴 안에는 전부 진흙을 사용하여 소조했다. 형태 제작으로 볼 때 두 종류로 나눌 수 있는데 하나는 영소影塑라고 하며 부조에 가깝고 다른 하나는 원소圓塑라고 하며 이는 벽체에서 분리된 독립적인 입체 소상塑像을 말한다. 당대는 돈황 소상예술이 최고봉에 이른 시기로 수량이 가장 많다. 보살은 중요한 지위를 점하고 있으며 게다가 초기의 남성 소상은 점차 여성 소상으로 변화되었다. 불상 인물은 '남자도 여자도 아닌' 무성無性이라는 설법을 위반하지 않기 위하여 보살의 입술에 수염을 그려넣었다.

불교를 숭배한 대종

당 대종은 처음에 도교의식을 좋아하고, 불교를 믿지 않았다. 원재·왕진·두홍점이 재상으로 있으면서 모두 불교를 숭상하며 믿었는데 특히 왕진이 신심이 돈독하여 육식을 하지 않고 두홍점과 함께 사원을 많이 조성하였다. 대종이 원재에게 물었다.

"불교는 인과응보를 말하는데 정말 이런 일이 있을 수 있는가?"

원재가 아뢰었다.

"국가의 시운이 이렇게 오래 되었는데 만일 복업을 심지 않았다면 어떻게 지금까지 이를 수 있겠습니까? 만일 복이 이미 정해졌다면 비록 작은 재난이 있다 하더라도 역시 해가 될 수 없습니다. 그래서 안록산·사사명의 반란이 있었지만 결국 그들은 자신의 아들에게 죽임을 당하지 않았습니까? 복고회은은 반란중에 병으로 객사했습니다. 회흘과 토번이 대대적으로 쳐들어왔지만 싸우지도 않고 물러났습니다. 이는 모두 인력으로 할 수 있는 것이 아니니 어찌 인과응보가 없다고 할 수 있겠습니까?"

대종은 이때부터 불교를 깊이 믿게 되었으며 종종 궁정에서 100여 명의 승려들에게 연회를 베풀었다. 만일 외적의 침입을 받기라도 하면 승려를 불러서 《호국인왕경》을 강설하도록 하고 외적이 물러간 후에는 큰 상을 내렸다. 호나라 승려인 불공不空은 관직이 경감卿監까지 오르고 국공의 작위를 받고 수시로 궁중을 출입하니 그 권세가 커졌으며 수도 근처의 좋은 땅에서 나는 이익이 사원으로 돌아갔다. 오대산에 금각사를 조성하고 동에 도금을 한 기와로 덮으니 그 비용이 어마어마했다. 왕진은 또 중서부첩中書符牒*을 발급하여 오대산의 승려들을 사방으로 보내어 불사를 경영하도록 하였다. 이들은 매번 대종을 만날 때마다 불교에 관한 이야기를 하였다. 이렇게 되니 조정 안팎의 신하와 백성들은 이런 조류에 편승하여 인사人事를 폐하고 불사佛事만을 숭상하게 되었다.

* 관에서 승려들에게 발급해주던 증명 문건 - 역주

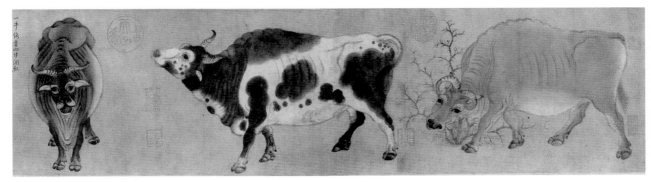

당·한황의 《오우도五牛圖》(일부분)

그림 속의 다섯 마리 소는 모두 거친 필묵으로 그렸다. 풍격은 고졸하고 소박하며, 조형이 정확하고, 형태가 생동적이며 아주 적절하게 늑골과 소털의 질감을 잘 표현해 내고 있다. 종이는 당 종이의 특징인 마를 원료로 제작되었다. 한황韓滉은 현종 개원 11년(723)에 태어났으며 덕종 정원 3년(787)에 죽었다. 자는 태충太衝이며 장안 사람으로 관직은 양절절도사·재상에 이르렀고 진국공晉國公에 봉해졌다. 일찍이 번진 반란을 평정하는 전투에 참여하였다.

저광희와 산수 전원시

저광희儲光義는 당대 시인으로 윤주潤州 연릉延陵(지금의 강소 단양) 사람이다. 개원 14년(726) 진사가 되었으나 관직길이 순탄치 않았다. 종남산의 별업別業에 은거했다가 후에 산을 나와 태축太祝에 임명되었기 때문에 그를 저태축이라고도 부른다. 안사의 난으로 반군이 장안을 공격하여 함락시킬 때 포로가 되었고, 핍박에 의해 어쩔 수 없이 거짓으로 관직을 맡았다가 후에 반군에서 빠져나와 당 조정으로 돌아왔으나 영남으로 유배갔고 그곳에서 죽었다. 저광희는 전원을 묘사한 산수시가 유명하다. 그의 〈목동사〉·〈조어만釣魚灣〉 등의 시는 풍격이 소박하며, 세심한 관찰을 소박하고도 중후한 글의 기품 속에 녹여 내었고, 한적한 정취를 표현할 때에도 농촌의 현실을 묘사하여 비교적 농후한 생활의 숨결을 띠고 있어 독자들에게 진실한 느낌을 준다. 〈동왕 13에 우연히 시 열 수를 짓다〉라는 시는 다음과 같다.

뜨거운 여름 한낮, 초목이 말라버리는 것을 보네. / 농가에선 들인 공이 아까워, 호미로 동고東皐밭을 매네. /흐린 뜬구름 바라보고, 혹시 싹이 상할까 걱정하네. / 돌아와 슬프고 피곤하여도, 형과 형수는 말다툼을 하네 / 돈이 없어 술도 못 사니, 무엇으로 피로를 풀까? / 깊은 밤 별과 은하수 밝고, 정원은 비어서 적막하기만 하네. / 높은 버드나무 너댓 그루, 홀로 소요할 만하네.

이 시는 농가에서 비 내리기를 갈망하며, 하늘에 떠도는 뜬구름을 바라보는 절박한 심정을 묘사하고 있어 사람을 감동시킨다.

조수와 석수를 연구한 두숙몽

당대에는 항해업이 날로 발전함에 따라서 조수潮水*와 석수汐水**의 밀물과 썰물의 규칙을 관찰하고 계산하는 기초 위에서 과학적 총결산이 필요했다. 두숙몽竇叔蒙은 이 방면의 연구에 뛰어난 공헌을 하였다. 《해도지海濤誌》에서는 조석의 주기적 현상에 관하여 세 가지 의견을 제기하였다. 즉 "밤과 아침에 조수와 석수가 있다.", "음력 초하룻날과 보름날이면 만조가 되었다가 모두 나간다", "봄과 가을에 다시 늘었다가 줄어든다"이다. 이미 정규적으로 12시간마다 조수가 밀려오고 나가는 일반적인 규칙을 정확하게 알고 있었다. 첫 번째는 하루 동안에 해수가 썰물 두 번, 밀물 두 번, 즉 두 차례 조수와 석수의 순환을 말한다. 두 번째는 삭망, 즉 1개월 내에 두 번의 만조와 간조가 있음을 말한다. 세 번째는 회귀년回歸年*** 동안에 두 번의 만조와 두 번의 간조가 있음을 말한다. 두숙몽은 또한 회귀년의 음력 2월과 8월에 만조가 나타난다는 규율을 총결하였다. 두숙몽은 《해도지》에서 조수·석수의 기인과 달 운행의 관계에 대하여 "조수·석수가 파도를 일으키는 것은 반드시 달과 관련된다"고 했다. 즉 조수의 간만은 일정한 규율이 있음을 분명히 말하고 있다. 구체적으로 말하자면 "삭망에는 만조가 되며 그믐에는 간조가 된다. 상·하현달이 뜰 때는 간조기이므로 삶은 고기를 먹으며 쉴 수 있다. 바퀴가 바큇살을 따라 도는 것처럼 주기적으로 다시 시작한다."

* 아침에 밀려들었다가 나가는 바닷물
** 저녁 때에 밀려왔다가 나가는 바닷물
*** 태양이 황도상의 춘분점을 출발하여 다시 춘분점에 돌아올 때까지 걸리는 시간. 365일 5시간 48분 46초를 말함-역주

당 · 영파선寧波船

냉천정

당나라 때 건축되었으며 절강성 항주시 영은사 앞에 있다. 정자가 원래는 냉천 한가운데에 지어졌기 때문에 이런 이름이 붙었다. 송나라 때 냉천정冷泉亭을 중수하면서 땅 위로 옮겨졌으며 이후에 여러 차례 중수하였다.

어조은의 죽음

어조은이 금군을 장악하니 그 세도가 조야를 무너뜨릴 정도로 대단했다. 그는 큰 정원이나 광장의 만좌한 대중 앞에서 정치를 논하면서 재상을 모욕하기를 좋아하였다. 원재는 비록 마지못해 변명을 하였지만 침묵하며 감히 응대하지는 못했다. 신책군 도우후都虞侯 유희섬劉希暹과 도지병마사 왕가학王駕鶴은 모두 어조은의 심복이었다. 유희섬은 어조은에게 북군에 감옥을 세우고 부자들을 무고하고 그 가산을 몰수하여 군대에 편입시킬 것과 고발한 자에게는 상을 나누어 주기를 권했다. 어조은은 이를 반드시 윤허해야한다고 상주하였다. 조정 정사를 잘 예견하지 못한 사람들이 있으면 "천하 일 중에 내가 없이 된 것이 있었는가?"라고 화를 내며 말하자 대종은 이를 듣고 몹시 불쾌해 했다. 어조은의 양자 영휘令徽는 아직 나이가 어렸기 때문에 같은 무리들과 싸움질만 하는데도 어조은은 대종을 볼 때마다 공복公服인 자의紫衣를 하사해주기를 주청하였으나 대종은 승낙하지 않았다. 유사有司가 자의를 들고 있는 앞에서 영휘는 그것을 입고는 감사의 예를 올리자 대종이 할 수 없이 윤허는 하였지만 마음은 더욱 편치 않았다. 대력 5년(770) 3월 10일 한식날, 대종은 궁전에서 주연을 베풀어 권신들을 부르고 원재는 중서령을 지켰다. 연회가 파하고 어조은이 막 군영으로 돌아가려고 할 때 대종이 상의할 일이 있다고 남으라고 하니 주호周皓와 좌우 신하들이 어조은을 사로잡고 목 졸라 죽였다. 그러나 이 일과 무관한 사람들은 아무도 알지 못하였다.

770년
변새 시인 잠삼의 죽음

대력 5년(770), 시인 잠삼岑參이 세상을 뜨니 향년 55세였다. 잠삼(약 715~770)은 남양(지금의 하남성 남양) 사람이다. 천보 3년(744)에 진사에 급제하였으며 우내솔부 병조참군에 임명되었다. 천보 8년(749), 잠삼은 안서절도사 고선지를 따라서 안서로 가 서기 일을 관장하였고 천보 10년(751) 다시 봉상청封常淸을 따라 북정으로 가 판관을 역임하였다. 대력 초에 다시 가주(지금의 사천 낙천)자사에 임명되었으므로 잠가주岑嘉州라고도 부른다. 잠삼은 초년에 적지 않은 산수시를 썼으며 후에는 여러 차례 변경으로 나가 오랫동안 막부에 있었으므로 변새시에 뛰어나다. 예를 들면 〈백설가송무판관귀경白雪歌頌武判官歸京〉·〈윤대가봉송봉대부출사서정輪臺歌奉送封大夫出師西征〉 등은 모두 당대 변새시 중에서 뛰어난 우수한 작품이다. 그와 고적을 병칭하여 '고잠高岑'이라고 부른다. 저서에는 《잠가주시집》 8권이 세상에 전해 내려온다.

삼채마와 마부용

당삼채로 말의 높이는 41cm고 길이 46cm, 마부용의 높이는 28.5cm다. 말안장에는 녹색의 장니障泥* 천을 걸어 놓았다. 말의 몸에는 녹색에 황색을 띠는 은행잎 모양의 장식을 두르고 있으며 머리를 들고 가슴을 앞으로 내민 것이 마치 뛰어오르고 싶어하는 형상이다. 마부는 호인胡人으로 두 손은 말고삐를 꼭 쥐고 있다. 고개를 들고 입을 삐죽거리며 두 눈은 동그랗게 뜨고 길들여지지 않은 말을 노려보고 있다. 사람과 말 사이에 일종의 특수한 희극적인 효과를 자아내고 있다.

* 말을 탄 사람의 옷에 흙이 튀지 아니하도록 가죽 같은 것을 말의 안장 양쪽에 늘어뜨려 놓은 기구로 우리 말로는 '말다래' 라고 함–역주

옥문관 유적지

양관陽關과 옥문관玉門關은 당대의 변경의 관문으로 당대 변새시 속에 빈번히 등장하고 있다. 이별의 슬픈 사랑이 있는가 하면 또한 공을 세운 호방한 감정이 있기도 하다. 이 같은 느낌은 변경의 광활함·황량함과 어우러져 서로 대응되니 또 다른 비장한 분위기를 느끼게 해준다.

문원도文苑圖

당나라 한황의 작품으로 전해지는데 두루마리 뒤에 〈이덕유견객도李德裕見客圖〉라고 제한 것도 있고, 〈유리당아집도琉璃堂雅集圖〉라고 제한 것도 있는데, 본래의 그림 두루마리보다 조금 길다. 또한 실내에 옷을 걸어놓은 침상 부분과 술과 차를 데우는 다구가 놓여있는 부분이 있는 또 다른 작품도 있다. 의복으로 분석해볼 때 이 그림의 탄생연대는 반드시 한황보다 좀 더 늦은 5대 10국 대 사람의 작품으로 보는 것이 타당하다. 당대의 둥근 깃의 웃옷은 많은 서적에서 반영되고 있는데 모두 안에 아무것도 대지 않은 깃이다. 또 이 그림 속에서 보는 것과 같은 딱딱하고 반듯하게 올라간 복건은 아주 드물다.

상류층 남성들의 긴 도포

수·당시대에 남자들의 관복에는 특징이 있다. 즉 상류층은 긴 도포를 입고, 관원은 복두幞頭를 썼으며 백성들은 짧은 저고리를 입었다. 이런 분류는 오대까지 그다지 변화가 심하지 않았다. 수·당 조정에서는 모두 이전 시대의 구제도를 참조하여서 여복輿服제도를 개혁하였다. 천자·백관의 관복은 모두 색깔로 등급을 구분하였고 문양을 사용하여 관직의 등급을 표시하였다. 남자 관복은 일반적으로 오사모복두烏紗帽幞頭*를 사용하였으며, 둥근 깃과 소매가 좁은 도포를 입었는데 옷의 길이는 무릎 아래 복사뼈까지 내려왔다. 무릎이 닿는 곳에는 경계선을 하나 대는데 이를 횡란橫襴이라 하며 옛날식의 심의深衣** 흔적이 얼마간 남아 있다. 허리에는 붉은 띠를 매고, 발에는 검은색 육합화六合靴를 신었다. 황제에서 관리까지의 스타일은 거의 비슷하지만 재료·색깔·가죽띠·머리 등의 장식에 차별이 있었다. 관직이 없는 지주계급의 은둔자나 촌로들은 높은 깃에 넓은 테두리가 있는 직철直裰*** 입기를 좋아하였는데 이는 유학자들의 넓은 소매의 풍성한 도포와 같은 고대의 심의를 답습했음을 나타낸다. 일반 백성은 앞가슴을 허리께에서 여밀 수 있는 무릎까지 오는 웃옷과 바지를 입었으며 선명한 색상이 있는 옷은 허용되지 않았다. 심부름꾼이나 일꾼들은 대부분 끝이 뾰족한 모자를 쓰고, 천으로 만든 신발을 신고, 일을 하거나 길을 나설 때는 옷깃을 허리춤에 걸어 넣었다. 복두의 제작은 북제에서 시작되어 수·당 초기에 점차 정형화되었다. 검은색 비단으로 만든 연태모軟胎帽(나무로 제작한 적도 있었음)는 오대 시기에 이르러 두 날개가 곧고 양쪽을 향하게 되며 부드러웠던 부분이 딱딱한 날개로 변하여 송대의 날개를 펼친 것 같은 옻칠을 한 박두가 나왔으니 속칭 이를 오사모烏紗帽라고 한다.

* 사모紗帽처럼 두 단段으로 되어 있으며, 위가 모지고 뒤쪽 좌우에 날개가 달려 있음—역주
** 옛날의 예복으로 상하가 연결된 옷으로 선비가 조회나 제사를 드릴 때 입거나, 평민들은 예복으로 입었음—역주
*** 저고리와 치마를 합하여 하나로 만든 도포같은 옷으로, 아래에는 주름을 많이 잡았음—역주

혜과와 공해 기념당

고승 불공의 문도인 혜과惠果는 청룡사에서 밀종 교의를 일본의 승려 공해公海에게 전수하였으며 공해는 일본으로 귀국한 후에 진언종眞言宗을 창시하였다. '동밀東密'의 창립자로 불리기도 한다.

774년
밀종의 고승 불공의 입적

불공不空은 천축(지금의 인도) 사람으로 중국 불경의 4대 불경번역 대사의 한 분이자 밀종의 창시자다. 천보 8년(749), 불공은 인도에서 당으로 왔으며 천보 10년에 장안으로 들어와서 대흥선사大興善寺에 살았다. 안사의 난 시기에 불공은 숙종에게 수차례 비밀리에 사람을 보내 충성을 표시하였고 결국은 숙종의 후대를 받게 되었다. 대종에 즉위하자 불공은 자신이 번역한 《밀엄경密嚴經》《인왕경仁王經》 두 경전을 헌상하였다. 대종은 친히 이 책에 서를 쓰고 후한 상을 내렸다. 771년에 불공은 자신이 번역한 77부, 120여 권의 밀종 경전을 헌상하였고, 대종은 이를 대장경에 넣도록 명령하니 밀종 경전은 이때부터 세상에 유행하기 시작하였다. 불공은 또한 문특각文特閣을 건설하자고 상주하고 대종은 스스로 문특각의 주인이 되었다. 774년 4월, 대종은 불공을 '숙국공肅國公'에 봉하였다. 6월 불공이 병으로 입적하였고 시호는 '대변정광지불공삼장화상大辯正廣智不空三藏和尙'이다.

불공화상비

775년
전승사의 반역

대력 10년(755) 정월, 위박魏博절도사 전승사田承嗣가 당에 반역을 하고 병사를 이끌고 상주相州를 점령하였다. 4월, 대종은 하동절도사 설병훈과 성덕절도사 이보신, 치청절도사 이정기 등에게 전승사를 토벌하라고 명령하였다. 전승사는 전투가 불리하자 여러 절도사들을 이간질하는 계책으로 그들이 서로 시기하고 의심하게 만들어 드디어는 연달아 철수하도록 만들었다. 전승사는 또 자신의 죄를 사해줄 것을 두 차례 상주하니 대종은 하는 수 없이 그의 죄를 사면하였다. 776년, 변장 이영요가 성을 점거하고 반란하자 전승사는 병사를 파견하여 지원하였다. 대종은 다시 토벌하라고 명령하니 이보신李寶臣은 그의 비장 이중천李重倩을 파견하여 지원군을 대패시켰다. 이영요는 소식을 듣고 밤을 도와 달아나버렸다. 이후 전승사는 또 죄를 사해주기를 청하니 대종은 하는 수 없이 재차 그의 관직을 회복시켜주었다. 대력 14년(779) 2월, 전승사가 병사하였는데 임종시에 그의 조카인 전열田悅에게 군사 통괄을 명령하니 대종은 전열을 위박유후에 임명하였다.

갈유 새모양의 자기 훈塤*
높이 24.9cm, 길이 6.1cm로 앉아 있는 새 모양을 한 훈이다. 뾰족한 부리, 큰 눈에 몸체는 살져 있고, 꼬리는 짧다. 어깨 부분에 두 날개가 붙어 있고 꼬리 가까이에는 붙어서 소리를 낼 수 있는 구멍이 뚫려 있다. 전체적으로 황갈유가 시유되어 있으며 빙렬氷裂 문양이 있는데 칠이 심하게 벗겨져 나갔다.

* 고대에 질로 구워 만든 취주 악기의 하나—역주

진자비상문 동경眞子飛霜紋銅鏡
거울을 중심으로 왼쪽의 대나무 숲 앞에 한 사람이 앉아서 거문고 종류인 금琴을 뜯고 오른쪽에는 난봉이 거문고 소리를 들으며 춤을 추고 있다. '진자眞子'는 즉 진짜 효자의 약칭이며, 비상飛霜은 고대 거문고 곡조 12조의 하나인 이상조履霜操의 별칭이다. 문양 장식은 서주의 윤백기尹伯奇*가 방축되어 초야에 은거한 일을 은유하고 있다.

* 윤길보尹吉甫의 아들로 계모의 모략으로 죄도 없으면서 유배당하였다. 마름꽃으로 옷을 해 입고 문배나무꽃을 먹으며 연명했다. 새벽에 이슬을 밟고 유배당하였기 때문에 이런 음악을 만들고, 연주가 끝난 후 투신하였음—역주

장지화의 〈어가자〉

장지화張志和는 당대의 사인詞人으로 원명은 구령龜齡이고 자는 자동子同이며 자호는 현진자玄眞子다. 무주婺州(지금의 절강 금화) 사람으로 생졸 연월은 정확치 않다. 장지화는 어려서부터 총명하고 공부하기를 좋아하여 어린 나이에 명경과에 급제하였다. 당 숙종 즉위 후 숙종에게 헌책을 하였기 때문에 좌금오위록사참군에 제수되었으며 '지화志和'라는 이름을 하사받았다. 후에 나쁜 일에 연루되어 귀양을 갔으며 다시는 관직에 나오지 않고 도처를 유랑하며 온 천하를 자신의 집으로 간주하였다. 저서에는 《현진자》 12권과 《술대역述大易》 15권이 있는데 모두 전해지지 않는다. 그의 사는 겨우 〈어가자漁歌子〉 5수만 전해온다. 〈어가자〉와 〈어부〉는 어부를 노래하는 명작이다. 이 가사는 모두 5수인데 한 곳에서 일시에 지어진 것은 아니다. 그중 가장 사람들에게 널리 알려진 것은 첫째 수 "서쪽에 산이 막혀 있는데 백로가 날아가네"라는 구절로 계절·장소 막론하고 다른 사詞들과 차이가 있다. 내용과 예술적인 면에서 다른 작품보다 뛰어나 〈어가자〉사의 압권이라고 칭해진다. 〈어가자〉가 세상에 나온 후 수많은 시인들이 다투어 이에 화답하고, 모방하였으며 일본에 까지 전해져서 사가천황[嵯峨天皇]*과 궁정 귀족들이 노래하였다. 송대 소식 역시 〈어가자〉의 의미를 그의 〈완계사浣溪沙〉와 〈자고천鷓鴣天〉에 사용하였다.

* 52대 천황(786~842)으로 중국의 경사에 상당히 밝았음—역주

777년
번진의 할거

안사의 난을 평정하였지만 안록산과 사사명의 잔여 부대는 아직도 상당한 세력을 확보하고 있었다. 당 대종은 잠시 평안을 구하기 위하여 하북을 반란군의 장수에게 봉하였다. 당 조정은 반란이 평정되는 과정에서 내지에서 병권을 장악한 자사들에게도 절도사라는 호칭을 주었다. 이리하여 대력 12년(777) 번진이 할거하는 국면을 조성하였다. 당시 할거 세력 중 가장 큰 집단은 성덕·위박·평로 3진을 들 수 있다. 각 번진의 할거자는 그 지역 내의 백성들을 잔혹하게 통치했고 중과세를 부과하였다. 이런 통치를 유지하기 위하여 그들은 필사적인 군대 확충 이외에도 또한 정련되고 용감한 병사들을 조직하여 심복인 '아병牙兵'* 제도를 두어 급여를 후하게 주었다. 아병은 충성을 다하긴 하였지만 또 다른 한편으로는 몹시 거만하고 횡포를 부렸다. 절도사만이 그들이 조금이라도 마음에 들지 않으면 죽이거나 쫓아낼 수 있었다. 번진은 관작·갑병·조세·형법 방면에도 모두 그들 나름의 제도가 있었으므로 실제로는 당나라와는 완전히 다른 지역이었다. 이러한 상황은 당나라가 멸망할 때까지 계속되었다.

* 본진에서 대장을 수행하던 병사 – 역주

당대 무사 복원도

당대 유격장군 장엽 묘지명

장엽臧曄은 일찍이 안사의 난을 평정하는 전투에 참가하였다. 그의 아들은 주차朱泚의 반란을 평정하고 장안을 수복하는 작전에 참가하였다. 장엽은 용감하게 적군을 무찔러 유혈이 낭자할 정도로 그 몸이 많이 훼손되었으며 난을 평정한 장군이라는 뜻인 정난定亂장군에 제수되었다.

갈색 유를 시유한 개[褐釉狗]

당삼채 부장품이다. 이 개는 갈색 유약을 칠한 강아지로 뾰족한 입·평평한 이마·아래로 늘어져 있는 두 귀에 가슴은 앞으로 나와 있고 허리는 가늘며 꼬리는 땅바닥에 닿아 있다. 조소 과정에서 말 형태의 표현법을 일부 흡수했음을 알 수 있다. 총명함과 귀여움이 나타난다.

다량의 부장품 당채용

성당 시기 제왕과 왕공대신들 사이에서는 장례를 성대하게 치르는 것이 성행했기 때문에 부장품이 몹시 풍부하다. 특히 대량의 채색용이 부장품으로 사용되는데 이는 한편으로는 당대 조각 및 조소 예술의 성취를 반영한다. 당대의 경제·문화의 발전에 따라 사실적 예술은 날로 성숙되어 갔으며 각 종류의 부장용의 조각 장식과 회화 수준은 신속하게 발전하였다. 이러한 부장품 묘용은 도기가 위주지만 자기로 빚은 것·진흙으로 빚은 것·목조와 석조도 있다. 도용은 일반적으로 도기 재질이나 채색을 시유한 것 말고도 채도용이 있으며 심지어는 일종의 삼채용도 창조하였다. 이것들은 표면에 황색·녹갈색·남색·흑색 등의 채유를 시유하였는데 바탕색은 붉은색과 흰색의 두 종류가 있다. 굽는 온도는 자기瓷器에 비해 약간 낮으며 유색은 찬란하고 변화가 다양하여 사람들이 몹시 애호한다. 당대 묘용은 대부분 현실 생활에서 직접 소재를 취했는데 대부분 사람과 말이며 그 수량도 많다. 기마여용騎馬女俑은 분채粉彩 장식으로 긴 소매가 표표히 날리고 머리에는 얇은 사모를 쓰고 있으며 그 자태가 온화하고 점잖으며 우아하다. 여자 시녀의 형상은 몹시 핍진하여 높이 올린 머리에 긴 치마를 입고 얼굴은 통통하다. 각종 묘용은 조형 비율이 정확하고 자태가 생동적이며 윤곽 변화가 풍부하다.

재상 양관의 개혁

당 대력 12년(777) 4月, 양관楊綰은 재상에 제수되자 대종 이예를 보좌하여 정치적 폐단을 개혁하였다. 양관은 조정을 위하여 공평타당하였으며 덕행으로 유명했다. 본성이 청렴하고 수레와 의복이 검소하였다. 원재가 권력을 잡자 백관들은 모두 그에게 빌붙었지만 양관만은 청렴하게 자신을 지켰다. 원재가 사형 집행을 받자 대종은 양관을 중서시랑·동평장사에 임명하였다. 조서를 내리는 날 조야의 사람들이 모두 축하해주었다. 당시 곽자의는 마침 분주汾州의 군영에서 빈객들과 대연회를 베풀고 있었는데 이 소식을 들은 후 황망히 옆에 있던 주악대를 5분의 4로 줄였다. 경조 윤여간尹黎干은 이전에는 매번 출입할 때 말 탄 병졸 100여 명이 수행하였는데 당일부터 즉각 10명으로 줄였다. 어사중승 최관崔寬은 집안이 부유하고 재물이 많아 별장을 사치스럽게 지었는데 이 소식을 듣고 급히 사람을 시켜 일부러 몰래 집을 부숴버렸다. 이외에도 양관이 재상이 되었다는 소식을 듣고 사치하던 사람들 중 검소하게 바뀐 자가 수를 헤아릴 수 없이 많았다. 양관은 재상이 된 후에 지방관들의 후한 봉록과 경성 내 관리들의 박한 봉록, 사사로운 정에 얽매어 불법적인 일을 행한 것 등 원재가 야기한 불평등한 상황을 개혁했다. 즉 대종에게 경성에 있는 관리들의 녹봉을 매년 약 15만 6,000여 민緡*을 인상시키도록 상주하였다. 반면 지방관 녹봉은 절도사부터 점점 감축하여 공평하도록 힘썼다. 양관은 지방의 병력 제도 또한 정비하였다.

* 끈에 펜 1,000문文의 동전 꾸러미를 가리킴-역주

개를 태운 채회기마용

수렵 출행은 당나라 귀족의 중요한 향락 생활의 하나였다. 기마용은 한 손은 고삐를 잡고 있는 모양이고 한 손은 주먹을 위로 치켜 올리고 있다. 머리는 약간 뒤쪽을 향하고 있는데 뒤에 있는 사냥개에게 사냥감을 잡아오라는 명령을 내리는 것 같다. 엄숙하고 위엄이 있는 경험이 아주 풍부한 사냥꾼의 모습으로 생활의 숨결이 가득 담겨 있다.

조풍각
조풍각助風閣은 중경 운양현 성 밖, 양자강 남안과 인접한 비봉산 기슭의 장비張飛 사당에 있다. 당나라 때 처음으로 건축되었으며 청 동치 9년에 수해로 훼손되었다가 후에 재건되었다.

덕종의 즉위

당 대력 14년(779) 5월, 대종의 사후, 태자 이적李適이 즉위하니 덕종德宗이다. 덕종은 즉위 이후 힘껏 정치에 힘을 쏟으며 궁중의 사치스런 제도 정돈에 착수하여 검약을 강조하고 조정의 공급 부담을 경감하였다. 그는 궁중의 200여 명의 이원사梨園使와 악사들을 없앴으며, 나머지 인원들도 태상반에 속하게 하여 관리토록 하였다.

대종 때에 각국에서 조공으로 바쳐 유흥에 사용하던 42마리의 훈련된 코끼리를 형양荊陽(지금의 섬서 부평 서남쪽)에 방축하였으며 동시에 투계·사냥개 등의 동물들도 방축하였고 궁녀 수백 명도 모두 민간으로 돌려보냈다. 779년 6월, 덕종은 또 대종의 산릉山陵(제왕이 묻힌 곳을 산릉이라고 함)제도를 개혁하여 후장厚葬하는 풍습을 검약하도록 바꾸어 불필요한 항목의 지출을 줄였다.

풍경 건축의 출현

당나라는 중국 봉건사회 발전의 최고 단계로 경제 번영과 도시 발전이 상호 작용하면서 동시 발전이라는 전제하에 도시 관념에 변화가 일기 시작했다. 원래 단순한 기능형 도시 건축에 휴식과 오락적 내용이 증가되어 풍경 건축의 광범한 출현을 촉진하였다. 대력 11년(776) 안진경이 호주湖州자사로 재임할 당시, 성 동남쪽 삽계霅溪의 백빈주白蘋洲를 개발하고 팔각정을 건축하여 사람들에게 휴식공간을 제공해 주었다. 후에 끊임없이 중수되어 정자가 5채나 건축되었으며 명승지가 되었다. 항주 서호 역시 당대에 개발되었다. 서호에서 영은靈隱 일대까지의 풍경이 아름다운데 이곳에 역임한 군수들은 모두 이를 중시하여 5개의 정자를 건축하여 군성에서 영은 냉천까지의 길을 쭉 관망할 수 있도록 하였다. 백거이는 항주자사로 재임할 당시 더한층 수리하여 이곳을 천하에 알렸는데 오래도록 그 명성은 시들지 않는다. 유종원도 영주永州에 좌천되었을 당시 적극적으로 성 밖의 풍경구를 개발하고 계획하여 고무담鈷鉧潭과 용흥사 동구 등의 명승지를 건설하였다. 이를 또 풍경의 분류·건설 원칙·풍경 건설의 사회적 의의 등 방면에서 이론적 설명을 명백히 하였고 견해가 몹시 독특하다. 그가 써놓은 계주桂州(지금의 계림) 이강灕江 자가주訾家洲 개발은 원화 12년(817)에 있었는데 삼각주 안에 연정·비각·한관·숭헌 등의 명승지를 만들어 놓고 이를 총칭하여 '자가주 정자'라 하니 일시에 명승지가 되었다. 이밖에도 이덕유는 성도 신번新繁의 동지東池·민성閩城의 신지新池·영주穎州의 서호·팽성의 양춘정陽春亭·호주濠洲의 사망정四望亭 등을 개발하였다.

중당 벽화

이 그림은 유림굴 제 25굴 내의 주실 북벽의 《미륵하생경변彌勒下生經變》 중의 결별도다. 《미륵경》에서 말하는 미륵정토는 "사람의 수명은 8만 4,000세로 임종 전에 스스로 묘로 나아간다"고 한다. 그림 속에는 흰 수염의 노인이 지팡이를 들고 묘 안에 안거한 모습을 그렸는데 당시 인간의 극락정토 세계로 나아가고자 하는 강렬한 바람을 표현하고 있다.

780년
양세법의 시행

건중 원년(780) 2월, 신임 재상 양염楊炎은 전국 각지의 세제개혁으로부터 얻은 경제상의 교훈을 총괄한 기초 위에서 당나라의 통치를 구하기 위하여 완벽한 세수 방안을 제출하였다. 이것이 바로 중국 역사에서 이후 800년 동안이나 채택되어 온 양세법兩稅法이다. 양세법의 중요 내용은 다음과 같다. 토착민이나 이주민을 막론하고 거주지에 따라 통계를 낸다. 납세자는 장정의 구분 없이 빈부의

정황에 따라 납세액을 나눈다. 자주 왕래하는 행상인은 소재지에 30분의 1을 납세한다. 거주민의 세금은 여름과 가을 두 번으로 나누어 징수한다. 농지세는 대력 14년의 토지 수량을 기준으로 하여 여름세는 6월을 넘길 수 없고, 가을세는 11월을 넘기면 안 된다. 조용잡박租庸雜舶 등의 명목을 폐지하고 세액은 전부 이 두 가지로 귀속시켰다. 양세법은 비록 실행 이후 곧 폐단이 생겼지만 그러나 사회·경제 발전의 내적 추세에 순응하며 당 중엽 이후에 확립되어 후세 수백 년 동안 이용되었다.

오도자

오도자吳道子(약 686~760 전후)는 후에 이름을 도현道玄이라고 바꾸었는데 존칭은 오생吳生이다. 양적陽翟(지금의 하남 등주) 사람으로 어렸을 때 몹시 가난하여 어려서부터 민간 화공생활을 하면서 그림의 이치를 깨닫게 되었다. 일찍이 5년 동안 하급관리 생활을 한 적도 있으며 후에는 낙양을 유랑하며 장욱張旭·하지장賀知章 등에게 서예를 공부하였고 결국 전문 화가가 되었다. 개원 연간에 현종이 궁중으로 불러 궁정화가가 되었다. 그는 정련된 기예와 왕성한 창조력으로 대량의 종교화·역사화와 정치가의 초상화를 그렸다. 인물을 잘 그리고 불도·귀신·산수·새와 짐승·초목·전각 등도 세상에 유명하고 그의 명성도 널리 퍼져나갔다. 성당 시기에 활약한 오도자는 문인 명사들과 교류하기를 좋아하였으며 또한 각지로 유람하였다. 회화면에서 멀리는 장승요張僧繇를 사사하고 가까이로는 장효사張孝師를 본받았다. 초기 회화는 육조 시기의 붓놀림이 유려하고 섬세한 풍모를 계승하였다. 당대 문학 예술의 공전의 발전과 외국과의 문화 교류, 각 예술 분야와의 소통은 그가 예술 재능을 발휘할 수 있는 계기를 제공해 주었다. 광범한 학습을 통하여 중년 이후의 화필은 복잡하면서도 용솟음치거나 날아갈 듯하며 고도로 성숙했다. 오도자는 예술적 창작정신이 풍부하여 마치 난잎이나 순채蓴菜*줄기 같은 필법을 사용하여 표현한 옷의 주름이 둥글게 표표되어 휘날리는 듯한 기세가 있어 '오대당풍吳帶當風'**이라고 한다. 오도자는 역대 화가들이 넘을 수 없는 최고봉의 자리에 있어 그를 존경하여 '백대화성百代畫聖'이라고 한다. 중국 회화사에서 그의 지위는 아무도 따를 수가 없다. 소동파는 "시의 최고는 두자미杜子美[두보]이고, 문장의 최고는 한퇴지韓退之[한유]이고, 서예의 최고는 안노공顏魯公[안진경]이며, 그림의 최고는 오도자다. 그러나 고금의 변화는 천하의 일일 뿐이다"라고 말하였다.

* 수련과의 여러해살이 수초水草-역주
** 오도자의 허리띠에 바람이 분다는 뜻-역주

오도자의 《유마힐경》

당대 유마힐 형상을 묘사한 회화 작품 중에서 오도자의 이 유마힐상이 가장 생생하고 최고의 대표성을 띠는 걸작이다. 화가는 유려하고 강건한 선을 사용하여 단숨에 그림을 완성하고 있다. 확실히 "턱수염과 귀밑머리 무성하여 수척이나 흩날려도 모근은 두피에 있어 그 힘이 강하고도 남음이 있다"는 느낌이 있다.

돈황벽화 악무

이 그림은 돈황벽화 중에서 비교적 대표적인 그림이다. 그림 속의 인물은 표표히 춤을 추고 있는데 옷자락과 띠에 동작미가 풍부하다.

당 대종과 곽자의의 관계

당 대종은 곽자의를 존중하여 예로서 대우하고 대신의 이름을 부를 때도 그의 이름은 부르지 않았다. 곽자의 아들 곽애郭曖가 그의 처인 승평공주升平公主와 입씨름을 한 적이 있다. "당신 아버지가 천자라는 것을 믿고 이러는 것이오? 우리 아버지는 천자 자리를 대수롭게 여기지 않기 때문에 천자가 되지 않는 것일 뿐이오."

승평공주가 대로하여 이 일을 아버지인 대종에게 고해바치자 대종이 말했다.

"사실이 그렇다, 만일 자의가 황제가 되고자 했다면 어디 천하에 우리 집안이 있을 수 있겠느냐?"

대종은 공주를 위로하면서 시댁으로 돌아갈 것을 명령하였다. 곽자의가 이 일을 안 후에 아들인 곽애를 감옥에 가둔 후 입궁하여 죄를 청하자 대종이 말했다.

"옛말에 이르기를 '때로는 모르는 척, 못 들은 척하지 않고는 시아버지 노릇을 할 수 없다'는 말이 있지 않는가? 아이들이 규방에서 한 말은 죄라고 할 수 없다"

곽자의는 집으로 돌아가서 곽애를 수십 차례 매질하였다. 이 이야기는 후에 희곡작품 《타금지打金枝》(금지옥엽을 때리다)의 소재가 되었다.

토번의 돈황벽화 중수

건중 2년(781), 토번의 찬보는 사주沙州의 저항 세력을 받아들이는 조건으로 돈황을 관할하기 시작하였다. 8세기 말 토번왕조는 토번 고승을 파견하여 불교 사무를 관리하였다. 사찰을 확충하고 승려들을 폭넓게 인도하며 돈황의 각 사원에 토지와 사호寺戶(사원의 노예)들을 각자 배분해 주어, 돈황사원의 경제는 공전의 발전을 하였다. 이 시기 석굴은 수량상으로는 겨우 44개 남아 있었지만, 내용·형식·기법에서는 새로운 단계에 진입하였다. 원래 성당 시기의 그 거침없는 장관을 연출했던 모든 벽에 한 폭씩 있었던 경변經辨*이 이때에 이르면 벽화 하나하나마다 여러 종류의 경변이 출현할 뿐 아니라 모든 벽화는 그 전체 벽면의 2/5를 병풍으로 장식하고 병풍 안에는 명작 수준의 변경과 비유를 담은 고사를 그려 넣었다. 이 형식은 더 많은 신을 만들어 기도하고 예불을 드리려 하는 필요성에서 나왔지만 이러한 관점 외에 다시 고려해야 할 문제가 있다. 그것은 이와 같이 테두리를 상감으로 처리한 '그림 족자'를 즐비하게 나열한 형식은 당연히 토번족의 불사활동 중의 장식 방법과 유관하며 비록 내용·조형과 세부적 표현에서는 여전히 사주의 전통을 계승하고 있지만 석굴안의 경변 조합과 예술 분위기는 분명히 이미 또 다른 사회 제도·생활 방식의 산물이 반영되었다는 것을 말해준다.

* 변상變相임. 불경 고사에 근거한 회화·조각 등의 작품으로 포교를 위해 쓰였음—역주

삼칠분류정

곽자의는 3·7분류법을 이용하여 곽산천霍山泉의 물을 논밭에 관개하였다. 천년을 이어 지금도 산서 임분의 곽천霍泉의 관개 지역에서 여전히 기능을 발휘하고 있다. 그림은 당대 유적인 곽천의 3·7분류 정자다.

곽자의의 죽음

당 건중 2년(781) 6월 14일, 분양왕 곽자의가 서거하니 향년 85세였다. 곽자의는 활주滑州 정현鄭縣 사람으로 개원 연간에 무과에 급제하였다. 안사의 난이 발발했을 때 곽자의는 마침 삭방절도사의 관직을 맡고 있었다. 그는 병사를 이끌고 반군을 토벌하여 동도인 낙양과 서경인 장안을 수복하니 공로는 누구도 비할 자가 없었다. 안사의 난이 평정된 후에 곽자의는 관내와 하동부원수의 직을 겸임하였으며 회흘의 침략을 방어할 책임지며 누차에 걸쳐 토번의 침공을 격퇴시켰다. 그는 30년 동안 국가 안위와 사직 존망에 묶여 살았다. 곽자의는 최고의 장수로 수중에는 막강한 군사력을 장악하였고, 또한 수많은 그의 부하들은 모두 조정의 중신이 되었지만 곽자의는 여전히 마음대로 그들을 마구 대했건만, 오히려 그들은 언제나 곽자의를 공경과 존경으로 대하였다. 곽자의가 한번은 전승사에게 사람을 보낸 일이 있는데 전승사는 서쪽 멀리 있는 곽자의에게 절을 하고 나서 말하길 "나의 이 두 무릎은 이미 오랫동안 사람을 향해 꿇어본 적이 없었다네"라고 하였다. 이 작은 일로 보아 번진들 사이에서 그의 명망을 알 수 있다.

곽자의의 덕과 명망은 온 나라에 퍼져 있었다. 대력 14년(779) 5월, 당 덕종 이적이 제위에 올랐을 때 곽자의를 존경하여 상서에 제수하고 태위太尉에 봉하였다. 곽자의의 공은 천하를 덮고도 남음이 있었으나, 천자도 의심을 하지 않았고 관직이 높은 중신들 중에 질투하는 자가 없었다. 생활이 몹시 사치스러웠지만 질책하는 사람이 아무도 없었다. 고금의 명신·명장 중에서 이처럼 처음도 좋고 끝도 좋은 사람도 보기 드물다.

안진경

안진경(709~785)의 자는 청신淸臣이며 경조 만년萬年(지금의 섬서 서안) 사람으로 조상의 원적은 낭야 임기臨沂(지금의 산동 임기)다. 개원 진사로 전중시어사 직에 있었다. 위인됨이 강직하고 아부할 줄 몰라 양국충에게 배척당하여 평원(지금의 산동에 속함)태수로 좌천되었다. 안록산 반란에 그는 사촌형과 연합하여 저항하였으며 맹주에 추대되자 20만 군사를 모아 안록산이 감히 동관을 넘지 못하게 하였다. 관직은 이부상서·태자태사를 역임했고 노군공魯君公에 봉해져 사람들은 그를 '안노공顔魯公'이라고 부른다. 덕종 때에 이희열이 반란을 일으키자 조정에서는 안진경을 파견하여 이희열에게 항복을 권유케 했는데 오히려 이희열에게 목졸라 죽임을 당했다. 안진경은 어려서부터 근면하게 배우기를 즐겨하였으며 문학에도 재능이 있었다. 후인들이 《안노공문집》을 편집하였다.

당·안진경의 다보탑비(일부분)

다보탑비多寶塔碑는 현재 섬서성 서안의 비림碑林에 있다. 안진경이 40세 때 쓴 것으로 이 비는 처음 서예를 배우는 사람들이 모사하기 가장 좋은 작품이다.

784년
이희열의 반란

당 건중 3년(782) 12월 회서절도사 이희열李希烈이 당에 반기를 들고 자칭 천하도원수·태위·건흥왕建興王이라 하였다. 흥원 원년(784) 정월에는 황제라 칭하고 국호를 대초大楚, 연호는 무성武成으로 정하고, 백관을 설치하고 변주를 대량부大梁府로 하였다. 이희열은 황제를 칭한 후 부장 양봉楊峰을 파견하여 진소유陳少游와 수주壽州자사 장건봉張建封에게 상을 하사하니, 장건봉은 오히려 양봉을 죽이고 진소유가 이희열과 사통했다고 덕종에게 상주하였다. 이희열은 또 부장 두소성杜少誠을 파견하여 수주와 강도江都를 공격하도록 하니, 남으로는 기주蘄州·황주까지 공격하였다. 후에 조왕고曹王皐와 악주자사鄂州刺史 이겸李兼이 누차에 걸쳐 이희열을 대패시키니 이희열은 다시는 강회 지역을 침범하지 못하였다.

785년
회소의 죽음

당 정원 원년(785)의 유명한 서예가이자 승려인 회소懷素가 세상을 떠나니 향년 60세였다. 회소는 속성俗姓이 전錢, 자는 장진藏眞이고 장사長沙(호남성 장사) 사람이다. 회소의 서법은 '광초狂草'로 유명하다. 그는 장욱의 풍격을 계승하고 발전시켰기에 이 둘을 병칭하여 "전장취소顚張醉素"라고 한다. 회소는 술을 즐겨마셨는데 머리끝까지 취할 때까지 마시고 붓을 들어 글을 썼다. 그러나 그가 쓴 글은 마치 나는 듯 원활하고, 소나기에 회오리바람이 부는 것처럼 비록 수많은 변화가 있어도 한 글자도 법도에 어긋남이 없었다. 회소의 서법은 일대 새로운 풍조를 만들어 냈으며 후세에도 커다란 영향을 주었다. 그의 작품으로는 《자서自敍》·《고순고순苦筍》 등의 첩이 있다. 그밖에도 《사분률개종기四分律開宗記》 역시 그의 저서이다.

안진경의 안체 서예

당대 서예는 중국 서법 예술 발전사상 최고봉이라고 할 만하다. 안진경은 그중 가장 성취가 걸출한 대표적인 인물이다. 안진경의 서법은 집안의 가풍과 외가인 은씨殷氏 댁의 영향을 받았다. 처음에는 저수량褚遂良을 배웠으며 후에는 장욱張旭을 사사하여 장욱 서법의 정수를 깊이 흡수하였다. 그는 또 역대 명가인 채옹·왕희지·왕헌지 등의 서예 작품 중에서 그 자양분을 흡수하고 힘들게 연습을 거듭하며 그들의 장점을 융합 관통하여 특출나게 뛰어나고 웅위강건하며 기세가 호탕한 독특한 풍격을 창조하여 스스로 일가를 이루었으니 그의 서체를 '안체顔體'라고 하며 서예의 대가가 되었다. 그의 해서는 단정하고 웅장하며 기세는 활달하다. 그는 가로획은 가늘고 세로획은 굵은 횡경수중橫輕竪重을 사용하여 필력이 굳세고 무게감이 있다. 세로획은 중간은 볼록한 호弧의 느낌이 약간 나며 강건한 가운에 부드러움이 있고 탄력이 풍부하여 힘이 중봉中鋒*에 있다. 구성은 방정하고 꽉 들어찬 느낌인데 사각의 한자에 둥근 모양이 있다. 행서는 강건하고 향기가 그윽하며 간결하면서도 웅혼하다. 종횡이 자유분방하며 운필 사용법이 기세가 충만하며 절묘하고 자연스럽다. 고래의 서체를 변화시켜 새로운 기풍을 창조하여 후세에 많은 영향을 주었다. 그보다 조금 늦은 시대에 유공권柳公權이 있는데 이들을 함께 '안류顔柳'라고 부른다. 안진경의 서법이 힘이 있고 풍만하며 기세가 아름답고 방정한 반면 유공권의 서법은 일찍이 안진경의 영향을 받아서 골력에 편중되어 튼튼하고 강건하다. 그래서 "안근유골顔筋柳骨**"이라는 말이 생겨났다. 안진경의 서법 이론은 《술장장사필법12의述張長史筆法十二意》에 전해져 온다.

* 붓끝이 바로 서서 한 편으로 기울지 않는 필법 – 역주

** 안진경의 글에는 힘줄이 있고 유공권의 글에는 뼈대가 있다는 뜻으로 후대에는 획의 굵기와 가늘기가 고루 갖추어져 필법의 진수를 터득한 것을 말함 – 역주

당·소초小草 천자문

이 첩은 회소의 초서다. 비단 바탕에 84행으로 모두 1045자가 쓰여 있다. 서법은 소박하며 전아하고, 고아하며 힘차고, 조용하며 엄숙하다. 이를 보고 사람들이 "글자 하나에 천금의 가치가 있다"고 칭찬하여 후에 '천금첩千金帖'이라고 불리게 되었다.

첩금개갑기마용貼金鎧甲騎馬俑

792년
육지의 집정

당 정원 8년(792) 4월 11일, 재상 두참竇參이 침주별가郴州別駕로 좌천되자, 병부시랑 육지陸贄와 상서좌승 조경趙憬이 동시에 중서시랑·동평장사에 임명되었다. 정원 8년(792) 9월, 육지는 조운漕運과 화적和糴에 관한 상소를 올렸다. 조정에서는 육지의 건의를 받아들였고 이리하여 농민의 수입이 증가되고 생활 개선에 도움이 되니 변방 지역은 점점 충실해져 갔다. 육지는 재상으로 있는 동안에 청렴결백하였다. 덕종은 그를 몹시 신임하였기 때문에 그도 조정에 충심을 다하였다. 범사를 모두 이치에 입각하여 끝까지 논쟁을 하였고 조운과 적미만이 아니라 뇌물 등의 문제도 건의하였다. 정원 9년(793) 5월, 아울러 당의 변방에 존재하고 있던 6가지 문제점을 상주하였다. 그의 상소 내용은 매번 모두 그 당시의 폐단과 병폐를 정통으로 찔렀기 때문에 덕종을 불쾌하게 만들었다. 또한 배연령裴延齡·조경趙憬 등과 같은 사람들의 참언이 더하여져 육지는 결국 정원 10년(794) 12월 23일에 태자빈객으로 좌천되었다.

801~802년
토번을 무찌른 위고

당 정원 17년(801) 7월, 토번이 재차 염주鹽州 지역을 침범하자 덕종은 즉시 검남서천절도사 위고韋皐에게 출병을 명령하였다. 위고는 토번의 내부 깊이 들어가서 병력을 나누어 북부 변경의 우환거리를 해결하였다. 9월에 위고는 아주雅州(지금의 사천 아안)에서 토번을 대파하고 그 승리의 기세를 몰아 추격하며 천리에 달하는 전장을 누볐다. 그리하여 토번이 점거하고 있던 7개의 성과 5개의 군진을 공략하고, 토번의 소규모 요새 150곳을 불태웠으며, 토번 사병 1만여 명을 사살하였고, 6000명을 포로로 잡았다. 항복한 토번인은 3000명이었다. 이어 위고는 유주維州와 곤명성(지금의 사천 염원)을 포위 공격하였다. 이 전쟁에서 남조왕南詔王 이모심異牟尋이 출병하여 당군과 연합하여 전력으로 공격하자 덕종은 사신을 파견하여 안위하였다.

다음해 정월, 토번은 대상겸동비 오도절도사 논망열論莽熱에게 10만 대군을 주고 파견하여 유주의 포위를 풀고자 하였다. 위고는 서천의 병사들을 이끌고 요새지의 지형에 따라 매복을 시켰다. 토번 병사들이 도착한 후에 당의 병사 1000여 명이 성을 나와 응전하니 토번군은 과연 당군을 따라 추격하였다. 당군은 싸우는 척하면서 후퇴하며 군대를 매복해 놓은 곳까지 유인하였고, 서천의 병사들이 일시에 출격하여 토번군의 퇴로를 차단하였다. 토번군은 필사적으로 저항하였지만 이미 방법이 없었다. 이리하여 병졸들

은 분분히 흩어지고 도망가니 사상자
가 과반이 넘었다. 서천 병사들은 토
번 대상大相인 논망열을 사로잡았다.

 맹교

　맹교孟郊(751~814)의 자는 동야東野며 호주
湖州 무강武康(현재의 절강에 속함) 사람이다.
그의 일생은 좌절의 연속이었으며 관직의 길
도 뜻을 이루지 못했으니 한유는 그를 '궁자
窮子'라고 하였다. 그의 성정은 강직하고 시류
에 부합하는 것을 원치 않았지만 어느 때는
편협함이 있었던 점도 피할 수 없다.

 가도

　가도賈島(779~843)의 자는 낭선浪仙이며 범양范陽(지금의 북경 부근) 사람이다. 일찍이 출가하여 승려
가 되었고 후에는 한유의 눈에 들어 환속하였다. 일생 동안 관직의 길은 순탄치 않았다. 그는 5율五律
에 뛰어났으나 힘들게 시를 짓는 버릇이 있었으니 스스로도 "시 두 구절을 짓는데 3년이 걸리고, 한 번
읊으면 두 눈에 눈물이 흐른다"고 〈제시후題詩後〉 말할 정도다. 그가 초년에 장안에서 나귀 등에 타고
읊었다는 "새가 연못가의 나무에 깃드니 승려는 달빛 아래 문을 두드리네(鳥宿池邊樹, 僧敲月下門)"라는
시에서 '퇴推'와 '고敲' 두 자를 읊으며 결정을 못하고 있다가 한유의 행차를 막았다는 '퇴고'에 관한
일화가 전해내려 온다.

맹교와 가도의 시풍

　맹교와 가도는 중당의 유명한 시인으로 그들은 모두 힘들게 시를 지었는데 시 속에는 힘들게 얻은 수많은 단어들이 나온다. 그래서 소식은 '맹
교의 시 풍격은 한고寒苦하고 가도의 시 풍격은 수경瘦硬하다'는 뜻으로 '교한도수郊寒島瘦'라고 칭하였다. 현재 전해오는 맹교의 시는 500여 수
가 있으며 단편 5언고시가 가장 많고 율시는 없다. 사회현상의 모순에 대한 것이 많은데 예를 들면 〈변방 백성의 신음塞地百姓吟〉·〈장안의 이른
봄長安早春〉·〈살기부재변殺氣不在邊〉·〈봄의 애상傷春〉 등이 있다. 예술적으로는 반복하고 고심하며 퇴고하는 고음苦吟의 풍격을 체현하고 있는데
진부한 말을 사용하지 않고, 단순하게 묘사하는 백묘기법에 뛰어나며 전고의 단어를 사용하지 않아 언어는 명백하고 담백하다. 그러나 또한 평
범하고 평이함을 피하려고 적극 노력했다. 이런 시에 〈유자음游子吟〉이 있다.

자애로운 어머니 손에 있던 실은	慈母手中線
유랑하는 자식의 몸에 입은 옷이 되었네.	游子身上衣
떠날 때에 촘촘히 바느질해 주심은	臨行密密縫
행여나 늦게 돌아올까 두려우셨음이리.	意恐遲遲歸
뉘라서 말하리오, 한 치 풀 같은 효심으로	誰言寸草心
봄빛 같은 어머니께 보답할 수 있노라고.	報得三春暉

　맹교의 어려운 시는 어느 때는 기이함을 추구하기 위해서였지만 역시 내용을 더욱 깊이가 있으며 감동적으로 표현되게 만드는 것이 주목적이
었다. 맹교의 이런 강단과 힘이 있는 시풍은 대력 이래 답습되던 미약한 시풍을 단번에 일소시키고, 문학사에 커다란 영향을 주었으니 북송 강서
시파江西詩派의 군더더기가 없고 생경한 풍격의 형성에 영향을 미쳤다.

　가도의 시는 대부분 자신의 청빈하고 고독한 생활 처지를 묘사하고 있으며 그 분위기가 몹시 애잔하다. 그는 힘들게 신묘한 구절을 얻기도 했
다. 예를 들면 〈기주석규寄朱錫珪〉* 중의 "장강의 사람은 달빛을 낚고, 넓은 들의 불은 바람을 태우네" 같은 구절은 정말로 얻기 어려운 좋은 시이
다. 가도가 힘들게 얻은 시가들은 만당 시단에서 한때 성행하였으며 사람들은 다투어 그를 모방하였다. 그러나 가도의 전체 시 작품을 개관해볼
때 힘들게 공을 드린 시의 조탁에 과도하게 편중하여 전체적 예술창작을 홀시한 면을 볼 수 있다. 사상 내용과 예술 성취는 모두 맹교를 따르지
못한다.

* 원서에는 제목을 〈검객劍客〉이라고 하였으나 오기이므로 바로잡음 – 역주

803년
낙산대불 조성

당 덕종 정원 19년(803)에 낙산대불이 조성되었다. 낙산대불은 현존하는 세계에서 가장 큰 석각 좌불상이다. 낙산대불은 지금의 사천성 낙산시 동쪽의 민강岷江·청의강靑衣江과 대도하大渡河의 세 강이 모이는 지점인 서란봉棲鸞峰 아래에 있으며 능운산凌雲山 절벽을 뚫어 조각하였다. 당 현종 개원 원년(713)에 본적이 귀주인 승려 해통海通이 기부금을 거두어 착공하였다. 해통이 서거한 후에는 검남 서천절도사 위고가 50만 전을 시주하여 계속 건축하고 90년이 지나서야 완공이 되었다. 낙산대불은 무엇과도 비교할 수 없을 정도로 높아서 아주 먼 곳에서도 아득하게 구름과 안개 속에 숨어 있는 대불을 볼 수 있다. 또한 멀리로는 아미산이 보이며 가까이로는 낙산시를 굽어볼 수 있다. 세계적으로 현존하는 최대의 마애석상이다. 그래서 "산이 하나의 부처고, 부처가 하나의 산이다"라는 미칭을 갖게 되었다. 낙산대불은 중국 고대 노동자들의 높은 불상 조각 예술성을 충분히 체현하였다.

낙산대불
낙산대불은 미륵좌상으로 동쪽에 앉아 서쪽을 향하고 있다. 머리카락 문양은 나선형의 머리 문양이고, 얼굴은 단정하며 몸의 비례는 적당하다. 의복이 시원스러우며 두 손은 무릎을 덮고 있고, 두 발은 연화산을 밟고 있다. 전체 몸 길이는 70.8m고 어깨의 넓이는 24m다. 그중 머리 높이는 14.7m고 머리의 폭은 10m, 귀의 길이는 7m, 눈의 길이는 3.3m, 눈썹 길이는 3.7m, 코의 길이는 5.6m, 입의 길이는 3.3m, 목의 높이는 3m, 손가락 길이는 8.3m, 발등의 넓이는 8.5m다. 대불의 뒤는 산이고, 앞에 물이 흐르는데 그 기세가 웅혼하다. 완공 당시 미륵좌상은 전신에 채색이 되어 있고 위에는 너비 60m의 7층 13첨 누각이 있었다. 이 누각은 당대에 대불각 혹은 대상각이라고 불렀으며 송대에는 천녕각 혹은 능운각이라고 이름을 바꾸었고 원말에 전쟁 통에 훼손되었는데 끝내 재건하지 못하였다. 대불과 함께 개척된 험준한 잔도는 구곡 계곡 아래에 있어, 사람이 그곳에 올라서면 모골이 송연해지는 느낌을 받는다. 잔도 측면에는 원래 수백개의 감실龕室의 조상이 있었는데 현재는 파손되어 완전치 못하고 완전하게 보존된 감실은 두 개뿐이다. 그중 하나의 감실은 '서방극락도'로 조각이 정밀하고 조형이 생동적이다.

804년
원진과 《앵앵전》

정원 20년(804), 시인 원진元稹이 창작한 전기 애정소설인 《앵앵전鶯鶯傳》은 중국 문학사상 영향이 매우 크며 그에게 높은 명성을 안겨준 작품이다. 《앵앵전》의 원제는 《전기傳奇》로 《태평광기》에 수록할 때 《앵앵전》으로 바뀌었으며 지금까지 계속 사용되고 있다. 또 그 안에 부賦〈회진시會眞詩〉가 있기 때문에 《회진기》라고도 한다. 그 내용은 장생은 최앵앵과 서로 사랑하다가 자기들끼리 결혼을 약속했으나 후에 그녀를 버리는 비극적인 이야기다. 원진은 젊었을 때 일찍이 남자 주인공 장생은 같은 경험을 하였기 때문에 후인들은 장생의 원형은 원진 본인이라고 생각한다. 최앵앵의 원형에 관해서는 설이 너무 많아서 정론이 아직 없다. 《앵앵전》의 '재자가인'의 연애 이야기는 문인들이 몹시 좋아하여 그 이야기는 광범위하게

《앵앵전》 서적 사진

퍼졌다. 송 이래 수많은 작품 속에는 앵앵의 이야기가 변화 발전하여 왔는데 비교적 유명한 것으로 다음과 같은 작품이 있다. 송대 조령주趙令畤의 고자사鼓子詞《남조접련화》, 금대 동해원董解元의 《서상기제궁조西廂記諸宮調》, 원대 왕실보王實甫의 잡극《서상기》, 명대 이일화李日華와 육채陸采는 각각 《남서상기》 등을 지었다. 지금까지 《서상기》는 중국의 수많은 전통극의 전통 레퍼토리로 집집마다 모르는 사람이 없는 정도이다.

채회 입상 여용
여용의 몸태는 풍만하며 머리를 쪽져서 옆으로 빗어넘겼고 좁은 소매에 폭넓은 긴 도포를 입고 있다. 성당 시기의 여자 복식과 형상을 보여준다.

805년
영정 개혁

정원 21년(805) 정월 23일, 향년 64세로 덕종이 서거하였다. 26일 태자 이송李誦이 태극전에서 황제에 즉위하니 이가 바로 순종順宗이다. 순종은 즉위 전에 이미 중풍으로 말을 하지 못하였기 때문에 조정에 나와서 국사를 처리하지 못했다. 즉위 후에도 줄곧 궁 안에만 있어 백관들은 드리운 발을 통하여 국가대사를 주청하였다. 순종이 태자일 적에 한림대조 왕비王伾·왕숙문王叔文이 태자의 공부를 도왔는데 이들은 이송의 깊은 신임을 받고 있었다. 순종 즉위 후 당시 환관 세력의 타도와 정치 개혁을 주장하던 위집의韋執誼 등의 일련의 소장파 관료사대부들은 모두 왕비·왕숙문을 영수로 하여 혁신그룹을 형성했다. 순종이 중풍으로 말을 할 수 없었기

여성의 복장

수당 시기의 여성 복장은 유행의 멋을 담뿍 담고 있다. 이상야릇함을 추구하던 궁정여인들의 복장은 민간으로까지 발전하였고, 또 종종 서북 민족의 영향을 받아서 특별한 분위기를 갖고 있다. 수당 시기 가장 유행한 여성 복장은 짧은 저고리와 긴 치마인 유군襦裙이었는데 치마허리는 비단끈으로 거의 겨드랑이까지 올 정도로 높게 매었다. 당대는 장기간 좁은 소매의 짧은 저고리와 땅까지 끌리는 긴 치마를 입었다. 성당 이후 귀족 여성들의 복장은 크게 변화하여 옷소매는 4척을 넘고, 긴 치마는 땅에 끌릴 정도인 4~5촌, 즉 13~16cm 정도나 되어 부득불 법령으로 이를 제한하지 않을 수 없었다. 반비半臂*는 지금의 배자褙子와 같은 것으로 수당 여성이 보편적으로 좋아하던 의복이다. 수 양제 시대에는 궁전에서 입었는데 당대에는 민간에까지 보급되어 일종의 일상복이 되었다. 반비 복장과 함께 당대 여성들이 또 즐겨 입었던 것은 어깨 위에 두르는 숄로 이를 '피백披帛'이라고 한다. 짧은 저고리에 긴 치마는 수당 여성들이 추구하던 유행이었다. 일반적으로 치마허리는 흉부까지 올라오고 가슴을 반 정도 노출시켰으며 치마는 길어서 땅에 끌렸다. 치마색은 빨강·노랑·자주색·녹색 위주며 붉은색이 가장 유행하였다. 당대 여성들은 치마 길이를 미의 척도로 간주하였으나 궁정에서 입는 복장은 그 길이를 규정하였다. 당대 여성들이 치마를 만들 때는 또 폭이 많은 것을 좋다고 여겨 일반적으로는 6폭이었고 더 많게는 7, 8폭이 되는 것도 있었다. 이는 사치스러울 뿐만 아니라 입고 난 후에 행동도 불편하였기 때문에 개혁 조치가 생겨 폭과 길이를 제한하게 되었다.

* 깃과 소매가 없거나 소매가 아주 짧은 겉옷—역주

나방모양의 금비녀

때문에 일련의 제도는 완전히 이 두 사람이 초안하고 반포하기에 이르렀다. 위집의는 재상에 임명되어 상벌을 명확히 하고, 가혹한 정치를 금지하고, 폐해를 제거하는 정책을 반포하였다. 영정 원년(805) 5월, 환관 구문진俱文珍은 왕숙문을 몹시 미워하여 그의 병권을 빼앗으려고 순종에게 한림학사의 직무를 삭탈하도록 주청하였다. 6월, 위고는 왕숙문을 무고하는 상주문을 올렸다. 배균裵均과 엄완嚴綬 역시 분분히 상주문을 올렸다. 8월, 순종은 압박을 못 이겨 태자 순純(헌종)에게 양위하고 영정永貞으로 개원하였다. 헌종이 즉위하자마자 왕비를 개주開州(지금의 중경 개현)사마로 좌천하니 왕비는 얼마 못 가 병사하였다. 왕숙문은 유주渝州(지금의 중경) 사호司戶로 좌천되었고 다음 해에 사약을 받았다. 나머지 사람들도 모두 좌천되거나 조정에서 쫓겨났다. 왕숙문 집단은 정권을 잡은 지 겨우 146일로 개혁은 실패를 고하고 말았다.

808년
우이당쟁의 시발점이 된 책시

원화 3년(808), 당 헌종은 책시策試를 통해 방정하고 직언을 하는 현량을 뽑았다. 이궐현위伊闕縣尉 우승유牛僧孺·육혼陸渾현위 황보식皇甫湜·전진사前進士 이종민李宗閔은 모두 당시 정치의 과실을 질책하고 직언을 서슴치 않았다. 이에 주시험관인 이부시랑 양어릉楊於陵·이부원외랑 위관지韋貫之 등은 이들 세 명의 재주를 중시하여 상책으로 서명하여 올렸다. 헌종도 이를 보고 그들이 감히 직언으로 간한 정신이 가상하다고 여겨 4월 13일 중서성에 명령하여 이들을 우대하여 적당한 자리에 배치하도록 하고 표창까지 하였다. 그러나 재상 이길보李吉甫(이덕유의 부친)는 이종민과 우승유가 자신을 비판한 것을 알고 우승유에게 대해 몹시 불만을 갖게 되었다. 그래

서 헌종 면전에서 이 두 명을 추천한 시험관인 양어릉과 위관지가 개인적인 관계로 뽑았으며 보복을 획책한다고 무고했으며 보복하였다. 또한 복시관覆試官 한림학사 배기裵垍와 왕애王涯 역시 공무를 담당하지 못하는 자들이라고 고했다. 그러자 헌종은 이길보의 말을 믿고 양어릉을 영남절도사에, 위관지는 파주巴州자사로 강등시키고, 배기와 왕애의 한림학사 직위도 파면하였다. 또한 우승유 등은 각기 번진에서 동원 업무를 맡아 오랜 기간 조정에 중용될 수 없었다. 이와 같은 대처는 우이당쟁牛李黨爭의 시발점이 되었다. 이후 붕당이 형성되고 서로 간에 알력이 끊이지 않으니 장장 40년 간이나 계속된 이 당쟁은 당대에 가장 오랜 기간 지속된 규모가 가장 큰 당쟁이 되었다.

보대교
보대교寶帶橋는 소주시 동남 운하의 서쪽에 있으며 담대호澹台湖를 가로지르는 아치형 돌다리다. 당 원화 원년(806)에 건축되었다. 전하는 바로는 소주자사였던 왕중서王仲舒가 이 다리를 건설하기 위하여 자신의 옥대를 기증하여 공사비를 보조하였다고 한다. 또한 다리가 마치 옥대가 수면에 뜬 것 같아서 이런 이름이 붙었다고도 한다.

강남의 논
수당 이전에 중국의 농경지 수리건설 지역의 중심은 줄곧 북방의 황하 유역이었다. 중당 이후에 남방의 수리사업은 신속히 발전하여 그 규모와 수량은 모두 북방을 추월하여 중요한 농업 산업기지가 되었다.

813년
이길보의 《원화군현지》

당 헌종 원화 8년(813), 이길보는 《원화군현도지元和郡縣圖誌》를 편찬하니 이 책은 경조부에서 농우도까지 모두 47개 진鎭에 대하여 썼다. 진을 소개하는 모든 글 앞에는 한 폭의 지도가 있다. 그러나 대략 남송시대에 이르면 이 지리서의 글만 남고 그림은 없어졌으므로 사람들은 이를 《원화군현지》라고 불렀다. 이는 중국에서 현존하는 가장 최초이자 가장 완벽한 전국적 성격을 띤 지방을 기록한 지리지의 명저이자 국가의 영토를 위주로 하는 지리 총서로서 당나라 정치 경제를 간직하고 있는 귀중한 자료다. 이

책은 한·위 이래의 지리지를 지속적으로 발전시키고, 도지圖志와 도경圖經의 편찬 방법, 장章과 법法이 있는 서술, 내용이 상세하고 확실하며 믿을 수 있어 후세에는 이 책을 '체제가 가장 완벽한' 것으로 간주하고 있다. 이후 역대의 각종 지리서는 모두 이 책을 표본으로 삼고 있기 때문에 시대의 획을 그은 지리서라고 할 수 있다. 《원화군현지》는 원래 지志 40권, 목록 2권으로 전체 42권인데 현재는 6권이 없어지고 34권만 전해진다. 당대 정관 이래 전국을 10도道로 나누었는데 이 책에서는 도를 기준으로 권으로 나누고 도 아래에 부주府州를 두어 이에 대하여 각각의 관공서 위치·연혁·호수·공부貢賦 등의 내역을 서술하였다. 각 지역의 산천과 강·지세의 험

준함·농경지 수리관개 등을 중점적으로 서술하고 있다. 본서 전체에는 모두 합쳐 강줄기 550여 개, 호수 130여 곳을 기록하고 있다. 이길보는 이 책 속에 절도사가 장악하고 있는 부주에 대하여 모두 모모절도사가 관리하고 있으며, 이 절도사가 관할하는 범위는 어디어디라고 명확하게 명시하고 있어 사람들의 주의를 끌었다. 이 기록은 번진의 세력을 약화시키고 전국 통일을 유지하기 위한 목적을 이루었다. 이 책은 또한 각 부주의 호구 자료를 기록했는데 더욱 중시할 가치가 있는 점은 개원과 원화 연간의 호구 수를 열거한 점이다. 이는 당대 호구 분포 정황을 반영했을 뿐 아니라 안사의 난 전후의 인구 분포의 변화를 반영하기도 한다.

《원화군현도지》 서적 사진
당대 지리총지로 현존하는 최초의 비교적 완벽한 총 지리지다.

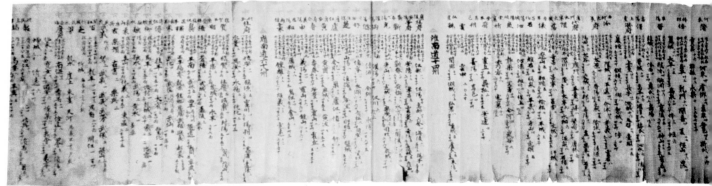

당대 《지리지》 돈황 잔권
이 책은 첫 부분과 말미가 모두 훼손되어서 현재 남아 있는 것은 160행뿐이다. 농우도隴右道 동곡군同谷郡부터 시작하여 영남도 하수군賀水郡까지 기록하고 있다. 전체 기록된 주부州府는 138곳이며 현은 641곳으로 당시 중국의 군과 현 총수의 40%에 해당된다.

《창려선생집》서적 사진

한유

한유의 시문

한유韓愈의 자는 퇴지退之며, 하양河陽(지금의 하남성 맹현 남쪽) 사람으로 세칭 창려昌黎 한유라 부른다. 중당의 문학가이자 사상가며 당대 고문운동의 지도자의 한 사람이다. 한유는 산문 방면에서 탁월한 성취를 이루었을 뿐만 아니라 시단에서도 독자적인 한 파를 형성하였다. 그의 시가 창작과 산문 창작은 방법은 다르지만 똑같이 훌륭한데 사상 내용 방면에서 일이관지하는 것 외에도 표현 기법상에서 역시 명백한 산문화 경향이 있다. 이는 그가 제창한 유학의 복고 및 변문 반대와 일맥상통하는 것이다. 한유는 적지 않은 현실의식이 강한 시 작품을 썼는데 '불평즉명不平則鳴'*이라는 문자에 담긴 관점은 한유의 시 속에 계속하여 출현하고 있다. 한유 시의 표현 기법상 가장 두드러진 특징은 바로 문장으로 시를 쓰는 '이문위시以文爲詩' 다. 그는 종종 산문의 편장 구조·구절의 형식·허사 등을 시 창작에 사용하여 시의 형식을 산문화하였다. 또 시 속에 이론을 끊임없이 표출시키기를 좋아하였으며, 어떤 시는 전체를 논의로 채우기도 하였다. 또 부賦의 꾸미고 묘사하는 방법을 좋아하여 직접적으로 어떤 일을 서술함에 있어 거침없이 척척 써 내려갔다. 이런 표현 기법은 풍격이 독특한 좋은 작품을 탄생시켰다. 한유 시의 또 다른 특별함은 기이함·특별함·험준함·괴상함을 추구하였다는 데에 있다. 문장으로 시를 만들고, 괴이함을 추구여 시의 웅장하고 기이한 예술풍격을 만들어 내었다. 독특한 표현 수법은 수많은 좋은 시를 탄생시켰으나 또한 많은 결점도 만들어내었다. 하지만 중당 시단에서 한유의 공헌은 대단하여 대력大曆 이래의 평범한 시풍을 일소하고, 당시의 '원백시파元白詩派' 와 함께 어깨를 나란히 하는 '한맹시파韓孟詩派'를 또 만들었으며 당시와 후세에 모두 커다란 영향을 끼쳤다.

* 마음속에 무엇인가 평정하지 못한 것이 있으면 소리로 울려서 나온다는 뜻으로 〈송맹동야서送孟東野序〉에 나오는 구절임-역주

한유의 글씨 〈연비어약鳶飛魚躍〉

사천에서의 불상 조성의 성행

사천 석굴 예술은 동한 시대에 이미 그 맹아가 싹텄고 남북조에서 수당 양송에 이르러서는 번영 시기로 진입하였다. 수 대업大業 5년 조성하기 시작한 석굴 조상造像은 수대 조상 예술의 최고 수준의 대표작이다. 이는 계속될 찬란한 당대 석굴 예술의 전주였다. 사천의 불상 조각 활동은 무덕 2년에서 광화 2년까지로 당나라 전체 통치 기간 동안 줄곧 번영기를 구가하였다. 당 무덕에서 천보 연간(618~756) 불상 조성 활동은 사천 전 지역에 꽃을 피웠으니 적게는 몇 개의 감실에서부터 많게는 수십 개 혹은 수백 개의 감실이 있다. 제재와 내용에서는 불교 법회 설법이 위주고 그 다음은 칠불七佛·천불·미륵불 등이 있으며 또한 반야·정토변과 천수관음도 출현하고 있어 조상은 뚜렷한 특색이 있다.

개원 시기에는 불교와 도교의 여러 신의 조형이 있는데 감실 장식과 조각 기법의 변천은 이미 선명한 당대 풍격을 형성하여 예술적으로는 최고봉의 시기로 진입하였다. 당 숙종 지덕에서 애제·천우 연간(756~906)은 사천 석굴의 조상활동 후기로 접어든다. 당 후기 조상 지역은 북쪽에서 남으로 옮겨갔다. 대력부터 함통 연간은 개원을 이어 조상 활동의 제2 절정기에 해당되는데 적지 않은 새로운 제재와 내용 및 예술형식이 나타난다. 당대 근 300년간의 조상 활동 중 사천 석굴 예술은 수많은 뛰어난 기술을 다투고 온갖 진기한 꽃들이 아름다움을 다투는 것과 같은 절정의 시기였다.

천왕보살조상
보살은 자애로운 눈썹과 선한 눈을 가지고 있고 두 볼은 통통하다. 몸에는 영락을 걸치고 연꽃을 밟고 있다. 안온하고 조용한 모습으로 자비롭게 모든 중생을 바라보고 있다.

滅後傳示末法徧令眾生
開悟斯義無令天魔得其
方便保持覆護成無上道
香山白居易書

백거이의 글 《능엄경》(일부)

비파행도축
당대 시인 백거이(772~846)가 구강군 사마로 재임 시 손님을 배웅하기 위해 강변에 갔다가 배 위에서 장안의 옛날 기녀가 비파를 타는 것을 들은 후 이에 감동하여 〈비파행〉을 지었다. 그림은 명대 곽후郭詡가 그린 〈비파행도축琵琶行圖軸〉이다.

원화 10년(815), 백거이가 강주사마江州司馬로 좌천되니 이는 그의 인생에 하나의 전환점이 되었다. 백거이가 좌천된 표면상의 원인은 그가 월권으로 솔선하여 재상 무원형武元衡을 죽인 원흉을 체포하라고 상소를 올려 조정 권신들에게 죄를 지었다는 것이다. 그러나 진정한 근본 이유는 그가 평소에 지은 풍유시가 집권자들의 질시를 초래하였기 때문인데 저들이 이를 기회로 백거이에게 보복한 것이다. 이에 관하여 백거이는 스스로 "처음엔 문장으로 이름을 얻었고, 끝내 문장으로

비파정과 백거이 조각상
비파정은 구강시九江市 북쪽 심양강瀋陽江(양자강의 한 부분)의 강변에 있으며 당대 시인 백거이 및 그의 대표 작품인 〈비파행〉을 기념하기 위하여 건립되었다. 〈비파행〉은 사람의 마음을 뒤흔드는 천고의 절창으로 지금까지도 널리 애송되고 있다.

섬서 주지선유사周至仙遊寺 전경
백거이는 바로 이곳에서 유명한 장편시 〈장한가〉를 단숨에 써 내려갔다.

죄를 얻었다"고 말하였다. 백거이의 감상시感傷詩로 가장 유명한 작품은 장편 서사시인 〈장한가〉와 〈비파행〉이다. 〈장한가〉는 그의 초년(원화 원년)의 작품이고 〈비파행〉은 좌천 시기의 작품이다. 이 2편의 시는 모두 고도의 사상예술 수준에 도달하여 오랫동안 사람들 사이에 널리 퍼져 전해온다. 이 시기 백거이는 또 친구들과 주고받으며 수없이 많은 문장들을 썼는데 〈동생과 헤어진 후의 달밤〉·〈강남에서 우연히 천보 악공을 만나다〉 등이 있다. 이 시들은 모두 옛날을 슬퍼하며 늙음을 한탄하고 병이 든 것을 탄식하는 내용으로 감상의 색채가 농후하다. 백거이는 한지로 관직을 이동하던 시기에 "비록 자기만 생각하고 집단을 생각하지 않는 것"으로 처세 원칙을 삼았지만, 백성을 구원코자 하는 그의 의지가 결코 완전히 소실된 것은 아니었다. 오히려 그는 자신의 힘이 미치는 상황하에서 백성을 위하여 좋은 일을 하는 것으로 나타났다. 항주에 있을 때 그는 호수의 제방을 건축하고 우물을 파는 일을 주재하였으며 백성의 이익을 창출해 냈다. 소주를 떠날 때 사람들은 그를 보내면서 눈물을 흘리고 헤어짐을 못내 아쉬워하였다. 현실주의 시인으로서 백거이의 마음은 시종여일 민간의 질고와 연관되어 있었다.

817년

배도의 회서 평정

원화 12년(817) 10월, 재상 배도裴度는 친히 전쟁을 감독하여 회서淮西를 평정하였다. 회서(지금의 하남 여남 일대)는 대력 14년(779)부터 이희열이 절도사를 역임한 후 이어 번의 장수 오소성吳少誠·오소양吳少陽이 할거하며 당 조정에 공개적으로 조공을 거절하였다. 당 조정은 일찌기 몇 번이나 출병하여 토벌을 감행했지만 모두 실패로 끝을 맺었다. 오소양이 죽은 후 그의 아들 오원제吳元濟가 스스로 군무를 장악하자 원화 10년 봄, 오원제의 관직을 삭탈하는 조서를 내리니 이로써 전쟁이 시작되었다. 전쟁 초기에는 쌍방이 모두 대치하여 한 치의 양보도 없었다. 당 조정 내부에서는 무원형과 배도를 위주로 하는 주전파와 이봉길李逢吉을 위주로 하는 주화파가 격렬한 논쟁을 전개하였다. 원화 10년 6월 무원형이 자객에 의해 피살당하고, 배수가 중상을 입자 조정의 의론이 분분

하였다. 이봉길 등은 수차에 걸쳐 전쟁을 그만둘 것을 주청하였다. 이러한 긴박한 상황하에서도 헌종의 반란을 평정하겠다는 결심은 전혀 동요하지 않았고, 의연히 이봉길 등의 관직을 파면하고 배도를 재상으로 제수하여 조정을 주재하도록 하였다. 원화 11년 12월, 헌종은 이소李愬를 당수등唐隨鄧(지금의 하남성 필양泌陽) 절도사에 임명하고 병사를 증원하여 전선으로 나가게 하였다. 동시에 회서 전선 관군의 공급을 보장해 주었다. 원화 12년 8월, 헌종은 배도를 회서안위처치사로 임명하고 전쟁터의 행영에 나가서 전쟁을 감독하도록 한 지 얼마 되지 않아 전쟁의 국면은 점차 변하여 관군의 연승을 이끌어내었다. 이해 10월, 이소는 회서가 군대를 나누어 관군에 저항하며 내부가 비어 있는 기회를 틈타 군대를 이끌고 눈보라가 휘몰아치는 밤에 채주를 습격하여 오원제를 사로잡았다. 장장 3년간 지속되던 회서 전투는 결국 당 조정의 승리로 종말을 고했다.

당·밀랍 기병상
왕건王建의 〈증이소복야贈李愬僕射〉 시 속에는 야간에 채주성蔡州城을 습격할 당시 눈보라가 휘몰아치는 가운데 인마가 소리 없이 행군하는 장면을 기술하였다. 이 당대 밀랍 기병들의 모습에서 당시의 정경을 상상할 수 있다.

817년
이소의 채주 습격

원화 12년(817) 9월, 당수등절도사 이소는 회서 반란군을 평정할 시기가 무르익었다고 판단하고 채주를 습격하기로 결정하였다. 10월 15일, 이소는 마보도우후 사민史旼에게 병사를 이끌고 문성文城(지금의 하남 수평)에 머물어 지키도록 명령하고 이우李祐와 이충의李忠義를 돌격대장으로 파견하고 3000의 군사를 주어 선봉으로 삼았다. 이진성에게도 3000명을 주어 통솔하게 하여 후군으로 삼고, 자신역시 감군監軍과 함께 3000명을 이끌며 채주로 진군하였다. 대군은 60리를 행군하여 날이 어두워서야 장시촌張柴村(지금의 하남 수평 동쪽)에 도달하여, 회서의 수비병을 죽인 후 적의 군영을 점령하였다. 이소는 장수와 병졸들에게 잠시 휴식을 취하게 한 후 500여 명을 남겨 진을 수비케 하고, 회서 회곡 수비병의 퇴로를 차단하였다. 그런

후에 대군을 이끌고 눈보라를 무릅쓰고 계속 동진하여 급히 70여 리를 행군한 후에 채주성 아래에 도달하였다. 정원 2년(786) 이래로 회서는 30여 년간 할거 상태였는데 관군이 채주성에 온 적이 없기 때문에 성을 지키던 수비대는 경계가 느슨하고 전혀 준비가 없었다. 10월 16일 밤, 이우는 선봉군을 이끌고 성으로 돌격하여 성안에 있던 병졸들을 죽이고 성문을 열어 이소의 대군을 영접하였다. 동틀 무렵 이소는 오원제의 내성 밖 공관을 공격하니 오원제는 깊이 잠들었다가 놀라 깨어서 황망히 시종을 거느리고 주장主將이 있는 내성으로 들어가 저항하였다. 당시 오원제의 대장 동중질董重質은 정예병 만여 명을 거느리고 회곡성洄曲城에 주둔하고 있었다. 이소는 동중질의 가속들을 후대하며 그의 아들에게 항복을 권하는 서신을 주어 회곡성으로 파견하니 동중질은 이 편지를 받고 단기로 채주로 돌아와 항복하였다. 17일 저녁 때쯤에 내성도 함락되자 오원제는 투항하였다. 18일, 이소

는 오원제를 장안으로 압송하고 배도에게 승리의 소식을 전하였다. 이날 회서의 신申·광光 두 주에서도 반군 2만여 명이 전부 투항을 하니 회서의 반란은 이로써 평정되었다.

산수시 전통을 이은 위응물

성당과 중당 즈음에 위응물韋應物은 특수한 풍격으로 시단의 중시를 받았다. 위응물의 시 중에서 많은 사람들에게 애송되는 것은 산수전원시다. 후인들은 매번 '도위陶韋*', 또는 '왕맹위류王孟韋柳*'로 병칭하여 위응물을 산수전원시파에 넣는다. 그의 산수시 〈회상즉사기광릉친고淮上卽事寄廣陵親故〉 중의 "가을 산에 저녁 종 소리 울리기 시작하고, 쓸쓸한 비는 푸른 강에 연해 있네"와 같은 구절은 강 위에 내리는 저녁 비와 종소리, 홀로 둥지로 돌아가는 새의 정경을 묘사하는 가운데 친구에 대한 그리움이 잘 전달되고 있다. 그의 전원시와 성당의 왕유·맹호연의 작품은 서로 다르지만, 실질적으로는 농민의 질고를 반영하는 정치시다. 〈저주서간滁州西澗〉 중의 "봄 조수에 따라 온 비 저녁에 급히 내리고[春潮帶雨晚來急], 들 나루터엔 인적 없는 배만 홀로 놓여 있네[野渡無人舟自橫]"와 같은 시는 경치 묘사가 마치 그림과 같아 후세에 큰 칭찬을 받는다. 위응물 시의 가장 높은 성취는 오언고체로 풍격이 청담하고 한가로우며 언어는 간결하면서도 소박하다. 그러나 위응물의 시에도 농염하고 빼어난 일면이 있어 송렴宋濂은 "간명하고 담백한 가운데 농염함이 깃들어 있다"고 평하였다. 위응물은 도연명을 동경하여 그의 오언고시는 주로 도연명으로부터 배웠다. 그러나 산수의 경치를 묘사함에 있어서는 사령운謝靈運과 사조謝朓의 영향도 받았다. 위응물의 시편 일부는 강개함과 비분함의 감정 또한 충만하다. 예를 들면 〈광덕 연간에 낙양에서 짓다〉라는 시에는 당나라의 관군과 회흘병이 낙양을 수복한 후 제멋대로 약탈질하는 것을 보고 난 후의 크나큰 분개를 표출하고 있다.

* 도연명과 위응물을 말함-역주
** 왕유·맹호연·위응물·유종원을 말함-역주

위응물

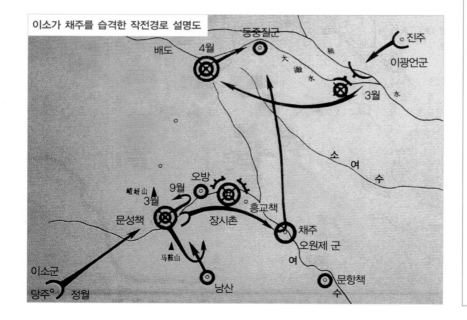

이소가 채주를 습격한 작전경로 설명도

818년
치청의 평정

당 원화 13년(818) 7월, 치청淄青절도사 이사도李師道의 언행이 앞뒤가 서로 모순되고 신의가 없자 헌종은 군대를 파견하여 그를 토벌하고 치청을 평정하였다. 원화 13년(818) 정월에 이사도는 사자를 파견하여 입조하여 자신의 아들을 조정에 인질로 보내고 기주沂州·밀주密州·해주海州 3주를 헌납하고 당 조정에 귀순할 뜻을 표명하니 헌종이 이 주청을 허락하였다. 그러나 얼마 못 가 이사도는 또 이를 번복하면서 지속적으로 조정에 반항하였다. 헌종이 대로하여 5로의 중병을 파견하여 토벌하기로 결정하였다. 11

월, 5로 병마의 하나인 위박절도사 전홍정田弘正이 군대를 이끌고 양류楊劉(지금이 산동 동아현 북쪽)에서 황하를 건너 운주鄆州에서 40리 떨어진 곳에 병영을 설치하고 이사도 군대와 대치하였다. 이사도 군대는 급변한 사태에 몹시 두려워하였다. 12월, 무녕武寧절도사 이소는 이사도와 11차례나 교전을 하였는데 이소가 매번 승리하였다. 이사도는 형세가 위급함을 보고는 걱정이 지나쳐 병이 되었다. 그 다음해 2월, 이사도는 대량의 백성과 노동자들을 동원하여 운성 주위에 해자垓子를 건설하였는데 부녀자들도 동원되었으니 백성들의 원성이 거리마다 자자하였다. 부장 유오劉悟는 사병들에게 자못 존경을 받고 있었는데 이사도는 그가 반심을 가졌다고 의심하여 그를 죽

이려 했다. 이런 사실이 누설된 후 유오는 군대를 이끌고 운성을 공략하고 이사도와 그의 두 아들을 죽여버리니 치청을 포함한 12개 주는 모두 평정을 되찾았다. 광덕 연간 이래로 근 60년간 번진이 발호·할거한 하남과 하북 30여 개 주는 이로써 전부 조정의 관할하에 들어가게 되었다.

악무군 도용
이 인형들은 당대 궁정 악무 연출 장면을 표현하고 있다. 6명으로 구성되어 있으며 모두 자리에 앉아 손에는 서로 다른 악기를 들고 있으며, 얼굴의 표정도 서로 다르다. 전체적으로 장중하고 집중하여 연주하고 있는 분위기를 나타내고 있다. 움직임은 진실하고 생동적이며 조화롭고 자연스럽다. 게다가 서로 호흡이 맞는 모습으로 변화 가운데 통일이 있다. 인물의 의복은 소박하고 깃과 소매는 좁고 작다. 당시 유행하던 복장으로 옷 주름 문양이 자태의 움직임을 표현하는데 아주 또렷하고 유려하다. 이 도용 조각품은 공력이 많이 들어간 것임이 나타나는데 입으로 불고, 손으로 타고, 누르고, 경청하고, 고개를 숙이는 등의 동작을 형상화 한 모습이 몹시 정밀하다. 정신을 집중시키고 조용히 듣고, 연주하는 표정과 동작이 모두 남김 없이 표현되고 있어 보는 사람으로 하여금 그 정경을 마주한 느낌을 갖도록 한다. 이 작품의 인물 조형은 모두 당대의 전형적인 풍격을 갖추고 있어 얼굴이 살지고 둥글며, 자태는 풍만하며 온화하고 점잖은 기질과 풍채가 드러나고 있다. 그 조상 기법은 능수능란하고도 간결하여 당대 조각과 소조가 이미 독립된 예술의 한 장르가 되었음을 표명하고 있다.

손잡이가 달린 금화 앵무문 은관

당나라 때에 연단을 복용하는 풍습은 황제를 위시하여 상류사회에서 성행하였다. 복용하는 금석단약은 최고의 선약으로 간주되었으며 이를 복용하는 사람은 대부분 상층 귀족이었다. 그러므로 연단을 복용하는 기구 역시 종종 귀금속으로 정제되어 만들어졌다. 1970년, 서안 남교 하가촌의 당나라 가마터에서 출토된 수십 건의 단약을 제련하는 금은 기구는 그 제작의 정미함으로 감탄을 자아내게 한다. 이러한 기구 및 약재의 출토는 연단 복용이 당대 상류사회에서 성행한 정황을 반영하고 있다.

유후사

유후사柳侯祠는 유주시의 유후 공원 내에 있으며 당대 유명 문학가인 유종원을 기념하기 위하여 건립되었다. 당대 장경長慶 원년(821)에 처음으로 건설되었다. 원래의 명칭은 나지묘羅池廟였고 송대에 유종원이 문혜후文惠侯에 봉해졌기 때문에 유후사로 이름을 바꾸었다.

819년
유종원의 병사

당 원화 14년(819), 유종원柳宗元이 병사하였다. 유종원(773~819)의 자는 자후子厚며 당대 문학가이자 철학가다. 하동河東(지금의 산서 영제) 사람이라서 사람들은 그를 유하동柳河東이라 부른다. 또한 그의 관직이 유주柳州 자사로 끝을 맺었기 때문에 유유주柳柳州라고도 부른다. 유종원은 '당송팔대가'의 한 사람으로 한유와 함께 당대 고문운동의 창도자로 변문을 반대하고, 고문古文을 제창하여 이 방면에 심혈을 기울였다. 그는 아주 궁벽한 곳으로 좌천되어 10여 년간 생활하면서 하층 백성들의 빈곤과 지방관리의 전횡을 목격하고, 여러 가지 인생의 우환을 체험하였으며, 동시에 현지의 산수와 명승지를 유람하였다. 풍부한 체험은 그의 작품이 강렬한 현실주의 정신을 갖추도록 했다. 사회생활의 수많은 중요한 일을 깊이 있게 반영하였으며 동시에 예술 방면에서도 독창성을 표현하였다. 그의 산문은 논설문·우언소품·전기산문·기행산문 4가지로 나뉜다. 유종원은 중국 문학사상 걸출한 산문 대가로 수많은 창작 실천과정에서 고문운동을 추진하였다. 풍격이 함축적이고 응축적이며 정밀하고 심원한 작품으로 산문이 갖는 사상과 예술 표현상의 우수성을 드러내보이고 있다. 변문은 점차 문단상의 지배적 지위를 상실하게 되었다.

820년
환관이 황제를 폐위시킴

당 헌종 원화 연간에 좌신책중위 토돌승최吐突承璀는 일찍이 비밀 상소를 올려 태자 이항李恒을 폐위하고 풍왕澧王 이운李惲으로 태자를 바꿀 것을 주청하였으나 헌종은 이를 윤허하지 않았다. 원화 15년 정월(820), 헌종은 방사들이 만든 금단 복용 후 성정이 초조하게 변하여 여러 차례 측근 환관과 신하들을 매질하였다. 형을 받은 자들이 종종 맞아 죽자 사람들은 모두 두려워하게 되었다. 헌종의 병중에 승최는 다시 풍왕으로 태자를 세울 것을 주청하였다. 태자 이항은 이 소식을 들은 후 몹시 겁이 나 몰래 외삼촌인 사농경 곽쇠郭釗에게 사람을 보내 상의하였다. 곽쇠는 태자는 그저 황제에게 효성을 다하면 될 뿐 다른 일은 상관하지 말라고 당부하였다. 27일, 헌종이 갑자기 죽자 궁중에는 내상시 진홍지陳弘志가 시해했다는 소문이 파다하였다. 그러나 궁중에서는 모두 이 일을 피하기만 하고 다루지 않았다. 그저 헌종이 복용한 약성이 발작하여 죽었다고만 하였다. 이때 신책중위 양수겸梁守謙과 환관 마진담馬進潭·유승해劉承偕 등이 이항의 즉위를 옹립하며 토돌승최와 풍왕 이운을 죽였다. 윤 정월 3일, 태자 이항이 태극전에서 등극하니 이가 바로 목종이다. 환관이 황제를 폐위한 전례는 여기서 비롯된다.

귀재 이하

이하李賀 시의 중요 주제는 인생의 추구에 천착하고, 세상에 뜻을 이루지 못한 비분을 토로하는 것이다. "남아로 태어나 어찌 날카로운 검 오구吳鉤를 두르지 않고, 관산 50주를 취하지 않을손가?"에서부터 시작하여 "나의 혼미한 혼령을 불러들이지 못하고, 수탉이 한 번 우니 천하의 날이 밝는다. 소년의 마음은 구름을 잡을 만하니, 뉘라서 추운 어둠 속에 앉아 울리?"라고 읊었다. 이런 시는 대업을 세우고 업적을 쌓고 큰 포부를 펼치고자 하는 큰 뜻이 무너졌음을 나타내며, 결국 그를 단지 문장이나 좇는 서생으로 만들어 버렸다. 이러한 무정한 현실은 그에게 심한 정신적 고통을 안겨주었다. 현실의 압박을 벗어나기 위하여 이하는 환상을 추구하는 자유에 집착하였고, 이런 환상 세계 속에서 이리저리 떠돌아다니며 인간 세상에서 도달할 수 없는 행복을 향유하였다. 나이와 경력의 제한으로 정치시사에 관한 이하의 시는 많지 않지만 내용은 풍부하다. 두목은 이하 시는 내용면에서는 '원망과 슬픔'이, 예술적으로는 '허황된 환상'의 특색을 구비하고 있다고 지적하였고 사람들은 그를 '귀재鬼才'라 칭했다. 그의 시 속의 환상의 경계는 기이하고 기괴하며, 구상이 아주 특이하며 자유롭게 조합되는데 농후한 감정 색채와 극도의 주관적 자의성을 담고 있다. 그는 상상 속의 사물에 생명을 부여하고 감정적 논리로 객관적 논리를 대체하여, 그의 붓끝에서는 청동 낙타도 눈물을 흘리고 금비녀도 말을 한다. 이하는 굴원과 이백으로 대표되는 고전낭만주의 시가의 계승자다. 그는 '붓으로 천하 조화를 돕는 능력이 있다〈고헌과高軒過〉는 창작 정신과 기이함과 그윽하고 멋진 예술 풍격은 당시 발전에 독특한 공헌을 하였다. 그러나 일련의 시가 내용은 협소하고, 시정은 감상적이며 난삽한 것도 있다. 그의 창작 중의 적극성과 소극성은 만당의 이상은 · 온정균 등에게 커다란 영향을 주었다. 후대 유극장柳克莊 · 사고謝翺 · 양유정楊維楨 · 서위徐渭 등도 그의 '창곡체昌谷體'를 배워 시를 창작하였다.

기악보살호선무 벽화

호선무胡旋舞는 당나라 때 비교적 유명했던 무용의 하나로 중앙아시아에서 전래되었다. 빠르고도 가벼운 선율과 동작 위주로 사람들이 몹시 좋아하였다.

이공좌의 전기 작품

당대 소설가 이공좌李公佐는 정원 · 원화 연간의 농서(지금의 감숙 동남) 사람이다. 헌종 원화 연간에 강남 서도관찰사 판관을 역임하였고 후에 파직되었다. 그가 창작한 전기 작품으로 현존하는 것은 《남가태수전》·《사소아전謝小娥傳》·《여강풍온전廬江馮媼傳》·《고악독경古嶽瀆經》 4편이 있다. 《남가태수전》은 덕종 정원 말년에 창작한 것으로 내용은 다음과 같다. 협객 순우분淳于棼이 꿈속에서 괴안국의 부마가 되고 남가태수로 부임하였다. 태수 20년 동안 자신의 지역을 잘 다스렸다. 그러나 복과 화는 함께 일어나는 법으로 먼저 옆 나라와 전쟁을 벌였다가 패전하고 또 공주는 병으로 세상을 떠나니 국왕의 의심을 받게 되어 고향으로 좌천된다. 이때 그는 돌연히 꿈에서 깨어난 후에 '괴안국'이 본래는 회나무 아래의 작은 개미굴이었음을 알게 된다. 소설의 의미는 고위관리들이 믿을 수 없으리만큼 교만하여 모든 것을 멸시하고 세속을 따르지 않으며 남을 능욕하는 것을 풍자하고 있다. 동시에 인생은 꿈과 같이 덧없다는 사상을 선양하고 있다. 《남가태수전》의 구성과 사상은 심기제沈旣濟의 《침중기枕中記》와 비슷하지만 문장은 더욱 화려하고, 특히 묘사가 아주 세밀하다. 우언과 지괴의 표현기법을 융합하였으며 풍자문학의 모든 특색을 구비하였다. 《남가태수전》은 널리 유포되었고 '남가일몽'이라는 고사성어는 바로 여기에 그 전고를 두고 있다.

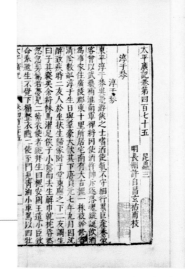

《순우분》 서적 사진

이공좌의 작품으로 명대에 간행된 《순우분淳于棼》은 또 《남가태수전》이라고도 한다. 당대 전기의 대표작품 중의 하나다. 전기는 육조 지괴소설의 기초 위에서 발전 형성된 것으로 문언을 사용하여 창작한 단편소설이다. 당대 통속문학에 포함되며 중국 문학사상 아주 중요한 위치를 차지한다. 이공좌는 당대의 전기 작가로 작품이 많은데 《순우분》이 그 대표작이다.

당

820~907년의 당

당나라 후기에 통치자의 부패와 탐욕은 멋대로 토지를 겸병했고 흉년이 들은 해에도 세금은 이전과 똑같이 조세를 재촉하여 징수하였다. 수많은 농민의 처지는 날이 갈수록 악화되었고 계급 간의 갈등은 급격히 격화되었다. 875년, 왕선지·황소 등이 이끄는 당말 농민 기의가 폭발했고 기의군은 장안으로 진입하여 정권을 건립하였다. 비록 기의가 실패로 끝났지만, 당말 농민전쟁은 심각하게 지주계급에 타격을 입혀 당의 통치를 근본적으로 뒤흔들었다. 이후 진鎭에서는 농민 기의를 진압하는 과정 중에 대두된 수많은 할거 세력들이 제멋대로 한 번藩을 만들어 조공도 내지 않고 상벌도 자기 마음대로 내렸다. 또 어떤 자들은 병부를 자기 멋대로 사용하여 서로 간에 먹고 먹히는 알력이 심해져 조정은 통제 불능상태가 되어버렸다. 당 왕조의 최고통치자인 황제마저도 이미 번진이 안배한 대로 조종되는 꼭두각시에 불과하게 되었으니 대당은 이미 이름만 존재하고 망해버린 꼴이었다. 907년 당 애제는 하는 수 없이 양梁나라에 선위하니, 한때 성황을 구가하며 장장 290년간을 통치한 당 왕조는 이로써 자신의 최후의 여정을 밟게 된다.

연대별 주요사건

- 820년 목종의 즉위
- 822년 노룡·성덕 두 진이 재반란을 일으킨 후 위박진에서 반란이 일자 하소가 번진의 할거 국면을 회복
- 835년 감로의 변
- 845년 무종이 불교 폐지를 명령
- 846년 무종의 서거 후 선종 즉위·이덕유가 재상에서 파직되고 우이 당쟁은 우당의 집권으로 종말을 고함
- 851년 장의조가 사주절도사가 되어 하황 지역 통치
- 859년 의종 즉위. 습보가 절동에서 기의
- 868년 방훈龐勛이 서남 지역에서 기의
- 875년 왕선지가 하남 장원에서 기의
- 880년 기의군이 장안을 공략하고 황소가 황제를 칭하고 국호를 대제, 금통으로 개원
- 883년 이극용이 하동절도사에 임명되어 태원을 할거·주온이 동화절도사에 임명되어 변주를 할거
- 884년 황소가 희생되고 당말 농민 기의 실패
- 891년 왕건이 서천을 할거
- 892년 양행밀이 회남절도사에 임명
- 893년 전류가 진해 군절도사에 임명되고 왕조가 복건을 할거
- 896년 마은이 호남절도사가 됨
- 905년 유은이 청해군절도사가 됨
- 907년 주온이 당을 빼앗고 양나라를 건립하니 역사에서는 후량이라 칭함

821년
원진의 《승지학사원기》

원진은 목종 시기 한림학사로 목종의 총애를 받았다. 조정에 모든 큰일이 있으면 목종은 반드시 원진과 상의하였다. 후에 그는 배도의 번진 반란군에 대한 용병 계획을 저지하였기 때문에 배도와 함께 파면되었다. 원진은 재능이 있는 문사로 장경 원년(821), 한림학사로 재임 시 《승지학사원기承旨學士院記》를 편찬하였다. 이 책은 당 헌종이 정인鄭絪을 한림승지학사로 임명한 일과 이후의 15명의 승지학사의 성명·관직·임용과 파면의 연월일 및 한림승지학사의 지위와 임무를 기록하고 있다. 이는 한림원 제도를 연구하는 제1차 자료이다. 남송 시기에 이 책은 홍매가 편찬한 《한원군서翰苑群書》 속에 수록되었다. 태화 5년(831) 8월, 원진이 병사하였다.

원진의 일생 동안의 시 작품은 상당히 많으며 백거이와 시와 사를 주고받아 세상에서는 '원백元白'이라고 부른다. 그는 신악부新樂府 운동의 중견으로 이신李紳·백거이 등과 통속시파

를 형성하여 중당 시단에서 번영을 구가하였다. 원진의 시가는 광범위하게 현실을 반영하고, 세상의 폐단을 질책하고, 세속에 분개하고 있다. 그의 연애

원진

시와 도망시悼亡詩는 아주 독특한 색채를 띠고 있다. 원진은 또 소설가이기도 한데 그의 소설 《앵앵전》은 후에 《서상기》에서 소재를 가져다 쓰기도 하였다. 이 외 《원씨장경집》이 세상에 전해 온다.

당·무용기악의 팔각 금잔

당나라의 수리공사

당대 수리공정은 상당히 발달하였으며 당시 고도의 농업 생산 발전을 촉진한 중요한 요소 중의 하나다. 당대 수리공정 건설은 안사의 난(755~763)을 축으로 전후 두 단계로 나눌 수 있다. 전기는 북방 지역 수리의 부흥 단계로서 도랑을 파고 관개를 하는 것 위주였다. 안사의 난 이후 남방 농경지 수리건설은 신속하게 발전하는 국면을 보였는데 강남 서도는 아주 짧은 10여 년 정도의 시간에 소형 농경지 시설이 600여 곳이나 건설되었다. 남방의 수리공정은 배수와 저수에 편중되었으며 특히나 동남 지역에서는 제방·방죽·둑·저수지 등의 건축이 성행하였다. 이런 농경지 수리공정은 대부분 태호 유역과 파양호 부근 및 절강 동쪽 3개 지역에 분포되었는데 그중 대부분은 백경百頃* 이하를 관개할 수 있는 공사였다. 그러나 적지 않은 곳에서는 천경에서 만경까지도 관개를 할 수 있었다.

당대 수리공사의 중시는 또한 수리 관리 방면에서 나타났다. 이때 기록 편찬된 현존하는 가장 최초의 관개 관리제도와 관련된 문헌자료는 돈황 천불동의 당대 사본인 《돈황수거敦煌水渠》에 보인다. 또한 전국적인 수리 법규인 《수부식水部式》 (현존하는 것은 대략 개원 25년에 수정된 잔본임)은 당시의 수리 관리에 있어 매우 지도적 역할을 하는 책으로 당시 수리 방면의 종합적 성취를 보여주고 있다.

* 1경은 100무, 즉 2만여 평이므로 100경은 200여 평임—역주

견교

견교練橋는 다리와 육지를 결합한 고대의 도로로 당나라 때에 처음 건설되었으며 특별히 조운선을 끌기 위해서 건설되었다. 다리 위로는 사람이 다니고 다리 아래는 배를 끌게 되어 있다. 다리의 상판은 가늘고 긴 돌을 깔았으므로 '백옥의 긴 제방'이라는 아름다운 명칭이 있다.

823년
이·우 당쟁 시작

장경 3년(823), 목종 즉위 후 우승유는 어사중승에 임명되었고 얼마 안 가 호부시랑으로 승진하였으며 목종의 총애를 흠뻑 받았다. 후에 목종이 선무宣武 절도사 한홍韓弘의 집에서 나온 장부에서 만조 백관들 중 우승유를 뺀 대부분이 한홍의 재화를 받았음을 발견하였다. 이에 자신의 사람 보는 눈은 틀림이 없다고 여기고 우승유를 재상에 승진시키라고 명령하였다. 본래 우승유와 이덕유는 모두 재상이 되고자 하는 바람이 있었다. 이 일이 있기 전에 이덕유는 절서관찰사에 임명된 지 이미 8년이나 되었다. 이때 우승유가 재상으로 임명되니 우승유와 이덕유의 양당 간에는 갈등이 더욱 격화되었다. 목종·경종敬宗·문종 세 왕을 종합적으로 고찰해볼 때 태화 9년(835)의 감로지변 이전에 양당은 모두 당시 권력을 장악하고 있던 이훈李訓과 정주鄭注에게 배척되어 조정에서 내몰린 경우를 제외하면 대체적으로 두 당이 조정을 교대로 집권했다. 우승유 당은 과거를 중시하고 진사 출신의 관료, 신흥 평민 지주를 대표한다. 이승유 당은 북조 이래 산동 선비 출신의 관료를 대표하며 과거제도에 불만을 품어 개선을 주장하고 심지어는 진사과를 철폐하자는 건의를 하였으나, 이는 몰락한 문벌귀족의 요구였다. 우승유 당은 할거 번진과 잠시 타협할 것을 주장하고 용병을 반대한 반면에 이덕유당은 번을 빼앗고 반란군을 토벌하여 중앙집권을 강화할 것을 강력히 주장하였다.

당 토끼 모양의 청옥 문진

'선휘주방宣徽酒坊'이라고 새겨진 은 사발

오공사

오공사五公祠는 지금의 해남도 해구시에 있다. 당·송시대의 이덕유·이강·조정·소전·이광이 연이어 해남도에 좌천되어 왔는데 그들은 적극적으로 현지 백성들에게 유학을 전파하였다. 이 사진은 청 광서 연간에 이 5명을 기념하기 위해 건립된 오공사다.

823년
당과 토번의 회맹비 건립

안사의 난' 이후 토번은 당을 60여 년간 공격하니 결국 당은 수많은 토지를 잃게 되었다. 쌍방의 전쟁은 또한 백성들에게 전쟁의 고통을 깊이 안겨주었다. 후에 토번에서 내란이 발생하여 국세가 점점 쇠락하여 당을 공격할 여력이 없게 되었다. 장경 원년(821)에 토번은 사자를 파견하여 회맹을 요구하고 우호와 성의를 표시하였다. 이리하여 목종은 대신을 파견하여 토번 사자 논납라論納羅와 함께 장안의 서쪽 교외 왕회사王會寺에서 회맹하고는 쌍방이 각각 현재의 국경에 수비대를 두고 서로 침범하지 않기로 약정하였다. 회맹 이후 목종은 대리경大理卿 유원정劉元鼎을 논납라와 함께 토번으로 가도록 파견했다. 그 다음해(822) 4월, 당의 사신 유원정이 토번의 라사성邏些城(지금의 라싸)에 갔고 5월 6일에 토번 재상 분천포笨闡布 등 대신들과 라사의 동철퇴원東哲堆園에서 회맹하였다. 당과 토번의 회맹 이후에 쌍방은 사신들의 왕래가 빈번하였다. 영원한 우호라는 아름다운 희망을 표시하기 위하여 장경 3년(823), 토번은 라사성 내에 "당번회맹비唐蕃會盟碑"를 새겼다.

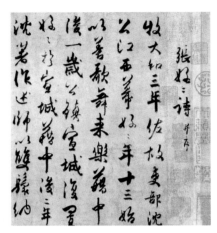

두목 · 장호호시권張好好詩卷

두목

두목의 시

두목杜牧(803~852)은 만당시인으로 덕종시에 재상을 지낸 두우杜佑의 손자다. 그는 23세 때 천고의 걸작인 《아방궁부阿房宮賦》를 지었고 26세 때에 진사에 합격하였다. 그러나 그는 강직한 성격으로 인해 권세 있는 자에게 아부하며 빌붙는 것을 경멸했기 때문에 중용되지 못하였다. 두목이 생활한 만당 시대는 대당제국이 서산에 떨어지는 해와 같았고 내외적 우환이 날로 심각해져만 갔다. 국운의 쇠락과 사회적 암흑을 목도한 두목은 정치적 성과가 있는 일을 하고 싶었다. 그의 시 창작에는 애국우민, 옛날을 생각하여 지금을 논하는 일을 반영하는 작품이 비교적 많은 비중을 차지한다. 두목은 시 속에 사회 정치를 제재로 다루었을 뿐 아니라 감정을 토로하고 풍경을 묘사한 작품이 매우 많으며 이 방면에서는 수많은 인구에 회자되는 명 시편들을 남기고 있다. 예를 들면 〈박진회泊秦淮〉 같은 작품에서는 시어가 참신하고 아름다우며 화면이 선명하며 정경교융情景交融을 이루고 있다. 그러나 정치상의 실의와 만당 사회의 몰락 추세는 시인의 마음속에 음영을 드리웠다. 그래서 두목의 이런 시들은 대부분 감상感傷적 색채가 농밀하게 혹은 희미하게 드리워져 있다. 두목은 당대 시단의 좋은 전통을 계승하여 만당의 부염하고 경박한 시풍 이외에 또 다른 품격을 이루었다. 만당의 또 다른 걸출한 시인인 이상은과 이름을 나란히 하니 이를 '소리두小李杜'*라고 병칭한다.

* 이백과 두보를 '이두李杜'라고 칭하는 것에 대하여 이상은 · 두목에게는 '소'자를 붙여 말함—역주

당번회맹비
이 비는 높이 1장 4척 5촌의 회맹비로 정면에는 한자 · 티베트 문자 두 문자로 맹약의 전문을 새겨 넣었으며, 뒷면에는 티베트 문자로 토번의 기원과, 당과 티베트와의 회맹, 화친의 경과, 비석을 세운 연월일 등이 새겨져 있다. 비석에 새겨진 글은 "당나라 황제와 토번왕 찬보는 외삼촌과 생질로서 두 왕은 사직이 변함없이 한결같음을 상의하고 대평화의 맹약을 맺어서 영원히 서로 침략하지 않기로 한다"고 되어 있다. 이 비는 현재까지 티베트 라싸의 포탈라궁 문 앞에 있는데 중국과 티베트 두 민족 간의 우호관계를 나타내는 역사적 증거물이다.

진회하秦淮河 풍경
두목의 재주와 사상은 담담한 애상이 서려 있으며 깊은 역사가 연상된다. "장사하는 집 여자는 망국의 한을 모르니, 강을 격한 곳에서 여전히 후정화 노래를 부르고 있네"는 세상을 풍자하는 천고의 절창으로 전해져 내려오고 있다.

829년
남조의 성도 공격

장경 3년(823), 재상 두원영杜元穎이 서천절도사로 임명되었다. 남조 섭정 왕 몽차전蒙嵯顚은 비밀 모의를 하여 출병해 서천을 공격하자 변경을 지키던 많은 관리들이 보고를 하였으나 두원영은 이를 믿지 않았다. 태화 3년(829) 11월, 몽차전은 서천 병사 중에서 항복한 자를 길 안내자로 하여 대군을 이끌고 침입하니 변경의 성은 완전히 무방비 상태였기 때문에 융戎과 수嶲 두 주를 쉽게 얻었다. 28일, 두원영과 남조는 공주邛州(지금의 사천 공래)의 남쪽에서 격전을 전개하였다. 서천 군대가 대패하자 남조는 승리의 여세를 몰아 공주를 함락시켰다. 12월 4일, 몽차전은 군대를 이끌고 성도 외성을 공격하자 두원영은 군대를 이끌고 내성으로 퇴각하였다. 조정에서는 동천東川 등 각 도의 병마를 동원하여 서천을 구원하려고 할 때 이미 동천절도사로 임명된 곽쇠를 서천절도사에 임명하고 두원영을 소주(지금의 광동 소관)자사로 좌천하였다. 남조 병사들이 계속 동진하여 재주 서성을 공격하니 동천 병사들은 중과부적으로 감당할 수 없자 곽쇠는 몽차전에게 편지를 써서 그의 침략행위를 질책하였다. 몽차전은 두원영이 먼저 그를 침범하였기 때문에 병사를 불러 보복하는 것이라고 회신을 보내왔다. 이리하여 쌍방은 서로 강화를 맺고 몽차전은 병사를 퇴각시켰다. 남조 병사들은 성도 외성에서 10일간 체류하며 성도의 자녀들과 여러 기술자들 수만 명과 진기한 재물을 약탈한 뒤에 떠났다. 이때부터 남조의 수공업은 촉 지방과 서로 필적할 만하게 되었다. 몽차전이 퇴각한 후에 곽쇠는 사자를 조정에 파견하여 두원영이 사졸을 긍휼히 여기지 않았기 때문에 촉의 사졸들이 남조병들을 불러들여 그를 정벌해 주기를 청했다고 상주하였다. 이리하여 조정에서는 재차 두원영을 순주循州(지금의 광동 혜주)사마로 좌천시켰다. 곽쇠는 성도에 도착한 후 남조와 맹약을 맺고 이후 서로 불가침조약을 맺었다.

남조 태화성太和城

당대의 은병銀餠

백은은 춘추전국시대에 화폐로 생산되었으며 이때는 주로 양을 재는 화폐였으므로 종종 은덩어리[銀錠]로 주조했다. 각 지역의 색깔이 다르고, 계산이 복잡하였기 때문에 대부분은 대규모 교역에 사용하였다. 명말에 외국 은화가 수입되기 시작하였고, 청나라 중엽 후에는 수입이 증가하였다. 그 사용이 편하였기 때문에 중국에서도 자연히 은화를 주조하게 되었으며 날로 광범위하게 유통되자 은정은 점점 시장에서 퇴출되기에 이르렀다. 그림은 당나라 때 회집용조懷集庸調은병이다.

백은 화폐 사용의 확대

당대 상품경제의 발전과 화폐 유통 영역의 확대에 따라 화폐 수요량은 부단히 증가했다. 그러나 동전의 수량은 갈수록 유통의 수요를 만족시킬 수 없게 되자, 돈의 품귀 현상은 점점 심각해졌다. 당말 오대 시기에 이르자 화폐 부족으로 인하여 사람들은 점차 귀금속 백은을 화폐로 사용하여 유통시키기 시작하였다. 백은의 당대 주요한 용도는 축적과 그릇을 주조였고 때로 군비나 지방에서 조정에 진상하는 돈으로 충당되거나 또는 뇌물·사례·여비 및 상금 등등에 사용되기도 하였다. 그러나 민간에서는 실제 사용할 때 종종 동전으로 바꾼 후에 지출해야 했다. 백은은 전체 당대에서 비록 법정 지출 수단의 지위를 얻지는 못하여, 동전과 비단에는 견줄 수 없지만, 당말 오대에 관한 각종 문헌의 기록에 의거하면 백은의 사용은 줄곧 지속적으로 증가하고 있다. 백은은 당말에 대량으로 진상되고, 군비에 사용되었으며 어느 때는 개인의 축적과 정부의 경비·상금·구제 등에 사용되었다. 이는 백은이 화폐로서 발휘하는 역할이 점점 확대됨을 의미하며 오래지 않아 정식 지불수단의 지위를 취하게 됨을 의미한다.

삼층 오족 은향로

832년
설도의 죽음

태화 6년(832), 당대 여류시인 설도
薛濤가 세상을 떠나니 향년 63세였다.
설도는 자가 홍도洪度며 장안 사람이
다. 그녀는 어려서부터 아버지를 따라
촉에 들어왔으며 16살 때에는 서천절
도사 위고가 그녀를 불러 술시중을 들
고 시를 짓도록 하였으며 악적樂籍에
올려 기녀가 되었다. 20세 때, 악적에
서 벗어나 성도의 서쪽 교외인 완화계
에 은거하였다. 설도는 어려서부터 시
재가 뛰어났으며 음률과 서법에 정통
하여 서천절도사를 역임했던 사람들
은 모두 그녀를 중시하였다. 그녀는
위고·무원형·이덕유 등과 모두 교
유하였으며 또한 저명한 시인인 왕
건·원진·백거이·유우석·두목 등
과도 서로 시로써 화답하였다. 무원형
은 일찍이 그녀를 교서랑에 봉할 것을
주청하였으나 조정에서 불허하였다.
그러나 '여교서女校書'라는 그녀에 대
한 칭호는 당시에 널리 퍼져 있었다.
설도는 붉은색을 좋아하여 짙은 붉은
색 편지지를 만들어 시를 지을 때는
전문적으로 사용하였다. 사람들이 설
도전薛濤箋이라 부른 이 편지지는 오
랜 세월 풍미하며 아름다운 풍류 이야
기로 전해진다. 설도의 원래 작품집은
이미 실전되었으며 명대 사람이 편집
한 《설도시》가 있다. 후인들이 또 그
녀와 이야李冶의 시를 합하여 《설도이
야시집》 2권을 편찬하였다.

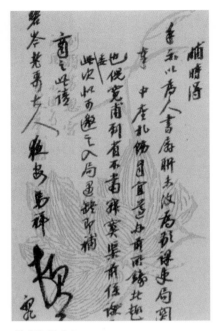

청대의 편지지
전해지는 바로는 당대 설도가 완화계에서 송화전松花箋을 만들었는데 이를 설도전이라 한다. 역대 문인 묵객들은 이를 아름다운 일로 여겨 각각 여러 스타일의 편지지를 만들어 내어 이로써 품격을 표시하였다. 그림은 청대의 편지지다.

833년
타산언 공사의 완성

당 덕종(780~804년 재위) 이후에 농경
지 수리 프로젝트는 남쪽으로 이전되
었는데 규모가 크고 수준이 비교적 높
은 몇몇 관개 공사가 나타났으며 타산
언它山堰이 바로 그 중의 하나다. 당 태
화 7년(833), 무현鄞縣(지금의 은현) 현령
인 왕원위王元暐는 타산언 건설을 주
재하였다. 타산언 방죽터는 현재 절강
영파 서남 50여 리의 은강교진鄞江橋鎭
서남쪽을 선택하였다. 타산언 댐 구조
는 중국 댐 건설사상 처음 출현한 형
태로 큰 돌을 겹겹으로 층층이 쌓아
강물이 넘치는 것을 막았다. 전체 길
이 42장, 좌우 각각 36단의 돌계단을
쌓았다. 상류에서 끌어들인 물은 돌계
단을 따라 내려가고, 대계大溪와 은강
으로 나뉘어 들어가게 된다. 대계로
유입된 물은 다시 영파 남문으로 끌어
들여 이곳의 일호와 월호에 물을 비축

채회도우彩繪陶牛
이 소는 위엄 있고 강건해 보이며 코뚜레와 고삐를 모두 갖추고 있는 것으로 보아 틀림없이 수레를 끌었을 것이다. 아마도 수레는 나무로 만들어졌기 때문에 이미 썩어 없어지고 남지 않게 된 듯하다. 우차는 동진과 남조 시기에 유행했었는데 상류계층에서는 종종 우차를 타는 것을 고상하다고 여겼다. 당나라 초기에도 여전히 우차가 성행하였으니 무덤 속에서 대량으로 우차가 출토되고 있는 점이 이를 증명해 준다.

한다. 이 두 호수 옆에 물줄기가 큰 주요 용수로와 물줄기가 작은 지선 수로를 파내어 호수물을 끌어들여 농경지에 관개를 한다. 두 호수는 영파 남문에 가까이 있기 때문에 이리되면 영파의 식수 문제도 자연히 해결되어 일거다득이 되니 설계시의 고심한 흔적을 엿볼 수 있다. 저수지와 수로에 제공되는 수량을 유지하여 갈수기에도 물이 부족하지 않고, 비가 많이 와도 농작물이 비에 침수되지 않도록 하기 위하여 대계에 물을 조절하는 갑문 3개를 세웠다. 이를 '알堨'이라고 하는데 때에 맞추어 개폐함으로써 수량을 조절할 수 있었다. 현재의 저수지 건설과 아주 비슷하다. 타산언의 설계와 공사는 당나라 후기 수리공정 기술이 고도의 수준에 도달했음을 보여주고 있다.

법문사

법문사法門寺는 지금의 섬서 부풍현의 북쪽에 있다. 당대의 유명한 사원으로 중국에서 석가의 진신사리가 안치된 4대 사원 중의 하나이다. 불전은 5칸으로 양측에는 종과 고루가 있고 대웅보전 담장에는 북송 태평 흥국 3년(978), 욕실 영이기靈異記 석각이 있다. 또한 청 광서 10년(1884)에 법문사 비를 중수하여 세워 놓았다.

당대 법문사 지궁

1985년 가을 법문사의 명대 전탑砖塔이 무너졌는데, 그 속에서 송원 시대의 진본경권이 발견되었다. 1987년 4월, 남아 있는 탑기를 정리할 때 지표와 약 1미터 떨어진 곳에 있던 당대唐代 탑 아래에 있는 지궁地宫을 발견하였다. 당대에 여러 차례 모셔온 부처님의 네 과顆의 불지佛指 사리와 황실에서 사리를 모시기 위하여 봉헌한 대량의 금은기·자기·유리 그릇·진귀한 보물·칠목기·석각·일반 그릇·화폐와 함께 차곡차곡 겹쳐진 대량의 비단제품이 원래 봉해졌던 채로 지궁에서 출토되었다. 법문사의 당대 지궁은 현재 볼 수 있는 최대의 탑 아래의 지하궁이다. 법문사 지하 궁전 안에 소장된 불지사리는 겹겹히 밀봉된 금·은·수정·옥석·주보와 단항목 등 귀중한 재료로 제작된 보물함에 놓여 있었다. 이는 당 황실에서 부처님에 대한 최고의 존경과 숭상 및 사리를 극진히 모셨음을 반영해주고 있다. 이러한 아름답고 정교한 공예품인 장례식 물품들은 또한 당대 휘황했던 물질문명을 반영하기도 한다.

당·적금룡赤金龍

법문사 지궁에서 출토되었다. 금룡은 네 다리를 곧게 세운 모습으로 그 모습이 몹시 신비스럽고 자연스럽고 생동감이 있다. 머리에 두 개의 뿔이 자연스럽게 구부러져 있으며 섬세한 음각선으로 눈과 눈썹, 목 부분의 털을 표현하였다. 몸 전체는 금이고 세밀한 비늘 문양이 있으며 매우 정교하면서 특이하다.

타산언

835년
감로의 변

당 문종은 즉위 후 환관들을 징치하려고 기도企圖하였다. 태화 9년(835) 11월 21일, 자신전紫宸殿에서 조회를 할 때 금오대장군 한약韓約이 좌금오장원 안에 있는 석류 나무 위로 밤 사이에 감로가 내렸다고 보고하였다.

재상 이훈 등은 황제에게 친히 한 번 가보도록 건의하였다. 이리하여 문종은 함원전에 가기 전에 재상과 중서·문하성 관원들을 먼저 가보라고 명령했다. 관원들이 돌아와 진짜 감로가 아닌 듯하다고 아뢰었다. 문종은 다시 환관 신책군 좌우호위군중위 구사량仇士良과 어지홍魚志弘 등에게 환관들을 데리고 가서 살펴보도록 했다. 구사량 등이 좌금오장원에 도달했을 때 한약과 이훈이 매복해 놓은 병사의 공격을 받아 금오위 병사 수십 명과 경조부 이졸·어사대 사람 약 500여 명이 싸움에서 죽고 부상당한 환관이

수십여 명이나 되었다. 그러나 이러고 있을 때 환관들은 이미 이훈을 땅바닥에 때려 눕히고 문종을 메고 선정문에 들어온 후 문을 닫아 걸자 대신들은 일시에 놀라 흩어졌다. 환관들은 문종을 위협하여 내전으로 물러난 후에 즉각 신책군 500명을 파견하여 무기를 들고 동상각문으로 나와 만나는 사람마다 죽였다. 이에 죽은 자가 6~700명이나 되었다. 이어 궁성의 모든 문을 닫아걸고 수사하여 체포하니 또 1000여 명이 살해되었다. 이훈·왕애·한약 등도 차례로 체포되어 처형되었다. 사건이 발발하였을 때 봉상절도사 정주정鄭注正이 친병 500명을 이끌고 장안으로 왔는데 중도에서 일이 실패했음을 알고는 다시 봉상으로 돌아갔지만 역시 감군에 살해되었다. 이때 환관의 대도륙을 겪은 후 조정의 관리들은 거의 남아나지 않게 되었다. 이때부터 환관은 더욱 전권을 행사하고 황제를 능멸하고 대신들을 경멸하니 문종은 이 일로 답답하고 우울해 하다 죽었다.

836년
천심탑의 건축

숭성사崇聖寺 천심탑千尋塔은 당 개성 원년(836)년에 건축되었으며 지금의 운남 대리 서북쪽에 있는 창산蒼山 기슭 이해洱海 강변에 있다. 이 탑은 원래 숭성사 앞에 있었는데 절은 이미 없어졌다. 탑 평면은 사각형으로 탑신의 제일 아래에는 돌로 쌓아 만든 기단이 있다. 높이 1.1미터다. 상층의 기단은 벽돌을 쌓아 만든 수미좌로 높이는 1.9미터다. 제1층의 가장 높은 탑신 위에는 16층의 밀첨密檐이 있는데 이런 양식은 중국 고탑 중에서 극히 드물게 보이며 탑의 높이는 69.13미터다. 전체 탑의 윤곽은 아름다운 호형弧形으로 훌륭한 작품으로 칭해진다. 탑신 안은 비어 있는 둥근 통 모양이며 목재로 골격을 만들어 우물 정井

당·월궁경

옛 사람들의 우주에 대한 탐색은 무척 오래되었다. 항아가 달나라에 갔다는 신화는 옛사람들이 달에 오르고자 한 희망을 나타낸 것이다. 동경銅鏡에는 항아 선녀가 월궁에서 생활하는 이야기가 묘사되어 있다. 이런 종류의 월궁경月宮鏡은 당대에 성행하였는데 당시 사람들의 신비한 우주에 매우 흥미를 느꼈음을 반영하고 있다.

천심탑에서 출토된 3층의 작은 금탑과 각 층의 조형

자형으로 교차되며 탑꼭대기까지 오를 수 있도록 되어 있다. 그 구조는 서안에 있는 소안탑小雁塔과 아주 비슷하며 당대 밀첨식 방탑方塔의 전형을 대표한다. 천심탑의 서쪽에는 두 기의 작은 탑이 남북으로 서로 마주보고 있으며 건축 시대는 천심탑보다 조금 늦어 아마도 오대 시기에 건축된 것 같다. 숭성사의 세 탑은 세 발 달린 솥처럼 서 있는데 천심탑은 그 가운데 우뚝 솟아 그 순백의 탑신과 빼어난 수려함으로 특히 사람들의 주목을 받고 있다.

837년
국가감의 《석경》 간행

태화 4년(830), 공부시랑 정담鄭覃은 서고에 보존되어 있는 경적에 많은 오류가 있으므로 박학한 선비들을 소집하여 경전을 교정하고 동한 채옹이 비석에 간행한 선례에 의거하여 태학에 각석을 해야한다고 상주하였다. 문종은 이를 비준하였다. 정담은 기거랑 주지朱墀 · 수부원외랑 최구崔球 · 감찰어사 장차종張次宗 · 예부원랑 온업溫業 등을 청하여 《구경九經》의 문자를 교정하고 사람을 시켜 비석에 새기도록 하였다. 문종은 또 한림륵자관 당현도唐玄度에게 명령하여 자체字體를

다시 교정하였다. 개성 2년(837) 10월 13일, 《석경》의 간행이 이루어졌으니, 《효경》 · 《논어》 · 《이아》와 함께 모두 160권이다. 당시 사람들은 《석경》 자체가 모범이 된다고 여겨 간행된 후 수십 년 동안 수많은 명가들이 모두 이곳에 와서 석경을 관람하였다. 《석경》은 현재 섬서 서안의 비림에 있으며 《개성석경開成石經》이라고도 하는데 고대 경전과 서법을 연구하는 중요한 실물 자료가 된다.

당 · 개성석경
해서체로 《주역》 · 《서경》 · 《시경》 · 《의례》 · 《주례》 · 《예기》 · 《좌전》 · 《공양전》 · 《곡량전》 · 《논어》 · 《효경》 · 《이아》 12경을 돌에 새기고 교정을 보니 유학 경전을 광범위하게 전파하는 역할을 하였다.

대리 숭성사 삼탑
숭성사 삼탑은 대리 서북쪽 1km 지점에 우뚝 서 있다. 주탑은 천심탑으로 높이 69.13m다. 벽돌을 쌓아 올려 만들었으며 속이 빈 방형으로 16층 밀첨식 전탑이다. 모양은 서안의 소안탑과 비슷하며 중국의 고탑 중에서 짝수층으로는 가장 높은 탑이다. 남북에 있는 두 탑은 모두 42.19m로 천심탑보다 약간 작고 팔각형의 속이 꽉 찬 10층 전탑으로 표면은 흰색으로 칠해져 있다.

당쟁에 휩싸인 이상은

이상은李商隱(약813~858)은 만당의 유명한 시인으로 자는 의산義山이고 호는 옥계생玉溪生이며 또 번남생樊南生이라고도 한다. 원적은 회주 하내(지금의 하남 심양)인데 후에 정주 형양으로 이주했다. 그는 자칭 황제와 같은 문중이라고 하였지만 증조부 이하로 몇 대는 모두 겨우 현령 같은 말단관리 직밖에 하지 못하였으며 집안은 몹시 가난하였다. 문종 태화太和 3년(829)에 천평군절도사 영호초令狐楚가 그의 문재를 사랑하여 자신의 막료로 초빙하였다. 그리고 자신의 변문을 지도해 달라고 부탁하고 아들 영호도令狐綯를 그와 교제하도록 하였다. 개성開成 2년(837), 영호초는 이상은을 진사에 급제하도록 추천하였다. 그러나 영호초 사후에 이상은은 의지할 곳이 없게 되자 경원절도사 왕무원王茂元의 막사에 들어가고 그의 사위가 되었다. 당시 조정에서는 우승유와 이덕유의 당쟁이 극심하던 때로 영호초 부자는 우승유당에 속해 있었고, 왕무원은 이덕유의 측근이었다. 그래서 이상은은 우승유당과 영호도 양쪽 모두로부터 배은망덕하고 행실이 나쁜 사람으로 질책을 받아가며 붕당 싸움의 희생양이 되어 오랫동안 압박을 받고 중용을 받지 못하였다. 박학굉사博學宏詞 과의 과거시험에 응시하여 처음에는 감독관에 의해 선발되었지만 중서성 내의 권력을 가진 자에 의해 제명이 되었고, 비서성 교서랑에 임명되었다. 후에 홍농현위弘農縣尉로 전직이 되었으나 치옥治獄 사건에 연루되어 파관되었고 결국에는 억울함을 풀지 못한 채 죽었다.

이상은
이상은은 당대에 가장 유명한 애정시인으로 무제시無題詩는 그만의 독특한 창작이다. 이상은의 무제시는 대부분 남녀간의 애정과 그리움을 제재로 하였으며 그 경지가 모호하고 몽롱하다. 시의 내용이 함축적이고 분명치 않은데 그중에는 다른 것을 기탁한 것도 있어 천여 년 동안 해설이 분분하다.

채회설창용彩繪說唱俑
이 세트의 인형들 중 긴 수염을 가진 연장자는 둥근 앉은뱅이 의자에 앉아 머리를 들어 하늘을 보며 얼굴은 우스꽝스런 표정을 짓고 있다. 또 한 인형은 둥근 방석 위에 양반다리를 하고 앉아 두 손으로 생을 움켜쥐고 있다. 나머지 한 인형은 악기를 잡은 모양이지만 이미 악기는 없다. 그 형태로 보아 아마도 거문고를 타던 듯하다. 당대唐代의 설창예술이 이미 성숙단계에 접어들었음을 나타내 준다.

희곡으로 발전한 참군희

참군희參軍戱는 또 농참군弄參軍이라고도 하며 당대 희극 형식의 일종으로 그 이전의 배우극인 우희優戱에서 나왔다. 참군희라는 명칭은 두 가지 설이 있다. 하나는 황제가 배우에게 명하여 탐관오리를 희롱하도록 하였는데 이 탐관오리의 원래 관직이 바로 '참관'이었으므로 참관희라는 명칭이 나오게 되었다고 한다. 또 하나의 설은 당대 개원 연간에 현종이 이선학李仙鶴이라는 배우를 몹시 좋아하여 그를 참군의 관직을 주어 대우했다고 하는데 그래서 이 배우의 공연을 참군희라고 한다는 설이다. 어떤 설이 정확하든지 간에 실제로 공연 중에 참군이라는 말은 이미 관직의 함의는 없어졌고 역할의 명칭으로 변했다. 참군은 공연 중에 조롱당하는 자의 역할 명칭이고, 참군을 조롱하는 역할은 창골蒼鶻이라고 하였다. 이때부터 참군희에 출현할 때, 참군과 창골 두 역할의 인물이 나오게 되었다. 중국 희곡에서 배역을 담당하는 '각색항당角色行當'의 구분은 이때부터 시작되었다. 참군희의 형식은 비교적 다양화되었는데 창골은 풍자를 위주로 하며 희극적 색채가 농후하다. 당 의종 함통 연간에 유명한 배우였던 이가급李可及은 참군희《삼교논형三教論衡》에 출연하였다. 참군희 중에는 또한 가무 공연과 결합한 형식도 있으며 풍자의 기능과 가무공연이 결합된 연극은《한세稅》를 예로 들 수 있다. 이처럼 현실을 반영하고 관부의 박해를 폭로하며 민중이 입는 피해를 반영한 연극으로는《유벽책매劉辟責買》·《맥수량기麥秀兩歧》등의 작품이 있다. 참군희는 이미 점차 희곡으로 발전하였으며 현존하는 자료로 볼 때 이는 초기의 단계에 속한다.

참군희용參軍戱俑
이 용俑은 보통의 시종 인형이 아니라 연극을 하는 인형에 속하며 표현 내용은 참군희다. 참군희는 당대에 몹시 유행하였으며 송 잡극·금 원본 속의 부정副淨·부말副末 역할은 일반적으로 각기 참군과 창골에서 발전해 왔다고 간주한다. 참군희에서는 참군이 주연이고, 창골이 조연으로 현재의 상성相聲*과 아주 비슷하다.

* 한국의 만담과 같은 것으로 두 사람, 혹은 한 사람이 재담을 하는 것-역주

839년
회골의 내란

당 개성 4년(839) 11월, 회골回鶻*에서 내란이 발생하였다. 회골 재상인 안윤합安允合·특륵시特勒柴가 모의를 하여 반란을 일으켰으나 창신칸 호특륵에게 죽임을 당했다. 재상 굴라물掘羅勿이 병사를 이끌고 외지에 머물면서 말 300필을 사타沙陀의 주사적심朱邪赤心에게 뇌물로 주어 병사를 빌려 창신칸을 공격하니 칸의 병사들은 패배하고 자살했다. 백성들은 압삽특륵厖馺特勒을 칸으로 추대하였다. 이해 질병이 만연하고 또 폭설이 내려 수많은 양과 말들이 얼어 죽으니 회골의 국력은 대대적으로 쇠퇴하였다. 키르기스* 부족은 일찍이 회골과 20여 년간 교전을 해오고 있었다. 개성 5년

10월에 회골의 별장 구록막하句錄莫賀가 키르기스의 10만여 기병을 끌어들여 회골을 공격하여 압삽과 굴라물을 죽이니 기타 다른 부족들은 모두 도망가버렸다. 칸의 형제 온몰사溫沒斯와 재상 주사적심 등은 군대를 끌고 천덕군에 도달하여 귀순하였다. 그 나머지는 서쪽의 갈라록(지금의 바이칼 호수 남쪽), 안서와 하서로 이동하여 거주지를 정하였다. 갈라록으로 옮겨간 지류는 그 후 서역에서 강대한 제국을 건설하였으며 이슬람교를 받아들이고 서역 불교 세력을 멸망시켰다. 안서에 도달한 부류는 후에 서주회골이라 칭하였으며, 하서로 간 부류는 감주甘州를 공격하였다. 서쪽으로 간 회골은 줄곧 중원과 서로 왕래하며 오대 북송에 이르기까지 서로 조카와 외삼촌으로 불렀다. 이때 크게 좌절된 회골은 다시는 흥기하지 못했으며 키르기스가 번

성하였다.

* 회흘回紇이 스스로 고쳐 부른 이름으로 중국 당나라 덕종 때부터 이 이름을 사용함. 지금의 위구르―역주
** Kirguises, 중앙아시아와 신강新疆 일대에 사는 소수민족으로 중국어로는 힐알사黠戛斯로 씀―역주

회골·귀부인 예불도

당·백유 삼채낙타

이 낙타는 건장하고 몸집이 크며 고개를 들어 입을 벌린 채 천천히 걷는 모습으로 흥흥하고 울음소리를 내는 것 같다. 등에는 채색유의 안장이 올려져 있고, 그 위에는 가죽 주머니와 비단 등의 물건이 있다. 도자기 조형은 생동적이고 형태는 몹시 핍진한데 선이 유창하고 색이 윤택하며 화려한 당삼채 중의 정품이다.

회골·천왕상

이덕유·우승유 당파들의 좌천

만당 시기 이덕유파와 우승유파의 당쟁은 날이 갈수록 격렬해져 갔다. 이는 조정의 내홍과 인원의 내적 소모를 초래하기에 이르렀고 문무백관들은 불안에 떨고 있었다. 이·우 양당은 문종 때에 이미 형성되었다. 문종은 먼저 이종민·우승유를 재상으로 임명했으나 후에 이들이 변경 문제에 관하여 나약한 태도를 갖고 있는 점에 대해 불만을 품고 이덕유로 재상을 바꾸었다. 문종이 이·우의 당쟁에 염증을 느끼고 쌍방의 패거리들을 전부 파직시킨 것은 이보다 더 좋은 대책을 찾을 수 없었기 때문이다. 문종 이후 당쟁은 날이 갈수록 첨예화되었다.

무종이 즉위한 후에는 이덕유와 그 도당들을 중용하였다. 이덕유는 우당의 영수였다가 파직당한 재상 우승유와 이종민에게 대한 원한이 날이 갈수록 깊어갔다. 회창 4년(844), 소의절도사 유후인 유진劉稹이 반란을 평정하였다. 이덕유는 우승유·이종민과 유진의 아버지 유종간이 긴밀하게 왕래하고 있으며, 게다가 우승유가 반란을 평정했다는 소식을 듣고 거듭 탄식만 하였다고 상주하였다. 이를 듣고 무종은 대로하여 우승유를 순주循州(지금의 광동 혜주) 장리로 좌천하고, 이종민은 봉주封州(지금의 광동 봉개)로 귀양보냈다.

회창 6년(846) 3월, 선종이 즉위하였다. 선종은 이덕유가 전권을 휘두르는 것을 늘 증오하다 등극 후 얼마되지 않아 이덕유를 형남절도사로 좌천시키고 대대적으로 이덕유 일당을 제거하였다. 이덕유는 무종 시에 재상을 역임한 6년 동안 덕이 높고 신망이 두터웠다. 그러므로 선종의 이 단행은 조정 사람들을 모두 놀라게 하였다. 대중 원년(847) 9월, 어떤 자가 이덕유와 전 회남절도사 이신李紳이 서로 내통하여 황상을 기만하고 아랫사람을 속이며 좋은 사람을 죽인다고 상주하였다. 이리되자 선종은 다시 이덕유를 조주潮州사마로 좌천시키고, 재차 이덕유 일당을 징벌하였다. 우·이 양당이 형성된 이래 당쟁과 암투는 문·무·선종 3대를 걸친 후 드디어 대중 초년 이덕유와 우승유가 죽은 후에야 기본적으로 끝을 맺게 되었다.

840년
멋대로 무종을 옹립한 환관들

개성 5년(840) 정월, 당 문종 이앙李昻이 병사하니 향년 33세였다. 그는 일생 동안 몇 번이나 환관들을 죽이고자 하였으나 매번 실패하였고 감로의 변고 후에는 거의 연금 상태가 되었다. 그는 죽음에 임하여 추밀사 유홍일·설계릉薛季稜과 재상 양사복·이각을 불러서 태자에게 나라를 돌보게 하려는 자신의 뜻을 밝혔다. 중위 구사량과 어홍지는 태자의 나이가 어리고 병이 많다는 거짓 핑계를 대고 태자를 바꿔야 한다고 상주하였다. 이각은 문종이 이미 태자를 정하였기 때문에 바꿀 수 없다고 하였다. 그러나 구사령·어홍지 등은 반대에 아랑곳하지 않고, 병사를 거느리고 비밀리에 영왕穎王(목종의 다섯 번째 아들)을 입궁시켜, 황태제皇太弟로 옹립하고 국정을 대리하도록 하였다. 태자 성미成美(경종의 아들)는 나이가 어리므로 진왕에 봉하고 문종의 유지를 거역하는 조치를 강행했다. 문종 사후에 구사량은 영왕을 부추겨 진왕 성미에게 사약을 내렸다. 이리하여 영왕은 조카를 죽이고 왕위를 찬탈한 후, 이름을 염炎으로 바꾸었는데 이이가 바로 무종이다. 구사량 등은 문종을 도와 환관을 죽였던 사람들에게 깊은 원한을 가졌던 나머지 문종이 총애하던 악공·내시 등도 모두 죽이거나 유배를 보냈다.

846년
백거이의 죽음

회창 6년(846), 만당의 유명한 시인 백거이가 병사하니 향년 75세였다. 백거이(772~846)는 자가 낙천樂天이고 만년에는 자호를 향산거사라 하였다. 원래 본적은 태원太原이다. 집안 대대로 유교 집안이었으며 백거이는 어려서부터 시서詩書를 열심히 공부하였다. 진사에 합격한 후에 비서성 교서랑·한림학사·좌습유 등의 관직을 역임하였다. 그는 권세에 아부하지 않는 성격으로 직언으로 상소를 하여 강주사마江州司馬로 좌천되었다. 후에 충주忠州(지금의 사천성 충현)·항주자사刺史를 역임하였고, 회창 연간에는 처음으로 형부상서를 역임하였고 태화 3년(829)에 병을 칭하고 귀향하였다.

당대의 걸출한 문학가인 백거이는 신악부 운동을 창도하고 "문장은 때와 합하여 나타나야 하고, 시가는 일과 합한 후에 지어야 한다"고 주장하였다. 시가는 사회 현실과 민생의 질고를 반영함으로써, '시정을 보강하고 관찰하며', '인정을 토로할 수 있는' 역할을 할 수 있어야 한다고 강조했다. 그의 문학 주장은 역시 그의 시 작품 속에 나타나 있으며, 특히 그의 '풍유시'는 광범위한 생활의 면면을 반영하고 있으며 통치계급이 잔혹하게 노동자와 인민을 압박하는 보편적 상황을 표현하고 있다. 그의 시는 현재 3000여 편이나 되는데 질박하고 통속적이며 아름답고 유창하다. 전반기의 수많은 작품들인 〈신악부〉·〈진중음秦中吟〉·〈장한가長恨歌〉·〈비파행琵

琵行〉·〈매탄옹賣炭翁〉 등은 당시에 널리 읽혔을 뿐만 아니라 천고의 불후의 명작이 되었다. 그의 작품집으로는 《백씨장경집白氏長慶集》 50권이 세상에 전해지고 있으며 또 그가 편집한 유서類書*《백씨육첩白氏六帖》이 있다.

* 고대 중국의 백과사전류의 서적 - 역주

백거이 초당

시인 백거이는 아름다운 여산廬山의 산수를 동경하여 이곳에 초가를 짓고 기거하였다. 이 위대한 시인을 기념하고자 후세 사람들은 초당 앞에 시인이 고개를 숙이고 무겁게 시를 읊조리는 전신 조각상을 세웠다.

《표국악》 서적 사진

표국驃國은 당나라 때 미얀마를 지칭하던 명칭이다. 당 장원 17년(801), 표국왕 옹강雍羌은 왕자 서난타를 당나라에 파견하였다. 그는 35명의 악공을 포함한 문화예술사절단을 거느리고 만리길을 멀다 않고 당에 도착하여 음악을 헌상하고 우호관계를 맺었다. 이들은 장안에 도착한 후에 열렬한 환영을 받았다. 당시 표국 음악은 이미 아주 높은 수준에 도달해 있었고 그들의 능숙한 연주는 장안을 진동시켰다. 《표국악》은 바로 당대의 유명한 시인 백거이가 이 연주를 본 후에 창작한 시로서 성황리에 공연하는 모습이 묘사되어 있다.

명·향산구로도축香山九老圖軸

일생동안 민중을 동정하면서도 현실을 개혁할 힘이 없었던 백거이는 만년에 하남성 낙양 용문산의 동쪽에 있는 향산에 은거하였다. 석루를 쌓고 스스로 자호를 향산거사라 하며 호경胡景·유진劉眞 등 9명의 노인들과 함께 술을 마시며 유유자적한 생활을 보내다가 여생을 마감하였다. 이들 모두 고령이었기 때문에 사람들은 이 아홉 분을 '향산구로'라 하였다. 이 그림은 명대 주신周臣이 그린 《향산구로도축》이다.

백거이 필적

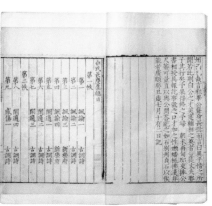

《백씨장경집》 서적 사진

백거이

백거이의 자는 낙천이고, 원래 본적은 태원인데 후에 하규下邽(지금의 섬서성 위남현)로 옮겨 살았다. 중당 신악부 시가운동의 창도자다. 신악부는 한대 고제古題 악부와 상대적인 의미며, 새로운 제목을 사용하여 시사적인 일을 쓰는 악부시다. 백거이에 이르러 현실주의 시가운동으로 형성되었다. 백거이는 안사의 난 이후 사회가 어지럽고 백성들이 안심하고 생활할 수 없었던 때에 살았다. 그의 우수한 작품은 대부분 현실을 반영하는 풍유시로 그중에는 〈신악부〉 50수를 포괄하고 있다. 그의 시적 언어는 통속적이어서 알기 쉽고 자연스러워 민간에 광범위하게 널리 퍼져 있다.

당에 귀순한 장의조

대중 5년(851) 정월, 토번 통치하의 사주 사람 장의조張義潮가 군대를 이끌고 당에 귀순하였다. 사주는 본래 토번 통제하에 있었던 곳으로 장의조는 토번에서 발생한 동란을 틈타 병사를 일으켜 토번에 항거하였다. 이에 당나라에서도 적극적으로 장의조를 지지하였고 대오가 삽시간에 불어나자 토번 장수들은 황급히 도주했다. 장의조는 군대를 이끌고 당나라에 귀순하였다. 조정에서는 장의조의 군대를 사주에 주둔시키고, 장의조를 사주 방어사에 임명하였다. 10월, 장의조는 하황河湟 지역을 출발하여 신속하게 과瓜·이伊·서西·감甘·숙肅·난蘭·선鄯·하河·민岷·곽廓의 10개 주(지금의 감숙 청해 접경 지역)를 평정하였다. 그런 후에 형제인 장의택을 장안에 파견하여 사주를 포함한 11개 주의 지형도가 있는 서적을 헌상하였다. 이때부터 당 왕조는 하황의 잃었던 땅을 수복하였다. 11월, 당 조정은 장의조를 사주절도사 및 11주 관찰사에 임명하였다. 이후 장의조와 그의 친척들은 대대로 하황 땅을 통치하며 살았으며 정기적으로 당 조정에 정황을 보고하였으니 사실상 이 땅의 주인으로서 패권을 행사했다.

장의조 통군출행도(일부)·악무의장樂舞儀仗
정회張淮가 숙부의 공적을 기념하기 위해 굴을 파서 그린 그림이다. 장의조 통군출행도는 돈황에서 가장 오래된 '출행도' 다.

불광사의 건축

당 대중 11년(857)에 불광사가 중건되었다. 불광사는 지금의 산서성 오대현 두촌 부근에 있다. 원래 북위 시기에 창건되었으며 9세기 초에 3층 7칸의 미륵대각이 있었다. 당 무종 때에 제멋대로 불교를 탄압하여 회창 5년(845)에 불광사도 훼손되었다. 후에 옛 터전에 대전을 중건했고 현재 보존이 아주 잘 되어 있다. 1937년, 건축학자 양사성梁思成이 이 정전을 발견하였다. 대전은 불광사의 동쪽 끝 산 아래 바위 밑의 높이 12미터의 단 위에 세워져 있다. 서쪽을 향하고 있으며 사찰 전체가 주전主殿이다. 사찰은 크지 않지만 지형에 따라 배치를 하여 들쑥날쑥하며 정취가 가득하다. 배전配殿인 문수전은 단 아래 사원의 정원 북쪽에 있으며 금나라 천회天會 15년(1137)에 건설되었다. 나머지 건축물은 청대 이후에 세워졌다. 불광사 대전은 현존하는 중국 최초의 목조 구조 전당의 하나다. 조형이 정미하고, 격조가 웅위하며 온화하고 점잖으며 도량이 크게 보인다. 중국 건축 예술의 정품으로 중국 고대 건축사상 중요한 위치를 점하고 있다.

불광사 전체 경관
당 선종 대중 11년(857)에 건설되었으며 지금의 산서 오대현 두촌 동북의 오대산 서쪽 기슭에 있다. 대전은 서향이며 면적은 7칸, 길이 34m, 대전 앞쪽에서 뒤쪽까지의 길이는 4칸이고, 폭은 17.66m다. 정면에 문 다섯 개와 창이 두 개 있고, 홑처마 지붕으로 전각형殿閣型의 구조로 상중하 3층으로 쌓아 올려 만들었다. 현존하는 건축물의 규모로 가장 크며, 기술 수준 역시 최고다. 당대의 건축·조소·회화·서예 등 최고의 예술작품이 하나의 전당에 집결된 건축물이다.

불광사 대전의 내부 정경

불광사는 당대 목조건축의 대표라고 할 만하다. 중국은 세계 건축사상 아주 중요한 지위를 점하고 있다. 동대전은 산기슭에 자리잡고 사찰 전체를 내려다 보고 있다. 대전의 면적은 7칸, 대전의 앞에서 뒤까지의 길이는 4칸으로 두공斗栱이 웅대하고 처마가 깊다. 기둥·공포·문과 창문·벽에는 채색을 하지 않아서 격조가 고졸하고 소박하다. 대웅전 내의 불단은 넓어서 5칸이고 모두 35기의 채색 불상이 모셔져 있으며 모두 당대의 작품이다. 매 칸에는 주존이 한 분 있고 석가불·미륵불·미타불 및 보현·문수 두 보살이 있다. 주존 양측과 전면에는 각각 시불侍佛과 공양보살 등이 있으며 모든 시불들은 사자상을 끌고 있다. 이외에도 금강과 시주인 영공우의 좌상이 있다. 모든 조각상은 비율이 아주 적합하다. 이밖에도 절내에는 북위시대의 6각형 조사탑·금대의 문수전·당대의 석각경동經幢* 및 명청대에 중건한 천왕전·가람전 등이 있다. 건축 외에도 불광사의 당대 소조석상·벽화·서예 작품도 몹시 진귀하여 건축물과 합하여 '사절四絶'이라 칭한다.

*경문을 새긴 돌기둥—역주

858년
일본 승려 원진의 귀국

대중 7년(853), 일본 승려 원진圓珍이 당나라의 상인 양휘良暉의 배를 타고 불경을 공부하고자 당나라에 들어와 온주·태주를 거쳐 복주에 도달하였다. 복주(지금의 복건)에서 천축국의 승려 만소싣달타에게서 실담장悉曇章을 배웠다. 그 다음해 월주越州(지금의 절강 소흥) 개원사에서 천태교를 공부하였다. 대중 9년(855)에 장안 복수사福壽寺에 도달하여 청룡사의 법전法全을 스승으로 모시고 밀종을 공부하였다. 그는 몇 년간의 시간을 투자하여 각 종파의 스승들을 모시고, 광범위하게 각 종파의 불교 경전 요지를 두루 섭렵하였다. 대중 12년(858), 원진은 경륜과 불전 등 441부 전체 1000권·직언直言 도구 16종 및 각종 비석 명문 등을 가지고 당나라 상인 이정

효李延孝의 배를 타고 귀국하였다. 귀국 후 원진은 자신이 가져온 경법을 5가지 목록으로 편찬하였다. 그 다섯 가지는 《개원사 구득경소증목록》·《청룡사 구법목록》·《복주·온주·태주·구득 경율론소증외서등목록》·《일본비구원진 입당구법목록》·《지정대사 청래목록》인데 모두 지금까지 전해져오며 중·일 문화 교류에 탁월한 공헌을 하고 있다.

《의심방》 서적 사진

《의심방醫心方》은 일본 현존의 가장 오래된 종합적인 대형 의학서적으로 984년에 편찬되었다. 이 때는 중국 북송 초년의 태평흥국 연간이다. 이 책에서 인용한 중국 의서는 160여 부나 되는데 이는 중국 의학이 일본에 널리 알려진 정황을 반영하고 있다. 사진은 일본 안정安正 원년 황실의 명을 받들어 만들어진 것이다.

일본의 쇼소인

쇼소인[正倉院]은 일본의 왕가 문물 창고로 유명하며 원래는 나래[奈良]의 도다이지[東大寺]의 전문 보물창고였다. 쇼소인의 약품은 대부분 중국에서 가져온 것이다. 당나라 때 중국 약재를 일본에서 수입했음을 이로써 알 수 있다. 이는 중·일 의학 교류의 역사적 증거일 뿐만 아니라 또한 세계 의학사상의 기적이다.

골절학의 기본을 정리한 《이상속단방》

《이상속단방理傷續斷方》은 인도인蘭道人이 저술한 골절에 관한 전문서적이다. 인도인(약 790~850)은 장안에서 출가하였다. 회창 5년(845)에 당 무종이 승려 26만여 명을 환속시켜 농업 생산에 종사하라는 명령을 내렸다. 그는 강서 의춘종촌宜春鍾村에 은거하며 저술한 《이상속단방》을 눈먼 노인에게 전수하고 다시 다른 곳으로 가 은거를 하니 사람들은 그를 신선이라 하였다. 그래서 《이상속단방》은 또 《선수이상속단비방仙授理傷續斷秘方》이라 부르기도 한다. 이 책은 중국에서 현존하는 가장 최초의 골절에 관한 전문서적으로 이전 사람들의 성취에 인도인 본인의 경험을 더하여 비교적 전면적으로 총괄하였다. 골절의 회복·고정·활동 및 내외용 약의 치료 원칙을 강조하였으며 탈골의 각종 복원 방법, 전신마취 처방 및 내복 외용의 치료 처방 제조를 기록하고 있다. 이 저서는 중국 골절과학의 기본 문서로 후세 골절과학의 발전에 커다란 영향을 주었다. 지금도 일정 정도의 지도적 역할과 참고할 만한 가치가 있다. 《이상속단방》은 〈의치정리보접차제구결醫治整理補接次第口訣〉·〈방론方論〉·〈우치상손방론又治傷損方論〉 3부분으로 구성되어 있다. 제1부에는 조문이 각 43조, 전체 책에는 처방명이 46수首, 실제 처방 제조는 45수首, 모두 160여 종류의 약물을 사용했다.

《소림사 진전 상과비방》 책 표지

소림사의 상과傷科* 기술과 권법 무보武譜는 밖으로 전수되지 않는 비법서다. 그러므로 세상에 전해지는 소림사 외과 저서는 매우 보기 드문 일로 《소림사 진전 상과비방少林寺眞傳傷科秘方》은 진귀한 문헌이다.

* 외과를 말함—역주

시인 유우석의 《천론》

중당 시기 유우석劉禹錫은 《천론天論》을 지어 '하늘[천]'에 대한 인식을 명백히 하고 유종원의 《천설天說》을 진일보 보충하여 설명하였다. 유우석은 당대 유물주의 학설에 대하여 비교적 중요한 공헌을 한 사상가다. 그의 가장 걸출한 사상은 '하늘과 사람은 서로 상생하며 또한 서로 사용한다'는 독창적인 학설을 제기하였다는 데에 있다. 유우석이 지은 《천론》상·중·하 3편은 유종원이 《천설》에서 제기한 '하늘과 사람은 서로 상관하지 않는다'는 학설을 보충하여 진일보 발전시켰다. 우선 그는 '하늘'과 '사람'을 구별하였는데 그는 하늘은 즉 자연이며 하늘의 해·달·별의 삼광三光은 물론이고 사람의 머리·이목구비와 그 내장기관의 근본마저도 모두 객관적 물질의 존재로 '자연설'은 옳다고 여겼다. 그 다음 그는 '하늘과 사람은 서로 상생하며 서로 사용한다'는 학설을 창조하였다. 유우석 이전의 유물주의자들은 대부분 자연규율의 보편성과 절대성을 강조하면서 사회생활의 특수성이 사람의 자각적 능동성을 말살하는 것을 홀시하여 숙명론 혹은 우연론에 함몰되게 하였다. 그러나 그는 하늘과 사람은 각각 자신의 특수한 규율이 있다고 여겼으며 자연계 만물의 순환은 약육강식의 법칙이지만, 인류사회는 옳고 그른 '시비' 관념으로 사회질서를 유지하는 준칙이 있다고 여겼다. 하늘과 사람은 서로 제약이 있으며 서로 간에 소멸하며 자라고 서로 투쟁한다. 세 번째로 유우석은 사회관계에서 '법대행法大行'을 하면 능히 사람이 하늘을 이길 수 있다고 여겼다. 유우석은 비록 봉건적 '시비' 관념으로 봉건종법을 사회질서의 준칙으로 보았지만, 그러나 그의 '하늘과 사람은 서로 상생한다'는 학설은 이미 객관세계와 사람이 대립하면서 또한 연계가 있다는 변증관계를 초보적으로 제시하고 있다. 이러한 진일보된 관점은 중국 고대사상사에서 매우 큰 가치가 있다.

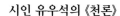

유우석

유우석劉禹錫(약 772~842)은 중국 당대의 사상가이자 문학가로 자는 몽득夢得이며 낙양 사람이다. 조상은 흉노인으로 북위 시기에 한족의 성으로 바꾸고 낙양에 거주하였다. 스스로 한나라 때의 중산 정왕 유승劉勝의 후대라고 하였다. 당 정원 시기의 진사다. 일찍이 경조부 위남현 주부와 감찰어사 등의 관직에 있었다. 후에 왕숙문의 혁신 그룹에 참여하였다가 실패한 후 낭주사마로 좌천되었고 후에 다시 연주자사로 옮겨 갔다. 만년에는 태자빈객으로 가검교 례부 상서를 역임하였기 때문에 세상에서는 그를 유빈객이라고 칭한다. 그는 시에 뛰어났으며 생전에 백거이와 이름을 같이 하여 사람들은 '유백劉白'이라고 한다. 아름다운 시편들이 많이 전해 내려온다.

859년
황제를 칭한 남조 추룡

당 덕종 시에 서천절도사 위고는 남조를 후대하며 청계도靑溪道를 개통하여 남조가 당에 조공을 바치는데 편리하게 하였다. 또한 남조의 자제들을 성도로 불러들여 서법과 산수 등을 공부시키는 방법으로 남조와 우호관계를 유지하였다. 60여 년 동안 성도에서 공부한 남조의 자제들이 1000여 명에 이르자 지방정부로서는 공급이 어려웠다. 게다가 당나라에 조공을 바치러 온 남조 사자들이 돌아갈 때는 후대를 받았기 때문에 조공 사절단은 끊임없이 증가하며 촉 지방에서는 접대가 끊이질 않았다. 대중 13년(859), 두종杜悰이 서천절도사로 임명된 후 조정에 남조의 조공 사절단과 촉에 와서 공부하는 남조 자제들의 숫자를 제한해달라고 상주했다. 이러한 조치는 남조왕 풍우豊祐를 격노시켜 즉시 군대를 파병하여 변경 지역에 소란을 일으켰다. 이때는 마침 선종이 서거하고 의종이 즉위했는데, 공교롭게도 남조왕 풍우도 죽고 아들 추룡酋龍이 왕위에 올랐다. 추룡은 당나라가 조문 사절단을 보내오지 않은 것에 원한을 품고, 선종의 부고를 전하러 당나라에서 온 사자를 몹시 박대했다. 사자는 당나라로 돌아와 정황을 보고했고 이에 의종은 추룡을 남조왕으로 책봉하는 관례를 따르지 않았다. 이리되자 추룡은 자칭 황제가 되어 건극建極으로 개원하고 국호를 대례大禮라 하고는 당나라와 적국이 되었다. 남조와 당은 몇십 년 간의 평화를 공존한 끝에 다시 전쟁이 시작되었다.

운남의 대요 백탑

이 백탑은 경전을 새겨 넣은 탑으로 형식이 아주 독특하여 보기 드문 탑이다. 탑은 운남 대요현大姚縣 성의 서쪽 문필봉 위에 있다. 《운남통지》의 기록에 의하면 이 탑은 당대에 처음으로 건축되었으며 청 동치同治 11년(1872)에 중수되었다고 한다. 1975년 다시 중수했다. 대요의 백탑은 탑기단·탑신·탑정 3부분으로 구성되어 있다. 탑기단의 평면은 8각형이고 탑 주위 길이는 3.12m이고, 탑신은 팔각형 기둥이며, 탑정은 원추형이다. 전체 탑의 총 높이는 18m로 벽돌로 쌓아 만든 공심탑이다. 벽돌에는 한문과 산스크리트어로 경문을 가득 조각해넣었다. 이 탑은 위는 크고 아래는 작은 모양이 마치 뾰족한 경추磬錘* 모양을 하고 있어 '경추탑'이라고도 부른다. 탑 전체에 회백으로 칠하여 전체가 순백색을 띠어 백탑이라고도 부른다.

* 부처 앞에 절할 때 흔드는 동銅으로 만든 바리때 모양의 종 — 역주

당대 무사 복원도

해수포도경海獸葡萄鏡

짐승 모양의 꼭지에 거울 테두리는 꽃 문양으로 장식되어 있다. 볼록하게 올라온 현弦 문양이 거울 뒷면을 안과 밖 두 개로 나누었다. 포도 덩굴이 뻗쳐 볼록한 현을 넘어 거울 뒷면에 가득 퍼져 있다. 안쪽 원 안에는 4개의 이상한 형태의 해수海獸가 포도가지 사이에서 덩굴을 붙잡고 있다. 바깥쪽 원 안에는 참새가 포도 넝쿨과 잎 사이를 날고 있다. 이는 당나라 동경 중 가장 매력 있는 도안의 하나이다.

860~863년
남조의 교지 점령

대중 14년(860), 남조왕 추룡이 황제를 칭하고 당나라의 파주播州를 공격하자 당나라에서는 이호李鄗를 안남경략사로 파견하여 변경을 지키게 하였다. 이호는 전공을 세우기 위하여 군대를 이끌고 변경을 넘어 파주를 수복하러 가니 안남은 텅 비게 되었다. 현지인들은 비어 있는 틈을 타서 3만의 남조병사들을 끌어들여 교지성交趾城을 습격하여 점령했다. 이에 이호는 군대를 이끌고 무주로 도망가 현지의 백성과 군대를 모아 반격을 가하여 교지를 수복하였다. 조정에서는 이호가 교지 수비에 실패한 것에 불만이어서 그가 이미 공으로 과오를 씻었음에도 불구하고 그를 애주崖州(지금의 해남)로 귀양보냈다.

남조는 안남에서 물러난 후에 다시 옹주邕州를 공격했고 함통 3년(862) 3월에 재차 안남을 공격하였다. 조정에서는 채습蔡襲을 안남경략사로 파견하여 허許·위渭 등 8도의 병사 3만 명을 징집하여 안남을 수비하도록 하였다. 남조군은 일단 철수했지만 겨울이 되어 안남에 질병이 조금 수그러지자 또 5만 대군을 발병하여 안남을 공격하고 교지를 포위하였다. 채습은 계속하여 조정에 급보를 보냈고 조정은 누차에 걸쳐 지원병을 파견했지만 채습은 계속 후퇴에 후퇴를 거듭했다. 12월, 남조가 성을 공격하니 쌍방 간에 사상자가 많아지고 전쟁은 몹시 격렬하게 되었다. 함통 4년(863) 2월에 교지성이 함락되고, 채습은 부상을 당하고 바다에 빠져 죽었으며 부하 400여 명도 전부 전사하니 교지는 재차 남조의 손에 들어가게 되었다. 6월에 조정은 안남도호부를 폐지하고 해문진에 행교주를 두었다. 7월에 재차 안남도호부를 행교주에 다시 설치하고 송융宋戎을 경략사로 임명하여 안남을 수비하게 하였다.

866년
서주의 회골국 건립

개성開成 5년(840), 몽골 고원에 있는 회골칸국은 천재지변과 인재가 계속하여 발생하였다. 장군 구록막하句錄莫賀는 새롭게 즉위한 압삽厴颯칸에 반대하여 북방의 키르기스를 끌어들여 밖에서 치게 하고 안에서 내응하여 회골의 도성을 함락시키고, 칸을 죽이니 고비사막 이북의 회골칸국은 멸망하였다. 회골 부족들은 망국 후 사방으로 흩어졌는데 대부분은 방특근龐特勤이 거느리고 천산의 동쪽으로 가 새로운 근거지를 찾았다. 이 일대는 원래 부분적으로 회골의 세력이 존재하고 있었던데다 서쪽으로 옮긴 회골 세력까지 더해져 재빠르게 세력을 형성하여 언기焉耆[카라샤르]·북정北庭[비슈발리크 Bishbalik]·이주伊州 등을 점거하였다. 함통 7년(866), 한바탕 전쟁을 치른 후 북정 출신의 회골 수령 복고준僕固俊은 결국 북정·서주·윤태·청진 등지를 점령한 후 이 지역을 회골로 통일하여 서주회골왕국을 건국하고 서주에 도읍을 정했다. 이때부터 천산 동부는 서주와 북정을 중심으로 통일된 회골정권을 형성하였으며 이를 서주회골 혹은 고창회골이라고 부른다.

낙타 채회도기
낙타는 이전부터 '사막의 배'라고 칭해졌으며 중국 고대 실크로드에서 빠질 수 없는 운송수단이었다. 등에는 부드러워 보이는 보따리를 싣고 고개 들어 출발을 기다리는 이 낙타는 마치 험준한 산을 넘고 드넓은 사막을 건너 중국의 실크를 서방으로 운송하기 위한 준비를 하고 있는 듯하다. 부드러운 보따리 위에 앉아 있는 원숭이가 이 진귀한 작품에 흥취를 더해주고 있다.

유체자를 만든 유공권

만당 시기의 서예가 유공권柳公權은 새로운 서체를 개발하였는데 사람들은 이를 유체柳體라고 부른다. 서예사에서 유체의 지위는 안체(안진경체)와 같기 때문에 이 둘을 합쳐 '안류顔柳'라고 한다. 유공권은 처음에 왕희지와 왕헌지의 글씨를 배웠고, 몇 년 후에는 수당 이래 각 명필들의 필법을 두루 익혔기 때문에 그의 작품은 위진 사람들의 풍모를 갖추었는가 하면 또한 수당의 각 대가들의 특징을 흡수하였다. 그는 진행초眞行草를 잘 썼으며 특히 해서에 대한 연구가 깊었다. 그의 해서는 어렸을 때부터 이미 탁월한 성취를 얻었다. 후에 진일보하여 안체의 필법을 다듬고 연구하여 법도가 엄정하며, 글씨체의 필세가 강건하고 아름다우며 변화가 풍부한 자신만의 유체를 창조냄으로써 서예사에 있어 자신의 지위를 확보하였다. 유체의 글씨는 골력骨力*을 중시하여 꺾임·멈춤·연결 부분에는 예기銳氣가 드러나며 구도가 긴밀하다. 웅후하고 돈후한 가운데서 예리함이 보이며, 엄중함 가운데에 쾌활함이 드러나 강건함이 뛰어나다. 유공권의 글씨는 당시에 이미 몹시 귀중하여 왕공귀족들은 묘비를 새길 때에 만일 유공권의 글을 못 받으면 불효라고 여길 정도였다. 국외의 사신들도 분분히 많은 돈을 주고 그의 필적을 구하려고 하였다. 후대 서예가들은 더욱 유공권체를 중시하였으며 안진경체와 함께 거론되며 해서체의 전범이 되었다.

* 글씨의 획에 드러난 굳센 힘 - 역주

유공권

유공권(778~865)의 자는 성현誠懸이고 경조京兆 화원華原 사람이다. 그는 어려서부터 공부를 좋아하여 12세 때에는 이미 시를 읊고 문장을 지어 신동이라 칭해졌다. 당 헌종 원화 초년에 유공권은 서울에 올라와 시험을 쳤는데 장원급제하여 진사에 합격하였다.

현비탑비玄秘塔碑 탁본

이 비석은 유공권이 64세 때에 쓴 글로 당 회창 원년(841)에 세워졌다. 유공권의 서법의 풍격은 강건하며 신운神韻이 흐르고 청아하며 웅장하다. 그가 쓴 비각碑刻으로 10여 종이 전해지며 모두 해서체이며 해서의 경전으로 칭해진다. 안진경과 유공권의 해서체는 그 영향이 몹시 심원하다. 후인들은 해서체를 배울 때 모두 "유체柳體로 입문하고 안체顔體로 효력을 낸다"고 말한다.

관을 담은 은곽銀槨

덧널인 곽槨은 호형弧形으로 중간에 금은보석으로 장식한 도금을 한 연꽃이 붙혀져 있다. 장식의 꽃술은 백옥이고 마노가 백옥 한가운데 박혀 있다. 곽의 몸체의 양측 입구 근처에는 짐승 모양의 둥근 고리가 2개 달려 있고 아래에는 앉거나 서 있는 나한들이 5개 붙혀져 있다. 앞 문틀 위에는 문이 새겨져 있고 문 위에는 둥근 고리가 늘어져 있으며, 좌우 문짝에는 각각 도금으로 부조된 도금 보살이 붙혀져 있다. 두 보살 중간에는 금불각金佛脚이 한 쌍 있다. 뒷 문틀에는 부조된 도금 마니보주摩泥寶珠가 붙혀져 있다. 곽 받침판은 투각되어 있다. 금관은 이 은곽에 안치된다.

당대 후장 풍속의 성행

당나라 때는 왕공귀족으로부터 말단관리 및 일반평민에 이르기까지 사후에는 모두 후장厚葬을 하였다. 당대의 상례와 제사는 모두 옛법에 의거하여 발상發喪·출효出孝 등의 절차를 거쳤다. 당 나라의 분묘 규격은 신분의 차이에 따라 차별이 몹시 심했다. 예를 들어 일품으로 배릉陪陵할 수 있는 대신들의 무덤의 높이는 4장丈 이하에서 3장 이상이고, 일품관의 분묘 높이는 1장 8척, 서민의 묘 높이는 4척이라는 규정이 있었다. 황릉 규모는 몹시 웅장하고도 거대하다. 안사의 난 이후 사치 풍조는 점점 극성하여 반 리里마다 제사를 지냈는데 이 길이 20여 리까지 이어졌다. 장막은 큰 것은 높이가 80~90척이나 되며 평상은 300~400개가 사용되었다. 제수용품은 아름답고 풍성하며, 홍문 연회와 같은 연극하는 모습을 조각하여 영구를 보내는 사람들에게 울음을 그치고 극을 관람하도록 하는 것도 있다. 당대에는 이미 망자를 위해서 지전紙錢을 태우는 것이 유행하였는데 지전을 산더미처럼 쌓아놓았으며 조각 장식이 성행하였다. 한식날 성묘하는 것도 점점 풍속이 되었으며 전례의식 속에 편입되었다. 상복 착용은 여전히 3년 기한이었으며 만일 전쟁 등과 같은 특수한 상황이 아니라면 간소화시킬 수 없었다.

868년
《금강반야바라밀경》을 인쇄한 왕개

함통 9년(868) 4월, 왕개王玠는 양친 부모를 위하여 조판한 《금강반야바라밀경》의 인쇄를 성공적으로 마쳤다. 이 경전은 지금까지 보존되어 있으며 현존하는 목판 인쇄품 중에서 연대기록이 있는 것 중에 가장 이른 것이다. 조판 인쇄술은 당초에 이미 발명되었으며 당 태종 때에는 고승 현장이 불경을 인도에서 가져온 후에 일찍이 대량으로 보현보살상을 인쇄하여 광범위하게 유포시켰다. 민간에서도 또한 대량으로 불경·일력·복술 서적 등을 인쇄하였다. 무종 시에는 인쇄 불경이 대량으로 불타 훼손되었기 때문에 지금까지 전해져오는 인쇄본은 거의 없다. 현재 사람들이 볼 수 있는 확실하게 연대가 있는 세계 최초의 인쇄물은 왕개가 함통 9년(868)에 조판한 《금강반야바라밀경》이다. 길이 16척으로 권자[두루마리] 형태며, 7쪽의 인장印張*을 붙여서 만들었다. 속표지에는 석가모니불이 장로 보살들을 향하여 설법하는 설법도가 있다. 그 다음은 《금강반야바라밀경》 전문이며, 마지막에 "함통 9년 4월 15일 왕개가 양친부모를 위하여 경조에 보시한다"는 간기가 있다. 이 경문은 조판의 새김이 정교하고 아름다우며 조각 도법刀法의 기교가 성숙되어 있다. 인쇄의 먹빛이 균일하고 청신하고 선명하여 당시의 조판 인쇄술이 이미 아주 높은 수준에 도달하였음을 볼 수 있다. 이 경문본은 1900년대 초에 감숙성 돈황 천불동에서 발견되었는데, 영국인 스타인A. Stein이 훔쳐가 현재 원본은 런던의 대영박물관에 있다.

* 전지의 반 크기임—역주

《금강반야바라밀경》의 일부

조계사

조계사曹溪寺는 운남 안녕安寧 서북 5km 지점에 있는 당랑천 서쪽에 위치하고 있는데 당 초기 선종 6조인 혜능의 제자가 세운 것이라고 전해진다. 혜능의 제자가 광동 소주韶州의 조계보림사에서 왔기 때문에 조계사라고 했다 한다. 경내에는 화엄삼성상이 있다.

조주의 개원사

개원사開元寺는 광동 조주潮州 감로방甘露坊에 있다. 완벽한 사합원식 건축으로 대웅보전 등이 있다. 당 개원 26년(738)에 처음 건축되었으며 원대의 명칭은 개원만수선사開元萬壽禪寺였고, 명대에는 개원진국선사라고 했다. 사원 내에는 문물이 비교적 풍부하게 있으며 78개의 당대 석각품이 있다. 《준제주準提咒》와 《존승주尊勝咒》 경문을 새긴 당대 석경당石經幢 한 쌍과 북송 시대에 주조된 1500여kg의 큰 동종이 있고, 원대 조각된 운석향로와 명대의 목조에 조각된 천불탑, 그리고 청 옹정판의 《대장경》 1부 7240권이 있다. 개원사는 중국의 역대 문물을 가장 많이 수장하고 있는 사원 중의 하나다.

개원진국선사 편액

873년
불상을 영접한 당 의종

당 의종懿宗은 독실한 불교신자로 재위 기간에 사원을 광범위하게 재건하고 승려들을 우대하였다. 함통 14년(873) 3월 29일, 의종은 수많은 관리들을 법문사로 보내어 사리를 영접하도록 했다. 조정 안의 여러 신하들은 백성들을 괴롭히고 재물을 축내며, 또한 헌종도 사리를 영접하다가 붕어한 일을 이유로 삼아 의종에게 이를 그만둘 것을 극력히 간하였으나 의종은 신하들의 의견을 가납하지 않았다. 의종은 불사리를 보고 죽는다면 여한이 없겠다고 공언했다. 그리곤 오히려 부도浮圖 · 화려한 휘장 · 호화로운 가마 · 불경이 새겨진 호화로운 깃발 · 의장용의 커다란 일산 등을 만들어 금은보화로 장식하도록 지시하였다. 불사리를 영접하는 일은 전에 없이 성대하게 거행되었으며 법문사에서 경성까지 300리길에 사람과 마차의 왕래가 끊이지 않았다. 4월 8일에 불사리가 경성에 도착하자 융숭하게 받들어져 궁전의 금군 병사들이 의장대를 이루어 선도

하고, 관과 민간의 음악이 연주되었으며 화려한 천막들이 수십 리에 걸쳐 쳐지고 불경을 독송하는 소리가 천지를 진동하였다. 당시의 황제들이 천지 신명과 조상에게 드렸던 제사의식도, 원화元和 연간의 불사리 영접의식의 의장대의 성황도 이와는 비교도 안 될 정도였다. 의종은 친히 안복문安福門까지 나아가 불사리를 향해 최상의 예의를 갖추고 불교의식에 따라 호화스럽고 번잡한 제례 의식을 거행했다. 각 주와 소수민족 지역, 외국의 사절단까지 많은 사람들이 참가하였다. 경성에 있는 승려와 일찍이 원화 연간의 불사리 성황을 보았던 노인들은 모두 후한 상을 받았다. 의식이 다 끝난 후에 의종은 불사리를 궁중으로 모시도록 명령하고 3일 후에 불사리를 안국숭화사安國崇化寺에 안치토록 하였다. 의종은 국고에서 대량의 금은보화를 내어 대소 관리들에게 하사하였고 감옥에 있던 죄수들에게 대사면을 내렸다. 12월 8일에 융숭한 불교의식을 거행한 후에 불사리는 법문사로 다시 보내졌다.

* 헌종의 재위 기간—역주

875년
서천의 포위를 푼 고병

건부乾符 원년(874) 11월, 남조국南詔國이 출병하여 사천을 침입하였다. 대도하大渡河를 건너 공격도 없이 여주黎州를 함락시킨 후, 공래관邛峽關으로 침입하여 아주雅州를 공격하였다. 당 조정에서는 하동과 산남서도 · 동천에 주둔하고 있던 군대를 이동하여 지원군으로 보내고, 또 천평절도사인 고병高駢을 서천으로 보내 남조병을 공격하도록 하였다. 건부 2년(875) 정월 2일에 고병은 서천절도사에 제수되어 여러 부대의 사병들을 이끌고 검주劍州(지금의 사천 검각劍閣)에 도달하여 먼저 사람을 파견해 성도의 성문을 열게 하였다. 마침 이때는 따뜻한 봄날이었으므로 성도에 피난하고 있던 몇 십만의 백성들이 분산되지 않고 복작대면 유행성 질병들이 매우 쉽게 발생할 수 있으며 군대 역시 성안으로 들어가 쉬며 정돈하고 보급품을 보충할 필요가 있었기 때문이다. 남조 병사들은 당시 아주를 포위 공격하고 있었는데 당 조정에서 파견한 고병이 대군을 이끌고

원통사 실내 모습

원통사

원통사圓通寺는 운남성 곤명 동북쪽에 있으며 주요 건축물로는 원통승경방 · 팔각정 · 원통보전 · 정자낭하 등이 있다. 당대 남조왕 이모심異牟尋 재위 시에 창건되었고 원명은 보타라사補陀羅寺였으며 원나라 때 확장되고 개명된 것이 지금에 이르고 있다. 사원 내에는 '주교대咒蛟臺'가 있는데 청대 시인인 손염孫髯이 돈을 받고 점쳐주던 곳이라고 전해진다.

왔다는 소식을 듣고는 급히 사람을 보내 고병에게 화친을 청하고 아주에서 철수하였다. 고병은 성도에 도달한 후 5000의 보병과 기병에게 남조병을 추격하라고 명령하였다. 그리고 자신은 대도하에서 남조 군사들과 일대 격전을 벌여 남조 군대를 대파하고 수십 명의 추장도 포로가 되어 살해되니 이에 서천의 포위가 풀리게 되었다.

그 후에 고병은 공래에는 관문을 설치하도록 하고, 대도하에는 수비용 성책을 치게 하고 융주의 마호진 목원에 보루를 건설토록 명령하였다. 또 남조에서 서천으로 통하는 각 교통 요지에 병사를 파견하여 더욱 방비를 엄히 하도록 했다. 877년에 남조왕 추룡이 죽으니 시호는 경장景莊황제며 그 아들이 황제의 직위에 올랐다. 남조는 사자를 파견하여 당 왕조와 영남 서도에서 화의를 하고 옹주邕州의 수비군을 10분의 7로 감축할 것에 동의하였다. 이후에 남조병들은 두 번 다시 당의 사천에 귀속된 땅을 침범하지 않았다.

당대의 기녀

당대의 기녀는 궁기宮妓·관기官妓·가기家妓 셋으로 분류된다. 궁기는 악무와 줄타기·장대묘기 등 잡기를 제공하는 궁정의 여성 예인이다. 관기는 대부분 색과 예藝를 겸비하였으며 악호樂戶*와 배우의 자녀들이며 소수의 평민 자녀들도 있었는데 교방의 관리하에 속해 있었다. 관기들은 모두 후세의 창기娼妓의 성격을 갖고 있다.

당나라 사람들은 글을 좋아하고 노는 것을 좋아하여 관료 귀족들은 기생과 더불어 노는 것을 서로 중시했고 정부도 이를 금지하지 않았다. 당시 장안과 낙양, 그리고 대 주부州府 및 몇몇 현에는 관기를 두고 있었다. 장안 관기는 스스로 활로를 찾는 것이 관부의 관리하에 있는 것보다 비교적 일이 수월하였다. 기방은 대부분 포주가 여러 명의 양녀를 거느리는 방식으로 구성되었고 집에서 손님을 받는 사람도 있었다. 그녀들은 일반적으로 연회 참석과 매음을 위주로 하였고 예능의 발휘는 보조적인 것이었다. 장안의 관기들은 유곽에 모여 살았으며 기생 업종은 상당히 흥성하여 "서울의 협객과 젊은이는 모두 다 기방에 모였네"라는 말이 나올 정도였다. 이때 사람들은 이런 곳을 '풍류의 호수'라고 불렀다. 동도와 양주 등 대도시의 정경은 늘 장안을 모방하였다. 예를 들면 양주는 밤마다 "기루 위에는 늘 청사초롱이 수만 개가 걸려 있어 휘황찬란하다"고 할 지경이었다. 지방의 관기들은 '악영樂營'에 속해 관리를 받았는데 악영에 모여 살았으며 관부에서는 이들에게 의식주를 제공하였고, 이들의 주요 임무는 관청의 하급관리들에게 수청을 들고, 기예를 제공하고, 연회에 참석하며 잠자리를 모시는 것이다.

가기家妓는 관료 귀족·부호 등 개인이 양성한 가무 기녀다. 왕공 귀족의 가기들은 수백 명에 이른다. 가기들은 주인에게 오락을 제공하는 것 이외에도 손님들을 접대하고 심지어는 손님들과 잠자리까지 하였다. 당대의 기녀들은 비록 생활이 얼마간은 보장되었고 또 어떤 기녀들은 비교적 부유하였지만 그러나 독립적인 인격은 없었고 사람들이 마음대로 유린할 수 있는 존재였다. 예를 들면 유곽의 말단 관리인 이전李全은 뇌물을 받고 병중에 있던 기녀 선가仙歌를 가마에 싣고 가 손님을 받도록 하였다. 당말 부주鄜州의 관원이 연회석상에서 관기 두홍아杜紅兒를 차지하려고 다투다가 차지하지 못하자 결국은 두홍아를 그 자리에서 죽이고 만 일도 있다. 가기의 지위는 첩과 시녀의 중간쯤이어서 그녀들은 몹시 서글픈 운명이었다. 예를 들면 엄정지嚴挺之가 총애했던 가기 현영호英을 그의 정실 아들이 철몽둥이로 머리를 박살내어 죽였지만 엄정지는 오히려 어린 아들이 사람을 죽일 수 있는 용기를 칭찬하였다. 기녀들은 나이가 들어 아름다움이 사라지면 속세를 떠나 불문에 귀의하여 등잔불에 부처를 의지하여 살았다. 강회江淮의 명기였던 서월영徐月英은 〈회포를 풀며〉라는 시에서 "비록 날마다 생황을 불고 노래를 불러도, 늘 가난한 집의 아낙네를 부러워한다네"라고 읊어 기녀들의 수심과 심정을 사실대로 표현하였다.

*죄로 인하여 관청에 편입된, 주악하는 관기-역주

근시녀 벽화

감숙 돈황 석굴 제 17호굴은 만당 시기 하서도의 승통僧統이자 섭사주승攝沙州僧, 정법률政法律 삼학三學의 교주 홍변洪辯의 '영정굴影幀窟'로 이는 현대의 기념관에 해당하며 그 안에 홍교의 초상이 있다. 송말 전란이 이 근처까지 몰아쳤을 때 홍변의 초상은 다른 굴로 옮겨졌고, 이곳은 경적과 문서·두루마리 그림들을 보관하는 비밀창고였다. 1900년 초에 와서야 비로소 공개되어 '장경동藏經洞'이라는 명칭으로 전 세계에 유명해졌다. 근시녀近侍女는 고위직 승려를 모시는 몸종이다. 이 근시녀 초상화는 북쪽벽 홍변 석상 우측에 있다. 옆에는 보리수가 그려져 있다.

삼채관

이 삼채관三彩罐은 굽기 전의 분홍색 바탕의 도기에 녹색을 위주로 시유하였으며, 황색·남색·백색을 사유한 문양을 덧붙여 장식했다. 몸체의 표면은 몹시 둔중하고 색채는 선명하며 깨끗한 것이 당삼채 중의 상품이다.

여협객 소설의 출현

여협객 소설은 만당에 출현하였다. 전기 소설 중에 2편의 여검객 이야기를 표현한 작품이 있는데 《섭은랑聶隱娘》과 《홍선紅線》이다. 두 작품은 모두 보은 사상과 신비한 색채를 띤 묘사로 충만하며 지혜와 용기를 겸비한 협객녀의 형상을 성공적으로 그려내고 있다. 상상이 풍부하고 구성이 특이하여 후대 여협객 소설의 원형이 되었다. 협의俠義소설의 대량 출현은 당시 사회에서 성행한 협객 풍조와 긴밀한 관계가 있다. 당대 중엽 이후 번진의 할거 국면은 점점 극렬해져 갔으며, 백성들은 난세에 처하게 되었고, 그 고통은 극심하였다. 그래서 이처럼 무예가 출중하고 의협심이 강한 호걸들이 나타나 자신들의 억울함을 풀어주기를 고대하는 마음이 각별하였다. 동시에 장생불로의 방술의 성행은 협객들에게 일종의 신비한 색채를 띠게 만들었다. 협의소설은 바로 이러한 사회·문화적 기초에서 발생하였다. 《섭은랑》과 《홍선》은 즉 번진이 병력을 발동하여 발호하고, 암살이 성행했던 국면을 반영하고 있다. 두 여주인공은 모두 신통력을 발휘하여 보은하고, 공을 이룬 후에 물러나는 호방한 기질을 보여주고 있다. 소설의 줄거리는 특이하고 도술적 분위기가 농후하다.

황소(조각상)

당·삼채무사용

굽기 전에는 흰 도기이며 거푸집의 틀을 만들어 제작하였다. 인형은 머리에는 투구를 쓰고 몸에는 갑옷을 입고 있으며 허리는 끈으로 묶었다. 두 가슴과 배꼽 부분에는 둥근 보호대를 대고 있다. 아래에는 줄무늬 반바지를 입었고 발에는 뾰족한 단화를 신고 있다. 왼손은 허리춤에 꽂고 있으며 오른손으로는 물건을 잡고 구멍이 뚫린 수미좌 위에 서 있다. 큰 입과 큰 코, 둥근 눈과 튀어나온 눈알 등 용맹한 형상을 하고 있다. 인형의 몸통과 좌대는 황색·녹색·백색의 삼채유가 시유되어 있으며 무사용武士俑의 모습이 장중하고 위풍당당한 모습을 드러내고 있다.

남조의 붉은 색칠의 봉납인封蠟印

도장 안에는 산스크리트어가 네 줄 새겨져 있다.

875년
왕선지와 황소의 의거

왕선지는 복주濮州(지금의 산동 견성鄄城 북쪽) 사람으로 건부 2년(875)에 장원長垣(지금의 하남)에서 농민 기의를 일으켰다. 황소도 사람들을 이끌고 이에 호응하였다. 5월, 왕선지가 전사하자 황소 기의군은 박주亳州에서 농민 정권인 대제정권大齊政權을 건립하고 스스로 충천沖天대장군이라 하였다. 884년에 황소가 패망하였지만 장장 9년 동안이나 이어진 기의는 중국 고대에서 첫 번째로 '균등'이라는 기치를 내걸고 일어난 농민 기의다. 875년 봄, 왕선지는 장원에서 기의하고 스스로 '천보평균天補平均대장군'이라 하며 조주·박주를 공격했고 황소 역시 기병하여 호응하였다. 기의군은 중원으로 군대를 이동시키며 기주沂州와 낙양까지 바짝 공격해 오자 당 조정은 몹시 공포에 떨며 각 군대들을 동원하여 진압하였다. 2월에 황소와 왕선지는 악주鄂州와 영주郢州·복주復州와 형남의 외성外城을 공격하였다. 5월, 왕선지는 황매黃梅에서 패하고 피살되었다. 상양尙讓이 인솔하는 왕선지의 잔여부대는 황소와 회합하여 전투를 벌였다.

878년 3월, 황소가 군대를 이끌고 박주를 공략하자 많은 사람들이 황소를 황왕黃王으로 추대하니 충천대장군이라 하고 관제를 제정하고 농민 정권을 건립하였다. 뒤이어 북쪽으로 군대를 이동시켜 재차 복주를 공격하였다. 당 조정에서는 장자면張自勉을 동북면행영초토사東北面行營招討使로 파견하여 기의군을 포위 토벌하도록 하였다. 기의군은 형세가 불리하자 군대를 남쪽으로 이동시키고 활주滑州에서 송주宋州와 변주汴州를 침략하였다. 당군은 군대를 이동시켜 포위 공격하였다. 이리되자 황소는 군대를 이끌고 회남을 경유하여 양자강 일대로 돌아 진군하며 화주和州와 선주宣州 사이에서 장강을 가로 건너 남릉南陵을 점령하고 당나라 장군 왕연王涓을 죽였다. 당나라의 선흡宣歙관찰사인 왕응王凝이 선주를 고수하고 있었기 때문에 기의군은 이곳은 공격하지 못하였고 5, 6월 사이에 윤주潤州(지금의 강소성 진강)로 공격을 돌렸다. 당 조정에서는 고병을 진남절도사로 파견하여 군사를 주어 진압하게 하니 황소는 스스로 퇴각하면서 남쪽으로 내려가 항주를 공격하였다. 8월에 항주성내를 공격하고 관부의 공문서들을 전부 불태워버리고, 죄수들을 석방하고 지주 관리들의 재산을 몰수하고 포고를 내걸어 창고를 열어 백성들을 구휼하였다. 9월에 월주越州(지금의 절강성 소흥)를 공격

하니 절동浙東관찰사 최구崔璆는 도주하였다. 당 조정에서는 다시 장린張璘을 파견하여 이를 저지하자 황소는 복건을 전전하면서 산길 700리를 개척하면서 복건으로 들어가 건주를 쳐부수고 12월에는 복주福州를 공략하였다. 건부 6년(879) 6월에 황소는 광주를 점령하고 영남동도 절도사 이초李

迢를 포로로 잡았다. 그러나 황소군 중에 북방 출신의 병사들이 광주에서 풍토병에 걸려서 수많은 사람들이 역병에 감염되어 죽으니 부장들은 황소에게 북방으로 가서 대업을 이루기를 권하였다. 10월, 황소는 군대를 이끌고 계주桂州에서 북벌을 감행하기 위하여 출발하였다.

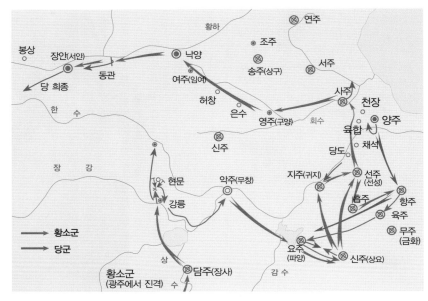

황소가 북벌 중에 낙양과 장안을 탈취한 작전도

중국 현대 그림 · 장안을 점령한 황소

881년
장안에 입성하여 황제가 된 황소

건부 6년(879) 겨울, 황소는 재차 군대를 이끌고 북벌을 감행하였다. 계주에서 출병하여 상강湘江을 따라 북상하며 계속하여 담주潭州 등지를 공격해 나가자 각 지역의 번진들은 당황하고 불안하여 감히 출전하지 못하였다.

광명廣明 원년(880) 11월에 기의군은 양자강을 넘어 동도인 낙양을 점령하였다. 이어 동관潼關에 있던 당군唐軍의 방위선을 돌파하여 화주華州를 점령한 후, 황소는 부장에게 남아 이곳을 수비토록 하고 자신은 군사를 이끌고 곧장 장안을 공격하였다. 당 희종은 비빈과 관리 몇 명만을 거느리고 전령자田令孜가 이끈 500명 신책군의 호위를 받으며 황망하게 성도로 피난 갔다. 황소군 선봉장 시존柴存이 장안으로 진입하였다. 조정의 금오대장군 장직방張直方이 문무백관들을 거느리고 황소를 영접하여 장안으로 들어왔

다. 황소는 금 장식의 화려한 가마를 타고 군대를 거느리고 위풍당당하게 장안으로 진입하여 장안에 남아 있던 당 황실 사람들을 죽였다. 광명 원년(880) 12월에 황소는 장안에서 황제를 칭하고 국호를 대제大齊, 연호를 금통金統으로 개원하였다. 당의 4품 이하의 관원들은 그대로 기용하고 3품 이상의 관원들은 파면하고 또한 투항을 거절하는 수많은 당의 고위직 관리와 장수들을 사형시키고 지주의 재물을 몰수하였다. 상양을 태위 겸 중서령에 임명하고 조장겸趙璋兼을 시중, 투항한 당나라의 장군 최구, 양희고楊希古를 재상에, 맹해孟楷를 좌우복야에 임명하였다. 그러나 황소 정권은 명확한 경제 강령을 제시하지 못했고, 생산 건설을 장악하지 못하였다. 또한 승세를 몰아 당나라를 추격하는 잔여군대도 없었을 뿐만 아니라 당군에게 한숨 돌릴 기회까지 주었으며 게다가 황소의 장수 주온朱溫이 반역까지 하였다. 진주陳州 등 몇몇 지역에서 전투가 있었는데 황소군이 연전연패를 거듭하였다.

당 · 삼채등三彩燈

이 삼채등은 받침 · 자루 · 등접시 · 등잔의 4부분으로 구성되었다. 등받침 · 자루 · 등접시 · 등잔에는 모두 연꽃잎 문양이 장식되어 있다. 등자루는 위는 가늘고 아래는 굵으며, 등받침은 대야를 엎어 놓은 모양으로 안정감과 대범함의 미감을 느끼게 한다. 유색은 화려하며 당 삼채 중의 상품에 속한다.

채회유도악무용군彩繪釉陶樂舞俑郡

881년
당을 도운 이극용

881년, 황소 기의군이 장안으로 들어와 대제정권을 건립하니 당 희종은 성도로 피난을 가서 반격의 기회를 기다렸다. 이에 진경사陳景思는 당 희종에게 상서를 올리고 이국창李國昌·이극용李克用 부자의 죄를 사면해달라고 청원하고(이때 사타沙陀*의 이국창·이극용 부자는 당에 반란을 일으켰다가 패배하여 달단 부락으로 도망가 있었음), 이극용에게 원수元帥를 위임하여 사타 병사들을 통솔하여 황소군을 격퇴해야 한다고 주장하였다. 중화中和 원년(881) 3월에 희종은 이우금李友金을 달단에 파견하여 이국창·이극용 부자를 영접하여 오도록 파견하였다. 5월에 이극용이 조서를 받고 5만의 병력을 이끌고 기의

군을 토벌하러 나서, 양곡陽曲·유차榆次 등지에서 식량과 재산을 탈취하고, 기주와 대주를 점령하고 다음해에는 울주蔚州를 점령하였다. 또 4만 병력을 이끌고 하중河中으로 나갔다. 중화 2년(882) 11월에 당 조정은 이극용을 안문雁門 절도사에 임명하였다. 이극용은 당 조정의 '황소를 격퇴하면 죄를 사면해준다'는 조건을 접수하고 3만 5000 사타 병력을 이끌고 하중으로 나아가 참전하였다. 다음해 5월 이극용은 사원沙苑에서 황소의 동생인 황규黃揆가 이끄는 군대를 대파하고, 뒤이어 건갱乾坑으로 진군하여 하중·이정易定·충무 등지에 있던 군대와 연합하여 상양이 이끄는 10만 기의군을 격퇴하였다. 양전파梁田坡에서는 기의군 수만 명을 죽였다. 당 조정은 이극용을 동북면행영도통에 임명하였다. 3월, 이극용은 화주를 함락시키고

재차 상양의 원군을 대패시켰다. 4월, 이극용은 충무·하중·의무義武 등의 군대와 연합하여 장안을 공격하고 위교대전渭橋大戰에서 황소군을 격퇴시키니, 황소는 부하들을 이끌고 궁궐에 불을 지르고는 장안을 버리고 남전藍田으로 철퇴하였다. 이극용은 황소를 무찌르고 장안에 입성하는 데 공을 세워 동평장사同平章事·하동절도사에 제수되었으며 이국창은 벌북伐北 절도사에 임명되었다.

* 중국의 고대 부족의 이름. 서돌궐 별부別部가 바로 사타돌궐임―역주

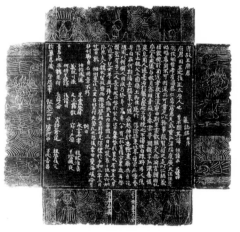

왕부군묘지명王府君墓誌銘(탁본)
"이 해에 황소가 장안에 들어왔으며 당 황제는 촉으로 피난갔다"는 글귀가 새겨져 있다.

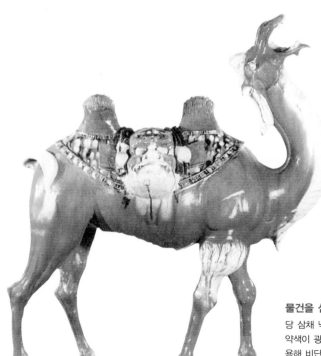

물건을 싣고 있는 당 삼채낙타[三彩陶載物馬駱駝]
당 삼채 낙타로 이 낙타의 형상은 매우 크며 조형은 생동적이고 형태는 아주 핍진하며 유약색이 광택이 나며 선명하고 아름답다. 도기 조각의 최고품으로 당대 상인들이 낙타를 사용해 비단과 같은 물건을 싣고, 실크로드를 거쳐 서쪽으로 장사하러 나가는 정경을 형상적으로 반영하고 있다. 무덤에서 출토되었는데 보존이 완벽하며 드물게 보이는 물건이다.

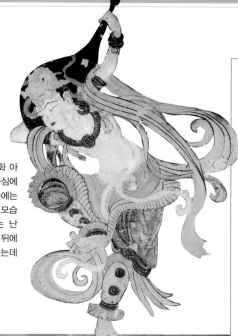

반탄비파反彈琵琶

이 그림은 아미타 경변 벽화 아래 부분의 무악 장면의 중심에 있는 무희다. 돈황벽화 속에는 비파를 가지고 춤을 추는 모습이 비일비재하다. 그중에는 난이도가 가장 높은 비파를 뒤에 들고 연주하는 모습이 있는데 이는 묘기라고 할 만하다.

사치스러운 만당 벽화

만당 벽화는 당 숙종 지덕至德 초년, 즉 '당 말기(756~907) 시대의 벽화로 가정생활 방면의 제재가 계속하여 성행하고, 의장 출행의 제재는 감소하였다. 전체적으로 관찰해 볼 때 벽화에 출현하는 그림은 일상 가정생활 분위기가 농후한데 이는 중·만당 시기 통치계급이 더욱 사치스럽고 쾌락적이었음을 반영하고 있다. 몇몇 만당의 무덤 묘도墓道 양벽에는 자주 보이는 방위를 표시하는 청룡·백호 외에도 현재는 자주 발견할 수 없는 성대한 의장출행 장면이 있다. 천정과 묘도 양쪽 벽에는 마부가 말을 끄는 장면 이외도 또 남자 시종·여자 시종·기악대·병풍·연회 등의 내용이 있다. 중·만당 시기에는 북조 후기의 병풍 그리기를 좋아하던 전통을 계승하였다. 만당 벽화의 창작 풍격은 번잡하고 겉치레만 화려하며, 내용적으로는 통치계급의 사치스럽고 쾌락적인 생활을 여러 가지 측면에서 반영하고 있다. 창작 기법은 남북조 시기에 성취한 것을 계승하는 동시에 진일보 발전한 '조의출수曹衣出水'*·'오대당풍吳帶當風'**의 회화기법은 만당 회화기법을 날로 성숙하게 만들었다. 만당 벽화는 기법상으로는 비록 성숙하였지만 반영된 내용은 전혀 진취적이지 않고 그저 겉만 화려하며 남에게 빌붙어 사는 사람들의 생활상이다. 만당 벽화의 주류를 이루고 있는 기악·연회 무용 등은 지주계급의 일반적인 가정생활로 이는 통치계급이 향상하기 위해 노력하지 않고 향락에 탐닉하고 나날이 몰락해가는 것을 예술로 반영한 것이다.

* 북제의 화가 조중달曹仲達이 창안한 화법으로 육체적 미감을 살리기 위해 의상의 주름 무늬를 세필로 잘록하게 그려 인체 구조에 따라 변화를 줌으로써 마치 물 속에서 나온 사람처럼 의상이 몸에 밀착된 기법·중국 불화의 중요한 화법으로 계승됨-역주
** 오도자의 인물화 풍격을 말하는 것으로 붓의 기법상 파도의 기복같은 화법으로 순채줄기가 뒤섞인 묘사로 대상의 분량감과 입체감을 강화하였음. 그가 그린 인물·소매·허리띠 등은 모두 바람에 나부끼는 형상이므로 이를 '오대당풍'이라고 부름-역주

돈황 55굴 만당 벽화·관음변경의 일부분·해선海船

당·11면 6비 관음상

나날이 풍부해지는 건축 장식

중국 고대 건축 장식 예술은 채화와 조각을 위주로 하고 있다. 화려한 건축 채화는 목조 건물의 부식을 막기 위한 필요에서 비롯되었다. 수당 시기의 건축에 사용된 채색 범위는 끊임없이 확대되었다. 기둥·대들보·문설주 등은 모두 채색 위주였고, 광물질 안료의 종류가 나날이 증가됨에 따라 건축 채화의 색채와 도안도 풍부해졌다. 기교도 역시 성숙해져 퇴운退暈*·첩운疊暈** 같은 기법이 등장하였다. 당대 건축은 조각과 회화 등의 결합 측면에서도 뚜렷한 발전이 있었으며 남북조의 성취를 계승한 기초 위에서 휘황찬란한 성과를 얻기에 이르렀다. 불사의 문·대전과 회랑 벽화 등에는 모두 각종의 경변經變 제재의 벽화를 그려 넣었으며, 능묘의 묘실 및 묘도 벽면에도 궁정생활을 반영하는 벽화를 그려 넣었다. 유명한 화가인 오자도吳子道와 조각가 양혜지楊惠之는 모두 일찍이 건축 벽화와 건축 조각의 창작 및 실천에 참여하였다. 이 시기의 조각 기예 역시 매우 높은 수준에 도달해 있었다. 각종 조각 장식의 운용은 특히 건축의 예술적 감화력을 풍부하게 하였다.

* 짙은 색조에서 옅은 색조가 희게 될 때까지 그리는 수법으로 그 흐려짐에 흔적이 없어야 하는데 이 수법은 공필화에서 많이 사용하는 기법임-역주
** 동일한 색상을 2~4가지 색조까지 만들어 차례대로 그리는 수법으로 주로 목조건축물의 가장자리 부분에 사용하여 물상을 둥그렇게 보이게 하는 기법-역주

882년
주온의 항복

중화 2년(882) 9월 초, 당나라 하중河中 군대의 30척 식량선이 하양夏陽을 통과할 때 주온에게 탈취되었다. 당 조정에서는 하중절도사 왕중영王重榮에게 3만의 군대를 주어 이를 지원토록 하였다. 주온은 식량선에 구멍을 뚫어 가라앉히고 당나라 군대와 일전을 치를 준비를 하였다. 동시에 황소에게 군대를 발동하여 지원을 요청하였으나 지원을 요청하는 편지는 몇 차례나 좌군사 맹해에게 빼앗겨 황소에게는 전달되지 않았고, 주온군은 이미 당군에게 포위되었다. 당의 제군행영도감인 양복광楊復光은 사자를 파견하여 주온에게 투항을 권유하였으며 유생인 사동謝瞳 역시 몇 차례나 주온에게 투항을 극력히 설득하였다. 주온은 황소 군대가 점점 약해지고 대세가 이미 기운 것을 보고 감군監軍 엄실嚴實을 죽이고는 부장 호진胡眞·사동과 함께 동주同州(지금의 섬서 대려大荔)의 왕중영에게 투항하였다. 주온의 모친은 성이 왕씨로 왕중영과 같은 성씨였으므로 주온은 왕중영을 외삼촌이라고 불렀다. 당 조정에서는 주온을 동화同華절도사 다시 우금오대장군右金吾大將軍·하중행영초토부사에 제수한 후 주전충朱全忠이라는 이름을 하사하고 황소의 기의군을 토벌하라고 명령하였다. 주온이 당에 항복하자 황소군의 세력은 대대적으로 감소하고 군심은 동요되었다. 이후 화주華州에 주둔하고 있던 황소의 부장 이상李祥은 왕중영이 주온을 우대하는 것을 보고 그 역시 당에 투항하고자 하였지만 황소에게 발각되어 살해당하였다. 황소는 자신의 아우 황업黃鄴을 화주자사에 임명하였다.

884년
황소의 패망

당 말년에 황소가 이끈 농민 기의군은 남북을 전전한 후, 대제정권을 건립하고 당의 수도 장안을 점령하였으나 그 승세를 타고 당군을 계속 추격하지 않았기 때문에, 적에게 잠시 쉴 틈을 주게 되었다. 게다가 주온이 당에 투항을 하고 이극용이 이끄는 사타군이 함께 기의군을 공격하는 바람에 기의군은 연전연패하였다. 884년, 황소는 패하여 낭호곡狼虎谷까지 후퇴한 후 자살하니 의거는 실패하고 말았다.

중화 4년(884)에 황소는 여러 장수들이 모반을 하고 병력도 제대로 갖추지 못하자 하는 수 없이 변주를 포기하고 북상하였다. 봉구封丘에서 또 이극용이 이끄는 사타 기병의 공격을 받아 대패하자 1000여 병마를 이끌고

당 수정사修定寺 탑 문틀 상단부에 부조된 뱀을 들고 있는 역사

당 수정사 탑 문틀 상단부에 부조된 천녀

당 수정사 탑 문틀 상단부에 조각된 앉아 있는 역사

연주로 도망갔다. 15일에 내무현萊蕪縣 북쪽에서 또 시부時溥가 파견한 이사열·진경유에게 추격을 당하여 살해되고 살아남은 자가 몇 명 되지 않았다. 황소는 몇 명의 수하들만 이끌고는 태산 낭호곡까지 퇴각한 후 자결하였다. 황소의 생질인 임언林言은 황소 형제와 처자식의 머리를 베어서 시부에게 헌상하려 했으나 중도에 사타군에게 살해당하였다. 황소의 권속과 처첩들은 모두 살해당하거나 성도로 압송되어 죽었다. 장장 9년간에 달하는 당말 농민 기의는 결국 실패로 종말을 고하였다. 그러나 황소가 이끈 농민 기의는 당 조정의 통치를 심각하게 동요시켰으며 당조는 이로써 급속히 쇠망의 길로 빠져들었고 결국에는 주전충에게 그 자리를 내주고 말게 되었다.

904~906년
주전충의 전횡

901년, 환관 유계술劉季述이 쿠데타를 일으켜 당 소종昭宗을 유폐시키고 태자 이유李裕를 옹립하여 제위를 잇게 하였다. 그러자 재상 최윤崔胤·좌신책군 지휘사 손덕소孫德昭 등이 소종을 구출하여 복위시키고 유계술을 죽였다. 이때 환관은 여전히 군사 지휘권을 장악하고 있었으므로 최윤은 제제를 당할까 봐 비밀리에 주전충이 밖에서 원조하기로 밀약하였다. 후에 소종이 환관 세력을 제거하고 주전충을 동평왕·양왕梁王에 봉하였다. 주전충은 세력을 얻은 후에 천자를 끼고 제후들을 휘두르고자 수차례 낙양으로 천도할 것을 주청하였다. 최윤의 방해를 제거하기 위하여 천복天復 4년(904) 정월에 주전충은 최윤이 전권을 휘두르며, 조정에 반역을 도모한다고 몰래 상주하고 소종에게 최윤을 유배보내고 그의 모병을 해산시키도록 했다. 또 한편 주전충은 비밀리에 주우량朱友諒에게 최윤의 대소 일가친척 및 그의 심복들을 죽이라고 시켰다.

그런 후에 소종을 협박하여 낙양으로 천도하니 장안은 완전히 폐허가 되고 말았다. 천우 원년(904) 6월에 이무정李茂貞·왕건王建·이계휘李繼徽 등이 연합하여 주전충을 토벌하고자 하였다. 주전충은 낙양의 쿠데타를 방지하기 위하여 이진과 장현휘·주우공朱友恭·씨숙종氏叔琮을 파견하여 소종을 모살토록 하고는 휘왕輝王 축祝을 옹립하니 이 이가 바로 애제哀帝다. 주전충은 서쪽을 토벌하고 동도로 돌아오며 거짓으로 놀란 척하면서 역신이라는 죄명하에 주우공과 씨숙종을 죽이고 장전의를 하남윤겸충무절도사·판육군제위사·영숙위에 제수하였다. 주전충은 또 여러 왕들을 죽이기 위하여 연회를 구실로 삼아 이들을 부른 후 소종의 아들 덕왕 이유李裕 등 9명을 전부 죽이고 많은 신하들을 대대적으로 귀양보냈다. 이처럼 주전충은 조정의 여러 왕들을 죽이고 소종을 시해하고, 어린 왕자를 옹위하였다. 그리고 자신과 입장이 다른 자는 모두 제거하고 대권을 독점하고 농단하여 자신이 황제가 되기 위한 충분한 준비를 다 마쳤다.

당·청유쌍룡존
넓은 입과 궁형弓形 문양의 긴 목에 배는 길고 둥그런 장고 모양이며 바닥은 평평하다. 쌍룡이 주둥이로 그릇의 입을 꽉 물고 있다. 균등하고 침착한 미를 느낄 수 있으며 동시에 손으로 들기 쉽게 만들었다.

거북이와 연화 문양의 오족 은향로와 받침
이 향로의 높이는 29.5cm, 구경은 20.8cm다. 받침의 높이는 20.8cm, 구경 43.5cm며 아래 부분의 직경은 38cm다. 법문사 지궁에서 출토되었다.

당대 회화

당나라는 중국 고대 미술 발전에 있어서 최고봉의 시기로 미술의 흥성과 통치자의 관심과 애호 사이에는 밀접한 상관관계가 있다. 당 태종은 미술을 이용하여 공훈을 표창하였으며 미술이 '교화를 이루고, 인륜을 도울 수 있는' 사회적 기능을 구비할 것을 요구하였다. 이리하여 인물화는 신속하게 발전하였으며 그 성취 또한 특별하였다. 인물화의 제재 내용은 광범위하여 정치 사건·귀부인·기마 인물·전원 풍물 등을 망라하였다. 인물 형상은 양식화·개념화된 묘사를 탈피하여 인물의 정신적 표현을 중시하였다. 점차적으로 성숙해온 산수화는 이미 청록과 수묵의 구분이 있게 되었으며 화조화는 당대에 처음으로 이채로움을 띠게 되었다. 화가들은 두루 능한 재주를 갖춘 이가 있는가 하면, 한 부문에만 전문적인 화가도 있었다. 불교나 도교 화가들은 석굴 사원에서 활약하며 최고의 예술적 가치를 지닌 종교적 예술 형상을 창조하여 수천 년 동안 이어지는 임모臨摹의 전범이 되었다.

송대 임모본·장훤의 《도련도搗練圖》

이 그림은 궁중 여인들이 옷감을 희게 바랜 후, 순서에 따라 다듬이질을 하고, 옷을 만들고, 다림질을 하는 장면을 나누어 그린 것이다. 그림 속에는 나이 어린 사람, 나이 많은 사람, 앉은 사람, 선 사람 등 12명의 여인들이 있는데 그 표정과 자태가 모두 다르다. 다듬이질을 하던 여인이 절구공이를 몸에 기대어 놓은 채 소매를 걷어올리는 장면, 바느질하는 여인이 세심하게 실을 고르는 장면, 다리미질하는 여인 중 옷감을 잡은 여인이 앞가슴을 힘껏 앞으로 내밀며 몸을 뒤로 젖히는 장면 등은 몹시 절묘하고도 아름답다. 화로에 부채를 부치고 있는 어린이의 뜨거워 하는 모습과 호기심 어린 눈으로 인두질하는 모습을 보는 소녀의 모습은 그 관찰의 세밀함이 특히 뛰어나고 묘사가 생동적이다. 그림은 두루마리 형식인데 그 앞에 자잘한 꽃 문양이 있는 황색 비단의 단을 따로 대어 김장종金章宗이 제제한 "천수모장원도련도天水摹張萱搗練圖" 여덟 자가 쓰여 있다. 이 그림의 인물은 자태와 용모가 풍만하고 묘사는 간결하면서도 강건하며 색채가 선명하고 아름답다. 오승욱吳升의 《대관록大觀錄》과 안기安岐의 《묵연회관墨緣匯觀》에 모두 김장종이 제제한 저술에 근거하여 송 휘종이 임모한 작품이라고 기록되어 있다. 그러나 휘종이 서명을 하였거나 관지를 찍은 것은 대부분 화원 화가들의 작품인데 이 그림에는 관지도 없다. 그래서 송대의 임모본이라고는 할 수 있지만 휘종이 임모했다는 말은 그다지 타당성이 없다.

복희여와도(무명씨)

그림 속의 남녀의 머리는 사람이고 몸통은 뱀으로 이들은 상반신을 서로 끌어안고 있으며 아랫도리는 서로 엉켜 있다. 각자 한 손으로는 상대방의 허리를 잡고 다른 한 손은 높이 들어올리고 있는데 남자는 자를, 여자는 콤파스를 들고 있다. 두 사람의 머리 사이에는 둥그런 형태의 태양이 있고 그 속에 삼족오三足鳥가 있다. 몸 아래 뱀꼬리 중간에는 달 하나가 있으며 그 안에는 옥토끼·계수나무·두꺼비가 있다. 인물 주위에는 별이 나열되어 있고 흰 구름이 둘러싸고 있다. 이는 신화 전설 속에 나오는 인류의 시조인 복희伏羲와 여와女媧 형상이다.

당 · 왕유 《강간설제도권江干雪霽圖卷》

이 그림은 전체 화폭이 필묵이 아름답고, 기상이 드높고 운치가 고아하여 시와 같은 분위기와 느낌으로 충만하다. 왕유는 이러한 "시 속에 그림이 있고, 그림 속에 시가 있는[詩中有畵, 畵中有詩]" 예술의 경지를 이루어 시의 정취와 그림의 뜻을 하나의 표현방법으로 합일시키는 시인화풍을 만들어 내었다. 그림의 두루마리 앞 부분에는 해서체로 '왕유王維'라는 두 글자가 쓰여 있고 아래에는 '선화宣和'라는 작은 낙관이 찍혀 있다. 이 그림은 구도가 자연스럽고 산수 · 수목 · 인물 · 가옥 등이 모두 층차가 확연하게 묘사되어 있다.

수하인물도樹下人物圖(작가미상)

이 그림은 두 폭의 종이 병풍에 그려져 있다. 한 폭에는 머리에 바람막이 모자를 쓰고, 허리춤에 피리와 비슷한 적笛을 꽂고 있는 남자가 서 있다. 오른손으로는 막 모자를 벗고 있으며 머리는 약간 앞으로 숙이고 있다. 왼쪽에 동자 하나가 서 있는데 두 손으로 남자의 왼쪽 팔을 붙들고 있다. 배경이 된 나무 한 그루는 나무 줄기를 진한 묵으로 표현하고 있어 거칠면서도 힘이 있다.

당삼채

　　당대 도기를 대표하는 당삼채는 저온의 연유鉛釉 도기로서 백색 점토를 태토로 하여 철과 동·코발트·망간 등의 광물로 유료釉料 착색제를 만들고 유釉 속에 연鉛을 첨가하여 용제溶劑를 만든 후 마지막에 저온(섭씨 800도 전후)에서 소성하여 만든다. 유색釉色에는 녹색(동)·갈색(철)·남색(코발트) 3색이 있어 '당삼채'라고 부르는데 실은 세 가지 유색이 서로 침투하여 수많은 새로운 색상을 만들어 낸다. 게다가 연대가 오래되면서 어떤 색깔은 변화되었기 때문에 당대 삼채도자기에서 나타나는 색깔은 세 가지뿐만이 아니라 현란하고 다채로우며 매우 화려한 다양한 색깔이 있다.

　　당삼채 도기는 장사 지낼 때 죽은 사람과 함께 묻는 기명器皿과 도용陶俑 두 종류로 나눌 수 있다. 그 종류는 건축·가구·일용품·가축·인물로 표현되고 종류가 번잡하고 다양하여 당대 사회 생활의 풍모를 재현했다고 볼 수 있으며, 당대 사회의 "백과전서"라는 명예를 얻고 있다.

　　현재 출토된 당삼채를 볼 때 그 시작은 당 고종 때이며 개원 시기에 가장 성황을 이루었고, 천보 이후로 점점 쇠퇴하였다.

　　성당 시대에 삼채의 생산량이 가장 많았으며 품질면에서도 수준이 높고 조형이 다양하다. 삼채용은 마치 살아 있는 듯한 생동감이 있고, 유색은 자연스럽게 흘러내리며 서로 침투하여 다양한 색채를 만들어 내어 현란하고 화려하며 몽롱한 미를 드러내고 있어 예술 수준이 아주 높다.

　　당삼채는 동한 이래의 녹유綠釉와 황유도黃釉陶의 기초 위에서 다시 페르시아 코발트 기술을 도입하여 만들었다. 당삼채 중에서 남색에 사용된 코발트 염료 역시 페르시아에서 수입한 것이고 그래서 남색을 띠는 삼채도기가 가장 명품이며 가장 비싸다.

　　이외에도 당삼채 중의 봉두병鳳頭甁 역시 페르시아 은제품의 영향을 받았다. 현재 출토된 당삼채는 대부분 당대의 두 도읍 서안과 낙양에 집중되어 있으며 이밖에도 양주에서도 얼마간 출토되고 있다. 그러므로 당삼채 생산지 역시 이 지역이었을 것으로 추정하고 있다. 그러나 현재 발견된 당삼채의 도요지는 하남성 공현鞏縣 단지 한 곳뿐이다. 공현요에서 출토된 당삼채는 바라·사발·병·관 등이 있으며 장식용 도기의 거푸집도 발견되었지만 발견된 용俑은 없다. 당삼채는 후대의 도자기 발전에 상당한 영향을 주었는데 외국의 페르시아 삼채·이슬람의 삼채·신라의 삼채·일본 나라[奈良]의 삼채 및 중국의 요삼채·송삼채·명삼채·청삼채는 모두 그 영향을 받았다.

삼채말과 마부용俑

삼채진묘수鎭墓獸

삼채 기마용

삼채 낙타와 낙타몰이꾼 용

삼채 무관용

삼채 문신용

당대 금은기

당대 금속 공예는 수대의 기초 위에서 대대적인 발전을 하였다. 그 원인은 대당의 성세로 경제가 번영되고 생활 수준이 향상됨에 따라 소비 수준도 향상되었고 대량으로 금은 장식물과 동경銅鏡을 사용하게 되면서 금속공예 발전을 자극시킨 데서 찾을 수 있다. 《당육전唐六典》의 기록에 의하면 당시 금속가공 기술에는 쇄금鎖金, 박금拍金·도금鍍金·염금捻金·직금織金·아금呀金·피금披金·니금泥金·누금鏤金·창금戧金·권금圈金·첩금貼金·감금嵌金·과금 등 14종류의 방법이 있었으며 이러한 금공예 기술을 종합적으로 운용하여 공예기술은 몹시 복잡하였다.

1970년, 서안 남쪽 교외 하가촌何家村에서 발견된 당대의 동굴에 저장되었던 200여 점의 금은기는 당대 금공예 수준을 나타내주는 가장 대표적인 기물이다. 그중에는 접시·잔·사발·주전자·관·솥·합·향로·향구 등이 있으며 그 기물의 형태는 아름답기 그지없다. 문양은 생동적이고, 인물·동물·화초 등의 문양이 서로 결합되어 전체적으로 볼 때는 화려하고 정교하며 매우 귀해 보인다. 높은 예술 수준을 표현하고 있을 뿐만 아니라 동시에 고도의 과학기술 수준을 표현하고 있다. 이러한 금은기는 대부분 성당 때의 것이며 어떤 것은 페르시아 금은 제품의 영향을 받았음이 확실하고, 어떤 것은 본래 서양에서 수입된 것이다.

당대 금은기는 대부분 안사의 난을 경계로 하여 전후로 나눌 수 있으며 또 두 가지 종류로 나눌 수 있다. 한 종류는 전통을 계승한 것으로 여전히 중국 전통 도자·동기·칠기의 기형과 문양을 채용하는 것이고, 또 다른 종류는 외국 영향을 받은 것으로 기형과 문양이 모두 페르시아 금은기 영향을 받았다. 법문사에서 출토된 중당대의 금은기는 후기를 대표하고 외래 영향은 적으며 중국 민족적 전통이 강화되었다. 이러한 상황은 당대의 비단 직조 경우와 비슷하다.

사자 문양의 은쟁반[獅紋銀盤]

금대좌 보살

진신眞身맞이 은금화 고리 12개가 있는 석장錫杖

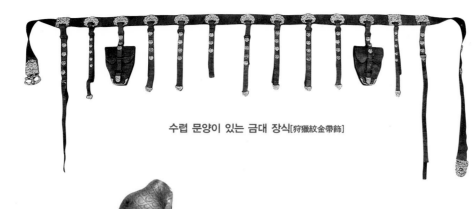

수렵 문양이 있는 금대 장식[狩獵紋金帶飾]

금거북이 은제 함

원앙과 꽃 문양이 있는 쌍 손잡이 도금 은 그릇

은으로 만든 연꽃

어룡魚龍 문양의 도금 은 쟁반

당대 동경

당대 동경銅鏡의 대발전은 중국 고대 동경 예술의 최고 봉이다. 이는 당시 자기瓷器가 이미 동기를 대신하였고, 이에 따른 동기의 쇠락으로 청동기술이 모두 동경에 집약되었기 때문이다. 이외에도 그 당시에 동경은 선물용이었기 때문에 사회적 교제에 광범위하게 사용되었다. 현재 남아 있는 당대 동경은 아주 많은데 출토된 것도 있고 전해져 내려오는 것도 있다.

단룡문동경團龍紋銅鏡

당대 동경은 조형상에 있어 이미 한대식의 전통적인 원형의 거울을 넘어서서 각종 모양의 거울을 만들어내었다. 예를 들면 해바라기 모양의 규화경葵花鏡·능화경·네모진 모양 등이 있다. 도안은 전통적인 상서로운 짐승·날짐승·그림·명문 등의 문양 이외에도, 서방 제재인 해수포도 문양·말 타고 공놀이하는 문양 등이 증가되었다. 성당 이후에는 꽃과 새 문양 위주였으며 대부분 길조를 도안으로 삼았다. 자유롭고 호방함, 청신하고 활발함은 대당제국의 왕성하고 향상하는 정신적 면모를 표현하고 있다. 장식 방법으로는 부조·채색 회화·상감·유금 등이 있으며 금은평탈·나전상감·칠유·옻칠 등의 새로운 공예가 출현하였다.

당대 동경의 변화는 3시기로 나눌 수 있다. 초당 시기는 수대隋代의 전통을 계승하여 대부분이 사신경·12간지경·짐승경 등이었지만 또 다른 편으로는 외국 영향을 받아서 해수포도 문양이 출현하였다. 성당 시기와 중당 시기는 민족적 특성이 강화되었다. 대부분이 화조경·서화경瑞花鏡·인물고사경·반룡경·쌍봉경 등이 있는데 모두가 상서로움을 나타내고 있다. 구도 역시 전통적인 한대의 거울과 같은 엄격한 대칭이 아니라 채색을 사용한 회화 풍격을 채택, 균형 감각만을 추구할 뿐 대칭은 중시하지 않았다. 장식 기교 역시 이전보다 더 증가했으며 화려하고 정치하며 호방하다. 이는 당대 거울의 최전성기이자 당대 거울의 수준을 대표한다. 만당에 이르러서는 쇠락하는 추세가 나타나는데 대부분 8괘경·만자경卍字鏡으로 종교적 의의가 있으며 전체적으로 볼 때 간단하고 거칠며 단조롭고 무미건조하다.

비선동경飛仙銅鏡

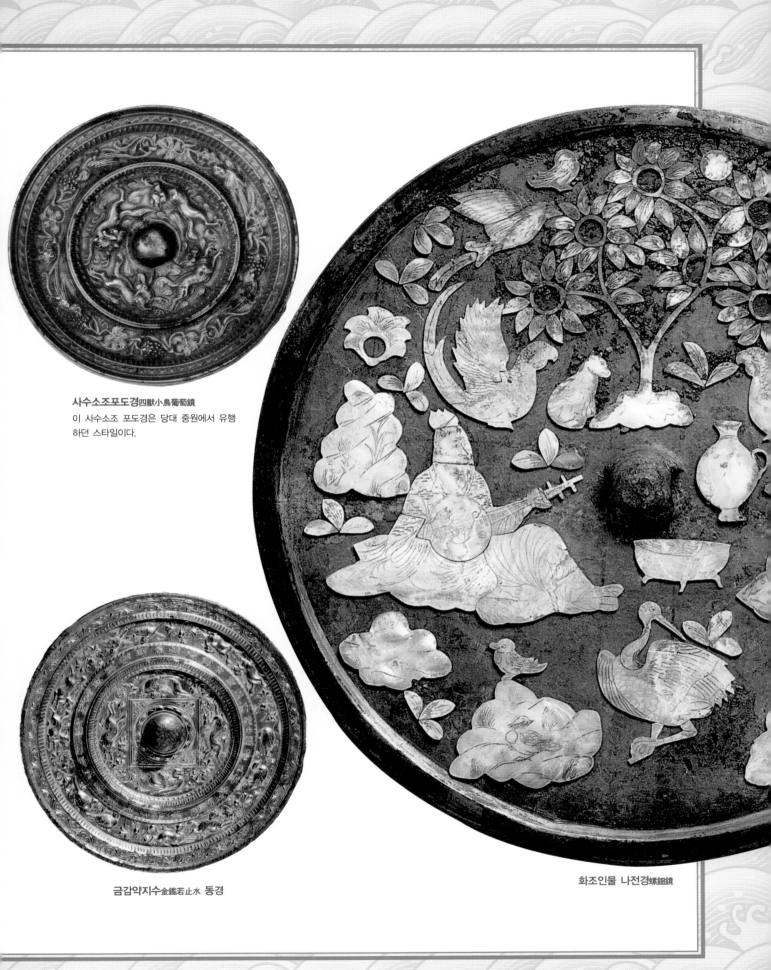

사수소조포도경四獸小鳥葡萄鏡
이 사수소조 포도경은 당대 중원에서 유행
하던 스타일이다.

금감약지수金鑑若止水 동경

화조인물 나전경螺鈿鏡

당대 조상

  당대 조상造像은 대부분 불교 조상이 주류를 이루고 있
으며 불상을 만드는 기예는 날로 완벽해져 갔다. 고승이
불경을 가져오고, 인도 승려가 중국으로 들어옴에 따라
불상을 만드는 새로운 양식의 영향은 수도 근처의 주와
군으로 퍼져 나갔다. 불상을 만드는 열정 또한 귀족의 자
제에서 민간으로 퍼져 나갔다. 궁정 사원에서는 솜씨 좋
은 장인들이 활약하며 풍채를 생동적으로 매우 사실적으
로 그려냈으며 돈황 채색 소조·천룡산天龍山 조상·용문
봉선사의 조각들은 이 시기 불교 조상의 최고 성취를 체
현해내고 있다. 당대의 황릉은 산을 의지하여 건설되었으
며 능의 외관이 몹시 위엄이 있다. 조각도 엄숙하고 장엄
하며 묘실과 임금의 관棺을 묻던 광중壙中, 부장품인 사람
과 말 인형[俑], 생동적으로 장식한 건축물과 생활집기 등
은 당대 사회 생활의 축소판으로 심미관에 관한 기호와
취향을 반영하고 있다.

성당 관음보살상

성당 공양보살상

성당 역사 · 보살상

초당 정병관음상淨瓶觀音像

성당 설법감說法龕

소릉육준六駿

　형세가 험준한 섬서성 예천현 구준산九峻山에 건설된 당 태종의 소릉昭陵은 정관 10년(636) 문덕황후가 죽었을 때 조성되기 시작하여 정관 22년(649) 태종을 매장하고 나서야 준공되었다. 공사 기간은 13년으로 능묘의 내외 공사는 최고의 장인 염립덕閻立德과 화가인 염립본閻立本 형제가 설계하고 감독하였다. 능의 면적은 3만 무畝이며 지면의 전각 문루는 화려하고 지하 궁실 제도 역시 크고 화려하여 인간세상과 다름이 없을 정도였다. 북쪽 궁궐의 현무문 신도는 양측에 원래 6필의 말[六駿] 부조와 14개의 여러 방국 추장들의 석상이 있었다. 소릉육준 부조는 일찍이 이세민이 당나라를 개국할 때 수차례 그와 함께 어려움을 겪으며 전장을 누볐던 6마리의 말을 조각해 놓은 것이다. 정관 10년 11월에 태종은 석공들에게 돌병풍을 만들도록 명령하고 친히 다음과 같은 글을 썼다.

　"짐이 정복전쟁을 시작한 후 탔던 말들은 적군을 무찌르고 적진을 함락시키며 그 어려움을 짐과 함께 하였다. 돌에 그 모습을 새기어 좌우에 두고 그 의로움을 널리 펴고자 한다."

　육준도는 원래 소릉 현무문 아래에 상감되었는데 동서에 대칭으로 배열되어 있다. 동쪽에는 삽로자颯露紫 · 권모과拳毛騧 · 백제오白蹄烏가 · 서쪽에는 특륵표特勒驃 · 청추靑雕 · 십벌적什伐赤이 조각되어 있다. 삽로자와 권모과는 1914년, 미국 사람이 훔쳐 미국으로 실어 갔는데 지금 필라델피아의 펜실베니아대학 박물관에 소장되어 있다. 그 외 나머지 4필의 준마는 현재 복원되어 있다. 삽로자는 보존이 가장 완벽한 부조물이다.

소릉육준 · 삽로자

　삽로자는 당 태종 이세민이 왕세충을 정벌할 때 탔던 말이다. 망산 전투에서 여러 군사들이 죽었는데 삽로자도 수발의 화살을 맞고 태종과 함께 적진에 떨어졌다. 맹장 구행공丘行恭이 어가를 호위하여 적진을 뚫고 온 후 말에서 내려 화살을 빼내어 태종을 보호하고 대군을 구하였다. 구행공과 삽로자의 전공을 표창하기 위하여 "정관 중에 조서를 내려 인마를 돌에 새기고 구행공이 화살을 빼는 모습을 새긴 상을 소릉 궐 문앞에 놓도록 했다"(《구당서舊唐書》 권5)는 기록이 있다. 삽로자 부조는 구행공이 삽로자를 위해 화살을 뽑는 상황을 표현하고 있다. 삽로자는 앞다리를 곧게 세우고 어깨는 높이 곧추세우고 있으며 구행공은 침착하게 말을 진정시키며 두 손으로 화살을 잡고 속으로 기공氣功 요법을 운용하고 있다. 사람과 말의 동작은 크지 않지만 그 표현 처리가 몹시 함축적이다. 사람 한 명, 말 한 필이지만 구성이 뛰어나며, 구도가 정련되고 조각 기법이 사실적이면서도 섬세하다.

소릉육준 중의 특륵표

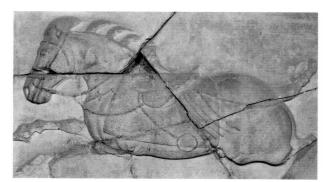

소릉육준 중의 백제오

소릉육준 중의 청추

소릉육준 중의 십벌적

소릉육준 중의 권모과

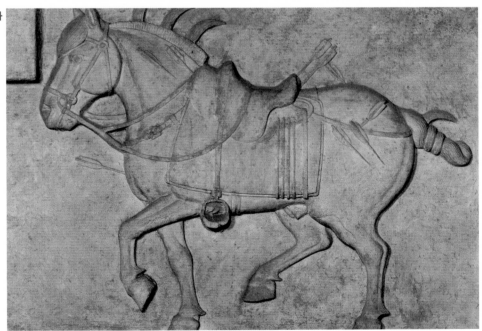

색인

중국역사연대표 (□은 중국통사 2권 내용)

선사시대	구석기 시대	기원전 약 800만~6000년
	신석기 시대	기원전 약 6000~2000년
하夏		기원전 2070~1600년
상商		기원전 1600~1046년
서주西周		기원전 1046~771년
동주東周	춘추春秋	기원전 770~476년
	전국戰國	기원전 475~221년
진秦		기원전 221~206년
서한西漢		기원전 206~서기 25년
동한東漢		25~220년
삼국三國 (220~280년)	위魏	220~265년
	촉蜀	221~263년
	오吳	222~280년
서진西晉		265~317년
동진東晉		317~420년
남북조南北朝 (420~589년)	남조南朝 (420~589년) 송宋	420~479년
	제齊	479~502년
	양梁	502~557년
	진陳	557~589년
	북조北朝 (386~581년) 북위北魏	386~534년
	동위東魏	534~550년
	서위西魏	535~556년
	북제北齊	550~577년
	북주北周	557~581년
수隋		581~618년
당唐		618~907년
오대십국五代十國		907~960년
요遼		907~1125년
북송北宋		960~1127년
서하西夏		1038~1227년
금金		1115~1234년
남송南宋		1127~1279년
원元		1271~1368년 (1206~1271년은 몽골국이라 함)
명明		1368~1644년
청淸		1644~1911년

옮긴이 소개

강영매姜姈妹

충남 예산 출생
이화여자대학교 중어중문학과 졸업
대만국립사범대학 국문연구소 졸업(중문학 석사)
대만중국문화대학 일본연구소 졸업(일문학 석사)
국사편찬위원회 국외사료과정 수료
연세대학교 대학원 졸업(중문학 박사)

현재

이화여자대학교 언어교육원 주임강사
이화여대, 연세대 출강 중
간행물윤리위원회 심의위원

논문

《湯顯祖 牡丹亭硏究》《井上靖の中國歷史小說硏究》《牡丹亭時空結構析論》〈모란정과 파우스트의 합창의 의미〉
〈춘향전과 모란정의 '천자문' 수용양상〉〈모란정 언어기교의 해학성〉〈案頭의 書와 실제공연의 문제〉
〈모란정에 나타난 '화신'의 의미와 상징성 고찰〉〈한중공연문화 교류현황〉
〈湯顯祖《牡丹亭》의 助役 春香의 役割과 劇的構成 考察——《西廂記》《페드르》와의 대비를 중심으로〉등 다수.

저 · 역서

《동양고전극의 재발견》《춘향예술의 양식적 분화와 세계성》(공저)《강영매의 한자여행》《한자특강》《사통팔달 중국어》
《재미있는 북경중국어》등.《중국의 성문화》《굴원》《채문희》《백록원》(전5권)《선월》《중국인의 꾀주머니》(공역)
《중국고전극 연구》《중국역사박물관(전10권)》등 다수.

중국통사 2

2008년 09월 26일 초판 1쇄 발행

엮은이   중국사학회
옮긴이   강영매
발행인   윤형두
발행처   종합출판 범우(주)

등록   1966. 8. 3. 제 406-2004-000012호
주소   (413-756)경기도 파주시 교하읍 문발리 출판단지 525-2
전화   031-955-6900~4
팩스   031-955-6905
홈페이지 http://www.bumwoosa.co.kr
이메일   bumwoosa@chol.com

편집   윤아트
교정   유방승 · 성기은

ISBN   978-89-91167-97-1
       978-89-91167-95-7 (세트)

*값은 뒤표지에 있습니다.

중국 불교예술의 보고인
돈황 석굴에서 발견된 문물들의 정화판

The Art of Dunhuang

돈 황

돈황연구원·돈황현 박물관 엮음
최혜원·이유진 공역

타블로이드판 / 양장본 / 360쪽 / 값 120,000원

이 책은 비할 데 없이 풍부한 중국 불교예술의 보고인 돈황 석굴에서 발견된 문물들의 정화만을 가려 뽑아서 편집하여 만들었다. 이는 전대미문(前代未聞)의 종합적 성격의 도록(圖錄)으로서, 실물을 사용하여 중세기 돈황 문명의 윤곽을 그려내었다.

돈황 석굴은 돈황성 동남쪽으로 삼위산 위에 오르면 바라보이는 막고굴(莫高窟)의 빼어난 경치 속에 놓여 있다. 동굴의 남북은 통하여 연결되어 있으며 위아래로 중첩되어 있어서 벌집처럼 포개어진 것 같은데, 막고굴을 비롯하여 서천불동(西千佛洞)과 안서(安西) 만불협(萬佛峽)을 합하여 돈황 석굴이라고 부른다. 이러한 예술 작품 속에는 16국에서 원대(元代)에 이르는 천여 년 동안의 각 계급·각 계층·각 민족의 각종 활동이 반영되어 있다. 그러므로 이러한 예술 작품은 정치·군사·사회·경제·생산 활동·음악과 춤·의관(衣冠)과 복식 등 각 방면의 역사와 관련된 구체적 자료를 제공한다.

이 책 《돈황》에서는 총 293폭의 사진을 골랐으며, 돈황의 역사 및 돈황의 석굴 예술과 돈황 유서(遺書)에 관한 논문 네 편을 실었다. 사진에 관한 설명은 모두 287개의 항목에 달한다.

 범우사　경기도 파주시 교하읍 문발리 출판단지 525-2　TEL 031)955-6900~4
http://www.bumwoosa.co.kr　(천리안·하이텔 ID) BUMWOOSA